諮商理論與實務
從後現代與家族系統的觀點著手

Counseling Theory and Practice
Focus on Postmodern and Family Approaches

駱芳美 Fang-Mei Law
郭國禎 Gwo-Jen Guo

2　從家族諮商的觀點著手：以策略與結構為主軸

3 從家族／後現代諮商的觀點著手：以語言為主軸

4 從後現代諮商的觀點著手：以對話為主軸

5 從後現代諮商的觀點著手：以正念為主軸

6 從後現代諮商的觀點著手：以正向心理學為主軸

駱芳美 Fang-Mei Law, Ph.D, NCC, PCC

駱芳美博士的助人專業啟蒙和培育於實踐大學（當時稱為實踐家專）的社會工作科、國立彰化師範大學輔導系和輔導研究所。獲得碩士學位後，回到母校實踐大學社會工作科任教和擔任輔導工作。六年半後赴美國進修，五年半的攻讀完成了威斯康辛大學的教育碩士和密西西比州立大學諮商教育（Coun-

⬆駱芳美於 2020 年（109 學年度）獲頒母校彰化師範大學傑出校友學術獎。

selor Education）博士，並拿到美國全國諮商師證照（National Certified Counselor, NCC）。隨後返回實踐大學社會工作系教書並擔任學生輔導中心的主任。一年後，駱博士再次踏上美國重新起步。受聘為亞裔社區服務中心執行主任、推展性侵與家庭暴力的預防，也同時在德頓（Dayton）大學諮商研究所和哥倫布州立社區學院（Columbus State Community College）的行為與社會科學系當兼任教授。並考過美國俄亥俄州臨床諮商師 （Licensed Professional Clinical Counselor, PCC）的執照。但想回大學擔任專任教職的夢一直縈繞於心。

2005 年 5 月駱博士受堤芬（Tiffin）大學教授 Dr. Elizabeth Athaide-Victor 之邀去分享亞洲文化，未料演講結束時，Dr. Victor 居然邀請她申請該校的教職。兩個星期後前往面試，隔天清晨即接獲受聘的通知，任教於堤芬大學犯罪防治與社會科學學院（Tiffin University, School of Criminal Justice and Social Sciences）至今。並於 2015-2016、 2016-2017 和 2021-2022 學年度分別榮獲堤芬大學頒贈的「優秀教學獎」（Excellent Teaching Award）與「教授獎」（Faculty Award）。更榮幸地於 2020 年（109 學年度）獲頒母校彰化師範大學傑出校友學術獎。

郭國禎 Gwo-Jen Guo, Ph.D, NCC, PC

郭國禎博士的教育生涯起始嘉義師範專科學校（現在的嘉義大學）、彰化師範大學（當時稱為國立臺灣教育學院）輔導系和輔導研究所。獲得碩士學位後，受母校留任擔任輔導系的助教。六年後，赴美國進修，完成威斯康辛大學教育碩士、密西西比州立大學諮商教育博士，以及俄亥俄州立大學的教育研究、測驗與評鑑 （Research,

⬆郭國禎博士於 2019 年（108 學年度）獲頒母校彰化師範大學傑出校友獎。

Measurement, and Evaluation）的博士。之後，受聘於美國東北俄亥俄大學醫學院擔任臨床技能評量中心經理 （Northeastern Ohio Universities College of Medicine, Clinical Skills Assessment Center for Studies of Clinical Performance），負責研究醫學院學生以標準化病人（standardized patient）實習及評量模式之效果研究。並擁有美國全國諮商師證照（NCC）以及美國俄亥俄州專業諮商師執照（Licensed Professional Counselor, PC）。

2003 年他返回母校彰化師範大學輔導與諮商學系擔任教職，擔任過註冊、課務組組長及學生心理諮商與輔導中心主任，以及輔導與諮商學系系主任、所長等職位。獲頒「傑出教學獎」、「特優導師獎」、「傑出服務教師獎」。並於 2019 年（108 學年度）獲頒母校彰化師範大學傑出校友學術獎。

「並肩齊走」的專業成長路

　　是同學、朋友、夫妻，也是專業成長的最佳拍檔的駱芳美博士與郭國禎博士，繼《走出憂鬱：憂鬱症的輔導諮商策略》、《從希望著手：希望理論在諮商上的應用》、《諮商理論與實務：從諮商學者的人生看他們的理論》後，再次推出他們的第四本共同著作，帶你去品味後現代與家族諮商理論與實務的精華。

☞郭國禎（左）和駱芳美 （中）在參加接受與承諾諮商理論（ACT）訓練後與講師 Dr. Richard Sears 合影 （6/7/2017）。

1950 年代的精神與心理諮商界採病理診斷和心理分析的治療模式，然而當學者無法從實務和科學驗證其效果時，便起心動念去尋找助人的新方法，於是有了家族與後現代諮商學派的崛起，吸引了很多助人專業的學子想要去一窺究竟。2018 年我們出版了《諮商理論與實務：從諮商學者的人生看他們的理論》一書，因為篇幅有限，重點擺在較普及的諮商理論。在得到迴響和鼓勵之餘，聽到讀者們想學習新理論的渴望，而有了要再寫諮商理論續集的決心。2019 年向出版社提出構想，獲得林總編的應允。

為了寫書，我們大量閱讀家族與後現代諮商學派創始人的專書和參加相關的訓練。經過消化吸收後，決定將家族諮商的四位開路先鋒——薩提爾、鮑恩、海利和米努欽的理論放入前四章作前導，帶領讀者瞭解家族諮商建構與發展之路。之後再介紹因薩提爾創設的心理研究機構，提出看重「改變」多於症狀和語言在心理治療的角色，所興起的後現代諮商學派的理念。從這八個後現代諮商理論去品味這些反病態，視案主為其人生專家、強調發掘其特長、進而幫助其改變的諮商實務。

入櫃的專書算算 90 餘本，如果每個創始人寫一本書要花三年的時光，我們這本書等於是集結了學者們 270 年的心血和人生智慧的結晶。從中擷取到深富哲理的智慧之言更是不計其數，便決定放在介紹理論和策略的起頭做個提味。並將每個學派間相似的論點合體放在「後記」，作為本書的結語與大家共勉。有意思的是，撰寫時發現每一個理論對「改變」一事都有詮釋和解套之道。有興趣者請見封底，就可一目瞭然。

「書本易買，照片難獲」，這是寫上一本書就學到的教訓。但為了給讀者

們好的交代，這本書我們仍堅持要放入創始者的照片。除了少數有公共版權可從Google找到外，更感謝許多創始者或相關人員親自授權（照片來源與授權聲明詳列於各章的末頁）與對本書的祝福。因這些照片僅授權本書使用，提醒讀者們尊重版權。

　　為了尊重諮商的倫理，本書的案例皆來自志願者。謝謝他們願意讓我們將諮商理論加入其人生故事裡，在陪伴走過人生一小段路中有機會看到諮商對生命改變的魔力。那股理論果真驗證實務的滿足感，讓我們在標下每章的句點時多出了一分自信。

　　然而本書得以出版，心理出版社從發行人洪有義教授、總編輯林敬堯、高碧嶸執行編輯和出版社的工作人員在編審和出版過程以及外審的專家學者的費心與協助，更是功不可沒。從《走出憂鬱》、《從希望著手》、《諮商理論與實務：從諮商學者的人生看他們的理論》，到這第四本書《諮商理論與實務：從後現代與家族系統的觀點著手》的誕生，感謝他們用專業的魔手幫我們把文字打造成賞心悅目的專業書籍。付梓後，行銷經理李嘉浚的推廣行銷，打開本書的能見度，讓我們銘感於心。

　　這本書不僅有理論、有故事，還有許多發人深省的人生哲理值得細細品味。本書是為每個願意打開這本書的你所寫的，不管你是為了學習如何助人或為了教人如何助人而讀它，請你也一定要為自己而讀它。正如薩提爾所說：「當我們欣賞和愛自己時，我們的能量就會增強」（Satir, 1988, p. 30）。以此與你共勉！

駱芳美、郭國禎　謹識

1

從家族諮商的觀點著手：
以家庭系統為主軸

人一呱呱落地就進入家庭的系統，本篇將從薩提爾和鮑恩兩位學者的觀點，來介紹強調家庭系統的家族諮商理念。薩提爾指出家不僅影響人們最多，也會形塑了人們對世界的觀感。鮑恩提醒說：沒有分化好的家庭也可能是人們掙扎與痛苦的來源。因此薩提爾在進行諮商時，會透過家庭互動的重塑去幫助受助者重新找到自我的定位。鮑恩深信學習與家庭分化是成為一個更負責任和更具有功能的人必經之途。

第一章

◆

薩提爾的家族諮商學派
Satir's Family Therapy

創始者
維琴尼亞・薩提爾
Virginia Satir（1916-1988）

—— 本章要義 ——
要擁有愛的人生，先學會愛自己。

第一節。薩提爾的人生故事

壹、從小對「家庭」好奇，想當「探測父母的偵探家」

1916 年 6 月 26 日，薩提爾出生於美國威斯康辛州的尼爾斯維爾城（Neillsville, Wisconsin），是家中五個孩子的老大。三歲開始自學讀書，九歲時讀完小學圖書館裡的藏書，五歲時有感於「家裡的狀況並不都順人意，有很多無解的謎題」（Satir, 1988, p. 1），立志要當「探測父母的兒童偵探」（a children's detective on parents）。

1929 那年，搬到米爾瓦基（Milwaukee）上高中。1932 年進入米爾瓦基州立師範學院（Milwaukee State Teacher College）〔是威斯康辛大學米爾瓦基校區（University of Wisconsin-Milwaukee）的前身〕。正值經濟大蕭條（Great Depression），為了分擔家計與賺取學費，課餘時間到處打工並兼做褓姆。1943 年修完芝加哥大學（University of Chicago）的社會服務行政學院（School of Social Services Administration）就讀，1948 年完成碩士論文。

貳、直覺有更好的助人方法待她去探尋

獲得碩士學位後，開始執業。當時唯一幫助精神疾病者的方法是醫學和個別治療的模式，薩提爾卻不以為意地說：「應該還有其他更好的助人方法，我要去找出那是什麼」（Satir & Baldwin, 1983, p. 3）。1951 年她便以「聯合諮商（conjoint therapy）的模式來進行家族諮商」（Satir, Banmen, Gerber, & Gomori,

1991, p. 1）。1955 年起，她積極地與伊利諾治療機構（Illinois Psychiatric Institute）合作，鼓勵該機構注重家庭而非個案。1958 年她搬到加州的帕洛阿爾托（Palo Alto）創設心理研究機構（Mental Research Institute, MRI）。1962 年拿到國家心理衛生研究院（National Institute of Mental Health, NIMH）的資助，進行家族諮商師的培訓，興奮地發現透過溝通方法的改變可改善家庭成員的關係，並嘗試使用雕刻石膏像（sculpting）技巧，鼓勵家庭成員用身體來表現心理的情緒和想法。薩提爾慶幸的說：「身為女人又不是精神科醫師，讓我有機會能不被干擾地去發展理念」（Satir et al., 1991, p. 4）。

參、用出書與走訪世界去推廣助人的新理念

1964 年，薩提爾出版的《聯合家族治療》（*Conjoint Family Therapy*）一書，鼓勵整個家庭一起接受諮商，而非傳統的個別諮商方式，對心理治療領域產生了重大影響（Satir et al., 1991），薩提爾指出：「『表面看得見的問題』大多不是問題的所在，真正的問題是出在人們如何應對時所產生的」（Stair, n.d. par. 8）。相信「人類可以更積極、更有效地使用自己實現其夢想，可以有更多的選擇來獲得更大的自由和力量」，也因堅信「在這個世界上，無論外在環境如何，沒有人是不能改變的」（Satir et al., 1991, p. xvi），她走遍世界各個角落，包括臺灣，去介紹如何透過家族治療去幫助人們獲得充分發展的方法。

「當時，美國的心理諮商領域都是男性居於領導地位，但《聯合家族治療》一書的出版，讓薩提爾也成為這個領域的領導者之一」（Satir et al., 1991, p. xvi）。薩提爾說她提出的理念並不是要反擊已存在的諮商專業，而是要提供諮商師另一個可助人的工具。1985 年在亞利桑那州心理治療演變的研討會中（Evolution of Psychotherapy Conference in Virginia），薩提爾表示：「很欣慰地看到心理治療開始朝向更人性化的走向」（Satir et al., 1991, p. xvi）。1988 年 3 月在為《薩提爾的家族治療模式》（*The Satir Model: Family Therapy and Beyond*）

寫序時，72 歲的她樂觀地說：「在這個領域工作了 50 年之後，我仍然很相信人類是有能力讓這個世界變得更美好的。我希望更多人能加入這個行列，一起實現這個夢想」（Satir et al., 1991, Preface xiii）。她一直希望能為蘇聯人做些什麼，1988 年 5 月她終於夢想實現，到蘇聯（Soviet Union）訪問四個城市傳講並演示自己的論點。

肆、勇敢面對人生謝幕的那一刻

蘇聯之行結束返家後薩提爾感到身體不適，心想是飲食的關係應該很快就會痊癒，所以 6 月又去參加了 Avanta 網絡在加拿大安大略省（Ontario）舉行的年度會議。7 月到科羅拉多州的克雷斯特德比尤特山（Mount Crested Butte, Colorado）參加了第八屆國際薩提爾暑期研習會（Eighth Annual International Satir Summer Institute）。在第一天的培訓課中，她出現黃疸的現象，於是前往格蘭德章克申市（Grand Junction）進行診斷測試，發現胰腺有長東西。幾天後進入史丹佛醫療中心（Standford Medical Center）進行進一步診斷，確定她的胰腺和肝中有癌細胞。面對這些疾病，她選擇不接受化療而要留在家裡進行營養治療，並花了大量時間與同事們在一起，為離開做準備。她不斷提到需要有 125 年的生命才能完成她想要完成的任務。但即使如此，她做出了非常艱難的選擇，放棄治療受死亡。在她離世前寫下這封道別信（表 1-1）。五天後於 1988 年 9 月 10 日逝世於美國的加州（Satir et al., 1991）。

表 1-1　薩提爾的道別信

1988 年，9 月 5 日，星期日

給我所有的朋友、同事和家人們：
在此寄上我的愛，
在我走上新旅程的路上請支持我。
這是我唯一能表達對你們感謝的方法。
因著你們我經驗到愛也學習到愛，
也因此，我的人生相當富足，死而無憾。

——維琴尼亞

↑照片 1-1　維琴尼亞‧薩提爾

（Satir et al., 1991, p. 329）

伍、被譽為「家族諮商之母」

身為作家和諮商師的薩提爾，以其家族諮商方法及其在家庭重建諮商領域的開創工作，被譽為「家族諮商之母」（Mother of Family Therapy）。她一生獲獎無數，包括獲贈社會工作師學會的證書（Diplomate of the Academy of Certified Social Workers）、美國婚姻和家族治療協會（American Association for Marriage and Family Therapy）傑出服務獎。獲得多個榮譽博士學位，其中包括 1978 年威斯康辛大學麥迪遜校區社會科學博士學位。與人本學派創始者羅吉斯（Carl Rogers）以及需求層次論的提倡者馬斯洛（Abraham Maslow）一樣，薩提爾一直站在人類發展的最前哨，一生致力在幫助人們發揮內在潛能和提高自我尊重，鼓勵人們選擇做自己，發揮自己最大的潛能（Satir et al., 1991）。

第二節。薩提爾家族諮商的理論

> 透過愛，人們得以自由地表露情感並自在地感受自己和別人的不同。
>
> Love is a stable component of the model,
>
> which means people feel free to express their feelings and differences.
>
> （Satir et al., 1991, p. 13）

壹、薩提爾的成長模式

薩提爾提出成長模式（growth model）的概念，強調「愛」是這個模式中的必要因子。每個人都需要有自己的空間，肯定自己與他人的獨特性。高度的自尊心是人們成功經營自己人生的要件。

一、愛能讓心靈自由

薩提爾同意佛洛依德所說的：「愛是一個健康的人應具備的基本特質」（引自 Satir & Baldwin, 1983, p. 168）。「有能力去愛和接受愛，對心靈來說就像身體能呼吸空氣一樣的重要（Satir & Baldwin, 1983, p. 168）。「透過愛，人們得以自由地表露情感並自在地感受自己和別人的不同」（Satir et al., 1991, p. 13），一個心理健康的人必須要能平衡生理、心理、情緒和精神的發展，並擁有一個正向的自我形象。他們願意為新的可能性冒險，即使面對完全陌生的情況，他們會不斷地探索什麼是適合自己的。這種人願意活在不明確裡並努力當好自己，

且認真執行薩提爾所謂的五種自由（見表 1-2）。

表 1-2　薩提爾的五種自由

1. 自由地去看到與聽到目前擁有的，而不是期待什麼是應該或將會出現的。
2. 自由地去說目前所想到和感覺到的，而不是去期待什麼是應該要有的。
3. 自由地去體會自己感覺到的，而不是去期待什麼是應該感覺到的。
4. 自由地去爭取所要的，而不是等著他人的同意。
5. 自由地去冒險，而不是躲在安逸的舒適圈裡。

（Satir et al., 1991, p. 62）

二、每個人生而平等且是獨特的

基於「影響人際和諧的最大障礙是不知道如何看待和接受自己身為人的價值，以及缺乏人人平等的觀念」（Satir et al., 1991, p. 8），薩提爾鼓吹「每個人生而平等（person equals person）」（Satir et al., 1991, p. 8）。所謂的平等（equality）是指每個人都擁有掌控自己生活的能力並具有同等的價值，所以應站在平等的立場上互相對待、尊重和接受彼此有相同和不同之處。

三、自我超過了所有部分的總和

每個人的「自我」包括生理（physical）和感官（sensual）、智力（intellectual）、情緒（emotional）、互動（interactional）等層面。若仔細觀察必會發現相同與相異之處（Satir & Baldwin, 1983）。然而「人們常將人的不同部位分開處理；例如把生理交給醫師、智力交給教育學者、情緒交給心理治療師、靈魂交給宗教。沒得歸類的就放牛吃草。其實，自我是所有部分加起來但又超過了部分的總和」（Satir & Baldwin, 1983, pp. 179-180）。

例如當一個人的態度是負向時，就很容易會導致身體的失衡和不和諧，且會影響到自己的感受、思想和行為，所以我們要學習去愛、欣賞、理解並與自

己的身體溝通；而且人與人的關係也會影響身體的健康，所以也不能忽視。

又如人們有左右腦，智力主要來自左腦，是處理事實數據的絕佳工具，它主管人的思想，幫助人們下結論、制定規則、接受他人的信念並發展出自己的論點。而右腦是我們監測和體驗情緒感受的主要管道。當左腦願意接納右腦成為一個平等的夥伴時，可以激發人的興奮感、創造力和好奇心。當左右腦能互相協調，並整合思維和感覺兩部分，人就得以變為「全智」（whole-wits）了。

薩提爾說：其實，每個人在任何時間點，都存在於八個層面的相互作用中，「其公式可寫成是 A（生理）＋B（智力）＋C（情緒）＋D（感官）＋E（互動）＋F（營養）＋G（景況）＋H（靈魂）＝S（自我）。每個部分要分工合作才能起作用」（Satir & Baldwin, 1983, pp. 179-180）。

四、人有改變和學習的動力

面對未知難免會害怕，但是願意去嘗試與冒險就是一種勇氣，「只要好奇心沒有受到阻礙，學習的慾望就會持續存在著」（Satir & Baldwin, 1983, p. 182）。安全感和信任來自於自信而非熟悉感，「一旦他們樂於改變，新的選擇和可能性就會出現」（Satir et al., 1991, p. 13），就有機會接觸到新的人生經驗。薩提爾呼籲人的天性不是邪惡的，不要去剷除他們的本性，好奇心是人們學習和改變動力的來源。

薩提爾說人要活得充實，就得願意做出必要的改變。「學習過程本質上是一種發現，重新發現自己本來就已擁有的知識，並且從自己的身上找到問題的答案」（Satir & Baldwin, 1983, p. 182）。諮商師的功用是來幫助案主找到自己的答案。

五、自我尊重與自我價值

自我價值或自尊心（Self-Esteem/Self-Worth）是指一個人對自己價值感的評價，這是心理健康的基礎（Satir & Baldwin, 1983）。「一個人的自我價值感越

強，越有勇氣改變自己的行為」（Satir, 1988, p. 33），也越能夠「使用內在的資源去將生活型態從原先只為存活轉為有因應能力和具有健康功能的人生」（Satir et al., 1991, p. 29）。

　　要如何增進自我價值或自尊心呢？答案是要先能欣賞和愛自己。如薩提爾的提醒：「當我們欣賞和愛自己時，我們的能量就會增強」（Satir, 1988, p. 30）。善用這股正向的能量會有助於發揮自我的潛能，以創造性的方式克服困難，並能積極地去面對人生。當一個完全的人並不需要一味的想符合他人的期望，也不要只為了生存而去奮鬥，而是鼓起勇氣去創一個新舞台展現光芒。

　　與其說：「我怎麼這麼笨？怎麼會去做這種事？」不如說：「我來仔細端詳自己一下，也許我可以從這裡學到些什麼。」若能如此豁達地接受自己，就能夠自在地與他人接觸，不必刻意去同意別人的意見，也不必在乎別人非喜歡自己不可。可以自在地說出自己的感受，表達別人和自己所擁有的共同之處。當信任度高時，選擇就多了。要怎麼當「我」呢？請細讀薩提爾的詩「我是我」（I Am Me）（表 1-3）。要如何成為一個心理健康、幸福和有自尊的人呢？請參考「薩提爾的心理健康秘訣」（表 1-4）。

貳、溝通的型態與家庭的規則

　　薩提爾多年投入家族諮商的工作，發現家庭間的溝通型態（Communication Patterns）和家庭規則（Family Rules）是亟需瞭解和處理的議題（Satir & Baldwin, 1983）。

一、家庭間的溝通型態

　　「溝通是決定人們如何與他人產生連結，以及如何解讀這個世界的最主要的因素」（Satir, 1988, p. 51）。溝通的能力是學來的，約五歲時，人們就累積了很多如何溝通的經驗，發展出如何看待自己或他人的想法，清楚在這世界上

表 1-3　薩提爾的詩——「我是我」

世界上沒有一個人跟我一模一樣。每個我都是真我，因為那是我所選擇的。

我擁有每個屬於我的——我的身體、我的感覺、我的嘴巴、我的聲音；

我的所做所為，不管是對自己或他人。我擁有我的幻想、夢想、希望和害怕。

我擁有所有我的勝利和成功，所有我的失敗和錯誤。

因為我擁有我，我能夠很深入地認識自己。

如此做，我能夠愛我自己、和我所有的自己當朋友。

我知道有部分的我是自己搞不清楚的，有其他部分的我是自己也不懂的。

但只要我能善待並愛自己，就能夠鼓舞我自己，

去找到這些困惑點的解決方案以及更多認識自己的方法。

在任何一個特別的時刻中，不論我看起來或聽起來是如何，不論我說或做什麼，

不論我所想或感覺到的是如何，那都是真實的我。

假如我做出或說出來的想法和感覺有些不合適，我可以把不合適的摒棄掉，

保留其餘的，再為我丟棄的找出新的東西。

我能夠看、聽、感覺、說和做。

我有生存的工具，能和他人親近，富有生產力，能瞭解世界上人事物的次序法則。

我擁有自己，所以我能夠駕馭自己。我是我，我是還不錯的。

（Satir et al., 1991, p. 25）

表 1-4　薩提爾的心理健康秘訣

1. 多運動並愛護自己的身體，並善待自己的情緒和感覺。

2. 多讀書和多從與他人互動和對話中來發展智能。

3. 發展五官的敏覺性，善用五官來擴大生活的視野。

4. 以和諧性的態度來解決問題和處理衝突，與他人建立內外一致和健康的關係。

5. 切記每個人都是一個獨特的個體，瞭解和補充自己身體營養上的需要。

6. 讓你工作與居住場所有充分的陽光、新鮮的空氣、合宜的溫度，以滿足生命成長之所需。人生不只是要活下去，也要對宇宙的發展負有使命。

（Satir, 1988, pp. 48-49）

什麼是可容或不可容於自己的。「除非有什麼巨大的力量改變這些結論，否則這些早期所學到的溝通型態和能力，都會成為人們行走往後人生道路的基礎」（Satir, 1988, p. 52）。

（一）溝通型態的類別

　　薩提爾從臨床經驗觀察中，歸結出人們的溝通型態有內外不一致（incongruent），為功能不良（dysfunctional）的溝通，易讓自我尊重感降低。內外一致的（congruent）溝通，則是功能性較好的溝通方式（Satir, 1988; Satir et al., 1991）。

1. 內外不一致的溝通

(1) 撫慰

　　撫慰者（placating）偏好討好式的談話，包括試圖取悅與道歉，且不管別人說什麼都不會反對，但內心裡卻是相當脆弱無辜的。

　　　口頭上說：「無論你說什麼都沒關係，只要你開心。」
　　　身體的姿態：「我很無助」—— 並表現出受害者的姿態。
　　　心裡想著：「沒有你，我什麼都沒有了。我真是一無可取。」

　　撫慰者完全忽略自己的價值，不覺得能為自己做任何事情。他們將人生主權交由別人來掌管，不管人家說什麼，都會回答說：「是！」最常說的話是：「我不應該得罪他人惹他人生氣。」「都是我的錯。」

(2) 責備

　　責備者（blaming）和撫慰者完全相反。為了保護自己，常會指責他人。但內心裡卻是孤單的。

言語上用尖銳響亮的聲音喊著：「你從來就沒有做對過。你是怎麼了？」

身體的姿態表明著：「我是這裡的老闆。」

但其實內心裡想說的是：「我很孤單，我是不會成功的。」

(3) 算計

算計者（computing）凡事講求正確、合理，沒有任何感性的成分，像計算機一樣會四處觀看蒐集資料，但內心卻是沒有安全感的。

言語上：「如果仔細觀察，你可能會注意到有個工作狂在這裡待過。」

身體姿態上算計得很清楚：「我很沉穩、冷靜，並且四處觀看蒐集資料。」

內心裡卻是說：「我感到很脆弱無辜。」

(4) 分散注意力

分散注意力者（distracting）無論做什麼或說什麼都與周遭的人事物無關，甚至是一個無關的主題，所以外人常無法理解。

言語上：「信口開河，沒有重點和主題。」

身體姿態所顯示的是：「我心不在焉。」

但心裡卻想著：「沒有人關心我，這裡沒有我的容身之地。」

薩提爾用唱歌來做比喻，形容「這樣的人是音不準，詞也不達意，他們可以亂唱，反正調也不對」（Satir, 1988, p. 91）。

這四種溝通型態是自尊心低的人為了生存而用的。薩提爾認為這些溝通的方法應該是在兒童早期為了應付複雜的世界而去嘗試使用的溝通方式。雖然對

自我價值感的建立深有損害，然而在成長過程中這些溝通方法卻因不斷受到增強而繼續被沿用。例如：「過於強調『不要僅是尋求自己的滿足，那是自私的作為』這種禁止自私的做法，會強化撫慰的角色。過於強調『不要讓任何人對你失望；不要當懦夫』無疑是在鼓勵人要學習指責他人。過於強調『不要這麼愚蠢；你很聰明，不會犯錯的』這樣的做法會強化算計的個性。過於強調『別這麼認真。狂歡一場！誰在乎？』這樣的鼓勵會讓人變成分散注意力的人」（Satir, 1988, p. 93）。

2. 內外一致的溝通

內外一致的溝通型態（congruence），是功能良好的溝通方式。顯示溝通者信任自己也能信任他人、善用自我的獨特性自在地與他人互動、願意嘗試冒險接受新的經驗、自在地當自己和接受他人、愛自己也愛他人、有彈性也願意按實際狀況的需要而做改變。

(1) 內外一致的溝通等級

內外一致的溝通可分為三個等級（Satir, 1988; Satir et al., 1991）：

a. 第一等級內外一致的溝通：勇敢面對自己的情緒和感覺

當人們能誠實地接受、面對自己的情緒和感覺。清楚知道情緒有痛苦也有快樂的一面，願意與他人分享，也能夠坦蕩地去處理它，或快樂地去享受它。此人已達到第一等級的內外一致的溝通。

b. 第二等級內外一致的溝通：勇敢當自我、清楚自己是誰

當人們能傾聽、覺察、反思、調整、接受並能體驗自己的感覺，清楚知道「我是誰」，不再一味地去滿足別人的期望。這個人已進入第二等級的內外一致的溝通。其自尊心高，能以和諧和充滿活力的方式與自己、他人和環境和平相處。

c. 第三等級內外一致的溝通：認識生命的力量

第三等級內外一致的溝通是屬於靈性和宇宙性的層面，薩提爾提醒說：「當我們內心平靜、對自己感覺良好，以及知道如何採取積極的方法時，就較容易觸及這股促進人類成長的「宇宙生命力」（universal life force）及這個聰慧部分的自己，我把它稱為專注（being centered）」（Satir, 1988, p. 338）。

(2) 內外一致性溝通力量

內外一致的溝通時聲音和臉上表情、身體的動作和音調所傳達的訊息是一致的，可以反映當時真實的狀況與心態。內外一致的溝通者在別人面前很自在，也能和他人有很好的互動。溝通者知道自己在做什麼也能夠接受溝通的結果。願意為無心之過向對方道歉、知道道歉是針對行動，批評和評價也是對事不對人。要成為內外一致的溝通者，其要件如表 1-5 所示。

表 1-5　成為內外一致溝通者的要件

1. 勿忘自己是有選擇如何反應的權利，並為自己所說和所做的負責。
2. 用自己的語言和行動傳達自己的訊息，留意自己當下的感受。
3. 用「我」的語言來回應（我是／我感覺／我聽到）。
4. 用描述的語言陳述所見的而不下判斷。
5. 注意你和對方身體互動的距離，在眼神和身體的接觸上與對方保持適當距離。

（參考 Satir et al., 1991, p. 82）

（二）影響溝通型態的原因

1. 與自我尊重高低程度有關

自我尊重程度的高與低會影響其溝通的方式，如表 1-6 可看出其區別。

表 1-6　高與低程度的自我尊重者，其溝通的動力和方式的區別

低自我尊重者	高自我尊重者
傳達的訊息：我需要被愛	傳達的訊息：我愛自己也需要被他人愛
溝通型態：內外不一致 我將做任何事〔撫慰〕 我將讓你覺得罪惡感〔責備〕 我將不管現實如何〔算計〕 我將否定現實〔分散注意力〕	溝通型態：內外一致 我按適合的去做 我尊重不同 將你和我包括在內 我接受實際的狀況
溝通的態度：剛硬與批評、尋求他人的接受、有防衛性、壓抑感覺、停留在熟悉的事物。	溝通的態度：尋求去驗證事實、有鼓舞性和有自信、接受自己也接受他人、信任、誠實、接受感覺、整體性和人性、願意冒險嘗試不熟悉的事物。
用被動的角度對所傳來的訊息做反應（reactive），如兵來將擋、水來土掩。	站在主動與預防性的角度去針對傳來的訊息（responsive）做回應。
溝通的訊息來自家庭的規則和「應該」的原則。固著於過去，保留現狀。	溝通的訊息是經由選擇且負責任的。聚焦於現在，願意做改變。

（參考 Satir et al., 1991, p. 28）

2. 擔心若說出心裡的話會惹禍

　　薩提爾（Satir, 1988）更指出阻礙內外一致的溝通的主要原因，其實是來自人們害怕說出心裡的話會惹禍。既然如此，要如何將這些害怕轉成正能量來鼓勵自己勇敢誠實地溝通呢？答案請詳見表 1-7。

表 1-7　化恐懼為力量的例子

擔心表達……	但其實……
可能會犯錯	若真的犯錯，下次再改過就好。
有人可能會不喜歡	不是每個人都喜歡一樣的事。
有人會批評我	我並不完美，聽到批評會是有助益的。
我可能在強迫人家	我只是想讓人聽聽我的意見，並不是在強迫人家聽我說話！
人們可能覺得我並不完美	發現到自己的不完美才會有進步的空間。
他可能會因此離開我	若他因此離開了我，那表示我們是沒緣分的。

（參考 Satir, 1988, pp. 96-97）

二、家庭規則

　　「家庭的規則是指家庭成員對在某個特定情境該或不該表現某種行為所形成的共識」（Satir & Baldwin, 1983, p. 202），這些規則會影響家庭系統的運作與家庭成員成長的情況。如果家裡所訂的規則是禁止評論或質疑，會讓許多孩子長大後以二分法（不是聖人就是魔鬼）來看待自己或他人。如果家裡的規則是容許你擁有並接受他人的感情，並學會客觀地看待事物，其自我就會獲得充分的成長。

　　改變是生活中不可避免的一部分。隨著家庭成員經歷生命週期的各種生活變遷，家庭所能接受的事物也須不斷地調整。若家庭抱持的信念是，即使發生的變化看起來不樂觀，還是會有更好遠景隨之而來，就較能坦然面對改變。然而，對功能失調的家庭而言，變化會威脅到家庭關係的平衡，所以他們想要的就是保持現狀。「諮商師的作用是幫助家庭成員瞭解並重塑那些衝擊家庭現狀的新規則。若能如此，家庭氣氛得以改善，溝通變得順暢，家庭成員的自尊心也會跟著增加」（Satir & Baldwin, 1983, p. 206）。

參、情緒經驗的層次與轉化的過程

薩提爾「將情緒比喻為人類的溫度計。如同會從溫度計顯示的氣溫高低決定要穿什麼衣服，人們也會透過情緒告知內在心理的狀況，決定要如何面對與反應所遇到的狀況」（Satir et al., 1991, p. 148）。能覺察到自己所感受到的情緒固然重要，知道如何將情緒表達出來並善用情緒做明智的選擇更是不容忽視。情緒經驗可細分為六個層次的經驗，而透過轉化的過程，個體更能瞭解且學習善用自我的情緒與感受。

一、六個層次的情緒經驗

自我的核心是內在經驗的泉源，人們的情緒經驗，依離自我由近而遠來排列，分別是：渴望（yearning）、期望（expectation）、觀點（perception）、感受（feelings）、因應措施（coping）和行為（behavior）的經驗（Satir et al., 1991）（如圖 1-1）。

（一）渴望

在此層次，人們不僅愛自己，也渴望被他人和世界所愛，以及被接受和被肯定。

（二）期望

此層次，人們不再只渴望愛，還會開始在乎對自己、對他人，以及他人對自己的期待。但有很多人不會說出自己的期望，所以在諮商中，應鼓勵家庭成員將其過去沒有達成的期望顯露出來。大多數的期待是來自過去未得以滿足的需求，這是不容忽視的。

（三）觀點

此層次，人們開始對經驗的事物有了想法與觀點。觀點指的是人們的信念、態度、價值觀或形象。這些觀點和人們所覺察到的自己有非常緊密的連結，但

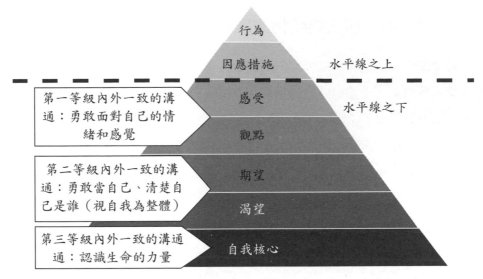

圖 1-1 以冰山理論觀點看內外一致的溝通與六個層次的情緒經驗之關係

（參考 Satir et al., 1991, pp. 67, 150）

人們經常會依據有限的資訊來定位自己的觀點，而造成與實際狀況有所落差，
導致錯誤的判斷與結論。

（四）感受

　　人們對自己情緒的感受常是基於對自我價值和自我尊重的期待和覺知。人
們的情緒也常是跟著過去的經驗而來，即使現在的感受可能是目前的事件造成
的，但人們常會用過去累積的情緒來反應目前的狀況。最普遍的情緒反應是感
覺受到傷害、恐懼和憤怒。在我們的文化中，女性和男性被允許的反應情緒明
顯是有不同的。女性較易出現因傷害而哭泣的情緒，男性則較會因生氣而大叫。
因此鼓勵女性透過探索受到傷害的感覺，可能較容易帶領她們進入情緒的階層；
帶領男性透過生氣的表達感覺，則可能較容易帶他們進入情緒的階層。不過這
兩種情緒是一體的兩面，因為一個人受到傷害不可能不感到生氣，薩提爾建議
在諮商裡上述兩種情緒都不容忽略。

（五）因應措施

此層次，人們會採取策略而面對所遇到的情況。因應措施也可稱為防衛或生存機制（defense or survival mechanisms）。在壓力的情況下，人們通常會採用功能不良的溝通方式，即是撫慰、責備、算計和分散注意力來解決衝突的狀況，以保護自己求得生存。可以幫助案主透過覺察他們的溝通方式，檢查其自我尊重的程度及其生存之道。

（六）行為

行為是人們的因應措施以及內在世界外顯的表現。換句話說，行為的表現也會反映出其自我尊重的程度。

二、從冰山理論詮釋六個層次的情緒經驗

薩提爾也常藉由冰山理論（Iceberg Theory）來詮釋這六個層次的情緒經驗。她指出人類對外在的行為和因應措施，就像冰山顯露在水平面以上的部分，在水平面以下的則是人類心理內在的感受、觀點、期望、渴望及自我。因此，要瞭解一個人，不能只看其外在的行為和因應措施，還要進到水平面以下去瞭解人們更深層的那一面。若將三個等級的內外一致的溝通模式放入冰山理論中，第一等級內外一致的溝通是發生在水平面上下的交界之處，亦即當人們可以瞭解自己的感受與觀點時，就會勇敢與一致地面對自己的情緒和感覺。若能再更深入瞭解自己的渴望與期望，就能進入第二等級內外一致的溝通，勇敢當自己、清楚自己是誰。若能夠觸及與理解自我的核心層面，就能進入第三等級內外一致的溝通，能清楚認識與體會生命宇宙的力量（圖1-1）（Satir et al., 1991）。

三、轉化的過程

所謂轉化是指一個人的能量從功能失調轉為自由、開放和健康的型態。薩提爾鼓勵人們不要只專注在和問題相關的故事上，而是專注在整個內在的過程。在轉化的過程（transformation process）中幫助他們挖掘心中深層的渴望、識別

過去未滿足的期望、重新架構覺知、瞭解其對感受的感覺，直到能轉換因應措施而引出新行為（Satir et al., 1991）。

（一）挖掘渴望

挖掘渴望是幫助人們覺察、認可和接受自己的渴望。這是連接內在生命力核心的基本過程。

（二）識別過去未滿足的期望

幫助人們識別他們過去未滿足的期望，並以下面幾個方向去處理：(1)學習放下，接受不能再滿足的事實；(2)學習不再執著要以某種特定的方式去滿足其期望；(3)找到類似且較普遍的渴望，找到滿足這些渴望的現有方法；(4)將渴望和現實的期望相協調（Satir et al., 1991）。例如有位家庭成員一直遺憾小時候沒有機會被爸爸抱著坐在大腿上，諮商師可以用角色扮演的方式讓成員坐在志願扮演父親者的腿上。如此做可釋放人們不再受過去的綑綁，並有能量活在此刻並為自己做出適當的選擇。

（三）重新架構觀點

重新架構觀點在轉化過程中是相當重要的。觀點的轉變涉及加入新資料幫助人們做解釋和做決定之用。「新的觀點會影響其對期望和感受做出可能的改變」（Satir et al., 1991, p. 158）。

（四）瞭解其對感受的感覺

薩提爾提醒：「感受是屬於自己的，人們可以選擇讓它來掌管和控制自己的感覺，或者可以選擇讓它成為生命系統的潤滑劑，駕馭生命的浪潮，增強快樂、興奮和熱情的強度」（Satir et al., 1991, pp. 159-160）。

（五）轉換因應措施而引出新行為

薩提爾說：「不用跟黑暗奮鬥，只要亮光出現就可以驅走黑暗。也因此當加入新知覺、新感覺和新期望之後，新的因應措施就會應運而生了」（Satir et al., 1991, p. 163）。所以要轉換因應措施不用完全改變，「只要在原先舊有的方法上再加多一點點就會是新的因應措施」（Satir et al., 1991, p. 163）。

肆、原生三角關係對人們成長的影響

基本「原生三角（the primary triad）（父親、母親與孩子）的互動經驗是人們『自我』（self）認同的主要來源」（Satir & Baldwin, 1983, p. 170）（如圖1-2）。

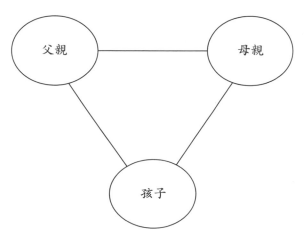

圖 1-2　基本的父親、母親與孩子的原生三角

一、原生三角關係對世界觀和人際關係的影響

「人們對世界的觀感是由原生家庭所形塑出來的」（Satir et al., 1991, p. 19）。家庭是人們所歸屬的第一個也是影響最多的系統，父母親與孩子基本互動的經驗不僅形塑了孩子的世界觀，也影響其自我的認同。父母的世界觀、對周遭環境的信任程度、和他人互動的方式，會影響孩子融入世界和面對壓力所採用的因應策略，以及對他人信任的程度。孩子會先拿著這個準繩去面對人生，去試用在不同的社會情境，直到他們找到更好的取代方法（Satir & Baldwin, 1983; Satir et al., 1991）。

二、原生三角關係對自我認同的影響

根據薩提爾：「我們啟動生命而不是創造生命」（Satir et al., 1991, p. 19）。人們有要發揮成為一個完全人的內在驅力，這股內在驅力可以稱為是生命力（the life force）。人從出生時開始用感官去接受外來的訊息，經由大人的非語言行為和整體的感知去架構自我的概念。三歲時開始能透過語言與外在互動，並與早期學習的經驗相驗證。例如嬰兒時看到媽媽哭泣會以為是自己的錯，之後可透過語言的世界發現媽媽的哭泣是其他外在事件所引起，跟自己無關。這些早期的學習影響了孩子生心理的成長，並發展出各自的獨特性。「人們生來內心就存有價值感，等著要被挖掘和認可」（Satir et al., 1991, p. 19）。透過基本的原生三角關係，孩子們學到家庭的規則、如何照顧自己、如何去愛人和被愛，也學會如何逃避痛苦。孩子的自我價值觀和獨特性發展得很早，因希望得到父母的肯定，從很小就會用家庭的規則和父母的教導來測量自己的價值，也從遵行規則中去塑造出自己的獨特性。要提高孩子自我價值的方法是說話時和孩子的眼睛保持同一水平的接觸、呼叫他們的名字、親切的撫摸、以「你」和「我」的語言互動，如此做可以讓孩子感受到尊重。當父母能提供機會來激發孩子的興趣，並耐心地引導孩子學習去掌握自己所能掌握的事件時，有助於提高其自尊心（Satir, 1988, p. 40）。

三、原生三角互動上的不一致對自尊心的影響

當孩子觀察和感受到父母的行為與他所被告知的內容不一致時，會讓他們感到困惑。例如孩子問皺著眉頭的母親：「出了什麼事嗎？」母親回答說：「沒事，我很好！」然後轉過身去拭淚。遇到這種狀況，孩子可能會誤認為是自己惹母親不快樂。大多數父母不一定會覺察到自己不一致的信息，或即使知道自己內外的不一致，也不一定覺察到它會對孩子有什麼影響。有些人是基於害怕負面信息會傷害孩子而刻意有所隱瞞。但實際上，負向的訊息總還是比傳遞出困惑的訊息好些。

孩子對訊息的敏感度從很早就開始了，所以當父母在孩子面前爭吵後，應輪流去告訴他們的孩子（即使是嬰兒也一樣）到底發生了什麼事，特別是當他們吵架時有提到這個孩子的名字，這個舉動更形重要。如此做是幫孩子瞭解到底發生了什麼事，免得下了錯誤的結論，在心裡留下了疙瘩和陰影，而影響其自尊心（Satir, 1988）。

四、因在原生三角關係中成為第三者而影響自我價值

在三角互動中一定有人會是第三者。若此人自尊心低，很容易會感到被拒絕而失去自我價值感。但若處理得當，則可從中學習到彼此瞭解、包容、練就一身即使是當第三者仍能覺得自在的功夫。這樣的學習相當重要，累積足夠的經歷有助於其自我價值感的建立。

另外為了爭取自己在原生三角中得到接納，孩子會學習表現父母的行為來引起注意。但若父母親對孩子的行為要求不一致，但卻同時出現時，孩子會無所適從。建議父母共同找出一個解決方法，並讓孩子學會如何以較健康的方法來與父母互動，免得影響日後的人際互動。大多數來尋求諮商者，都是和家人的原生三角運作失效者，所以諮商的目的之一是要恢復其在原生三角中有效運作的能力。父母之間的意見雖未必要完全一致，但必須找到有效的方法來處理他們之間彼此意見的分歧。

隨著其他孩子出生，家庭互動的複雜性也隨之增加。諮商師的工作是幫助成員清楚瞭解家庭的系統並讓其能更有效地運作（Satir & Baldwin, 1983）。

伍、薩提爾的諮商與改變的信念

薩提爾相信：「我們每個人都有改變的可能。即使外在的環境顯示改變的機率微乎其微，內部的改變總是有可能的」（Satir et al., 1991, p. 92）。但前提是，若要能幫助案主改變，諮商師必須要先相信人們是具有成長的潛能，如此的信念比其專業能力更為重要（Satir & Baldwin, 1983; Satir et al., 1991）：

一、相信每個人都具有生存所需要的潛能

　　抱持和馬斯洛和羅吉斯類似的理念，薩提爾「對人類很有信心，她相信人類有管理和發展內在潛能的動機和能力」（Satir et al., 1991, p. 5）。家庭系統出現的症狀，可能是家庭成員在因應其目前狀況的方法不夠恰當所致。諮商師應從症狀去加以瞭解，幫助人們找到其潛能並學到克服的技巧。

二、改變是可能的，相信人是有能力改變與成長的

　　薩提爾（Satir et al., 1991）認為：「不管外在的情況如何，世界上沒有一個人是無法改變的」（p. xvi）。即使外在的改變受到限制，人們本身就具有克服困難和成長所需要的資源，「內在的改變永遠是可能的」（p. 92）。改變是個過程，抱持希望感是讓改變發生的重要元素。發覺到自己擁有這些內在資源會讓人們感到自我存在的價值感。

三、人是有選擇的，問題本身並不是問題，應對的方式才是問題的所在

　　薩提爾相信：「問題本身不是問題，關鍵在於是否應對得當」（Satir et al., 1991, p. 17）。從人們選擇應對問題的方式可以反映出其自我價值感，自我價值越高的人應對問題的能力就越強。

四、每個父母都是用心良苦

　　父母經常會採用他們成長時學到的模式來教養孩子，即使是功能不良也是用心良苦。所以諮商師應從人的角度來認識父母，而不是只看到他們所扮演的父母角色。

五、鑑往可以知來，諮商的目標是專注在積極面

　　我們不能改變過去的事件，只能改變其影響力。欣賞和接受過去可增加管理現在的能力。諮商中需專注在積極與健康的可能性而不是病態與消極的一面，幫助案主學會為自己的人生做選擇，做一個內外一致並能尊重自己的人。

第三節 · 薩提爾家族諮商的策略

> 除非這個人願意冒險，否則成長是不可能發生的。
>
> Until the person is willing to take the risk, growth cannot occur.
>
> （Satir & Baldwin, 1983, pp. 217-218）

壹、諮商目標

一、增強每個家庭成員發展潛能的希望感

增強家庭成員發展潛能，以促進家庭系統的整合是家族諮商的目標。要達到此目標可透過「智慧之盒」（wisdom box）的練習，即是幫助案主去找出自己的潛能、感受和學習接受自己、願意為自己的選擇負起責任，藉此來喚醒新的希望。可建議案主每天早上對著鏡子說三次：「這個世界因為有我而變得更好」來增強希望感（Satir & Baldwin, 1983）。

二、強化每個家庭成員的因應技巧

在人生的過程中難免會遇到問題，但薩提爾深信「問題只是顯示其缺乏克服能力的表徵」（Satir & Baldwin, 1983, p. 186）。即使遇到同一個問題，不知如何因應者會視其為問題；若能從有效的因應者的角度來看，該情境就不是問題。所以強化每個家庭成員的因應技巧（coping skills）相當重要。薩提爾（Satir et al., 1991）以飛機場的控制塔台為例，塔台上的工作人員，必須告知飛行員該飛機與其他飛機的距離和方向以確保該飛機的安全。諮商師的工作也是如此，

要幫助案主從各個不同的角度去看事物，看到人們之間的關係和其內在和外在互動的狀況，也可以觀察到一些家庭成員看不到某些互動與因應的狀況。薩提爾說：「我希望每次的訪談都為每個人帶來一個新的窗口，讓他們能夠更瞭解自己，並獲得能與其家庭成員更能有創意地與彼此互動」（Satir & Baldwin, 1983, p. 186）。

三、強調因應技巧而不是問題解決

薩提爾的家族諮商理論強調「聚焦於因應技巧而非問題解決」（Satir & Baldwin, 1983, p.187），從探索其家庭的生活中去瞭解導致問題的潛在因素。「症狀可以看作是一個人正在努力適應其所處不良環境中所做的舉動」（Satir & Baldwin, 1983, p. 187）。薩提爾等學者（Satir & Baldwin, 1983）把症狀比喻成汽車儀表板上出現的警示燈。諮商的重點應放在去理解這些警示燈所傳達的信息，從中去尋找家庭成員彼此互動間有所耗損或能量是怎麼阻塞了，亦即去處理他們的自尊、溝通和行為規則等和自我相關等層面的問題。總之，「薩提爾的諮商目標是促進健康的成長而不是根除症狀，並將原先被歸類為病態的能量轉化為有用的目的」（Satir & Baldwin, 1983, p. 188）。

貳、諮商師的角色和功能

一、諮商師的角色

（一）接受者

若要讓一個家庭願意接受改變，成員需要感受到愛與接受、信任和安全的氣氛，諮商師要以案主的立場來與他們互動、要能觸及案主的內心、對其恐懼和絕望感抱持同理心、助其一臂之力，並尊重他們是有價值的人（Satir et al., 1991）。

（二）傳遞希望者

薩提爾深信：「人們具有克服困難和成長所需的內在資源。『希望』（hope）是改變的重要元素」（Satir et al., 1991, p. 16）。所以諮商師的任務是傳遞希望：「我們都有能力在任何人生的階段學習新的東西」（Satir et al., 1991, p. 96）。任何時候只要你定意說：「一定有更好的方法，我要去找出來」（Satir et al., 1991, p. 95），你就有機會找到新的方法。

（三）富有信譽者──獲得案主的信任

幫助案主改變的另一個要件是贏得案主的信賴、諮商師應在工作中表現出自信以及專業的素養，例如營造一個沒有干擾的諮商環境，適時地告知案主自己的專業背景，與專業相關的個人資訊。除此之外，對於家屬提出的意見和對互動過程的看法應馬上處理且不加入個人的評價，如此，也有助於增長家屬的信任度。最重要的是要讓案主看到所設定改變的目標是可行的，所採用的方法是自己能力所及的（Satir et al., 1991）。

（四）注入覺察力者和強調過程者

其實要讓改變發生並不是一件難事，只要自問：「我要在自己原有的東西再加上一些什麼，可以讓我有所改變，有一些不一樣？」

薩提爾認為在成長與改變的過程中要強調過程而非內容結果（content outcome）。因為很多時候，事件的結果（例如沒申請到理想的學校）不是自己所能掌握的，但可透過這個過程中去評量自己的能力與興趣、學習的方法，為未來做更好的準備。只要有信心，改變就能一步一步的發生（Satir et al., 1991）。

二、諮商師的功能

（一）諮商師必須要提供給案主一個安全的環境

諮商師要勇敢表現專家的角色，贏得案主的信任。應以專注傾聽的態度創造一種讓案主願意鼓起勇氣、能清晰與客觀地看待自己及其行為的環境。諮商

師提問的方法很重要，應提問案主的能力和情緒皆可以掌控的問題，讓他們感到有能力，且從分享中體會到自己對諮商過程是有貢獻的（Satir, 1983）。

（二）諮商師的態度應是無偏見與接受性的，並提供給案主回饋

諮商師應以無偏見和接受性的態度邀請案主提供資訊，並示範分享訊息的方法。諮商師可以善用錄音或錄影設備，必要時播放以前的對話錄音或錄影，讓案主看到或聽到自己在諮商中的表現，並加以分享、討論與回饋。例如告訴案主：「你似乎想獲得成功，但好像又害怕去嘗試。」這樣的回饋對案主應該很有幫助（Satir, 1983）。

（三）諮商師旨在提高案主的自尊心

諮商師要在話語中仔細聽出案主自己和其家庭的成功事蹟，適時地表揚，讓案主感受到被尊重的價值感。例如：「我看得出來你是很負責任的人。」「聽起來你們家發生過好多精彩的故事喔！」諮商師可以在話語中標示出案主的能力，例如說：「可以看出來你是很多才多藝的喔！你真的表現得很好。」適時告訴案主，諮商師也是一樣站在學習的角色，也同時會有出錯的時候。當聽到家庭成員開始貶損自己時，諮商師應適時地使用一些技巧來鼓勵他們，例如：「你們全家願意來接受家族諮商，這是很不容易的事，你們做到了，那是很厲害的事！」

（四）諮商師應提供沒有威脅性的諮商環境

功能失調的家庭長期處在恐懼的氣氛中，都很擔心自己會再次受到傷害。因此，諮商師可以解釋憤怒其實是因為感到受了傷害。「就我而言，當一個人看上去生氣時，這不僅意味著他在內心感到疼痛，也可能是那人感到自尊心正受到威脅。」（Satir, 1983）。

在設定互動的規則時，諮商師提醒每個成員只有他們能告知自己所看和所聽到的，沒有人能替他人說話、沒有人能干擾他人。聽不清楚時要提醒成員說

具體些。清楚告知家庭成員諮商的目標，並讓他們知道諮商師是以整個家庭為對象，不會偏袒某一個人。如此做可讓受助家庭較少感受到威脅性。

當氣氛變得較嚴肅時，問些和家庭早期較輕鬆的話題：「你們兩夫妻是何時相識的？」然後再處理較嚴肅的資訊：「您感覺受到攻擊，是嗎？」

（五）諮商師需幫忙填補溝通訊息間的空隙或差異

必要時，諮商師應指出溝通上出現重大差異的狀況。例如，當受助的家庭成員說「我感覺很好」，但看起來並不好，諮商師可說：「你看起來很糟糕，那你怎麼說你感覺很好呢？」例如諮商師注意到案主要講話前會先看母親一下，諮商師可指出來，問案主：「是不是都需要母親同意才敢說話？」

（六）諮商師應清楚瞭解何時是結束諮商過程的時機

薩提爾（Satir, 1983）建議一些諮商過程可以結束的指標，如表 1-8。

參、諮商策略和過程

一、諮商改變的階段

此家族諮商對改變階段的詮釋是將薩提爾所提出的人性效能歷程模式（the human validation process model）（Satir & Baldwin, 1983）和改變過程（Satir et al., 1991）加以整合而成，可區分為以下六個階段（圖 1-3）：

（一）階段一：保持現狀

在此階段，當家庭系統很健全時，家人之間的分工與貢獻是平衡的，例如母親下班晚了，爸爸和孩子就一起幫忙準備晚餐。即使稍有失衡的現象，也是相當短暫的。但若系統不健全，每個家庭成員可能感覺自己付出的比接受到的還多而感到生氣、憤怒或恐懼。當這失衡的家庭狀態持續過久且當某個嚴重的事件發生時，就會有家庭成員發出求救的聲音。

表 1-8　可以結束諮商過程的指標

1. 當家人可以互動與溝通和可以告訴彼此自己是如何表現自己。
2. 當家人能解釋出為何互相間出現敵對的狀況。
3. 當他們可以看出別人是如何看待自己。
4. 當他們可以告訴彼此對對方感到害怕還有期望的事。
5. 當他們學會做選擇和已透過練習學會因應技巧。
6. 當他們能夠不再受到過去的事件所干擾和內外一致地表達想說的話。
7. 當他們表達時的句子是以第一人稱「我」起始，加個動詞，最後以一個直接的受詞作為句子的結尾。
8. 當楚表現出下面的 3B：
   (1) 直接（Be direct），用第一人稱來開始一個陳述句。
   (2) 清楚劃定（Be delinated），使用的語言要清楚標明「我是我」、「你是你」。清楚知道我和你是分開的，我認可我有我的貢獻，我也認可你有你的貢獻。
   (3) 清楚（Be clear），能夠以陳述或問句來清楚反映出對他人能力的認可。

（參考 Satir, 1983, pp. 227-228）

（二）階段二：外人的介入

當求救的聲音發出後，就進入改變的第二階段，身為外人的諮商師有機會介入，但要件是大多數的家庭成員要願意走出舒適圈與外界接觸（Satir & Baldwin, 1983; Satir et al., 1991）。

1. 接觸的開始

要幫助家庭成員願意開放心胸與外在接觸，諮商師應幫助案主達到以下的任務（Satir & Baldwin, 1983）：

(1) 引導家庭成員專注在希望而非問題

薩提爾強調諮商師「應鎖定在希望、期望和改變而非在『問題』上」（Satir

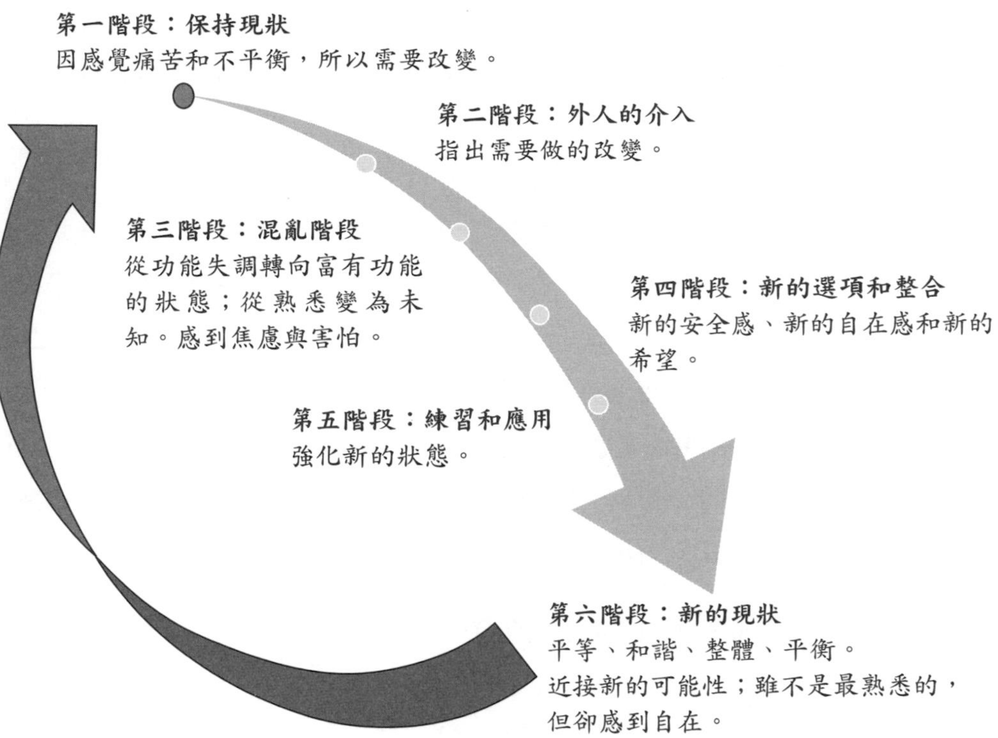

第一階段：保持現狀
因感覺痛苦和不平衡，所以需要改變。

第二階段：外人的介入
指出需要做的改變。

第三階段：混亂階段
從功能失調轉向富有功能
的狀態；從熟悉變為未
知。感到焦慮與害怕。

第四階段：新的選項和整合
新的安全感、新的自在感和新的
希望。

第五階段：練習和應用
強化新的狀態。

第六階段：新的現狀
平等、和諧、整體、平衡。
近接新的可能性；雖不是最熟悉的，
但卻感到自在。

圖 1-3　諮商改變的歷程
（參考 Satir et al., 1991, p. 118）

& Baldwin, 1983, p. 213）。且蒐集資料同時也進行諮商，如此做的好處是家人
可以從參與諮商的互動過程中開始感受到可能的改變，而諮商師也從家人的互
動中有機會蒐集到更深入的資料。

(2) 創造一個信任和安全的環境以蒐集助其改變與成長的資訊

　　當成員訴說可能會引發出負向反應的事件時，諮商師不要給予評論，好讓
家庭成員對諮商關係產生信任感而願意做更多分享，諮商師就有機會從成員的
對話中瞭解家庭的運作系統和因應策略。

(3) 引導家庭成員真正看到彼此

在進行此任務時，薩提爾經常會使用雕刻石膏像的技巧來讓家庭成員參與體驗他們所遇到的狀況，將她所看到的事情變為實景讓家庭成員們看到。如果家庭成員對情境很瞭解而能夠講出來，雕刻的過程就會快一點。此外，雕刻過程是動態的，從這個互動過程會讓家人意識到新的信息和展望，並且通常是幽默的。如果家人能夠放開心胸嘲笑正在發生的事情，對諮商過程進展上是一個相當重要的里程碑。

(4) 知會家庭成員互動的深淺是在他們的掌控之中

在這階段諮商師要評量家庭成員間彼此心理與情緒上的距離，彼此可以接近的程度，以及他們在這階段想要冒險的程度，並讓家庭成員知道在整個諮商過程中，他們想要冒多少險和投入多少是完全在他們自己的掌控之中。

2. 幫助成員對諮商結果抱持適切的期待

人們常會期待透過別人的改變來解決自己的問題。常不專注在處理所面對的問題，而是花心思在猜測誰對誰錯，或誰有權力來告訴別人該如何做。其實這是對自我價值不確定的心理在作祟。諮商師應幫助家庭成員探索自己想要做的改變，並對諮商的結果設定適切的期望（Satir et al., 1991）。

3. 檢查改變的障礙

改變過程中最常碰到的障礙有兩個，一來可能是因家庭規則教導不可表達負向的情緒所以不敢表露；二是因認為自己無法改變而產生的無奈。兩者之中，前者的影響尤其大，會讓家庭成員感覺是在朝向一個死胡同前進。為了讓其生命能量再次自由流動，需要幫助他們識別並修整功能不當的家庭規則，家庭系統的改變才會有可能發生。

4. 從另一個角度來看待抗拒

有時候家庭成員說沒事，但其實心裡的感覺並非如此，類似這樣的「抗拒」

心態，諮商師不用擔心，而是可以趁機和他們探討這樣的回應方式是如何發展出來，以及他們是想用這樣的方式來保護自己什麼。這比去打擊他們的抗拒反應更有效，讓家庭成員看到：「這些過去用來保護自己的自我防衛術，現在已經不再需要了」（Satir et al., 1991, p. 104）。

（三）階段三：混亂階段

諮商師介入後，整個家庭系統開始進入改變的過程，但也因為家庭系統運行的方式無前例可循而失去了穩定性。此時想要冒險去表達想法的成員肯定是會緊張的，諮商師應提醒成員：「除非願意冒險，否則成長是不可能發生的」（Satir & Baldwin, 1983, pp. 217-218）。其實這項突破所以可貴，不是在於說了什麼，而是在於他們願意且勇敢表達的勇氣。面對這樣的狀況，諮商師需預備好下列的心態來幫助家庭成員度過難關（Satir & Baldwin, 1983; Satir et al., 1991）：

1. 要取得案主的合作，諮商師的支持是不可或缺的要素

要幫助成員度過難關，特別是針對願意冒險自我揭露的成員，諮商師的支持（support）會幫助他們更能坦誠地自我分享、面對問題；但在協助此成員的同時也不要忽略其他的家庭成員。諮商師要能夠適時轉移注意力，讓其他成員知道目前情況的進展，並處理當場發生的急切性問題。

2. 在建立專業的關係後，諮商師必要的堅持有助於幫助家庭成員度過難關

諮商師必要的堅持（toughness）有助於幫助家庭成員度過難關，但前提是必須要先與他們建立良好的專業關係。若見其在成長與改變上遇到阻礙時，諮商師要以清楚、堅韌、有力的態度，站在他們的立場針對其想改變的目標，以其成長夥伴的身分來幫助他們度過難關，邁向目標。

3. 聚焦於此時與此刻

此階段諮商師的重要任務是把案主帶回當下，聚焦於此時和此刻。「所做的任何決定以在十秒內可以執行為主」（Satir et al., 1991, p. 109）。「幫助他們

去敏覺實際發生的狀況而不是想像中的情景」（Satir & Baldwin, 1983, p. 218）。

4. 以平常心去面對焦慮與害怕

在此階段，家庭成員會有相當高的焦慮感，諮商師應以平常心去面對焦慮與害怕，以鎮定的神情，接受和支持的態度陪著家庭成員一起度過。讓家庭成員能夠打開新的視野去審視自己的感覺，覺察整個家庭的內在運作過程。當家庭成員因為無助和無辜的心情，而說出傷害彼此的話，例如：「我要跟你斷絕父子關係！」「你永遠不要再給我回到這個家。」諮商師可鼓勵他們要冷靜一下，瞭解說此話背後的涵義在哪裡。

5. 檢視家庭的規則

太嚴格的家規可能會引發家裡成員生理、情緒和智力方面的症狀。幫助家庭成員檢視家庭規則，從賦予新的意義中來提升自我價值感。例如對於「不可以跟大人回嘴」這一個規則，薩提爾建議改成是：「若我需要表達感覺我是可以回嘴的，如果我被虐待我是可以給回嘴的，如果我覺得未受到重視我是可以給大人回嘴的」（Satir et al., 1991, p. 111）。

（四）第四階段：新的選項和整合

當所處理的議題不再困擾家庭成員時，諮商過程就進入第四階段：新的選項和整合。在此階段，家庭成員富有希望感並願意去嘗試新方法，不再有太多情緒上的起伏，在諮商師的帶領下一起面對與處理問題。不過進到此階段不一定代表是整個諮商過程的尾聲，也許只是一個議題的結束。當有新的議題再次出現時，則新的循環階段會再次開始。每個階段的發展並非像理論所界定般黑白分明，有時候每個家庭成員所處的階段不一定是一樣的。諮商師要很清楚地知道整個諮商狀況和每個家庭成員是處在哪個階段。薩提爾提醒諮商師，身為諮商「過程的領導者」（a leader of the process）是「幫助人們決定他們的生活（to make decisions about their lives），而不是為他們做出決定（not in making decisions for them）」（Satir & Baldwin, 1983, p. 221）。

（五）第五階段：練習和應用

在這階段要提醒家庭成員他們過去使用的互動型態仍難免會影響到現在，要能把新的方法應用出來則需要他們給彼此強力的支持，才有機會將新學到的因應策略發展成自己熟悉的現狀。

（六）第六階段：新的現狀

在這階段家庭成員間有健全與平衡的關係，對新的家庭系統運作已有了熟悉感與預測力。每個家庭成員有了新的自我形象和新的展望。更大的自發性和創造力被釋放，幸福感也重新再散發出來。

二、諮商策略──改變工具車

薩提爾開發了三輛改變工具車（Vehicles for Change）來幫助個人和家庭系統獲得改變。分別是：面貌舞會（The Parts Party）、家庭重塑（Family Reconstruction）和互動要素（Ingredients of an Interaction）（Satir et al., 1991）。

（一）面貌舞會

每個人都有「許多面貌」（many faces）。每個面貌都有其獨特的聲音、圖像、相關的記憶和期望。每一個面貌都是一項資源，但「一旦試圖要隱藏、拒絕或否認任何關於自己的某一個面貌，就無法有效地發揮自己的能量」（Satir et al., 1991, p. 177）。例如一個富有創意的小孩常被長輩罵「不安分」，為了當乖小孩壓抑創作的一面，而無法發揮創意的能量。面貌舞會這輛工具車可幫助人們去正視被自己忽略、隱藏和扭曲的特質，並重新評估有哪些個性特質需要受到更多的關注。透過這個審視，更能掌握當前的實況，發揮潛能，而不是生活在被他人設限或有條件的未來（Satir et al., 1991）。

面貌舞會是認知、轉換與整合內在資源的過程，在發掘與整合內在資源時，首先就是要去認知原本因被標為「不應該」而被自己隱藏的面貌。例如為了迎

合「做人要溫順」的社會禮教，而隱藏了憤怒、脆弱、恐懼或自誇的面貌。透過認可它們，這些面貌變得清晰起來。其次是接受原被自己隱藏的面貌，一旦我們認可了那些原被自己隱藏的面貌，就可以將其與其他相關面貌相結合，以增強其他面貌的功能。例如將失敗的憤怒與不甘心兩部分結合，可成為是反敗為勝的動力。再來是切換不同的面貌，當每個面貌有其不同的功能，要讓每個面貌的能量適時的發揮，人們可以主動按需要切換或停用任何面貌。例如要上台報告時，將焦慮面貌切換成興奮面貌的開關，最後整合各個面貌。因為每個面貌都有自己的位置與功能，在整合過程中可透過發揮各自的功能一起同工，彼此支持。「例如手指頭沒辦法做心臟所做的事，但卻彼此有相互的關聯。我們可以用手指頭去安撫別人，幫心臟傳達其想要傳達的意義」（Satir et al., 1991, p. 187）。舉行面貌舞會共有下面五個步驟（Satir et al., 1991）：

1. 步驟一：確定引導者和主人的人選，完成準備工作

通常是由諮商師擔任面貌舞會的引導者（guide），徵詢一位願意接受、轉換和整合的人當主人（host）。引導者對主人想要從面貌舞會中得到什麼進行瞭解，並引導主人完成以下任務。首先，請主人選六到八個自己想要處理的面貌，找出有名人物的名字來代表這些面貌，並針對每個部分取一個形容詞。例如想處理生氣的面貌，可以取名為希特勒。其次，請主人將形容詞區分為正向或負向，並考慮有哪些情境下原先被歸為正向的面貌可能會變成負向。例如良善雖是好的面貌，但過度的良善可能會轉成沒有原則的負向面貌。最後，請主人從觀眾中邀請志願者來做角色扮演，並問其對於以某個形容詞形容某個面貌的適切性。

2. 步驟二：讓每個面貌相遇

首先，發起聚會讓每個面貌相遇與互動。扮演每個面貌的演員進來後，先介紹自己並以對各個面貌的刻板印象彼此互動（例如對害羞面貌輕聲細語、對生氣面貌大聲講話）。主人和引導者站在場邊，觀察角色扮演者的行為方式。

其次，在角色扮演的過程中，必要時引導者可以宣布請飾演者停頓，詢問主人所看到的這些場景是否和其親身的經驗是否相符，並加以澄清。再來，因為角色扮演的場景是主人內在心路歷程的外在表現，越極端的表演對主人的轉換過程越有幫助。可以請飾演每個面貌的演員誇張其表達的方式，停頓並檢查他們的感覺。最後，再次澄清主人的感覺。請仔細觀察主人的反應，瞭解其所觀察到的是否有熟悉感，與其內心的感受是否有關聯性。

3. 步驟三：體會衝突的經驗

首先，要抓住對立的時刻。隨著面貌舞會的繼續，有些面貌會明顯開始對立，這時引導者問每個演員的感受。鼓勵他們將想要改變的想法演出來。其次，邀請其中一個面貌維護舞會的秩序。例如，邀請「生氣」這個面貌來當維護者，此面貌可能會不斷責備他人。在這個過程中，其他面貌也許會互相合作以便能和「生氣」共存。再來，請所有的面貌停頓並檢查其感覺。領導者可以喊暫停，問其他面貌審視當時狀況，應該如何做可以改變舞會的氣氛，並問：「你們都想改變舞會的氣氛，但為什麼沒有發生？」惹事的「生氣」這個角色可能說：「我無法改善舞會氣氛，因為撒旦不准我如此做！」引導者問：「那你要怎麼應付撒旦？撒旦，對此事你的回應是如何？」這時他們要開始學習如何努力與其他的面貌和平相處。最後，邀請主人澄清其想法。在這誰要掌管主權的角色扮演的過程中，應與主人澄清「這些場景在跟你說什麼？有熟悉感嗎？」或是否有些資訊與原先的情況不合。

4. 步驟四：轉換衝突

首先，邀請每個面貌互動並互相合作。諮商師問每個面貌：「你需要哪個面貌來幫助你？你需要他們如何幫助你？你願意付出什麼？」引導者需要幫忙主人去接受他們自己擁有的部分，這是走向整合很重要的一步。其次，鼓勵每個面貌接納彼此，建立和諧的關係。當每個面貌能夠到達一個特定的和諧度，可以去審視他們如何與彼此建立和諧的關係。例如忌妒者可能會慢慢學會鼓勵

別的面貌。最後，與主人澄清過程。諮商師可詢問主人說：「現在每個面貌都聽到彼此到底是怎麼一回事，這有符合你的狀況嗎？」當主人審視後願意接納每個面貌新的互動關係時，請那些面貌的演員將這種新的狀況表演出來。

5. 步驟五：執行整合儀式

(1) 讓每個面貌說服主人接受它

要從面貌舞會獲得整合，每個面貌需要認可自己是有用的，所以請每個面貌提出自己具備的特點，由主人考量是否要接受這個面貌成為自己人生的一部分。

(2) 鼓勵主人接受並整合所有的面貌

一個成功的面貌舞會是主人能夠認可並接受所有的面貌，也能藉此覺察到自己所具有的所有資源。假如主人對某個面貌還無法接受，引導者可以詢問說：「有些什麼是你無法接受的？」並請主人詢問其他面貌的意見，例如孤單的面貌可能說生氣的面貌很重要，因為它可以保護自己，這可能有助於主人改變其反對的想法。另一種做法是問主人：「這面貌有哪些方面是你現在可以接受的？」然後幫助主人能一步步地去學習接受。每個面貌都有能量，但都有可能變成問題的來源。唯有當主人願意去面對、瞭解與接納它們，才能變為自己內在的重要資源。

(3) 主人和面貌合為一體

一旦主人願意接受所有的面貌，引導者就可以引導主人進行接受的儀式：「請輕輕閉上眼睛，回顧你所看到的每個面貌，你看到和他們各自的特長和所有可能的轉變。」（請每個角色把手搭在主人的手部和肩膀上。）「此刻我要主人去感覺搭在你手上和肩膀上的每個面貌，去感受身上擁有的這些資源，當主人準備好時請打開眼睛。」最後請主人和角色扮演者分享在這個過程中的體會。

（二）家庭重塑

薩提爾開發家庭重塑這輛工具車，旨在帶領家庭成員從歷史的角度去探討原生家庭互動狀況。以期能以新的管道和眼光去探討自己與父母以及和原生家庭的關係、從重新建構自己與原生家庭的互動關係中去探掘自我，以及與家庭關係重建的可能性，從而以全新的視角看待未來，並以負責任的態度為自己的成長探掘出更多的新契機（Nerin, 1986; Satir et al., 1991）。

1. 準備階段的會談

通常會在重塑活動之前挑選探索者（explorer）〔或稱「明星」（star）〕，亦即要重塑其家庭的人。探索者和引導者（諮商師）事先花大約三個小時準備，完成影響之輪（wheel of influence）、家庭圖（the family map）、家庭生活年圖（family life chronology）和想像出生的畫面（the birth fantasies）。這些工具可幫助探索者從回顧原生家族的事略與互動中確定想要改變的內容（Satir et al., 1991）。

(1) 影響之輪

影響之輪展示出探索者從出生到青少年階段（約18歲）在智力、情緒和生理上影響他（她）的人。探索者的名字寫在中間，周圍畫圓圈並在上面寫下影響他（她）的人。可用圓圈的大小表示不同的影響程度，連接線的粗細與長短表明與對方關係的深淺。在每個人的旁邊寫下三個形容詞，並以加減號註明探索者認為該特質對其是正面或負面的影響（請見案例分析的圖1-6所示）。畫完後請探索者寫下其感想。

(2) 家族圖

請探索者運用圖1-4的符號畫三張家族圖，例如一張畫自己的原生家庭，一張畫祖母的原生家庭，一張畫父親的原生家庭。包括出生年月日、死亡、結婚、離婚等的日期都應詳細列出，若日期不確定者就猜測一下，並在旁邊加個問號。在旁邊用形容詞表明他們對該人的印象。用連線的方式表示成員間相互

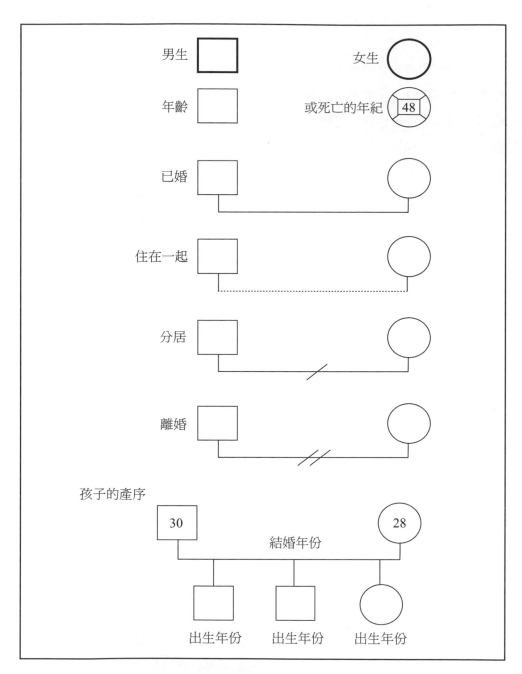

圖 1-4　描述家庭成員和結構的符號

（Nerin, 1986, pp. 49-51）

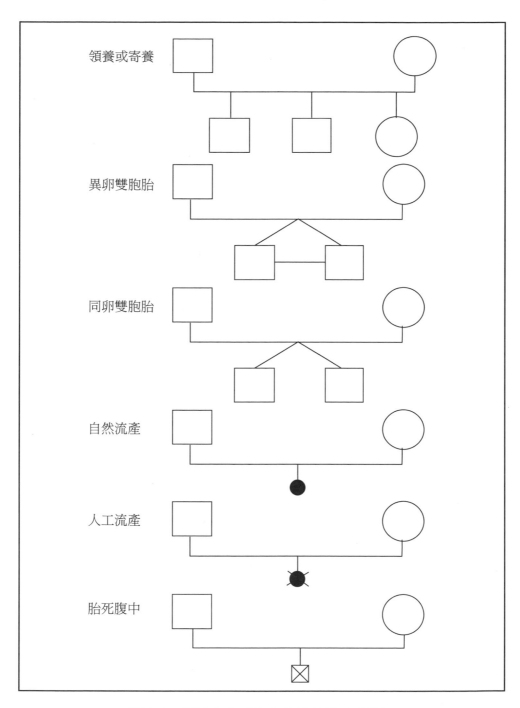

圖 1-4　描述家庭成員和結構的符號（續）

（Nerin, 1986, pp. 49-51）

的關係。家族圖上可放入該家庭系統的家庭規則、職業、疾病和因應策略、死因、家庭的價值觀和信念（如教育價值或金錢價值等）；有關家庭的故事和傳說。結束時請探索者寫下畫家族圖的感受。透過這樣的歷程有助於瞭解影響探索者早期生活的內在與外在的因素。

(3) 家庭生活年圖

家庭生活年圖涵蓋了三代人，從探索者最年長的祖父母出生開始，到探索者的年紀。標示每個家庭成員的出生日期、家庭中發生的重要事件（如婚事、喪事、搬家、離婚、喪偶等）或成就（如畢業、就職或升遷等）、社會和國家所發生的歷史事件。家庭年代表可分成三部分，父親那邊的年代表從祖父出生寫起一直到父親出生，母親那邊的年代表從外祖父出生寫起一直到母親出生；原生家庭則從父母相識的那天開始寫起，到探索者寫這份作業的此刻。若事件或日期是用猜的就標示個問號在旁邊。做完後請寫下其心情和感受（Nerin, 1986; Satir et al., 1991）。

(4) 想像出生的畫面

請探索者寫下其對父親、母親以及自己出生時刻的想像畫面。即使只知道出生的日期卻不知道細節，就藉由想像空間架構你想像中的故事情節。寫完後記錄寫這些故事的心情感受。

2. 家庭重塑的過程

(1) 前置作業──訪談探索者

當探索者將前述的作業寫完後，引導者就可以進行訪談。訪談中可以聚焦在下面四個問題：「(a)探索者希望從家庭重塑中得到什麼？(b)探索者目前遇到什麼樣的兩難狀況？(c)探索者所害怕的是什麼？(d)探索者希望從這個過程中得到些什麼？」（Nerin, 1986, p. 61-62）。

(2) 對參與者進行暖身

典型的家庭重塑是以大團體的方式進行（50到100人），約要一到三天（6

到 20 小時），但最理想的應是 15 到 20 人，這樣的人數讓探索者有足夠的人和多元性可以挑選角色扮演其家庭成員的人選。要讓家庭重塑能順利展開，彼此之間的溫暖和信任是相當重要的。

若整個團體約在 30 人以下，下面這個活動可用來幫助參與者發展出溫暖與信任的關係。首先邀請每個成員介紹自己的名字，以及分享來參加這個團體的動機，引導者應先做分享提供示範作用。然後邀請成員們兩兩配對，建議最好是與不熟悉的成員配對。兩個人坐在一起後要他們閉上眼睛體會其感受，要成員若已抓到感覺，舉個手示意，之後請他們打開眼睛與對方分享自己覺察到什麼。也邀請願意者與大團體分享。

(3) 介紹階段

諮商師先介紹時間的分配，然後由諮商師訴說探索者的故事，然後請探索者選擇並邀請其他參與者扮演其家庭故事中的角色。演員通常包括探索者本人、探索者的替身（所以探索者可以在必要時觀察自己）、引導者，以及扮演探索者的兄弟姊妹、父母、祖父母和其他重要人物和／或資源。當家庭成員的角色選好後，寫下其扮演角色的身分，掛上該角色的牌子。

(4) 雕刻石膏像

石膏像雕刻的主要目的是讓探索者將他（她）對家庭動力的建構外顯化，並識別在某個與人和特定的背景下自己真正的感受。薩提爾認為當案主透過雕刻石膏像來展示家庭的圖像，透過語言和情感（非語言）的途徑，不僅可幫助探索者將其內心的圖像表達出來，隨著雕塑的過程，可以更具體的組織、定義和解釋這些圖像，更有助於他們對家庭的動態找到新的涵義，讓心裡的圖像變得更加具體與真實。

雕刻石膏像並沒有公式可以遵循，最重要的是引導者要能建立一個信任與安全的諮商氣氛，並在此時此刻與受助家庭的成員和系統做真實的互動。家庭重塑專家內林（Nerin, 1986）提出一些雕刻的方向供作參考（Nerin, 1986; Satir et al., 1991）：

a. 雕刻自己

可以邀請探索者用自己的替身（alter ego）來塑造目前的自己，並檢查其眼神（注視的方向）、臉部表情、站姿、手臂和手指頭等是不是都有傳神地表達到自己。之後再請探索者塑造一個如果奇蹟出現自己會有的樣子。

b. 雕刻父母的關係

可以請探索者雕塑在成長過程中他們看到的父母關係。等雕塑好了，請扮演父母者表達此刻的感受。

c. 雕刻父母的相識、相戀與結婚的過程

可以請探索者雕刻父母的相識與相戀的故事，因為這是這個原生家庭的起始。透過雕刻可提供探索者有機會去聽到父母在生他（她）之前最初的夢想和期望。可以請探索者雕刻父母的婚禮，如此做可以讓大家經驗到這對夫妻的重要時刻，並可討論當初兩家是否有為了婚事而有所衝突。最後請探索者分享經驗這樣的情景的感受。

d. 雕刻每個孩子的出生對家庭的影響

雕刻婚禮後，探索者開始雕塑其原生家庭，特別是針對探索者出生的過程，以及每個孩子出生後對家庭互動方式的影響狀況加以雕塑。

e. 雕刻原生家庭的現狀

引導者邀請探索者描述他們家裡最有壓力、家人彼此關係最糟的一段時間，進行該段時期的雕刻。

f. 雕刻父母的家

雕刻親生（或領養或寄養）父母的家。可幫助探索者認識其父母成長的狀況。

雕刻石膏像的最後一個部分是請探索者訴說：「(a)還沒有達成的渴望和期

待及其感受；(b)父母的優缺點以及感到父母和自己相關聯的程度；(c)對父母接受的程度，相信父母已盡己能做到最大的努力；(d)對自己接受的程度，相信自己也已盡最大的努力，不用事事非要得到別人的認可不可」（Satir et al., 1991, pp. 219-220）。

(5) 結尾

當探索者的自我尊重已有明顯提升，感到自我已有能量和希望感，引導者就可以開始為家庭重塑進行結尾。可以請角色扮演者分享參與在家庭重塑的感受以及對他們自己的影響。也邀請「觀察者則從三個方面分享：他們個人與這個過程有的相關經驗、對探索者心路歷程的觀察、對引導者的觀察」（Satir et al., 1991, pp. 219-220）。當家庭重塑結束時很重要的儀式是幫助扮演者解除其角色，進行時請他們閉上眼睛仔細地品嘗自己在該角色中的體會，以及扮演該角色對他們的意義。謝謝該角色提供給他們的學習，並跟該角色道別後把牌子拿掉。請他們回想自己的名字、自己家的廚房和臥室，等完全把自己找回後才打開眼睛。並邀請他們分享參與家庭重塑活動的心得。

（三）互動要素

1. 目標

薩提爾提出改變的第三輛工具車是互動要素，其目標具體來說包括：「(1)改變因應策略的型態，學習一致性的溝通；(2)增進自我價值感；(3)更新自訂的自我引導規則；(4)減少防衛性」（Satir et al., 1991, p. 123）。

2. 進行的過程

互動要素以下面四個步驟進行（Satir et al., 1991）：

(1) 步驟一：用提問來瞭解問題的癥結

人們的內在想法常常一閃而過，若能把它分成細部好好剖析開來，較能清楚看出問題的癥結。薩提爾提出進行互動要素可用六個問題來提問，幫助案主

們看到原先未能看到的癥結點。這六個問題分別是：「你看到和聽到什麼？」「從所看到與聽到的訊息中你做了什麼樣的詮釋？」「這樣的詮釋帶給你什麼感受？」「對這些感受你感覺到什麼？」「你使用什麼防衛方式？」「你用什麼規則來管理自己的行事和為人？」（Satir et al., 1991, p. 124）。讓我們來看下面的例子：

> 諮商師：當丈夫下班回家時問你：「晚餐怎麼還沒有準備好？」時，你看到和聽到什麼訊息。
>
> 案主：我看到他的臉帶著生氣的表情，聽到責備的聲音。
>
> 諮商師：從所看到與聽到的訊息中，你做了什麼樣的詮釋？
>
> 案主：我覺得我怎麼這麼笨，這點家事都做不好。我覺得他在批評與責怪我。
>
> 諮商師：為什麼你會這麼想？
>
> 案主：因為從小每次父親下班時若見我還在寫作業就會問我：「你功課怎麼還沒有做好？」然後就開始責罵說我很笨，樣樣不如人。
>
> 諮商師：這樣的詮釋帶給你什麼感受？
>
> 案主：我就開始很害怕，很擔心，認為我將要受到處罰，就像小時候父親看我作業沒寫完，就會處罰我，不准我吃晚餐，但因作業很多我做不完，做完時也沒有晚餐吃了，經常是餓著肚子去睡覺。
>
> 諮商師：對這些感受你感覺到什麼？
>
> 案主：我感到很無助。在成長的過程中我一直很努力，希望能成材成器，證明給父親看我並不笨，但丈夫這個眼神讓我感覺到我還是那個愚笨的自己。
>
> 諮商師：你使用什麼防衛方式來反應？
>
> 案主：我通常會去忽視它，趕快把晚飯煮好，並告訴自己下次早點煮飯免得丈夫生氣。就像我小時候常在心裡催促自己趕快把作業寫完免得父

親生氣一樣。

諮商師：你用什麼規則來管理自己的行事和為人？

案主：我從小就被教會「聽話」的小孩就是最乖最棒的。

當案主清楚問題的所在時，改變的動力就會增強。

(2) 步驟二：探索新的意義

瞭解了案主感覺到害怕與擔心的心情是因為出於「聽話」的小孩就是最乖的形式規則之後，下一個步驟就是幫助案主探索新的意義。下面就針對每個提問加以解說，並舉出如何使用每個提問來幫助案主找到新的詮釋意義和反應方式的例子（Satir et al., 1991）。

a. 提問一：「你看到和聽到什麼？」

人們經常照相或記錄聲音，且認為我們真的可以毫無偏誤地記錄這些訊息。其實人們真的很難做到如此。所以很重要的功課是要學會能使用五官真的接收到實際發生的狀況且表達出來。

諮商師：我們來想想丈夫說：「晚餐怎麼還沒有準備好？」想傳達什麼樣的訊息？

案主：也許他真的很餓。

b. 提問二：「從所看到與聽到的訊息中你做了什麼樣的詮釋？」

人類具有解釋事物的能力，但其詮釋卻常會受到過去經驗的影響。要能夠真正地從現在的視角去解釋現在發生的事物，必須要學習將現在與過去區隔開來。

諮商師：當你接收到他真的很餓的訊息，而不是聽到先生責備的聲音時，

你做的詮釋是否有不一樣？

案主：當然有啊！我知道他不是要責備我，而是他真的餓了。

c. 提問三：「這樣的詮釋帶給你什麼感受？」

我們經常會在對所聽到的事件下了註解後整個認知過程才會開始，也就在這個時候感受成了關注的中心。若能將詮釋和覺知分開，我們才能去發覺這個事件其他可能的詮釋，可以讓我們能在反應之前深思一下別人可能的用意。

諮商師：這樣的詮釋帶給你什麼樣的感受？

案主：我會覺得是一種被需要的感覺。

d. 提問四：「對這些感受你感覺到什麼？」

這題的答案顯示出人們對自己的感受所做的決定或判斷（例如，我不應該有這種感覺）。要鼓勵他們學會不對自己的感覺下判斷，以開放和正向積極的態度來接受自己的感覺。

諮商師：你對感到被需要的感覺是什麼？

案主：我覺得很溫暖。

(3) 步驟三：破除防衛的習慣

人們時所使用的自我防衛也常是受到過去經驗的影響。一般常會使用的自我防衛包括：投射（projecting）、否定（denying）和忽略（ignoring）。所謂投射是企圖將責任歸到他人的身上，以減少自己的責任，但也因此放棄了自己負起責任的機會。否定自己的問題就不會去負起責任面對自己的問題。使用忽略的自我防衛方式雖然會承認問題的存在，但卻逃避去面對它。可以使用提問

五：「你使用什麼防衛方式？」來幫助案主。請看下例：

> 諮商師：之前我問你，當先生問說晚餐怎麼還沒準備好時，你認為先生是
> 　　　　在責備你，而你提到採用的自我防衛方式是：「我通常會去忽視它，
> 　　　　趕快把晚飯煮好，並告訴自己下次早點煮飯免得丈夫生氣。就像我小
> 　　　　時候常在心裡催促自己趕快把作業寫完免得父親生氣一樣。」這是一
> 　　　　種忽略的方式。你覺得這種方法好嗎？
> 案主：當然沒用了。這種防衛方式讓我一直以來都是畏畏縮縮的。
> 諮商師：這是可以理解的，因為使用忽略的自我防衛方式雖然會承認問題
> 　　　　的存在，但卻逃避去面對它。你有沒有想過有什麼較好的方法來面對
> 　　　　它。
> 案主：我希望小時候能勇敢表達心裡的感受，告訴父親我很餓，可不可以
> 　　　　先讓我吃點飯再繼續寫作業。也希望現在可以告訴先生說：「還沒有
> 　　　　耶！你很餓了吧，先休息一下，過一會兒晚餐就好了。」

(4) 步驟四：探討新的選擇

　　當諮商師想要幫助案主探討什麼規則是他們有採用但卻是會影響其自我價
值感、限制自我選擇的能力，而且實際上與現在的生活根本就是不相干的，這
個時候就可以使用提問六：「你用什麼規則來管理自己的行事和為人？」來探
問案主。確定了之後就可以幫助案主做改變或進行轉換。

> 諮商師：你前面提到「從小就被教會『聽話』的小孩就是最乖最棒的」，
> 　　　　你覺得用這樣的規則來管理自己的行事和為人會影響你的自我價值嗎？
> 案主：確實是。我一直以來都是畏畏縮縮的，對自己一點信心都沒有。
> 諮商師：你認為如果當年勇敢地跟父親說：「可不可以先讓我吃點飯再繼
> 　　　　續寫作業。」是不聽話的表現嗎？

案主：應該不至於吧！

諮商師：那現在呢？願不願意勇敢地跟先生說：「還沒有耶！你很餓了吧，先休息一下，過一會兒晚餐就好了。」

案主：我願意試試看。

當案主願意嘗試改變時，就可以進入改變與轉型的過程了。

▌從理論到實務，請聽她的故事……

第四節。薩提爾家族諮商的案例分析與摘要

壹、案例分析──家庭重塑演示

這場家庭重塑的場景是我（駱芳美）所任教的 2019 年秋季班刑事諮商（Foresnic Counseling）課的研究生，總共 17 個學生，班上同學同意參與，且其中一位學生撒拉（Sarah）同意要當探索者，並按規定完成了影響之輪、家族圖、家庭生活年圖和想像出生的畫面等四項指定作業。

一、前置作業──訪談探索者

家庭重塑進行的一星期前先與撒拉進行訪，並將這段訪談錄影起來可以在家庭重塑當天播放（註：家庭重塑的教導中沒有提到要這樣做，是引導者覺得這樣做訴說的故事較完整）。訪談開始她介紹自己名叫撒拉，35 歲。父母親於 1978 年結婚，有四個孩子分別是哥哥（生於 1981 年），姊姊（生於 1982 年），自己（生於 1984 年）和妹妹（生於 1987 年）（見圖 1-5 的原生家族圖）。

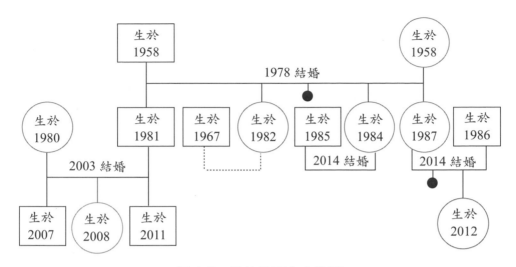

圖 1-5　撒拉的原生家族圖

影響之輪（見圖 1-6）。展示她從出生到 18 歲身邊的人對她影響的狀況。線條較短較粗的對她影響較多，較細較長的影響力較小。畫「＋」號是有正向影響的，負向影響的是畫「－」號的。旁邊所附的形容詞是她對他們的印象。

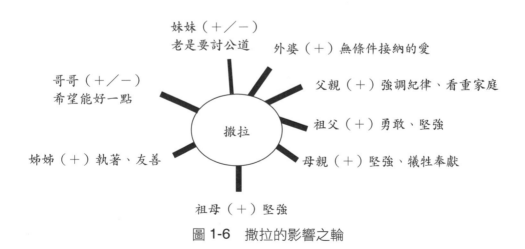

圖 1-6　撒拉的影響之輪

分享中當問到：「從與家人互動中有沒有什麼議題或兩難狀況希望能透過家庭重塑來處理的？」她指出希望能探索與兄長的關係，感覺跟他總是有些隔閡。哥哥雖然只大她三歲，但因是家中的老大且是唯一的男生，一直都是最得寵的。從小哥哥就有自己的房間，父母對他的要求也特別禮遇。她經常會心感不平的想著：「我為什麼不能得到一樣的待遇？」接著又說：「我很想探討在不同階段的人生裡，我與哥哥能如何更好的相處與互動。」從影響之輪可看出哥哥和撒拉原先的關係其實還滿親的，交了女朋友後跟家人的關係才越來越疏遠的，結婚後狀況更嚴重，也因此對哥哥婚後態度的改變相當耿耿於懷。婚禮中有人對母親說：「恭喜你得到一個女兒，不過你也丟掉了一個兒子。」哥哥婚後與家人的關係好像真的是這樣子。聽到此我澄清了一下：「那在家庭重塑中，你會希望去探索與哥哥的關係，是嗎？」她點頭稱是。說到和姊妹們的關係，撒拉說家中有兩個房間是給三姊妹共同使用的，姊姊和妹妹都有自己的房間，但她卻必須搬來搬去，看誰需要她就搬到哪一邊。她形容自己是「專門討好別人的人」，不能同時跟兩個姊妹吵架，否則就沒地方睡。不過一般說來，她跟姊姊的關係較好，妹妹身為老么較為天真也常不按牌理出牌，常讓姊姊們相當頭大。我趁機說明了家庭重塑進行中她會需要從參與者中選出人選來扮演她的替身、她的兄弟姊妹還有父母等角色，並以雕刻的方式來顯現其家庭互動或希望有的互動情形。然後我問她：「你會期望從這樣的家庭重塑過程中得到什麼？」「我希望能瞭解哥哥的心聲，看看我們跟他之間還可以有什麼樣更有建設性的互動方式。尤其現在我們都已經長大也結婚了，顯然原先的互動方式效果不好，那就從另一個角度試試看。」我問她會選擇哪些角色參與角色扮演，她說會是姊妹、哥哥和父母，還有哥哥的太太。母親原是在牙醫診所當牙齒衛生員，孩子出生後她在家當全職母親撫養四個孩子，雖然家中並不富裕，父親有時候要做到四份工作才足以養家餬口，有時候還得靠領救濟金來支持。但她很感恩母親如何以犧牲和堅忍的個性給她一個健康與安全的家，也看到父親對

家庭的重視，以及勤奮的個性，即使現在 60 幾歲，也還做兩份工作，還是高中的足球隊教練。不過家中對孩子處罰的重任則是交在父親手裡，父親是家中的老二，因為祖父是警察，為人處事是非分明，也因此造就父親對孩子們行為的重視，如果有犯錯，父親會體罰。而母親因本身是五個孩子的老大，造就她會照顧人但也具有領導力的個性。撒拉說：「母親很愛我們但無法忍受不尊重與撒謊的行為，絕不會因我們亂吵她就讓步。」

從影響之輪可看出母親和外婆與撒拉的關係相當親且影響也相當大，父親因忙於工作，對撒拉雖有影響但關係上不如母親來得親。

二、暖身和介紹

開始進行家庭重塑前，先進行暖身活動，請參與者找一位較不熟悉的人，兩人面對面坐在一起，閉上眼睛體會其感受。完成後，打開眼睛與對方（或大團體）分享此刻的感受。

暖身活動後，介紹流程，放映撒拉家庭故事的影片，之後，撒拉拿著寫著「父親」、「母親」、「哥哥」、「姊姊」、「妹妹」、「哥哥的女朋友」和「撒拉的代替者」的名牌，分別向七位參與者發出：「你願不願扮演我××的角色」的邀請，同意接受邀請者便將名牌貼在胸前。準備參與雕刻石膏像活動。〔以下將以「父親」、「母親」、「哥哥」、「姊姊」、「妹妹」、「哥哥的女朋友」和「撒拉的代替者」稱呼這些參與者，我（駱芳美）擔任引導者，撒拉擔任探索者。〕

三、雕刻石膏像

（一）場景一：雕刻自己

為了讓探索者熟悉雕刻石膏像的進行方式，引導者請撒拉的代替者出場，請探索者雕塑她自己（如照片 1-2 所示）。

雕刻後引導者提醒探索者審視她所雕塑的石膏像在眼神和舉手投足上是否很像自己。等確定之後，引導者問撒拉的替代者認為探索者想要表達的是什麼。撒拉的替代者說：「探索者想表達的是自信。」對此探索者表示贊同，且說對雕刻石膏像的進行方式已深有瞭解。於是引導者鼓勵她雕刻兄妹四人的關係。她的雕塑如照片 1-3 所示。

⬆️照片 **1-2** 「撒拉的替代者」。探索者在撒拉的替代者身上雕刻出來的自己。

（二）場景二：雕刻兄妹間的關係

雕刻照片 1-3 後引導者問四位參與者覺得探索者透過這個雕刻是要表達什麼？手臂被擺放在撒拉的替代者肩膀上的姊姊說：「我跟撒拉應該很親。」被安排站在桌上的妹妹說：「我的位置離哥哥姊姊們很遠，顯示我跟他們不太親。但我不太知道為什麼我是站在桌上？」引導者請探索者解釋一下，她說：「我是要用此來顯示她都不按牌理出牌的個性。」當問到哥哥體會到什麼，他說：「我跟妹妹們分開，好像不親。」一聽到此，探索者馬上將哥哥拉到撒拉的替代者的旁邊（如照片 1-4 所示）。問哥哥這修正後的位置代表什麼？哥哥說：「我跟兩個妹妹們很親，但好像我們三人跟小妹都不親。」這時引導者請探索者舉一個較確定的時間背景，讓四位參與者來演出當時情景下大家的互動關係。探索者將時間點定在哥哥的國中階段，妹妹們各差兩歲則是在小學階段。演的是在一個午後剛下校車回到家：

⬆照片 1-3（左）和 1-4（右） 探索者所雕刻兄妹間的關係圖。最右邊的男士扮演哥哥，右邊第二位是撒拉的替代者、右邊的第三位是扮演姊姊、站在桌上的是扮演撒拉的妹妹。

撒拉的替代者對哥哥說：我們去打球好嗎？

哥哥說：好啊！

姊姊說：哥哥，你幫我做功課好嗎？

哥哥說：當然不好！

妹妹說：我可以跟你們一起玩嗎？

　　哥姊們看向妹妹後未加以理睬，逕自笑成一團。問探索者這個場景跟實際情形的相似情形，探索者說的確是這樣的。「那時候的哥哥和我們真的滿好的，我們三個常會一起打球。妹妹如果看我們不理她都會找媽媽告狀，那真是一個快樂的時光。」

（三）場景三：雕刻父母與子女們的關係

　　接下來引導者請探索者雕刻父母和他們兄妹間的關係，探索者請父親和母親出場，雕刻成照片 1-5 的景象。雕刻後，妹妹開心的說：「看來媽媽是很疼我的。」哥哥說：「爸爸好像在告訴我：『男兒當自強』！」

○照片 1-5　探索者的父母和子女關係圖。最右邊的男同學扮演爸爸，最左邊的女同學扮演媽媽。

　　這時引導者請父親和母親對子女們說一些話，父親豎起大拇指對每個孩子說：「你很棒！我以你為榮！」媽媽則對每個孩子說：「我愛你！」最後對自己的丈夫說：「甜心，我非常愛你！」詢問探索者實際狀況，她說，父親對哥哥期望很高，希望他成為很好的運動員。媽媽非常疼小妹，常擔心她年紀太小，不小心會出事，所以在雕刻中父親的手搭著哥哥的肩膀，是在給哥哥加油打氣，母親的手則扶著妹妹的手，要保護不讓妹妹摔跤。

（四）場景四：雕刻父母的關係

　　「現在請演爸媽的兩位同學出列，探索者，請你雕刻你父母的關係。」探索者請他們握著拳頭面向彼此，如照片 1-6 所示。雕刻後請媽媽表達自己與丈夫的關係，她說：「我丈夫什麼事都求好心切，有時真讓人受不了，但我是很愛他的。」丈夫：「我的個性很急，有時候當太太做的事情不合我意時會想發脾氣，但我會忍住不傷害到她。」詢問撒拉她解釋說：「父親塊頭很大，個性很急。他知道自己拳頭比誰都大，若打下去是會傷人的，所以很會克制自己，但絕不會用肢體傷害母親，而是用口語表達生氣。兩人難免有口語之爭，但又很愛彼此。」

（五）情景五：雕刻哥哥與女友，以及交女友後與家人的關係

　　引導者請探索者雕刻哥哥剛有女朋友的狀況，探索者將他們雕刻成照片 1-7
的樣子後，引導者問女朋友你現在會想說什麼？她毫不遲疑對著哥哥說：「現
在你是我的了！」這時候引導者請探索者雕塑哥哥交女朋友後與家人的關係，
結果如照片 1-8 所示。看此雕塑圖像，姊妹們都說感覺哥哥離我們很遠。問哥
哥當時的心情，他說：「其實我也很想多花時間和家人在一起，但剛交了女朋
友又不敢對她怠慢。」

（六）情景六：雕刻期望的哥哥婚禮的情景

　　探索者的姊妹們都是球員，哥哥的婚禮卻選擇最忙的球季，所以他們姊妹
都無法參加，這令探索者很不能釋懷，也讓大家更有哥哥已屬於別人的生疏感。
於是引導者問撒拉：「如果時光可以倒流，妳會希望哥哥的婚禮是什麼樣子？」
照片 1-9 是她雕塑後的圖像。

◖照片 1-8　探索者的哥哥交女朋友後與家人的關係圖。

　　探索者說她理想中哥哥的婚禮應是如照片 1-9，家中的三姊妹當哥哥的伴娘，父母也歡欣喜悅地參加兒子的婚禮。請哥哥說出此刻的感受，他說：「我真的很希望我的婚禮是這個樣子，有家人在場和得到家人祝福的婚禮會讓我感

◐照片 1-9 探索者重塑理想的哥哥結婚情景。

到很幸福。」引導者請每個家人跟哥哥原先的女友（現在的太太）講幾句話，歡迎她加入成為家庭的一員。聽到哥哥心聲，探索者感到相當欣慰，體認到與哥哥的關係其實是可以改善的。

四、去除角色與回饋

家庭重塑的結尾很重要的一個步驟是幫助扮演者解除其角色。每個參與者先謝謝該角色提供給他們的學習，然後把牌子拿掉跟該角色道別後說出：「我是（自己的名字），而不是（角色扮演中的稱謂）。」並分享參與家庭重塑活動的心得。最後請觀察者給予回饋，並請探索者分享心路歷程和體會。

貳、薩提爾家族諮商摘要

薩提爾盡其一生地推展家族諮商，被譽為「家族諮商之母」。她強調愛的重要，鼓吹每個人生而平等，愛與尊重獨特性是成長能量的來源。溝通是決定人與人的連結以及如何解讀世界的主要因素，內外一致的溝通者在別人面前很自在，也能和他人有很好的互動。自我的核心是內在經驗的泉源，人們的情緒經驗有六個層次，若用冰山作比喻，其中渴望、期望、觀點和感受，是藏在水

平面以下不易見到，而因應措施和行為則顯露在水平面以上較易為人知的部分。越能夠觸及與理解自我的核心層面，就越能與他人有效的溝通。每個人與父母三角的互動經驗是其自我認同的來源，有效的原生三角關係有助於人際關係和自我尊重的提升。

　　每個人都有改變的可能，家庭也一樣。然而在改變的初期會因無前例可循而出現混亂的狀態。但除非願意冒險，否則成長是不可能發生的。為了幫助個人和家庭系統獲得改變，薩提爾開發了三輛工具車，分別是面貌舞會、家庭重塑和互動要素。在本章的案例中，撒拉志願擔任家庭重塑中的探索者，透過雕刻石膏的經驗，幫助她在與兄長和家人的互動關係找到新的涵義。

第五節。薩提爾家族諮商的自我測驗

・你瞭解了嗎？

下面有 15 題選擇題可幫助你測試自己對薩提爾家族諮商學派的理解程度。

1. 哪一位諮商學者被稱為「家族諮商之母」？

   a. 薩提爾（Virginia Satir）

   b. 林涵（Marsha M. Linehan）

   c. 安德森（Harlene Anderson）

   d. 伯格（Insoo Kim Berg）

2. 薩提爾所提出的成長模式中，最必要的因子是什麼？

   a. 瞭解　　　　　　　　　b. 愛

   c. 關心　　　　　　　　　d. 信任

3. 薩提爾指出阻礙人際和國際和諧的最大障礙是哪一項？

   a. 不知道如何看待自己身為人的價值

   b. 不知道如何接受自己身為人的價值

   c. 缺乏人人是平等的觀念

   d. 以上皆是

4. 薩提爾相信只要孩子們或個體的＿＿＿＿沒有受到阻礙，學習的慾望就會持續存在著。

   a. 好奇心　　　　　　　　b. 動機

   c. 熱心　　　　　　　　　d. 愛心

5. 薩提爾指出下面哪種溝通型態是功能性良好的溝通？

    a. 撫慰   b. 責備

    c. 算計   d. 內外一致的溝通

6. _____者偏好討好式的談話，包括試圖取悅與道歉，且不管別人說什麼都不會反對，但內心裡卻是相當脆弱無辜的。

    a. 撫慰   b. 責備

    c. 算計   d. 內外一致的溝通

7. 第二等級的內外一致的溝通（勇敢當自己、清楚自己是誰）是在冰山理論的哪一個層次？

    a. 因應策略   b. 感受與觀點

    c. 期望與渴望   d. 自我核心

8. 薩提爾指出人們有內在驅力要從生理、情緒和精神三方面去發揮而成為一個完全的人，這股內在驅力可以稱為是：

    a. 生命力   b. 內外一致性

    c. 希望   d. 信任

9. 薩提爾認為人們具有需要克服困難和成長的內在資源，_____是改變的重要元素。

    a. 生命力   b. 內外一致性

    c. 希望   d. 信任

10. 根據薩提所提的家庭的改變階段，當家裡的人或整個家庭系統向外人（也許是朋友、諮商師或其他的外人）表達出有改變的需要時，就會進入改變的第幾階段？

    a. 第一階段：保持現狀   b. 第二階段：外人的介入

    c. 第三階段：混亂階段   d. 第四階段：新的選項和整合

11. 根據薩提爾所提家庭的改變階段，在哪一個改變階段案主富有希望感並願意去嘗試新方法，不再有太多情緒上的波濤起伏，在諮商師的帶領下一起面對與處理問題。

a. 第一階段：保持現狀 　　 b. 第二階段：外人的介入

c. 第三階段：混亂階段 　　 d. 第四階段：新的選項和整合

12. 為了幫助個人和家庭系統獲得改變，薩提爾開發了改變工具車。用來整合一個人的內在部分和資源的工具車，稱為：

a. 面貌舞會 　　　　　　 b. 家庭重塑

c. 互動要素 　　　　　　 d. 以上皆非

13. 薩提爾開發的改變工具車中，有一輛是用來幫助案主重新體會他們如何受到三代或更多代家庭影響的形成過程，此輛工具車稱為：

a. 面貌舞會 　　　　　　 b. 家庭重塑

c. 互動要素 　　　　　　 d. 以上皆非

14. 薩提爾的改變工具車中，有一輛是用來幫助家庭成員探討家庭規則和因應策略兩因素互動對人們的影響，此輛工具車稱為：

a. 面貌舞會 　　　　　　 b. 家庭重塑

c. 互動要素 　　　　　　 d. 以上皆非

15. 在家庭重塑中，薩提爾讓家庭成員透過＿＿＿＿通過語言和情感（非語言）的途徑來展示家庭的圖像，以有助於他們對家庭的動態找到新的涵義。

a. 雕刻石膏像 　　　　　 b. 影響之輪

c. 家族圖 　　　　　　　 d. 家庭生活年圖

・腦筋急轉彎

1. 薩提爾強調「家庭是眾多系統中人們所歸屬的第一個系統，也是影響人們最多的系統，父母與孩子的基本互動經驗不僅形塑了人們的世界觀，也影響其自我的認同。」請就你的成長經驗舉例說明你的家庭對你這兩方面有著什麼樣的影響？

2. 根據薩提爾「問題本身並不是問題，應對的方式才是問題的所在，可能是在因應措施上遇上了瓶頸。」你同不同意這個論點？請舉個例子來支持你的論點。

3. 薩提爾在蒐集家庭生活或家庭系統的過程資料時，不將家庭來尋求諮商的問題當作焦距，而是強調改變，因為她認為家庭問題的產生是家庭系統功能不良所造成的結果。你同不同意這個論點？請舉個例子來支持你的論點。

4. 薩提爾用在黑暗中點亮光為例來形容轉換的過程，她說「不用跟黑暗奮鬥，只要亮光出現就可以驅走黑暗。也因此當加入新知覺、新感覺和新期望之後，新的因應措施就會因應而生了。所以要轉換因應措施不用完全改變，只要在原先舊有的方法上再加多一點點就會是新的因應措施。」你同意此論點嗎？請舉例來支持你的論點。

照片和圖片來源 *Photo/Figure Credits*

學者照片：By w:User:William Meyer [Public domain]. 取自 https://commons.wikimedia.
　　org/wiki/File:VirginiaSatir4.jpg

照片 1-1：By w:User:William Meyer [Public domain]. 取自 https://commons.wikimedia.
　　org/wiki/File:VirginiaSatir.jpg

照片 1-2 至照片 1-9：Provided with permission by Dr. Fang-Mei Law and Participants（駱
　　芳美 2019 年 11 月 9 日攝）

參考書目 *References*

Nerin, W. F. (1986). *Family reconstruction: Long day's journey into light.* New York: W. W.
　　Norton & Company.

Satir, V. (1983). *Conjoint family therapy.* Palo Alto, CA: Science and Behavior Books.

Satir, V. (1988). *The new people making.* Mountain View, CA: Science and Behavior Books.

Satir, V., & Baldwin, M. (1983). *Satir: step by step: A guide to creating change in families.*
　　Palo Alto, CA: Science and Behavior Books.

Satir, V., Banmen, J., Gerber, J., & Gomori, M. (1991). *The Satir model: Family therapy and
　　beyond.* Mountain View, CA: Science and Behavior Books.

Virginia Satir (n.d.). Retrieved from https://en.wikipedia.org/wiki/Virginia_Satir

「你瞭解了嗎？」試題解答 *Answer Key*

題號	1.	2.	3.	4.	5.	6.	7.	8.	9.	10.	11.	12.	13.	14.	15.
解答	a	b	d	a	d	a	c	a	c	b	d	a	b	c	a

第二章

◆

鮑恩的家族系統理論諮商學派
Bowen Family Systems Theory

創始者
默里・鮑恩
Murray Bowen（1913-1990）

—— 本章要義 ——
越能把持住「自我」，
越可以免於被負向情緒捲進去。

第一節。鮑恩的人生故事

壹、因愛科學而學醫走外科，在治療傷兵中愛上精神科

1913 年 1 月 31 日，鮑恩出生於田納西州小鎮的韋佛利（Waverly, Tennessee）直到念大學才離開，是五個孩子中的長子。他們家和社區裡的人都很熟，也受到相當的敬重。家裡有農場，自小與動物和大自然為伍影響了他日後對自然系統的興趣；家裡殯儀館的事業讓他對死亡是生命一部分的自然現象深有體會。因對科學的興趣多於藝術，決定就讀醫學院。1934 年獲得田納西大學諾克斯維爾校區（University of Tennessee in Knoxville）學士學位，1937 年畢業於田納西大學孟菲斯校區醫學院（Medical School of University of Tennessee in Memphis）。1938 到 1940 年在紐約市貝爾維尤醫院（Bellevue Hospital）當住院醫生，志向在於外科手術。1941 到 1946 年間，正值第二次世界大戰，他投入軍旅在美國和歐洲的海外基地擔任了五年醫生。治療傷兵們戰爭創傷神經症（traumatic war neuroses）的經驗讓他決定轉攻精神科（Titelman, 2014）。

貳、在門寧格基金會接受心理分析訓練，卻疑點重重

因在軍中表現優異，梅奧診所（Mayo Clinic）頒發給他軍事後醫學研究獎學金，希望他繼續在外科領域紮根，但鮑恩放棄機會，於 1946 年開始在堪薩斯州托皮卡（Topeka, Kansas）的門寧格基金會（Menninger Foundation）（照片 2-1）接受精神醫學和心理分析的臨床訓練。

〇照片 2-1　鮑恩接受心理分析訓練的門寧格基金會（Menninger Foundation: Menninger Clock Tower Building in Topeka, KS）。

接受佛洛依德（Freud）的心理分析（psychoanalysis）訓練，但應用到臨床上時卻發現疑點重重，研究上也缺乏證據，便轉而從其他領域去找答案，希望能發展出一個「建基於自然科學基礎的人類行為理論」（Titelman, 2014, p. 4）。

1951 年，鮑恩從病人與家人的互動中觀察到「當環境（特別是家庭）以『病』態（sick）的眼光來看待病人時，該病人就會顯示出『病』態；但若是把他當成一般人來對待，他就會有復原的可能」（Kerr & Bowen, 1988, p. 359）。不過當他興奮地與門寧格基金會的同事分享這個發現時，卻被譏笑該去接受心理分析的治療」（Sykes-Wylie, 1991, p. 28）。這盆冷水潑醒了他，領悟了待在該基金會發展新理念的難度（Kerr & Bowen, 1988），因此決定轉換跑道。

參、在國家心理衛生研究院探尋家庭對人影響的答案

1954 年搬到馬里蘭州貝塞斯達的國家心理衛生研究院（National Institute of Mental Health, in Bethesda, Maryland）（Titelman, 2014），將研究重心從個人轉到家庭，相信可從情緒系統和自我分化的狀況預測精神疾病的進程（Kerr & Bowen, 1988）。許多與家族諮商有關的新概念，例如自我分化（differentiation

of self）、三角關係（triangle）、家庭投射的歷程（family projection process）、核心家庭情緒系統（the nuclear family emotional system）、多重世代傳遞過程（the multigenerational transmission process）等概念一一萌芽。

一、「自我分化」的靈感的起源

鮑恩的研究始於 1954 年 11 月，供研究的病房住進了一對患有思覺失調症的母女，隨後又增加了三對。從觀察中，「鮑恩注意到母親與子女共生中無法自我分化的過程」（Titelman, 2014, p. 6），也就是說母女融合到幾乎看不到個別化的自我，這個現象提供給鮑恩開始探討「自我分化」的動力（Kerr & Bowen, 1988）。

二、「三角關係」和「家庭投射」概念的萌芽

三角關係的概念是 1955 年從母女共生的家庭中觀察到的。他發現當母女的緊張關係加劇時，其中一人會去找其他病房的人訴苦。因得到同情與支持，以後遇到同樣的狀況時，就會再去找這位第三者，這就是三角關係形成的原因（Kerr, 2019）。1955 年 12 月，有病人的父親搬來同住，鮑恩觀察到父親在與太太和女兒的三人互動中如何變成局外人的過程，為「三角關係」的論點提供了證據（Rakow, 2004, p. 10）。

鮑恩也從觀察到父母會將情緒轉嫁到孩子身上的現象，發展出家庭投射歷程的概念。他在 1957 年發表的第一篇論文〈患有思覺失調症成員的家庭群體的治療〉（Treatment of Family Groups with a Schizophrenic Member）（Titelman, 2014, p. 7）中介紹了自我分化與家庭投射歷程的概念（Titelman, 2014）。

三、「核心家庭情緒系統」名詞定位的起承轉合

1955 年鮑恩觀察到母女關係的緊密程度，不會因父親加入後而有所改變。從家庭成員相互依存的共存感，鮑恩相信「將『家庭』定位是『一個情緒單位』應該是較為準確的概念」（Kerr & Bowen, 1988, p. 7）。他並用「未分化家庭自我質量」（undifferentiated family ego mass）一詞來描述家人「卡在一起」（stuck togetherness）的情感（Bowen, 1985）。並於 1971 年「更名為『核心家庭情緒系統』，用來描述核心家庭成員在情感上的聯結性」（Titelman, 2014, p. 6）。

四、「多重世代傳遞過程」概念的形成

1955 年鮑恩讀到精神科醫師——劉易斯・希爾（Lewis Hill）的著作《思覺失調症的心理治療干預》（*Psychotherapeutic Intervention in Schizophrenia*）中所提出的：思覺失調症需要三代才能發展完成的論點（Hill, 1955），興起了研究的「多重世代傳遞過程」靈感。1958 年，鮑恩發表論文，報告觀察三代家庭後的研究結果，其案例是一對分化程度相當成熟的祖父母，其子女中有位自我分化成熟程度較低且對母親相當依附。當這個孩子長大後與一位分化成熟程度與自己相同（都不高）的配偶結婚時，其子女的自我分化程度也不高（患者）。此觀察證實了思覺失調症是一個需要三代人一起演變才會形成的過程（Bowen, 1985, p. 51）。

從 1954 到 1959 的五年期間，鮑恩的家族治療概念逐漸形成。開始呼籲：「如果問題是從家庭產生出來的，那麼治療就得直接從家庭著手」的概念（Kerr

將家族治療帶進醫學院的課堂一直是鮑恩的夢想。然而當時由於醫學界對家族治療仍有所質疑,大多數家族治療師選擇在獨立機構工作,所以1959年在考慮工作場所時,喬治城大學醫學院同意讓他任教,這個條件對他的吸引力極強。接受這個聘書意味著他將成為第一位家庭研究人員進醫學院教書的人,這對家族治療的推廣上意義相當重大(Kerr & Bowen, 1988)。

↑照片 2-3　默里‧鮑恩享受教學的樂趣。

& Bowen, 1988, p. 361)。找到了佛洛依德的理論看不到的新大陸,鮑恩相當興奮:「我親眼看到思覺失調症的現象以及病患和家屬在互動中產生的變化」(Bowen, 1985, p. 394)。「不在那個現場或者不瞭解家族理論的人,無法體會到家庭研究對理論和治療上的影響」(Bowen, 1985, p. 394)。並預測「如果進化論可以成為一門公認的科學,那麼人類的行為也將是一門科學」(Kerr & Browen, 1988, p. 362)。

肆、在喬治城大學醫學中心,他把家族治療帶入課堂

1959年,不少機構在招聘「家族研究」的人才,鮑恩選擇了華盛頓特區的喬治城大學醫學中心(Georgetown University Medical Center in Washington DC)。除了是因這個單位讓他能繼續發展理論以及同意讓他任教外,該中心的主任喬治‧雷恩斯(George N. Raines)醫生知遇之恩也是個關鍵。在1957年,兩人在精神科的醫學會上相遇,雷恩斯便主動對他說:「若哪天你向政府申請的經費用盡後,請在離開華盛頓特區之前先跟我見一面。」所以當鮑恩這次找工作與他聯絡,雷恩斯展臂歡迎:「這狀況早在我的預料之中⋯⋯你已經發現

了很多有關家庭的知識，這對精神科的領域是很重要的。我希望在喬治城大學能有這樣專業知識的人」（Kerr & Bowen, 1988, p. 373）。鮑恩於是決定投效旗下。

他受聘擔任精神病學系的臨床教授、家庭計畫（family programs）主任、開創家庭中心（Family Center），並繼續延伸與擴展其理論。1959年他發展「自我分化量表」（differentiation of self scale）以用來觀察病人的自我分化程度（Kerr & Bowen, 1988, p. 12），專業界人士才注意到原來鮑恩所提出的自我分化不只是個心理現象，而是可以客觀測量的。然而不久後為了避免將複雜的自我分化特質因為量化而被簡化，鮑恩不再使用該量表，轉而以質性的角度來說明自我分化的現象（Hall, 1991）。

此外，鮑恩也將他在核心家庭發現的現象擴大到原生家庭、工作場所和社會系統（Kerr & Bowen, 1988）。1961 年，他加入了美國精神病學和神經病學委員理事會（American Board of Psychiatry and Neurology），並成為美國家族治療協會（American Family Therapy Association）的第一任主席。

伍、「鮑恩理論」問世，努力終獲認可

在 1960 到 1966 年之間，鮑恩將原先已發展的理論概念整理得更加清晰，命名為「家族系統理論與治療」（Family Systems Theory and Therapy）。並在1972 年和 1975 年分別添加了社會中的情緒過程（emotional process in society）和情緒截斷（emotional cutoff）的概念（Titelman, 2014）。

鮑恩一生獲得了許多獎項和認可，包括：美國家族治療協會（American Family Therapy Association）創始人和第一任主席（1978 到 1982 年）；門寧格基金會（Menninger Foundation）年度校友（1985 年 6 月）；埃里克森基金會（Erickson Foundation）在鳳凰城所舉辦心理治療學變革研討會（Evolution of Psychotherapy Conference）的講師（1985 年 12 月），門寧格精神科學院（Men-

對於理論的取名，鮑恩從 1966 年使用「家族系統理論」（Family System）一詞，隨著「系統」概念在 1960-1970 被廣泛使用，他將名稱改為「家族系統理論和家庭系統療法」（Family System Theory and Family System Therapy）。1974 年，為了與一般系統理論相區別，他更改為「鮑恩家族系統理論」（Bowen Family Systems Theory），或簡稱「鮑恩理論」（Bowen Theory）（Bowen, 1985, xvii）。

📷照片 2-4　默里‧鮑恩

ninger School of Psychiatry）畢業典禮的演講者（1986 年 6 月）；田納西州歸鄉 '86（Tennessee Homecoming '86），諾克斯維爾（Knoxville）的州長證書（Governor's Certificate）（1986 年）；田納西大學諾克斯維爾校區傑出校友獎（1986 年 10 月）。鮑恩從 1978 到 1982 年擔任美國家族治療協會的第一任主席。他的研究重點是在人類互動，而非著重在症狀和診斷，把身心和社會疾病融入家庭研究的議題裡，發展出與佛洛依德完全迥異的論點。他於 1990 年死於肺癌，享年 77 歲。2002 年 11 月，鮑恩的研究論文和報告捐贈給了美國國家醫學圖書館（U.S. National Library of Medicine）（"Murry-Bowen," n.d.）。

第二節。鮑恩家族系統的理論

自我發展的越好，越能不用仰賴別人而能照顧好自己。

The better developed the self, the more a person can act to enhance his own welfare

without impinging on the welfare of others.

（Kerr & Bowen, 1988, p. 94）

美國精神科醫師和教授鮑恩進入精神科領域的起步是從接受佛洛依德的心理分析訓練開始，但由於發現人類的困難並不是如同佛洛依德所說是個人心理中尚未解決的問題，而是受到家庭系統的影響，因而放棄心理分析的論點。以發展出一個建基於自然科學基礎的人類行為理論為出發點，鮑恩用其一生的努力創建出鮑恩家族系統理論，簡稱鮑恩理論。

鮑恩理論諮商的對象是家庭而非個人，「關注的是人在行為上做了甚麼，而不是去解釋為什麼做了這事」（Bowen, 1985, p. 416）。「旨在描述人們如何表現，而非在為人們『應該』做什麼開處方」（Kerr, 2019, p. 166）。鮑恩的理論不關注精神疾病，而是關注人們在人際關係中受到的挑戰。強調應透過每個家庭成員的視角去看世界，而不是從主觀與消極的觀點去看人際關係中消極的一面。下面就讓我們從鮑恩所發展出來的八大概念中去瞭解家庭的關係如何影響個人的成長。

壹、三角關係

「三角關係」這個詞在現今的社會常被解讀為負向的詞彙,但在鮑恩的研究中它可是一個重要的概念。下面就讓我們來看家庭互動中三角關係的特質。

一、三角關係是一個最小的穩定關係系統

1955 年鮑恩注意到他所觀察到的母女在緊張關係不斷加劇時,其中一人會去找其他人交談以獲得同情和回應,其三角關係的形成可以從圖 2-1 來解釋。如左圖表示當處在冷靜的狀態時,兩人的系統會是穩定的,但若兩人的緊張程度加劇到很難化解時,就變成中間的圖,兩人之間的曲線顯示雙方關係產生衝突,感到不舒服的 A 自然地會去抓一個無辜的第三者 C 加入行列,比如 A 向 C 告狀說 B 的壞話。其實 C 不一定會變成第三者,除非 C 同意加入並去向 B 挑起戰火,就變成右邊的圖。這時衝突已經從原始的 A 和 B 兩人轉移到了 B 和 C 之間的關係中,形成了三角關係,A 和 B 之間也因衝突轉移而恢復兩人原先和平的關係。

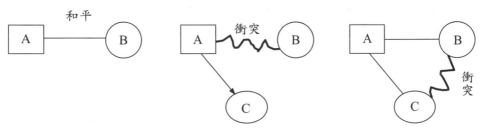

圖 2-1　三角關係的形成過程

（Kerr & Bowen, 1988, p. 137）

在詮釋三角關係時,鮑恩選用「三角關係」（triangle）而不是triad 來定義這個概念,因為triad 指的聯結上是固定（fixed connotations）,但從圖 2-1 可看出,情緒在三角關係間的流轉並非固定不動的,A 和 B 的衝突可轉成 B 和 C 的

衝突。但神奇的是，「在這三角關係裡，情緒在三個角之間時時刻刻地流轉，但當停止運行時，每個點仍處於相同的位置」（Bowen, 1985, p. 479）。三個人雖不斷地做情感交流，但不會影響整個系統，每次情緒互動後，都會回歸至原先的三角關係。也因焦慮情緒可以在三角關係中轉移，而減低了三角關係中任何一個關係會過熱和被破壞的機率，其關係會比兩人構成一條線的二重體（dyad）更穩定。也因此鮑恩才提出：「三角關係是一個最小的穩定關係系統」的論點（Bowen, 1985, p. 373）。

二、三角關係可作為情緒的出口

當兩人系統出現不穩定狀態時，若能找到一個發洩情緒的管道，可能可以讓兩人的緊張獲得平緩。例如，父親下班後將心裡一肚子氣傳給母親，這時剛好看到兒子沒在念書而是在玩電動遊戲，夫妻就把氣出在孩子的身上，並嘮叨說這樣玩下去前途會沒希望。在這互動中，父母兩人的情緒有了出口，關係恢復平穩，但孩子因無故遭殃而感到生氣無奈（兒子的四方形塗滿灰色，表示他接受到父母傳過來的負向情緒）（圖 2-2）。從這項例子看出，很多時候三角關係的形成是用來充當兩人系統出現不穩定狀態時的解決方案。其實它並不恰當，若經常使用，這位無辜者會出現情緒不穩定的症狀。

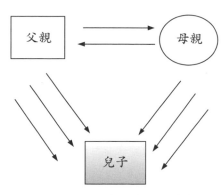

圖 2-2　三角關係的範例

（參考 Gilbert, 2004, p. 43）

三、既是三角關係必有人會被當局外人

1955 年 12 月，鮑恩所觀察的病房裡，有父親加入。在三個人的互動中，鮑恩觀察到常會有兩人關係較緊密，另一人則像局外人般的不自在的現象。但好消息是這個局外人並不會完全被排外，因為「親密的二人組中會有一個人對被排外的人具有好感，會找機會和這位第三者互動；但另一人可能持較消極態度而不願意向第三者示好」（Bowen, 1985, p. 479）。這可以用來說明為什麼有時母親自認對兩個孩子一樣好，但兩個孩子之間卻爭鬥不斷，覺得母親對另一個比較好。不過不用煩惱的是，「即使在最『固定』的三角關係中，正向力和負向力也會不斷來回移動」（Bowen, 1985, p. 479）。所以三個人中有時候某兩人比較親，有時候又會換另外兩人比較親。

其實如果被當局外人對待時，也不用太沮喪。特別是當人際互動間緊張或焦慮加劇的情況下，自救之道是置身度外。置身於三角關係之外可以把裡面的狀況看得更清楚，更知道自己在家庭的壓力中應如何扮演更好的角色（Bowen, 1985; Gilbert, 2004）。

四、三角關係的互鎖與擴散

儘管三角關係可以讓焦慮遊走於三個人之間，若焦慮過多時，三人中的一個成員會去聯絡第四人，去形塑一個互鎖性的三角關係（interlocking triangles）。例如圖 2-3，本來全家四口相安無事（圖 A），未久母子呈現緊張的關係（如母親念著兒子不用功讀書，兒子回說不要管他），母親希望拉父親進入三角關係（如勸勸兒子）（B），父親接到了訊息加入三角關係，並與兒子呈現緊張狀態（如對兒子嘮叨，兒子開始抗拒）（C）。這時母親遠離三角關係（如已把責任交給先生就離開現場去忙別的事了），父親便將他的焦慮和挫敗感傳達給女兒（如跟女兒訴苦，請女兒勸弟弟）（D），女兒加入了三角關係，引爆了兩姊弟的衝突（如勸弟弟時弟弟回嘴，兩人吵了起來），父親順利地退到三角關係中局外人的角色（E）。因此，在這種情況下，當一個三角關係

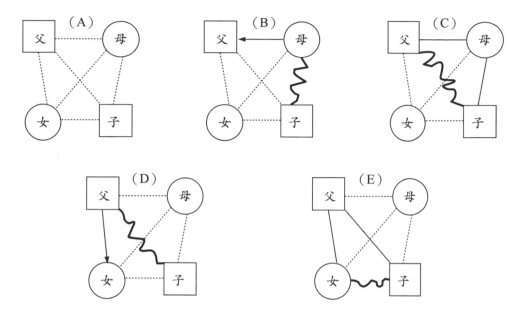

圖 2-3　互鎖性的三角關係形成圖

（參考 Kerr & Bowen, 1988, p. 140）

不可用時（如本來是要形成父親－母親－兒子），張力會蔓延到另一個三角關係（如變成父親－女兒－兒子），這種無法將焦慮包含在一個三角關係中，然後又溢出到另一個三角關係中的過程稱為互鎖三角關係（Kerr & Bowen, 1988）。

　　當家庭中的緊張局勢非常嚴重並且可用的家庭三角關係耗盡時，就必須借助家庭外部的人（例如警察和社會機構）的參與來構成家庭三角關係的系統（Bowen, 1985）。互鎖三角關係可以大大減少家庭中央三角關係的焦慮感（Kerr & Bowen, 1988）。但因焦慮可以透過一系列相互關聯的三角關係在一群人中傳播，這可能導致形成強烈偏見或極端化（如圖 2-4）（Kerr, 2019）。

　　從上面的討論中可見三角關係比兩人的關係更複雜，而且隨時都會有新型態的三角關係出現。想想你與家人的關係，有時候你以為已瞭解了自己與家人的關係，但卻發現該三角關係又有新的發展。

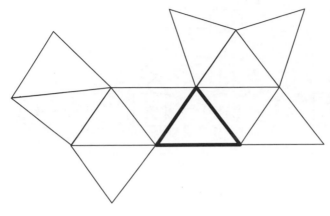

圖 2-4　三角關係的繼續擴大

（參考 Gilbert, 2004, p. 45）

貳、自我分化

「自我分化是鮑恩家族系統理論的基石概念」（Titelman, 2014, p. 3）。是用來解析個人如何在家庭關係的群體我中保有個別我的功能。

一、自我的定位

「人們的情感和行為受到兩股力量交互的影響，一股力量鼓勵人們成為獨立的個體（individuality）；另一股力量則鼓勵與他人相互聯結（together-ness）」（Kerr & Bowen, 1988, p. 61）。但這兩股力量並非是互斥的，「不和他人黏在一起並不代表放棄與他人有情感上的關聯，只是意味著不要一味依賴於他人的支持和接受」（Kerr & Bowen, 1988, p. 107）。只要善於經營，是能夠兩者兼顧的。所以「分化即是個體在整合相互聯結和獨立的兩股生命力量的過程」（Bowen, 1978; Smith, 1998, p. 208）。從自我分化過程中去體會和尊重「每個人與他人基本上是不同的」（Kerr & Bowen, 1988, p. 346）。

提升自我分化的過程中最常遇到的瓶頸是不夠認識自己。「自我發展得越好，越能不用仰賴別人而能照顧好自己」（Kerr & Bowen, 1988, p. 94），所以

要自我分化的前提是要先能「自我定位」（defining a self）。所謂自我定位「是願意透過行動和學習而逐漸能以『自己』存在家庭和其他群體關係中」（Kerr & Bowen, 1988, p. 107）。自我可以分為核心（基本）自我〔hard-core（basic）self〕（以下簡稱為核心的自我）和偽自我（pseudo-self）（如圖 2-5）。

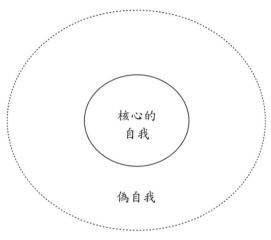

圖 2-5　核心的自我和偽自我

（Gilbert, 2004, p. 34）

（一）核心的自我

　　圖 2-5 裡層核心的自我，是由個人最堅定和最整合的信念組成，相當堅決，不會隨便受到他人的左右或團體壓力的影響。它周圍的界線以實線表達就是顯示這個自我是無法磋商，不隨便與他人妥協的（nonnegotiable）。它不易因為受到脅迫或壓力就改變，也不會為了要與他人建立關係或獲得他人的認可而改變；會清楚地站在「我的立場」（I position），告訴對方自己是誰、自己的信念和座右銘、會做與願意做或者不會做與不願意做的是什麼。核心的自我做出的決定都是基於客觀的事實和邏輯判斷，且是經過深思熟慮，透過最佳思維得出的。不過這個核心的自我也不是頑固不化，其遵循的指導原則與中心思

想會根據新知識和新經驗而做適當的調整與改變（Bowen, 1985; Gilbert, 2004; Hall, 1991）。

（二）偽自我

　　圖 2-8 外層的自我因具有流動性和移動性而被描述為偽自我。偽自我的信念是從周遭人傳遞的資訊和觀點中吸收來的，只要是認為應該知道的，並對自己的身分地位有提高作用的，即使內容不是自己所信服的，也借用或收納進來。偽自我在吸收知識時是很隨興的，有時候會因當下的情緒受感動而接受看似合理的哲理，或輕易地採用相反的哲學觀來反對自己所屬的關係系統。圖 2-8 偽自我周圍的邊界畫虛線就是表達外界對它有滲透性，顯示出偽自我的信念是可以經由磋商而改變的（negotiable）（Hall, 1991, p. 54）。

二、自我分化的高與低

　　圖 2-6 左右兩邊核心的自我的邊界都畫以實線，顯示掌管基本信念的核心的自我，在與他人互動時不會隨意受到影響，會選擇性地去接受或反應他人的情緒。自我分化高與低的人會因其核心的自我和偽自我的構造狀況不同，而在行事為人上的表現會有所不同。下面將分別加以說明。

（一）分化程度高者的特質

　　分化程度高者如圖 2-6 左圖，偽自我較小，即來自外在訊息所構成的自我成分較少。在從偽自我的邊界來看，它是以較粗的虛線表示難以滲透，顯示分化程度高者的偽自我不會任意地受外界的影響。相對的，其核心的自我較大，有較多自我的理念，較少採納偽自我的意見。其行為是有目標導向，不隨意受情緒所左右，較常受思維和自我選擇目標的影響。其思想、感覺和行動有著很好地整合，能夠將情緒和理性區分開來，行動的選擇和人生的長期目標經常都是一致的。遇到內外不一致的威脅狀況時，能遵循自己人生的計畫，並以關心的立場與他人接觸與合作，兼顧到自己與他人的福利。即使在高壓力的情況下也不會跟著情緒的起伏而隨意動怒（Gilbert, 2004; Hall, 1991; Smith, 1998）。

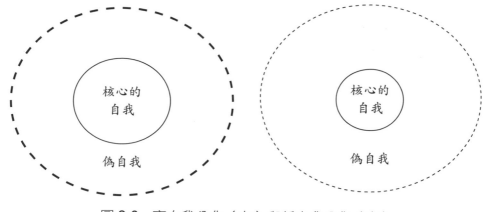

圖 2-6　高自我分化（左）與低自我分化（右）

（Gilbert, 2004, p. 37）

（二）分化程度低者的特質

　　從圖 2-6 右圖看來，分化程度較低者的核心自我較小，亦即較少有自己想要堅持的理念與原則；相對地，偽自我較大，由外來訊息所構成的自我成分較多。再從偽自我的邊界來看，它是以較細的虛線顯示其邊界是可滲透的，很容易受到外界的影響。也因此其行為表現很少有特定的方向，較常是自發與隨興的情緒反應，易受當下的焦慮情緒所控制，也容易為了回應他人的要求，或是為了應付當下緊急壓力狀態而做反應，而未能顧及自己內在原則和信念的實現與整合。此外，分化程度越低的人若越認真遵循團體的走向，就越難同時兼顧追求自己的理想以及和他人合作兩者，再加上較無法將情緒和理性兩項功能區分開來，所以自我分化等級低的人在壓力下較脆弱無辜，很容易出現自私、逃避或暴力等行為。若出現心理症狀，其恢復速度較自我分化程度高者來得緩慢（Bowen, 1985; Gilbert, 2004; Hall. 1991; Papero, 1990; Titelman, 1998a）。

　　秉持著「一旦人們不再努力做自己就很容易會失去自己」的原則（Hall, 1991, p. 51），鮑恩在強調佛洛依德的心理分析精神醫學中，努力發展鮑恩理論，就是尋求自我分化的一個例子。

三、 家庭裡外的我

　　家庭是好多個「我」所組成的，「家庭成員貢獻『自我』給家庭的融合系統中，建造出家庭的氛圍」（Gilbert, 2004, pp. 5-6, 25）。每個人貢獻的自我「融合」（fused）在一起，形成群體我（group self），其他留給自己的我，就是個別我（individual self）。在不同的家庭中，甚至在同一家庭中的不同個體中，留給個別我的量都會有所不同（Gilbert, 2004）。圖 2-7 是一個房子上面疊著兩個四方形（代表兩位男性家庭成員）和兩個圓圈（代表兩位女性家庭成員）。在房子裡的是群體我，房子外的部分就是他們各自擁有的個別我。

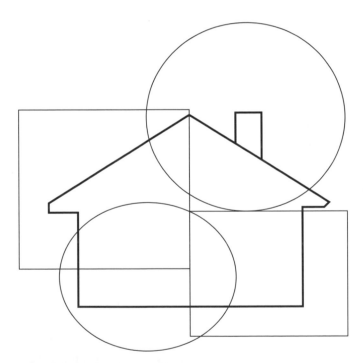

圖 2-7　個別我（房子外）和群體我（房子內）

家庭是最基本的社會組織，其強大的團結力量給了人們生活的動力；然而家庭過度的保護可能相對地也阻止了人們的成長。例如當一個人想發展自己時，家人可能會看他有較多的個別我，而試圖用：「像我們一樣吧！」「以家庭為重吧！」「家和萬事興！」「對家庭比對自己更重要！」「按家人們的想法去思考！」來把那人拉回。

每個人投入家庭和自己擁有的部分要適量，如果貢獻給家庭的分量占得比給個人的還多，成員都很「融合」，但也「失去了自我」。這樣的家庭是每個人都黏在一起，當有一人感到焦慮時，其情緒就會感染給家人，而讓整個家庭都變得很焦慮（Gilbert, 2004）。個人和家庭系統的靈活度越小，對於生活中所發生的情緒顯著性的相關事件適應力就越差。自我分化程度越低，適應力也會越差。相對地，當一個人的自我分化越高時，越能把家裡的系統觀察得越清楚。越能掌握自己就越能覺察到什麼時候自己並不在當自己，也越能知道何時別人正遇到和自己一樣的問題（Kerr, 2019; Kerr & Bowen, 1988）。

參、核心家庭情緒系統

「每個人的一生被兩個『家』所決定了，一個是自己成長的家，一個是自己來自的國家。」某日一位國際學生說了這麼一句話，讓我印象很深刻。國家對我們的影響不是本書的重點，在此不做討論，但從家的角度來看，確實如我的學生感受到的，不管我們承認與否，「家塑造了每個人的長短處，家教導我們做人處事的原則，也讓我們長成今日的身量」（Gilbert, 2004, p. 9）。

在家庭互動中，成員很容易受到彼此影響的是什麼呢？1955 年，從觀察家庭的互動現象，鮑恩找到的答案是「情緒」，比如說當家中某一個人感到焦慮，其他的家人很容易就會受到感染而焦慮起來。在家人互動中一種常見的模式是「家庭成員會以滿足對方期待的方式來與對方互動」（Kerr & Bowen, 1988, p. 7）。例如在他觀察的家庭中，當母親用「強者」的姿態來保護有思覺失調症的「脆弱」女兒時，女兒就會順意地表現弱者的姿態讓母親照顧。「好像當一方

得到或『借到』能量的同時，另一方就會相對地失去或『放棄』了能量」，這種微妙的互動關係是很難從其中單獨的一人身上去理解的（Kerr & Bowen, 1988, p. 7）。據此，鮑恩提出「家庭為情緒系統或單位」這個概念，將情感單位定位在核心家庭（nuclear family）而不是在個人。並用「核心家庭情緒系統」一詞來描述「核心家庭成員在情感上的聯結性」（Titelman, 2014, p. 6）。

　　仔細觀察，你會發現家裡每個人的情緒不僅反映了他們的內部狀態，而且還會改變對方的內部狀態和相關的反應。透過視覺和聽覺雙重管道的情緒交流，彼此都會從中獲得了改變。而且對整個過程的影響大於兩個個體原先狀態的總和。例如當一方生氣地向另一方發戰帖時，對方也會順勢地發了戰帖，結果卻發現當自己指責對方時就等於在指責自己——人們會在對方的反應中看到自己的行為。「所以當你改變自己時，不要覺得你是放棄或跟對方投降。因為很奇妙的是，當你改變自己的同時也就改變了對方」（Kerr, 2019, p. 4）。

　　家裡的情緒問題常起因於配偶間分化的程度，分化程度越高，融合性低，各自擁有適度自我的配偶，出現心理症狀的機會較少；相反地，當配偶兩人在進入婚姻時沒有清楚的自我分化（沒有清楚的個別我），雖然婚姻的情緒融合性（emotional fusion of marriage）是高的，但婚姻生活久了之後發現找不到自我而感到失落與焦慮，因而很容易將很多事情怪罪到對方身上，並開始會抱怨或指責對方控制慾太強，而出現配偶的衝突或配偶一方功能失調的現象（Bowen, 1985; Kerr, 2019）。這種情況久了，配偶患上精神病、身體疾病或社會功能障礙等問題的機率就會變大。反觀具有中等至良好自我分化的核心家庭，較少出現功能障礙的現象（Titelman, 2014）。

一、配偶的衝突

　　在所有關係的衝突中，配偶之間的衝突最為強烈。這種衝突的起因是「雙方都投入甚多的情緒能量（emotional energy），沒有一方願意屈服，但也無法釋懷所致」（Bowen, 1985, pp. 377-378）。處在這種情況兩人應迴避或面對呢？

（一）情感距離

當配偶間的衝突或緊張的關係到了一定的程度，「最普遍的反應是拉開彼此之間的情感距離（emotional distance）」（Bowen, 1985, p. 377）。諸如「太太跑回娘家」或「先生拿著枕頭到客廳去睡」等經常在我們周邊上演的類似劇情就是其中的幾個例子。這種賭氣的方式並沒有辦法解決問題，只會讓兩人的關係越拉越遠。情感距離拉開後，溝通開始減少，甚至會停止，且可能導致分居或離婚。圖 2-8 和 2-9 是表達情感距離的兩種不同方法。圖 2-8 中，圖形旁的線條數代表雙方各自情感的強度，也是導致其情感距離的由來（Gilbert, 2004）。男方有兩條線，女方有三條線，顯示女方的情感強度較男方強。另外也可以在圖形裡面用灰色的深淺度顯示內心裡負向心情的程度。圖 2-8 中，代表男方的四方形顏色較女方的圓形淺，顯示女方的心情較為負向。相反的，圖 2-9 中，代表男方的四方形顏色較女方的圓形深，顯示男方的心情較為負向。

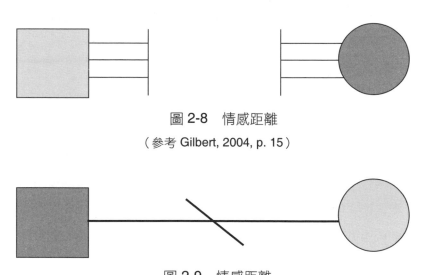

圖 2-8　情感距離

（參考 Gilbert, 2004, p. 15）

圖 2-9　情感距離

（參考 Titelman, 1998b, p. 67）

（二）表達情緒

　　很多時候，情緒的衝突是來自一時的衝動，而且未能對事實進行仔細評估而引起的，其中可能包含著偏見、負面的情緒，或缺乏理性層面的思考（Bowen, 1985; Kerr, 2019）。當積壓在心裡的悶氣能透過表達而釋放出來時，對心理健康來說是件好事。因為當兩人透過表達而把問題丟了出去，雖然兩人用外放的焦慮來互動，但由於焦慮感已外化，就不太會引發出與內在焦慮相關的心理和生理症狀。如圖 2-10 的左側這一對配偶符號裡的陰影代表其中充滿焦慮，而兩人之間的箭頭表示兩位焦慮者持續進行互動。右側的這一對配偶符號裡沒有陰影表示，但外在有曲線，表明焦慮已外化成為衝突，兩人的焦慮以衝突的方式互相對決，但他們心裡是沒有焦慮的。兩個曲線中間的空間是情緒距離（Kerr, 2019）。

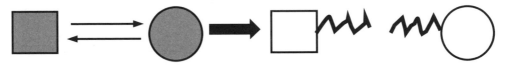

圖 2-10　　透過表達讓焦慮外放出來的過程

（Kerr, 2019, p. 32）

二、配偶一方功能失調

　　婚姻的融合度越高，到底是不是一件好事？根據鮑恩的論點，家庭的融合是「一位配偶擔當群體我的主要決策者，另一位配偶配合演出的互動方式。這是在親密關係中借用（borrowing）和交易自我（trading of self）的最好例子之一。亦即支配者所贏得的自我是藉由適應者犧牲自我所換來的代價」（Bowen, 1985, p. 377）。鮑恩把這個現象稱為配偶一方功能失調（dysfunction in one spouse），就是指配偶兩人呈現功能過度（overfunctioning）／功能不足（underfunctioning），或支配者（dominant）／適應者（adaptive）兩極端的狀態，這

是配偶自我特別強的一方和自我特別弱的另一方互動的過程。在這種互動過程中，功能過度者（或稱支配者）總是知道答案是什麼，知道如何過日子、告訴對方該做什麼與該怎麼做、提醒對方如何思考與感受、總願意幫助對方與扛起責任、視對方是有問題的、喜歡說服對方。而功能不足者（或稱適應者）是個被動者，視自己是有問題的、會仰賴對方知道該怎麼辦、愛徵求對方的意見、不管是否需要都會接受所有對方提供的幫助，這樣的人容易屈服於一切，但最終會出現心理症狀（Gilbert, 2004; Kerr, 2019）。

　　通常自我分化等級越低的家庭，婚姻的融合度越高，完全沒有自我的配偶全然聽從另一方。如果此法行得通，這樣的互動方式就會持續下去。但久了之後，長期當個聽話者會失去為自己做決定的能力，當在有一點點壓力來臨時就會很快變成功能失調，導致生理、情緒或社會性的疾病，如飲酒、耍脾氣或做出不負責的舉動，而且常會變成一發就不可收拾的局面（Bowen, 1985）。這種關係模式可以用蹺蹺板來形容，當一方做得很好，另一方的步履更蹣跚。在家庭中，那些功能過度的人可能會花費大量時間尋找策略以解決功能不足者的症狀，然而越嘗試幫助對方，對方就越向下滑（見圖 2-11）。

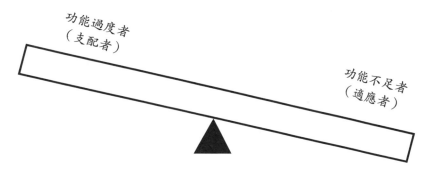

圖 2-11　功能過度（支配）者與功能不足（適應）者的關係圖

（參考 Gilbert, 2004, p. 18）

肆、家庭投射的歷程

　　鮑恩觀察到當父母兩方的緊張關係太強而很難化解時，很自然地會去拉入身邊的孩子形成一個三角關係，並將其問題或情緒投射到這個孩子身上（如圖2-2 那個無辜的男孩）。他稱這個「未分化的父親─母親─子女三角關係互動，透過情緒投射負向地影響到子女（們）的過程」為家庭投射的歷程（Bowen, 1985, p. 379）。

　　此歷程可以從圖 2-12 看出究竟。左側的三角關係圖顯示父母之間出現緊張焦慮的互動，且都對此感到不舒服（由他們圖形裡的陰影之間實線的箭頭表示），但還沒有強到需要把它傳給第三者（與第三者的連接線以虛線表示。第三者的四方形表示男生，也可以換成圓圈表示女生）。右邊的三角關係中，父母兩人和第三者之間以黑色實線的箭頭表示他們正將其緊張情緒傳遞給對第三人（通常是自己的子女），第三人圖形裡的陰影表示已承接到緊張焦慮感。

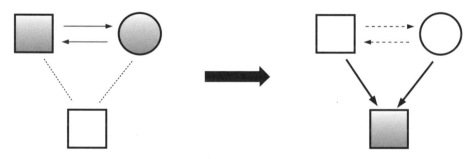

圖 2-12　父母將緊張焦慮感傳遞給孩子的圖例

（參考 Kerr, 2019, p. 15）

　　若家庭裡有超過一個以上的小孩，家庭投射的歷程就可能會因各個孩子的自我分化程度或成熟度的高低而有所不同。如圖 2-13 所描繪的，父母和大兒子（左下的四方形）的三角關係是標有虛線的符號，但和小兒子（右下的四方形）的三角關係以實線繪製，表示大兒子可能因自我分化程度與成熟度較高受到父

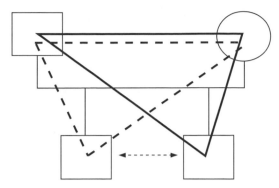

圖 2-13　子女的成熟度會影響父母對其影響程度的不同

（Kerr, 2019, p. 103）

母焦慮感的影響較輕，而小兒子可能因自我分化程度與成熟度較低受到父母焦慮感的影響較大。兩兄弟之間的虛線箭頭表示他們的互動會影響整個家庭的情緒的過程，不過與父母三角關係相比，手足之間的情緒過程對彼此影響較小，但並非無關緊要。

　　很多人當上父母後可能就會擔心自己的孩子會有問題，殊不知孩子的問題可能是與父母的恐懼和過度聚焦有關。請容以下分曉：

一、源自父母的恐懼

　　生兒育女並非易事，父母會有恐懼感是人之常情。然而當父母以表 2-1 的家庭投射三個步驟與孩子互動，透過自我應驗預言（a self-fulfilling prophecy）的過程，會使得其恐懼和病識感深入影響到孩子的心理和行為，而表現出父母所害怕的病症。尤其是第二步驟的「貼上標籤」最為關鍵。所謂自我應驗預言的過程，是指人們會按照原先所期待地去反應，而達到與原先期待的結果，這就增強了人們認為原先的預測是對的結論。例如，父母認為孩子的自尊心很低，就一直把他們當作沒信心的孩子來對待，想辦法不斷地肯定孩子。問題是若孩子的自尊心是取決於他們的肯定，那麼一旦父母未給予肯定，孩子就沒有自信，如此惡性循環而變成了自尊心低的孩子。

表 2-1　導致孩子的原發性情感障礙和人際關係焦慮症的家庭投射歷程

第一步驟：感覺－思考：當母親感覺到孩子是有缺陷的，並放入想法裡，就開始擔心孩子的毛病而將注意力集中在孩子上。
第二步驟：貼上標籤：母親用自己的理解去把孩子的問題行為貼上標籤，將本來對孩子的擔心變為事實。
第三步驟：治療性的對待：父母將孩子視為確實有問題，並以自己診斷的結果來對待和治療自己的小孩。

（Bowen, 1985, pp. 128, 379）

二、源自過度被聚焦

　　家庭投射的歷程是當父母兩人情緒互相感染到無法控制時，父親或母親將其情緒傳遞給孩子的歷程，而如何傳遞的方式也會對子女造成不同的影響。如果傳遞者的情緒是積極正向的，可能會高估並過度保護孩子，而造就出不成熟的孩子。如果傳遞者的情緒是消極的，可能會過於苛刻和嚴格，而導致孩子有焦慮或恐懼症。當孩子因受傳遞訊息的影響而表現在其行為上時，又會觸發傳遞的父親或母親的焦慮和注意力。有時，這個過程只涉及一個孩子，而其他兄弟姊妹未受到影響。但如果焦慮程度太強，其他手足就可能被波及。

　　母親對孩子情感投入程度可能會因孩子而異。若對某個孩子的需要特別關照，這叫做「焦點孩童」（child focus）（如圖 2-14）。此圖顯示父母雙方將焦慮（箭頭裡用灰色顯示）傳遞到兒子（四方形裡的灰色顯示焦慮）而非女兒身上（圓形裡是空白顯示未有焦慮）。這樣的參與方式通常是從出生開始，母親的情緒可能會很強烈，不是過高的保護性就是過度的不愉快。孩子對母親的焦慮變得敏感。

　　另一種狀況是父母給每個孩子不同量的聚焦，有的多有的少。從圖 2-15 可看出每個小孩所得到的關注量不一樣，所以每個形狀裡的灰色深淺不同。如果灰色是代表焦慮，最右邊的孩子（D）的圖形裡顏色最深，表示他接收到最多

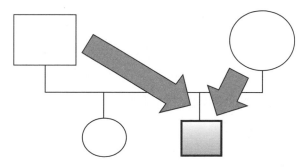

圖 2-14　父母將關心聚焦於某個特定的孩子

（Gilbert, 2004, p. 59）

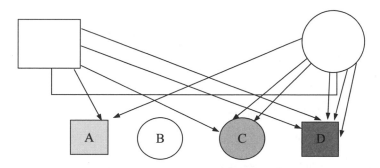

圖 2-15　父母對孩子聚焦程度與孩子接受到焦慮感程度的相關性

（Gilbert, 2004, p. 59）

的焦慮感，且因這孩子與父母經常互動，其分化程度也會是最低（Gilbert,
2004）。但要注意的是：「受到父母投射越多的孩子可能越容易出現行為症狀
或有行為問題」（Hall, 1991, p. 85）。特別是有功能障礙的父母將其情緒傳到
孩子身上，情況就會更為糟糕。

　　母親是主要的情緒傳遞者，母親和子女之間較易產生依附關係，但父親也
是具有影響力的人。如果父親退出，母子之間的緊張強度會增加；如果父親支
持母親的觀點，會讓母親更堅定她的觀點是對的。在某些家庭中，若母親不在，
投射過程可能就會透過父親來進行。

鮑恩並不將孩子這樣的角色定位為代罪羔羊或受害者，主要是強調孩子自身的成熟度與分化程度是影響是否會形成三角關係的重要關鍵。如果孩子的自我分化程度夠高，會拒絕被捲入三角關係，父母的投射作用就不會成功。若分化程度較低的弱勢孩子功能較不穩定，又受到父母焦慮感的影響，很容易會導致思覺失調症（Bowen, 1985）。

伍、多重世代傳遞過程

前述家庭投射的歷程的影響力不僅是在當代，也可以延續到好幾代，鮑恩稱其為『多重世代傳遞過程』，亦即家庭裡的情緒、感覺、主觀確定的態度、價值觀和信念，會透過關係的互動從一代傳遞給下一代」（Kerr & Bowen, 1988, p. 224）。例如研究發現夫妻各自與原生家庭的關係及經驗對其目前婚姻之適應影響甚大（Hall, 1991）。

子女從家庭中獲得的自我分化水平在經過多重世代傳遞過程仍具有影響性，例如功能障礙的行為若重複傳遞下去會削弱年輕一代自我分化的能力。除非經由刻意的努力，否則其傳承力是會自動發生的，要阻止其繼續惡化下去的關鍵是家庭成員的自我分化程度。在任何核心家庭中，都有一個孩子是家庭投射的主要對象。與父母相比，這個孩子的分化程度較低，生活的發展也較差。其他與父母關係較少的孩子，其自我分化程度與父母的大致相同。根據這一理論，很多嚴重的情緒問題，例如思覺失調症，是經過多代人不斷降低自我分化程度的產物。多重世代轉換過程並不能用來解釋生物的遺傳，但可以用來探討自我分化在多代傳播過程中對情感系統的影響（Bowen, 1985; Hall, 1991）。

陸、情緒截斷

鮑恩於 1975 年添加情緒截斷的概念，來「探討人們如何與過去分割，好真實地活在此世代的方法」（Bowen, 1985, p. 382）。

「情緒截斷是家庭成員之間疏遠關係的極端表現」（Hall, 1991, p. 85），通常是因自我和家庭關係系統中的高度焦慮感所引發的。特別是當家人的關係因過度緊密融合，未有適度分化，變得相當緊張和不舒服時，人們會有想要擺脫的衝動，情緒截斷就是人們採取的方法之一。情緒截斷的方式可能是從內部的心理孤立開始，然後在身體、地理位置上遠離，之後切斷聯繫停止通訊等不同程度，把距離慢慢拉遠；也可能是當衝突慢慢累積到已無法維持兩人關係時的突然反應。它可以是相互的，雙方都同意讓它發生，也可能是單向的。

然而截斷的方式越強烈，例如用否定、孤立、爭吵或逃離等，越有可能會將原生家庭中父母所面臨的家庭問題移轉到自己的婚姻生活中，而且日後其子女也可能會如法炮製以強烈的方式與他們截斷。例如鮑恩發現若是衝動地以逃離方式和父母做截斷者，傾向於將問題看作是出在父母的身上，認為逃避是離開父母獲得獨立的一種方法。這樣的人很容易衝動地與第一個交往的對象進入婚姻，與配偶的互動上會複製父母互動的模式；當婚姻一出現問題時，往往會逃之夭夭，也可能會經歷多次的婚姻後對婚姻生活失去希望，選擇同居代替婚姻，最終可能還是會孑然一身。與父母同住但在情緒上卻與父母截斷者，很容易會在壓力下發展出身體疾病或憂鬱。近年來有很多人把情緒截斷看成是社會焦慮的結果，或稱之為是代溝。不過這其實和家人自我分化有關，自我分化程度低的人，當焦慮程度越高時，代溝就越大（Bowen, 1985; Gilbert, 2004; Hall, 1991）。

柒、手足的位置

鮑恩所提出的手足的位置的概念是從托曼（Toman）1961年的作品《家庭星座：心理遊戲》（*Family Constellation: A Psychological Game*），書中所列的每個手足位置的個性檔案中取得靈感而發展出來的（Bowen, 1985; Gilbert, 2004）。雖然「鮑恩肯定托曼的觀察準確地描述了中等自我分化程度的群體在

產序上的特徵」（Kerr, 2019, p. 135）。但鮑恩理論強調每個產序都有其特點，沒有最佳或最差的手足位置。更重要的是，鮑恩認為手足位置所顯現的個性上的差異，主要是來自其原生家庭對自我分化程度的鼓勵。不管產序，來自注重培養自我分化的家庭氛圍的孩子，個性上較為獨立；若家庭不鼓勵自我分化者，成長於其中的孩子就較為依賴。另外家庭投射的歷程也會影響孩子個性的發展，例如若父母常將注意力的焦點放在長子（女）身上，而對其他孩子較採自由放任的管教方式，那麼這個長子（女）可能會顯得比其他手足更有依賴的個性。不管產序，常被父母傳入焦慮情緒的孩子，其個性也會顯得比其他手足更容易裹足不前（Bowen, 1985; Hall, 1991; Papero, 1990; Titelman, 2014）。可見每個人的個性是可以被修改的，因為個人和周圍其他所有事情都不是永遠不變的，而其中核心自我分化的擴大會是影響改變的最重要原因。

捌、社會情緒的過程

1972 年，鮑恩發現家庭現象會影響社會現象的發展，家庭功能失調的狀況也出現在社會上，所以其所用來解釋家庭系統的理論都可擴展到更大的社會領域。以三角關係的概念為例，家庭成員會因三角關係的焦慮過多而往外去聯絡第四人，去形塑一個互鎖性的三角關係。若此第四人是家庭外的人，如上班的同事，而該同事又把該焦慮帶到另一個社交圈去找另一個第四人，透過這種互鎖性的三角關係不斷往外擴大，就會把家庭的焦慮狀況擴散到社會環境裡。另外以自我分化的概念為例，由於人口密度的增加，人與人之間邊界消失，很難與他人之間保持適當的距離。人們把很多的「自我」貢獻給社會系統，與他人形成群體我，但也因與他人過度融合而失去了自我，當有一人或一個家庭感到焦慮時，其情緒就會感染給整個社會，自我分化程度越低，社會適應力也會越差。「社會的焦慮加劇會導致團結感激增，但也會進一步帶來更大的不適感和焦慮感」（Papero, 1990, p. 64）。如同父母將問題投射到一個或多個孩子上的

過程，在焦慮的社會氛圍中，透過社會投射過程，整個社會的焦慮程度越高（Bowen, 1978）。若社會的成員自我分化的程度不高，就很容易會變成是社會投射過程的替罪羔羊或受害者。

第三節。鮑恩家族諮商的策略

學習與家庭分化是成為一個更負責任和更具有功能的人的必經之途。

Working on differentiation in relation to one's family is the 'royal road' to becoming

a more responsible and higher functioning individual.

（Titelman, 1998a, p. 15）

壹、諮商目標

一、提高家庭和個人自我分化的能力

因為很多家庭的問題都是來自家庭成員未能有效地自我分化，所以家族系統諮商最重要的目標是改善自我分化（improved differentiation of self），擴展核心自我。因鮑恩相信：「個人出生和成長的家庭決定了其分化的基準點和程度」（Smith, 1998, p. 209），而這基準點也會影響到個人在努力朝向分化的強度（Papero, 1990）。例如來自強調以家為重的家庭的子女，比起鼓勵家人要各自出去獨立的家庭的子女，前者分化程度的基準點可能比後者低，自我分化的動力也會因未受到家人的鼓勵而較後者為低。因此要提高個人的自我分化程度，就得從幫助提升原生家庭分化的基準點著手，當原生家庭因基準點提升願意鼓

勵家人學習獨立當自己，自我分化程度升高就可以防止被扯入三角關係和免受情緒的投射，更能有效處理情緒截斷和提高後代子女自我分化的基準點。

二、 鼓勵客觀思考減低家庭和個人焦慮的程度

焦慮可以簡單地定義為對真實威脅或想像威脅的恐懼。鮑恩認為，症狀和焦慮是一體的。沒處理好焦慮會影響自我分化的努力，並很容易會引發心理疾病的症狀。一般來說，來自容易焦慮（包括對真實威脅或想像威脅的恐懼）的家庭系統的個體，較不敢付出努力去追求自我分化。即使想追求自我分化，若感覺到家人的焦慮，在付出努力的程度上也會大打折扣。雖說自我分化程度高者，較能夠清楚地將理性和情緒區分開來。但如果在追求自我分化的過程中焦慮程度太高，會影響個人理性思考的能力，而減低追求自我分化的動力（Bowen, 1978; Kerr & Bowen, 1988; Papero, 1990）。

家族系統治療致力於開發個人的思考能力，諮商師透過提問較客觀的問題幫助成員把視野拉寬，從更寬廣的角度來看待因情緒作祟而被否認或缺乏認識的任何問題（Kerr & Bowen, 1988）。當人們開始能從客觀的角度來看待所面對的情況和認識他們情緒反應的對象時，焦慮會自動降低。隨著焦慮的減輕，家庭成員變得更加客觀和平靜，從而使問題或症狀獲得緩解（Papero, 1990; Titelman, 1998a）。

貳、 諮商師的角色與功能

一、 諮商師的角色

（一）教練

鮑恩認為「教練」（coach）這個稱呼「最能傳神的形容協助者的角色。如同教練主動地去指導球員和團隊發揮最大的能力」（Bowen, 1985, p. 310），協助者將鮑恩理論的論點運用在家庭的運作上，讓家庭成員和家庭發揮最大的功

能（Titelman, 1998a）。（註：為了和本書其他章節一致，在本章仍以「諮商師」稱之，但其本質是指教練的角色。）

要提醒的是，家族系統療法並不要求所有家庭成員都在場，諮商師可按其目標和需要，在不同時間與不同的家庭成員面談（Papero, 1990）。「家族心理諮商之所以稱為家族心理諮商，不是因為參加諮商人數的多寡，而是視諮商師處理問題的理念。如果諮商師是幫助案主探討家庭關係過程，以及該過程與個人功能之間的關聯，那麼即使只有一名家庭成員參與的心理諮商亦是家族心理諮商」（Kerr & Bowen, 1988, p. 286）。

（二）中立者──不捲入家庭情感系統的三角關係

諮商師要很慎重地保持中立，不要滲入三角關係的糾葛。要做到此，諮商師應從客觀和中立的角度去審視家庭關係，觀察成員間情緒的流動和反應方式。一面聽取家庭成員表達的主觀感受，讓家庭成員感到諮商師瞭解其中的狀況，另一方面也要能夠將問題引向更具理性思考的方向。「諮商師身體『進入』系統，情感『脫離』系統的能力，可以讓家庭成員保持冷靜」（Kerr & Bowen, 1988, p. 283）。從這樣的角度可以觀察到家庭情感的流向，能夠靈活地給予回饋，而不會陷入糾結。

二、諮商師的功能

（一）帶領成員透過理性思考來學習

諮商師帶領成員「去思考和討論感覺，而不是去表達出來以避免誘發出其他的情緒」（Titelman, 1998a, p. 37）。例如一位成員的舉止投足、手勢、臉部表情和語氣所表達出的消極刺激，可能會引發出另一位成員消極的情緒反應。由於這種刺激－反應系統是從五官透露出來的，超出了該成員的理智意識系統之外，因此諮商師應幫助每個成員學習透過理性思考以減少對對方的無意識刺激去做不必要的反應（Bowen, 1971）。

（二）教導情緒系統的功能和家庭情緒系統的運作

對於接受長期諮商的家庭，教導他們有關家庭情緒系統的概念很重要。因為「這種知識提供家庭理解問題的方法，意識到他們須對進展的狀況負責，並給他們一個可以付諸努力的框架」（Bowen, 1985, p. 316）。但教導的時間點很重要，如果在焦慮高的情況下教導，因很難聽得進去，效果上會事倍功半，即使聽到也是一知半解。當焦慮程度低時，諮商師可以用較客觀中立的方式去教導，家庭成員較會聆聽與進行深思熟慮的思考（Bowen, 1971）。

（三）透過在諮商過程中採取「我的立場」來示範自我的分化

在諮商過程中，每位家庭成員難免會期望諮商師站在自己的立場。諮商師可用「我的立場」，例如說：「我有聽到你說的話，但我不同意你所說的」（Papero, 1990, p. 76）來回應。透過諮商師示範如何堅持「我的立場」，有助於家庭成員學習在參與家庭互動中不失去自己。

參、諮商策略和過程

一、第一階段：觀察原生家族系統

第一階段的主要任務是進行家族系統評量（family system assessment）和畫製家族圖（family diagram），旨在激發家庭成員對家庭的好奇心，包括家族史、家人互動的關係、家庭的秘密等。所問的問題涉及兩個方向：過去幾年發生了什麼事？這些事件的影響是什麼？（Meyer, 1998; Titelman, 1998b）：

（一）家族評量的基本問題

在進行家族評量前，諮商師可用下面幾個問題，來瞭解受助家庭為何尋求家庭諮商以及其家庭系統的一些基本狀況（Kerr & Bowen, 1988）。例如：

1. 是誰提出要來接受諮商的？希望注重的方向是什麼？

2. 症狀是什麼？被認定為有症狀的是誰？

3. 家庭成員的情緒反應是怎樣的狀況？強度有多強？是什麼事件影響這種情緒的強度？

4. 家庭成員的關係如何？各自的獨立程度如何？與原生家庭或親戚們有聯絡嗎？

5. 諮商後復原的狀況如何？

（二）家族系統評量

因為每個核心家庭多少都是承襲其長輩的情感過程和模式，家族系統治療會從家族系統評量中瞭解家族的功能和情緒模式，以提供給諮商師在協助家庭成員時有個遵循的路線和藍圖。

1. 家族田野調查

諮商師以「家族田野調查」（survey of family fields）（表 2-2）來蒐集家族歷史。蒐集資料的同時，也要照顧到受助家人的需要以及他們在處理問題的情況與困擾。

2. 家族系統評估

「鮑恩家族系統評估表」（Bowen family system assessment）（表 2-3）不是量化也不是清單的表格，而是用來瞭解家庭，與制定諮商方向以改變成員在家庭中所在位置的藍圖，並用來瞭解症狀或呈現問題在多世代的家族系統之間的關係。

（三）畫製家族圖

以表 2-4 的符號繪製家族歷史圖，可用來規劃諮商會談的路線。

諮商師將所蒐集的家族訊息畫出家族圖（例如圖 2-16）。核心家庭夫妻的左側為男性，右側為女性，以實線連接起來，下面則以實線連接其所生的子女，按出生順序由左到右排序。每個子女的後代以此類推畫下去。

表 2-2　家族田野調查表

一、目前的狀況
1.出現的問題：包括症狀發作的日期／與問題相關的早期病史、先前症狀的日期。
二、核心家庭情緒系統
1.交往過程：何時、何地、如何相遇、兩人的特點與這段時間的重要事件。
2.結婚：何時、何地、誰參加婚禮以及原生家庭對這個婚姻的看法。
3.主要事件：以結婚日開始列下逐年發生的事件，畫核心家族圖，包括搬遷、疾病、出生、死亡、離婚和工作等。
三、家庭情緒系統
1.離家到結婚的主要事件：包括夫妻兩人與原生家庭的關係、約會模式、人生目標、職業和教育等。
2.離家前後兩個家庭的重大事件：為丈夫和妻子繪製家族圖，並註明日期和重大變化；包括與手足相處的歷史和重要三角關係的描述。
3.父母的關係：如何相遇、婚姻、生活中重大事件的歷史和家族圖。

（參考 Titelman, 1998b, p. 55）

　　將每個人標示到圖中後，開始蒐集基本資料，包括出生日期和地點、死亡原因、教育程度、就業經歷以及健康問題，並註明日期。健康有關的問題，應註明發病日期、治療時間和療程以及結果。除了數字上的資料外，也應瞭解核心家庭的功能，例如關係好壞的轉折，職業上的轉變對家庭的影響等都應記錄下來。

　　將這些數據放在家族圖上時，可以顯現出該家族中潛在的情緒過程。圖2-17的範例說明了家庭成員情感之間的聯繫。家庭 A 是丈夫的原生家庭，家庭中情緒功能的主要模式是母親功能不足（箭頭向下）和父親功能過度（箭頭向上）。家庭 B 是妻子的原生家庭，她家庭中情緒功能的主要模式是父母之間的衝突（由父母之間的鋸齒線表示）。C 是這個丈夫和妻子的核心家庭，他們家庭中

表 2-3　鮑恩家族系統評估表

一、鮑恩家族系統評估表的主要項目

（一）核心家庭症狀的發展

　出現的問題（症狀發作的日期）／與問題相關的早期病史（症狀發展的時間順序）。

（二）核心家庭的家庭生命週期階段

階段一：結婚	階段二：第一個孩子出生	階段三：其他孩子的出生
階段四：孩子相繼離家	階段五：退休	階段六：老年與死亡

（三）引起核心家庭焦慮的事件（請根據實際狀況圈選相關事件並舉出相關實例）

開學	轉學	搬家	分居	離婚	再婚
工作壓力	失業	退休	身體的變化	疾病	死亡

（四）核心家庭情緒系統

　1. 功能的位置（在家裡扮演的角色）／手足的位置和婚姻的選擇。

　2. 邊界：從無分化到的分化關係（融合／截斷）／家庭的凝聚力。

　3. 顯著的三角關係／家庭投射的歷程／家庭故事（包括神話和秘密）。

　4. 出現症狀——處理和未分化的急性或慢性焦慮症時的模式：

　　(1) 配偶之間的關係／婚姻衝突。

　　(2) 配偶的生理、社會或情緒功能的失調。

　　(3) 情緒投射到孩子的狀況。

（五）核心家庭的個人和家庭的自我分化水平

　1. 個人目標導向行為的數量和質量與非目標導向行為的數量和質量之比。

　2. 以「我的位置」的數量和質量與「我們的位置」的數量和質量之比。

　3. 情緒反應的數量和質量與思考客觀性的數量和質量之比。

表 2-3　鮑恩家族系統評估表（續）

（六）大家庭的情緒系統：夫妻雙方的大家庭

 1. 功能的位置（在家裡扮演的角色）／父母和手足的功能概述。

 2. 家庭的重要事件／顯著的三角關係／家庭投射歷程／家庭故事（包括神話和秘密）。

 3. 出現症狀──處理和未分化的急性或慢性焦慮症時的模式：

　　(1) 配偶之間的關係（婚姻衝突）／配偶的生理、社會或情緒功能的失調。

　　(2) 情緒投射到孩子的情形。

 4. 邊界：從無分化到的分化關係（融合／截斷）／家庭的凝聚力。

 5. 大家庭的個人和大家庭的自我分化水平。

二、核心家庭症狀發展與多世代家族情感系統之間關係的摘要

（一）核心家庭的症狀發展／家庭生命週期階段。

（二）在家庭領域（核心和大家庭情感系統）引起焦慮的事件：包括多重世代互鎖症狀類型、融合和情緒截斷、顯著的三角關係、多重世代情緒傳遞歷程和家庭主題。

（三）在家庭領域（核心和大家庭的情感系統）：包括多重世代互鎖的症狀類型、融合和情緒截斷、顯著的三角關係、多重世代情緒傳遞歷程和家庭故事。

（四）在家庭領域（核心和大家庭系統）每個人的自我分化程度。

（參考 Titelman, 1998b, pp. 57-58）

情緒功能的主要模式是家庭投射過程（由母親到兒子的箭頭指示）。

　　在第一階段的進行中，家庭成員會開始專注於自我與家庭模式關聯，例如也許看到家庭歷史中曾出現的截斷模式和自己的情況很相似。

二、第二階段：瞭解自我的功能模式──學習接受和負起責任

　　第二階段除了重複第一階段的流程外，應特別留意那些已識別的家庭模式如何顯現在個人的身上。例如哪些行為或情緒反應模式跟母親家族中的模式有

表 2-4　家族圖的標誌符號和所代表的意義

性別	□ ＝男性　　○ ＝女性
死亡	出生日期　⊠　死亡日期
兩人的關係	已婚　分居　離婚　親密關係但未婚
出生產序（從左至右排）、年紀（標示在形狀裡）和特質	父親　　母親 老大　寄養　領養　同卵雙胞胎　死胎　流產 墮胎 懷孕
表明兩人的關係	過度親密　　融合　　衝突
表明兩人的關係	截斷　　距離　　融合與衝突

（參考 Titelman, 1998b, pp. 66-67）

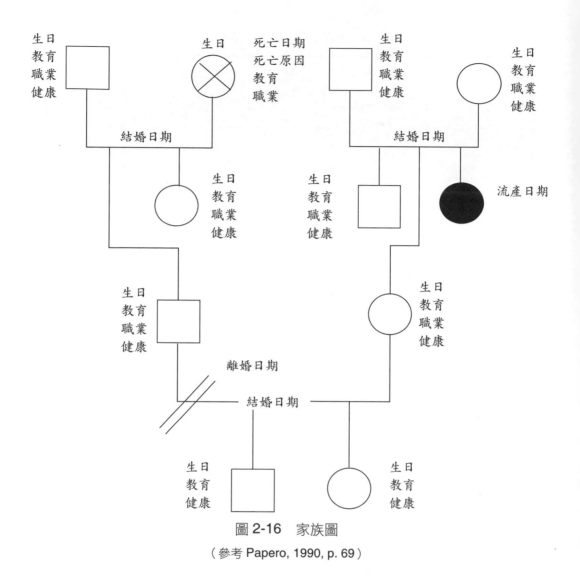

圖 2-16　家族圖

（參考 Papero, 1990, p. 69）

相仿之處？並提醒家庭成員：「接受自己人生所面臨的掙扎和困難，也願意為其負起責任是很重要的」（Meyer, 1998, p. 78）。否則若持續把自己的問題怪罪到他人或環境的因素，將自己視為無辜受害者，就很難會去做改變。接受並不代表事情沒有發生，但卻有助於對自己參與過的那段不愉快的經驗感到釋懷。透過接受可以讓自己較能客觀看待自己的問題以及他人的貢獻。「一旦能從中

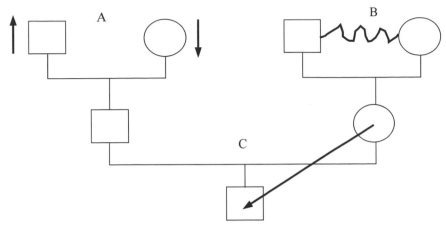

圖 2-17　展現家庭情緒關係的家庭圖例

（參考 Kerr & Bowen, 1988, p. 307）

立和事實的背景下來看待那件讓自己不愉快的事時，就有機會以接受和尊重的
態度去面對處理，並做個了結，畫下句點」（Meyer, 1998, p. 78）。

三、第三階段：制定個人改變策略

　　第三階段的主要任務是要求助者制定個人的改變策略。例如：(1)參加每個
家庭裡的重要活動；(2)採取行動與大家庭中不熟悉但卻是重要的人互動；(3)參
與家族中人生轉換階段的活動，例如出生、死亡、畢業、退休和搬家等事件都
很重要（Meyer, 1998）。諮商師給求助者「研究觀察員」（research observers）
的任務，在參與這些活動時以客觀的心情去觀察這些家人們的情緒系統和模式、
自己處在其中的情緒狀況、有哪些家庭成員的情緒表達狀況和自己相類似（Tit-
elman, 1998a）。當求助者透過這些資訊而能對自己的狀況更加瞭解時，就可以
進入自我改變的階段了。

四、第四階段：開始改變自己

　　求助者進入第四階段，諮商師的首要之務是「將改變的責任交給家庭」（Titelman, 1998a, p. 43），以教練的角色，來檢視求助者分享內容的準確性和客觀性（Meyer, 1998）。下面將介紹四項可以用來幫助家庭成員改變的策略。要提醒讀者，因為下述這些策略間共通性極強，所以在實際應用時，這些策略裡面所提到的細節是可以視諮商目標互用或合併使用的。

（一）觀察情緒的策略

　　在鮑恩理論裡極為強調敏銳觀察力的重要，特別是面對自己的情緒要學習去觀察而不是去做反應，所以學會觀察情緒是相當重要的技能。

　　在婚姻的過程中，配偶在互動時都會刻意迴避敏感的話題，通常，會等到一方或雙方的焦慮感超過了可忍受的極限時，才會要把話說出來，但此時又可能會因情緒過度激動而無法彼此傾聽，反而讓感情的距離越分越開。誠如鮑恩所說：「治療的目標是要幫助他人從其人生中做出一篇研究」（A goal of this therapy is to help the other make a research project out of life）（Bowen, 1985, p. 179）。諮商師鼓勵家庭成員以「研究觀察員」的身分來參與，在每個會談中觀察自己在家庭中或與他人互動時，自我的功能是怎麼樣的一個狀況。下面以夫妻互動為例，介紹在諮商過程中，諮商師如何讓家人們練習傾聽與觀察情緒的方法（Bowen, 1971, 1985; Papero, 1990; Titelman, 1998a）。

1. 一方與諮商師談話，一方傾聽但不可以回應

　　諮商師可以先選擇較不敏感的話題直接提問並與一方交談，請另一方傾聽。剛開始可能很難讓聆聽的一方不插嘴或挑戰對方的觀點。這時諮商師可以將話題的敏感度再調整到更低，繼續同樣形式的談話。

2. 請傾聽的一方分享所觀察到的情緒反應

　　當情緒已很明顯地激起時，諮商師會嘗試讓配偶們談論，而不是表達這些

情緒。例如，當丈夫的憤怒情緒上升時，諮商師可能會問妻子是否注意到丈夫語調的變化以及聽到後的想法。主要是希望瞭解他們是否覺察到什麼事是自己情緒和反應的觸發因素？自己的哪個部分惹怒對方？透過此方法去冷靜思考和討論這些引發情緒的主題。之後可讓夫妻雙方交換位置，重複這兩個步驟。

3. 兩方一起與諮商師討論——以研究的態度系統性的提問

諮商師使用客觀的聲調與家庭成員根據觀察到的事實進行討論。諮商師會讓一位配偶清楚地表達自己的想法，然後從另一位配偶那裡得到回饋，之後再回應。「當你的妻子（或丈夫）說話時，你在想什麼？你對此有何反應？」當氣氛較平靜下來且其中一位配偶似乎有輕微的情緒反應時，諮商師可以問：「你能分享一下過去幾分鐘內你內心的感受嗎？」如果配偶（通常是妻子）沒有講話但流淚了或有了明顯情緒反應，諮商師可以問妻子：「你能告訴我們引起這種感覺的想法嗎？」或對丈夫說：「你注意到妻子的眼淚了嗎？看到這些眼淚時你怎麼想？」以這種將情感外化並理性討論情緒比強調情緒產生結果更有效，可鼓舞家庭成員更能自發和開放地表達感情。

在上述的方法中，諮商師提出的問題和評論是以思考為取向，有助於參與者能針對自己的處境提出客觀與獨立的觀點，並思考自己的伴侶可能會有的反應。很特殊的是這種對話技巧讓配偶有機會聆聽到另一半的心聲，對很多人來說這也許是他們第一次真正聽到對方對某件他們雙方都在意的事的看法。不難聽到這樣的回饋：「我從來不知道他（她）這麼認為。」也因此很多配偶會期盼著能再有這樣的聚會，可以趁此更多地瞭解對方的觀點。

（二）脫離三角關係策略

很多家庭尋求心理諮商是期望能修改三角關係的功能。下面的建議可以供作成員脫離三角關係的參考（Bowen, 1971, 1985; Kerr, 2019; Kerr & Bowen, 1988; Papero, 1990; Titelman, 1998a）：

1. 從改變思維的方式來著手

脫離三角關係是鮑恩理論中相當重要的技術。但是，鮑恩強調「不要當作技術來學習，而是要從改變思維（a way of thinking）著手」（Kerr & Bowen, 1988, p. 150）。提醒家庭成員與其將問題歸咎於人或事件，不如聚焦於人與事件相互關係的始末。「與他人的互動，越能保持中立，就越有機會脫離三角關係」（Kerr & Bowen, 1988, p. 150）。

2. 以局外人的立場當個冷靜的觀察者

要改善家庭關係的方法之一是站在「局外」（outside）的位置，當一個好的觀察者與客觀的思考者。其好處是不僅能夠看到其他兩人互動與情緒改變的過程，並能冷靜地去思考與觀察該過程是如何，而不是從認為「應該」是什麼的觀點去批評。之後，當此位第三者能以中立的角度與其他兩個成員互動時，那兩人之間的緊張關係自然就會跟著減少。

3. 學習管好自己的情緒是有效觀察的前提

處在三角關係時唯有能夠有效的控制自己的情緒，才能客觀地觀察自己，且能不受其他兩人的左右，達到最高水平的分化。其實要同時觀察別人的反應和控制自己的情緒，並非易事，但若希望能清楚地將自我分化以及要有助於整個家庭的成長，這樣做是雙贏的策略。

4. 要能夠以中立態度表達自己的觀察

有效脫離三角關係不僅要能保持情緒中立的態度，還要能有效地把所觀察到的現象表達出來。例如當觀察到一個家庭成員正在努力讓另一個成員獨立時，諮商師可以回應說：「我一直羨慕你們之間的關係，感到驚訝的是，你花了很多的努力讓你們兩人之間可以保持距離。」如此的說詞顯示諮商師是以中立態度觀察到的現象，也讓其他兩人看到其實他們也是有能力脫離三角關係而獨立的。人們無法被教導如何脫離三角關係，必須要靠觀察模仿而由做中學，所以

當家庭成員或諮商師有觀察到脫離三角關係的舉動而及時給予回饋，有助於該行為的增強。

5. 要在低度到中度的焦慮狀況下進行才有效

當家庭成員處在高焦慮的情緒下，諮商師應幫助他們降低焦慮程度，唯有當焦慮逐漸減低時，他們比較能聽得進諮商師的教導。通常要在低度到中度的焦慮狀況下進行才有效。如果氣氛太緊張，可以使用幽默和逆向思考來緩和情緒。逆向思考是一種專注於問題另一側的技術，例如，一個小孩說母親很積極提供他建議，讓他感到很煩！諮商師可以說：「看來你的母親真是竭盡所能地提供幫助喔！」並對孩子說：「我想你應該很高興你母親為你做的這些事喔！」這樣的逆向思考和幽默的說法可以把氣氛減緩一些，也可以引發讓孩子去思索這與他脫離三角關係的努力是否相悖。

6. 在保持聯結中仍保有自己

三角關係無處不在，沒有人可倖免於被別人或去把別人拉成三角關係的一角，因而居身於三角關係裡，應提醒自己保持中立的重要。保持中立和脫離三角關係並不是試圖操縱或控制他人，而是一種保護自己免受他人操縱和控制的方法。如果一個人能夠有效脫離三角關係，同時也能夠與三角關係的另外兩個成員保持適度的接觸，那麼他們之間的關係就會有所改善並趨於穩定。就像孩子雖然長大離開家，但仍與家人常有聯絡，其與家人和樂的關係反而會是有增無減的。只要能有清楚的自我分化，就不會太難做到此點。

7. 將一人與另一人連在一起

鮑恩所介紹的「將一人與另一人連在一起」（Putting the other together with the other）的技巧，其教導是：「當你遇到一個人但卻不想跟對方太深入的聯結，這時候你可以去拉一個人來當第三者，這樣就可以避免你跟第二者太融合」（引自 Titelman, 1998a, p. 44）。

（三）自我分化的策略

追求自我分化以期能保有較多的「個別我」時，很容易被誤解為是不顧家庭或是自私的做法。其實「與家庭分化是成為一個更負責任和更具有功能的人必經之途」（Titelman, 1998a, p. 15）。不像缺乏分化者會常會感到焦慮感，成功的自我分化者心理是健康與有幸福感的。

「分化不是一個治療技術，而是一種思維方式」（Kerr & Bowen, 1988, p. 108）。若想達到更高程度的分化或更堅定自我的基本核心，就得從改變自己的思維著手，增加自己情感的獨立與中立性。面臨困難時，不要一味遵循別人所說的「應該」做什麼，而急於去解決問題，也不讓情緒來左右自己的行為，要彈性幽默地用替代性思維來作為思考的依據（Kerr & Bowen, 1988）。柯爾（Kerr, 2019）建議自我分化過程中要學習掌握下面四個關鍵成分：

1. 學習觀察和思考情緒的歷程並區別想法和感覺

要提高自我分化的程度要瞭解在互動中各自扮演的角色、所形成的三角關係，以及彼此情緒對各自的影響。柯爾（Kerr, 2019）以他和母親的對話為例說明這個過程。柯爾的兄長自殺，母親很傷心搬去和姨媽同住。柯爾與母親的關係一向都不錯，但有次與母親通電話，發現母親的口氣很不好且有很多的抱怨。柯爾很不舒服，但突然會意到姨媽可能對母親的關心過多讓母親感到很不舒服，但母親不敢告訴姨媽，只好把氣出在柯爾的身上（圖左側的四方形塗上灰色顯示柯爾接收到不愉快情緒），如果柯爾對母親的批評做出反擊就會陷入三角關係中（圖 2-18 右側）。為了避免此狀況的發生，柯爾問母親是否喜歡和姨媽住在一起。他的語氣平靜而友善，清楚傳達出他沒有陷入三角關係的聲音。母親沒有回答與姨媽相處的狀況，但口氣緩和許多不再說批評的話，顯示柯爾脫離三角關係了。之後他們能開始真正的交流，關心對方的狀況。

當柯爾能使用三角關係概念來做思考，能區別想法和感覺，就能夠對正在發生的事情進行理性的分析，將自己從三角關係中脫離出來，讓整個情況有了

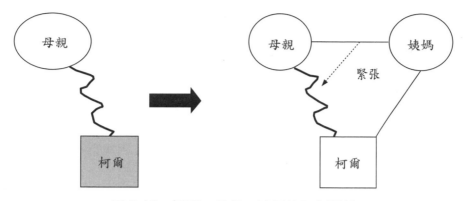

圖 2-18　柯爾－母親－姨媽的三角關係

（引自 Kerr, 2019, p. 169）

正向積極的轉變。

2. 認知到焦慮對自我分化的影響

　　焦慮會影響思維，而自我分化是思維的產物，也因此焦慮對自我分化的影響是不可不防的。所以認知到焦慮對功能的影響以及學會如何處理它，是自我分化過程的關鍵要素。有效處理焦慮的方法是認可它的存在，並以客觀和中立的態度去面對與處理。

3. 勇敢面對困難的處境

　　很多時候不敢追求自我分化是因為擔心缺乏群體我的保護，萬一遇到困難怎麼辦？所以願意鼓起勇氣參與情緒困難的處境，是學習自我分化時很重要的關鍵。針對此點，柯爾（Kerr, 2019）以他親身經歷舉例說明。話說當他剛參與鮑恩理論的訓練時，正逢遭遇他哥哥自殺的傷痛，鮑恩指導他如何透過與家人多互動來處理哀悼的情緒。但崇尚心理分析的同仁卻反對鮑恩的治療模式。勸他說：「你不能與家人一起解決自己的困難，這太難了！你必須在安全的諮商師辦公室裡處理你的問題！」（Kerr, 2019, p. 175）。儘管如此，但柯爾謹記鮑恩的教導：「當遇到難處、情緒低落時，就應該從那個地方去著手和面對，因

為從那裡你將學到更多的自己」（Kerr, 2019, p. 175）。鮑恩的方法鼓勵求助者從實際的人際關係裡去學習自我分化，必要時可以將諮商室會談的次數減少，讓求助者有機會在實際人際關係中多加練習。即使是困難的情境，如果你要讓別人聽到你的聲音，你就要勇敢去面對它。

柯爾的這個故事顯示在家族運動的早期，要從傳統諮商分化出來發展新的困難，但柯爾和鮑恩在困境中仍一本初衷繼續努力，讓這個理論在家族諮商的發展貢獻卓著。

4. 與他人在一起時保留更多的自己

學習自我分化的第四個要素是與他人在一起時保留更多的自己（maintain more a "self" with others），意即即使活在關係中，但必要時跳離出來也是很重要的。日常生活中每天都有人會透過語言和非語言拉你成為三角關係的一部分，例如朋友在與你的談話中抱怨他的母親，如果你加入這話題接受了他傳來對母親不滿的情緒，你就和你的朋友以及他的母親構成了三角關係。因為人們的焦慮情緒會透過互鎖的三角關係不斷散播流動出去，具有把持住「自我」的能力與擁有清楚的「自我」是避免捲入焦慮情緒漩渦裡的關鍵。

這種被拉入三角關係的情況在家庭關係中經常會見到，若要在家庭中當「自我」，就需要學會用「我的立場」說話。成功地發展並擁有真正的自己，可以營造出更成功的人際關係，對家庭和諧關係的建立反而是有利而無害的。

（四）處理情緒截斷的策略

1. 幫助求助者提高自我分化的程度

其實每個人和家庭之間多少有一些難割捨與未處理好的情緒問題。特別是「分化程度越低，未解決的依附越強烈」（Bowen, 1985, p. 382），即是強調自我分化程度越低，越難掌握自己的人，很難要他們不依附原生家庭而完全獨立。若先前有因未處理好的情緒截斷而造成不愉快的經驗者，因誤認進行自我分化

就是要有情緒截斷的舉動，怕又重蹈覆轍而不敢輕舉妄動，也就影響到其為追求自我分化而付出努力的程度。所以在處理有關情緒截斷問題的家庭時，應著重在處理家庭間自我分化的程度（Bowen, 1985）。

2. 透過適當的接觸，適切地處理情緒截斷的狀況

學會適切地處理情緒截斷的狀況相當重要，因為「未處理好與父母之間情緒依附的程度，等同於未能與自己人生問題以及和子女有效地截斷的程度」（Bowen, 1985, p. 382）。情緒截斷並不表示與原生家庭斷絕關係，這是有不同層次的。例如與原生家庭保持一定距離，偶爾回去探望一下，是現代人常用的方法。越能與長輩們保持聯繫，兩代人的生活過程就越有序和無症狀。

鮑恩發現出現症狀的家庭，若在情感上是與原生家庭脫離聯繫的，即使接受長期的家族治療，情況很難獲得改善。但是如果父母的一方或雙方都願意再與原生家庭重新建立情感聯繫，其焦慮水平就會減輕，症狀也會緩和許多，家族療法的成效就會提高很多。然而僅僅鼓勵他們回到原生家庭是沒有什麼幫助的，因為有些人雖想回到原生家庭，但若缺乏系統性的引導，會使問題變得更糟，所以教導返家的技術也是不可或缺的（Bowen, 1985）。

第四節 · 鮑恩理論的案例分析與摘要

壹、案例分析——你擁有自己嗎？

　　案例是 38 歲的若薇，感覺走不出原生家庭，找不到自己，婚姻生活也不順遂，便來尋求諮商。諮商師以鮑恩理論的四個階段的諮商過程來幫助她。

一、第一階段：觀察原生家族系統

　　諮商的第一步是訪談和架構家族歷史的家族圖（圖 2-19），根據該圖，若薇說父母在哥哥九歲時才又生下她，雖然祖母因父母沒再生個男孫有點失望，但也以生個女生可以多幫忙家務稍得安慰。當年父親是在兄長的婚禮上看上新娘的妹妹，在努力追求下，娶到了美嬌娘。婚後父親要創業需要資金便向母親借用她從娘家帶來的錢投資生意，說好要還的，一晃十幾年過去，對還錢之事卻隻字未提。後來投資生意沒做好，父親聽從了母親的意見，把資金轉回家開小雜貨店。這時候若薇在上小學，哥哥已離家上大學了，若薇是家裡唯一的小孩，聰明又懂事的她是父母貼心的好幫手。所以每天放學後會趕緊寫完作業，接著幫忙看店。幾年下來雖然店裡的生意不錯，但父親一直沒向母親提起還錢的事，母親耿耿於懷，又不敢跟先生說，但卻常會跟若薇訴苦。此外，因為父親很有主見，聽不下別人的意見，如果母親出一點小意見，爸爸都會抓狂，母親若看若薇已是下課時間怎麼還沒有到店裡就會很急，會偷偷打電話給她說：「你爸爸那個脾氣我受不了，你趕快來接班吧！」等若薇一到，母親就會找藉口出去喘口氣，說自己快要瘋掉了。但媽媽一離開店，父親就會跟若薇告狀：

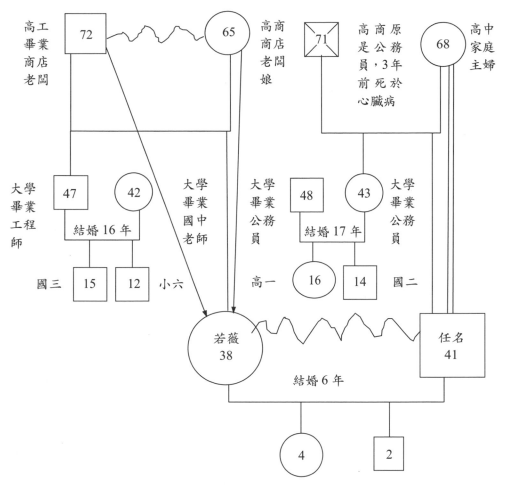

圖 2-19　案例的家族圖

「你這個媽媽，什麼都不懂還要出一大堆主意，真是煩耶！」多年來父母彼此看不順眼的緊張關係，還好有若薇可以抒發而撐住，若爭論的議題較輕微向若薇訴苦，若薇還可以接受；但有時候父母兩人彼此生悶氣卻把若薇當箭靶，讓若薇很不舒服，但客人在她也不好說什麼，忍下了氣把委屈的眼淚往肚子裡流。

　　好不容易考上了大學，但仍每個週末都會回家幫忙，只是每次回來就發現父母的關係越來越不好，讓她對這個家的責任感越重。畢業典禮一結束馬上打

包行李返家。在父親的授權下開始策畫將雜貨店改型加盟超商擴大營業，生意日益興隆。但母親也以若薇已可掌大局為由漸漸較少到店裡幫忙，與父親的互動更少。有時候在家，若薇好不容易找個話題要讓他們聊，說不到兩句，兩人又要起口角。其實從商不是若薇的最愛，老是待在父母的家也不是她所想要的，但真的問自己要什麼，她也說不上來。只感覺把家裡撐起來是她人生的責任，也擔心沒她在其中，父母倆的關係是撐不住的。有時候很羨慕哥哥可以像個局外人選擇自己的職涯，做自己愛做的事。

　　平常不溝通的父母，突然在若薇過了 30 歲大關時找到了共同的話題，到處幫她物色對象。若薇的人生一直以來好像就沒有為自己過，更沒有想過婚姻一事，況且從小看父母的婚姻狀況也讓她對婚姻沒什麼憧憬。既然時間到了，就聽父母的安排與父親舊識的兒子，大她三歲的任名認識不到一年就結婚。任名是家中的老么，一直都是住在家裡，是母親的寶貝兒子。婚後，若薇仍繼續經營娘家的生意，夫妻搬出去自己住，但在任名的同意下，每星期回家住兩天陪父母，有兩天回婆家住。婚後不到一年任名因原先工作的工廠停工，乾脆就來若薇的店裡幫忙。婚後第二年若薇生下兒子，因母親同意幫忙照顧，所以小孩子住娘家，下班後若薇和任名會先回若薇家陪陪小孩再回自己的家；有時候小孩黏著不讓他們離開，就乾脆住了下來，若那本來是該回婆家的日子還擔心婆婆會不高興，還好後來發現，婆婆只在乎任名有沒有回去而已，所以很多時候就讓若薇留下來陪小孩，任名回去陪婆婆。但愛吵架的父母親不管誰在場說吵就吵，有時候半夜受不了，若薇會抱著兒子回到自己的家清淨一些。

　　結婚後的第三年，身體一向硬朗的公公突然心臟病過世，這對任名和婆婆的打擊都相當得大。足足有半年之久任名都待在婆家說要照顧母親，所以沒有來店裡幫忙，也未回到若薇和孩子所住的家門一步，只有偶爾電話聯絡。即使若薇帶著小孩回去看他和婆婆，他也是無精打采的，若薇就很識相地帶著孩子趕緊離開。就在小孩開始讀幼兒園時，任名才走出喪慟回到了家，準備好好當個爸爸，卻發現兩人因教小孩的理念不同，開始起口角，甚至會把氣出在小孩

的身上。

這時候若薇突然頗有領悟地說：「我發現我和任名起衝突的互動方式，跟我父母衝突的互動方式很像。我們倆生氣時把箭靶射向我們家小孩，就像我的父母在生氣時把箭靶射向我一樣。」

二、第二階段：瞭解自我的功能模式

這階段諮商師向若薇介紹鮑恩的理論，從中若薇發現自己因長期都把自己給了家庭，在結婚之前幾乎沒有個別我；且因要聽父母的話，還要配合顧客的需要，所以她核心自我的部分較少。亦即較少有自己要堅持的理念與原則，所以分化程度較低。任名的情況也很類似，群體我較多，如圖 2-19，任名的母親和他以兩條實線連結是顯示母子的關係非常的親近，因而影響任名分化程度較低。可能是這樣，當若薇和任名想以「個別我」和對方相處時，顯得無所適從。

在成長過程中，若薇一直在扮演父母親三角關係的第三者；而且如圖 2-12所示，父親和母親各有一個箭頭射向若薇，把情緒傳遞給若薇，長期身為第三者的若薇深感吃不消。若沒有處理好會傳遞到下一代，例如當若薇與任名關係緊張時，就會拉小孩當第三者，或把情緒傳遞給小孩。

不過諮商師提醒若薇瞭解這些概念並不是要她去責備過去，或認為自己是受害者。透過接受可以讓自己客觀看待自己的問題，學習當自己。

三、第三階段：制定個人改變策略

諮商師鼓勵若薇當自己，並不是要放棄與他人的歸屬感，而是不一味依賴於他人的支持和接受。於是若薇決定從參與自己和任名家人的人生轉換階段的活動著手，包括：(1)認真的跟先生與孩子過每個重要的節日；(2)去參與哥哥和任名的姊姊及他們孩子學校的相關活動；(3)幫父母親和婆婆過生日，以及幫父母親慶祝結婚週年紀念日；(4)在節日時邀請兩邊的家人聚在一起。她總共花了一年的時間完成這些計畫，以好奇心和客觀的態度去觀察並認識大家庭裡的每一個人。參與後她發現因為認識家族圖（圖 2-19）裡的每個人，原先以平面用

線條劃出家庭樹，變成一棵充滿欣喜的故事樹。瞭解家人們的情緒模式和互動系統，有些也是自己遇到的，例如她原來以為哥哥對家庭不在乎，現在才知道哥哥因與家裡隔離太久了，不知如何參與家庭的互動。

四、第四階段：開始改變自己

這個階段，諮商師的角色從思考的引導者變成教練，幫助若薇能客觀面對問題並改變自己（Meyer, 1998, p. 84）。

（一）策略一：觀察情緒

若薇一向都被教導「顧客至上」，很少注意自己怎麼客觀地解讀情緒。這階段諮商師請她邀請任名一起來參加。任名同意，兩人一起來到。諮商師解釋說要進行的策略是諮商師要與一位交談，請另一位傾聽，不可回應。他們決定諮商師與任名交談，若薇傾聽，諮商師提醒若薇學習觀察情緒而不是反應情緒。

> 諮商師：任名，可否請你談談你對若薇的印象。
> 任名：我覺得若薇是個很堅強的女性，你看她把家裡的生意發展得那麼好，我真的很佩服她。
> 諮商師：你覺得跟若薇相處起來最簡單和最難的事是什麼？
> 任名：因她心思很縝密，我只要聽她話什麼事都好辦。但當我有意見想要表達時，她好像就會受不了。
> 諮商師：你怎麼知道她受不了。
> 任名：因為她會一直否定我說的，一直要……
> 若薇：我……

諮商師見一旁的若薇蠢蠢欲動，用手勢示意若薇不要介入，把話題再調整到敏感度更低的，繼續同樣形式的談話。

諮商師：你和若薇最愉快的談話是什麼樣的主題？

任名：是談我們的小孩，會聊他可愛的一面。那真的是個很美妙的時刻。

諮商師：還有呢？

任名：有時候會聊起小時候，就發現我們兩個雖然都是老么，但是生活經驗很不一樣。她被賦予很大的責任要幫忙家裡做生意；我就是那個被捧在手心的老么，家裡什麼事都輪不到我。我說我很羨慕她能有機會接受那樣的訓練；她則說她羨慕我的無憂無慮。

諮商師：那有什麼話題你們比較忌諱談的呢？

任名：我覺得若薇好像不喜歡去談有關她父母關係的話題。一開始我不知道，有次去接小孩時看到岳丈和丈母娘鬥嘴得很厲害，回來時很關心地問若薇是怎麼回事，她顧左右而言他，我猜她是不想談，以後我也就不再提這樣的話題了。

諮商師：你最關心若薇的是什麼？

任名：我擔心她的健康。看她每天為了生意上的事情那麼忙，回家又要照顧小孩子，幾乎都沒有休息的時間。但是只要我提起這個話題，她就會回說我操太多的心。所以你看我們很難說話，我只要是講到關心她的事，例如她父母的吵嘴或她的健康，她會覺得這是沒必要去在意的。那我如果靜靜的不說話，她又會認為我都不表示關心。對小孩子也是一樣，當我給一些教養子女的意見時，她都覺得不好，所以我乾脆不說，她又說我不關心。

諮商師見到任名的情緒已明顯地激動起來了，便準備讓他們夫婦來談論所觀察到的情緒。

諮商師：若薇，你是否注意到任名講這些話時語調上的變化？你的想法是什麼？

若薇：我注意到當任名講到他說的話沒被我聽進去時，語調就變得高亢起來，我想那樣的感覺應該是滿有挫折感的。其實我也不是故意要反對，只是你提出的話題也是我一直煩惱的，因為多年來父母的關係都是這樣，我也無能為力，我很不想再談，所以才故意顧左右而言他。至於我的健康問題，我自己也知道要小心，只是力不從心。所以你問我時我有點心虛，所以就要你不要操心。對於養孩子，其實我也不懂，但我覺得也許可以找到一個最好的方法，所以你建議方法時我沒有說好，意思是我們可以繼續想出更好的方法。我今天才知道你這麼在意我，也才知道我講話的口氣讓你感到被拒絕。

任名：謝謝你的說明。我本來就很在意你啊！只是你回應我的方式常常又急又快，我以為你在生氣。

若薇：對不起！以後我會放慢速度，聽清楚了再回應。不過你也不要一不舒服就躲回房間，讓我們的溝通管道就中斷了。

任名：我從小就習慣那樣子，不是針對你。我以後會改進。

之後，諮商師讓任名和若薇交換位置，若薇與諮商師對話，任名傾聽。經過這樣的對話，兩夫妻第一次感到他們真正認識了對方，並答應溝通時要學習觀察情緒而不是反應情緒。夫妻來了兩次感覺很有收穫。

（二）策略二：脫離三角關係

這個策略主要是針對若薇和父母親的關係，任名志願留在家負責帶小孩，讓若薇可以和諮商師好好探討脫離三角關係策略。

諮商師〔把三角關係的概念向若薇再次解說後，問若薇〕：在成長過程中，是否感覺一直在做父母親所搭的三角形的第三點。

若薇：對啊！經常是！

諮商師：你想要脫離這個三角關係嗎？

若薇：想啊！但這樣是不孝順嗎？

諮商師：當然不是！〔聽到此，若薇鬆了一口氣。〕

諮商師：脫離三角關係的第一步是要把自己當成「局外人」。當父母出現
　　　　情緒反應時，你用「局外人」的角度去分析他們的狀況。

若薇：如果我覺察到他們要來拉我進三角關係了，各自來向我訴說對方的
　　　不是，或兩個一起說我的不是，我要如何反應呢？

諮商師：你要用客觀的態度將所觀察到的分享出來。比如前面你說過媽媽
　　　　跟你說：「你爸爸那個脾氣我受不了！」你要如何客觀回應？

若薇〔想了想〕：那我可以說：「媽媽，我可以聽出來你快要受不了爸爸
　　　　的脾氣了。」

諮商師：這樣說時你覺得有沒有被拉進三角關係裡面？

若薇：沒有！我只客觀地讓媽媽知道我聽到她的訊息。

諮商師：那就對了！如果父親跟你說：「你這個媽媽，什麼都不懂還要出
　　　　一大堆主意，真是煩耶！」你要如何客觀回應？

若薇〔想了想〕：那我可以說：「爸爸！看來媽媽是很認真地想多幫你一
　　　　些忙喔！」

諮商師：脫離三角關係也可以加一點幽默感喔！你再把剛說的那句話加點
　　　　幽默感，比如再加上「你怎麼那麼不領情呢？」試試看。

若薇〔笑了一笑〕：爸爸！看來媽媽是很認真地想多幫你一些忙，你怎麼
　　　　那麼不領情呢？

諮商師：這樣說時你覺得有沒有被拉進三角關係裡面？

若薇：沒有！我把訊息丟回去給他們兩個人。

諮商師：那就對了！如果父母要把緊張的情緒傳給你，嘮叨地說：「這東
　　　　西不是跟你說要擺這邊，怎麼擺到那邊去？」你要如何客觀回應？

若薇：那我可以說：「爸媽，您們正在忙的事情還好嗎？」你覺得這樣可以嗎？

諮商師：看來你有抓到竅門。回家練習脫離三角關係的策略，並以「研究觀察員」的角色，觀察你自己反應是否有效，下次回來時我要聽你的報告。

脫離三角關係策略進行了三次，若薇會把她觀察到幾乎成形的三角關係以及她當場的反應和反應後的結果帶回來向諮商師報告。幾次練習下來，若薇感覺自己因學會冷靜觀察，她較能看清楚父母兩人關係互動與情緒改變的過程；也因為如此，不會以他們「應該」是什麼的觀點去批評。更大的好處是因為若薇保持中立，所以父母緊張的關係有減少的趨勢。諮商師鼓勵她繼續練習觀察情緒和脫離三角關係的策略。

（三）策略三：自我分化

諮商師出示圖 2-7 給若薇看，並給她一張有兩個房子併在一起的圖片（圖 2-20），請她在圖上的兩個房子（左邊是父母的家，右邊是自己的家）上，用圓圈圈出她的「我」。從圖 2-21 圓圈的位置可看出若薇把自己給原生家庭最多，核心家庭次之，給個別我的比例極微。

諮商師：從這個圖看起來，你只有一點點的自己。

若薇：是啊！我一直覺得把太多的自己留給自己是自私的。

諮商師：從鮑恩的角度來看，「學習與家庭分化是成為一個更負責任和更具有功能的人的必經之途」，「缺乏分化會增加人們的焦慮感」。你同意這樣的說法嗎？

若薇：我很同意，特別是「缺乏分化會增加人們的焦慮感」。其實我真的不知道自己是誰，自小就聽父母的話長大，結婚以後有了自己的家，但卻發現父母說的話並不適用於自己的家，常會覺得無所適從。

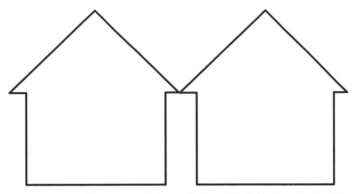

圖 2-20　可供案主畫出個別我與團體我的比例的空白圖

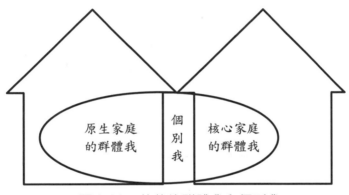

圖 2-21　若薇的群體我和個別我

　　諮商師以圖 2-5 講解核心的自我和偽自我，再以圖 2-6 介紹高自我分化和低自我分化的區別，並問若薇哪一個圖比較像她目前的情況。若薇不假思索地就說當然是右邊，因為自己的自我分化極低。

　　諮商師：你希望自己自我分化的程度高些嗎？
　　若薇：如果這不叫做自私，我當然願意啊！但要怎麼做呢？
　　諮商師：我來問你，你知道如何觀察和思考情緒的過程嗎？
　　若薇：這不是你要我傾聽任名和你講話，我要觀察他的思緒的那個練習嗎？

我當然會啊！我和任名現在常提醒彼此觀察情緒而不是反應情緒。

諮商師：很好！那你已經通過第一關了。那你能不能區別想法和感覺？

若薇：這不是我們在做脫離三角關係時要用到的嗎？

諮商師：對啊！你可以舉個例說明嗎？

若薇：比如說當爸爸念著說：「客人都等那麼久了還不趕快去結帳，拖拖拉拉的在幹什麼？」我如果對父親說這句話背後的原因做理性的分析，知道父親可能是當時被什麼事攪擾著心情不好，我就會回應他說：「爸！你還好吧？」這樣說也是讓自己不和父親和他的問題成為三角關係。我這樣說對嗎？

諮商師：很好！那你已經通過第二關了。你剛才說缺乏自我分化讓自己感到很焦慮，你知道如何克服焦慮嗎？

若薇：這就是我目前遇到的問題啊！怎麼處理呢？

諮商師：其實你已經一直在練習了，就是「保持情感客觀性和中立性」。

若薇：瞭解！接受諮商後，我覺得自己在這方面進步滿多了。

諮商師：很好！那你已經通過第三關了。如果我要你去面對情緒困難的處境，你覺得這個要求合理嗎？鮑恩鼓勵人去面對困難，因為那是你可以學到最多有關於自己的地方。

若薇：我相信。其實我父母是最難處理的兩個人，但在三角關係的練習中，我一直在觀察也學習脫離他們的三角關係，我確實從中看到很多的自己。我發現我比我自己想的還更客觀和理性。

諮商師：很好！那你已經通過第四關了。最後一個要求是在與他人在一起時保留更多的自己。

若薇：這是什麼意思？

諮商師：你有沒有注意到每天都有許多各樣的言語和非言語邀請函，要我們成為三角關係的一部分，使我們失去「自我」。或把焦慮情緒透過三角關係傳給我們。

若薇：對啊！

諮商師：所以才說與他人在一起時保留更多的自己。越能夠把持住「自我」，越擁有清楚的「自我」就越可以避免捲入焦慮情緒漩渦裡。即使活在關係中，必要時要能跳離出來是很重要的。學者建議多用「我的立場」說話，多用科學性的思考，就能更成功地發展並擁有真正的自己。

若薇：瞭解了！就是用客觀的思考去看事物和與人互動，為自己負責任。謝謝你在這過程中不斷地提醒，這樣看來我的自我分化程度應該比我想像的還高吧！

諮商師：我說的每一關你幾乎都過了，應該分化程度不低。你要不要再畫畫看，希望達到什麼樣的景象。

若薇〔畫了以後（如圖2-22）〕：就是這樣。

諮商師：很棒！加油喔！

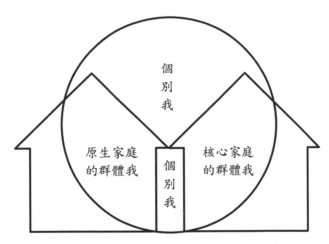

圖 2-22　若薇目標的群體我和個別我

貳、鮑恩理論摘要

　　鮑恩家族系統理論是由鮑恩創設的。1954 至 1959 年期間在國家心理衛生研究院觀察住院病人的互動中，發現了許多與家族諮商有關的概念。例如自我分化、三角關係、家庭投射、核心家庭情緒系統、多重世代傳遞過程等等概念一一萌芽。1959 年鮑恩受聘到華盛頓特區的喬治城大學醫學中心工作，除了把家族治療的概念帶入醫學院課堂外，並在 1972 年和 1975 年分別添加了社會中的情緒過程和情緒截斷的概念。其理論名稱也從 1966 年的「家族系統理論」，到 1974 年更名為「鮑恩家族系統理論」，或簡稱「鮑恩理論」。鮑恩將家族諮商師定位為「教練」，其任務就像足球教練一樣，在旁邊指導家庭成員，如何讓自己和家庭發揮最大的功能。

　　自我分化是鮑恩理論的重要基石，因為每個人若越能把自我發展的好，越能不用仰賴別人而能照顧好自己，反之，缺乏分化者很容易感到焦慮，適應力也越差。因此鮑恩疾呼學習分化是成為一個更負責任和更具有功能的人的必經之途。他觀察到在家庭中若父母有所衝突，常會把小孩當第三者將情緒投射過去，久之這孩子會變得情緒不穩定，但若這個小孩的自我分化程度很高，就不會變成為無辜的受害者。本章的案例若薇因從小被家裡賦予重任而缺乏自我分化，經由鮑恩理論的諮商過程，終於把自己的個別我找了出來，學會了脫離三角關係。雖然生活上看起來並未改變，但擁有了自己，感覺生活踏實了很多。

第五節 · 鮑恩理論的自我測驗

· 你瞭解了嗎？

下面有 **15** 題選擇題可幫助你測試自己對鮑恩家族系統諮商學派的理解程度。

1. 鮑恩家族系統諮商的創始者是誰？
   a. 海斯（Steven Hayes）
   b. 史奈德（Charles Snyder）
   c. 鮑恩（Murray Bowen）
   d. 米努欽（Salvador Minuchin）

2. 鮑恩家族系統理論主要的概念是從鮑恩哪個工作場所發展出來的？
   a. 門寧格基金會　　　　　b. 國家心理衛生研究院
   c. 喬治城大學醫學中心　　d. 俄亥俄州立大學醫學中心

3. 鮑恩家族系統理論的基石概念是什麼？
   a. 自我分化　　　　　　　b. 三角關係

4. 鮑恩家族系統諮商規定要全家一起來接受諮商。
   a. 是　　　　　　　　　　b. 否

5. 鮑恩在國家心理衛生研究院，從母女共生的家庭中觀察到當兩人之間的緊張關係不斷加劇時，其中一人會去找其他病房的人交談。這個現象給了他發展哪個概念的靈感？
   a. 自我分化　　　　　　　b. 情緒截斷
   c. 三角關係　　　　　　　d. 家庭投射

6. 鮑恩發現幾角關係的關係是穩定關係的基本單位？

    a. 三   b. 四

    c. 五   d. 以上皆非

7. 當焦慮過多時，三人中的一個成員會去聯絡第四人，去形塑另一個三角關係，鮑恩稱此為什麼三角關係？

    a. 互賴   b. 互聯

    c. 互助   d. 互鎖

8. _____的自我是個人堅信的原理原則和信念；_____自我則是從周遭人傳遞的資訊所吸收到的觀點。

    a. 核心；偽   b. 偽；核心

    c. 個別；團體   d. 團體；個別

9. 一個人在管理或安排相互聯結和獨立的個體兩股生命力的過程就稱為是：

    a. 投射   b. 分化

    c. 截斷   d. 三角關係

10. 情感距離的極端形式稱為_____。

    a. 自我分化   b. 家庭投射

    c. 情緒截斷   d 三角關係

11. 鮑恩將其家族系統諮商的諮商師定位為_____。

    a. 教練   b. 治療師

    c. 教師   d. 催化員

12. 鮑恩認為家族系統諮商師在諮商時應持何種立場？

    a. 主觀參與   b. 客觀中立

    c. 主觀與客觀合併   d. 隨興就好

13. 鮑恩相信脫離三角關係和自我分化是一種技術。

    a. 是   b. 否

14. 鮑恩相信很多的家庭問題主要是源自於什麼因素？

    a. 低度的自我分化   b. 家人意見不一

    c. 高度的自我分化   d. 缺乏溝通

15. 當你遇到一個人，但卻不想跟對方太深入的連結，鮑恩建議說這時候你可以去拉一個人來當第三者。此技巧稱為：

    a. 脫離三角關係   b. 增強自我分化

    c. 觀察情緒策略   d. 將一人與另一人連在一起

・腦筋急轉彎

....

1. 鮑恩的人生故事最值得你學習的是什麼？為什麼？

2. 鮑恩說在生活上隨時都會有人邀請你加入三角關係。請舉出你目前所屬的三角關係，並以圖示表示此三角關係是如何形成的。

3. 請就第 2 題的三角關係提出你的脫離三角關係策略。

4. 請分析你在家庭裡自我分化的程度，如果是高程度的自我分化，你是如何做到的？如果是低程度的自我分化，請提出你的改進策略。

5. 請舉出一個你遇到家庭投射的經驗，請畫圖來顯示其形成的過程。它對你的影響是什麼？你要如何抵擋？

6. 鮑恩說過分被聚焦的孩子容易產生心理疾病，你贊不贊同這樣的看法，請舉實例證明你的論點。

照片和圖片來源 *Photo/Figure Credits*

學者照片、照片 2-3 至 2-4：Provided with permission by Bowen Center

照片 2-1：By Aaron Hall, CC BY-SA 2.0 <https://creativecommons.org/licenses/by-sa/2.0>, via Wikimedia Commons. 取自 https://commons.wikimedia.org/wiki/File:Menninger_Clock_Tower_2013.jpg

照片 2-2：By NIH[Public domain]. 取自 https://commons.wikimedia.org/wiki/File:NIH_Clinical_Research_Center_aerial.jpg

參考書目 *References*

Bowen, M. (1971). Family therapy and family group therapy. In H. Kaplan & B. Sadock (Eds.), *Comprehensive group and psychotherapy* (pp. 384-421). Baltimore: Williams and Wilkens.

Bowen, M. (1978/1985). *Family therapy in clinic practice.* New York: A Jason Aronson Book, Rowman & Littlefield Publishers.

Gilbert, R. M. (2004). *The eight concepts of Bowen theory.* Lake Frederick, VA: Leading Systems Press.

Hall. C. M. (1991). *The Bowen family theory and its uses.* Northvale, NJ: Jason Aronson.

Hill, L. B. (1955). *Psychotherapeutic intervention in schizophrenia.* Chicago, IL: University of Chicago Press.

Kerr, M. E. (2019). *Bowen theory's secrets: Revealing the hidden life of families.* New York: W. W. Norton & Company.

Kerr, M. E., & Bowen, M. (1988). *Family evaluation: An approach based on Bowen theory.* New York: W. W. Norton & Company.

Meyer, P. H. (1998). Bowen theory as a basic for therapy. In P. Titelman (Ed.), *Clinical applications of Bowen family system theory* (pp. 69-116). New York: The Haworth Press.

Murray Bowen (n.d.). Retrieved from https://en.wikipedia.org/wiki/Murray_Bowen

Papero, D. V. (1990). *Bowen family systems theory.* Boston: Allyn and Bacon.

Rakow, C. (2004, March). Contributions to Bowen family systems theory from the NIMH project. In *The importance of research for family theory and therapy* (pp. 1-16). Conference sponsored by the North Shore Counseling Centre, Vancouver, Canada.

Smith, J. B. (1998). The use of Bowen theory in clinical practice with the elderly. In P. Titelman (Ed.), *Clinical applications of Bowen family system theory* (pp. 205-224). New York: The Haworth Press.

Sykes-Wylie, M. (1991). Family therapy's neglected prophet. *The Family Therapy Networker, March/April*, 25-37, 77.

Titelman, P. (1998a). Overview of the Bowen theoretical-therapeutic system. In P. Titelman (Ed.), *Clinical applications of Bowen family system theory* (pp. 7-50). New York: The Haworth Press.

Titelman, P. (1998b). Family systems assessment based on Bowen theory. In P. Titelman (Ed.), *Clinical applications of Bowen family system theory* (pp. 51-68). New York: The Haworth Press.

Titelman, P. (2014). The concept of differentiation of self in Bowen theory. In P. Titelman (Ed.), *Differentiation of self: Bowen family systems theory perspective* (pp. 3-64). New York: Routledge.

「你瞭解了嗎？」試題解答 *Answer Key*

題號	1.	2.	3.	4.	5.	6.	7.	8.	9.	10.	11.	12.	13.	14.	15.
解答	c	b	a	b	c	a	d	a	b	c	a	b	b	a	d

2

從家族諮商的觀點著手：
以策略與結構為主軸

每個家庭從互動的過程中形塑出其特有的家庭結構，本篇將從曾共事過的海利和米努欽兩位學者的觀點，介紹兩個強調策略與結構的家族諮商學派。

海利指出當個人出現症狀，可能是家庭組織層次結構的混亂所致，米努欽也覆議説是家庭結構功能失調的跡象。所以海利呼籲諮商師的任務是提出策略更改層次結構並確定邊界，讓家庭系統有效發揮功能。米努欽深信當家庭結構有所改變時，每個家庭成員內在心理的過程自然也就改變了。

第三章

◆

海利的策略家族諮商學派
Haley's Strategic Family Therapy

創始者
傑伊・海利
Jay Haley（1923-2007）

—— 本章要義 ——
越清楚問題的所在與想達到的目標，
就越容易規劃出改變的策略。

▍每個諮商學者都有其人生故事，這是海利的故事……

第一節。海利的人生故事

　　海利（Jay Douglas Haley）於 1923 年 7 月 19 日出生在美國懷俄明州（Wyoming）一個如今已不存在的小鎮。當年父親到那兒尋求油田工作而落腳。四歲時，和家人搬到了加州的柏克萊（Berkeley, California）。聽說母親臨盆時，家庭醫生遲到，海利是由父親接生的。雖然母親常叨念說父親接生方式並不適切，海利卻表示，這事是導致他對家族療法有興趣的起因（Klajs, 2016）。第二次世界大戰期間海利在美國空軍服役後，進入加州大學洛杉磯分校（University of California, Los Angeles）就讀，大學期間曾在《紐約客》（*The New Yorker*）上發表一篇短篇小說，獲得了戲劇藝術（Theater Arts）學士學位以後，當了一年的劇作家（playwright），之後繼續進修，獲得加州大學柏克萊分校（University of California at Berkeley）圖書館的學士學位，並於 1953 年獲得史丹福大學（Stanford University）的傳播學碩士學位。

壹、海利進入家族諮商的起步——遇見貝特森

　　在史丹福大學就學時，遇到了人類學家貝特森（Gregory Bateson），受邀參加他在加州帕洛阿爾托（Palo Alto, California）成立的跨學科小組的一個傳播研究項目，後稱為「貝特森計畫」（Bateson Project）。大學畢業後正式加入這個團隊。研究重點是檢查與診斷思覺失調症者在家庭溝通過程的具體特徵，並發表了在家族諮商領域很重要的一篇論文〈走向思覺失調症理論〉（Towards a Theory of Schizophrenia），海利有機會和貝特森（Gregory Bateson）、傑克遜（Donald deAvila Jackson）、海利（Jay Haley）、韋克蘭（John Weakland）和

弗萊（Bill Fry）共事，還觀察與記錄傑克遜以及埃里克森（Milton H. Erick-
son）、沃爾皮（Joseph Wolpe）、羅森（John Rosen）、富維勒（Charles Ful-
weiler）、弗洛姆－里希曼（Frieda Fromm-Reichmanh）等有名的醫生的診療過
程。該小組的研究方向並不關注過去的行為、歷史事件、個人特徵和心理過程，
而是關注在其關係背景（家庭）下互動的情形。透過這個觀察和記錄的歷程，
他們能夠超越傳統的觀點，而提出：家庭成員的「所有的行為都是在進行溝通」
的論點（引自 Anderson, 1997, p. 17）。

貳、設立家族諮商診所──由埃里克森督導

1954 年，海利參加了埃里克森在舊金山（San Francisco）辦的工作坊。之
後，他與韋克蘭就常去亞利桑那州鳳凰城向埃里克森學習催眠和系統性反思
（systemic reflection）的概念。1957 年，海利設立家族諮商診所，由埃里克森
督導。學者讚賞他：「在心理分析霸權時代，勇敢從事家族治療是需要相當大
的勇氣，因為這與當時普遍使用的理論和實務是相當不同的」（Klajs, 2016, p.
18）。這也反映出海利喜歡創新、勇於面對挑戰和探索解決方案的生活態度。
1959 年，貝特森與埃里克森共同舉辦了夫妻和家族治療研討會，當時，埃里克
森被認為是該領域中僅有的幾位專家之一。海利從與埃里克森的學習中受益良
多。

參、加入心理研究所團隊──與薩提爾共事

心理醫生羅斯基（Jules Riskin）和薩提爾（Virginia Satir）於 1958 年在加
州帕洛阿爾托建立了心理研究機構（Mental Research Institute），旨在研究家庭
互動方式與健康和疾病之間的關係。海利於 1962 年加入了團隊，擔任管理職
務。該機構逐漸蓬勃發展並吸引許多各個領域的傑出專家一一加入（"Jay Haley,"
n.d.）。

肆、擔任第一本家族治療雜誌的編輯

1962 年，阿克曼（Nathan Ackerman）與精神科醫生暨心理分析師傑克遜合作創立了《家庭歷程》（*Family Process*）雜誌，這是第一本家族治療的雜誌。海利擔任頭十年的編輯，由他當時的妻子伊麗莎白・海利（Elizabeth Haley）也是一位經驗豐富的記者協助。在心理研究機構期間，海利持續與埃里克森有專業上的互動，並透過撰寫《罕見療法：埃里克森醫師的精神病學技術》（*Uncommon Therapy: The Psychiatric Techniques of Milton H. Erickson, M.D.*）將埃里克森的概念引入臨床領域（"Jay Haley," n.d.）。

伍、策略家族諮商首次問世

埃里克森相當精通於策略性的治療，海利所提出的方法是根據他和埃里克森 17 年的學習與共事經驗所發展出來的。1963 年策略諮商第一次被發表出來時指出：「如果諮商師在諮商中主動指出問題的所在，並能為每個問題設計特定的諮商策略，這樣的諮商就可以稱為是策略諮商。在策略諮商中，諮商師所

指出的問題必須是有辦法解決的,再根據該問題設定目標、設計可以達到目標的策略、從案主的反應去修正方案,並從諮商的結果去評估所使用的諮商方法的有效性」(Haley & Richeport-Haley, 2003, p. xvi)。

陸、加入輔導診所兒童基金會——與米努欽共事

1967 年海利離開了心理研究機構,在米努欽(Salvador Minuchin)的邀請下加入費城的賓州大學輔導診所兒童基金會(the Child Guidance Clinic, University of Pennsylvania in Philadelphia)擔任十年的主任。在那裡,除了出生於阿根廷的精神科醫師米努欽外,還和來自波多黎各(Puerto Rico)的心理學家蒙塔爾沃(Braulio Montalvo)一起工作。該機構的患者大多數是來自低收入和教育程度低的家庭,屬於少數民族,且對語言的理解程度不高。海利和團隊在諮商策略的設計上以簡單、高效率和省時間的策略為主。

在費城工作的期間,米努欽每天會開車來接他和蒙塔爾沃一起上下班。他們三人在車上的對話給了他很多的啟發,對他在家族諮商理論的發展影響極大。海利相當感謝米努欽願意讓他在診所裡實施不同的諮商方法以及訓練,讓他有機會把理念化為實務,試驗腦中的想法是否真的可以發揮實際的效果,並出版了《問題解決治療法》(*Problem Solving Therapy*)一書,相當暢銷。儘管米努欽所寫的《家族與家族治療法》(*Families and Family Therapy*)與海利《問題解決治療法》強調的重點不同,但卻都反映出他們三人集思廣益的成果。海利更特別感謝蒙塔爾沃在他寫作和出版《問題解決治療法》這本書的過程中的協助。不僅分享了許多他在教導家族諮商以及製作培訓影片的經驗,兩人還就治療改變的性質和治療中所會遇到的倫理問題進行了數百小時的交談,最後蒙塔爾沃還認真地幫海利閱讀手稿,並提出改進建議(Haley, 1987, p. xiv)。

柒、非科班出身的諮商師畫下人生的句點

1974 年，海利與他的第二任妻子瑪丹斯（Cloé Madanes，1940 年出生）共同創立了華盛頓特區家族治療研究機構（the Family Therapy Institute of Washington D.C.），除了啟動和開發策略性家族療法外，海利還引入了「家庭生命週期」（family life cycle）一詞，該詞如今已被家族治療師廣泛使用。他將家庭生活分為六個階段，強調每個階段的轉換都是個人和家庭發展的關鍵步驟。六個階段分別為：(1)求愛期；(2)進入婚姻；(3)經歷分娩孕育下一代；(4)面臨婚姻中期的困境；(5)孩子離家後的空巢期；(6)進入退休和老年階段（Klajs, 2016, p. 26; Madanes, 1981, p. 20）。

在 1990 年，海利離開了華盛頓特區家族治療研究機構，移居到加州的聖地牙哥（San Diego），結了第三次婚，與他的第三任妻子瑪德琳‧里奇波特－海利（Madeleine Richeport-Haley）合作製作了許多與人類學和心理治療有關的電影，也一起撰寫了他的最後一本書《直接家族療法》（*Directive Family Therapy*）。這段婚姻長達 12 年，直到 2007 年 2 月 13 日，這位與多位對現代心理治療極有貢獻的知名人士共事過，被譽為是 20 世紀下半葉對家族療法發展有最大影響的人物之一的海利在睡眠中去世，享年 83 歲。共有三個孩子（凱瑟琳、安德魯和格雷戈里），四個孫子和一個曾孫女。海利要求學生們多去行善，而不是花心力為他籌備葬禮。去世時，他還是美國聯盟國際大學加州專業心理學學院（California School of Professional Psychology at Alliant International University）的學者。他出版了近 20 本書，是位很受歡迎的作者，其中一本《罕見療法》（*Niezwykła Terapia*），於 1995 年用波蘭語出版（"Jay Haley," n.d.）。

海利聲稱自己沒有諮商理論，強調諮商是案主與諮商師嘗試可能的解決方案，經不斷嘗試直到達到治療目的之過程。在 1960 年代和 1970 年代，心理分析療法居主導地位時，他努力推展被視為異端的家族療法。如今海利和他那一

代專業者所強調的此時此刻（here-and-now）已成為心理治療領域的常規了（"Jay Haley," n.d.）。

▌從海利的人生故事到他的理論⋯⋯

第二節。策略家族諮商的理論

行動與經驗是建構新行為的關鍵。

An action, an experience is the key to new behavior.

（Klajs, 2016, pp. 21-22）

　　策略家族諮商（strategic family therapy）是源於埃里克森（Milton Erickson）所發展的策略療法。主要的特色是強調諮商師要負責計畫解決家庭問題的策略、設定明確的目標並提出如何幫助家庭解決問題的方法。更重要的是強調諮商策略不是行諸四海皆準的，而是要針對每個特定問題設計處理的策略。由於很多人來尋求諮商時都正處於人生的僵局卻不知所措的困境，因此諮商師的任務是針對案主的狀況設計干預措施（Madanes, 1981）。根據海利，策略家族諮商會在諮商師設定目標後開始啟動，並在諮商過程中致力於幫助案主達到該目標。所訂的目標是受助家庭在短期內可以達到的，等這個目標達到時再設定另一個目標。「策略家族諮商不是一個特定的學派，而是一個諮商取向——諮商師要主動設定策略幫助案主做改變」（Klajs, 2016, p. 20）。下面就將策略家族諮商的幾個基本理念分別加以介紹（Haley, 1987; Klajs, 2016; Madanes, 1981）：

壹、「家」的定位

海利相信家庭是一群不同年齡、不同收入以及不同程度的智力和技能的人所組成的階層制度（hierarchy），若用世代線（generation line）來區分，最常見的是三種：祖父母、父母和孩子。無論家裡有幾個階層，每個家庭都會需要處理階層制度組織的問題，並且必須制定規則，確定誰在家中的地位和權力上是首要的，誰是次要的。當家中有人出現心理症狀時，顯示是組織的層次結構出現了問題。這困惑可能來自階層結構中一個階層的成員經常和另一個階層的成員形成聯盟（coalition）（例如母女間聯結得太緊密），違反了組織階層的基本規則所致。家中成員搞不清楚誰是同伴？遇到問題可以問誰？誰握有決定權？

想瞭解家庭層次結構的方法是觀察該家庭事件發生的順序（sequence）。如果看到先生告訴太太去做某件事，而太太就去做，若這狀況只發生一次，那可能是一個偶發的舉動。但如果該行為一次又一次地發生，就可以推斷出先生在家庭層次結構中比太太更高，這個結構是由家人們之間重複互動的行為形塑出來的。海利提出的這個階層結構的概念改變了諮商領域對症狀的看法，認識到「諮商的目標是要改變家庭組織裡的人互動的順序。當順序發生變化時，家庭中的成員也就跟著改變」（Haley, 1987, p. 111）。「治療性的改變可以定義為是原本一成不變的自我調節系統的動作發生了變化」（Haley, 1987, p. 112）。當人們可以勇敢地去停止與更改不斷重複卻無效消極行為，就是一種改變。

貳、什麼是「問題」？

當案主被問到：「你想從諮商中獲得解決的問題是什麼？」案主通常的反應是「抑鬱症」或「恐懼症」等之類的診斷名詞。或是會向諮商師描述症狀，然後由專業人員經診斷後定義出問題。策略家族諮商對這種定義問題的方式表示質疑，相信若把「問題定義為是人際互動順序上某部分的行為」會比用一個專業診斷術語的定義來的容易處理（Madanes, 1981, p. 20）。例如案主的父親每

天下班時期望看到他在寫作業，若看到他是在玩手機，會大聲斥責，案主因而感到害怕，以後聽到父親進家門的腳步聲時，就把手機收起來，以免惹父親生氣。後來，案主開始會在父親下班的時刻感到莫名的恐慌。策略諮商建議諮商師把案主遇到的問題界定是「害怕被父親責罵」，因是一種人際互動上的描述，會比定義這案主是有「恐懼症」的問題來得容易處理（Madanes, 1981）。況且，若界定為「恐懼症」，就得去幫案主治療或解決這樣的問題。有時候所下標籤的問題是很難處理的，而且案主也可能因被下了「恐懼症」的標籤而變成一個烙印在心中的永恆標記。所以在策略諮商中，針對求助者所遇到的困擾，「諮商師的首要任務是將問題界定為能夠解決得了的定義」（Madanes, 1981, p. 20），而不是用精神病學和心理學的術語去加以診斷。該問題在過去是長什麼樣子不太重要，對其現狀有怎樣的影響才是重點（Klajs, 2016）。

參、「症狀」到底是怎麼回事？

海利認為「症狀是來自家庭成員溝通互動順序上產生的結果（Klajs, 2016, p. 20）。例如從小每次家人討論事情時，身為老么的美琪想表達意見，家人就說：「你太小不懂事，靜靜聽就好。」家人不鼓勵美琪表達的互動方式，養成她不愛講話的個性，即使有意見也不敢表達。策略家族諮商是用循環模式（a circular model）而非因果模式（the cause and effect model）來形容家人之間的人際互動，所以諮商師對於家人之間重複發生的事件和順序要很敏感。當諮商師能從中確認到是什麼樣的規則影響到怎樣的行為順序，就可從中提出策略來幫助家庭成員改變。例如美琪的例子，諮商師可教導父母和家人肯定美琪的存在、學習傾聽並鼓勵美琪說出自己的想法。

策略家族諮商學者發現當家中有人生病時，全家人的重心會放在照顧病患的身上，因而家人們會互相謙讓，保持和諧。這種狀況最容易出現在當患者因生病產生的行為對他人的影響相當極端，且該行為是該患者自己能力無法掌控的（Haley, 1963）。家人們更會在彼此互動上小心翼翼，保持家庭的和諧，免

得動輒得咎。這種情況讓生病的人看在眼裡，可能會告訴自己為了家庭和諧，自己不要好起來，繼續當病人會是最好的選擇。也因此策略家族諮商學者形容說：「保持症狀是生病的人對家人愛的表達。」（Klajs, 2016, p. 20）。

要注意的是，如果家庭功能失調的模式沒有改變，但患病的人病情好轉了，那原先這個病患所具有的被照顧者角色可能將會由家庭系統中的另一人取代，亦即家裡的另一個孩子將成為患者，讓家人因覺得還有人需要被照顧而能繼續地保持家庭原先的穩定狀態（Klajs, 2016）。若要防止這種惡性循環持續發生，改善家庭功能才是上策。

肆、對於改變的看法

隨著家庭成員的長大，家庭結構必須隨著改變。那這改變是如何發生的呢？是透過洞察力和理解嗎？策略家族諮商相信「行動與經驗是建構新行為的關鍵」（Klajs, 2016, pp. 21-22）。當家庭成員互動的順序發生變化時，也就會讓家庭成員開始有所改變（Haley, 1987; Haley & Richeport-Haley, 2003）。例如家裡的孩子長大了，父母若仍用原來家中互動的順序把他們當個只能聽話的小孩看，會讓他們感到不舒服。所以家庭的互動順序要能隨著家人的成長做有彈性的調整，讓長大的孩子也有發言權和提供領導的機會，父母願意聽孩子的建議，如此做，整個家庭結構的改變就發生了。

伍、對於家庭功能是否失調的定位

不同於傳統上用病理學來標明受助家庭的問題，海利用功能良好的家庭（functional families）和功能失調的家庭（dysfunctional families）來描述他的受助家庭。所謂功能良好的家庭在保持穩定和爭取改變之間保持平衡，家庭中的階層結構很清楚，父母負起管理家庭的責任。同代的互動比跨代互動更緊密與頻繁，亦即父母彼此之間的聯繫與互動多過於父母和孩子之間的聯繫與互動，兄弟姊妹之間的聯繫與互動多過於孩子與父母之間的聯繫與互動。父母之間不

會建立聯盟來對抗彼此，而每一代會尊重與另一代的界限。

　　相反地，功能失調家庭的一種現象是過度強調承襲過去的傳統以保持家庭系統的穩定。這樣的家庭似乎無視時間的流逝，總是活在過去的光環裡。功能失調家庭的另一種現象是，階層等級制不明確，父母逃避責任，甚至放棄掌控權，而孩子們則試圖接管它。這種功能失調的家庭，跨代互動比同代互動更緊密與頻繁，不同代的人形成聯盟，與家庭中的一個成員唱反調。例如祖母與孫子結盟與家庭中的某人（如父親）唱反調的現象（Klajs, 2016），這種現象稱為「倒三角形」（perverse triangle）。

陸、對家族諮商的觀點與原則

　　根據海利：「家庭是一個擁有共同歷史和未來的社會團體」（Klajs, 2016, p. 20）。每個家庭都是獨特的，因此每種諮商策略都應考慮家庭系統的個別性和所處的環境。策略家族諮商是短期的，一般療程是要會談六次，專注於解決方案和行為改變。

　　如果每個家庭成員都很努力，但家庭的問題卻仍不見改善，諮商師的任務就是應用家庭的資源去引入新策略，而非探尋「與當前狀況有關的過去歷史原因」（Klajs, 2016, p. 21）。幫助家人能以健康的型態互相往來（Klajs, 2016）。進行策略家族諮商時，諮商師應遵守下面幾個原則（Haley, 1987）：

一、諮商師勿輕視小問題或把問題抽象化

　　有些問題可能表面上看似微不足道，但卻可能是大問題的前兆，輕視小問題就可能漏掉了大問題。且應將問題鎖定在特定的行為，而非抽象的大主題。

二、諮商師應避免偏心

　　諮商師可能會在不同時候和不同的家庭成員結盟，這是很好的做法，可避免讓成員覺得諮商師偏心。在諮商過程中，諮商師要經常提醒自己保持中立，才能客觀看待事情。

三、諮商師應避免與求助家庭辯論或討論人生的意義

有些夫妻或家庭可能想與諮商師討論人生的意義，海利認為這不是諮商師的任務。因為諮商的目標不是要求助者改變對人生的看法，而是學習以較有效的方法與彼此互動。

四、諮商師應避免談論過去

很多夫妻常會為過去爭辯與吵架，因為他們相信目前的狀況是過去形塑出來的產品，然後開始翻舊帳爭論到底是誰對與誰錯。結果不僅事情無法獲得解決，更會讓兩人的感情弄得更不愉快。當然，如果過去有值得回顧的經驗是可拿來作為現在的參考。但如果是彼此不願意互相原諒的事，就不要再提起，讓他們在現在找到彼此原諒的方式，往前邁向新的人生。

五、諮商師應避免認為每對夫妻或家庭所遇到的問題都是一樣的

雖然我們都知道「家家有本難念的經」，但卻不能一味地認為每個家庭或夫妻的問題都是大同小異，或是跟自己的經驗是類似的。

六、諮商師應避免表現得超過自己的實際年齡

如果諮商的對象比自己年長或婚姻的經驗比自己豐富，諮商師不必刻意去裝懂。可以說：「你們在婚姻方面的經驗比我還豐富，但我可以從外人的立場，分享我的觀察讓你們參考看看。」

七、諮商師應避免做沒有清楚目標的諮商

沒有目標的諮商，無法測量出諮商過程的進展情況。無論是在闡明長期目標還是在處理當前狀況的短期目標，設定目標都是有幫助的。

八、諮商師應避免去禁止家庭成員以間接的方式溝通

有時候家人間不習慣以直接的方式互相傳達訊息，如果諮商師做如此要求，比如要求太太直接跟先生說自己想要什麼，這位太太可能寧願犧牲自己要的東

西也不要跟先生表達。此時諮商師可以鼓勵這位太太以間接性的方式用先生可以接受的方式去表達。

第三節。策略家族諮商的策略

必須要有行動，改變才會跟著發生。

Action must be taken if change is to happen.

（Haley & Richeport-Haley, 2003, p. 2）

壹、諮商的目標

一、改變家庭成員之間的互動方式，破除病態的循環

策略家族諮商師相信心理的問題不是隨機發生的，而是家庭系統互動不佳所造成的。家庭系統的變化是促動每個人的內心有所變化、症狀或問題得以消除或解決的首要步驟（Klajs, 2016）。所以策略家族諮商的主要目的是中斷病態的溝通過程，改變家庭成員之間功能不佳的互動方式。幫助家庭成員學習善用家庭資源和增強解決問題的能力（Haley & Richeport-Haley, 2003）。

二、更改不當的層次結構並確定邊界，以維繫家庭的系統

策略家族諮商的第二個目標是更改不當的層次結構並確定邊界，讓家庭系統更能有效運作。例如鼓勵父母在家庭管理上抱持一致的原則。提醒父母不應該與其他家人結盟來攻擊彼此、應該尊重與晚輩間邊界的結構（Haley & Richeport-Haley, 2003）。協助家庭校正其階層結構層次，可以減輕家庭問題復發的機率，以增強解決問題的能力（Klajs, 2016）。

貳、諮商師的角色與功能

一、諮商師的角色

（一）諮商師是引導者

策略家族諮商不認為光藉諮商對談就可以帶來改變，「必須要有行動，改變才會跟著發生」（Haley & Richeport-Haley, 2003, p. 2）。因此諮商師會透過直接或隱喻的指令，來引導家庭成員做出朝向改變所需要的行動（Haley, 1987; Klajs, 2016）。

（二）諮商師是諮商策略的計畫者

諮商師要有能力根據家庭成員的需要提出改變的計畫，並預測其可能會有的反應，必要時還得要按需要再做修改。建議可預做幾個會談的計畫，特別是第一次的會談，取得家庭成員的信任和合作是相當重要的。諮商師需要理解為什麼機能障礙的行為會不斷出現。並設定計畫去改變該行為。在計畫策略時，諮商師要有創造性也要有彈性，其任務是不僅要提出改變的策略，還要鼓勵成員願意去嘗試改變而獲致新的經驗（Haley & Richeport-Haley, 2003）。

（三）諮商師是專業團隊的協調溝通者

有時協助一個案例的團隊可能會涉及許多不同的專業人員，例如可能有精神科醫師、法院的緩刑官、學校老師或社工人員，以及家庭成員等。因此，諮商師必須要能與團隊人員有很好的溝通與協調，所提出的諮商策略才能把周遭所有的要素都考慮在內（Klajs, 2016）。

二、諮商師的功能

（一）提供給每個案例的服務計畫是獨特的

由於當今社會生活的複雜性，每個情況之間都有很多的差異，諮商師無法對所有的案例採用同一種方法來處理。須針對每種不同情況設計治療方法，提供給每個案例獨特的計畫（Haley, 1987）。

（二）著重於當下不強調過去

在策略家族諮商中，不針對案主過去所受的虐待、創傷和罪惡感進行處理。除非有特殊情況，否則不要花時間去做回憶，而是著眼於要採用何種任務來面對眼前的問題（Haley & Richeport-Haley, 2003）。

（三）所提供的服務是要為受助家庭謀福利

諮商師相信自己是為受助家庭謀福利的人，並會根據受助家庭在諮商期間的改變程度和深度做適時的調整策略，好為他們提供最好的協助（Klajs, 2016）。

（四）提醒家庭成員只有雙方都有意願時，改變才會發生

只有一方想改變不足以帶出真實的改變，而且不願意改變的另一方可能會有抗拒的反應（Klajs, 2016）。例如一位母親每次看到兒子打電動就會嘮叨，兒子一被嘮叨就跟母親鬥嘴，然後兩人就會吵起來。母親可能會說：「我是為兒子好，哪有母親不囉嗦的。」這個例子顯示母親要兒子改變（不要打電動），但兒子不願意改變；或兒子希望母親改變（不要嘮叨），但母親卻堅持管孩子就是得囉嗦。所以諮商師的任務是幫助母子達到共識，提醒他們必須兩個人都願意更改其行為，改變才會發生。此外，幫助改變時，不要只談行為會如何發生，更應該直接去引導其做行為上的改變。例如教導母親以後看到兒子玩電動遊戲，與其囉嗦不如問：「這電動遊戲看起來很好玩，你打贏了嗎？」然後專

心聽兒子分享其戰果後，再說：「再玩一陣子後記得要做功課喔！」並教導兒子如何回應母親。讓他們多做練習後情況就會漸漸有所改變。

參、諮商的過程與策略

一、諮商的過程

諮商過程可以區分為下面幾個階段，當一個目標達到時便可以進到下一個階段（Haley & Richeport-Haley, 2003; Klajs, 2016）：

（一）階段一：接觸之始

諮商師應專注在聆聽每位成員諮商的目標、遇到的困難是什麼，以及期望如何解決。目的是要建立合作的氣氛，不管幾個家人來到都可以進行諮商。

（二）階段二：診斷

策略家族諮商所做的診斷是針對家庭系統而非個人，諮商師要去瞭解家庭互動順序中失序的狀況並找出其緣由，以及家庭系統的階層可能出現的問題。診斷時避免使用專業的臨床術語，盡量以淺顯易懂的語言清楚地定出目標，且確定目標是有達成的可能性。診斷要盡快完成，至少在第一次的會談時就能有個初步的概念，但並不必向父母解釋或教育與診斷有關的資訊。

（三）階段三：提出諮商計畫和方向

策略家族諮商師針對要改變的新行為提出計畫和方向，並向家庭成員解說為何如此設定，好爭取到家人的合作意願。在提此計畫時須尊重家庭的階層而非藐視父母的權威。特別是不要讓他們有錯覺認為諮商師是要取代父母的位置。

（四）階段四：設計家庭作業——練習想改變的行為

諮商師可將計畫要改變的行為設計為家庭作業，鼓勵家庭成員在會談之外的居家時刻練習想改變的行為，多做練習，以助於改變的發生。

（五）階段五：觀察行為是否改變的情況然後針對目標做必要的修改

　　當然行為的改變並非都能一蹴可幾，成員未有改變不代表他們有抗拒。把它當作是回饋的機會，請成員分享進行時可能遇到的阻擾，用來作為訂定下個目標或設計下個活動的參考。

二、諮商策略

　　策略家族諮商是「直接指引案主朝向目標」的學派（Madanes, 1981, p. 25），認為如果要發生變化，就必須採取行動，只有行動可帶來改變，對話不會帶來改變，除非該對話是有方向性的（Haley & Richeport-Haley, 2003, p. 6），因此引導的技巧相當重要。「越清楚問題是什麼，越知道想達到的目標在哪裡，就越容易設計出諮商治療時要引導的方向」（Madanes, 1981, p. 25）。引導策略的類型可分為直接引導（straightforward directives）和間接引導（indirect directives）。而間接引導可用背道而馳策略（paradoxical intervention）來做代表。下面將分別加以說明（Haley, 1984; Haley & Richeport-Haley, 2003）：

（一）直接引導

　　直接引導是針對具體的問題提出清楚引導，直接引導包括提供建議（giving advice）、教練式的教導（coaching），設定考驗策略（setting up ordeals）和贖罪（exacting penance）等方式（Haley & Richeport-Haley, 2003）。

1. 提供建議

　　有時候受助家庭希望聽到諮商師的建議，例如一對夫妻接受海利諮商時提到想知道自己兩歲兒子是否有足夠的成熟度可以上幼兒園。海利以父母在場和不在場兩種狀況評估該小孩的狀況，然後根據評估結果，向父母提供建議。

2. 教練式的指導

　　諮商師可以像教練（coach）般一步步指導受助家庭，例如指導青少年如何與父母相處，也可以教導父母如何與孩子相處。

3. 設定考驗策略

考驗（ordeals）也是策略家族諮商師常用的策略，原創者是埃里克森，是「設計一個比原先想要改變的問題還要嚴重的情境讓案主來嘗試」（Haley, 1984, p. 7）。讓案主「因被考驗的項目比原來的症狀更難對付，因而決定放棄了症狀」（Haley, 1984, p. 5）。考驗的技術，分為直接任務（straightforward task）、背道而馳考驗（paradoxical ordeals），和由諮商師來考驗（the therapist ordeals）（Haley, 1984）。

(1)直接任務

直接任務是與案主訂出一個在症狀出現時要同時進行的一項任務，所選擇的任務應是對案主有益的，且是案主有提到想要多做的事。例如海利（Haley, 1984）分享一個案例，案主訴苦每次開會要報告都會很焦慮，且在會談時提到也許多運動會有益於身體的健康。於是諮商師便向案主建議在開會前一晚半夜起來運動，且要劇烈到第二天肌肉還有酸痛的感覺。這位案主照著做，隔天抱著酸痛感參加開會，要報告時居然發現自己心情很平靜，一點都不緊張。

(2)背道而馳考驗

因為受症狀的折磨本身就可以用來作為考驗的項目，因此背道而馳的考驗即是鼓勵案主保持在困擾症狀當中的感覺。這個做法的目的是要讓案主有痛苦、有挫敗感而想要去改變（相關例子將留在後面的背道而馳策略詳細介紹）。

(3)由諮商師來考驗

a. 諮商師將信息轉變成考驗

諮商師可將案主所描述和定義的行為重新架構，改成是案主不喜歡的說法，這樣就可變成一個考驗的項目。例如諮商師想鼓勵案主學習獨立，所以當案主抱怨母親實在管太多的時候，諮商師可將其重新定義成是「母親在保護他」，並鼓勵他繼續傾聽母親的話，可能因此適得其反而激發案主想獨立的動機。

b. 對質技巧

當諮商師認為案主應該面對現實時,便可以鼓勵案主面對他們不願意面對的情況,如此經歷一番心理交戰的痛苦,也是一種考驗的過程。所謂「不經一番寒徹骨,焉得梅花撲鼻香」正是這個意思。因此,鼓勵案主長痛不如短痛,趕緊面對與處理所遇到的情況,就可以趕快早點獲得心靈的自由。

c. 增加費用

諮商師也可以告訴案主若其症狀沒有改善甚至更糟的話,其諮商費用要提高。這也是考驗策略,藉以增進案主改變的動機。

(4)進行考驗策略時應特別注意的事項

進行考驗策略時很重要的是,作為考驗的項目必須是想改變者做的來且不會觸法的事情。使用時應特別注意下面的事項(Haley, 1984):

a. 對問題發生的情況必須有明確的定義

因為在考驗策略時是會嘗到後果的,且是在與症狀有關的問題發生時才會需要進行考驗。所以對該問題必須要清楚地加以定義才不會白受罪。

b. 與問題相關的人必須有要解決問題的承諾

如果一個人要經歷一個考驗,他(她)必須真的很想克服所遇到問題的動機和承諾。若無此動機,諮商師必須要有能激發案主願意接受這種考驗的措施。

c. 用來作為考驗的項目必須是經過選擇的

選擇的過程最好與案主共同商討而制定,其強度必須足以克服症狀、對案主有益、必須是他們可以做得到的事情、所須採取的行動必須明確而不曖昧,所選擇的項目應該有一個明確的起點和終點。

d. 進行的指令和方向必須是清楚且合理的

諮商師需要清楚並準確地給出指示,讓案主知道為何這樣做的理由,並確

切描述要做什麼以免產生歧義。

e. 考驗策略僅在有症狀的情況才需要做

諮商師必須明確告知僅在有症狀的情況下才需做考驗策略、要在特定的時間進行，並確切描述要做什麼。

f. 考驗策略必須一直持續到問題解決為止

每次都必須精確地進行考驗，並且必須持續進行直到症狀現象消失。

g. 考驗策略必須要在社會環境中進行

諮商師必須覺察案主的症狀是反應其在社會環境（尤其是家庭環境）中遇到困擾，可能是家庭階層系統出了問題。諮商師應去瞭解該症狀在案主的家庭中所扮演的功能，因該環境的變化也常會導致案主行為的改變。

4. 贖罪

另一種直接引導的方式是贖罪（penance）。對於感到內疚的人讓他們去做一些幫助他人的事，會覺得好過些，這就是贖罪的引導方式。海利舉了一個諮商實例，有天諮商師接到一位媽媽來電說她 18 歲的兒子想要在哥哥自殺去世的那天自殺，他們很緊張地把他送進了醫院。諮商師建議父母與兒子談談有哪些事是若哥哥還活著的話會想要做的事情。這樣的對話效果不錯，18 歲的孩子說他確切地知道他哥哥會做什麼，並領悟到自己可以為哥哥繼續活下去，想趕快離開醫院去做那些事情（Haley & Richeport-Haley, 2003）。

（二）背道而馳策略

策略家族諮商為人所樂道的是它的背道而馳策略，最常用的有兩個類型：一種是延緩案主去做改變；第二種方法是鼓勵案主跟著症狀去做，即故意要他們保持著那個欲尋求改變的症狀。目的是要讓受助家庭有挫敗感而想要改變。

1. 延緩案主去做改變

延緩案主去做改變，也就是刻意延遲改進和康復的指令。例如可以跟受助家庭說：「我想我知道要如何幫助你解決問題，但是我不知道你準備好了沒？」並問先生說：「假如你改變了之後會有什麼樣的結果？如果看到太太變得更有自信的話，你會覺得怎樣？」策略家族諮商師故意用這種延遲的方法是想增加家庭想改變的動機，海利的經驗就發現家人可能會主動說怎麼那麼久了我們都還沒有進展，可不可以趕快讓我做不一樣的事，學點新的互動模式。所以「與其讓你去拉他們改變，不如是讓他們來要求你幫助他們改變」（Haley & Riche-port-Haley, 2003, p. 9），其改變的動力可能會有天壤之別。諮商師可從觀察家庭願意合作以及反應的型態來決定要採用直接或非直接的方法來進行。當家人已經準備好要接受建議時，可以使用直接的方法，直接下達指令；如果家人不願意接受諮商師的建議就要用間接的方法，比如說：「我覺得這樣做比較好，當你們準備好時，隨時可以開始進行」（Klajs, 2016, p. 24）。

2. 跟著症狀去做

第二種背道而馳策略的方法是鼓勵案主跟著症狀去做，繼續去做他們想改變的行為目的之一是希望透過讓案主受不了而抗議，增加想改變的動機。另外一個目的是讓家庭成員感到諮商師並沒有要改變他們而願意採取合作的態度，這時諮商師就可以介紹一些可以改變的行為，這種做法稱為背道而馳的合作（the paradox of cooperation）（Klajs, 2016）。下面有三個案例可看出其效果（Haley, 1984; Haley & Richeport-Haley, 2003）。

(1) 案例一：定時吵架或憂鬱

鼓勵愛吵的夫妻每晚八點到十點吵架，會發現他們通常就不會再去吵架。另一個例子是引導一個憂鬱者每天訂一個固定的時間與憂鬱約會，除外的時間就可以好好享受不憂鬱的快樂，慢慢地其憂鬱症狀就消失了。

(2) 案例二：不准出門

有位太太說她結婚以後除非有先生或母親陪著，否則不敢自己出門。這時海利告知先生每天上班前告訴太太：「我上班後你就不准出門喔！」先生聽後回應說：「我怎麼需要說，她本來就不會出門啊！」海利還是鼓勵他每天如此做。第一天先生跟太太講完「你今天不准出門」時，夫妻兩人都大笑。第二天先生又講時，就沒有顯得那麼好笑了。到第三天，先生講完後出門，太太就跑到超級市場去買東西。太太的改變讓先生很驚訝，因為上次她自己出門是七年前的事。

(3) 案例三：睡不著就看書吧！

這是埃里克森提供的一個實例；一位失眠者來求助，說他晚上都只能睡兩個小時的覺，所以上班時覺得很累，希望埃里克森可以治療他失眠的問題。埃里克森問案主他覺得自己的人生應該多做些什麼？案主說他應該多讀書。埃里克森就故意說：「我希望你今晚穿上睡衣，做好睡前準備，但不要睡覺，整夜就閱讀你想看的書。我怕你坐著看書會睡著，所以我希望你整夜站著看書。」案主照他說的做了三個晚上。每天晚上，他都只是想躺下休息一分鐘，讓眼睛休息一下，結果就睡了一整晚，直到早上七點才起床。他覺得沒能撐一整個晚上而對埃里克森感到內疚，並決定再試一次。便去買了一套迪克森（Dicken）的作品，想說好好地讀不要睡覺。結果發現要他整夜讀迪克森的作品比要睡覺更難，乾脆睡覺好了。在這個例子中諮商師要睡不著的人不要睡故意去看書，反而讓案主覺得好辛苦倒頭去睡，他睡眠的問題也就不藥而癒了。

3. 背道而馳策略的步驟

進行背道而馳策略時可以遵循下列的步驟進行（見表 3-1）。

表 3-1　進行背道而馳策略的步驟

1. 與想改變的人建立關係，並瞭解他們想如何解決自己的問題。
2. 把問題定義清楚，問題定義越清楚，過程越容易進行。
3. 設定清楚的目標，目標越清楚會越少分心。
4. 提出計畫。在給予背道而馳的指令時，可能有必要提供給案主清楚的理由。
5. 請那些一直在幫案主解決問題而阻礙其成長的人退到幕後。
6. 諮商師要求案主保持不變，按一般表現行事。
7. 諮商師應觀察、反應並鼓勵其繼續表現平常的行為。
8. 等案主開始表現出改變的行為，諮商師要給予讚賞。
9. 當原先行為逐漸消失，改變的行為逐漸穩定，諮商就可結案了。

（參考 Haley, 1987, pp. 81-82; Haley & Richeport-Haley, 2003, pp. 10-11）

▌從理論到實務，請聽他們的故事……

第四節。策略家族諮商的案例分析與摘要

壹、案例分析

「我們的愛還在嗎？」

惠雯感到與戀愛長跑四年結婚十年的丈夫關係越來越疏遠，希望能夠透過諮商讓兩人的關係有所改善。此諮商過程共分為接觸之始、診斷、提出諮商計畫和方向、設計在家裡練習想改變的行為、觀察行為是否改變的情況，然後針對目標做必要的修改五個階段進行。

一、第一階段：接觸之始

　　第一次會談，諮商師和長雲與惠雯先做了一個短暫的晤談。瞭解他們兩人戀愛長跑四年，結婚十年，生了一個女兒，現已六歲。剛結婚時長雲在汽車公司擔任業務的工作，三年後為了增加收入決定自己創業。但創業後工作越來越忙，即使回家也感覺心不在焉。惠雯雖知道先生是在為事業而忙，但也感覺這份事業把長雲從自己的身邊奪走了，一直問自己這樣的婚姻有意義嗎？為了挽救婚姻，她希望長雲能撥出一些時間一起尋求諮商的協助。長雲知道自從創業之後確實是冷淡了惠雯，心裡的虧欠感讓他同意撥出時間一起來接受諮商。本著策略家族諮商建議「把諮商的時段訂出來，可迫使夫妻們有處理實際遇到問題的急迫感」（Haley & Richeport-Haley, 2003, p. 186）的概念，諮商師告知長雲和惠雯將以策略家族諮商進行，一般療程是六次。諮商師如此明示，好讓長雲和惠雯知道諮商時間的限度，而不會花時間在翻舊帳。

　　使用策略家族諮商時尋求協助的家人可以有個別和一起的方式進行諮商。第一次的會談每個人分開進行，如此做可以幫助諮商師蒐集到一些配偶在場時他們不會說出的資訊，但也要尊重求助者是否願意讓配偶知曉該資訊的意願。如此做的另外一個理由是本著策略家族諮商賦予諮商師擁有掌控性（power）的權威（authority）之原則。讓諮商師擁有比每個家人更多的資訊，對整個諮商情境較能有掌控力。當家人或夫妻被原先的互動模式卡住掙扎不出來時，諮商師就能使用其權威來引導其解決的方向（Haley & Richeport-Haley, 2003）。基於此理念，短暫晤談後，諮商師提出想跟他們單獨會談的請求。兩人決定先由惠雯開始，長雲先在會客室稍候。

　　惠雯在個別諮商中分享到長雲從談戀愛到結婚的最初幾年都很會表達自己的感情。談戀愛時他們是同學，後來長雲離開學校先去當兵，但他們的感情都未受到影響。長雲當完兵時惠雯還在念書，長雲正在找工作但常會來學校陪她。兩人相約在圖書館，她讀書找資料，他則忙著翻閱報紙尋找工作機會，或填寫

履歷及申請表。結婚以後，長雲在汽車公司擔任業務的工作，惠雯則考上公務員在公家機構上班。雖然業務的工作滿辛苦的，平常兩人見面的機會變少了，但是遇到難得的休假日都會用來作為約會之用，若時間允許，兩人就會到風景勝地去度個小假，快樂的小旅行慰藉了平日沒機會相處的寂寞，回來後感情升溫，就可以回去職場好好打拚。婚後三年，惠雯懷孕了。有天長雲跟她說：「有小孩後家裡的開銷會比較大，我擔心業務的工作收入不是那麼穩定，所以我找了些朋友合夥，準備自己開公司做生意。」就在女兒一歲生日過後，長雲的公司也正式成立了。剛開始的一兩年，長雲每星期會撥一天時間陪她和女兒，那是全家最快樂的時光。他們白天帶女兒去公園或遊樂場玩一玩，晚上一起煮一頓晚餐，或到外面用餐，享受闔家歡樂的時光。但漸漸地，一個星期一天變成一個月一天，變成半年一天，後來連一天也沒有了。只聽他說忙，但忙也沒關係，只是現在是身子忙心裡也忙，回家倒頭就睡，第二天一大早又出門了。女兒經常會問她：「爸爸呢？」她都不知要如何回應。

長雲在個別諮商中則分享，第一次看到惠雯是因為一群男同學看到在圖書館打工的她好可愛，就起鬨要他去約她看電影，但那次後他真的就喜歡上惠雯，兩人在校園裡經常在一起，大家都好羨慕。誰知道自己大學念一年卻因功課跟不上被退學。接到消息時已是暑假，他打電話告訴惠雯說：「我對不起你，我被退學了！我不曉得應該怎麼辦？我好慚愧喔！你還會愛我嗎？」「我就在你家樓下附近的公用電話亭，如果你還願意接受我，十分鐘後在你們家樓下見，我們聊一聊，好嗎？」很感動的是惠雯真的出來了，那天他們談了很久，也談了許多。他因退學後就得去當兵無法經常陪她，她不斷安慰著，並允諾會等他回來。當兵時兩人靠著信件維繫感情。每隔一陣子，惠雯也會去部隊探班。部隊的兄弟們都很羨慕他有這麼可愛又美麗的女朋友。退伍後重考大學卻落榜，感到好自卑，但惠雯對他的感情始終如一，讓他好生感動。長雲告訴惠雯：「我已經盡全力了，卻仍考不上，我想我不是讀書的料。我看，書由你來念，我來負責賺錢好了。」結婚後前三年做業務，感覺收入很不穩定，便希望能開公司

多賺一點錢。剛開始做得還不錯,有錢可以養家又可以買禮物給惠雯和女兒,他覺得有盡到父親和丈夫的責任,但生意越來越難經營。「沒有好的學歷,至少要有好的事業來證明自己的實力」是長雲給自己的期許,所以當事實上好像不如期待的那麼美好時,他很怕回去面對惠雯又不想編造謊言,但也不知如何坦承窘境,所以他選擇早出晚歸少接觸,用那個時間來想要怎麼把事業再建立起來,怎麼去找更多的資金。聽到他這樣的敘述,諮商師問:「你希望維持這個婚姻嗎?」長雲:「當然希望!但我不知道惠雯要不要我這個無能的老公。」

　　長雲談話後,惠雯一起加入。諮商師解釋兩人的個別會談重點是在蒐集資料,因是第一次會談,諮商師沒有要給予指示,只是要他們回去後繼續按原來的方式互動(其實這時候諮商師給的是背道而馳的指令,如此做的目的是希望至少會有人反抗如此的建議,然後達到期望的改變)。

二、第二階段:診斷

　　第二次諮商則是要與他們兩人一起進行會談。

諮商師:我要你們按原來互動的方式互動,不必做任何改變,你們有注意
　　　　到什麼嗎?

惠雯:我覺得我們的婚姻有問題。

長雲:我不覺得我們的婚姻有問題,只是因為我工作太忙,我們的溝通變
　　　　少了。

惠雯:什麼叫做變少了,簡直就是沒有嘛!他回家都不講話,我們之間變
　　　　得很陌生,我不知道這樣的婚姻還有救嗎?

長雲:最近生意不好沒賺到什麼錢,就沒有什麼好消息可報告的。我本來
　　　　想等你問了,我再來告訴你實際狀況,但我沒講話,你也沒多問。

惠雯:我看你下班時那麼疲憊,臉又那麼臭,就不敢打擾你了。

長雲:那你也沒有跟我講你工作的事或是我們女兒的事啊!

惠雯：你又沒問，我怎麼知道你有興趣想知道。

長雲：以前你都會主動講，現在你不講，我也不敢問。

諮商師：你們的對話通常誰是主導者？

　　問這問題時，他們兩人很有默契地指向惠雯，顯示在溝通上惠雯的階層較高是負責問話者，長雲則是回應者。兩人溝通的規則是：「惠雯要主動講才表示她願意讓別人知道該事」，以及「要等惠雯提問，長雲再來做回應」。當諮商師分享這樣的觀察時，他們會意地點點頭。

惠雯：我所以一直發問，是因為我如果不發問就聽不到長雲的聲音。但一直當提問者好累喔！我希望的溝通是自由與自在的，誰都可以提問也可以回話，或做主動的報告啊！你記得第一次在我打工的圖書館假裝要我影印東西，其實是要約我看電影，那次你不是很主動嗎？

長雲：那是被一群同學起鬨的。

惠雯：但你一定是有能力才做得到啊！我喜歡那樣子的你，有信心與敢主動的。

長雲：那真的是被逼的。

　　諮商師不打擾讓他們繼續對話，觀察著兩人的對話，秉承著策略家族諮商強調諮商師所提出的診斷必須是可解決性的，諮商師對他們所遇到的問題下個診斷是：「惠雯很在意長雲不夠主動的溝通」。當諮商師向他們說出這個診斷時，他們會心地笑一笑說：「看來這個問題不是太可怕。」

三、第三階段：提出諮商計畫和方向

　　惠雯和長雲的對話一直停留在過去，策略家族諮商強調光是對話，尤其是專注在過去的事是無法幫助他們改變的。要他們能有所改變，諮商師就得帶領

他們付諸行動（action），尤其是必須改變長雲長期以來一直處在被動的溝通習慣。下面諮商師要以直接引導的方式來與長雲互動。惠雯也在場，諮商師要她安靜地聽就可以。

諮商師：長雲！你聽到沒有，我認為你的婚姻真的有危險了，你聽到惠雯說：「一直當提問者好累喔！我希望的溝通是自由與自在的，誰都可以提問也可以回話。」她在想念當初那個主動追求她的長雲。

長雲：當年那個在圖書館跟她搭訕的小子意氣風發，現在的我學歷也沒有、生意也沒做好。我有什麼資格主動提問呢？

諮商師：惠雯有計較過你的學歷嗎？

長雲：應該是沒有，否則她怎麼會嫁給我。

諮商師：惠雯有計較過你沒有賺很多錢嗎？

長雲：應該是沒有，她沒有跟我提過。

諮商師：那是你心裡的「男人要有學歷和賺很多錢」的傳統要求在跟你計較，不是惠雯。但你有沒有聽出惠雯在意的是什麼？

長雲：我想他是要我能夠跟她多講話、多溝通。

諮商師：你前面不是提到第一次和她講話是被逼的嗎？現在你也要抱回那個被逼的心態去把惠雯的心追回來。因為你再不多講話，你就會把惠雯的心推得更遠喔！

長雲：我已經好久沒有參與惠雯和女兒的生活，不知如何問起？

諮商師：你以前跟她約會的時候都問些什麼？

長雲：不記得耶！都是問些有的沒有的，就是表示關心就是了。

諮商師：那現在可不可以也這樣做，問些有的沒有的，就是表示關心就是了。也可以用手機傳簡訊不是嗎？是不是，惠雯？〔這時在旁邊的惠雯猛點頭。〕

長雲：對喔！我幾乎忘記手機有不少可以溝通的功能。

四、第四階段：設計在家裡練習想改變的行為

對話到此，似乎有方向但仍不符合策略家族諮商設定目標應具體的要求。

諮商師：說了這麼多，現在我們來把目標具體講一下。

長雲：這個嘛！

諮商師：就想一個明天可以做的。

長雲：我可以用午休時間傳簡訊嗎？

諮商師〔轉向惠雯〕：可以嗎？你會回嗎？

惠雯：當然！現在手機那麼方便，透過手機互動也滿好的。

諮商師〔轉向長雲〕：來想想看可能會遇到什麼困難？

長雲：萬一她已讀不回。

惠雯：那可能當時正在忙，只要有空我就會回。

諮商師：我們先練習一下，長雲請拿起手機給惠雯傳個簡訊或貼圖。〔長
雲按照指令傳出簡訊，惠雯收到後也回覆了。夫妻倆相視一笑。〕

諮商師：那下班後呢？可以想一個互動的方式嗎？

長雲：我如果想不出要問什麼，至少我會給她一個擁抱。這樣可以嗎，惠
雯？〔惠雯點點頭。〕

諮商師〔轉向長雲〕：來想想看可能會遇到什麼困難？

長雲：可能太晚惠雯已經睡著了。

惠雯：即使睡著了，你也可以抱抱我，我會覺得很甜蜜的。

諮商師：好！現在練習互相擁抱一下。〔兩人一開始有點尷尬，長雲走向
惠雯主動抱住她。惠雯回抱了他。我看惠雯帶著微笑，眼角流下了淚
水。〕

諮商師：好！你們學會了，這就是你們明天的家庭作業。如果不錯的話就
做下去，直到下次的會談時間。

五、第五階段：觀察行為改變的情況並針對目標做必要的修改

　　第三次約談，兩個人走進來的表情快樂多了，長雲說他每天都有照做，以前都不知道溝通並不是那麼難的事。問惠雯收到先生的簡訊和擁抱覺得如何，惠雯說感覺好甜蜜，有回到戀愛的感覺。有了這次成功的經驗，長雲對自己溝通能力較具有信心，所以後面的三次會談，每次都會加上新的溝通方式與內容，到最後一次諮商結束前，他們夫妻已回到利用假日出去旅遊的行程，有時候會帶女兒，有時候就將女兒託給惠雯的母親帶，夫妻自己去玩。本來快要破碎的婚姻，因為長雲願意改變，一家人找回了昔日的歡樂。

貳、策略家族諮商結論與摘要

　　策略性的治療是海利發展出來。指出諮商師負有責任在諮商中主動地定義問題，並為每個問題設計出特定的諮商策略。海利建議若把「問題定義為是人際互動順序上某部分的行為」，會比用一個專業診斷術語的定義來得容易處理。症狀是來自家庭成員溝通互動順序上產生的結果。諮商師若能從中確認到是什麼樣的規則影響到怎樣的行為順序，就可針對患者的社會狀況提出策略來幫助家庭成員改變。但光靠對話性的諮商是無法帶來改變的，只有付諸行動，改變才有可能會發生。

　　在案例諮商過程中，策略家族諮商師從長雲和惠雯的對話中聽出他們的婚姻問題出自「長雲不夠主動的溝通」，而肇因於兩人被「惠雯要主動講才表示她願意讓別人知道該事」，以及「要等惠雯提問，長雲再來做回應」的溝通規則僵住了。諮商師一開始刻意以背道而馳策略要他們保持這樣的溝通，但下一次諮商會談時，惠雯叫屈地說：「一直當提問者好累喔！我希望的溝通是自由與自在的」，諮商師提醒長雲：「你再不主動溝通就要失去惠雯了」，然後開始採直接引導的方式帶領長雲學會如何與太太互動表示關心。夫妻倆終於重新燃起愛苗，挽救了一段差點破碎的婚姻。

第五節。策略家族諮商的自我測驗

‧你瞭解了嗎？

....

下面有15題選擇題可幫助你測試自己對策略家族諮商學派的理解程度。

1. 策略家族諮商學派的創始者是：

   a. 海斯（Steven Hayes）　　　b. 海利（Jay Haley）

   c. 鮑恩（Murray Bowen）　　 d. 米努欽（Salvador Minuchin）

2. 策略家族諮商學派是引用誰的策略諮商並繼續發展而成的？

   a. 佛洛依德　　　　　　　　b. 阿德勒

   c. 埃里克森　　　　　　　　d. 米努欽

3. 海利在家族諮商生涯發展的過程中沒有和下面哪個學者共事過？

   a. 米努欽　　　　　　　　　b. 薩提爾

   c. 埃里克森　　　　　　　　d. 鮑恩

4. 策略家族諮商中很強調要用精神病學和心理學的術語去幫求助家庭進行診斷。

   a. 是　　　　　　　　　　　b. 否

5. 策略家族諮商相信夫妻或家庭過去的歷史非常重要，因為那是很多問題的起因。

   a. 是　　　　　　　　　　　b. 否

6. 下面哪一個陳述句是策略家族諮商對「問題」的界定？

a. 問題是一種行為類型，是幾個人之間行為順序的一部分

b. 問題是來自人與人之間為了維護彼此關係的契約，而產生的適應性行為

c. 心理的問題不是隨機發生的，而是家庭系統互動不佳所造成的

d. 以上皆是

7. 下面哪一個陳述句是功能失調的家庭徵狀：

a. 此家庭強調承襲過去的傳統，以保持家庭系統的穩定為優先考量

b. 此家庭在保持穩定和爭取改變之間保持平衡

c. 此家庭中的階層結構很清楚

d. 此家庭的父母負起管理家庭的責任

8. 下面哪一個陳述句是具有功能性家庭的特徵：

a. 此家庭活在過去的光環裡

b. 此家庭的互動稱為「倒三角形」

c. 此家庭在保持穩定和爭取改變之間保持平衡

d. 此家庭階層等級制不明確

9. 下面哪一個陳述句是諮商策略對「症狀」的界定？

a. 是家庭成員在溝通順序的一部分

b. 是該家庭當時所遇到的社會環境所造成的結果

c. 是被認定患者對家人的愛的表達

d. 以上皆是

10. 策略家族諮商認為下列哪個要素是造成改變的主因？

a. 對話　　　　　　　　　b. 行動

c. 領悟　　　　　　　　　d. 思維

11. 下面哪一個陳述符合策略家族諮商的諮商原則？
    a. 鼓勵談論人生意義　　　　b. 鼓勵簡化問題
    c. 鼓勵選邊站　　　　　　　d. 鼓勵將問題具體化

12. 當諮商師刻意要受助家人繼續做跟症狀有關的行為時，是在進行哪一種諮商策略？
    a. 直接引導策略　　　　　　b. 脫離三角關係策略
    c. 背道而馳策略　　　　　　d. 贖罪策略

13. 諮商師若希望求助家庭主動向他要求要做改變，諮商師可以採用哪種策略以達到這種效果？
    a. 繼續跟著症狀的指令　　　b. 延遲改進和康復的指令
    c. 考驗策略　　　　　　　　d. 增加諮商費用

14. 若諮商師請憂鬱者每天訂個時間與憂鬱約會，這是什麼諮商策略？
    a. 繼續跟著症狀的指令　　　b. 直接考驗
    c. 贖罪策略　　　　　　　　d. 增加諮商費用

15. 諮商師要案主去做一些事情以彌補心中之內咎，這是什麼諮商策略？
    a. 背道而馳的考驗　　　　　b. 直接考驗
    c. 贖罪策略　　　　　　　　d. 繼續跟著症狀的指令

· 腦筋急轉彎

1. 策略家族諮商「不認為心理的領悟與理解會帶來改變，行動與經驗是構成新行為的關鍵」。你是否贊同此論點？請舉一個實例說明之。

2. 請以策略家族諮商的家庭功能是否失調的指標來分析你的原生家庭，並舉實例來回應此指標是否適用於我們的文化與國情。

3. 策略家族諮商指出在諮商過程中，「目前所遇到的問題在過去是長什麼樣子不太重要，對現在狀況有怎樣的影響才是重點」。你是否贊同此論點？請舉一個實例說明之。

4. 背道而馳策略是策略家族諮商的重要諮商技巧，請舉一個案例並以背道而馳策略來設計你的實施方案，你預測將可得到什麼樣的效果。

5. 策略家族諮商將諮商師定位為引導和權威的角色，這在諮商進行時會有何優缺點，請說明你對此論點的支持度是如何。

照片和圖片來源 *Photo/Figure Credits*

學者照片：By Jamespkeim, CC BY-SA 3.0 <https://creativecommons.org/licenses/by-sa/3.0>, via Wikimedia Commons. 取自 https://commons.wikimedia.org/wiki/File:Jay_Haley.jpg

照片 3-1：By Unknown author[Public domain].取自 https://commons.wikimedia.org/wiki/File:Erickson_college.jpg

參考書目 *References*

Anderson, H. (1997). *Conversation, language, and possibilities: A postmodern approach to therapy*. New York: Basic Books.

Haley, J. (1963). *Strategies of psychotherapy*. New York: Grune & Stratton.

Haley, J. (1984). *Ordeal therapy*. San Francisco, CA: Jossey-Bass Publishers.

Haley, J. (1987). *Problem-solving therapy* (2nd ed.). San Francisco, CA: Jossey-Bass Publishers.

Haley, J., & Richeport-Haley, M. (2003). *The art of strategic therapy*. New York: Routledge.

Jay Haley (n. d.). Retrieved from https://en.wikipedia.org/wiki/Jay_Haley.

Klajs, K. (2016). Jay Haley-Pioneer in strategic family therapy. *Psychotherapy*, *2*(177), 17-28.

Madanes, C. (1981). *Strategic family therapy*. San Francisco, CA: Jossey-Bass Publishers.

「你瞭解了嗎？」試題解答 *Answer Key*

題號	1.	2.	3.	4.	5.	6.	7.	8.	9.	10.	11.	12.	13.	14.	15.
解答	b	c	d	b	b	d	a	c	d	b	d	c	b	a	c

◆

第四章

米努欽的結構家族諮商學派

Minuchin's Structural Family Therapy

創始者
薩爾瓦多・米努欽
Salvador Minuchin（1921-2017）

—— 本章要義 ——
在家庭架構圖上擺對了位置，
家庭關係的改善就有望了。

第一節 · 米努欽的人生故事

壹、從小受到歧視，倍感社會正義的重要

1921 年 10 月 13 日米努欽出生於阿根廷（Argentina）恩特雷里奧斯（Entre Ríos）的聖薩爾瓦多（San Salvador）俄羅斯猶太移民的家庭。

米努欽是三個孩子中的長子。住的小鎮有 4,000 個居民，其中四分之一是猶太人。小鎮裡的居民自給自足關係很緊密。因處在反猶太人的國家，經常會看到街道上寫著「愛國者，殺死猶太人」（Be a patriot. Kill a Jew）的牌子，米努欽感受到被排擠與歧視，深覺社會正義的重要，這也造就了他日後特別會去關懷弱勢家庭的性格。

父母是他成長的榜樣。他說：「若說我從父親身上學到思緒縝密和負責的態度，母親教會我的事是如何關心他人的需要」（Minuchin & Nichols, 1993, p. 14）。高中時，心理學老師介紹哲學家盧梭（Jean-Jacques Rousseau）的思想，指出青少年犯是社會的受害者，這樣的理念形塑了他想投身在青少年犯的矯治工作上的志向。18 歲進入醫學院就讀，1946 年畢業，開始當住院醫師，專攻小兒科和醫學心理學。（Minuchin & Nichols, 1993）。

貳、以色列立國他熱血投效

1948 年，米努欽的小兒科診所正要開業，正值以色列立國，並陷入了戰爭。他毫不猶豫地賣掉了嶄新的醫療設備，接受了為期一個月的急診治療和輸血培訓後，便與 30 多名阿根廷年輕人一起搭船航向以色列。抵達後被派往帕拉

赫（Palach）第四軍團當醫生。和一群來自世界各地的兄弟姊妹，一起抱持著「國家的生存掌握在我們手中。我們是未來，而未來屬於我們所有人」的使命感（Minuchin & Nichols, 1993, p. 22）。突然，他身為阿根廷的猶太人的自我定位消失了。「沒有矛盾的歸屬感使我可以跳開只歸屬於猶太人的認同框架，成為人類的子民。我不必只忙著為自己辯護，而是可以和別人同盟一起奮鬥」（Minuchin & Nichols, 1993, p. 23）。這樣的概念成為米努欽日後專業實務的基本理念，強調在進行家族諮商時，諮商師要先接受求助家庭之現狀，表達願意歸屬的意願，才有機會能夠獲得該家庭的接納而得以幫助他們。

參、往返以色列和美國之間只因所學不夠用

戰爭結束後，米努欽離開以色列的軍隊，並於 1950 年來到了美國，同時在兩個機構接受精神科訓練。一是在紐約市貝爾維尤醫院（Bellevue Hospital）的兒童精神科做住院醫生，遵循本德（Lauretta Bender）的引導，鑽研如何診斷有嚴重行為困擾的兒童（highly disturbed children's behavior），但只是給予診斷並未進行處理。對此做法米努欽甚有感慨：「面對混亂和痛苦，我們歸咎到人類的衝動上，貼上標籤，將自己抽離在外，還自我安慰地說自己是在做對的事」（Minuchin & Nichols, 1993, p. 23）。米努欽的另一訓練是在猶太監護人委員會（Jewish Board of Guardians）當兒童精神病學的研究員，和 20 位有情緒困擾的孩子住在霍桑錫達諾爾斯（Hawthorne Cedar Knolls）學校裡，作心理分析的個別治療。但卻感到心有餘而力不足：「我接受精神分析的培訓時，閱讀的是佛洛依德的著作。他的文字很迷人，但我卻很難將它應用到小屋裡」（Minuchin & Nichols, 1993, p. 24）。

1951 年與新婚妻子移居到以色列，建立了五個收容所，擔任聯合主任，收容受到大屠殺的猶太孤兒。協助過程中理解到那些在戰爭中到處躲藏倖存下來的孩子，對安全感的渴望和結構團體的需求，並不適於用精神病理學來解析。為此他開始對人的適應能力、團體提供的支持對於成長潛力的促進與發揮有了

更多的關注，但也同時發現自己所受的訓練不敷使用，便回到美國接受更多的心理分析訓練（Minuchin & Nichols, 1993）。

肆、從零開始的家族諮商發展之旅

1954 年他選擇在紐約市的威廉·阿蘭森·懷特（William Alanson White）心理分析研究所接受培訓直到 1958 年。

這同時他也開始在威爾特維克男孩學校（Wiltwyck School for Boys）從事輔導青少年犯的工作。他們觀察到這些孩子雖然在學校裡行為已獲得修正，但回到原來的社區後，不良行為又再復發。便開始邀約受輔青少年和家人一起來會談。為了因應諮商方式的改變，他們在晤談室加裝了單面鏡，好用來觀察晤談時青少年與家人的互動狀況，此時他們稱呼自己是家族諮商師（family therapists）（Minuchin & Nichols, 1993）。

米努欽和團隊的成員都已受過個別和團體心理動力療法的專業訓練，自認已有萬全的準備可以進行家族治療。但很快地，他們體認到單獨與青少年會談和與家人一起會談的情境完全是兩回事。

他形容家族諮商「好像是在走訪一群有著共同文化和歷史，有自己的溝通

➌照片 4-1　紐約市貝爾維尤醫院。米努欽到美國後在此接受精神科訓練。

方式和型態的人。我們需要學習如何加盟他們的行列，贏得他們的信任，並證明我們的用處。當務之急是要從這些新的理解中發展出新的處遇方式」（Minuchin & Nichols, 1993, p. 29）。

為此回隊發展出三階段的訪談，首先，諮商師與全家會談；然後，一位諮商師與母親或父母雙方見面，另一位諮商師與孩子會面；最後，整個家庭和諮商師會談。每次會談都由團隊的兩名成員進行觀察，並在每次會談後進行匯報。這使帶領會談者能夠深入瞭解家庭互動，以及他們自己與家庭互動的方式與狀況。

米努欽和他的團隊邊做邊學，一面聆聽這些家庭的需要，一面發展協助的技巧。由於服務對象的內省力（introspective）並不強，他們將協助的重點專注在行為和溝通上面，並發展了一套較偏重活動與指導取向的治療方法。

然而隨著在家族諮商方面的經驗越多，與心理分析的教導違和感越大。最終他選擇傾聽自己拋開心理分析的教導，持守諮商師必須「關注的是人與人之間的互動，而不是個人的內在動力和病理方面的症狀」的理念（Minuchin & Nichols, 1993, p. 26）。

伍、雖不被認可仍堅持推展家族諮商

1965 年，米努欽擔任費城兒童醫院（Children's Hospital of Philadelphia）精神科主任，費城兒童輔導診所（Philadelphia Child Guidance Clinic）主任和賓州大學醫學院（University of Pennsylvania School of Medicine）的兒童精神病學教授。他堅持要將家族治療納入兒童精神病學的一環，卻遭到醫院同仁的反對，理由是：家族治療法只適用於窮人，不適用於該醫院中產階級的服務對象。基於米努欽的堅持有悖於當時精神科的治療理念，賓州兒童精神病學委員會（The Pennsylvania Council of Child Psychiatry）發起了一項調查，想要藉此剝奪診所培訓兒童精神科醫生的權利，調查人員說：「米努欽醫生的想法對部門來說是相當不利的」（Minuchin & Nichols, 1993, p. 31）。

雖然如此，米努欽並未放棄，反而更努力地鑽研家族療法的理論和實務。直到有一天，費城兒童醫院出現四個糖尿病女孩的案例，這些女孩在醫院對胰島素的反應完全正常，但一回家這些藥物就都失效，被轉介去接受個別心理分析的治療並不見起色，便轉介給米努欽。米努欽的團隊開始針對這些「糖尿病」的兒童展開研究，並將厭食症、哮喘的兒童和他們的家人也納入研究對象。研究結果提供了家庭療法有效性的科學證據，證明「家族諮商可以幫助這些患者改善疾病」（Minuchin & Nichols, 1993, p. 32）。

在 1960 年代晚期到 1970 年代，米努欽對整個大的社會與大世界對家庭的影響相當開心，並開始在社區裡的社會服務機構培訓不同族裔的家族諮商師。還借用兒童分析家阿克曼（Nathan Ackerman）的想法，開始研究家庭裡的人際關係以及個人行為與家庭的關係。

1975 年，從費城兒童輔導診所主任的位置退下來擔任名譽總監直到 1981 年。1983 年，擔任紐約大學醫學院的研究教授。1996 年退休，搬到佛羅里達州的博卡拉頓（Boca Raton, Florida），直至 2017 年 10 月 30 日去世。米努欽一生著作無數，其中許多書探討了貧困和社會制度對家庭的影響（Miller, 2011）。

米努欽說一位看似無藥可救、具有攻擊與破壞性的青少年，卻可能是他那位無能力和飽受虐待的母親唯一的保護者。因此家族諮商師不僅要聽，而且要看，若要真正幫助到受助家庭就必須學習以新的視角來觀察行為並推論其涵義。

↑照片 4-2　薩爾瓦多‧米努欽

第二節。結構家族諮商的理論

> 人是社會群體的一分子，不是單獨存在的個體，
>
> 當家庭結構有所變化時，每個家庭成員也會經歷到改變。
>
> Man is not an isolate. He is an acting and reacting member of social groups.
>
> When the structure of the family group is transformed, each individual's
>
> experiences change.
>
> （Minuchin, 1974, p. 2）

　　結構家族諮商理論（Structural Family Therapy, SFT）是米努欽為了要提供給受助家庭最有效的服務，帶著團隊逐步發展出來的。最顯著的特徵是強調以改變家庭結構作為諮商的主要目標，鼓勵諮商師在家庭重組過程中積極主動的加盟家庭系統，去理解影響家庭成員之間健康或不健康的關係的潛在規則（Miller, 2011）。

壹、家庭

　　「家庭（family）是一個會面臨一系列發展任務的社會單位（social unit）」（Minuchin, 1974, p. 17）。從結婚兩人與原生家庭分開組成一個小家庭開始，夫妻就把責任的重心轉移到新組織的家庭。不僅夫妻倆須學習與適應小家庭的生活，也要有智慧與父母、兄弟姊妹、公婆或岳父及岳母建立新型態的關係。除此之外，夫妻兩人對於各自的工作、職責與娛樂等家庭外的任務，最好是能

開誠布公地拿出來面對、協調與討論。爾後隨著孩子的出生，家庭的組織與結構也產生了改變，為了照顧與滿足孩子的需求，夫妻的作息常會需要調整，若有其他家人前來幫助照顧小嬰兒，與家人的互動方式也會因此而有所轉變。

隨著孩子們逐漸長大，離開家後，家庭的系統回復到只有夫妻兩人的世界，但因其所面對的社會環境與剛新婚的時候大不相同，遇到的挑戰也不一樣，可能需要花點時間去學習適應。當夫妻倆升格為祖父母後，家庭的系統又是一個新的變化，也需要重新架構與適應。

「人是社會群體的一分子，不是單獨存在的個體，當家庭結構有所變化時，每個家庭成員也會經歷到改變」（Minuchin, 1974, p. 2）。家庭是成長和康復的地方，家庭成員在互動中逐漸發展出不同的互動模式，架構出不同的家庭結構，也因此會被支配去擔任不同的角色與負擔不同的功能。人會影響其所處的環境，也受其所在的社會環境影響（Minuchin, 1974）。這也就是為什麼米努欽起心動念「要家人一起來接受諮商」的初心。

貳、家庭結構與系統

在家庭裡，家人從不斷重複的互動交流（transactional）中逐漸架構出在何時、與誰、如何互動的「一組無形而卻能組織與引導家庭成員如何互動的規範」的家庭結構 （Minuchin, 1974, p. 51）。並用這個結構「支撐起一個家，讓成員有歸屬的地方，並完成家庭所交付的任務」（Minuchin & Fishman, 1981, p. 11）。「家庭結構所形成的系統屹立不搖，即使原先的方式行不通，也有替代的方案，稱為家庭成員的互補結構（complementary construction），也是經過長時間的談判、妥協、重新安排和競爭下的產物」（Minuchin, Lee, & Simon, 1996, p. 29）。其實很多互動的細節並不一定是明顯可見的，且也會因環境或成員內心的變化時有改變。例如在家中看電視時誰可以選擇節目？誰可以更改頻道？吃飯時誰坐誰的旁邊？看電視時誰會和誰坐在一起？但誰可以改坐誰的座位？誰應對誰負責？誰也可以負起對誰的責任等。長久以來家庭成員在這樣的框架

裡互動與協調著，一旦失去了平衡，家人們就會開始責怪是哪個人不忠心所造成的。

「每個家庭系統（family system）都包含各種不同層級的子系統。每個個體就是一個子系統，然後家庭中的每個人會因不同的分類方式再歸屬於不同的子系統裡」（Minuchin et al., 1996, p. 31）。子系統可按年齡、世代、性別、興趣或功能來區分，如成人構成一個子系統，子女則構成另一個子系統；夫妻或母子也是個子系統。家庭系統因各個子系統所發揮的功能而有不同。每個個體在不同的時段分屬於不同的子系統，所扮演的角色和需要發揮的功能也不同，例如一個男人在家裡是丈夫，但回到原生家庭又變回兒子的角色，兩者所需要的人際技巧相當不同。

參、邊界

一、邊界的種類

「邊界是在長期的家庭互動中因某種互動規則的設定而形成的」（Umbarger, 1983, p. 9），所以邊界也可以說是子系統和整個家庭間語言和非語言上互動的關係。每個子系統按其與其他系統互相參與的程度，其邊界（boundaries），可從最左邊完全不參與（disengagement）過度僵化閉鎖性的邊界（closed boundary），到最右邊混淆不清的邊界（enmeshed boundary）。多數家庭會是在中間正常的邊界清楚區塊，稱為開放（open）或稱半擴散（semi-diffuse）的邊界，此型態的邊界每個子系統之間保持適當的距離（見圖 4-1）。有些父母很願意與子女分享他們的狀況，且常開放家庭，邀請外人融入他們的生活中，這樣的狀況稱為是開放的邊界。相反地，若父母不會與子女們分享其婚姻的狀況，或不要子女們過問長輩的事，這樣的狀況稱為是閉鎖性的邊界。每個子系統之間也會透過邊界的設定來定位誰應該如何參與的規則。其參與的方式和標誌如表 4-1 所示。

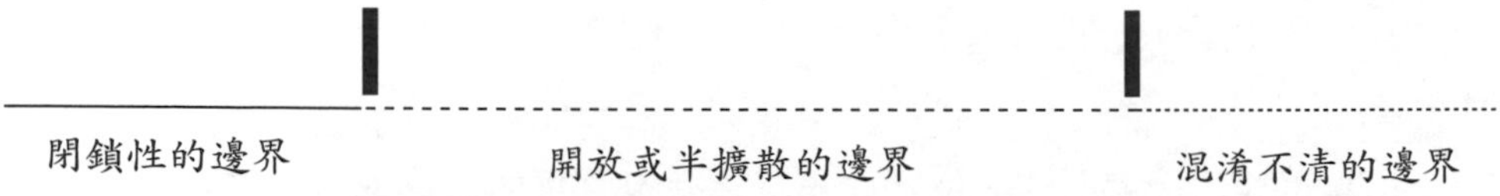

閉鎖性的邊界　　　　開放或半擴散的邊界　　　　混淆不清的邊界

圖 4-1　家庭關係的邊界開放程度的不同等級
（Minuchin, 1974, p. 54）

表 4-1　標示邊界的記號

記號	表明的意思
– – – – – – – – – –	邊界很清楚、具擴散性（彼此獨立、溝通良好）
··························	邊界模糊　（互相依賴）
———————————	邊界緊閉　（互不往來）
═══════════	聯合關係　（互成一黨）
≡≡≡≡≡≡≡	過度參與
——┤├——	衝突
}或{	結盟
⇒	迂迴溝通

（Minuchin, 1974, p. 54）

家庭若要發揮適當的功能，子系統之間需要有清楚與適當邊界。如此做可保護每個子系統擁有自己的空間，既能不受到阻礙正常的發揮其功能，也能在必要時互相接觸與互動。例如夫妻若能保有適當的邊界免受雙親公婆或其他家人的干擾，對夫妻關係的發展與維持會是相當有幫助的（圖 4-2）。

夫妻　　　　　（子系統的執行者）
－ － － － － －
雙親公婆　　（雙親公婆的子系統）

圖 4-2　夫妻與雙親公婆子系統的邊界的圖例

肆、家庭系統的壓力與適應

　　家庭成員在人生不同階段或社會環境有重大的變遷時，都會帶給家庭相當大的壓力。為了滿足內部和外部的這些需求，家庭系統需要不斷調整、改變與適應（family adaptation），好讓家庭的生命力得以持續與綿延下去。家庭系統的壓力有四個來源：來自家庭的成員與外在環境的接觸、來自要面對外在社會發生的事件、來自家中成員的轉型、來自家庭特質的問題（Minuchin, 1974）。

一、來自家庭的成員與外在環境的接觸

　　家庭系統的主要功能是提供給家庭成員支持的力量，當一位成員因與外在環境接觸而受到壓力時，其影響可能波及子系統也可能會衝擊到整個家庭。例如父親將工作壓力發洩在太太身上，之後又轉嫁到孩子的身上。這可能減輕破壞夫妻關係的危險性，但卻增加孩子的壓力感，可能想著無緣無故被波及真倒楣（如圖 4-3）。這時候母親可能會和孩子結盟來面對父親帶回來的壓力反應（如圖 4-4）。

　　所以家庭成員需要做適當的調適以免受到太多的衝擊。例如丈夫工作上壓力很大，下班回家時對太太嘮叨個不停，太太可以先退一步，幾分鐘以後再跟

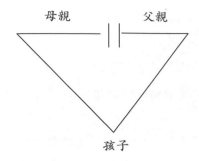

圖 4-3　夫妻有衝突轉嫁到孩子身上的家庭結構圖

（Minuchin, 1974, p. 61）

圖 4-4　母子結盟面對父親的家庭結構圖

（參考 Minuchin, 1974, p. 61）

先生反應，丈夫的壓力會因與太太互動後稍獲減輕。

二、來自要面對外在社會發生的事件

　　家庭系統的壓力也可能是來自要面對外在社會發生的事件。例如，新冠肺炎大流行時，學生改用網路上課，很多公司也要員工在家上班。家裡的好幾個子系統全部聚集在一個屋簷下很容易產生衝突。有這麼一家人，大家就說好以自己的房間為邊界，白天大家都在自己的房間做自己的事，吃飯時間才聚在一起。身為大學生的兒子在家裡為保有自己的邊界，還會在門口貼著一個告示：「上課期間請勿打擾」或「考試中，請勿打擾」。因著這樣的共識，全家平安度過難關。母親也發揮廚藝每天推出一道精心料理，讓子系統相會的時間都成了快樂的時光。

三、來自家中成員的轉型

當家中成員進入人生的不同階段時，可能會出現新的子系統，或需要重新再畫定邊界。例如有個孩子進入青少年階段時，與外在的接觸機會增加，父母給他的責任會加重。這時如果家庭系統沒有配合這情況做適度的改變，會讓大家角色混淆，變成是壓力來源。反之，父母若能從圖 4-5 左邊重新畫定邊界而變成圖 4-5 右邊的家庭結構。讓青少年的子女與其他手足間形成不同的子系統，父母也會賦予青少年的子女該年紀擁有的自由與責任，就是一個成功轉型的例子。

圖 4-5　家庭結構隨著家中成員的轉型而轉化的例子

（Minuchin, 1974, p. 64）

四、來自家庭特質的問題

家庭系統的另一個壓力來自家庭特質的問題。例如若家庭有位較特殊的兒童也是家庭壓力的來源，年幼時父母對這孩子的安排與該孩子年長後就會很不一樣。

第三節 ● 結構家族諮商的策略

人們的經驗隨著彼此相對位置的改變而改變。

People's experiences change as their positions relative to

one another are transformed.

（Minuchin, 1974, p. 116）

壹、諮商目標

一、透過支持幫助受助家庭設定與達到轉化的目標

米努欽引用 1956 年獲得了諾貝爾文學獎的西班牙詩人希門尼斯（Juan Ramón Jiménez）的一句話，類似中文涵義是：「路是人走出來的」（the road is not the road, the road is how you walk it）（取自 Minuchin, 1974, p. 119）來勉勵諮商師，要運用智慧幫助受助家庭去制定目標，朝著這些目標前進。家庭結構的轉化取決於其獲得支持量的多寡。在諮商中除了諮商師給予支持外，也應鼓勵成員互相支持（Minuchin, 1974）。

二、活化家庭的互動狀況

結構家族諮商的另一個目標是幫助受助家庭重組家庭的互動規則系統，使家庭的互動狀況變得更加靈活，可以彈性地使用其他方式相互交流。其做法是將成員從其經常扮演的固定角色中抽離出來，成員會因無前例可循而必須調動其未被充分利用的資源，也因如此，其應對壓力和衝突的能力可能會因而提高。

例如有一個小女孩只要不滿父母所做的規定就絕食抗議，而父母也經常一看她不吃東西就妥協。在諮商師的支持下，父母改變方法告訴小女孩今後他們會先聽她的意見後才提出規定。一旦提出規定後，即使她絕食抗議他們也不做更改，除非她願意理性地與父母討論。當小女孩發現絕食抗議這一招不管用，諮商師便鼓勵她學習用健康的方法來表達自己的意見和與父母討論（Miller, 2011）。並鼓勵家庭發現與發展出新的互動型態的可能性，以增強其問題解決能力和活化家庭的結構（Powell & Dosser, 1992）。

貳、諮商師的角色和功能

一、諮商師的角色

（一）諮商師是療癒師

「諮商師應該是一位療癒師（healer），一個能關心對方遇到的痛苦，也同時能在互動中對對方的價值觀、長處與能力表達尊重的人」（Minuchin & Fishman, 1981, p. 1）。

（二）諮商師本身就是工具

米努欽提醒諮商師：「進行家族諮商需要運用自己」（Family therapy requires the use of self）（Minuchin & Fishman, 1981, p. 2），亦即諮商師應將自己投入成為受助家庭中的一員，以便能對家庭進行觀察和探索，並透過轉化家庭結構去改變成員在家庭系統的位置，以改變他們主觀的經驗（Minuchin, 1974）。

米努欽極為鼓勵諮商師發揮其自發性（therapeutic spontaneity），「家族諮商的技術訓練是要學習者精熟之後然後把它忘掉」（Minuchin & Fishman, 1981, p. 1），就是鼓勵諮商師要將技巧昇華。「只有當一個人能精熟後再刻意忘記才會成為治療的專家」（Minuchin & Fishman, 1981, p. 1）。值得慶幸的是，家庭系統本身具有自我延續的特性（self-perpetuating properties），當諮商師幫助家庭調整好離開後，該健康的家庭系統會透過家庭的自我調節機制來持續下去。

換句話說，一旦改變生效，家庭成員將透過互相正向的回饋，幫助彼此健康的成長（Minuchin, 1974）。

二、諮商師的功能

（一）家族諮商師必須瞭解影響家庭結構和功能的因素

每個家庭是由情感或血緣聯繫在一起的一群人，經過長時間的相處發展出特定的互動模式。有些互動的模式功能良好，有些則功能不良，無法有效地促進家庭成員的成長，但因共同生活久了也就習慣成自然。若要能有效進行家族諮商，諮商師必須瞭解受助家庭成員的種族、階級和其他社會因素如何影響該家庭的結構和功能，才有可能帶著他們朝向改變之路（Minuchin et al., 1996）。

（二）家族諮商師的使命不在於教育而是要修復家庭的功能

家庭系統是透過家庭成員的支持、調節、滋養和社會化的過程逐漸組織形成的。因此，「諮商師加盟這個家庭不是為了對其進行教育或社會化，而是為了修復或修改家庭本身的功能，以便讓其能夠有更好的功能去發揮與執行其家庭的任務」（Minuchin, 1974, p. 14）。

（三）家族諮商師協助的重心不是個體而是全家

諮商師在幫助家庭成員的過程中，自然變成是家庭系統的一部分，和該家人形成一個新的體系，其所行所為對家庭成員的行為也會造成影響。所以家庭成員的問題要從整個系統去處理才能治標又能治本。

（四）諮商師的診斷是從加盟家庭後的觀察所提出來的假設

家族諮商師將患者（被家人認定是病患的成員）視為是因其情況較為明顯特殊而影響到家庭互動的系統。與一般精神病學的診斷過程及使用的術語完全不同，結構家族諮商所進行的診斷是以人際關係（家庭關係）為評估的重點，透過表 4-2 的六個方面去瞭解其家庭互動的情形來進行診斷。但切記：隨著家人對諮商師的認同與適應，這種互動式的診斷結果也會不斷地發生變化。

表 4-2 　諮商師瞭解家庭互動的六個方面

1. 諮商師應考慮家庭結構、家人偏愛的互動模式以及可用的替代方案。
2. 諮商師應評估家庭系統的靈活性及能重塑與改組的可能性。
3. 諮商師應檢查家庭系統對各個家人行為的敏感度。
4. 諮商師應回顧家庭生活背景，分析了家庭生態系統中支持和壓力的來源。
5. 諮商師應考察家庭的發展階段及其在該階段的任務執行情況。
6. 諮商師應探討家庭其他成員是如何使用生病的家人的症狀，來維持家庭的主要互動方式。

（參考 Minuchin, 1974, p. 130）

參、諮商策略與過程

　　求助的家庭通常會將出現症狀的成員定位為問題的所在，但根據米努欽的觀點，「這個症狀可能是家庭功能失調的跡象」（Minuchin, 1974, p. 110）。家族諮商師透過加盟來領導家人、評價家庭的結構、創造可以幫助家庭轉型的氣氛與環境，協助求助家庭成功地轉型（Munchin, 1974）。結構家族諮商的策略與過程介紹如下：

一、建立諮商關係——形塑治療性的系統

　　加盟（joining）和調適（accommodation）是形塑治療性的系統（forming the therapeutic system）的兩種方式。加盟指的是諮商師直接與家庭互動。調適指的是當諮商師為了能與家庭聯結而做的自我調整（Minuchin, 1974）。

（一）加盟

1. 諮商師的加盟是家庭系統改變的重要步驟

　　加盟是諮商師與家庭之間發生「連結」（coupling）而形成諮商關係。諮商師透過加盟建立自己在受助家庭的領導地位，這對家庭系統的改變是很重要的

一個步驟，是家族諮商一個重要的元素。

(1)透過加盟的過程可以讓諮商師和家人建立同理的關係：可以真正經歷到家庭成員生活的實際狀況，較能理解家人的想法和行為，並有助於鼓勵家庭的改變和成長。

(2)諮商師可透過加盟的過程表達他對每位家庭成員的瞭解與支持：儘管受助家庭把諮商師當專家來看待，但諮商師要切記不要將自己的價值觀注入受助家庭中，而是要去尊重該家庭所擁有的文化價值。

(3)透過加盟，諮商師被家庭成員接受成為該系統的一環，持續與家人間保持有效的專業關係（Jung, 1984; Kim, 2003; Miller, 2011; Minuchin, 1974; Napoliello & Sweet, 1992; Powell, & Dosser, 1992）。

2. 諮商師應承擔起領導者的任務

身為領導者，諮商師必須評量家庭的狀況，根據評量的狀況發展出諮商目標，並透過諮商策略幫助家庭達到該目標。雖然諮商師不會忽略個別成員的需要，但其協助的重點是放在增進與強化家庭的系統，要將家庭發展為成員康復和成長的所在，能否做到如此便是諮商師的責任（Minuchin, 1974）。

3. 找到共同的目標

很多時候當諮商師進入其系統中，會使家庭成員更想維持家庭原先的平衡狀態，對任何來自外在的挑戰會產生反抗。為此，家庭和諮商師必須找出共同的目標，帶領家庭成員學到新的克服技巧，減輕壓力與衝突（Minuchin & Fishman, 1981）。

4. 必要時諮商師應以不同的方式加盟各個子系統

當諮商師與受助家庭的父母與孩子分別會面時，各個子系統所想要談的主題和情緒會和全家一起諮商時截然不同。必要時，諮商師可以不同的方式加盟各個子系統，亦即以每個子系統特有的風格、情感和語言與他們互動。若能適

時挑戰其不當的功能，反倒有助於增強家人體會到其實改變是有可能的希望感（Minuchin & Fishman, 1981）。

5. 諮商師在融入的過程也要不失理性

「諮商師必須充分適應該家庭系統才能融入，但又必須保有自己才能理性地進行挑戰家庭組織的干預措施，幫助家庭成員達到諮商的目標」（Minuchin, 1974, p. 139）。

總而言之，加盟就是讓受助家人知道諮商師想瞭解他們，與他們合作也為他們工作。在安全的環境下，帶著他們一起探索其他的選擇、嘗試不同的互動方式和改變。

（二）調適

當諮商師為了能與家庭聯結，必要時須做一些調適。調適的技巧包括維持（maintenance）、追蹤（tracking）和模仿（mimesis）。適時使用這些調適的技巧會有助於諮商過程的進展（Minuchin, 1974）。

1. 維持家庭原有的本色

維持是指諮商師根據整個家庭結構或個人成員的特徵，有計畫地給予家庭成員積極確認和支持，讓家庭成員仍能感受到家庭的原味，例如：(1)尊重受助家庭中父母的權威，所以有問題時要向父母提問；(2)暫時接受受助家庭的家人對被認定為患者的標籤；(3)和家庭成員享受該家庭特有的幽默或表達對他們的愛戴等等。

除此之外，維持策略也包括肯定和勉勵個別家庭成員的強項和潛力，以及在家庭中所盡的職分。諮商師可能會表揚孩子在描述情況時的感知能力、讚許家人使用的恰當隱喻、讚揚某人提出討論時的邏輯推理能力，稱讚某人處理情況的能力等。儘管每位諮商師在表達對家庭成員的肯定時採用的風格可能會不一樣，但重點就是要讓家庭成員感受到正向積極的推力。

2. 追蹤

最簡單的追蹤方式，是提出問題請正在分享的家人澄清某些觀點或給予稱許，或將某些觀點加以放大。諮商師致力在傾聽而不是要去質疑家人正在說的話。簡單的「嗯哼」、鼓勵家人繼續說話的陳述句、重複對方所說的話、表現出傾聽的興趣以及要求對方再多講詳細一點等，這些方式都是屬於追蹤技術。另外若在會談中看到某些行動，也可以作為追蹤的題材，例如當諮商師看到原先不愛看書的孩子正在閱讀，就可以請母親閱讀一段故事給孩子聽，或針對女孩閱讀的書做些母女的對話，諮商師從中觀察母女互動的狀況。

3. 模仿

諮商師可用模仿來適應家庭的風格和情緒表達方式，以及家庭的溝通節奏，例如在一個習慣講話較慢的家庭中，諮商師的講話速度自然就會變慢；當然，諮商師的一舉一動也會在有形和無形中影響了家人。例如常帶著微笑的諮商師可能會讓受助家人的臉上都帶了很多微笑。

二、家庭結構的探測與架構

家庭成員的互動包括有形與無形，所以家庭的結構並非都是觀察者可立即獲得的，諮商師通常是在加盟的過程中才能慢慢瞭解家庭的結構，並從中看出可能的問題。有時候是來自家人的講述與分享的體驗，有時候是從觀察家庭成員彼此互動的關係中察覺到的。例如：「誰是家庭的發言人？如果父親擔任的是發言人的角色，這是什麼意思？是誰給他這樣的職權？父親是一家之主嗎？或是母親是擁有實權的？當父親在發言時母親在做什麼？她有在聽嗎？還是透過語言或非語言在干擾？」等都是諮商師在進行家庭結構分析時很需要掌握的線索（Minuchin, 1974, pp. 89-90）。在會談中，家族諮商師一面探測問題一面畫出家庭結構圖，以此來瞭解家庭的狀況與架構諮商的目標。米努欽用下面的例子來加以說明（Minuchin, 1974）。

（一）案例二：誰和誰同一國

父母帶著兩個女兒來尋求協助，「被認定的病人」是 15 歲罹患糖尿病但拒絕遵守飲食的規範的大女兒。分享時，由父親先發言，陳述女兒犯病的狀況以及其對於家庭的影響，並說家人並不信任她能自己施行胰島素的注射。父親說完後便要太太接下去講，諮商師開玩笑說他們好像在跑接力賽。當母親分享時，諮商師觀察到母親在講話時眼神一直在看著家人，但講到一半時突然停頓，不久大女兒張口幫母親做補充。

觀察到這個狀況，諮商師問小女兒這是他們家人互動的狀況嗎？家人們是如何指示彼此要做什麼事？她說父親要她做事的方式就是碰她一下並給她任務；姊姊採用的策略是會在講話中停頓下來，媽媽就會來幫她講完。但她（小女兒）跟媽媽之間好像沒有這樣的互動關聯。諮商師根據此觀察畫了家庭結構圖，顯示母親和被認定是病患的女兒有過度參與的現象。父親和小女兒在同一階層與母親和大女兒的邊界畫了實線，顯示，父親和小女兒是一國的，互動較多，但和太太（圖中的母親）與大女兒兩人之互動較少，家人的關係是隔離的（如圖4-6）。

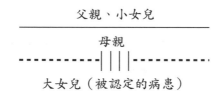

圖 4-6　母親和大女兒有過度參與的現象的家庭結構圖
（Minuchin, 1974, p. 93）

這時候大、小女兒都反應說父親很少參與自己學校的活動或指導功課，聽到這情形，諮商師畫出另一個家庭結構圖，顯示母親和兩個女兒是結盟的關係，和父親是隔離的（如圖 4-7）。

大女兒
父親
母親
小女兒

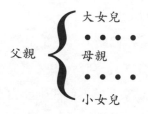

圖 4-7　母親和兩個女兒是結盟的關係，和父親是隔離的家庭結構圖
（參考 Minuchin, 1974, p. 94）

諮商師根據圖 4-6 和 4-7 的家庭結構圖設定出其諮商的目標是幫助父親與家人更靠近。之後太太提到先生工作上的困難，夫妻開始爭論財務上的問題時，大女兒介入說她有一些儲蓄可以幫助家裡的開銷。聽到此，母親轉過頭來與女兒爭論，要她這麼小不要煩惱家裡的經濟狀況。諮商師根據這個狀況畫下圖 4-8 的家庭結構圖。

父親
母親
大女兒、小女兒
變成
父親
母親
大女兒
小女兒

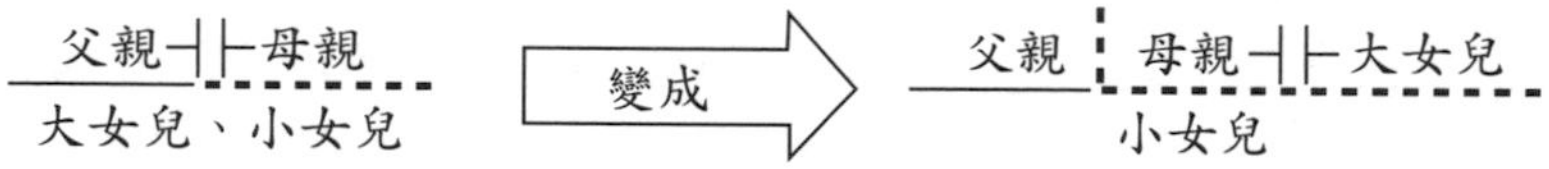

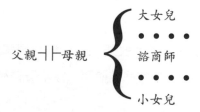

圖 4-8　母親把與父親的爭論轉為和女兒的爭論的家庭結構圖
（參考 Minuchin, 1974, p. 94）

為了讓父母能夠有機會把他們的對話講完，諮商師要求兩個女兒把座椅移向他且背向父母親，並要夫妻繼續回到他們原先正在爭吵的主題直到達到結論為止。兩個女兒對諮商師刻意的安排還滿喜歡的。諮商師根據這個狀況畫下圖 4-9 的家庭結構圖。

大女兒
父親
母親
諮商師
小女兒

圖 4-9　諮商師要求女孩們把座椅移向他且背向父母親的家庭結構圖

從家庭結構圖的架構過程看到，第一個家庭結構圖（圖4-6）提供給諮商師一些指標。在諮商過程中，諮商師會不斷傾聽與調整，讓家庭結構圖更加正確，讓諮商師更能精準地幫助家庭能有更健全的家庭關係。然而使用家庭結構分析來設定諮商目標固然有效，但若未能顧及到每個子系統，可能面臨發展過程上的狀況；或在參與上只站在一個子系統的角度去違抗另一個子系統，就會變成是家族諮商過程的破口。

當諮商師在蒐集資料瞭解家庭結構圖時，也同時要進行探測。若明顯看到功能不良的結構時，其任務就是以見縫插針的方法去找出哪個地方是可以有彈性地去重新架構和改變，再以取代性的互動方式讓整個家庭的系統再次活化起來。在這個過程中，諮商師要適時地將自己抽離出來觀看，才可以清楚地診斷出家庭的狀況（Minuchin, 1974）。

三、家庭結構的轉換

改變（change）和轉換（transformation）意思很相近，但兩個詞所強調的重點不一樣。轉換用在描述系統的變化；改變則著重在人與人互動上的變化。家族諮商師，可用結構的轉換讓家庭成員互相調換位置與透過人際互動方法的改變，讓家庭庭成員從中獲得新的經驗。以下將分別加以說明（Minuchin, 1974）：

（一）用失衡來轉換

轉換家庭系統的方法之一是用失衡來轉換（disequilibrium in transformation）。目的是要讓家庭系統透過失衡而增加家庭成員互動上的彈性，以及學習透過協商來維持平衡的關係。例如有一個家庭，因其青少年女兒有飲食失調的問題而來求助。其家庭結構圖顯示父親和自己的母親（圖上的祖母）關係很近，但與孩子的母親和女兒間很少有互動。母親負責照顧女兒，但卻有過度參與的狀況（如圖 4-10）。

圖 4-10　父親和祖母結盟，母親過度參與女兒的家庭結構圖

為了強化父母親的關係，並拉遠母女的距離，諮商師與女兒結盟，故意要女兒向母親抱怨對她的照顧過多。母親見女兒不需要她，便將心思放在丈夫的身上（圖 4-11）（Minuchin, 1974）。

圖 4-11　父親和母親拉近，諮商師和女兒結盟的家庭結構圖

對於邊界模糊的家庭，要想與其他家人保持距離並劃清界限很容易被看作是一種背叛，因此在劃清界限的過程中，諮商師所提供的支持力量很重要。

（二）用替代性的互動方式來轉換

第二種轉換家庭系統的方法是用替代性的互動方式來轉換（alternative trans-action in transformation）。以下參考米努欽（Minuchin, 1974）的案例，解說其轉換的過程：

在女兒庭卉六歲和兒子庭安五歲時，向強與患有憂鬱症的妻子離婚，之後再婚，娶了比自己大兩歲的第二任妻子惠瑩，兩人生了一個兒子庭育，並把庭卉和庭安接來同住。庭卉個性敏感，常哭說自己都沒人愛，向強發現女兒的狀況跟前妻憂鬱的樣子很像，讓他回想起與第一任妻子不愉快的過往，所以每次

見女兒哭就發起脾氣告訴女兒不要哭，再哭下去他擔心她有一天會像她母親般的發瘋，庭安看到姊姊哭也跟著哭。為擔心這兩個孩子愛哭的情緒會感染到小兒子庭育，向強盡量不讓他們有互動的機會。惠瑩不善於表達自己的情感，不知如何應對這樣的狀況，也覺得先生只顧著處理他與前妻兩個孩子的關係而無暇顧及她和庭育，感到很不是滋味。從圖 4-12 的左邊可看出上下兩個子系統的邊界是緊閉不通的。

父親、女兒、大兒子 ——— 變成 ——➤ 父親、繼母

繼母、小兒子 ——— 女兒、大兒子、小兒子

圖 4-12　替代性的互動方式來轉換的家庭結構圖

（參考 Minuchin, 1974, p. 115）

　　觀察了這個家庭的互動後，家族諮商師認為，這是家庭結構的改變與調適的磨合期造成的問題，便計畫讓三個孩子能有機會認識彼此，幫助家庭能夠順利轉型成圖 4-12 右邊的結構。為此，諮商師採用的策略是替代性的互動方式，讓繼母惠瑩有機會參與諮商互動的過程，提醒她，她是改變家庭的關鍵，接受自己所愛男人的孩子對家庭至關重要。得到這樣的肯定後，惠瑩在諮商中更能主動參與，與庭卉和庭安彼此認識。然後，諮商師鼓勵父親與女兒互動時，把她看待為是一個獨立的個體，不是她母親的延伸，並提供機會讓三個小孩有機會玩在一起。從圖 4-12 右邊可看出當父親與繼母成為結盟關係的子系統時，三個孩子也合成子系統，兩系統間的邊界從緊閉變成清楚的開放邊界，漸漸讓整個家庭關係也獲得了改善。

　　這個諮商方式強調家庭成員對彼此是有影響的，惠瑩本來只是這場戲的配角，但諮商師讓她來當主角，讓感覺不被愛的庭卉感受到關愛，且有個女性的長輩可以認同和學習。這個案例顯示用替代性的互動方式來轉換對家庭互動關係的改善效果極佳，可見諮商師在安排家庭互動中可以多些創意，有時候用替代性的方式做思考，換個角度來安排場景也會是不錯的選擇。

（三）用改變位置的策略來幫助轉換

「結構家族諮商是行動（action）取向的諮商，著重在修正現在而非探討或解釋過去。過去已形塑出目前家庭的狀況，若想改變只有在此刻才有可能」（Minuchin, 1974, p. 14），這改變可以從觀看事物的角度或是身體位置的改變著手。諮商師可以適時去挑戰家庭成員改變位置和角度去看待所面對的現狀。但這不是在對質（confrontation），而是透過支持幫助案主去擴展他們現實的覺知。所以與家庭成員談話時，可以留意一下他們是用「是，但是……」（yes, but...），表示對原有狀況的存疑，或是用「是，然後……」（yes, and...）的字眼，顯示對原有狀況的支持與接受。當有人對本來信以為真的事提出質疑時，表示此人有看到該狀況的另一面，諮商師應鼓勵此人舉出他所質疑事情的例證，以幫助家人瞭解他的論點」（Minuchin, 1974, p. 117）。

例如這個案例中太太抱怨自己的丈夫與兒子不親，第一次的會談諮商師僅會見夫妻倆。丈夫說：「我是來自有問題的家庭，但是我很理智、很有邏輯，所做的決定與判斷絕對是對的，因此我對他人的要求很高。」諮商師聽出先生用「是，但是……」的心聲，便鼓勵妻子即使覺得丈夫管教孩子的方法不好，仍然給予支持。下次來諮商時夫妻兩人的關係有明顯的改善，丈夫有感覺到妻子對他的支持，而太太也覺得丈夫比較能體諒的她感受，且講話不再那麼權威，一副得理不饒人的樣子。

當父母帶著孩子來接受諮商時，孩子和母親坐得很近互動頻繁，父親卻遠遠坐在一旁。看孩子亂動，就很嚴厲斥責。孩子不服從開始耍脾氣，這使夾在中間的母親感到相當為難。從這個互動中，諮商師可以看出父子不親是缺乏互動的原因，本著「人們的經驗隨著彼此相對位置的改變而改變」（Minuchin, 1974, p. 117）的理念，便分配給父親一項任務，要他在下次諮商會談前找時間和小兒子聚在一起三次，每次不超過一小時，但母親不可以參與。也規定兒子在與父親相處的時間，即使不同意父親的做法，也不反抗，學習接受。希望父

親有機會透過較親近的父子互動，來觀察他一直認為很煩人的小兒子，果然對兒子看法有所改觀，因能從新的互動方式看到對方積極正向的一面，家人之間的關係自然就獲得了改善。

（四）以即時性的糾正幫助家庭做正向的轉換

家庭要有正向的成長，「尊重每個成員的個別性（individuation）」以及「給予相互的支持（mutuality）」（Minuchin, 1974, p. 120）是相當重要的。若見成員在互動上違背這兩個原則，諮商師可採用下列的策略即時加以糾正（Minuchin, 1974）：

1. 尊重每個成員的個別性方面的策略

鼓勵家庭成員尊重與保有每位成員的個別性是相當重要的，米努欽常用的策略可歸類如下（Minuchin, 1974）：

(1)別讓他人奪走你的聲音

當家庭中某位成員在談論與會的其他人後，諮商師可用活潑的口氣提醒被提及的那位家人說：「他正在拿走你的聲音」（Minuchin, 1974, p. 120），並鼓勵該成員用自己的聲音說出自己的故事。

(2)請把座位分開

看到兩位成員坐在一起時，而其中的一人一直要幫另一個人表達想法時，諮商師可以請他們分開坐位，讓過度依賴的家庭成員能在沒有另一位成員的看顧下說出自己的想法。

(3)不要當別人的記憶庫

不鼓勵家庭成員使用其他人的腦筋作為自己的記憶庫，亦即不鼓勵家人幫彼此談論回憶。目的是要鼓勵每位家人表現自己的能力。

(4)請表現出你的年紀的樣式

對較沒信心的家庭成員，特別是青少年，諮商師可先讚賞其在團體中的表現，然後提醒他：「有時候你的舉止很像 6 歲的孩子；有時候又變得像你真正

17 歲的樣子」（Minuchin, 1974, p. 121）。透過這樣的提示，鼓勵該成員逐漸能表現出與其年紀相仿的舉止。

(5)要談過去就把它演出來

通常米努欽不鼓勵家庭成員談論過去的事件，而是會傾向於請成員將情況直接帶入諮商過程中。例如，如果配偶談論到過去發生過的衝突，就請他們直接演出來。請成員用空間的遠近來表達相互關係間親近的距離。

2. 給予相互支持方面的策略

(1)幽默感和接受人性脆弱的一面

米努欽深信「表現出幽默感和接受人性脆弱的一面」的功效（Minuchin, 1974, p. 121）。例如當父親用幽默的態度與子女互動時，可以讓子女不覺得與父親相處起來很有威脅感；又若子女功課沒有表現如預期的好，父母可以用鼓勵的語氣說：「人總有失誤的時候，下次再加油就好了！」會讓子女感受到父母能接受他們脆弱的一面。這對於幫助家人表達相互支持方面，是相當有效的做法。

(2)挑戰「唯我獨尊」的念頭

米努欽「會去挑戰一個沒有『你』存在的『我』〔唯我獨尊〕的存在感」（Minuchin, 1974, p. 121），是因為他認為人與人都是相互依存的，家中一個人的改變就會影響整個家庭結構的改變，所以彼此給予相互的支持是相當重要的。與其要期望別人改變，米努欽建議自認能力比較強的人先改變，因為這個人的改變會帶動另一個人的改變。

(3)以第一人稱與對方對話

在諮商過程中應鼓勵家庭成員互相對話，若聽到一位成員談論另一成員時，應指示該成員與正提及的那一位成員交談，而不是以第三人稱的方式談論他。

(4)聽眾不只一人

鼓勵成員在諮商過程中互相對話，而不是只鎖定諮商師或家中某一人當聽

眾。若有此情況發生，諮商師可以打手勢示意另一位家庭成員回應。必要時諮商師可把自己椅子稍微移後讓家人更容易彼此互動。

(5)以邏輯推理的方式處理

在解決家庭衝突，諮商師可以分別向每位家庭成員提出問題，讓他們有機會思考再提出解決之道。例如先問父親：「妻子和兒子站在同一個角度看這件事情，會讓你感到被排斥在外，是嗎？」接著問母親：「你的丈夫和兒子無法解決問題，你感到有責任要加入你的意見嗎？」最後問兒子：「你的父母在爭論你在學校中遇到的困難，卻沒有給你任何參與的改變。他們一直把你當小孩看待。」然後，請他們在諮商中去演出他們希望要如何改變。

(6)適時的抽離

在這過程中也適時地將家庭成員從他們正陷入的困境中抽離出來。諮商師要相信自己的直覺，自發地採取干預措施。也要透過不斷觀察家庭交流的秩序和節奏，做出關於何時與誰交談的明智決策。

在幫助家庭結構轉換的過程中，米努欽鼓勵諮商師要學會將自己從情境中抽離出來，以遠房親戚的角度，去分享自己所讀或聽到的與該家庭有關的事情，嘗試去使用該家庭的語言、神話和隱喻來與他們互動。「這種用顯微鏡或望遠鏡看待事情的方法，在家庭中像熟人（跟家人很熟）和陌生人（很客觀地從旁觀察）般的角色轉換，都是在加盟過程中的重要技術」（Minuchin, 1974, p. 122）。

四、家庭的重塑與改組

米努欽主張「整個家庭的重塑與改組是諮商的重要目標」（Minuchin, 1974, p. 130）。重塑（reframing）是透過諮商師與家庭有計畫的互動，帶領家庭成員以新的框架，從不同的角度以及較可行的解決角度去看待他們所面臨的問題（Miller, 2011）。當家庭原先功能不良的互動模式加以轉換後，家庭的改組（restructuring of the family）就發生了（Kim, 2003; Minuchin, 1974）。

（一）諮商師在重塑與改組時的角色

諮商師的加盟是家庭重塑與改組的關鍵步驟，在加盟階段，諮商師比較像是家庭劇中的演員，不會去對質家人。在重塑與改組中，諮商師的角色既像導演又是演員。他創作劇本，編舞碼，根據主題帶領家庭成員進行改造、建立、加強或削弱邊界，修改或維持原有的互動模式（Minuchin, 1974）。

（二）諮商師在重塑與改組時的策略

重塑與改組策略是以戲劇性的方式呈現的干預措施，其成功與否取決於家庭成員參與的狀況。當治療性的系統形成時，諮商師就可以隨著家庭的需要而推動重塑與改組的策略（Minuchin, 1974, p. 139）。透過演示、聚焦、增加強度、劃清界限、促發真正的互動、利用症狀、操縱情緒以及支持、教育和引導等技術帶領家庭成員重塑與改組其家庭結構（Miller, 2011; Minuchin, 1974; Minuchin & Fishman, 1981）。

1. 演示

米努欽在介紹演示（enactment）時，以 20 世紀愛爾蘭（Irish）詩人葉慈（W. B. Yeats）寫的這一首詩（表 4-3）做引言，特別以最後一句「我們如何從舞蹈中認識舞者？」來論示演示技巧在家族諮商中的重要性。怎麼說呢？跳舞

表 4-3　20 世紀愛爾蘭詩人葉慈的詩

栗樹，你的根紮這麼深又會長花
你是葉子、花朵，還是樹幹？
身體隨著音樂擺動著，使眼神一閃
我們如何從舞蹈中認識舞者？
——威廉・巴特勒・葉慈

（取自 Minuchin & Fishman, 1981, p. 78）

時，舞者內在的自我與當時所處的環境都會影響其舞蹈的演出。觀眾以為把音樂喊停就能看清舞蹈動作，卻發現音樂一停，舞蹈也沒有了。米努欽比喻說如果受助家人的互動是一齣舞，在諮商室諮商師只聽到家人描述著他們在家裡互動的情形，就像舞者在描述所跳的舞，聽眾並看不到舞者的動作、表情與舞蹈的靈魂與全貌。

基於「光談論問題不會導致改變的發生，要透過面對與處理改變才會發生」（Miller, 2011, p. 10）。為了對家庭更有充分瞭解，米努欽發展出演示技巧，鼓勵家庭成員直接將其解決衝突與互相支持等互動的方式展現出來，這種演出互動的模式即稱為演示（Minuchin, 1974, p. 141）。具體的定義如下：「演示是指在諮商師的掌控下所形塑出的互動型態」（Miller, 2011, p. 10）。「演示是將諮商情境從由家人與諮商師的溝通轉為家人間的互動」（Kim, 2003, p. 390）。從演示過程中，諮商師可觀察到家庭的結構與行為間的來龍去脈（Carpenter & Treacher, 1982; Kim, 2003）。

以跳舞的比喻為例，演示的技巧就是像諮商師要求家庭成員當場跳舞給他看一樣。例如諮商師提出一個功能失調的情境，經解釋後請家庭成員當場把他們面對該情境時的互動狀況演出來，並從中觀察語言和非語言的互動以及家人間可以互相忍受的程度。引導時，諮商師可以按需要請成員增加其反應的強度或長度。或請成員以可能有的替代方案來互動以尋求解決之道。米努欽將演示的過程比喻為舞蹈的三個樂章。第一樂章，由諮商師觀察家庭自發性的互動（spontaneous transactions），從中偵測出功能障礙的區域；第二樂章中，諮商師組織了功能障礙的場景，請家庭成員當場進行互動（eliciting transactions）；第三樂章中，諮商師提出了其他替代性的互動（alternative transactions），以此方式幫助家人帶出成功的希望。詳情請見範例（Minuchin & Fishman,1981）：

(1)第一樂章：自發性的互動

一對父母親帶著五歲的女兒妮妮來看諮商師，諮商沒多久母親抱怨說女兒都不聽她的話，但父親說他不覺得有這個問題，這時諮商師指著走來走去的女

兒，請母親處理一下。

母親：妮妮，你可以不要走來走去，坐好！〔母親指著她旁邊的椅子〕

妮妮：不要！我不要坐你旁邊。

母親：那你要坐哪個椅子？你不乖回家就不給你玩具玩。

諮商師：這是你們每天互動的方式嗎？

母親：是！是啊！你怎麼知道？

諮商師：花幾分鐘時間就看出來了。

在這一段的演示中，諮商師允許家人以其原先的方式自然互動，就這麼一小段，諮商師就可看出他們所定義的問題。

母親：幾乎每天都要上演這樣一場戲。

諮商師：然後呢？

母親：我通常會放棄隨便她了，否則我一天都沒得安寧。

父親：我真的沒有這個問題，妮妮通常會聽我的。

諮商師：你怎麼做到的？

父親：我會先跟她約好要「數到三，就得停」，然後讓她倒數「三、二、一」，然後我們一起喊「停！」

父親〔對著跑來跑去的妮妮喊著〕：妮妮！你記得我們的「三、二、一，停！」我們一起喊，當我們一起喊「停！」時你可以坐到媽媽的旁邊嗎？

〔聽到此，妮妮真的停下來，與父親一起喊「三、二、一，停！」後乖乖地坐下來。〕

諮商師：我看到你們夫妻倆與妮妮互動的不同。爸爸讓她聽話地停下來，媽媽怎麼喊她都不靜下來。

諮商師與夫妻倆討論兩人的不同，母親是以如果不照做就給予處罰的口氣，這是比較獨裁型（authoritarian）的教養方式，這樣的父母型態是期望高彈性少，小孩無法從中體會到關愛。父親採用威望型（authoritative）的口氣，雖然施加權威，但是仍然會透過指導來表達關心，小孩可以從中體會到關愛。

(2)第二樂章：功能障礙情境的互動

> 諮商師：你有沒有注意到，我們講話時坐在你旁邊的妮妮是動來動去的。
> 　　　　你覺得怎樣？
> 母親：我覺得很受干擾。
> 諮商師：你希望怎麼處理妮妮，會讓你感到自在一點？
> 母親：我看到這個諮商室裡有個玩具角落，如果有個玩具讓她玩可能會好
> 　　　一點。
> 諮商師：所以你希望她怎麼玩到玩具？
> 母親：我希望我們談話時她會乖乖坐到那個角落玩玩具。
> 諮商師：好啊！就按你的希望讓它發生吧！

　　米努欽以「讓它發生吧！」來鼓勵母親。這個階段是由諮商師導演，鼓勵母親以讓自己可以感到自在的方式來處理讓自己感到不自在的環境。諮商師鼓勵母親：「讓它發生吧！」是要傳達「你是有能力讓女兒按你的話去做的」的訊息（Minuchin & Fishman, 1981, pp. 84-85）。

> 母親：妮妮，你有看到那裡有個玩具角落嗎？你去那裡玩，好嗎？去！去！
> 妮妮：為什麼要去那裡？我不要！
> 母親：你看那裡有好多玩具，你會喜歡的。
> 妮妮：我不喜歡你！我也不喜歡玩具！
> 母親：我愛你，妮妮乖！去！過去玩，你會喜歡的。

妮妮：我就是不要過去玩。

父親：妮妮！你記得我們的「三、二、一，停！」的遊戲嗎？〔這時妮妮
　　　看著父親〕

諮商師〔轉向父親〕：讓母親去處理吧！你知道當你不在家時，是母親要
　　　處理妮妮的狀況。

父親：我知道！我知道！

諮商師〔轉向母親〕：由你來處理吧！

　　這個過程不難看出來，當母親鬥不過妮妮時，父親好想插手。不過這時諮
商師對父親喊停，因為「諮商的重點是在探測這個家庭互動的極限」（Minuchin
& Fishman, 1981, p. 85）。這個家庭在互動上是否能有彈性？父親是否能在太太
無助的時候忍住不插手？這女兒在什麼情況下會願意聽母親的話？諮商師可以
從這段家庭的互動上蒐集資料，以決定下一步的方向。

(3)第三樂章：替代性的互動

諮商師：讓它發生吧！你希望什麼狀況發生但卻沒有發生？

母親：妮妮！我剛剛告訴你什麼？去！到那個玩具角落去玩！

妮妮：我不要去那個玩具角落玩！

諮商師：你好像叫不動妮妮去做你要她做的事。

母親〔無奈的聳聳肩〕：這個小孩很固執，你越要她做的事，她就越不做。

諮商師：想任何辦法讓它發生。讓你女兒願意到玩具角落去玩，讓你可以
　　　覺得自在些。

母親：她可能要我陪她走過去。

諮商師：所以呢？

母親〔站了起來〕：妮妮！你要我帶你走過去嗎？
　　　〔妮妮抬頭望著母親，點點頭。牽著母親的手走到玩具角落。〕

母親：好！到了！妮妮找個你喜歡的玩具，乖乖地坐下來玩，好嗎？

妮妮：媽媽，我想玩這個積木，你陪我玩好嗎？

母親：好！我陪你玩一下後你就得自己玩，讓我跟諮商師講一下話，好嗎？
〔妮妮一面點頭，一面和母親玩起積木，自己裝一片後就要母親裝下
一片。〕

諮商師：好棒喔！你看你們兩個有很好的互動，她乖乖地配合你的指令喔！

母親：是啊！我也好驚訝。我擔心不會持續太久。

諮商師：與孩子互動時你要放輕鬆，當你相信這種好現象會持續多久，就
會持續多久。

母親：我以前都把母親這個角色當得太緊張了，原來跟孩子玩可以是件快
樂的事。

諮商師：很高興你有這樣的體會。你知道你成功了嗎？你已經找到與孩子
健康互動的方法。

「透過演示，諮商師觀察家庭成員是如何互相調整自己的行為，並偵測出
問題行為是在互動中哪個環節出現的」（Miller, 2011, p. 10）。在這過程中，諮
商師也打破家庭原先存在的互動型態，如上例中諮商師阻擋父親的參與，並鼓
勵母親嘗試不同但也許功能性較佳的互動方式。而且在母親嘗試成功後給予肯
定，增加這位母親繼續努力的信心。從這例子再次顯示「鼓勵家庭成員演出家
庭互動的狀態而不僅是描述，對諮商師在家庭的瞭解上相當有助益」（Minu-
chin, 1974, p. 141）。

演示技巧有幾個治療上的優點。第一是此技術提供家人和諮商師互動的機
會。諮商師此時不僅是觀察者，也是參與互動的一員，如果用表演做比喻，可
以說諮商師是觀眾也是舞者。透過與諮商師的互動，有助於諮商關係的建立。
其次，在演示中，家人的互動不會僅止於和原先被認定為病人的成員，還有其
他的家庭成員。演示的焦點不再只是被認定為病人的家庭成員，而是關注在功

能失調的家庭。透過演示可以挑戰家庭成員去思索到底家裡真正遇到的問題是什麼。另一個優點是，由於在演示時成員不僅一起參與，也彼此傾聽，會讓相互間有多一層的認識與瞭解。然而雖然在演示時諮商師會參與，但家人也可以要求諮商師不要參與在演示中。最簡單的一個策略是當家人都在參與的時候，諮商師可以自行抽離當觀察者，瞭解進行的狀況（Minuchin & Fishman,1981）。

2. 聚焦

攝影時攝影師必須先決定要拍攝哪個景物，再進行聚焦（focus）。當諮商師面對一個家庭時，整個場景充斥著不同的資料時，也必須像攝影師一樣地聚焦，先選擇重點，再從中制定出主題，當諮商師的方向決定後，就可針對這個焦點蒐集與組織材料，帶領家庭成員朝該焦點去進行（Minuchin & Fishman, 1981）。看下面這個例子中諮商師是如何進行聚焦的對策。

案例是一位生病的母親，帶著 14 歲的長女、12 歲和 10 歲的兩個兒子來接受諮商，尋求諮商的主要原因是大兒子在學校打架鬧事。諮商師的目標是希望幫助家庭成員看到彼此積極正向的一面。

諮商師：嗨！你們好！我是諮商師，歡迎你們過來。可不可以先請各位自我介紹一下。

母親：諮商師好，我是這些孩子的母親。

長女：諮商師好，我是家中的老大，今年 14 歲，念國二。

大兒子：諮商師好，我是家中的老二，今年 12 歲，念小六。

小兒子：諮商師好，我是家中的老么，今年 10 歲，念小四。

諮商師：在家裡你們怎麼彼此稱呼？

長女〔搶先回答〕：大家都叫我姊姊，我和媽媽叫他們大弟和小弟。

諮商師〔對著長女〕：媽媽也叫你姊姊嗎？

長女：是啊！而且因媽媽身體不好，常要我幫忙管教兩個弟弟。〔聽著長

女這樣說，母親附議地點點頭。看得出這位 14 歲的女孩被賦予要當母親的替身。〕

諮商師〔對著長女〕：所以你是家裡最乖的小孩喔！

長女：也沒有啦！有時候管不動兩個弟弟，我也會很挫折，會跟他們吵架。看我們三個吵架，媽媽就很生氣。

這時諮商師問母親是怎麼樣的情況，母親話匣一打開就開始訴苦起來，抱怨兩個兒子動不動就吵架，在學校也常出事，尤其是大兒子是學務處的常客。女兒比較乖但有時候跟弟弟們吵起來好像要把屋頂掀起來般真受不了。雖是如此，但諮商師看到三個孩子外表乾乾淨淨的，應對也都很有禮貌。

諮商師：等一下！我還滿困惑的。我很難把媽媽講述的內容和眼前看到的你們連在一起耶！我看到的是三個五官清秀、應對得宜的孩子。〔聽諮商師這樣說，母親嘴角露出一絲微笑。〕

母親：當他們乖的時候，真的是可以這麼可愛。我記得他們小時候，經常有人羨慕地說我好會生小孩，每個小孩都生得這麼可愛。誰知道越大越難帶。

諮商師：我還是覺得你們都很可愛，各個都是俊男美女，你們照鏡子時沒有覺得自己很好看嗎？

三個孩子都搖搖頭說母親從來沒有當面讚美過他們，不管穿什麼或做什麼，母親總是可以找出一個毛病來挑剔。母親回應說，這是因為傳統習俗忌諱，說讚美自己的孩子會給他們帶來厄運；而且做父母的總是對子女求好心切。經母親如此解說，孩子們稍能理解，但也難免抱怨，未能得到母親的讚美，對自己的自信心很有影響。

諮商師〔對著母親〕：聽到了嗎？孩子們很希望能聽到你對他們的肯定。

母親：我也知道，只是常聽到學校對自己孩子的抱怨，讓我把想講的好話都壓抑下去了。

諮商師：怎麼了？誰在學校惹事了呢？〔這時大家眼光都望向大兒子。〕

大兒子：對不起！是我啦！

諮商師〔對著大兒子〕：等一下！我還滿困惑的。在我眼前這個看起來滿乖的你，在學校被認定是個問題學生？

大兒子：對不起！是的！

諮商師：你在學校做了什麼事啊？

大兒子：那天在學校老師發考卷時，因我考得很不好，被同學笑。我忍不住就一拳打過去，那位同學也回我一拳，兩個打起來，就都被送到學生事務處去。

母親：我不知道這是你跟人家打架的原因。

諮商師〔對著大兒子〕：你沒有跟家人解釋打架的原因？

大兒子：沒有！因為說是考試沒考好而被笑是很自卑的。我寧願讓別人認為我品行不好，也不要讓家人知道我不會讀書。

大女兒：那以前學校說你……

諮商師〔制止大女兒行使母親之職〕：由母親去問。

母親：那以前學校說你上課不遵守秩序，也都是這樣的原因嗎？

大兒子：是的！

母親：那跟弟弟吵架呢？

大兒子：也是！因為弟弟比我聰明，我怕他考試考得太好，就顯得我更笨。所以每次看他認真用功讀書時我就想吵他。

小兒子：哥哥！我哪有比你聰明？每次玩遊戲時都是你想出的點子，我只會背書，你是很有創意的。

諮商師見此，便請家人們給大兒子正向回饋，說出他們認為大兒子的特點和優點。然後，也請家人們分別給姊姊、弟弟和母親正向的回饋。

　　諮商師〔對著母親〕：恭喜你！你很棒，生了三個很棒的小孩！
　　母親〔喜極而泣對著諮商師〕：謝謝你讓我們看到彼此的優點。

　　三個孩子紛紛擁抱母親，他們說：「這是第一次體會到什麼叫做家的溫馨。」
　　透過聚焦，諮商師選擇了與家庭想轉變相關的要素，動員家庭據此方向練習新的互動方式。這個例子中因為諮商師聚焦於要發掘出家庭成員的積極面，在整個過程中不斷地朝那個焦點發展，終於把整個家庭的積極能量挖掘了出來（Minuchin & Fishman, 1981）。

3. 增加強度

　　「人們的認知想法很少可以強大到足以引發家庭的轉變。有時諮商師需花雙倍的努力，達到足夠的強度時，所發送的信息才會得到家庭成員的認可，才會願意以新的方式來體驗事物」（Minuchin & Fishman, 1981, p. 77）。提高強度的方法如下（Minuchin & Fishman, 1981）：

(1)重複訊息

　　諮商師要增加訊息強度的方法之一就是要多次重複所要傳達的信息，例如：

　　母親：我通常不跟人家擁抱，我想我女兒遺傳到我。
　　諮商師〔轉向案主〕：你會講話嗎？
　　案主：當然會。
　　諮商師：你需要母親幫你代言嗎？
　　案主：有時候。

諮商師：像現在嗎？

案主：是！

諮商師：我再問你一次，為什麼你不喜歡和人擁抱？

案主：這個嘛，我想我遺傳到我的母親。

諮商師：為什麼？

諮商師不斷重複地問案主，是要提醒她為自己發言。

(2)改變與突破反應的時間點

家庭成員在與家人的長期互動中已經發展出一種互動規則，何時誰可以說什麼或做什麼，如有些互動是家人有所顧忌的（如交通標誌的黃燈警示），有些互動是家人不敢做的（如看到紅燈表示應停止）。當諮商師瞭解家人的紅黃燈是什麼之後，可以「鼓勵家人在諮商師顯示黃燈或紅燈時繼續進行互動。透過此法訓練成員勇敢地嘗試替代性與新的互動型態」（Minuchin & Fishman, 1981, p. 129）。例如孩子們反應說：黃燈就像母親講話時他們會傾聽但不太敢回應，紅燈則是父親講話孩子們會仔細聽但很害怕回應。然後諮商師鼓勵家人針對某個主題互相討論，在互動中諮商師會在母親講話時顯示黃燈以及父親講話時顯示紅燈，但鼓勵孩子們即使看到諮商師顯示黃燈或紅燈時仍繼續和父母進行互動。練習後受助家人互動的氣氛流暢了許多。

(3)違背原意

「有時，不做（not doing）也會在諮商中增加強度」（Minuchin & Fishman, 1981, p. 139）。即是指諮商師違背家庭的原意，沒有按照受助家庭的期望去做，也會增加治療強度的方法。例如：

案主：我的丈夫一點都不瞭解我，每次提到我工作上的壓力，他就不理我。

諮商師：這件事是有關你和你的丈夫，必須要有他在場時我們才能談這個
　　　　話題。

　　「若諮商師的目標是在增進夫妻的關係，那麼允許太太向諮商師抱怨丈夫
是於事無補的。當拒絕太太在這種情況下談先生，是在強調夫妻的角色互動關
係是相輔相成的，缺一不可」（Minuchin & Fishman, 1981, pp. 139-140）。

4. 劃清邊界

　　米努欽（Minuchin, 1974）強調：「為了家庭系統能有效運行，一個家庭必
須劃清邊界，以保護整個系統的完整性及其各個部分的功能自主權。每個家庭
成員和每個子系統都必須在其心理動力領域的自主性和相互依賴性間保持平衡，
建立靈活的互換關係，從而有效地促進其成員心理社會（psychosocial）的成
長」（pp. 143-144）。諮商師若加盟於一個邊界不清的家庭中，就應致力於強
化界限的清晰度，以促進家庭成員的個別化。相反地，諮商師若加盟一個邊界
僵化的家庭，則應採取的行動是降低其僵化程度，以促進子系統之間的流動，
並增加家庭的支持和管理職能（Minuchin, 1974）。

5. 促發真正的互動

　　「尋求諮商的家庭通常會以被認定是患者功能失調的互動模式，將『被認
定為患者的家庭成員』當成該互動的中心」（Minuchin, 1974, p. 147）。這樣的
互動常陷入困境，卻常不敢去嘗試其他的互動方式。諮商師的重要任務是與他
們探索出可行的替代性方法以促發真正的互動。五項策略如下（Minuchin,
1974）：

(1)阻止經常出現的交流模式

　　「促進互動最簡單的方法是阻止經常出現的交流模式（blocking transactional
patterns）」（Minuchin, 1974, pp. 147-148）。例如，家中有些較大的子女因常
被賦予父母的角色，在諮商中也忍不住要替父母發言，並當父母與弟妹們溝通

的橋梁，這樣的孩子被稱為是父母型的孩子（parental child）。這時候諮商師可以阻止這個父母型的孩子說：「對不起，這次你不用幫他們傳話，讓他們自行溝通。」並對較幼的子女們說：「請直接跟母親說你想說的話吧。」這樣阻止的干預可以增加母親與其他孩子之間的接觸。

(2)勇敢面對觀點上的差異

　　「諮商師可以透過鼓勵家庭成員勇敢面對觀點上有差異的話題（emphasizing differences），來促動真正的互動」（Minuchin, 1974, p. 148）。亦即鼓勵家庭成員溝通時認可彼此所做的陳述，學會接受對方認為該訊息有應改善之處的建議或不同意對方的說法。例如諮商師可以先聽取一位成員對某個問題的意見，然後轉向另一位成員並說：「你對此有何看法？」或者可以更加具體的問：「你和你的先生似乎在這個問題上沒有一樣的觀點；你們可以互相討論一下嗎？」

(3)以真實的自己與彼此互動

　　有時候人們會顧全家庭而不敢表達出真正的自己，也許為了家和萬事興而把對家人的不滿發洩在自己身上。例如認為在配偶子系統裡最好不要有任何衝突的出現，所以身為先生的他選擇以退讓來顧全大局。對此情況，諮商師可鼓勵成員們去認可衝突的存在，並以真實的自己與彼此互動。

(4)以地理位置的重新安排來促進溝通

　　「在諮商室家庭成員所坐的位置可以顯示出家人彼此之間的親密程度，透過地理位置的重新安排（manipulating space）可以促進溝通。」（Minuchin, 1974, p. 142）。例如在諮商室裡母親和大兒子坐在一起，女兒卻遠遠坐在角落，顯示母親和兒子周圍的邊界是女兒無法滲透的。諮商師調換位置讓母女坐在一起，諮商師則是和兒子坐在一起。諮商師可以根據諮商目標重新安排家人的座位。例如要母親與女兒坐靠近一點進行溝通，而不受兒子的干擾。

(5)可以用分派任務的方法來促進溝通

　　諮商師可以使用分派任務的方法，來催化那些原本可能無法在家庭自然環境中產生的互動（Minuchin, 1974）。

a. 指示家庭成員應如何與誰溝通

在會談中諮商師可以指示家庭成員應如何與誰溝通。例如：「現在我們就來討論這個問題。」「請你以你孩子聽得進的方式與他們交談。」或「繼續講話；不要讓你的哥哥打擾你。」諮商師可以協助調整家庭成員互動的方式。例如要求孩子們三分鐘內不要把其中一個孩子當替罪羔羊，並請大孩子負責計時。

b. 調整家庭成員的位置

諮商師可以在諮商中調整家庭成員的位置。例如諮商師可能對一個孩子說：「把你的椅子轉一下，以免看到媽媽的肢體表情。」或對丈夫說：「你來坐在妻子旁邊，當你認為她感到焦慮時，就握住她的手。」「在會談中分配任務可凸顯出諮商師身為規則制定者的位置，讓家庭成員知道諮商師是決定諮商過程中行為規則的制定與引導者」（Minuchin, 1974, p. 151）。

c. 用家庭作業的方式幫助家人繼續練習溝通

有效的互動是要不斷練習才有效果的，所以諮商師應分派作業讓成員帶回家去完成。

6. 利用症狀

一般來尋求協助的家庭都是帶著被認定為患者的成員與其症狀來的，他們深信如果這個家庭成員停止做有問題的行為，那麼整個家庭就可以天下太平了。但是，根據「症狀代表家庭的情境問題的表達」（symptoms represent the family's "expression of a contextual problem"）（Minuchin, 1974, p. 152）。行為與其所居住的家庭關係環境相關，症狀只是一個大拼圖中的一片，所以諮商師要像個偵探一樣去揭開謎底。知道從這個行為起點，蒐尋相關的訊息去看到整個組成家庭的大拼圖，並從症狀開始，去揭示該症狀所以會繼續保持的緣由（Minuchin, Reiter, & Borda, 2014）。

(1)關注症狀

「關注與處理已確定的患者症狀（focusing on the symptom）通常是診斷和改變功能障礙的家庭的最快途徑」（Minuchin, 1974, p. 152）。諮商師可以處理症狀為出發點，再從中去提醒家人如何幫助需要幫助的家人解決問題的方法。

(2)解構系統：將症狀外化

米努欽將外化這一個過程解釋為「被認定的病患」的症狀之所以持續著，是因為家人一直在滋養這麼一個症狀。諮商師的任務就是讓家人看到家人功能不良互動的型態對該病症的消除是如何的有害無利（Minuchin et al., 2014）。

(3)誇大、不再強調症狀或重新標記

諮商師可以用誇大症狀（exaggerating the symptom）的策略強化對症狀的反應強度。例如因丈夫的憂鬱症嚴重到無法工作，夫妻一起來接受治療。諮商師提出憂鬱症就是表示自己的心已死了，並建議他按家庭的宗教信仰猶太教的傳統儀式為自己死去的部分哀悼。根據猶太教的傳統哀悼期為七天，每天八小時。他照著做而妻子則為他帶來食物並安慰他。該名男子連續哭了三天，然後變得無聊了四天。他的沮喪消失了，他恢復了工作，夫妻倆繼續接受治療，因為他們知道憂鬱的不是丈夫，而是整個家庭關係。

另外一種方法是不再強調症狀法（de-emphasizing the symptom），讓憂鬱的丈夫遠離憂鬱的標籤，諮商師不將諮商重點放在症狀上面，而是與他們討論和學習如何不讓病症影響其夫妻的關係。此外重新標記也是一個方法，把憂鬱者改成希望從零起步的希望追求者，可以讓他逐漸看到人生的光明面（Minuchin, 1974）。

7. 操縱情緒

操縱情緒（manipulate mood）表達是加盟家庭與家庭改組的重要策略（Minuchin, 1974）。諮商師可以誇張地模仿家庭的風格，以觸發家庭的反偏差機制。例如，在一個控制力強、有能力的母親的家庭中，在諮商中大聲喊叫自己

的女兒講話大聲一點，諮商師順水推舟說得更大聲，迫使母親軟化自己的聲音並賦予女兒更多的自主權。

8. 支持、教育和引導

諮商師鼓勵家庭成員彼此支持，讓家庭能夠成功提供養育、康復和支持的功能，幫助每個成員都能健康的成長。

▌ 從理論到實務，請聽他們的故事……

第四節。結構家族諮商的案例分析與摘要

壹、案例分析──父子的戰爭

蔓月和啟中帶著兒子皓天來見諮商師，理由是兒子上高中後，脾氣變得不好，父子常會有口角，前幾天父子倆發生口角後大打出手，並扯破對方的衣服。這件事讓蔓月感到無比擔憂。諮商師相信父子打架應該只是家裡系統出了問題的象徵。

一、策略一：家庭結構圖

諮商開始前，皓天頭低低的，啟中只皺著眉頭不說話，蔓月和皓天坐得很靠近，啟中則自己坐，看得出三個人的關係。諮商開始，諮商師即以加盟的態度表示會與他們一起努力來面對這個問題，聽到諮商師如此表態，並在談話的過程適時使用調適的技巧來引導，蔓月慢慢地談出她的家庭故事。自從生下兒子後，啟中就在南部從事養殖漁業，因工作忙碌很少回家，她便每週南下四天

陪他。即使如此，啟中仍只是忙事業，平常蔓月就帶著孩子在樓上玩或到海邊走走，有歐巴桑幫忙煮飯，兩人只有吃飯時才會見到面，常是她陪孩子睡著了他才回房睡，兩人幾乎沒什麼互動。孩子上幼兒園後較沒時間到養殖場去探望他，孩子與父親的互動也越來越少。後來啟中結束養殖場的生意搬回家，本是想考中醫，為了讓啟中專心讀書，蔓月盡量把孩子攬在身邊，不讓他吵到啟中。一年後婆婆去世，啟中讀書的動力不再，常自怨自艾說自己是孤兒，有志難伸，意志相當頹廢，也沒有精力與蔓月和孩子互動。每天都待在房間念書，很少跟她和小孩互動。日子一天天過去，考中醫的書被束之高閣，也不見啟中有要出去找工作的表示。為了給孩子認真工作的榜樣，證明任何人只要努力就會有成功的機會，蔓月就出去找工作，其事業的發展蒸蒸日上，很得上司的器重，回家後家事照做，對兒子的教養與照顧也沒有一分疏忽。從這樣的敘述中，諮商師畫出他們的家庭結構如圖 4-13 所示。顯示父親與蔓月和皓天母子間隔著緊閉的邊界，而蔓月和皓天母子間有很好的互動，邊界清楚。

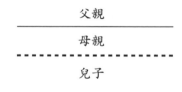

父親
母親
兒子

圖 4-13　案例的家庭結構圖

　　兒子國中畢業後順利上了市內最好的高中，為了獎勵他，蔓月讓他到他心目中的聖誕老人——美國的舅舅家過暑假。因為從小只要兒子開口，這位聖誕老人就實現他的願望。所以這趟行程蔓月希望兒子能透過與舅舅的實地相處中，體會到舅舅賺錢辛苦的一面。所以一個半月中的美國日子都是跟著當醫生的舅舅在診所與醫院中疲於奔命，過得很充實。但回臺後，講話態度和口氣較有自己的意見，啟中覺得他過度自信，被美國生活給寵壞了；皓天回嘴說：「才不是這樣！在美國的一個半月中，我每天跟著當醫生的舅舅在診所幫忙。不管我

做什麼，舅舅都會一直給我鼓勵，說我很棒。但回到臺灣後，我覺得爸爸看我好像很不順眼，總是嫌東嫌西的。」漸漸皓天放學後話變少了，只會跟媽媽打聲招呼，但與父親之間不是不說話，就是起口角。前幾天父子倆發生口角後大打出手，並扯破對方的衣服。

根據這樣的資訊，諮商師畫出了他們三人諮商的關係圖（圖4-14）。諮商師決定用演示技巧的三個樂章來瞭解這家人的互動狀況是怎麼回事。目標是希望透過增進父子的瞭解以及啟中和蔓月多一點的互動，達到圖 4-15 的理想境界。

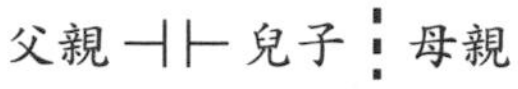

父親 ┤├ 兒子 ┊ 母親

圖 4-14　案例家諮商開始前的關係圖

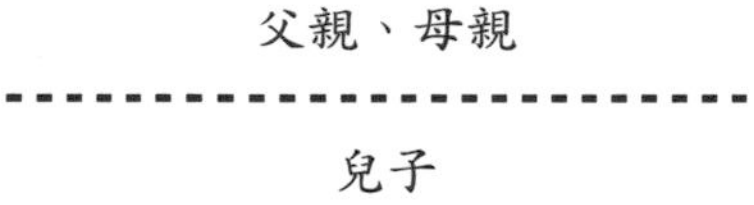

父親、母親
- -
兒子

圖 4-15　案例家理想的關係圖

二、策略二：演示

（一）第一樂章：自發性的互動

諮商師：蔓月，謝謝你的分享。不曉得啟中和皓天對來這裡跟我碰面覺得怎樣？

蔓月〔對著諮商師〕：謝謝你願意花時間跟我們聊聊。〔講完後她看坐在身旁的父子都沒動靜叫了一下他們〕諮商師在問你們，回話啊！

啟中：謝謝你，諮商師。

皓天：謝謝你，諮商師。〔然後低下頭去，喃喃自語地說〕但其實我並沒有要來，是他們硬要我來的。

啟中〔對著皓天〕：你在說什麼？你以為講那麼小聲就沒有人聽到嗎？這個小孩子怎麼這麼沒禮貌！

皓天〔抬頭看著父親〕：聽到又怎樣？我本來就沒有要來，是你們硬要我來的〔講話的聲音越來越大聲〕。

啟中：你給我住嘴！

蔓月〔見情勢不妙趕快插手〕：停！你們父子怎麼這樣？在外人面前也不會收斂一點。

諮商師：沒關係！我不是外人。你們父子平常互動的方式就是這樣嗎？

諮商師以一句「我不是外人」來表明自己加盟其家庭系統，再次強調這種願意與他們合作與面對問題的態度在結構家族諮商中是很重要的。「我覺得上了高中我應該是大孩子了，但在他眼裡，我好像是個很不懂事的小孩，對我做的很多事都看不順眼。」皓天忍不住講出自己的心聲。啟中趕緊為自己辯白說：「我是擔心他以為上了有名的高中就很了不起而過度驕傲，才故意這樣，好殺殺他的銳氣。」是啟中的招術弄巧成拙了嗎？諮商師為了找出他們互動上到底是怎樣出錯的，決定進入第二樂章的演示技術。

（二）第二樂章：功能障礙情境的互動

諮商師〔對著皓天〕：你覺得父親看你最不順眼是什麼情況？

皓天：應該是看我在玩電動遊戲吧！

諮商師：好！現在你拿手機起來玩電動遊戲。假設這是皓天放學後在家裡的客廳玩電動遊戲的情景，你們三人的互動會是怎樣？請把它演出來。

蔓月：皓天，你回來了。今天在學校還好嗎？

皓天〔抬頭看著母親〕：還好啊！

蔓月：這裡有些水果，給你吃，再玩一下就回你房間去讀書喔！

皓天：好！

啟中：什麼「好」。你每次都說好，但一玩下去就沒完沒了。不要玩了，現在就去讀書。

皓天：好！我有在看時間，過了這一關我就去讀書。

啟中：你不要以為考上最好的高中就有什麼了不起。不用功的話，以後還是不會有出息的。

皓天：我沒有說我自己有什麼了不起，打了這一關我就去讀書。

啟中：我看你玩電動遊戲比讀書還有精神，精神都用完了，等一下看到書本就要打瞌睡了，怎麼讀書呢？

皓天：我考試都考得很好，我知道怎樣安排時間的，請相信我。

啟中：那是你還有一點小聰明，如果光靠小聰明但不去努力，以後還是不會成功的。

皓天：好！我打過了這一關我就去讀書！〔聲量提高、語氣加重，口氣帶點不耐煩。〕

啟中：怎樣，老子說你兩句都不行嗎？〔聲量提高、語氣加重，帶有生氣的口吻。〕

蔓月：皓天，明天有考試嗎？這一關還要打多久？

皓天：有一科小考但我已有準備了，我再玩十分鐘這個電動遊戲就結束了。

蔓月：好！十分鐘後就去讀書喔！

皓天：是的！

諮商師：你們夫妻倆與兒子互動方式很不同。面對同樣的情境，爸爸和兒子已經要吵起來了；媽媽和他好像還能說得通。

諮商師分析可能因父親和兒子不親，加上父親講話的口氣是獨裁型，期望高彈性少，如在兒子打電動遊戲的途中要他停就得停，完全沒有給兒子轉圜的時間，兒子無法從中體會到關愛，很容易有衝突。蔓月用威望型的口氣，施有權威，但會透過指導來表達關心，如給兒子十分鐘的時間完成正在做的事的做法，可以讓皓天體會到母親是關愛並瞭解他的，平日有事也較會跟母親商量。諮商師的目標是希望透過改進第三樂章父子溝通的方式以增進父子的瞭解，也讓啟中和蔓月有多一點互動關係，達到圖 4-19 的關係圖。諮商師帶領他們三人進入第三樂章的演示技術。

（三）第三樂章：替代性的互動

諮商師〔對著啟中〕：如果在上一個場景裡蔓月沒在場，你會希望什麼樣的情況發生？

啟中：我希望兒子能聽我的話。

諮商師〔對著皓天〕：如果母親沒在場，你會希望什麼樣的情況發生？

皓天：我希望父親不要看我打電動遊戲就認為我是不用功的小孩。一整天在學校功課壓力很大，回家打電動遊戲可以讓我紓解壓力，才會有動力去讀書。

諮商師：好！我們再來讓你們父子互動一次看看，就按你們的希望讓它發生吧！

諮商師〔轉向蔓月〕：這中間你不要插手，讓他們父子自己去處理吧！你知道當你不在家時，他們兩個需要知道要如何互動。

蔓月：我知道！我知道！

諮商師使用「阻止其最常用的交流模式」要蔓月不要插手；以「讓它發生吧！」來鼓勵啟中；是要傳達給啟中和皓天「你們是有能力讓對方瞭解並能達到有效互動」的訊息。

諮商師：我們把狀況轉到母親插手前火爆的狀況。記得嗎？皓天說：「好！
　　　我打過了這一關我就去讀書！」啟中說：「怎樣，老子說你兩句都不
　　　行嗎？」說的時候，情緒也要回到那個高點喔！開始前我們先調一下
　　　位置。蔓月請你和啟中調換位置，讓啟中和皓天父子倆靠近一點，現
　　　在由你們父子互動看看，讓你們的期望發生吧！

皓天：我打過了這一關我就去讀書！〔聲量提高、語氣加重，口氣帶點不
　　　耐煩。〕

啟中：怎樣？老子說你兩句都不行嗎？〔聲量提高、語氣加重，帶有生氣
　　　的口吻。〕

皓天：爸爸！對不起，我沒有要反抗你的意思。

啟中：我只是擔心你會因為電動遊戲而耽誤功課。

皓天：爸爸！打電動遊戲不表示我就是不用功的學生。

啟中：你要怎麼樣說服我你是一個用功的學生呢？

皓天：爸爸！可以給我十分鐘的時間，我結束後馬上就去讀書。

啟中：這次我相信你。那以後呢？在學期中，你可以在週末玩電動遊戲，
　　　平常就花多一點的時間讀書，可以嗎？

皓天：那不公平！如果我哪一天把功課寫完沒事了但不是週末，我可以玩
　　　嗎？

啟中：可以啊！但是要有我或你母親的批准才能玩，也不能超過睡覺時間。

皓天：好！一言為定！

諮商師〔喊停〕：有沒有注意到發生了什麼事？

啟中：這是皓天上高中後我第一次聽到他對我說：「好！」

皓天：這是我上高中後第一次聽到父親對我說：「可以啊！」

諮商師：好棒喔！你看你們兩個的互動有很好的進展。蔓月！你看到這一
　　　幕覺得怎麼樣？

蔓月：這簡直是歷史的一刻！諮商師你太厲害了！

諮商師：我只是導演，要他們兩位舞者願意由衷跳出來，這支雙人舞才會動人。

啟中：是啊！我也好驚訝。這會不會曇花一現。年輕人誘惑太多了，很難掌握呢！

皓天：爸爸！你也不老啊！

諮商師：聽到沒有，你兒子說你也不老耶！與年輕人互動時你要放輕鬆，只要你不要存著主觀印象把他們當麻煩的製造者，你就可以聽到他們真正的聲音。跟著他們一起長大。

　　諮商師給他們家庭作業是皓天放學回家時要跟父親打個招呼，每星期互相與對方分享兩件事，學習彼此傾聽與互相打氣。

三、策略三：聚焦

　　當啟中和皓天的互動關係漸有改善，那蔓月和啟中呢？諮商師相信他們還關心著彼此，只是都沒說出來，於是決定用聚焦策略來幫助他們。便約了蔓月和啟中單獨來與諮商師會面。啟中來時就報告跟皓天現在比較有溝通了，感謝諮商師的幫助。

諮商師：兩位最近好嗎？

蔓月：很高興看到他們父子有好的互動，家中少了很多火藥味，耳根清靜多了。

啟中：其實這孩子還滿可愛的，鬼主意很多。當我不抱著偏見去聽他說話時，就可以聽出他的創意。

諮商師：那我們就從皓天為起始點來說說彼此的優點。〔啟中舉手〕啟中，你要先說嗎？

啟中：是啊！以前我都會怪說是她把我們兒子寵壞了。現在才知道她真的把他帶得很好。

諮商師：啟中，蔓月就在這裡，你可以直接告訴她。

啟中：不好意思吧！

諮商師：蔓月是你太太，不是嗎？試試看吧！

啟中〔點點頭，看著蔓月〕：蔓月，以前我都會怪說是你把我們兒子寵壞了。現在才知道你真的把他帶得很好。謝謝你！

蔓月〔顯得有點害羞〕：不客氣！自己的孩子當然要帶好。不過聽你這樣說我很感動，謝謝！

諮商師：蔓月，你有沒有什麼要跟啟中說的？

蔓月：就是現在，謝謝他……

諮商師〔打住蔓月〕：等一下！直接對他說。

蔓月：啟中！謝謝你願意聽兒子說話，不隨口罵他。謝謝你還給兒子他想要的爸爸。

諮商師：好棒！不過你們剛才都在替皓天說話。套句結構家族諮商理論的用詞是說：「你們偷了皓天的聲音。」現在我們試試看用自己的聲音來給彼此鼓勵，好嗎？誰要試試看？

啟中：好，我來說！〔對著蔓月〕蔓月，你很能幹，做什麼都像什麼。

蔓月：謝謝！換我來說。〔對著啟中〕啟中，你很能耐得住安靜。不管在哪裡你都可以靜靜地待著，太厲害了！

諮商師：好棒！現在聽到對方的回饋，覺得怎麼樣？

啟中和蔓月幾乎同時說：我感覺你很瞭解我。

　　如同聚焦的假設，如果諮商師聚焦於發掘出家庭成員的積極面，整個過程中不斷地帶領家庭成員去往那個焦點發展，就會把整個家庭的積極能量挖掘出來。這段諮商的過程，啟中和蔓月真的體會到聚焦技巧的厲害。

貳、結構家族諮商摘要

　　結構家族諮商是米努欽所發展出來的。此學派相信每個家庭系統都包含各種不同層級的子系統。家庭若要發揮適當的功能，子系統之間需要有清楚與適當的邊界。家庭成員在人生不同階段的進展或社會環境有重大的變遷時，都會帶給家庭相當大的壓力。為了滿足內部和外部的這些需求，家庭系統需要不斷調整、改變與適應，好讓家庭的生命力得以繼續持續與綿延下去。諮商師應主動積極的加盟家庭去理解影響家庭成員之間健康或不健康的關係的潛在規則，並透過支持幫助家庭能發展出新的互動型態的可能性，以增強其問題解決能力和活化家庭的結構。家族諮商師所協助的重心不是個體而是全家，光談論問題不會導致改變的發生，要透過面對與處理改變才會發生。

　　家庭所以會尋求協助通常是家中某個成員有出現症狀的時候。如同本章的案例討論，因為先生和兒子發生口角後大打出手，蔓月才帶著全家來到諮商室。雖然家庭會將這個兒子定位是問題的所在，但根據米努欽的觀點，「這個症狀可能是家庭功能失調的跡象」。所以本案例的諮商師根據結構家庭的諮商策略與過程從諮商系統形成開始，先對家庭結構進行探測與架構，然後使用演示和聚焦的技巧讓常有口角的父子握手言歡，相敬如冰的夫妻倆重新找到彼此的亮點。家庭結構會隨著成員的成長而不斷適應、轉換與改變，而達到讓家庭發揮最佳功能的狀態。

第五節。結構家族諮商的自我測驗

・你瞭解了嗎？

下面有 **15** 題選擇題可幫助你測試自己對米努欽結構家族諮商學派的理解程度。

1. 結構家族諮商學派的創始人米努欽出生於哪個國家？
   a. 美國　　　　　　　　b. 以色列
   c. 阿根廷　　　　　　　d. 德國

2. _____是無形的但卻是引導家庭成員如何互動的規範。
   a. 家庭結構　　　　　　b. 家庭倫理
   c. 家庭守則　　　　　　d. 家庭轉換

3. 下面哪一種家庭子系統間的邊界是功能較良好的狀況？
   a. 閉鎖性的邊界　　　　b. 開放或半擴散的邊界
   c. 混淆不清的邊界　　　d. 以上皆是

4. 若諮商師在畫家庭結構的邊界上畫下「｛」這個符號記號，代表是什麼意思？
   a. 衝突　　　　　　　　b. 迂迴溝通
   c. 過度參與　　　　　　d. 結盟

5. 當一個家庭的父母很願意與子女分享他們的狀況，且常開放家庭，邀請外人融入他們的生活中，這樣的狀況稱為是：
   a. 開放的邊界　　　　　b. 閉鎖性的邊界
   c. 混淆不清的邊界　　　d. 以上皆非

6. 米努欽開發了一些技巧，強調諮商師在結構家族諮商所扮演的是一個什麼樣的角色？
    a. 催化員　　　　　　　　　b. 引導者
    c. 療癒師　　　　　　　　　d. 教師

7. 米努欽認為家族諮商師在促進家庭系統的改變時，最有用的工具是什麼？
    a. 自己　　　　　　　　　　b. 結構家族諮商理論
    c. 結構家族諮商技術　　　　d. 心理測驗

8. 結構家族諮商師所指的診斷和精神病學術語的診斷過程完全相同。
    a. 正確　　　　　　　　　　b. 錯誤

9. 下面哪一個陳述句可以正確描述結構家族諮商理論裡的「加盟」？
    a. 是一種態度，而不是技術
    b. 是將治療性的系統結合在一起的黏合劑
    c. 是所有治療性互動交易的保護傘
    d. 以上皆是

10. 下面哪一項技巧不屬於調適技巧？
    a. 保持　　　　　　　　　　b. 空椅技巧
    c. 追蹤　　　　　　　　　　d. 模仿

11. 當問著「誰是家庭的發言人？如果父親擔任的是發言人的角色，這是什麼意思？是誰給他這樣的職權？父親是一家之主嗎？」等問題時，這位諮商師正在進行哪一項任務？
    a. 家庭結構分析　　　　　　b. 加盟
    c. 演示　　　　　　　　　　d. 聚焦

12. 當諮商師鼓勵家庭成員直接將其解決衝突與互相支持等互動的方式展現出來，他正在進行哪一項技巧？
    a. 調適　　　　　　　　　　b. 演示
    c. 轉換　　　　　　　　　　d. 重組

13. 當諮商師選擇了與家庭想轉變相關的要素，動員家庭據此方向練習新互動方式，他正在進行哪一項技巧？
    a. 調適　　　　　　　　　　b. 演示
    c. 轉換　　　　　　　　　　d. 聚焦

14. 當諮商師要求家庭成員間互相調換位置，因而改變了他們所背負的責任。這位諮商師正在做什麼事？
    a. 家庭結構的轉換　　　　　b. 家庭改組
    c. 家庭重組　　　　　　　　d. 家庭改變

15. 米努欽相信當諮商師建議並引導家庭去修正與重塑其覺知和看法時，就會促進什麼現象的發生？
    a. 家庭結構的轉換　　　　　b. 家庭改組與重組
    c. 家庭結構分析　　　　　　d. 家庭更聚焦了

・腦筋急轉彎

1. 米努欽的人生故事裡給你最深刻的印象是什麼？該印象對你有什麼樣的啟發？

2. 從米努欽的人生故事裡按發生事件的前後，列出幾個他發展出結構家族諮商的專業發展軌跡。

3. 米努欽認為：「人們的心理層面並非全是內在的歷程，他們的所行所為不僅受到環境也受到過去經驗的影響，所以家族諮商師協助的重心不是個體而是全家。」你同不同意這個論點？請舉個實例來支持你贊成或反對的理由。

4. 根據米努欽的觀點，任何家裡成員發生的症狀可能都是家庭功能失調的跡象，所以他都會堅持要用家族諮商的方式進行治療。還因此被調查人員說：「米努欽醫生的想法對部門來說是危險的。」如果你是他的上司，你會繼續錄用他嗎？為什麼？

5. 請以你親身經歷的家庭故事為藍本，將結構家庭分析所介紹的概念應用其中，進行一個案例分析。你會選擇使用哪一個（或哪幾個）技巧來實施？實施效果如何？

照片和圖片來源 *Photo/Figure Credits*

參考書目 *References*

Carpenter, J., & Treacher, A. (1982). Structural family therapy in context-working with child focused problems. *Journal of Family Therapy*, *4*, 15-34.

Colapinto, J. (1988). Teaching the structural way. In H. A. Liddle, D. L. Breunlin, & R. L. Schwartz (Eds.), *Handbook of family therapy training and supervision* (pp. 17-36). New York: Guilford.

Jung, M. (1984). Structural family therapy: Its application to Chinese families. *Family Process*, *23*, 365-374.

Kim, J. M. (2003). Structural family therapy and its implications for the Asian American family. *The family journal: Counseling and therapy for couples and families*, *11*(4), 388-392.

Miller, A. (2011). *Instructor's manual for Salvador Minuchin on family therapy with Salvador Minuchin, Ph.D. and Jay Lapp in, LCSW*. Psychotherapy.net. LLC. Retrieved from https://www.psychotherapy.net/data/uploads/5113e45715ce5.pdf

Minuchin, S. (1974). *Families & family therapy*. Cambridge, MA: Harvard University Press.

Minuchin, S., & Fishman, H. C. (1981). *Family therapy techniques*. Cambridge, MA: Harvard University Press.

Minuchin, S., Lee, W. Y., & Simon, G. M. (1996). *Mastering family therapy: Journeys of growth and transformation*. New York: John Wiley & Sons.

Minuchin, S., & Nichols, M. P. (1993). *Family healing: Tales of hope and renewal from family therapy*. New York: The Free Press, A Division of Macmillan.

Minuchin, S., Reiter, M. D., & Borda, C. (2014). *The craft of family therapy: Challenging cer-

tainties. New York: Routledge.

Monk, G., Winslade, J., Crocket, K., & Epston, D. (Eds.) (1997). *Narrative therapy in practice: The archaeology of hope*. San Francisco, CA: Jossey-Bass Publishers.

Napoliello, A. L., & Sweet, E. S. (1992). Salvador Minuchin's structural family therapy and its application to Native Americans. *Family Therapy*, *19*, 155-165.

Powell, J. Y., & Dosser, David A. Jr. (1992). Structural family therapy: A bridge between "helping too much" and empowerment. *Family Therapy*, *19*(3), 244-256.

Umbarger, C. C. (1983). *Structural family therapy*. New York: Grune & Stratton.

White, M. (2007). *Maps of narrative practice*. New York: N. W. Norton & Company.

「你瞭解了嗎？」試題解答 *Answer Key*

題號	1.	2.	3.	4.	5.	6.	7.	8.	9.	10.	11.	12.	13.	14.	15.
解答	c	a	b	d	a	c	a	b	d	b	a	b	d	a	b

3

從家族／後現代諮商的觀點著手：以語言為主軸

你相信遇到人生瓶頸時，可以透過改變語言來改變人生的現實狀況嗎？本篇介紹德・沙澤和伯格以及懷特和愛普斯頓的觀點，介紹兩個強調語言的後現代／家族諮商學派。德・沙澤和伯格相信突破瓶頸的先決步驟是先去改變語言。懷特和愛普斯頓引領你去從講述故事中，領悟到語言如何將看似無希望的事件塑造成一個充滿希望的火炬的無窮威力。

第五章

♦

德‧沙澤和伯格的
焦點解決諮商學派

de Shazer's and Berg's
Solution-Focused Therapy

創始者
史蒂夫‧德‧沙澤
Steve de Shazer（1940-2005）（左）
仁秀‧金‧伯格
Insoo Kim Berg（1934-2007）（右）

—— 本章要義 ——

想解決問題嗎？

先問自己：「我想要有怎樣不一樣的未來？」

▎每個諮商學者都有其人生故事，這是德・沙澤和伯格的故事……

第一節。德・沙澤和伯格的人生故事

　　焦點解決諮商（solution-focused therapy）是由德・沙澤和伯格這對社會工作師夫妻，以及他們在美國威斯康辛州的米爾瓦基（Milwaukee, Wisconsin）（照片 5-1）的短期家族治療中心（Brief Family Therapy Center, BFTC）的團隊一起發展出來的。

壹、德・沙澤的背景

　　1940 年的 6 月 25 日，德・沙澤出生於美國威斯康辛州的米爾瓦基，父親是機械工程師，母親則是聲樂家。他從小就勤學古典音樂，是位專業的爵士薩克斯風吹奏者。獲得威斯康辛大學麥迪遜校區（University of Wisconsin in Madison）的美術藝術學士（Fine Art），以及威斯康辛大學米爾瓦基校區（University of Wisconsin in Milwaukee）的社會工作（Social Work）碩士。1978 年和妻子伯格在他的家鄉設立了米爾瓦基短期家族治療中心。德・沙澤撰寫了 6 本與焦點解決諮商相關的著作（被翻譯成 14 國的語言），發表許多文章，並常去世界各國去演講。是 20 世紀在家族治療領域相當活躍的人物。不幸於 2005 年在歐洲維也納演講的旅行中去世，享年 65 歲（Pichot, n.d.）。

貳、伯格的背景

　　1934 年 7 月 25 日伯格出生於韓國，畢業於首爾藝華女子大學（Ewha Womans University in Seoul），主修藥學。1957 年她到美國威斯康辛大學米爾瓦基校

⊂照片 5-1　美國威斯康辛州的米爾瓦基是短期家族治療中心所在的城市，這些照片是米爾瓦基的景觀。

區繼續就讀藥學，獲得科學的學士與碩士學位，曾在醫學院工作，因對社會工作產生興趣，便到威斯康辛大學米爾瓦基校區進修，獲得社會工作的碩士學位。並到芝加哥的家族學院（Family Institute of Chicago）、門寧格基金會（Menninger Foundation）和位在加州帕洛阿爾托（Palo Alto, California）的心理研究機構（Mental Research Institute, MRI）接受專業訓練，心理學家韋克蘭是她的督導。

　　之前伯格曾和查爾斯·伯格（Charles H. Berg）有過一段婚姻，生有一女莎拉·伯格（Sarah K. Berg）。在心理研究機構受訓期間，和德·沙澤由相識到相戀而進入第二段婚姻，在 1978 年，兩人一起成立了米爾瓦基短期家族治療中

心，期間伯格著了 16 本相關書籍。在德‧沙澤過世後的 16 個月後伯格也跟著辭世，他們所設立的家族治療中心於 2007 年結束營業，所有的訓練材料轉交給焦點解決短期治療協會（Solution Focused Brief Therapy Association）（"Insoo Kim Berg." n.d.）。

參、「焦點解決諮商理論」名稱的源起

「焦點解決諮商理論」這個名稱是如何來的呢？在 1982 年的一次諮商會談中，治療團隊從單面鏡觀察到一個已經來接受諮商幾次，但都沒見進展的家庭。諮商團隊的一員突然靈機一動說：「何不叫他們列出在下次來之前不想改變的事？」（Lipchik, 2002, p. 11）。沒想到這一招效果奇佳，家庭成員不僅不再抱怨彼此，還列出很多他們對彼此的感恩。父母讚揚女兒的態度改善很多，女兒也說父母對她不再像以前那麼挑剔。這事之後，團隊的諮商師嘗試將此法應用在其他案主的身上，也都能達到相似的效果。便決定將其治療的取向定位在未來並以解決為中心，命名為「焦點解決」（de Shazer, 1982; Lipchik, 2002）。〔註：因焦點解決諮商適用於個別和家庭諮商中，「案主」和「家庭」將被互用來稱呼尋求協助者。〕

第二節。焦點解決諮商的理論

與其去計較做錯了什麼以及要如何改進，

不如定睛於做對了什麼和要如何將其發揚光大。

Rather than looking for what is wrong and how to fix it,

we tend to look for what is right and how to use it.

（Berg & Miller, 1992, p. 3）

　　德・沙澤和伯格發展出來的焦點解決諮商是家族系統諮商學派之一，針對改變是如何發生以及諮商師在案主改變過程中所扮演的角色提出了反傳統的觀點（Berg & Dolan, 2001），因此也被歸類為後現代的諮商學派，被譽為是後現代主義家族諮商的代表理論之一（楊家正，2001）。

　　焦點解決諮商是本著正向心理學派，「強調諮商是發掘人的特長而非用來修補人的錯處的方法」（Lutz, 2014, p. 1）之理念，尊重與接受案主的觀點，相信案主是積極且有意願去做改變的，所以不會嘗試去教育或啟發案主，而是幫助案主達到他們自己所期望的改變，也因此被讚譽為是個富有「希望與尊重的實用理論」（Berg & Dolan, 2001; Walter & Peller, 1992）。

壹、焦點解決諮商理論的基本信念

一、相信著眼於「解決方案」比「談論問題」更具有建設性

德・沙澤（de Shazer, 1994）做了這樣的一個實驗，他規定第一組案主只能談論問題（如感到憂鬱的狀況），而第二組的案主則專注在分享解決方案，從困境中看到的亮點。結果第一組的案主和諮商師都回應越說（或越聽）越感覺到問題的嚴重性。第二組的諮商師回應聆聽案主積極與正向的分享讓整個諮商情境變得很有朝氣與活力且充滿了希望；案主也有相同的感受。可見著眼於「解決方案」會比「談論問題」更具有建設性。焦點解決諮商理論將如第一組案主示範的傳統諮商以「問題為焦點」（problem-focused）的觀點，扭轉為如第二組案主示範的以「解決為焦點」（solution-focused），將諮商的重點聚焦在幫助案主探討其希望改變的人生。如同奧地利哲學家維特根斯坦（Ludwig Wittgenstein）說過：「所有的事實都只屬於問題，與解決方案無關」（取自 de Shazer, 1994, p. 65），「著眼在解決方案與探討問題的過程是平行的兩條線，想達到改變，只有解決與目標取向的對話才是必要的」（Walter & Peller, 1992, p. 8）。可見「以問題為焦點」和「以解決為焦點」兩者是有很大之區別的（如表 5-1 所示）。

但「以解決為焦點」和「解決問題」（problem solving）並不是同一碼事。所謂「解決問題」就是蒐集與問題相關的資訊，經仔細分析後找出可能的處理策略，以期能對症下藥。「以解決為焦點」則著重在「架構解決方案」（solution building），在乎的不是問題發生的起因為何，而是清楚案主希望自己能有什麼樣的改變。再從其人生過往中找出一些已發生過且是與自己想改變的目標相符合的事例，去體會到自己其實是有改變潛能的（Berg & Dolan, 2001）。要澄清的是焦點解決諮商「關注於積極的、具有解決性且是有利於朝向未來理想改變的方向。因此，在諮商時注重以架構解決方案為主的談話而不是以解決問題為導向的談話」（Walter & Peller, 1992, p. 10）。

表 5-1 「以問題為焦點」和「以解決為焦點」的區別

以問題為焦點	以解決為焦點
1. 放大症狀揭示問題的根源。	1. 傾聽線索以找到隱藏的能力和資源。
2. 根據症狀和病理進行診斷。	2. 識別並放大先前做過但尚未被肯定的積極行為和成功的表現。
3. 嘗試解決問題並治療症狀。	3. 知悉案主人生裡的重要人物。
4. 對問題進行分類與診斷。	4. 協助案主架構和表達對未來的希望。
5. 識別問題的起因、誘發因素以及症狀和問題持續的因素。	5. 強調案主雖曾受創或有心理疾病，但是如何管理和克服他們的人生才是重點。
6. 諮商師是診斷和治療的專家。	

（Lutz, 2014, p. 7）

　　另一個要澄清的是解決方案並不一定是要與原先遇到的問題有所關聯。德·沙澤（de Shazer, 1985）形容當案主帶著問題來找諮商師時，就如同其人生幸福之門被鎖住，非常沮喪，抱怨是鎖出了問題。但案主卻沒有想到要開鎖得要尋找正確的鑰匙。雖然鎖的設計很複雜，開鎖的鑰匙卻不一定要複雜；同樣的道理，雖然遇到的問題可能很複雜，但解決的方式卻不一定要很複雜。如同愛因斯坦（Albert Einstein）所提醒的：「你不能期望用原先導致問題的相同思考模式去解決問題」（引自 Berg & Szabó, 2005, p. 75）。因為「解決方案並不一定是要與原先遇到的問題有所關聯……在遇到的問題上鑽牛角尖有時候反而會影響到狀況的改善」（Lipchik, 2002, p. 19）。

二、相信改變是必然的，且小改變就可帶至大改變

　　哲學家赫拉克利特（Heraclitus）說過：「沒有人會踏入同一條河流兩次（因為河水是流動的）。換句話說，沒有什麼是相同的：事物和事件一直在變化」（取自 Walter & Peller, 1992, p. 15）。焦點解決諮商理論也「相信沒有一件事會永遠都是一樣的，變化是會一直持續發生」（Walter & Peller, 1992, p.

15）。焦點諮商建議要達到改變有三個管道：

（一）重新框架──從不同角度看事物

很多時候，家庭成員會使用其原生家庭所定的規則和框架（frames）為標準來界定好與壞。然而也正是因為每個家庭所持框架的差異，有些自己無法接受的行為在別人眼中卻是可接受的。但其實每個人不同之處是反映出不同家庭的框架，因而在看事情的觀點會有不同罷了！因此焦點解決諮商理論提出改變的第一個管道就是「重新框架」（reframing），意思是「把原先對所處情境的定義、情感的定位或觀點，放到另一個與原先相似但品質卻較好的框架裡。當框架改變時，從其中領悟到的意義也會跟著改變」（de Shazer, 1982, p. 25）。有時案主會將原有的舊框架和諮商師提供的建議加以組合形成新框架，這也很好，只要能透過新框架從不同的角度看待事物都是很好的事。你可能會驚喜地發現：「以不同的方式看待事物，就會帶出不同的意境」（de Shazer, 1982, p. 25）。

（二）改變語言＝改變現實

德・沙澤強調「語言是人類和世界交流的工具，人們以特定的意義、詞句、手勢和行為來彼此互動。他甚至說『現實＝語言』」（Realities=Language）（de Shazer, 1991, p. 43），且說「現實是雙方在對話過程中形成的」（de Shazer, 1991, p. 44），當雙方對話時，所講出的話不只是對方聽到，最重要的是自己聽到了，也就變成現實的一面了。例如案主說自己命苦，就會相信自己是個命苦的人。因此在焦點解決諮商理論的「改變」裡，語言的改變是另一個很重要的管道（de Shazer, 1991）。當人們在描述行為時所用的語詞、語句若稍有改變，則整個心情可能都會大受影響。例如說某人「好像是」（to be）得了憂鬱症，與某人「是」（is）得了憂鬱症，代表的意思是不相同的。如果用的字眼是「似乎」、「變成」、「好像是」這樣的字眼，就表示該人的情況是暫時的、是會改變的。但是如果用「是」就表示那已是既定的事實，改變的可能較小。如果

情況是暫時的，未定型的、不是既定的事實，而案主也願意用另外的方法去嘗試，那改變就有可能產生的。有一個不讓問題被定型的方法是：當案主說「我有憂鬱症。」諮商師可以告訴他（她）：「是你說你有憂鬱症的。」如此說可以提醒案主這情況是他們自己界定的，不一定就是事實。案主如何描述問題和想採取的行動，與未來可能採取的進一步行動之間是會互相影響的（Walter & Peller, 1992）。

（三）願意展開小改變

老子說：「千里之行始於足下」（取自 Berg & Szabó, 2005, p. 102），焦點解決諮商理論也相信「小改變的生產威力」（Walter & Peller, 1992, p. 18），其意是說，當案主能在小改變上有了成功的經驗時，就可以使用該資源和能力去面對和處理較大的困難。諮商師應以「不管多大或多小或多複雜的困難，一點小改變將帶出大改變」（de Shazer, 1985, p. 16）來鼓勵案主。當聽到案主提到有嘗試了一些不一樣的策略或做了一些不一樣的改變時，應給予鼓勵以增加其自信心和希望感（Lutz, 2014）。

三、相信每個人是獨特的且有潛能創造自己的未來

焦點解決諮商理論相信每個人都擁有解決問題和想改變所需的潛能和資源，可以幫助他們自己創造希望擁有的未來（Lipchik, 2002; Walter & Peller, 1992），所以諮商師可透過小步驟、具體、積極與正向的口氣來帶動案主（Lipchik, 2002; Macdonald, 2007）。如果案主選擇在此時不關注某些議題，那是他們的選擇。如果諮商師覺得專業的協助對案主會有助益時，可先詢問：「我有一些方法可能可以幫助你，有些人認為這個方法效果還不錯，你要不要試試看？看對你有沒有幫助？」（Lipchik, 2002）。

若案主不接受諮商師的建議，不表示案主是在抗拒（resistant），可能是因為諮商師所提的方案不適合案主的需要。諮商師應體認「無人能改變案主，只有他們才能改變自己」（Lipchik, 2002, p. 17）。當案主還在心裡掙扎是否要做

改變時，諮商師應以同理心表達你瞭解他們的掙扎，給予支持會比責備來得有效用（Lipchik, 2002）。

　　焦點解決諮商師要提醒案主不要當過去的受害者，強調要架構未來並不需要知道太多的過去或問題存在的緣由。「在架構解決方案時，可以先將眼光望向想達到的未來，就可以知道目前的重心該擺在哪裡」（de Shazer, 1985, p. xvi）。只要「對未來有積極的盼望，就會讓案主較有力量解決目前遇到的困境，並體驗到目前困境的磨練會有助於打造有希望的未來。抱此觀點，方能將目前的處境看作有價值的資產而非往前行的阻力」（Furman & Abola, 1992, p. 93）。可以透過瞭解案主未來想要的是什麼與對改變的期望去幫助他們規劃與架構解決之道。

　　雖然談論問題的相關歷史與細節並不是焦點解決諮商的重點，但也不是說都不許談論這一些，如果案主來找諮商師之前沒機會跟別人說過自己的問題，或者是沒有人認真地聽過他們說，那麼「分享問題」對案主的成長也許是有幫助的，在這種情況下，就可以鼓勵他們去做。不過在聆聽時可以探問：「事情都這樣了，那你希望看到什麼樣的改變呢？」以鼓勵案主不要只在意該問題是如何被卡住，而是去探討自己希望該狀況能有什麼樣的改變（de Shazer, 1994; Macdonald, 2007）。

貳、焦點解決諮商師在諮商過程中遵行的規則

一、焦點解決諮商是急不得的

　　伯格引用孔子所說的「欲速則不達」（Berg & Szabó, 2005, p. 68）來支持「焦點解決諮商是急不得的」理念。過早使用諮商技巧可能會延長諮商的時間，反而會讓案主花太多時間在抱怨問題（Lipchik, 2002）。

二、要不要修改，先看可不可行

　　諮商師有時會因為太熱心而一廂情願地給了案主許多他們不需要的建議。

焦點解決諮商理論相信案主是其所遇到問題的專家，也具有解決自己問題的能力，所以在架構解決方案時要先瞭解案主對所遇到問題的處理狀況，「若有效就不用去更改它」，「如果案主已經在做一些有效的處理方式，那就不要再去修改它」（Walter & Peller, 1992, p. 37）。如果無效，就「採用不一樣的方法」（表 5-2）：

表 5-2 「採用不一樣的方法」的原則

1. 如果該方法行得通，就不用改。 2. 如果該方法使用第一次是可行的，就再試第二次。 3. 如果該方法行不通，就不要用，嘗試新方法。 4. 嘗試一些不同的事，即使看起來有點瘋狂或不太合邏輯。畢竟你已嘗試了很多看起來似乎是合理的做法但效果都不好，最後能試的就是那個瘋狂的做法了。

（前三個引自 Berg & Dolan, 2001, p. 120；第四個引自 Walter & Peller, 1992, p. 38）

三、所提供的建議應保持簡而易行的

德‧沙澤（de Shazer, 1985）指出當案主對諮商師抱怨時，只有當所抱怨的問題是案主與諮商師可以處理的，才可以稱得上是「問題」。如果是無解的，那只是人生的一部分，不管是多麼大的痛苦，都不算是「問題」。案主必須為他們的行動負責任，所提供的建議應保持「簡而易行」，是在其能力內做得到的。

四、把每次的會談當作唯一的機會去把握

焦點解決諮商師應把每次的會談看作是自己和案主唯一也是最後一次機會去把握，因為大約有一半到三分之二的個案，只來進行過一次諮商（Berg & Szabó, 2005）。抱持此信念有助於諮商師能專注地去觀察到案主在諮商過程中微小但有助於其問題解決的變化（Walter & Peller, 1992）。

第三節 • 焦點解決諮商的策略

行得通的就多做一點；行不通的，就去嘗試其他的方法。

If it works do more of it; if what you do does not work, do something different.

（Berg & Szabó, 2005, p. 95）

壹、諮商目標

一、以投契的關係幫助案主達到改變的目標

要與案主建立投契的關係，諮商師就須以和案主相似的表達方式與他們溝通。案主表達的語言可能傾向於以視覺性、聽覺性或感覺性等不同的方式，諮商師就須以案主表達的語言性質做回應（Walter & Peller, 1992）。「身為一位諮商師，我們的責任是要能夠有彈性地與案主互動，並與他們的需要互相配合」（Walter & Peller, 1992, p. 43）。

二、與案主一起面對其情緒與感受

情緒和感受的處理是諮商過程的一部分，如果未能觸及案主情感的一面，對他們的瞭解就會受限。利普奇克（Lipchik, 2002）指出讓案主將其抱怨用語言表達出來，然後諮商師再給予回應是會很有用的，因如此做會讓案主感受到被接受，感受到諮商師的同理心。例如諮商師回答：「這應該讓你很喪氣！」「你一定覺得很不舒服吧！」又如提問：「你感覺如此失望，這對你是意味著什麼？」透過此類問題讓案主有機會把他們的抱怨做個釐清，這可能會為解決方

案開闢出一個新的方向。

貳、諮商師的角色與功能

一、諮商師的角色

（一）對話的藝術家

　　焦點解決諮商師是個對話的藝術家，其功能是用語言和提問來幫助案主聚焦於曾有過的成功經驗，以助長其有達到解決和改變目標的信心。不同於傳統的諮商師是以對話來蒐集資料，焦點解決諮商師是以對話來幫助案主改變他們對自己的想法。諮商師不是要幫案主解決問題，而是幫助他們重新架構其對生活的定位。他們雙方都是專家，案主專精於瞭解自己的問題、知道誰是自己人生的重要人物、清楚自己所要的未來是什麼樣子，並具有能力和資源可達到自己期望的未來。諮商師也是專家，他們專精於用對話技巧幫助案主找到他們自己沒有察覺的成功經驗，走向有希望的未來。

　　有效率的會談是由諮商師和案主共同創造出來的，包括語言和非語言技巧。語言技巧包括知道如何表達和提出有用的問題、何時提問，以及何時暫停以強化對話中的某些議題。除此之外，還要能在與案主交談時知道要忽略什麼樣的訊息以及何時忽略它。非語言技巧包括語調、身體姿勢和面部表情的表達。熟練的會談技巧是非常重要的，它可以直接影響到案主如何看待他們的問題和解決問題的方法。

　　在對話中，諮商師使用提問傳達訊息，讓案主瞭解：(1)諮商師相信他們是具有能力的；(2)諮商師好奇地想瞭解他們的觀點，但並不會強行加入自己先入為主的觀念、假設或判斷。諮商師要先能專注地傾聽才有辦法提出好的問題和營造出契合的氛圍。一段設計良好的對話是用案主的立場來問問題，以案主所用的詞句來回應，好讓他們感覺到諮商師是真心誠意地想瞭解其觀點，且能認可其獨特的經驗。「透過這種問題引導的對話，會帶領案主做出實現其預期目

標所需要的建設性的改變」（Lutz, 2014, p. 14）。

（二）啦啦隊員

諮商師是案主朝向正向改變與架構解決方案過程的加油隊員，其功能是以啦啦隊員般興奮的表情或積極的詞彙和動作來支持和鼓勵案主正向的改變。無論其改變是多麼細微，都要給予立即的回應。學者（Walter & Peller, 1992）建議身為啦啦隊員的諮商師可透過下面三個提問將「每個人都負有為自己改變的責任」，和「自己是可掌控自己改變」的理念放入案主的腦袋瓜裡。

第一個提問是：「你是如何決定要這樣做的？」聽到一個例外的事件時，諮商師可以興奮而好奇地來問案主：「你是如何決定是這樣做的？」案主最初可能並不認為他們是刻意做一些什麼例外的改變，但當諮商師邀請他們從個人責任的角度思考，可以讓他們體會到自己是有此能力與負責任的人。第二個提問是：「關於這個，你要如何解釋？」這個問題可能適用於詢問那些並未意識到自己正在做的事是朝向積極改變方向的人。問此問題時，諮商師可提高聲調以好奇心來表示對案主的鼓勵，其用意不在於得到一個實際的解釋，主要是要凸顯出案主正在做一些積極的事情。

最後，諮商師使用「那太棒了！」這類的話語，可讓案主從對話中發現自己的潛能並搜索一些積極正向的例外事件。如果案主正試圖改變，尤其是如果這是全新的經驗，這樣鼓舞的話可以消除他們害怕改變的恐懼感，並促進積極的發展。切記給案主的鼓舞要適量與適時。當案主否定諮商師的稱讚時，或者與諮商師爭辯說事情並不那麼好時，那可能表示諮商師給予案主太多的讚賞，多於案主所能承受的。總之當諮商師能非常有效地針對案主任何積極和變化的新行為給予鼓舞，對案主任何優勢的表現表達出好奇心和興奮感，這就是啦啦隊員的角色與功能。

（三）讚美者

焦點解決諮商理論強調「沒有一件事是負向的」（Lipchik, 2002, p. 16），

定睛在人生的積極正向面，所以會針對案主所做的努力、所達成的每一個成就（不管是多大或多小）給予讚美，即使他們的情況可能還沒有真正獲得改善，但所付出的努力都值得嘉許。

「讚美就是在案主提出目標或解決方案的過程中，用讚揚的語句表明對他們的支持」（Walter & Peller, 1992, p. 114）。在讚美時所用的字眼很重要，多用「如何」少用「為什麼」，比如當諮商師問案主：「有否抽菸？」而案主回答說：「曾經抽菸但四年前戒掉了。」這時如果一位諮商師的回應是：「好棒喔！你『為什麼』（why）會決定要戒菸？」而另一位諮商師的回應是：「好棒喔！你是『如何』（how）戒菸的？」你認為效果會有什麼不一樣呢？問「為什麼」像是在挑戰案主的動機；而問「如何」則是在讚美他們是有資源的人。所以焦點解決諮商理論強調用「如何」來問問題效果會較好（Berg & Dolan, 2001）。

讚美是最好的藥劑，透過讚美可對問題解決過程提供下面六個協助功能（Walter & Peller, 1992）：

1. 營造積極正向的氛圍

看到案主正向的成長與改變的例證，諮商師要不吝給予讚美。如此的讚美，會減緩案主緊張的心情。有位原以為自己什麼都沒做好的案主回應說：「看來我是有做對了一些事喔！」「我本來以為一切都不可行了，看來我的努力還是起了一些作用喔！」

2. 凸顯出案主在架構解決方案的過程中已經做的積極的事情

萬事起頭難，一下子要全然改變並不容易，所以當案主在行為上已經開始有一些轉變，在會談一開始諮商師就應給予增強，這是很重要的。讚美時告訴對方很驚喜看到他們的改變，然後逐條具體地列出其改變的事蹟。

3. 幫助案主減輕面對「專家」的恐懼

很多時候，案主來接受諮商時心情是很脆弱無辜的，面對眼前的「專家」也許覺得害怕與恐懼感。如果能夠對於他們的努力與勇敢嘗試的動機給予適時的讚美，會讓案主心情放鬆不少。

4. 透過支持幫助案主減輕對改變的擔憂

很多人所以不願意改變，是擔心別人無法接受改變後的自己，或不曉得改變後情況會變成什麼樣子。當他們好不容易鼓起勇氣來接受諮商，其實這就是一個最大的突破和改變，諮商師不要忘了要針對此給予讚美，強化他們決定改變的決心。

5. 讓案主知道所發生的事情和感受其實是滿正常的

遇到困難時常會讓人感到孤單與寂寞，自艾自憐地以為自己是世界上最苦命的人，別人都好好的，偏偏自己就會遇到困難。透過對他們所提出目標或解決方案的讚揚與支持，讓他們知道在人生的旅程中遇到困難是很正常的。將情況正常化可停止他們為此事去怪罪自己或別人，並將心力轉換來架構解決方案，去認可自己正在做的事和所做的努力。

6. 賦予案主對改變的責任感

透過讚美可以賦予案主對改變的責任感，幫助案主瞭解到自己具有改變的資源與能力，並願意為自己的改變負起責任，獨立與勇敢地踏出改變的腳步。

（四）傳遞訊息者

諮商師在諮商過程中要傳遞教育性的訊息，幫助案主從不同的角度來思考不同的解決方案、再次確認他們原已相信或確認正在做的事情。諮商師也可以幫助案主去看事情的另一層涵義，例如對抱怨女兒是「有問題的孩子」的父母，諮商師觀察後對父母回饋說：「顯然，你們兩個父母很成功地培養出一位有勇氣走自己的路，成為另類學習者的女兒。」這個回饋讓這對父母可以換另一種

角度來看待他們的女兒，而不是一位不乖和叛逆的孩子。諮商師傳遞訊息的角色也包括檢視案主任務進行的狀況，看是否已上軌道或需要作修改（Walter & Peller, 1992）。

（五）掌控任務的達成者

透過請案主觀察自己積極的表現，可幫助他們能夠更專注於其生活中，與鎖定的目標領域相符的正向改變與進步的狀況。若這些努力是他們刻意做到且在自己掌控範圍內時，可鼓勵他們做更多類似的積極表現。若是例外狀況，可以指示他們繼續執行這些例外的事情，並觀察發生的情況。

有時候因沒有足夠的時間去找出例外的結果，或者儘管已盡了最大的努力，但仍沒有明確的例外情況發生。這時諮商師可以和案主進行「奇蹟問題」的練習，並從其反應的訊息中訂出假設性的解決方案（hypothetical solution），然後建議案主回家去針對該解決方案做一點小嘗試，看是否能從中找出一點蛛絲馬跡（Walter & Peller, 1992）。

二、諮商師的功能

（一）要「聽聞」訊息也要「傾聽」心聲

在諮商中要善用「聽聞」（hearing）與「傾聽」（listening）的不同功能。不僅去「聽聞」案主所傳遞的訊息，更要能根據其理念架構去「傾聽」哪些是適當的提問和反應。透過「傾聽」訊息，諮商師可以瞭解案主想要達到的目標與想做的改變，與其願意合作的程度，甚至可以聽出其表達出來話語中的深層涵義。必要時，諮商師會請案主澄清他們想傳達的訊息，因為那可能是架構解決方案的指標。「要瞭解案主，諮商師就得透過『聽聞』與『傾聽』案主的訊息，去聽出其人生故事和處理問題過程中的涵義和他們對世界的觀點」（Lipchik, 2002, p. 45）。

（二）要瞭解案主表達訊息裡的涵義

焦點解決理論相信人們透過由內而外與由外而內的雙向過程，從與自己、他人和環境互動的體會中，會去賦予某個經驗某些意義，而所賦予的意義也同時影響了人們對該經驗的體會（Walter & Peller, 1992）。例如若賦予正向的意義，就會感受到自己從中獲得了成長；反之，就會顯得消極與沮喪。

事件本身沒有意義，該意義是由觀察者或參與者所界定。「而且就在人們分享語言和經驗的對話中，原先所界定的意義可能就會有所改變」（Walter & Peller, 1992, p. 25）。所以要瞭解案主表達訊息裡的涵義，諮商師應敏銳地覺察到在對話中該涵義可能有的改變，以掌握到其中真正的要義。

（三）從聽「內容」和經歷「過程」中瞭解案主

「內容指的是案主所描述的情況，過程則是案主如何根據其言論去行事」（Lipchik, 2002, p. 49）。諮商師與案主討論問題的「內容」，但也同時觀察與考慮他們試圖解決問題的「過程」。例如一個來接受諮商的家庭以詼諧的口氣，談笑風生地分享著某位家人遇到威脅生命安全的事件，他們所表現的行為和彼此互動的方式是「過程」；分享某位家人遇到威脅生命安全的事件是「內容」，不過要真正的瞭解「過程」必須要站在案主的立場，從他們的世界觀與他們互動。

參、諮商的過程與策略

一、第一次諮商的階段

第一次的諮商極為重要，因為很多案主可能只來一次。所以鼓勵諮商師要將「每次的諮商視為是第一次，也將每次的諮商視為是最後一次」（Walter & Peller, 1992, p. 140）。其進行的過程可分為下面三個階段：

（一）第一階段：介紹

1. 開場白與定位

這個階段大約 10 分鐘由諮商師做開場白（見表 5-3 的範例）後，可以介紹自己，並問案主：「我要如何稱呼你？」與「你希望從這裡獲得什麼？」（Macdonald, 2007）。

表 5-3　開場白的範例

在開始之前，我想先跟你（們）說明一下我們的流程。會談會從彼此認識開始，之後我們約有 40 到 45 分鐘的時間進行諮商。我會盡我所能地來瞭解你（們）以及你（們）對這次諮商的期待。然後我會請你（們）回到候診室去等 5 分鐘，一面讓你（們）休息，也一面讓我有時間思索與整理一下你（們）所分享的資訊和想做的改變。休息後我們回諮商室進行總結和分享，結束此次的會談。

（參考 Berg & Szabó, 2005, p. 88; Walter & Peller, 1992, p. 41）

2. 在介紹階段適用的話題

介紹的階段是建立諮商關係的重要時刻，諮商師應針對案主願意來接受諮商表示感謝和讚美，如此做可增加案主參與的動機。可用任何與其問題無關的話題做開頭，例如：「你喜歡什麼？」「你擅長什麼？」「你是如何學習這些技能的？」等話題，讓案主輕鬆地談他們人生中成功的故事與他們具有的能力與特長（de Shazer, 1982; Lutz, 2014）。

所有案主的抱怨都是值得一聽的，因為這讓諮商師瞭解案主在想什麼，哪些方法在其人生上是行不通或是需要改變的。其實所有的抱怨都是問題解決的種子，可以把案主的抱怨轉換成目標的設定（Berg & Szabó, 2005），例如：若

案主說：「我對於學校功課方面真的感到很困擾。」諮商師可回應：「我瞭解，你是希望在學校功課方面找出解決的對策。」

因為案主會將能量和想改變的事放在他們最想改變的地方，諮商師應從談話中找出什麼是案主覺得最重要的（Berg & Szabó, 2005）。由於每個人的人際網絡是解決問題的重要資源，在諮商中要盡早請案主根據表 5-4 來列出其人生中的「重要他人」（very important people, VIPs）清單。

表 5-4　蒐集「重要他人」清單的問題

1. 有哪些人是你生命中最重要的人？
2. 你對他們最大的感激是什麼？
3. 是誰擔心著你的狀況並認為接受諮商對你應該會有幫助？
4. 當你已痊癒不需要再回診時，你會如何告訴他們？

（參考 Lutz, 2014, p. 36）

（二）第二階段：資料蒐集

第二階段大約進行 40 到 45 分鐘，可用下面介紹的八項技巧來幫助案主。

1. 策略一：瞭解案主問題的概況以及諮商前案主已做的改變

在這個階段的開始，諮商師可用表 5-5 的問題來瞭解案主的概況和已做的改變。

聽到案主所分享的這些對所遭遇問題的解決上所做過的嘗試與努力，諮商師應予以讚揚，切勿加以批判（Macdonald, 2007）。

2. 策略二：協調與設定目標

學者（Walter & Peller, 1992）將諮商過程比喻為像製作電影一樣，在這過程中，案主是專家、是導演，也是電影的第一男（女）主角，也因此瞭解案主想要達到的目標是很重要的。與案主進行目標的協商時並不去探究案主是帶著

什麼問題來到諮商室，而是好奇地去探問案主對人生的期望（Lutz, 2014, p. 87）（見表 5-6）。

表 5-5　可用來瞭解案主的概況和已做的改變的問題

1. 這問題多常發生？已經發生多久了？
2. 之前已做了什麼努力？嘗試哪些處理方式？已有些什麼改變？
3. 如果案主在來諮商之前就已經做了一些正向的改變，因給予增強和讚美，並用下面的問題做深入的瞭解：
   (1)這之前你是怎麼處理的？
   (2)從你決定並已付諸行動後有什麼改變？有誰注意到了？
   (3)接下來發生了什麼事？
4. 如果案主說得不清楚，諮商師可以問：
   (1)如果你是在製作影片，觀眾會看到什麼？
   (2)如果我是停在你牆上的那隻蒼蠅，我會看到什麼？

（Berg, 1994）

表 5-6　協調設定目標的例句

1. 你來這個會談，最希望得到最大的幫助是什麼？
2. 你希望透過這個諮商可以達到什麼目標或完成什麼任務？
3. 當問題解決後將是一個什麼樣的情景？你會做些什麼不一樣的事？
4. 到目前為止你做了哪些嘗試是有幫助的？你還嘗試了哪些別的而有幫助的事？
5. 這樣的改變什麼時候將會發生，將會有什麼不同？
6. 他人將會看到你有什麼樣的改善情況呢？
7. 誰會先注意到？然後誰又會注意到？還會有什麼不同？還有呢？
注意：很重要的是要問他們將會做什麼而不是他們想要停止做什麼。

（參考 Lutz, 2014, p. 89; Macdonald, 2007, p. 14）

諮商目標的設定必須是要和案主一起協調與磋商，有了共識，有助於強化雙方之間的諮商關係（Lutz, 2014）。在設定目標時有下列五個準則可以遵守（Berg, 1994; Macdonald, 2007; Walter & Peller, 1992）：

(1)原則 1：是以案主的角度為出發點

改變是強迫不得的，除非案主感受到自己需要改變，且相信所做的改變對他們是有益處的，才會有改變的可能。所以在設立改變的目標與計畫時應是由案主自己來主導。且要確定努力的方向是要幫助案主達到他們想要的目標，而不是諮商師自己認為的目標。

(2)原則 2：是積極追求而非消極逃避

焦點諮商建議一個具有建設性的目標的要件是應以具體、積極正向的語言去陳述要得到什麼，要展開什麼新的行為與期待什麼樣的改變；而不是消極的陳述要失去什麼或停止哪些不喜歡的行為（Berg, 1994; Walter & Peller, 1992）。

(3)原則 3：是過程和人際互動的取向

「描述目標，必須就好像是描述電影般的，是一個過程，而不是一個靜止的圖片」（Walter & Peller, 1992, p. 54）。所以應請案主具體的描述是與誰以及在哪兒將會發生什麼樣的改變（Berg, 1994）。

(4)原則 4：是在此時與此刻案主可掌握的

要確定所設定的目標是案主馬上可行與可掌握的，諮商師可以問案主：「如果要你現在馬上做決定，你會怎麼做？會跟原先有些什麼不同？」「哪些目標是他們可以自己啟動和持續下去的？」（Walter & Peller, 1992）。

(5)原則 5：是簡單與切實可行的

焦點解決諮商強調即使是很大的問題，解決的目標也必須是小巧、簡單且是在一兩個星期內就可以馬上開始付諸實現的，而且即使是在痛苦的環境下仍然是切實可行的。成功的經驗有助於案主建立自信心，而小巧又具體的目標比較容易激發案主達到想要改變的信心（Berg, 1994）。

3. 策略三：用「奇蹟問題」來提問

　　「奇蹟問題」（miracle question）是伯格和德‧沙澤在 1980 年代所研發出的技巧，有關這個技巧出現的來源，請看表 5-7。

表 5-7　發展「奇蹟問題」技巧的故事

　　有次伯格諮商了一位非常疲倦、憂鬱、有自殺傾向的母親，在諮商中一直抱怨著自己的人生沒有一件事是做對的。四個孩子很頑皮，學校老師每天都在告狀；丈夫酗酒且沒有一樣工作做得住，為了養家她忙得筋疲力竭。當伯格問說：「你希望從今天的諮商中得到什麼可以讓你覺得付出這些時間是值得的？」她看了看伯格，想了好一會兒，很沮喪地說：「我不覺得事情可以有所改善，除非有奇蹟出現。」聽到案主這麼一說，伯格自己明知並沒有奇蹟，但又不忍心看案主這麼一副無助的模樣，覺得好像應跟著案主所提到的奇蹟一事做點回應，便輕聲地問這位母親說：「如果真的會有奇蹟出現，你覺得情況會是什麼不一樣的樣子？」沒想到這麼一問，這位母親居然精神振奮了起來，詳細地列出了她的生活將如何變得更容易、會如何有更多的精力和愛心去撫養這些孩子、她和酗酒的丈夫兩人之間的關係會有什麼不同、她的人生會如何轉變，以及那幾個本來在她口中是無可救藥的孩子又會有了什麼樣的轉變等等。

（Berg & Dolan, 2001, p. 6）

　　案主這樣的轉變讓伯格相當驚訝，形容說：「從提問一個看似簡單的『奇蹟問題』為起始，足以鼓舞案主說出從未說出口的希望和夢想，如同愛爾蘭作曲家範‧莫里森（Van Morrison）所形容的『很難具體表達內心的言詞』"inarticulate speech of their heart"的聲音」（引自 Berg & Dolan, 2001, p. 8）。之後，焦點解決諮商就把奇蹟問題納入其策略中，引導案主去描述他們希望自己生活會發生什麼樣的改變。下面是「奇蹟問題」技巧的引導語（表 5-8）。

表 5-8　「奇蹟問題」技巧的引導語

　　我現在要來問你一個有點奇怪的問題，假如〔停頓〕你今天晚上像平常一樣的上床去睡覺〔停頓〕，在睡覺時奇蹟出現了〔停頓〕，你來尋求諮商的那個問題解決了〔停頓〕，但其實你是在睡夢中，並不知道問題是如何獲得解決的？〔停頓〕，你認為是些什麼樣的跡象讓你覺察到問題已經獲得解決了呢？你會看到什麼樣的小改變發生讓你對自己說：「哇！一定有什麼事情發生，因為問題不見了！」

（參考 Berg, 1994, pp. 97-98; Berg & Dolan, 2001, p. 7; Macdonald, 2007, p. 19）

　　這個策略一來是鼓勵案主暫時不要去管目前遇到的情況，而是去創造一個未來景象，看看當問題解決後自己的人生會是什麼樣子；二來透過這樣的想像，案主可以感受到一種「自己人生可以是不同」的希望感。更重要的是案主此時所架構的未來圖像是他們自己要的，而不是別人希望他們變成的模樣（Berg, 1994）。當有些案主沒有勇氣或沒有耐心去討論未來可能可以達到的成功時，「奇蹟問題」會是個有效的幫手（Berg & Szabó, 2005）。案主通常會表示他們感受到愉快的情緒，體會到例外的經驗，其改變的動機會因而受到增強（Macdonald, 2007）。魯茲（Lutz, 2014）提出「神奇 10 天」（miracle 10 days）的例子也滿值得參考（表 5-9）。

　　要提醒的是，說出表 5-8「奇蹟問題」的引導語之後，通常案主最常會有的反應是：「我不知道。」此時諮商師要仔細傾聽。如果案主在講「我不知道」時是帶著思考並嘗試性的口氣，通常隨後會開始揭露出一些其人生想做些改變的想法。如果案主是在諮商師停頓和繼續之前就針對奇蹟問題回答「我不知道」，通常會隨後就分享對自己的期待。透過「奇蹟問題」，諮商師和案主有機會看到問題解決的圖像（de Shazer, 1988）。諮商師的下一個任務就是鼓勵案主去具體化地想像那個解決方案，並要求將其所形容更好的畫面做詳細的描述（Berg & Dolan, 2001）。

表 5-9　提問「神奇 10 天」奇蹟問題的指引

---

1. 當你躺的那張床告訴你「神奇 10 天」已開始了，你最先會注意到的是什麼？
2. 在你起床前你還注意到什麼？起床後那一整天你注意到一些什麼樣的不同？
3. 在這神奇的 10 天裡你做些什麼不同的事情？
4. 你的「重要他人」會因注意到什麼樣的不同而知道有這麼一個「神奇 10 天」的發生？你的「重要他人」會注意到你在這「神奇 10 天」中做了什麼不一樣的事？
5. 在這「神奇 10 天」，你和你的「重要他人」之間的關係有些什麼樣的不同？
6. 在「神奇 10 天」發生後，請用 1 到 10，10 是代表奇蹟已發生到了第 10 天，1 是代表奇蹟才發生了一天，那你現在在哪裡？
7. 什麼情況可以讓數字不會往下掉？
8. 還有什麼情況可以讓數字不會往下掉？什麼情況可以使數字往上升了一格？
9. 你的「重要他人」會如何評量你？
10. 你的「重要他人」會從哪裡看出你的數字已經往上升了一格？
11. 你的「重要他人」還會從其他哪個方向看出你的數字已經升了一格？

（Lutz, 2014, p. 82）

4. 策略四：用「量尺化提問」技巧

　　進行「奇蹟問題」的技巧很容易讓案主因看到自己美麗的遠景而感到興奮；但是當諮商要繼續進展之前，很重要的是要幫助案主將夢想具體化，這時推出「量尺化提問」（scaling questions）這個技巧是相當有幫助的（Berg & Szabó, 2005）。

　　很多時候案主會以「我總是覺得這麼糟」（I always feel this bad）來形容自己的情緒狀況，也難免會把自己和目前的情緒狀態畫上等號。對這樣的案主可以透過「量尺化提問」（scaling questions），請他們將自己的情緒狀態以 1 到 10 為尺度加以量化來評量自己狀況，1 是表示自己目前是處在非常糟糕的狀況，10 是表示現在是處在自己可以達到的最好的狀況下，並想像「你可以做什麼努力讓自己的情況有一點點小小的改善？」這樣的提問，一來可以幫助案主去評

量他們所面臨的情況，二來可以幫助他們找出還需要做什麼努力來改進自己的狀況。更重要的是提醒案主情緒狀態不等於其人生的全部，他們目前痛苦的狀態並不會永遠停滯不前，自己是有能力讓情緒獲得改善的（Berg & Dolan, 2001）。「量尺化提問」也可以用來評量其想改變動機，以及對達成改變的信心與希望感（Lutz, 2014）。不過要多加留意的是，「量尺化提問的技巧並非用來衡量問題的嚴重程度，而是用來評量解決的進展狀況」（Lutz, 2014, p. 71）。透過要求案主以量化來思考，並給予確定的時間點，讓案主在思考與回答時較能符合實際的狀況（Berg, 1994）。表 5-10 是量尺化提問的例句。

表 5-10　使用量尺化提問技巧的例句

　　　請用 1 到 10 為指標，1 是代表你決定要在＿＿＿＿（某個情境）做改變但卻動彈不得，10 是因奇蹟出現而情況已完全改變的狀況。請問你現在的改變狀況如何？（註：諮商師可以彈性地將「改變進展」變換為「對改變的信心」、「面對挑戰的能力」、「從重要他人的角度來看其進展或改變的程度」等狀況。）

1. 你怎麼知道自己是在 6？
2. 假設你現在升到 7，你會做什麼是你現在沒有做的？
3. 多久可以讓你達到 10？達到 10 這個目標太大了嗎？
4. 如果數字小一點是否更實際些？怎樣的一個數字是你可以接受的？
5. 什麼情況可以讓數字不會往下掉？還有什麼情況可以讓數字不會往下掉？
6. 什麼情況可以使數字往上升了一格？你怎麼知道數字往上升了一格？
7. 當你說的數字往上升了一格，你還有覺察到其他怎樣的不同？
8. 誰有注意到？要讓數字往前上升一格需要多久的時間？
9. 請用 1 到 10 來評量你認為自己會改變的自信心。1 是完全沒信心，10 則是非常有自信，你現在感到自信的程度有多強？

（參考 Berg & Szabó, 2005, p. 69; Lutz, 2014, p. 73; Macdonald, 2007, p. 17）

5. 策略五：例外事件——朝向改變路徑中的曙光

「沒有一個問題會是不斷發生的，也就是說一定有『例外』的現象，肯定會有一個時間點那個問題是沒有出現的」（Berg & Dolan, 2001, p. 10）。作為諮商師，很重要的就是需要去培養靈敏的眼睛和耳朵，「和案主一起努力，找出問題的例外狀況以作為構建解決方案的依據」（Walter & Peller, 1992, p. 12）。所謂「例外」，也可以說是「正向面的不同」（positive differences），指的是「在那段時間裡原先以為會出現的問題並未出現，或是出現的狀況沒有預期的那麼嚴重」（Lutz, 2014, p. 40）。

「每個問題都可能會有例外狀況」的概念是在 1970 年代晚期，在米爾瓦基的短期諮商團隊裡萌生的，他們發現當諮商師問案主：「有沒有什麼時間點這個問題沒有發生或情況沒有那麼嚴重？」這樣的問話可以幫助案主有機會看到問題的例外（exceptions）狀況，亦即看到了自己在處理問題上的成功（即使只是些微）經驗時，對整個諮商會談的過程起了相當大的鼓舞作用（Berg & Dolan, 2001）。當案主可以從例外的事件中發現自己解決問題的潛能，而改用正向的語言來跟自己說話時，就是其人生改變的開始（Lipchik, 2002）。找出越多的例外事件，越能幫助案主發展出對新改變與新行為的掌控力（Walter & Peller, 1992）。這個例外事件剛看起來可能微不足道，但卻可能可以導致日後顯著的改變（Berg, 1994）。表 5-11 是可用來找出「例外事件」的問法。

很多的解決方案都是從這些原先未注意到的例外事件發展出來的（de Shazer, 1988）。諮商師向案主提出表 5-11 的問句，然後以「第三隻耳朵」來傾聽。「任何時間只要人們做法有些不同且是積極正面的方向，就可以說改變已經發生了」（Lutz, 2014, p. 40）。當找出例外事件後，很重要的是要檢查以下三個層面：一是檢查看看找出的例外事件與想改變的目標是否一致；二是檢查看看例外事件發展的方向是否為案主有興趣而想要繼續發展的；三是案主是否可從例外事件中體會到新的意義（Walter & Peller, 1992）。

表 5-11   可用來找出「例外事件」的問法

---

1. 有體會到不同嗎？

　(1)什麼時候問題沒有發生？什麼時候問題較少發生呢？

　(2)你之前提到的，有些日子／時間，問題的狀況比較好。這些時候情況是什麼
　　　樣子？

　(3)在這些時候還有些什麼狀況較好？

2. 有些什麼樣的不同？

　(1)這個時候你注意到什麼？你還注意到什麼？

3. 有幫助嗎？

4. 有什麼樣的幫助？

5. 你怎麼做到的？

6. 除此之外，你還能怎麼做？還有什麼？

7. 別人有注意到不同嗎？

　(1)誰有注意到情況有變得較好？然後誰又有注意到了？

8. 當情況有改變時，你和別人之間的關係有變得不同嗎？

註：就像目標一樣，很重要的是要注意到他們做到了什麼，而不是沒做到了什麼？

（參考 Lutz, 2014, p. 41; Macdonald, 2007, p. 16）

6. 策略六：善用語言技巧

　　德‧沙澤（de Shazer, 1994）在《文字的神奇》（*Words were Originally Magic*）一書中指出諮商訪談的方法有兩種，一種是以「以文字為中心」（text-focused）：諮商師根據案主所理解的語言、所提供的信息來進行反映。另一種方法是稱為「以讀者為中心」（reader- focus）：由諮商師以其所具有的專業知識去規劃處遇的對策。如同維特根斯坦（Wittgenstein, 1965）提出的語言是醞釀想法的工具概念，焦點解決諮商支持「以文字為中心」的概念，認為諮商師不應干擾案主的想法與概念，這也就是為什麼焦點解決諮商理論並沒有提出太多太艱深專業術語的原由。德‧沙澤提出「語言匹配」（language matching）的策

略，鼓勵諮商師根據案主所表達的單詞或短語來做回應，並敏覺治療過程的進行，例如：若案主一直給你「是啊！可是……」（yes but）的反應，那表示諮商師該是採取不同策略的時候了（Walter & Peller, 1992）。德·沙澤發現諮商師透過語言匹配技巧，可讓案主知道他們可以體會案主目前所遇到的狀況，因而有助於加速與案主關係的建立。語言匹配確保諮商師不僅關注案主所表達的每一個字，而且會讓案主感受到關注（Macdonald, 2007）。「訊息所傳遞的意義是從你得到的回應中反映出來的」（Walter & Peller, 1992, p. 26），諮商師切勿用先前的假設或先入為主的概念去干擾到案主想分享的內容。

焦點解決諮商深信「談話的藝術性多於科學性，當諮商師越能流暢地使用語言，就越能幫助案主達到改變的目標」（Berg & Szabó, 2005, pp. 72-73）。在諮商中可以使用的七個語言技巧介紹如下（Berg & Szabó, 2005; Lutz, 2014）：

(1)蒐集「是」的技巧

當案主對諮商師提問能以「是」來表示同意、接受與承諾時，顯示案主與諮商師已有了共識。焦點解決諮商理論相信當案主說的「是」越多，就越會投入諮商中，讓諮商關係因而更強化。所以蒐集「是」（the yes-set）是焦點解決諮商的重要技巧之一。

案主會以口語和非口語兩種形式來回應「是」，口語包括「是」、「確定」、「當然」、「可以理解」等類的詞句；非口語則是指身體往前傾、保持眼神接觸和點頭等動作。要蒐集「是」可從「同意內容」（content yes-set）和「同意情緒」（emotional yes-set）兩方向著手。「同意內容」就是案主對於談話內容的同意程度；例如：和案主聊他們喜歡的事與嗜好、擅長的能力、積極正向的改變、重要他人、克服的技巧或需求等等方面的內容，可以得到較多「是」的回應。尤其當同時面對團體成員中的每個人想要達到的諮商目標都不同時，要他們都能投入團體中的辦法之一，就是談談前面所列出的那些大家比較愛談的話題了。前面我們介紹過的：「對你來說有什麼不同嗎？」「對你有幫助嗎？」也是很好用來蒐集「是」的問句。但除此之外，諮商師也要花一些

時間停頓下來讓案主知道你瞭解他們的感受及情緒的表達，這是另一種所謂的「同意情緒」，是指諮商師認可案主對其所處情境的感受，這種同理心有助於諮商關係的建立與發展（Lutz, 2014）。

(2)「對你來說」的陳述句

將「對你來說」放在提問的句子裡，不僅可以表達同理心，也可以讓案主因體會到他們的需要有被關心到，且其情緒部分已受到認可而以「是」來回應諮商師的問話（見表 5-12）。

表 5-12 「對你來說」的陳述句的例子

1. 那「對你來說」應該是相當困難的事吧！
2. 那「對你來說」應該是相當痛苦的事吧！
3. 那「對你來說」應該是相當疲累的事吧！
4. 那「對你來說」應該是相當興奮的事吧！
5. 那「對你來說」是不同的嗎？「對你來說」有什麼樣的區別？
6. 那「對你來說」是有幫助的嗎？「對你來說」有什麼樣的幫助？
7. 那「對你來說」是怎麼做到的呢？
8. 「對你來說」還有著什麼樣的不同？「對你來說」什麼是更好的呢？
9. 「對你來說」你還需要我提供什麼協助？

（Lutz, 2014, p. 53）

若案主對「對你來說」的陳述句回以「是啊！但是……」的回應時，顯示諮商師的陳述方向應針對案主的需要和感受再做調整，以期更能觸動案主真正的感受而願意回以「是」的答案。

(3)善用「取而代之」

當案主將目標設定在讓問題消失，而不是在於架構解決方案時，可以善用「取而代之」（instead）這個字眼，來幫助案主學習以積極的方向來看待改變。例如，案主說：「我希望寫作業不要再拖拖拉拉的，常遲交作業看到老師都很

不好意思。」諮商師：「是啊！這樣拖拖拉拉的也不是辦法，那『取而代之』的話，你想要怎麼做？」

(4)以肯定性的用語取代否定性的用語

有些語言，像「但是」（but），是否定性的用語很容易限制思考；而有些語言，像「和」、「而且」（and），是肯定性的用語且有助長的作用。比如當諮商師用否定性的用語來反應，很容易會讓案主感覺諮商師是不同意他們的想法；若改以肯定性的用語來反應，就會讓案主感覺他們的想法是被接受的（Berg & Szabó, 2005）。請比較下面兩種反應方式：

> 「事情那樣發生，我可以想像你一定是很痛苦的。『但是』你會希望它又是怎麼發生呢？」（否定性的用語）
> 「事情那樣發生，我可以想像你一定是很痛苦的。『如果可能的話』你會希望它是怎麼發生呢？」（肯定性的用語）

上面這兩個句子，哪一種說法可引發案主更多的回應與討論呢？肯定是第二種說法吧！

(5)用「如何」取代「為什麼」

很多人喜歡探究自己或別人為什麼做錯了事，以為瞭解了原因，就不會再犯錯了。其實當在解決問題時，若是問「為什麼」（why），就是明顯地指出一定是有人犯錯，而且通常會是在質問那個被問問題的人，這不僅無法讓整個過程朝向改變的方向前進，更會讓被問「為什麼」的人感到受到質疑而抗拒且可能會起爭論。比較起來，用「如何」（how or how come）來問是較聰明的做法，比較不會讓案主感受到被責備的不舒服感，且可以引導案主去探索這個不太順意的情境是一個怎麼樣的狀況（Berg & Szabó, 2005）。

(6)善用「假如是……」

「假如是……」（suppose…）是一個很簡單的字眼，但在幫助案主發揮與

創造解決方案的想像力上卻是相當神勇的。透過這個字眼，可以帶著案主跳離正在被攪擾的問題，進到想改變的夢想與未來裡。可帶領案主從他們的朋友、同事、寵物等各種觀點去觀察他們可能會做的改變。例如對一位很愛貓的案主，可以使用奇蹟問題來提問，請她去想像當她醒來後問題都解決了，假如她的貓會說話，牠會說什麼？牠會從哪裡看出主人已變成一個全新的人？

(7)用「還有什麼？」「還有誰？」「其他還能如何？」進一步瞭解細節

有效的諮商是希望能對於案主成功的經驗瞭解得越多越好，用「還有什麼？」（What else?）「還有誰？」（Who else?）「其他還能怎麼做？」（How else?）是相當簡而有力的問法，可以幫助案主挖掘到很多原先沒有注意到的成功細節（De Jong & Berg, 1998; Lutz, 2014）。魯茲（Lutz, 2014）就形容說「要像翻石頭一樣，一直翻到所有的石頭都被翻過來為止」（p. 111）（見表5-13）。

表 5-13　「還有什麼？」的例句

1. 還有什麼事是你很會的？還有什麼是你喜歡的？
2. 還有什麼對你的人生是重要的？還有什麼事是你對自己充滿感激的？
3. 你是怎麼做那些其他東西的？還有什麼更好的？
4. 你和你的重要他人之間還有什麼更好的？
5. 還有什麼情況會讓滿意的數字增高一個點的？
6. 還有什麼是你的重要他人會欣賞你或說你變得更好的？
7. 還有什麼是你需要的？你還用了什麼克服的方法來面對問題？
8. 還有什麼是你知道的？還有什麼是在神奇的日子裡你會做的？
9. 還有什麼是你在神奇 10 天內有做且被你的重要他人注意到的？

（參考 Lutz, 2014, p. 112）

7. 策略七：擴大矛盾心理的問題

「每個人都難免會有感到心理矛盾的時候，這正是人們會思考人生目標與

需要面對選擇的時刻」（Lutz, 2014, p. 114）。因此焦點解決諮商鼓勵去擴大案主矛盾（ambivalence）的心理。例如有人正在做傷害自己的事，但一方面否定自己需要協助，一方面卻又希望自己變好，可用表 5-14 來給予協助。

表 5-14　「擴大矛盾心理」的問句

> 這個＿＿＿＿＿〔放入某個矛盾的行為〕對你有幫助嗎？
> 假設 10 是對你有幫助，1 是沒有幫助，你認為該行為對你的幫助是在哪個程度？
> 從 1 到 10，你的重要他人認為這個行為對你的幫助是在哪個程度？
> 你應該是有很好的理由才會一直在做＿＿＿＿＿〔放入某個矛盾的行為〕，那個理由是什麼呢？

（參考 Lutz, 2014, p. 117）

8. 策略八：架構解決方案的技巧

　　焦點解決諮商相信「解決傾向的對談」（solution talk）比「問題傾向的對談」（problem talk）更具有建設性。有研究發現越早跟案主談解決的方案，他們越會願意接受諮商，也較有機會成功地完成療程。最好是在第一次會談就開始架構解決方案（construct solutions）（Lipchik, 2002）。下面將根據圖 5-1 來討論架構解決方案的三個步驟（Walter & Peller, 1992）：

(1)第一步，確定目標

　　幫助案主澄清與確定其目標是很重要的，因為除非清楚知道要什麼，否則是無法辨認出解決方案是否行得通。所以可問案主：「來到這裡，你想達到的目標是什麼？」若案主是講出一個訴求或期望並希望諮商師幫他們定義出具體的目標，那諮商師就可以問：「針對你的情況你想做的改變是什麼？」（Walter & Peller, 1992, p. 69）。這個過程不斷來回，直到案主可以清楚地訂出其目標。此時諮商師要相當有耐心，因為「每位案主都是獨特的，諮商師無法改變案主，

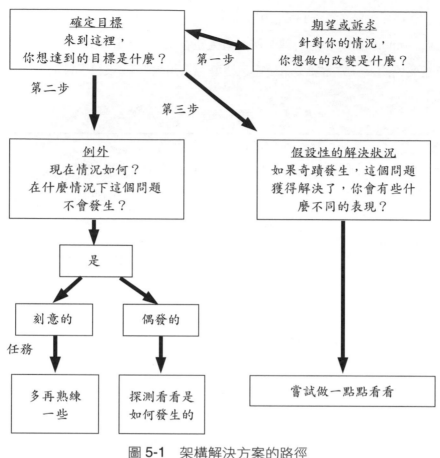

圖 5-1　架構解決方案的路徑

（Walter & Peller, 1992, pp. 64, 125）

只有案主知道改變的時刻何時來到」（Lipchik, 2002, p. 81）。可用表 5-15 作為設定目標的指標與檢視所訂目標符合的程度。

(2)第二步，尋找例外事件

　　不同於傳統諮商，強調哪些地方有問題，焦點解決諮商在尋找有什麼曾做過的例外方法是有效的，然後把它發揮得更加極致。問案主：「在什麼情況下這個問題不會發生？」接續的動作是看例外事件的發生是刻意或偶然的，如果是刻意的，則其任務是多做幾次或可嘗試新方法，如同古老的諺語：「如果一

表 5-15　設定目標的指標與檢核表

是	否	指標
		是正向的
		是強調過程的
		是注重此時此刻
		是具體的
		是案主可以掌控的
		是用案主的話去描述的

（參考 Walter & Peller, 1992, p. 87）

開始你沒有成功，試試，再試一次？」（Walter & Peller, 1992, p. 6）。如果是偶發的，其任務是可以探索例外事件是如何發生的。

(3)第三步，使用假設性的解決架構

　　假如案主有困難指出自己要什麼或是找到例外的事件，諮商師可用「奇蹟問題」邀請案主進入沒有發生問題的人生的「解決架構」裡，問案主：「如果今晚奇蹟出現，明早醒來時問題也獲得解決了，你會做些什麼不一樣的事呢？」這樣的問法會讓他們進入假設性的、奇蹟性的人生裡，去想在「奇蹟」的狀況下，他們會要些什麼或會做些什麼事，以及這對他們產生什麼意義？一旦案主的心思進入了這假設性的解決架構並回答了問題，他或她就會理出較詳細的概念，並回憶起他或她曾經達成該目標的一些事件。之後再帶領案主把假設性的解決方案帶到現狀，思考如何把想像的解決方案應用到實際狀況中。並鼓勵案主嘗試做一點點看看，若效果不錯再繼續做下去。

（三）第三階段：思緒休息、會談摘要與回饋與實驗作業

1. 思緒休息時間

有個思緒休息時間（thinking break）可讓案主休息一下，可到候診室去坐一坐或到外面走一走呼吸一下新鮮的空氣，並利用這個機會對整個諮商過程有個反思。諮商師則可利用這個時間去思考下一步要如何做，或利用這個時間和同事以及督導交換意見，思考要如何給案主回饋（Macdonald, 2007）。

2. 會談摘要與回饋

在會談摘要與回饋的時間，透過讚美（compliments）給予摘要回饋，並做銜接聲明（a bridging statement），提醒下一個步驟與下一個任務，並約定下次見面的時間，以及必要時可嘗試的新方法（Berg, 1994; Berg & Szabó, 2005; de Shazer, 1982; Macdonald, 2007）。

(1)讚美案主所做的努力

諮商師在回饋時可將他們從案主身上所聽到的成功故事重述給案主聽，並肯定其付出的努力。聽到諮商師這樣的讚美會讓案主極受鼓舞，而會想再補充一些相關的故事。諮商師可以善用「蒐集『是』的技巧」，提問一些問題讓案主有機會回答「是」，增加其參與感。

(2)銜接聲明與嘗試不同方法的提醒

讚美之後，諮商師可用「銜接聲明」來向案主說明為什麼他們原先所做的策略可以繼續執行的原因，提醒下一個步驟與下一個任務，並約定下次見面的時間。並提示案主，如果原先使用的策略行不通時可嘗試不同的策略（Berg & Szabó, 2005）。

3. 實驗作業

焦點解決諮商理論相信「實踐」（doing）比「談論」（talking）重要，所以在諮商會談後可以給案主一些實驗（experiment）作業。下面五個法則可提供

作為實驗作業時的參考（Berg & Szabó, 2005）：

(1)法則一：改變的方案要從熟悉的方向著手。例如若憂鬱的案主說他早上如果有出去運動，當天的精神就會好很多。就可以設定其實驗作業是「每天早上出去走 30 分鐘」。

(2)法則二：去做認為有益於自己的事情。當累積越多對自己有益的成功經驗，就會對自己越有信心。

(3)法則三：嘗試以不同的方式來思考。例如鼓勵案主去想像當奇蹟發生會怎樣的景像，然後用該景像來思考要如何邁開改變的第一步。

(4)法則四：「慢慢走會讓你快快抵達」（Berg & Szabó, 2005, p. 101），踏穩腳步慢慢向前就能穩當的抵達目標。

(5)法則五：學會珍惜自己原本就擁有的美好。

二、第二次與之後會談的架構

第二次和之後的會談除了可用到之前介紹過的諮商技巧外，更需要視案主不同變化的狀況而有不同的因應措施（de Shazer, 1982）。

（一）狀況變好──問案主說：「有哪些變得較好？」

在後續的晤談中提問時，要問案主：「從我們上次見面後到現在，你哪些方面變得更好？」而不是問說：「是否有哪些變得較好？」。這個問題雖然問起來很簡單但卻是很有力的，因為那會讓案主知道他們有義務要去想生活中積極的一面，注意到自己所具有的才能和已完成的成就（Lutz, 2014）。其具體的實施策略如下：

1. EARS 策略

EARS 策略的實施細節和例句如表 5-16 所示。

表 5-16　EARS 的問題例句

引發（Elicit, E）：引發正向的不同或例外的事件

　　‧在哪些方面覺得好一點？

　　‧從你上次來過後到現在有好一點嗎？

　　‧有出現過哪些例外的事件呢？

放大（Amplify, A）：將這些不同加以放大

　　‧可以更詳細地說有哪些方面覺得好一點嗎？還有呢？

增強（Reinforce, R）：增強其不同

　　‧諮商師給予語言和非語言的鼓勵

　　　〔假如正向事件發生〕你怎麼做到的呢？

　　　〔假如負向事件發生〕那是怎麼回事？你怎麼克服的？

　　‧由 1 到 10 來評量，你今天的狀況是在哪裡？下一步呢？你要怎麼做可以讓
　　　數字升一格？

重新開始（Start Again, S）：當再次找到不同的狀況或例外事件時，可再次重新開
始，重複前面的步驟。

（參考 Macdonald, 2007, p. 30）

2. 把功績歸給案主

　　有時候即使案主表現得很好，他們可能也會將功勞歸給他人或環境，諮商
應鼓勵案主不要羞於將功績歸給自己，自在地接受獎賞。例如問案主：「你認
為你是做了什麼讓此刻的成功得以發生？」「你是從哪裡學到了？」「你如何
解釋目前所發生的改變？」「假如你的好朋友看到你發生的事情，他們會注意
到你改變了什麼？他們會怎麼讚美你？」「如果 1 是代表你現在非常想改變，
10 代表你已經得到你所要的。你現在的數字是在哪裡？」「從 1 到 10，10 是
你對自己達到目標相當有自信，那麼你目前的自信心有多高？你怎麼知道自己
正在進步？」（Berg & Szabó, 2005, pp. 120-121）。

3. 記錄改變的狀況

當案主分享他們的改變時，諮商師要把它記錄下來，並問明細節，如表5-17。然後鼓勵案主既然這些方法是可行的，繼續做下去。

表 5-17　詢問改變的例句

1. 你做了什麼讓你能有如此的進步？改變是在哪裡發生的？是在什麼時候發生的？
2. 誰有參與其中？是如何發生的？你是如何讓它發生的？
3. 如果你沒有告訴過你的朋友，他們怎麼看出來事情有了改善？
4. 還有哪些地方獲得了改善？
5. 從 1 到 10，1 是剛在改善的階段，10 是你已達到了目標，那麼你目前改進的狀況在哪裡？
6. 從 1 到 10，1 是你對改善的自信心才在起步中，10 是你對能有所改善充滿自信，那麼你目前對改進的自信心有多少？

（參考 Berg & Szabó, 2005, pp. 121-122）

（二）沒有不同──當案主說：「情況沒有什麼不同。」

根據臨床經驗約有 20% 或 30% 的案主的回應是：「差不多是一樣」或「沒有什麼不同」。遇到這種情況就要鼓勵案主沒有讓事情變差是很值得嘉許的，並問他們：「是怎麼做到的？」（Berg & Szabó, 2005）。並用量尺化提問的方法來瞭解案主目前的狀況（如表 5-18 所示）。

（三）狀況變糟──當案主說：「狀況變得更糟。」

有時候案主無法想出有什麼好的轉變，或即使事情變得更糟，也是可以成為諮商的關注點。在這種情況下可用下列的提問來關心案主的情緒感受。

1.「你需要什麼？」

以「你需要什麼？」來提問，不僅可以傳遞同理心，也可以幫助他們探索

表 5-18 　瞭解案主目前狀況的量尺化提問例句

> 　　請用 1 到 10 的量尺來回答下面的問題。1 表明情況很糟，10 表明情況到達你
> 理想的狀況：
> 1. 請問你現在在哪個點？
> 2. 你目前是在＿＿＿＿（案主所說的數字），比較起你在 1 的情況下，兩者間有什
> 　　麼不同？
> 3. 假如我問你的朋友或同事對你目前的狀況，他們會給你的數字是多少？
> 4. 你如何能維持在＿＿＿＿（案主所說的數字）？要怎麼做你的數字可以往上升一
> 　　格？
> 5. 如果你的數字可以往上升一格，你的朋友或同事會看到什麼？

（參考 Berg & Szabó, 2005, pp. 123-124）

自己的需要。這裡詢問他們「需要」（need）的是什麼，而不是「要」（want）的是什麼。「需要」是人類生存的本質，諮商關心的是他們自己需要什麼或需要從「重要他人」身上獲得什麼協助。其實當案主覺得不自在或有不愉快等負向情緒時，是表示他們的需求並未獲得滿足。諮商師可以先問一些表達關心的問題，並將「對你來說」放入對話裡，讓案主感到諮商師的同理心。例如說：「這對你來說應該是很辛苦的吧！」透過這些問題蒐集「是」的回應增強案主的參與感之後，再技巧地將諮商方向帶入架構解決方案的方向（Lutz, 2014）。

2. 「你已經試過哪些方法？」

　　以「你已經試過哪些方法？」這樣的問題是讓案主知道諮商師可以體會到他們的生活中經歷痛苦的一面，也同時讓案主認可自己的成功，體會到自己還是有能力的，即使只是一小步的進展也是值得恭喜的（Lutz, 2014）。再加上量尺化的提問（如表 5-19）效果會加成。

表 5-19　可用來瞭解案主試過哪些方法的量尺化提問例句

> 1. 你是如何度過這麼痛苦的難關？你是如何度過你目前生活中的難關？
> 2. 你的能量是哪裡來的？你是如何設法堅持下去的？
> 3. 是什麼讓你沒放棄對這個目標的追求？什麼方法最有幫助？
> 4. 你的好朋友會如何描述你克服困難的方法？
> 5. 從 1 到 10，你對自己能克服困難以追求目標的滿意度是多少？
> 6. 什麼情況可以讓這個數字不再降低？什麼情況可以讓這個數字往上升一格？
> 7. 從 1 到 10 來評量，10 是代表已經達到人生的目標，你現在在哪個數字上呢？

（參考 Berg & Szabó, 2005, p. 127-128; Lutz, 2014, p. 111）

　　克服性的問題可以再細分為「如何？」（How?）「何時？」（When?）「假如」（If），其功能都不一樣，下面分別加以解釋：

(1)「如何？」

　　對於一個經常被說是能力不足的案主，如果你以興奮的表情和口氣問「你現在（或過去）是如何做到的？」等類的題目是很有效用的。因為為了回答「如何」這個問題，案主就得努力去思考自己是如何克服困難情境的能力來源，當他們真的發現自己所做過的努力且能夠說出來後，信心就會因而增加（Berg, 1994）。

(2)「何時？」

　　當諮商師以「何時」的問題問案主時是在傳遞一個訊息：「改變一定是會發生的，只是等待適當的時間罷了！」伯格（Berg, 1994）鼓勵諮商師：「只要有機會就把『何時？』提問出來讓案主知道，他將會有必要的改變」（p. 116）。

(3)「假如」

　　當案主曾經成功的改變過但卻無法持續，用「假如」來提問可以讓案主知道人生本來就會有起起落落，跌落時不要太慌張。若案主才剛開始改變就很有

自信地認為自己能一直持續下去，這時諮商師可以問說：「假如你感覺自己的憂鬱症又要再犯了，你會如何來防範才不會讓自己的憂鬱狀況越來越嚴重？」（Berg, 1994）。

（四）舊症復發了——當案主報告說：「舊症復發了（又犯癮了）。」

　　其實人生不可能永遠都可以穩定往上爬的，所以我們要學習以感恩的心度過艱難的時日。可用下面五個步驟來協助案主（Berg & Szabó, 2005）：

1. 第一步：只有曾經成功過，才會感受到失敗的挫折。所以可以問：「在這挫敗經驗發生之前情況有怎樣的不同？」「在那之前你有做過哪些不同的事？」

2. 第二步：問案主何時發現情況正在往下滑但卻能及時止住。「什麼線索讓你發現情況不妙了，在那個狀況下你做了什麼防範措施來避免情況惡化下去？」

3. 第三步：問案主當覺察到自己正在走偏時做了什麼即時反應把自己拉回正軌？怎麼知道自己的反應是正確的？結果造成了什麼樣的不同結果？

4. 第四步：問案主這次的舊疾復發與前一次的挫敗有什麼不同，若有不同，表示某些事情已經有所改變了。「你如何讓那些情況有所改變？」「別人會說你是如何做了這樣的改變？」

5. 第五步：問案主從這次的舊症復發學到了有關自己的什麼？會如何去善用這樣的新經驗？

三、會談結束

　　諮商師在會談時，會與案主評量進步的狀況並提醒還有多久會結案，切勿在案主沒有心理準備的情況下結案。結案並不表示案主從此就不會有任何問題，只是意味他們已做了一小步但是顯著性的改變與突破，且已經學了很多如何解決問題的技巧罷了（Berg, 1994）。

　　會談結束時，應將諮商過程中所討論的內容加以摘要，並提醒案主他們所

完成的任務和成功的事例，以及所付出的努力。讚美他們願意努力的動機並把
改變與成長的功勞歸給他們自己（Berg, 1994）。

▌ 從理論到實務，請聽她的故事……

第四節 ◦ 焦點解決諮商的案例分析與摘要

壹、案例分析

「老師，我可以不要上台報告嗎？」──一個有舞台焦慮的個案

崔曇目前就讀大學，是我（駱芳美）心理學課的學生，該門課有個作業是
每個學生要選一位心理學者去研究其人生故事，分別在期中考和期末考的前一
週，選一次來做發表。

崔曇上課都很認真，也會回應老師的問話，但對於口頭報告一事一直沒做
反應，直到學期末同學都報告完了才問我可否通融她「將報告改成一對一對我
報告而不要在班上向同學報告」，我問她是怎麼回事，她回應說：「在同學面
前報告我會害怕。」看她跟我講話時口齒清晰，落落大方，我好奇地問她是怎
麼回事？她說自己有舞台焦慮症。我問她是否願意跟我多聊點她的舞台焦慮的
狀況，看我能否幫她一些忙。她聽後很興奮地說：「我當然願意，這個狀況已
困擾我太久了，但我下學期將要轉學，母親過兩天就會來幫我搬回家了。」看
一下時間表，我們只有一次見面的機會，想到焦點解決學者（Berg & Szabó,
2005）所言，很多時候我們和案主可能只有一次見面的機會，所以應將「每次

的諮商視為是第一次，也是最後一次」（Walter & Peller, 1992, p. 140）的心態，我跟崔疊訂下這個唯一一次的見面機會，看來焦點解決諮商方法無疑就是我幫助崔疊的最佳選擇了。

一、第一階段：介紹

崔疊依約來到我辦公室，歡迎她坐下後，我告訴她：「我們會花 40 到 45 分鐘的時間來聊聊你對這次面談的期待與狀況。之後會休息 5 分鐘，我們各自消化所談的內容，休息完後我們再聚一下就結束我們的談話，你覺得怎麼樣？」「好啊！」她爽快的回應。

為了多認識她，我問她：「喜歡什麼？擅長什麼？是如何學習這些技能的？」聽到這個話題，崔疊眼神亮了起來，精神抖擻地談起從 6 到 13 歲時自己是基督教青少年戲劇團的團員，在該團體中她經常在舞台上參與戲劇的表演。那時候她個性相當外向且熱愛舞台的種種精彩片段。看她談得津津有味，我又問：「你還喜歡什麼？你是如何學習這些技能的？你還學到了什麼？」崔疊回應說那個時候除了戲劇表演外，劇團也為她進行音樂和舞蹈的訓練，她如數家珍地開始說她喜歡唱的歌是什麼，和常跳的舞碼。

「感謝你在離開學校之前願意撥這個時間與我分享你的故事，我真的很感激，你這樣做其實表示你已經在為更好的明天而努力了。」

「但是老師，上大學之後，很多的課都要求上台報告。遇到這樣的課我會自己偷偷地計算如果不上台報告而這部分拿了零分，那我這門課可不可以過。我很在乎我所表達的觀點，即使我知道其實別人不會評斷我，但是只要我上台講話我就會很緊張。這些話我一直沒有告訴別人，怕人家會笑我。」

「我瞭解，那你希望看到什麼樣的改變？你是希望在上台報告會有焦慮這方面找出解決的對策。」

「是啊！我真希望回到那個活潑大方、不怕上講台甚至上舞台的我。」崔疊笑著說。

「我可以聽出來能勇敢上舞台對你來說是很重要的，是嗎？」崔曇點點頭回應我的觀察。

「誰是你生命中最重要的人？」

「當然是我母親。」崔曇不假思索地回答。

「還有誰也是你生命中重要的他人呢？」我追問著。「沒有了，我和我母親相依為命，這也是為什麼她被宣判得癌症時我一下子對人生失去信心。」崔曇補充說明。

二、第二階段：資料蒐集

（一）瞭解案主問題的概況

「這問題多常發生？」「已經發生多久了？」我關心地問。

「自從高一我母親被診斷得了癌症後，我對人生失去了信心，開始有了焦慮感。雖然我的母親戰勝了癌症，但這種對前途的無法預測性讓我對人生不再抱存希望感也不再能相信上帝。更慘的是，在高中時我認識了一位男友，他經常對我冷嘲熱罵，對我的一舉一動都看不順眼。他對我很不信任，老是檢查我的手機，不准我交朋友；若沒有看到我，就認為我是去交別的男朋友。跟他交往了四年，我的自信心也蕩然無存，與他人溝通時變得很不自在。大學我選擇離家兩千哩外的學校就讀，也切斷了和那個前男友的交往，但離家那麼遠，想要認識新朋友時，前男友說我『又醜又難看』的聲音就會出現在我腦海裡讓我感到自卑而不敢跟人家講話，所以無法交到新朋友，我的焦慮更有增無減。而這些焦慮中我最難克服的是公眾講話，因為一上台就感覺台下的人都在對著我品頭論足的，真想鑽個地洞躲進去。」崔曇把多年來造成她焦慮的原因和焦慮的狀況一下子傾吐而光。

「今天以前你是怎麼處理的？」

「每次開學時，看到課表上有課程科目寫著要上台報告的規定我就很害怕，然後我就告訴自己那是學期末才要做的事讓心情先輕鬆下來。還好有很多課是

做團體報告的形式我會較有信心，反正是一群人一起報告，注意力不會只在我身上。我就告訴我自己：『就看在分數的份上上去報告吧！』反正這些人以後我再也見不到了，即使報告得不完美他們以後也不會有機會再見到我。雖然要調整到這樣的心態過程相當不容易，但至少我做到了。需要個別報告的，我就跟老師商量讓我到他們的辦公室去做報告。就像你同意我來你辦公室報告一樣。另外就是我會努力用功用考試和寫報告的方式把成績拉高，讓老師們知道我是一個好學生，也幫助自己提高自信。」崔曇一五一十地分享她今天以前的處理方式。

「很不錯啊！雖然對人際互動感到焦慮與緊張的情況下，你能夠勇敢地與你的組員完成報告，且有勇氣地找老師們商量個別報告的對策，可以看出你是有潛力可以克服這個困難的，對不對？而且你努力用功在考試和寫報告上有好的表現，我相信每個老師一定跟我一樣，都會把你定位是個好學生。」我由衷地給予讚美。

（二）量尺化提問／蒐集「是」的技巧

「請用 1 到 10 為指標，1 是代表你對上台恐懼想改變但卻不知如何處理，10 是情況處理得很好。請問你對今天以前你的處理狀況是落在哪個數字上？」

「應該是 3 的位置吧！」崔曇思索了一下給了一個數字。

「請用 1 到 10 為指標，今天這個會談，對你來說最希望得到最大的幫助是什麼？會是在哪個位置？」

「希望可以達到 4 的位置。」崔曇將數字往上移了一個數字。

「當改變的情況移到 4 的位置將是一個什麼樣的情景？你會做些怎麼不一樣的事？」

「能增加對與同學們做團體報告的自信心，且志願在團體報告時做領頭報告者。」崔曇講這句話時臉上露出了一絲微笑。

「你喜歡這樣的改變嗎？」

「當然！」崔曇微笑地點了個頭。

（三）協調與設定目標策略／以肯定性的用語取代否定性的用語

「誰會先注意到你的改變？然後誰又會注意到？」我好奇地問。

「如果我做了這樣的改變，我們一起做團體報告的成員一定會先注意到，因為以前每次要推選說誰要做領頭報告者，我都扭扭捏捏的。然後我的大學老師會注意到，因為我從來沒有做過這樣的事。」崔曇回答得很確定。「但是，我們老師一定不會相信那是真正的我，因為那跟平常的我太不一樣了。」崔曇用一個「但是」否定了前面肯定性的話語。

「你可以用『而且』取代『但是』，再把剛才那句話講一次，好嗎？」

「而且，我們老師一定不會相信那是真正的我，因為那跟平常的我太不一樣了。」崔曇按指示照辦。

「你有體會到同樣的一句話，用『而且』和『但是』來表達，效果是否不一樣呢？」我好奇地問。

「真的耶！用『但是』來表達，感覺較消極，好像老師會認為我在做假，對我的表現會存懷疑的態度。改成『而且』感覺比較積極，覺得老師對我的表現會是驚喜與讚賞的。怎麼改個字眼就會有這麼不同的效果？」崔曇很驚喜地說著。

「是啊！這就是語言的奧妙之處，所以要改變心情可以先從改變語言著手。」我補充道。

（四）「神奇 10 天」的奇蹟問題

「我現在要來問你一個有點奇怪的問題。假如〔停頓〕你今晚像平常一樣地上床去睡覺〔停頓〕，在睡覺時奇蹟出現了〔停頓〕，你被賞賜了一個『神奇 10 天』的禮物，在那 10 天裡你沒有害怕公眾講話的舞台焦慮問題〔停頓〕，當你醒來時會是一個什麼樣的小小徵兆讓你覺察到你已經進入到『神奇 10 天』裡？」

「我會發現我看到課程表上有要上台報告的規定時，居然不緊張。」崔疊想了一下做如此的回應。

「還有呢？在這神奇的 10 天裡你做些什麼不同的事情？」

「你說這 10 天裡，我會沒有舞台焦慮，是嗎？如果是真的，那我會跟上課的老師商量讓我將他們課程裡要上台報告的作業都在那 10 天都報告完畢。同學和老師會很驚訝我的表現，其實那個沒有受到焦慮綑綁的我，才是真正的我。」這麼一問，崔疊的精神頓然振作了起來。

（五）協調與設定目標／例外事件／如何策略

「這是你期望達到的改變目標嗎？我相信你是有潛能的。」

「當然！」崔疊回應。

「前面你提到每次與人互動時，前男友罵你或損你的聲音就會出現，有沒有在哪個時間點或哪個情境，這個想法不會出現來干擾你？」

「有啊！當我跟朋友和家人在一起時，我是很自在且是很有自信心的。」崔疊回應。

「那麼上課的情境會如何影響你呢？」

「班級的氣氛真的會影響我。如果班上的同學平常上課較不專心，對上課老師不太尊重，我就會告訴自己：『如果他們連老師的話都不聽了，輪到我上台報告時怎麼會聽我的話呢？而且我會主觀認定那樣的學生對別人的報告會給予負向的評價。』在那樣的班級做報告，我就會很緊張。但如果班上同學是較支持彼此的，我會稍微不緊張一點。」崔疊回應。

「假設你是在教室中，你要上台做一個報告。請你一面走過來一面說出你從座椅要走到講台上這過程中的內在語言。」我做了這個要求。

「天啊！希望我不要跌倒否則就糗大了。好，現在我站在講台了，我感覺同學也許正在批評我說我的粧化得不好，我衣服穿得不得體。如果我等一下要報告的內容忘記了，那不是要鬧出更大的笑話嗎？」崔疊邊演邊說著。

（六）對你來說／例外事件／量尺化提問／蒐集「是」策略

「『對你來說』這樣是很辛苦的，對不對？你不僅要準備上台要做的報告，還得對付你心裡面這些負向與消極的聲音。」

「每件事情可能會有一些例外情況，你有哪一門課你上台報告時比較不會緊張？」

「那應該是我那堂政治課吧！那門課的教授沒有讓學生有『不公眾講話』的權利，上課中教授常會讓同學們分組互相辯論，但是辯論時是坐在椅子上不用站在講台上，這樣的表達方式我不會緊張，而且透過辯論活動我和其他同學會變得熟悉一點。即使要學生上台講話，那位教授也會請學生先說說看自己的想法然後再上台分享。如果我的意見已經先被教授認可了再上台分享，我就不會緊張。而且教授要我們表達的是自己的意見，答案本來就沒有對錯。我可以感覺這班同學的心態是要來學習而非要攻擊彼此，在這樣的班級上課讓我感到相當自在。」分享時崔曇和原先說有公眾講話焦慮的她判若兩人。

「我們再來用 1 到 10 為指標，1 是代表你對上台恐懼想改變但卻不知如何處理，10 是情況處理得很好。請你就自己在政治課和其他課的你是怎麼處理狀況，分別標示出它們是落在哪個數字上？」

「在政治課的我把上台恐懼處理得很好應該可以給 9 分；在別的課的我把上台恐懼處理得很不好應該只能拿到 3 分。」

「『對你來說』，在政治概論這堂課裡上台報告應該是一件比較自在的事，對不對？」

「是啊！在政治概論課裡的我比較像以前活潑大方的自己，有自信心的自己。」崔曇若有所悟地說。

除了老師上課的方法外，你是如何讓自己能那麼自在地上台報告的？從剛才你在描述政治概論課的故事中是不是可以看出你自我語言上的一些端倪？」我好奇地問。

「是喔！我要上台時告訴自己『我的意見已經先被教授認可了』、『表達的是自己的意見，答案本來就沒有對錯』、『這班的同學是要來學習的而非要攻擊彼此』。這樣想時我就會變得比較有自信，上台報告就會比較有自信。」崔曇回應。

「利普奇克是一位焦點解決諮商師，她在 2002 年說過當人們能夠在困境中看到例外的事件和發現自己的潛能後，而改用正向的語言來跟自己說話，看到自己解決問題的能力，就是其人生改變的開始。你覺得這句話講得有道理嗎？你認為你在不同課對自己上台恐懼的處理有著 3 分和 9 分的不同，是內在語言造成的嗎？你相信改變語言就可以改變自信嗎？」我問。

「我完全同意！」崔曇回應。

「你也說過與家人和朋友在一起時，你就不會聽到那些負向、消極，讓你沒有自信的聲音。這樣看來會不會讓這些負向的聲音出來打擾你，是你可以掌控的，不是嗎？」

（七）擴大矛盾心理／取而代之／給予讚美／量尺化提問

「前面你說到：『上大學之後，很多的課都要求上台報告。遇到這樣的課我會自己偷偷地計算如果不上台報告，這部分拿了零分，我那一堂課可不可以過？』讓我們來想想這個想法有否助益〔這時我拿出表 5-14〕。這個『偷偷地計算如果不上台報告拿了零分，我那一門課可不可以過？』的行為對你有幫助嗎？假設 10 是對你有幫助，1 是沒有幫助，你認為該行為對你的幫助是在哪個程度？從 1 到 10，你的母親認為這個行為對你的幫助是在哪個程度？你應該是有很好的理由才會一直重覆地做該行為，那理由是什麼？還有其他的理由可以解釋嗎？」

「當然是沒幫助，分數應該是在 1 的位置，因為這樣做其實是抱持放棄的一種心態。我的母親應該也會給 1 的分數，從小她就鼓勵我遇到困難要面對而不是去逃避。我原先一直在逃避，是因為我不覺得自己有能力做改變。現在我

知道其實改變是可能的，因為我在政治課那一門裡就已經在做有自信的我了。」崔曇有所悟地回應。

「既然我們說負向的內在語言，例如『偷偷地計算如果不上台報告，這部分拿了零分，那我這門課可不可以過？』是罪魁禍首，那麼『取而代之』你會用什麼態度來面對這個上台報告的規定呢？」我問。

「也許我應該用『計算如果上台報告多拿了幾分，我那一門課的學期末成績就可以進步幾分』的心態去面對。」崔曇回應。

「很棒喔！既然你有這樣的體會，請用 1 到 10 為指標，1 是代表你對上台恐懼想改變但卻不知如何處理，10 是情況處理得很好。你先前是給 3 分，請問你現在覺得你的處理能力是落在哪個數字上？」我問。

「我想給自己 6 分。成績對我很重要，如果我知道上台報告的高低會如何影響我的成績，我會較有動力去面對它。」崔曇回應。

（八）架構解決方案的技巧

為了讓這個諮商過程更具體有效，我計畫用圖 5-1 的三個步驟來進行，幫助崔曇架構解決方案，首先是確定目標。

「好！那我們來架構解決方案。首先你要告訴我你想要什麼？」我問。

「我們今天談了這麼多給了我希望感，我真想在離開學校前有個成功上台報告的經驗。」崔曇回答。

因崔曇所修的課已結束，但我隔天還有幾個學生跟我約要補考，我想就借一間教室，給她五分鐘向這群學生做報告。商量結果她同意接受這個挑戰。

當確定目標是：「成功上台做五分鐘的報告」之後，我拿出表 5-15 與她一起檢查此目標是否符合清楚定義的目標指標，結果皆是肯定的。

其次是尋找例外事件，看有什麼曾做過而有效的例外方法，然後把它發揮得更加極致：因為在政治概論這門課的上台報告，是教授已先聽過崔曇的論點，所以她感覺較有自信報告給大團體聽。因該例外事件的發生是刻意的，可以多

做再熟練一些，所以我鼓勵崔曇隔日可用當天諮商之前已跟我報告過的心理學家的生平為題來報告，會讓她自在一點。此時她說不喜歡死死板板的報告投影片，我鼓勵她可以嘗試不同的方法，例如出幾題選擇題讓聽眾回答可增進互動性。她說願意試試看。我則鼓勵她說上台報告的方法很多，「如果一開始你沒有成功，試試，再試一次？」（Walter & Peller, 1992, p. 6）。

因為崔曇清楚地找出例外事件，可免去使用假設性的解決架構這個步驟。架構完解決方案時，崔曇說她覺得自己想改變對上台恐懼的處理能力可以進到7分。

三、第三階段：思緒休息、會談摘要與回饋和實驗作業

討論完後，休息五分鐘，再繼續訪談。「崔曇，你真的是很有勇氣，你先前告訴我這是你第一次跟別人談你心裡面的這份對人際關係、舞台恐懼和公共表達的焦慮感，但是看起來你已經有了很大的進展，連解決方案都架構好了，更佩服的是你明天就要把它執行出來。而你對自己處理這些恐懼與焦慮的能力也從原來的3分進到7分了。謝謝你分享的故事，裡面蘊含了很多豐富的資源，可見你是有能力讓自己在課堂和人生的舞台上可以好好發揮而不是需要躲藏的人。這些結果都是歸功於你的努力。」

聽到我的讚美，崔曇感動地說其實有好一陣子她已經忘記過去參加青少年劇團時自己其實是活潑與外向的。一說到快樂處她又補充了很多舞台上的趣事。她說很高興我願意陪她一起面對這個原先所羞於啟齒的恐懼心態，讓她感到自己好像「絕處逢生」地看到希望感。

「崔曇，從談話中，你提到說今後看到課表時會用『計算如果上台報告多拿了幾分，我那一門課的學期末成績就可以進步幾分。』的積極心態去面對，這個策略是很棒的。另外你也發現抱著在政治概論課上台報告的積極心態和正向的內在語言會有助於焦慮感的減低。我想這些方法應該很可行，你可以繼續去試試看。但如果發現有行不通之處，不要害怕，勇敢地去嘗試新方法。『假

如它行得通多做一點；假如你所做的行不通，就試試其他的方法』（Berg & Szabó, 2004, p. 95）。『不管多大或多小或多複雜的困難，一點小改變將帶出大改變』（de Shazer, 1985, p. 16）。跟你一起勉勵喔！」

結束時，我們約了隔日她要到我補考的班上做報告的時間和地點。並約好事後再聊幾分鐘。

四、後續──EARS 策略／把功績歸給案主

崔曡依約來到我補考的班上，等學生補考完後，請學生多留五分鐘聽崔曡做報告。我跟學生們介紹了崔曡後就離開教室，並請她完成報告後來到我的辦公室。

崔曡：老師，我報告完了。〔從她話語中高亢的語調，我聽出好消息。〕

我：恭喜你！你今天上台報告比起以往的經驗在哪些方面覺得好一點？

崔曡：今天報告時心情較以往平穩一點，焦慮的程度降了一些。

我：可以更詳細地說說在哪些方面覺得好一點嗎？

崔曡：第一個是我很佩服我自己可以依約來做這個報告，若是過去的我，我可能會躲起來跟你爽約了。第二個我很驚訝我居然敢上台面對一群陌生人做報告，而且他們也認真地聽我的報告。第三個是我很高興報告時我的舌頭沒有打結，講得還滿順的。

我：很棒喔！你是怎麼做到的？從 1 到 10，你今天對自己處理上台恐懼的能力會給幾分？

崔曡：我想給自己 8 分。昨天我們的談話對我幫助很大，讓我瞭解了我的舞台恐懼症是我消極的語言在作祟，也發現我原來是有潛能可以克服這個困難。昨晚回去，我就學習用你那招『神奇 10 天』，把自己帶回小時候沒有舞台恐懼的時光，用那種心情去練習我的報告。並聽你的建議放幾題選擇題在投影片上，這樣就不用整場報告都是我

在講，還可以有一點互動，昨晚練習時就順便練習一下如何和同學互動。今天報告時，就想說反正我還在神奇 10 天裡，心情真的輕鬆多了。而且昨天這篇報告已經先說一次給你聽了，所以再報告一次時，心情篤定很多。

我：你的努力幫你達到了這個成功。你如何解釋目前所發生的時刻？

崔曇：我喜歡這樣的我，我終於又嚐到小時候在舞台上那種快樂的滋味了。謝謝您！駱教授！我雖然要離開這裡，但我會謹記我們這兩天的會談過程所做的練習，從今天的小改變起步走向我人生的大改變。

我：不客氣！謝謝你給我機會陪你走一程。你真的很棒，加油喔！

貳、焦點解決諮商摘要

焦點解決諮商是系統家族諮商學派之一，針對改變是如何發生的以及諮商師在案主改變過程中所扮演的角色提出了反傳統的觀點。此理論是由德・沙澤和伯格以及他們在美國威斯康辛州的米爾瓦基短期家族治療中心的團隊一起發展出來的。

不同於大多數的傳統諮商是「以問題為焦點」，將時間和精力花在探究問題與解決問題上面。焦點解決諮商理論扭轉了這個局勢，是「以解決為焦點」，在乎「人們是如何解決問題與創造和改變他們的人生。」諮商師的任務是要先清楚案主希望自己的人生有什麼樣的改變，並帶領案主去瞭解那樣的改變是怎麼回事。再從案主人生過往中找出一些已發生過的且是與他們想改變的目標相符合的事例，證明他們其實是有改變的潛能；諮商師可透過讚美和關注在人生的積極面來增進其改變的自信心。

焦點解決諮商理論相信人們可透過「重新框架」來改變看待事物的觀點，透過「奇蹟問題」幫助案主走出絕望和從「例外」的事件中看到解決的亮光，透過「量尺化提問」可幫助案主客觀地瞭解自己的情景，透過改變語言可改變

人生的現實狀況。

　　本章案例崔曇有「不敢上台的恐懼」和「人際溝通的焦慮」的苦，接受了焦點解決諮商後，她逐漸找回自己的能力與自信，對自己處理這些恐懼與焦慮的能力也從原來的 3 分不斷地爬升進到 8 分，並成功完成五分鐘上台的報告。

　　誠如老子所說：「千里之行始於足下」，焦點解決諮商理論相信「變化是必然的；一個微小的變化可能導致更大的變化」。祝福崔曇能帶著焦點解決諮商理論「不管多大或多小或多複雜的困難，一點小改變將帶出大改變」的祝福，有自信地踏上出現在她人生裡的每個舞台。

第五節 · 焦點解決諮商的自我測驗

· 你瞭解了嗎？

下面有 15 題選擇題可幫助你測試自己對焦點解決諮商學派的理解程度。

1. 焦點解決諮商理論的創始者是誰？

   a. 米勒和羅林克（William R. Miller & Stephen Rollnick）

   b. 懷特和愛普斯頓（Michael White & David Epston）

   c. 海斯（Steven Hayes）

   d. 德·沙澤和伯格（Steve de Shazer & Insoo Kim Berg）

2. 焦點解決諮商理論最注重的是：

   a. 解決問題　　　　　　　b. 探討問題的起因

   c. 案主希望改變的人生　　d. 以上皆是

3. 焦點解決諮商理論認為讓案主較有力量解決目前遇到的困境，並體驗到目前困境的磨練會有助於創造有希望的未來，很重要的做法是：

   a. 對未來有積極的盼望　　b. 原諒那些已發生的過往

   c. 詳細地知道過去　　　　d. 清楚問題存在的緣由

4. 下面哪一個技巧可用來幫助案主去想像在未來當他們的問題獲得解決時會是一個什麼樣的景況？

   a. 量尺化提問的技巧　　　b. 奇蹟問題

   c. 例外事件　　　　　　　d. 蒐集「是」的技巧

5. 下面哪一個技巧可用來幫助案主去評量他們所面臨的情況,並找出還需要做什麼努力來改進自己的狀況。

    a. 量尺化提問的技巧　　　　b. 奇蹟問題

    c. 例外事件　　　　　　　　d. 蒐集「是」的技巧

6. 焦點解決諮商理論認為找出越多的＿＿＿＿＿事件,越能幫助案主發展出對新改變與新行為的掌控力。

    a.「是」的答案　　　　　　b. 奇蹟

    c. 例外　　　　　　　　　　d. 問題的答案

7. 焦點解決諮商理論認為現實和什麼是相等的?

    a. 語言　　　　　　　　　　b. 行動

    c. 情緒　　　　　　　　　　d. 整體行為

8. 下面的哪個概念是違背諮商師應注意案主在傳達訊息時所使用的語言和文字的概念?

    a.「以文字為中心」

    b.「讀者為中心」

    c.「語言匹配」

    d.「語言是醞釀想法的工具」

9. 當諮商師「用語言和提問來幫助案主聚焦於曾有過的成功經驗,以助長其有達到解決和改變目標的信心」時,其扮演的是哪一個角色?

    a. 對話的藝術家

    b. 啦啦隊員

    c. 讚美者

    d. 傳遞訊息者

10. 焦點解決諮商理論建議如果將哪個字句放入在提問的句子裡，可以讓案主體會到在諮商會談中他們的需要有被關心到，從中不僅可以表達同理心，也可以讓案主感受到其情緒部分獲得認可？

a. 「對你來說」　　　　　　b. 「取而代之」

c. 「如何」　　　　　　　　d. 「為什麼」

11. 當諮商師與案主談話時，如果用＿＿＿＿＿來反應會讓案主感覺諮商師是不同意他們的想法；如果能用＿＿＿＿＿來反應會讓案主感覺他們的想法是被接受的。

a. 「為什麼」；「如何」　　b. 「如何」　；「為什麼」

c. 「但是」；「而且」　　　d. 「而且」；「但是」

12. 焦點解決諮商理論認為問＿＿＿＿＿會讓被問的人感覺受到質疑，用＿＿＿＿＿來問比較不會讓案主感受到被責備的不舒服感。

a. 「為什麼」；「如何」　　b. 「如何」　；「為什麼」

c. 「但是」；「而且」　　　d. 「而且」；「但是」

13. 焦點解決諮商理論認為用什麼樣的字眼來問可以幫助案主挖掘到很多他們沒有注意到的成功細節？

a. 「如何」　　　　　　　　b. 「還有什麼？」

c. 「取而代之」　　　　　　d. 「而且」

14. 第二次晤談可以提問EARS的問題例句，其中的A指的是什麼？

a. 引發　　　　　　　　　　b. 放大

c. 增強　　　　　　　　　　d. 從頭開始

15. 當案主說：「狀況變得更糟」，諮商師應用什麼樣的問題來瞭解狀況？

a. 「你需要什麼？」　　　　b. 「已經試過哪些方法？」

c. 「為什麼會這樣？」　　　d. a 和 b

·腦筋急轉彎

1. 根據焦點解決諮商理論的論點，「解決方案並不一定是要與原先遇到的問題有所關聯……在遇到的問題上鑽牛角尖有時候反而會影響到狀況的改善」，你贊同這個理念嗎？請舉個你親身經驗過的例子來說明你贊同或不贊同此理念的緣由。

2. 焦點解決諮商學者相信「沒有一個問題會是不斷發生的，也就是說一定有『例外』的現象，肯定會有一個時間點，那個問題是沒有出現的」，就一個你目前最感到困擾的問題，回想一下並寫下來什麼時候問題沒有發生？什麼時候問題較少發生呢？什麼時候問題的狀況較好？這些時候情況是什麼個樣子？寫完後請找一個人分享你所找到的例外經驗和從這個練習中所獲得的體會。

3. 案主訴苦說：「我不覺得事情可以有所改善，除非有奇蹟出現。」想像你正是這個無助的案主，諮商師告訴你：「明天睡醒後你將進入無憂無慮的『神奇 10 天』。」請問會是一個什麼樣的小小徵兆讓你覺察到「神奇 10 天」已經開始了？讓你覺察到問題已經獲得解決了？這樣的練習對你改善未來的希望感的提升是否有助益？若有，是什麼樣的助益？

4. 請用 1 到 10 為指標來衡量你到目前為止，對焦點解決諮商理論與技巧理解的程度如何？1 是代表你一點都不熟悉，10 是你非常熟悉，你會標示在哪個數字上？在什麼情況下會讓你的數字提升？

5. 如果你是案例分析中的崔壘，這樣的處理方式你滿意嗎？有哪些技巧可以再加入來幫助崔壘勇敢上講台報告的目標更能獲致成功？

照片和圖片來源 *Photo/Figure Credits*

學者照片：Provided with permission by Sarah K. Berg

照片 5-1：By Maximilian77, CC BY-SA 4.0 <https://creativecommons.org/licenses/by-sa/4.0>, via Wikimedia Commons. 取自 https://commons.wikimedia.org/wiki/File: Milwaukee_Collage_New.jpg

參考書目 *References*

楊家正（2001）。後現代主義下的心理輔導。載於楊家正（等編），**解困之道：尋解面談應用手冊及個案彙編**。香港：香港大學出版社。

Berg, I. K. (1994). *Family based services: A solution-focused approach*. New York: W. W. Norton & Company.

Berg, I. K., & De Jong, P. (1996). Solution-building conversations: Co-constructing a sense of competence with clients. *Families in Society, 77*, 376-391.

Berg, I. K., & Dolan, Y. (2001). *Tales of solutions: A collection of hope-inspiring stories*. New York: Norton.

Berg, I. K., & de Shazer, S. (1993). Making numbers talk: Language in therapy. In S. Friedman (Ed.), *The new language of change: Constructive collaboration in psychotherapy* (pp. 5-24). New York: Guilford.

Berg, I. K., & Miller, S. D. (1992). *Working with the problem drinker: A solution-focused approach*. New York: W. W. Norton & Company.

Berg, I. K., & Reuss, N. H. (1995). *Solutions step by step: A substance abuse treatment manual*. New York: Norton.

Berg, I. K., & Szabó, P. (2004). *Brief coaching for lasting solutions*. New York: W. W. Norton & Company.

De Jong, P., & Berg, I. K. (1998). *Interviewing for solutions*. Belmont, CA: Thomson Brooks/Cole Publishing.

de Shazer, S. (1982). *Patterns of brief family therapy: An ecosystemic approach*. New York: The Guilford Press.

de Shazer, S. (1985). *Key to solution in brief therapy.* New York: W. W. Norton & Company.

de Shazer, S. (1988). *Clues: Investigating solutions in brief therapy.* New York: W. W. Norton & Company.

de Shazer, S. (1991). *Putting differences to work.* New York: W. W. Norton & Company.

de Shazer, S. (1994). *Words were originally magic.* New York: Norton.

de Shazer, S., & Berg, I. K. (1992). Doing therapy: A post-structural re-vision. *Journal of Martical and Family Therapy, 18,* 71-81.

de Shazer, S., Dolan, Y., Korman, H. et al. (2007). *More than miracles: The state of the art of solution-focused brief therapy.* New York: Haworth.

Furman, B., & Abola, T. (1992). *Solution talk: Hosting therapeutic conversations.* New York: W. W. Norton & Company.

Insoo Kim Berg (n.d.). Retrieved from https://en.wikipedia.org/wiki/Insoo_Kim_Berg

Lipchik, E. (2002). *Beyond technique in solution-focused therapy.* New York: The Guilford Press.

Lutz, A. B. (2014). *Learning solution-focused therapy: An illustrated guide.* Washington, DC: American Psychotric Publishing.

Macdonald, A. (2007). *Solution-focused therapy: Theory, research, & practice.* Los Angeles, CA: SAGE.

Miller, W. R., & Rollnick, S. (2002). *Motivational interviewing: Preparing people for change.* New York: Guilford.

Pichot, T. (n.d.). de Shazer, Steve. Retrieved from http://oxfordre.com/socialwork/view/10.1093/acrefore/9780199975839.001.0001/acre fore-9780199975839-e-1120

Walter, J. L., & Peller, J. E. (1992). *Becoming solution-focused in brief therapy.* New York: Brunner/Mazel.

Wittgenstein, L. (1965). *The blue and brown books: Preliminary studies for the 'philosophical investigations'.* New York: Harper.

「你瞭解了嗎？」試題解答 *Answer Key*

題號	1.	2.	3.	4.	5.	6.	7.	8.	9.	10.	11.	12.	13.	14.	15.
解答	d	c	a	b	a	c	a	b	a	a	c	a	b	b	d

第六章

懷特和愛普斯頓的敘事諮商學派
White's and Epston's Narrative Therapy

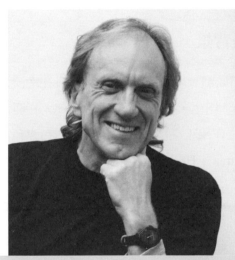

創始者

麥可・懷特

Michael White（1948-2008）（左）

大衛・愛普斯頓

David Epston（1944 出生）（右）

—— 本章要義 ——

每個限制點都可能是轉機的起始點。

說故事的人，你有掌控權。

▌每個諮商學者都有其人生故事，這是懷特和愛普斯頓的故事⋯⋯

第一節。懷特和愛普斯頓的人生故事

敘事諮商學派是由懷特和愛普斯頓共同發展出來的。

壹、懷特和愛普斯頓各自的成長背景

懷特是澳大利亞社會工作師和家族諮商師，於 1948 年 12 月 29 日在南澳大利亞阿德萊德（Adelaide, South Australia）出生。在 1979 年獲得南澳大利亞大學（University of South Australia）社會工作學士學位。曾擔任過緩刑和福利官員和阿德萊德兒童醫院（Adelaide Children's Hospital）精神科的社會工作師（White, n.d.）。

愛普斯頓於 1944 年 8 月 30 日出生並成長於加拿大安大略省的彼得堡（Peterborough, Ontario, Canada）。原就讀英國哥倫比亞大學（University of British Columbia），1963 年 19 歲時離開加拿大，轉學到紐西蘭的奧克蘭大學（Auckland University），於 1969 年完成社會學和人類學（Sociology & Anthropology）學士學位，1971 年獲得愛丁堡大學（Edinburgh University）社區發展文憑（Diploma in Community Development），1976 年獲得英國華威大學（Warwick University）應用社會研究（Applied Social Studies）碩士學位，1977 年取得社會工作的資格證書（Certificate of Qualification in Social Work, CQSW）。畢業後返回紐西蘭，在奧克蘭醫院（Auckland Hospital）擔任高階（senior）社會工作師（"David Epston," n.d.）。

貳、懷特和愛普斯頓相遇，擦出發展敘述諮商學派的火花

在諮商工作的早期，懷特是遵循當時盛行的家族治療學派的教導，但在1970 年代的晚期，他決定找出自己的一條路，遍讀各方學說試圖尋找新的思維（White, 1995）。直到 1981 年和愛普斯頓相遇，才找到新理念的歸宿。這一年可說是敘事諮商學派發展的關鍵年。回憶兩人相遇的那天，懷特仍記憶猶新：「那是在阿德萊德舉行的第二屆澳大利亞家族治療會議上，許多研討會籌備委員推薦我去參加愛普斯頓的工作坊。因聽說愛普斯頓的故事諮商工作坊為澳大利亞和紐西蘭的諮商界注入新的活力，為這種獨特而『平實』（down under）風格的療法做出了重要貢獻，我決定要去聽聽看。雖遲到了半個多小時，但聽沒多久我就被他演講的內容深深吸引住。我看到愛普斯頓將其迷人的童年經歷和他所受過的人類學的訓練與身為人類學家的職業生涯結合，不受限於『學科』的界線，並用有效的隱喻去解釋社會系統中的事件，講述故事的功力」。結束後我找他聊聊，就這樣開啟了我們的友誼和專業夥伴的人生」（White & Epston, 1990, p. xv-xvi）。

雖然兩人在澳大利亞和紐西蘭各有一片天，例如：1983 年懷特在南澳大利亞阿德萊德設立德威中心，專門從事家族諮商，擔任協同主任（co-director）的工作，也同時接任《澳大利亞家族治療雜誌》（*Australian Family Therapy Journal*）的編輯工作〔"Michael White（1948-2008），" n.d.〕。愛普斯頓從 1987 年起則一直擔任奧克蘭家族治療中心（The Family Therapy Centre in Auckland）的聯合主任（"David Epston," n.d.），但在推展敘事諮商學派都不遺餘力。

參、敘事諮商專書問世，在諮商界站上一席之地

1990 年懷特和愛普斯頓合著《故事・知識・權力：敘事治療的力量》（*Narrative Means to Therapeutic Ends*），出版敘事諮商法第一本主要的專書。兩人各自在家族諮商和敘事諮商領域撰寫了好幾本重要的著作。愛普斯頓繼續

在他的奧克蘭家族治療中心推展敘事諮商，懷特於 2008 年 1 月成立了阿德萊德敘事諮商中心（Adelaide Narrative Therapy Centre），提供個人、夫妻、家庭、團體和社區的諮商，並針對助人工作者提供諮詢服務和培訓研討會，作為敘事諮商發展的重要基地。另外他對於兒童和澳大利亞原住民的關注以及在治療精神官能症、厭食症、男性暴力以及創傷等方面的治療服務更獲得許多嘉許。加拿大精神科醫師和家族諮商師湯姆（Karl Tomm）讚譽：「懷特是一位很有天賦的家族諮商師，他的『問題外化』（externalizing the problem）是心理諮商技術中相當創新與激動人心的新發展之一」（引自 Gallant, 2008, p. 428），也提供機會讓懷特能到北美傳授他敘事諮商的理念，並受到美國諮商界的肯定，例如榮獲美國婚姻和家族治療協會國際研究員（International Fellow from American Association for Marriage and Family Therapy）的頭銜、1989 年在美國舊金山婚姻和家族治療協會的研討會中接受訪談（Masters Interview from American Association of Marriage and Family Therapy Conference of San Francisco in 1989）、1999 年的美國家族治療學院獎（American Family Therapy Academy, 1999）。懷特和愛普斯頓兩人都榮獲加州奧林達的約翰肯尼迪大學榮譽博士和家族諮商理論與實踐的傑出貢獻獎（Honorary Doctorate of Humane Letters from John F. Kennedy University of Orinda in California and Distinguished Contribution to Family Therapy Theory & Practice Award）。

肆、懷特英才早逝，愛普斯頓繼續傳承

然而就在 2008 年 3 月 31 日那天，懷特在加州聖地牙哥的演講前與朋友和同事共進晚餐時突然心臟病發作，被送往醫院，四天後去世，享年 59 歲（Pearce, 2008）。英年早逝，讓人婉惜。還好有愛普斯頓繼續傳承，和許多同好的夥伴努力傳揚敘事諮商法。例如在懷特去世的那一週，貝拉（Walter Bera）正在明尼蘇達州的明尼阿波利斯市介紹敘事督導的方式（narrative supervision）；愛

普斯頓在哥倫比亞的波哥大市演講敘事治療法；弗里德曼（Jill Freedman）和科姆斯（Gene Combs）在新加坡教授敘事諮商理論，他們竭盡心力要將這套敘事諮商法傳到世界各地的辛勞可見一斑〔"Michael White," n.d.; "Michael White（1948-2008）," n.d.〕。

▌從懷特和愛普斯頓的人生故事到他們的理論……

第二節。敘事諮商的理論

每個人按著自己所描繪的人生故事生活著
——這些真實而非想像的故事，影響、塑照也架構了人生。

Persons live their lives by stories—that these stories are shaping of life, and that they

have real, not imagined, effects-and that these stories provide

the structure of life.

（White, 1991, p. 28）

　　敘事諮商是一種非病理性的後現代諮商方法，適用於個別、夫妻和家族諮商等方面。此理論不強調將案主的問題冠上標籤，而是在探索所遇到的問題對一個人生活的影響。相信人們可透過講述人生故事，來表達自己的價值觀、想法和感受。

壹、故事在敘事諮商中的角色

「敘事一詞意味著傾聽，講述或重述有關人的故事和生活中的問題」（Freeman, Epston, & Lobovits, 1997, p. xv）。語言並不是僅僅代表我們對世界的想法和感覺，人們如何表達以及表達時所用的字詞也會影響其對世界的感覺和想法。所以「我們說什麼，怎麼說，都是很重要的」（Drewery & Winslade, 1997, p. 34）。基於此，敘事諮商法著眼於案主生活的故事，不是「關於」（about）其人生，而是他們所「知道」（know）且是真正「經驗」（experience）的人生（Freedman & Combs, 1996）。

一、人生故事的雙重景觀：行動與意義

懷特採用布魯納（Jerome Bruner）的行動和意識的雙重景觀（dual landscapes of action and consciousness）的概念，相信人生故事也是具有行動與意識的雙重景觀。行動景觀旨在訴說人生故事裡的人、事、地、時間、內容和如何發生的過程；意識景觀在乎的是說故事的人對其訴說的人生故事感受到的意義、期望、意圖、信念、承諾、動機、價值觀等。不管行動景觀描述得多麼生動和有趣，若缺乏意識景觀的注入，亦即對所發生的故事沒有賦予意義，對案主的幫助就不大（Freedman, & Combs, 1996; White & Epston, 1990）。

為了探索意識景觀，諮商師要提出能啟發意義的問題（meaning questions），邀請說故事者從所發生的事情中退後一步，反思他們對所描述的故事中引發出的想法和感受（Freedman & Combs, 1996）。

二、意識景觀的人生故事是詮釋下的產物

人生的過程是很多生活片段的組合，雖然有些會被遺忘掉，但有些片段卻會被特別擷取下來刻在心底。敘事諮商相信「人生而具有詮釋的能力」（White, 1995, p. 13），是自己人生意義的主導者與創造者，所以會主動地針對特別記下

的那段生活經歷的行動景觀加以詮釋、賦予意義，因而成為其生命故事的重要篇章。不過人們在形塑意識景觀時常是根據一個可理解的框架來解釋自己的經驗，在這框架所提供的背景下，生活的記錄才會產生意義，所以「故事就提供一個框架讓我們能解釋自己的經驗」（White, 1995, p. 15）。不管行動景觀如何，每個人生活在自己意識景觀形塑的故事裡，也用這些故事來定位自己、塑造自己的生活，架構自己的人生（Drewery & Winslade, 1997; White, 1995; White & Epston, 1990）：

（一）人生故事的情節常會被「理所當然」的信念框住

人們在詮釋人生的過程中可能會受到一些社會習俗或視野不夠開放的影響而有所偏頗，可能會因無法完全掌控生活中所有可能的情節，所以訴說的故事通常只會聚焦在他們所看得到的那一面，或只會從文化環境教導的那個角度去架構故事的情節。然而每個社會在每個時間點都有其特定的風土人情和社會標準，這種「理所當然」的信念可能就會阻礙人們在行塑意識景觀時去看到故事情節的其他可能性的發展。但敘事諮商師相信每一個生命裡的矛盾點，也可以是發展新故事的起點，每個限制點都可能是轉機的起點，利用這個機會去鼓勵案主從不同的角度去說自己的人生故事，可幫助案主看到人生故事的其他可能性。

（二）「問題」是被自己負向的聲音所說服的

很多時候我們把遇到的狀況定位為是問題的所在，是因為在事情發生的當時自覺無力處理，在意識景觀的故事裡就把該事描述成自己無能力處理（disa-bling）的版本。若經常訴說這個消極版本的故事，不自覺就會被自己洗腦，成功地說服自己：「我是有問題的人」。敘事諮商的策略就是要反其道而行，尋找具有鼓舞性（ena-bling）的故事，鼓勵案主用自己的聲音說出自己計畫要如何處理所遇到的情況，用正向的聲音提醒自己是個有能力處理事情的人。

（三）人生故事不會只有一個版本

敘事諮商師感興趣的是人們對他們的生活經驗所標註的意義，以及對其人生故事的詮釋。重點並不是在探究人本身，而是在探掘人們在意識景觀裡如何架構真實的自己和與他人之間的關係。

1. 故事中有主導故事、子故事或多重人生的故事

主導故事（dominant story）或稱首選故事（preferred stories）是人們在意識景觀裡用來解釋生活體驗的模板，是在家庭或個人心中印象最深刻的故事，也是人們最常拿來界定自己並以此來解釋自己行為的故事，甚至會以此來預測自己的未來。然而不要忘了，人生故事不會只有一個版本，除了主導故事，還有子故事（sub-stories），甚至是有多重故事的人生（multi-storied nature of life）。亦即人生是多面的，多去探測與書寫自己人生的子故事，會增加自己的視野和人生的豐富度。當案主被消極的主導故事卡住時，例如若一對夫妻所鎖定的主導故事是他們相處上的不協調，很容易就相信他們的婚姻是處在困境，引導他們去訴說其戀愛時期的子故事，可幫助他們回憶起兩人相處時溫馨的一面。

2. 敏覺說故事者所用的字眼和表達的方式

人們訴說人生故事的方式和所使用的字眼也會影響其意識景觀裡對人生意義的定位，其問題可能是出現在講述故事的字裡行間之中。諮商師若有發現，可鼓勵案主去澄清或解釋其主導故事中的矛盾和含糊之處，以及分享這些感到困惑與無法解釋的突發事件的經驗，並適時地從其人生的子故事和多重故事裡去找出可發展的取代性故事（alternative story）的題材。

3. 視案主為其人生經驗的專家

進行敘事諮商時，應視案主為其人生經驗的專家。鼓勵案主以作者（authorship）的身分來講述自己的人生故事。諮商師可適時提醒案主針對其在不同時間點發生的故事去體會不同的意識景觀，增加對千變萬化世界的敏感度。

也鼓勵案主透過主觀的感受，以反思和欣賞的心態去對其人生的故事賦予意義，並能以改版作者（re-authorship）的身分自由彈性地以寫散文或寫詩的生動語言來構建新的故事。在述說故事時皆以「我」和「你」來描述，並尊重在共同創作的故事中每個作者的主觀感受和其主宰權。

貳、故事中找亮點：希望考古學

正如美國哲學家韋斯特（Cornel West）所說的：「除非經歷過絕望地掙扎，否則人們是永遠無法理解希望是什麼？」（引自 McGoldrick & Hines, 2007, p. 53）。許多研究證據顯示，具有希望感的案主相信自己是自己人生的作者，會較有能力籌畫未來（Hedtke, 2014; Monk, 1997）。

一、 諮商師是與案主共同發掘希望的考古學家

敘事諮商理論認為人們是有能力和技巧來改善自己的生活，而敘事諮商師就是那位要發掘希望的考古學家，以敏銳的觀察力、堅持、關懷、審慎和細膩的心，從案主分享人生故事的片段中，找出其中代表的意義（Monk, 1997）。然而不同於考古學家挖掘出的古物，案主不是那片被動等著被探索的古物，所以敘事諮商師應邀請案主共同探索，以毅力和耐心帶領案主周到地注意一些細節，尋找隱藏在問題之後的潛在能力與價值感，重新發現他們生活中值得受到矚目的經歷。並從案主講述成功經驗的首選故事中，引導他們發覺到自己的優勢，並找出有助於解決問題的積極力量（Gallant, 2008）。

二、 善用語言的威力──用改變語言去引燃希望

沒有人也沒有家庭可以控制什麼樣的問題會出現在他們的生活中，但卻可以選擇如何去面對。正如英國文學和小說家赫黎（Aldous Huxley）所說的：「經驗不是發生在你身上的事，而是你對發生在你身上的事情如何去面對與反應」（Experience is not what happens to you. It is what you do with what happens to you）（引自 Freeman, Epston, & Lobovits, 1997, p. xv）。面對嚴重且可能致命的

問題，許多人可能會覺得最好不要提及它，更難以相信可以透過對話達到治療的效果。但事實顯示，當我們幫助受害者看到事件的深層涵義，鼓勵他們從積極面的角度去講述故事時，治療的效果就開始了（Freeman et al., 1997）。「善用語言的威力，可將事件塑身成富饒希望的故事情節」（Language can shape events into narratives of hope）（Freeman et al., 1997, p. xv）。敘事諮商師志在鼓勵案主成為勇敢的勝利者，而不是病態的受害者；訴說的是多姿多彩的人生故事，而不是無望悲慘的人生經歷。「透過訴說這些故事不僅會改變講述者，也會讓榮幸聽到這些故事的諮商師有所改變」（Monk, 1997, p. 4）。

第三節。敘事諮商的策略

> 當說者從故事中體會到意義，其說出來的故事就會引人入勝。
>
> It does happen is immersed in the story and when he experiences
>
> the story as meaningful.
>
> （Freedman, & Combs, 1996, p. 88）

壹、諮商目標

　　敘事諮商旨在幫助案主從消極轉成積極的故事中找到人生的希望。諮商師和案主透過共同創造，將有問題的故事（problem-saturated story）轉換成正向的故事情節，並鼓勵將其應用在自己目前生活的情境中，這樣對案主會是相當有助益的（McKenzie & Monk, 1997, p. 83）。

貳、諮商師的角色和功能

一、諮商師的角色

（一）「冷靜」的參與者

　　鑒於越嚴肅看待所遇到的問題，越加感到擔憂和絕望；敘述諮商師採用「冷靜」的參與（conduct a "cool" engagement），透過加入想像、提供資源和適度幽默的態度，讓案主感到輕鬆而有希望。也較能以較客觀的角度來思考問題，增加其解決能力（Freeman et al., 1997; White, 2007）。

（二）充滿好奇心者

　　當諮商師對案主抱持真誠的好奇心（genuine curiosity），想探究案主「超出其生活的總體故事之外」（Monk, 1997, p. 26）的故事，就較能以較有創意性的提問方式帶領案主思考如何寫出另一個版本的人生故事。並信任案主可從互動中併發出想像力和創造力，往內尋找自己優勢，因而對原先看作悲劇的情況有所領悟而找到新的解決之道（Monk, 1997）。

二、諮商師的功能

（一）鼓勵案主定睛於人而不是專注於問題

　　「『問題是問題，人不是問題』（The person is not the problem, the problem is the problem），是敘事諮商法的格言」（Freeman et al., 1997, p. 8）。諮商師應幫助案主瞭解人們遇到的問題可能是被其社會和文化因素所形塑的，不能因為所遭遇的問題就否定其身為人的尊嚴與價值。敘事諮商師可使用外化對話（externalizing conversation）的技巧，鼓勵案主將其問題從身上抽離，客觀地去面對。「與其專注在功能失調的症狀和問題，不如聚焦於值得回味的生活經歷。當我們把自己從問題取向的故事抽離後，會發現自己面向的是鼓舞人心的歷史、現在的優勢、未來的夢想和希望」（Freeman et al., 1997, p. 49）。

（二）帶領案主從享受當下的經歷中挖掘亮點

敘事諮商師的功能是帶領案主一起打造人生的新故事。在諮商的早期，案主可能很難相信自己真的有能力可以改變自己的人生。但在諮商師的耐心、專注和專業技巧的帶領下，可幫助案主慢慢找出希望。這是一個雙向的過程，案主必須要願意開放的分享自己，諮商師才能漸漸認識與發覺案主的潛能和資源，也就會讓諮商的過程充滿了驚喜（Monk, 1997）。「當說者從故事中體會到意義，其說出來的故事就會引人入勝」（Freedman & Combs, 1996, p. 88）。

（三）尊重案主是其人生故事的作者

故事雖是在對話過程逐漸形成，是從互動中產生的結晶，但故事的骨幹卻是案主本身。在說故事的過程中，諮商師要多請教案主。也因為諮商師對於故事真正會往哪個方向發展並不知道，所以字眼的使用上通常會用假設的語氣。最好是每次只針對一個故事片段，等到對這個片段已有領悟和瞭解後才繼續以好奇的心態去探索下一段的故事。愛普斯頓（Epston, 1994）建議「假設語氣」（subjunctivizing）的重點是放在可能性而非固定性，諮商師在幫助案主敘述故事時應使用「可能將」（would）、「也許能夠」（could），以「可能是那個嗎？」（Could it be that?）或「假如是？」（What if?）的問句，而不是「將會」（will）的肯定口氣，鼓勵案主邊參與邊對故事的看法提出意見。

參、諮商策略

敘事諮商策略包括外化對話（externalizing conversation）、解構對話（de-constructing conversation）、獨特結果（unique outcomes）、重新創作的對話（re-authoring conversation）、重整成員的對話（re-membering conversation）、再次問安（saying hullo again）、局外見證人組（outside-witness groups）和寫信（letters）。以下將分別加以介紹（Freedman, & Combs, 1996; Freeman et al., 1997; Monk, 1997; Morgan, 2000; White, 1995, 2007; White & Epston, 1990）。

一、策略一：外化對話

　　許多尋求諮商的人會把自己和問題畫上等號，以為生活上出現了問題，就意謂著自己出了問題，而讓自己陷入問題裡無法自拔。基於這種擔憂，懷特發展外化對話技巧，鼓勵人們將當時他們所經歷並已被其內化的問題客觀化。將問題變成一個單獨存在的實體，放置在人之外。「問題是問題，人本身不是問題」（the problem becomes the problem, not the person）（White, 2007, p. 9）。外化對話的策略可細分為「為問題命名」（naming the problem）和「將情緒字眼外化」（externalization of emotional words）兩者。下面將分別加以介紹。

（一）為問題命名

　　要外化問題，就要先為問題命名，請案主幫問題取個名字來取代「問題」二字。當然剛開始可能可以只稱為「它」，直到有更好的名字可以取代再更換也不遲，更重要的是取的名字要符合其所遇到問題的實際狀況。如果案主一下子提出很多問題時，諮商師可以鼓勵案主為所有的問題取名，然後列出優先順序。當然有可能許多問題可以歸納成一個問題，或每個問題出現的時間點不一樣，諮商師在命名上要有彈性，容許案主隨時做必要的調整。

（二）將情緒字眼外化

　　當案主說：「我是一個擔憂者」等類似情緒狀況時，應鼓勵案主將其外化為「那個擔憂試圖阻止我去嘗試新事物」之類的話。外化時是把形容問題的詞（例如很擔憂）和以動詞來表示的問題（例如感到擔憂）變成是名詞（例如擔憂），且在提到那個名詞前面加個「這個」或「那個」。例如諮商師問說：「這個擔憂是不是也讓你晚上睡不好？」「那個擔憂是不是常告訴你，你沒有能力做任何事？」「這個」或「那個」來標示出它是獨立存在的一件事。若是因情緒的問題導致人際關係的糾葛，例如責備、批評、忌妒或不信任等問題，也可以外化，例如問說：「那個忌妒怎樣教你，讓你變成這樣的一個朋友？」「那個批評怎樣告訴你，讓你變成這樣的工作夥伴？」

二、策略二：解構對話

敘事諮商法認為某個問題之所以會一直持續下去，一定是有一股相關的信念在支撐著，幫助案主找出是什麼樣的信念在作祟是件刻不容緩的事，例如家庭暴力受害的婦女，可能是因相信「女人必須服從男人」而忍氣吞聲，可以問她們：「是什麼樣的信念讓你一直這樣忍氣吞聲？」「你對夫妻關係的定位是什麼？」等。對案主的信念理解了之後，敘事諮商師的下一個任務就是開始對該信念進行解構對話，「挑戰案主去省思原先『認定為理所當然』的信念」（Morgan, 2000, p. 46）。

進行時，諮商師鼓勵案主仔細傾聽、界定和思量支持自己訴說的故事背後的那些想法，並追蹤其發展的歷史軌跡。諮商師可向案主提問：「是什麼信念在支撐這個故事？」「是什麼信念讓你願意繼續這樣做下去？」「你什麼時候學到這個信念？」「你對這個信念接受得很自在嗎？」「這個信念對你人生品質的提升有幫助嗎？」等。

諮商師可採用外化對話的方法把那個信念取個名字，幫助案主將該信念抽離出自己之外，例如家暴受害者將其信念取名為「可憐的」，並以「故事中的那個人」來取代對案主的稱號。諮商師可以問：「當『故事中的那個人』被先生施暴時，『可憐的』跟『故事中的那個人』說了什麼話讓那個人願意繼續忍受下去？」「『故事中的那個人』願意繼續當『可憐的』嗎？」「『可憐的』跟『故事中的那個人』說了什麼話，讓她對自己那麼沒自信？」等類似的問題。當案主能成功地透過外化對話與該信念分開，體會到「人是人，問題是問題，信念是信念」後，較能客觀地看待那個問題出現的狀況與前因後果，並可從另一個角度來看待問題，找出取代性故事可能的發展方向與情節。

切記在解構的會話中，諮商師不要將自己的觀點強硬加入案主的腦袋瓜裡，也不要加以論斷。而是以好奇的心去與案主一起去追蹤導致問題的歷史和對其生活的影響，並聆聽是否有獨特結果發生，為取代的故事發展開發契機。外化

和解構對話幫助案主有能力與那些他們原先以為是「理所當然」的信念保持距離，而能理性的去評斷與修正那些想法（Parker, 1995）。

三、策略三：凸顯獨特結果

在傾聽案主的故事時，有時會聽到與其遇到的問題不相符的情節，或與其問題發生事件相左的情況，這就是所謂的獨特結果。它正是諮商師可用來邀請案主重新寫故事和創作的起始點，所以不要輕忽掉。諮商師要如何找到獨特結果，摩根（Morgan, 2000）提出以下三點建議：

（一）諮商師要仔細注意案主在談述故事中的弦外之音或轉折之處

當聽到案主講到的問題嚴重性減低時、當該問題對案主的影響性似乎變小時，或當案主突然提到中間一段和情節不符的插曲或人物時，可能就是這些獨特結果出現的時機。諮商師要敏感地去抓住這個環節，請案主對該情況、該想法或該計畫等多加描述，因為這可能是發展取代性故事的重要契機。

不過該主題是否是獨特結果須由當事人定奪，例如問案主：「剛才你所描述的情況中我看到了一個不同的你，那個你顯得比較有信心。你是否有感覺出其中不一樣？」如果案主回應說：「我也覺得這個我好像比較有信心，我很少有這種感覺。」諮商師才能將它定位為是獨特結果。獨特結果不一定要很大，只要對其人生有意義的就可以算是。

（二）準備可使用的備份問題

如果找不到獨特結果，可用「備份」（back-up）問題來問案主，例如「有哪些情況下這個問題並不會像往常那麼糟糕？」「有哪些情況下這個問題本來會是阻力，但後來卻沒有發生？如果有，是一個什麼樣的情況？」「有沒有哪些情況是你成功地阻止了這個問題的影響，並做了你想做的事情？」

（三）追蹤問題的歷史和使用相對影響性的問話

把問題和人分開，帶著案主追蹤問題發生的軌跡，以憂鬱為例，諮商師可

以問說：「什麼時候你注意到這個憂鬱的存在？」「你記得在這個憂鬱出現之前，你的生活是一個什麼樣的光景？」「什麼時候你覺得這個憂鬱來勢洶洶？什麼時候你覺得這個憂鬱較為低調？什麼時候你覺得自己較有能量來面對這個憂慮？」

然後諮商師可以使用相對影響性的問話（relative influence questioning），例如以焦慮為例，諮商師問案主：「想像你的生命是一條線，總長度是 10，在一年前你讓『焦慮』占有多少分量？你又占有多少分量？」案主可能說：「『焦慮』占了 9 分，我自己占有 1 分。」諮商師繼續問說：「那 10 個月前呢？」案主說：「『焦慮』占了 7 分，我自己占有 3 分。」以此類推。透過這樣的問法來幫助案主看清楚在自己的人生中問題占了多少分，自己又占了多少分。當案主逐漸能將自己與問題分開時，諮商師可問案主：「那個與問題分開的你，具有什麼能力可以讓你好好地過人生？」

四、策略四：重新創作的對話

尋求諮商時，案主講的故事八九不離十都是反映著人生中的挫敗和無助。敘事諮商師可以使用重新創作的對話（re-authoring conversation），一面鼓勵案主繼續講述其人生故事，但也一面從中尋找一些例外或是被忽視的事件和經歷，好為重新創作對話提供一個切入點。

找到切入點後諮商師鼓勵案主透過回憶相關的生活經驗，將這些極富意義的內容加入故事的情節裡，並用此來取代原先消極的故事。看到自己原以為是消極無望的人生故事居然能有所轉折，案主的態度可能會熱心起來，開始回憶起許多被遺忘的過往，讓故事中的正向能量越來越添加，案主也慢慢相信自己的人生確實是可以正向與有希望的，當案主回憶起每段正向故事時，諮商師會請案主下個標題，幾段故事後，可以再邀請案主為其下個總標題。透過思考這些積極性的標題，更可幫助案主對自己消極的人生逐漸有所改觀。懷特舉了一個諮商實例貼切地說明重新創作對話的過程（表 6-1）。

表 6-1　重新創作對話案例

　　有位母親因發現兒子有自殺傾向而求助，兒子答應跟母親來，但表示自己只是陪同來的。其實他們兩人都是家庭暴力的受害者，但諮商中兒子只談到希望母親得到諮商師的關愛，對自己受到的傷害和自殺意圖都絕口不談。聽到兒子這麼關心母親，懷特問母親是否願意分享相關的故事。母親回憶說有次自己正被丈夫毒打時，有人用磚塊打破門窗，丈夫才停止毒打轉去追打破窗戶的人，原來破窗者是當時才八歲的兒子。諮商師要母親為此事下個標題，母親想想後提了「抗議」（protest）這個詞，後又加了「勇敢」（brave）和「公平」（fairness）兩個標題。兒子有點害羞但沒有特別反應。

　　母親又提到兒子念小學一年級時，常要求母親在午餐盒裡幫他多帶些點心，因為他很餓。後來才聽老師說原來她兒子帶到學校的點心是與班上較為貧窮的孩子分享，用點心來安慰他們。對此故事母親下了個「拯救」（rescuing）的標題。這時諮商師回頭去問兒子有何看法，兒子只是微笑並沒說什麼。

　　之後母親又繼續講述幾個兒子助人的故事，兒子參與的情況逐漸積極，重新聽到這些被自己遺忘的善舉讓他開始萌生希望感。

（參考 White, 2007, pp. 62-75）

　　人生的故事有占優勢較被記得的，也有暫時被遺忘的。這些人生故事，對人們過去、現在和將來的行動產生極大影響。諮商師像考古學家般，與案主一起探討這些故事對他們生活的關聯、影響與意義，去尋回被遺忘的快樂時光與積極正向的過往，讓案主從重新創作對話中找回人生的希望。懷特提醒諮商師，重新創作對話不是端賴諮商師去為案主開發出一個好的故事情節，而是靠諮商師和案主一起努力去從原先故事中找出新的意義，重新改寫與創作的過程。

五、策略五：重整成員的對話

　　懷特強調人們的自我認同不是植基於核心自我（core self），而是建立在「生活協會」（association of life）裡。生活協會的成員包括那些在過去、現在

和未來的建構上對其具有影響力的人事物。重整成員對話一詞中的 re-membering 是由麥瑞福（Myerhoff, 1982）提出的，它將「記憶」（remembering）這個字拆開為「re」和「membering」，並用一個連字符號「-」相連是有其特殊的意義。不僅表示回憶（recollection），或表示被提醒（being reminded），且是主動根據自我認同的定位和未來發展的取向有目的地去取捨。

　　重整成員的對話提供案主一個機會在說故事的過程中，去更新其生活協會的組成會員。將過去曾屬於自己人生故事的人物和重要他人以及先前的自己重新聚集。決定讓其加入或排除在外；授權尊重其聲音或取消其資格不再聆聽其聲音。請看摩根（Morgan, 2000）所舉的例子（表 6-2）。

表 6-2　重整成員對話的案例

　　父親去世六個月後羅妮尋求諮商，她告訴諮商師父親的遽然去世讓她非常傷心。很多人都勸她趕快忘掉父親好讓生活回到正軌，但她卻無法忘掉。諮商師請她分享對父親難忘的回憶，並建議她把這份記憶抓牢不要放掉。羅妮好驚喜，表示這樣做對她的幫助會是很大的。諮商師問羅妮：「我很好奇如果父親看到你對他的離去如此傷心難過，他會怎麼想？」羅妮說她自己也很想知道！諮商師問說有誰會知道這個答案，羅妮不假思索地就提到她父親生前的好友泰德先生。

　　下一次的訪談時泰德先生來到現場，分享他所觀察到的羅妮和其父親美好的互動關係，並說：「我相信你的父親看到你對他的離去如此感傷，應該會感到很欣慰。」當泰德先生提到羅妮和她父親會一起去看足球賽，羅妮掉下了眼淚，並說自從父親去世後她就沒去看球賽，因為她以為那是對父親的不尊重。泰德先生提醒羅妮父親應該不會希望她放棄看球賽，並說如果羅妮願意的話他們可以一起去看。羅妮告訴泰德先生：「聽您說話時，我感覺像父親就在身旁般地溫暖與親切感。」於是他們相約以後要經常一起去看足球賽以紀念父親。

（參考 Morgan, 2000, pp. 82-83）

從上面的案例中，可看到諮商師如何透過重整成員的策略協助案主走出喪慟。在進行此策略時若無法找到故事的相關人物進行訪談，也可以讓案主自己來思考可能的答案。例如問說：還有誰會知道此事？誰會很驚訝聽到這樣的消息？你知道還有誰會知道有關你的這件事？誰會對你這樣的狀況加以讚賞？對你遇到這樣的狀況誰會鼓勵或安慰你？

　　透過參與重整成員對話的過程，可幫助案主能再次與這些不在身旁的重要他人有身歷其境的互動，體會到他們的感受，而重新找回成長的動力（Morgan, 2000）。

六、策略六：再次問安

　　很多傳統的哀傷治療方法鼓勵家屬們與已逝者「說再見」，但懷特發現這其實會讓失去所愛的人的哀悼者心情更加傷痛。

　　也因此懷特（White, 1988）建議可以用「再次問安」來取代「說再見」的策略。進行此策略時諮商師可以幫助案主探討：

1. 親人在世時，你擁有哪些身分？親人仙逝後，你失去了什麼身分？你雖失去了某些身分，但目前還擁有哪些身分？甚至將來還可以繼續發展出哪一些新的身分？這樣的探究是避免案主因一時失去了親人而悲傷得喪失了所有的自我。
2. 有哪些與逝者相識的人可以聯絡或詢問或加入新的故事中，這些人物或新故事可以幫助你感到他們與逝者仍然可以繼續保持著原來的親密關係？
3. 你對逝者人生故事的褒貶定位認同如何？對你又有什麼影響？
4. 如何以逝者的人生故事來鼓勵你繼續往前行走人生的道路？

　　表 6-2 摩根所提的羅妮的案例就是上述第 2 項策略的運用。羅妮本來以為父親去世後就得把他忘掉，但卻忘不掉，也不敢再去看自己和父親最喜歡看的足球賽時，既悲傷又有罪惡感，但當她聽到父親的好友分享父親會希望女兒永遠記住自己，感到相當安慰。和父親的好友一起去看球賽感覺父親就在身邊的

「再次問安」的做法，讓她有能量開始新的生活。

七、策略七：局外見證人小組和定義儀式

　　有時，敘事諮商師會邀請外來的成員擔任諮商師與案主對話的見證人，來幫助案主重新定義他們的自我認同，這個過程稱為定義儀式（definitional ceremonies）。這些來當對話見證人的觀眾，被稱為局外見證人小組。若是由專業人士組成時，可稱為是反映團隊（reflecting teams）。在進行時通常包括以下四個部分（Morgan, 2000; White, 2007）：

（一）第一部分：初始重新創作的對話

　　局外見證人小組觀察案主和諮商師會談的過程，並仔細聆聽所說的內容。

（二）第二部分：局外見證人小組的重述與分享

　　在諮商師和案主的對話結束後，局外見證人小組與他們交換位置。案主與諮商師退到幕後，觀看和聆聽局外見證人小組的重述與分享。

（三）第三部分：案主的回應

　　案主有機會對局外見證人小組的重述與分享給予回應。

（四）第四部分：諮商討論

　　在案主回應後，邀請局外見證人小組一起加入。此時，每個人都有機會針對前三個部分做回饋和分享（表6-3）。

八、策略八：寫信

　　在敘事諮商中，寫信（letters）是一個重要的策略。對於為何偏好寫信而非對話，愛普斯頓（Epston, 1990）解釋說：「對話能留存的時間很短暫。儘管在深入有意義的對談之後，案主帶著很多的感悟和新的想法走了出去，但過了幾條街之後，那些原已經深深印在心裡的話語可能就已經逐漸淡忘難以回想起……但是寫在信中的文字並不會像對話般隨著時間和空間過去而褪色或消失，它們

表 6-3　局外見證人組和定義儀式的案例

　　湯姆的母親在他七歲時自殺身亡，對這件事他的解讀是母親不愛他，用自殺棄他而去，所以一直都很生氣。諮商師取得他的同意後邀請曾企圖自殺的潔莉亞來當局外見證人，而潔莉亞的三個小孩也想參加，便組成四人的局外見證人組。

　　第一部分：潔莉亞和三個小孩先傾聽湯姆和諮商師的對話。

　　第二部分：湯姆傾聽諮商師和她們母子的對話。潔莉亞說她可以瞭解湯姆母親是因毒癮太深，自覺不是好母親，相信讓別人來養湯姆會是好的才去自殺，因當初自己想自殺也是抱持那樣的心情。潔莉亞的兒子提到說他很瞭解湯姆的心情，因為當他母親自殺時他也覺得母親是不關心他們。聽到潔莉亞和兒子針對這個觀點的對話，湯姆淚流滿面。

　　第三部分：湯姆說感覺好像聽到母親在跟他說話。

　　第四部分：湯姆和潔莉亞的三個小孩一起分享。湯姆回應說這樣的方法對他的幫助之大，超乎其預期之外。

（參考 White, 2007, pp. 141-162）

永存在那裡留下了珍貴的見證」（p. 31）。信件給案主有機會以一種文學的方式表達內心的想法而非去做診斷；講述一個故事，而不是在做說明或解釋。這些信件訴說與描寫積極正向的故事，並記錄了過去、目前和未來的前景（Freeman et al., 1997）。

■ 從理論到實務，請聽她的故事……

第四節・敘事諮商的案例分析與摘要

壹、案例分析

退了色的聖誕節──一個為喪子而哀悼的個案

珍妮佛，52 歲，與前夫生有兩女一男。她的老么──小兒子車禍去世讓她非常傷心。珍妮佛是我（駱芳美）研究所班級的學生，志願當本章的案例。由於她必須開兩個多鐘頭的車程來赴約，於是我們約定在聖誕節過後見面兩次，一次四個鐘頭。

一、第一次會談

「珍妮佛，聖誕節過得如何？」在這樣的節日這樣的問候應該是最恰當不過的，沒想到她的回應卻是：「很糟糕呢！」「怎麼了？」諮商師好奇地問道。

「聖誕節是我最愛的一個節日，我喜歡聖誕節的一切。不只是家人在一起，還有聖誕節的燈光、糕點的香味和孩子們收到禮物的笑臉。20 年來一直都這樣快樂地度過，突然那個氣氛不見了，感覺好不自在。

「你的孩子們沒回來嗎？」諮商師示意想知道更詳細一點。「我大女兒住在紐約長島，路途遙遠，感恩節有回來，聖誕節就沒辦法了。二女兒一家聖誕夜有回來，但因住在兩個小時之外，當晚就回去了。2017 年 4 月 23 日那天我很興奮兒子搬回家來要跟我們一起住，卻在同一天又走了，永遠不會再回來了。」聽她難過地說著，諮商師關心地問她怎麼了，並請她分享一下兒子的狀況。

「傑佛瑞是我的老么也是唯一的兒子，在高中時就宣誓要當軍人，高中畢業後入伍接受四個半月的基本訓練，結訓後只需要參加每個月一個週末和每年夏天兩個星期的訓練。所以他找到了工作，計畫先搬回家住，等存夠錢再搬出去自己住。他搬回家的那天，中午我們叫了中國餐來吃，餐後聊了一會兒，他提到想去念警察學校，要我有機會去幫他拿招生簡介，然後就回去整理房間。稍晚他跟我說因僅剩下衣服要洗，他想趁天氣還不錯先去朋友家玩一玩，順便學騎摩托車。我有點擔心安全的問題，兒子說他朋友家的車道很長、庭院很寬，他們會在那裡練習，不會騎上大馬路的，我才放心讓他去。誰知道幾個鐘頭後我就接到他的朋友打電話來說他出事了，當我趕到醫院時，兒子已經走了。後來才知道是兒子騎到車道底端本來是要踩剎車卻踩到油門，衝到馬路上與車子相撞。一位警察住在附近，聽到車禍聲馬上跑出去為他做人工呼吸，卻已回天乏術。」

「兒子走了，我的心也碎了，沒有我的兒子，聖誕節永遠不會跟以前一樣了。聖誕節讓我更加想念他，特別是在聖誕節的早晨。」說出最後一句話時，珍妮佛嘴角有些笑意。

（一）凸顯獨特結果並鼓勵重新創作的對話策略

觀察珍妮佛講到「特別是在聖誕節的早晨」時嘴角有些笑意，諮商師感覺這句話後面應該是有一段她對兒子的特殊記憶，便提出下面這個問題來引發出她的回憶：「是怎樣的一個聖誕節的早晨呢？」

1. 完美的聖誕

「通常我們會在感恩節過後選一個大家都在的日子把聖誕樹布置起來，在聖誕夜那晚趁孩子們都睡著了才包裝聖誕禮物然後放到聖誕樹底下，加上還要烘焙聖誕糕點通常會忙到清晨三點才能去睡。傑佛瑞從五歲開始每個聖誕節的早上五點鐘就興奮地叫醒大家，這麼早又要被叫醒真是受罪。他八歲時我就想了一計，告訴他：『如果你要那麼一大早就要叫人起床，那至少也要幫大家把

咖啡煮好才可以啊！』『好啊！但我不會煮呢！』兒子聳聳肩，看他可愛的模樣我鬥不過他，只好起床教他煮咖啡。那次之後，聖誕節的早上五點鐘就有咖啡香傳來。進入青少年後他還會起來烤香甜的肉桂麵包加上咖啡香，讓聖誕節的早上起床時刻充滿了溫馨。」

　　見珍妮佛快樂地訴說著，諮商師順勢回應說：「你們家過聖誕節的情景很像電影的情節，如果我們給這段故事取個名字，可以叫什麼？」

　　「完美的聖誕（The Perfect Christmas）」，珍妮佛不假思索地就訂下了標題，「每個孩子都在，充滿喜悅和興奮。」

2. 媽媽！我為你感到驕傲！

　　「但討厭的是在拆禮物前兒子都會在聖誕樹前繞來繞去，拿起每個禮物摸摸又敲敲的，想猜測裡面裝的是什麼東西。鬼靈精的他真的很厲害，每次都猜得很精準，害我包禮物時要更費工夫，希望讓他猜不到。他 16 歲那年，我就故意用一個大箱子把他的禮物全部裝進去，裡面又塞了很多紙讓他無法偵測禮物是什麼？拆禮物的時間到了，他一臉疑惑地問我：『為什麼我只有一樣禮物？』我故意說：『是啊！你今年的表現只配得一個禮物！』然後我要女兒們先開始拆禮物，才輪到他。發現我的伎倆後，兒子跟我抗議怎麼這樣包禮物，害他很難猜，我就順勢說：『每次我包了半天禮物還沒開，都先讓你猜對了失去神秘感，那才掃興呢！』聽到此，兒子露出滿面笑容說：『媽媽！你很厲害！我為你感到驕傲！』」

　　「哇！你兒子說：『媽媽！我為你感到驕傲！』」敘事諮商法建議當在故事中出現另一個轉折時可能是另一個故事和創作的起始點，看到她講到這句話時笑得特別不一樣，諮商師特意抓住這句話來問她這句話對她意味著什麼？多常出現在她的腦海裡？並請她詳述一下兒子說這句話時的神情。

　　「這句話經常會出現在我的腦海裡。我永遠不會忘記他說這話時的神情，他燦爛的笑容，專注的眼神，真的很有鼓舞的作用。他不僅說也會去做，五年

前丈夫移情別戀，離我們而去，我立志重新站起來回學校從社區大學讀起，再去念克里夫蘭大學，有次我有一個網路考試要考兩個鐘頭不可被打擾，考完後從房間走出來，發現兒子和女兒們幫我在門上掛了一個牌子寫著：『考試進行中，請勿打擾』讓我好感動。經過五年的努力，剩下最後一學期的課。兒子常跟我加油打氣的說：『媽媽！你參加了我高中與軍事基本訓練的畢業典禮，我準備好要參加你大學的畢業典禮囉！媽媽加油！』未料，就在畢業典禮的前三個星期，兒子卻去世了。我整個心都破碎了，但是那又是學校最忙的時候，除了期末考外，又有好幾篇大報告要交，真想放棄算了。但想到兒子的期望，我振作了起來。請了十天的喪假後回到學校，教授們都很驚訝。畢業典禮是在 5 月 13 日，學校允許我 5 月 28 日才繳交作業。但就在 5 月 12 日晚上 11 點 02 分我繳上最後一份作業。兒子的鼓勵帶給我的能量讓我不欠任何作業，隔日驕傲地走上講台領取大學畢業證書。」珍妮佛驕傲地分享著並說「媽媽！我為你感到驕傲！」很適合作為這段故事的標題。

3. 推動者

「在兒子去世前我曾跟他談起想念刑事心理學研究所，但還在猶豫中。兒子一向都希望世界會更好，所以才去接受軍事訓練，結業後擁有軍人警察的身分，並計畫將來去念警察學校，這下聽說我想念刑事心理學當然拍手贊成：『媽媽，那個專業很棒，你應該去念。』聽了兒子的鼓勵，我就跟堤芬大學聯絡，訂了個時間要去做拜訪。後來兒子去世了，當初定的時間是在兒子出事的四天後，我傷著心也就完全忘記該件事。5 月的第一個星期我到墓地去看他時，手機突然響起，一看是堤芬大學的來電才想起約定的事，趕忙向對方抱歉並告知原委。對方客氣地說：『很抱歉這個時候打擾你，我只是要通知你我們有個進研究所的定向會議，你會來參加嗎？』我跟對方說現在心情很亂，無法確定。對方回說：『沒關係！我會幫你留個位置也會幫你訂午餐。如果你能來我們很歡迎，如果不能來，沒關係，我很瞭解，過一陣子我再打電話跟你聯絡。』掛

上電話後，突然感覺好像被兒子從空中敲了個腦袋：『媽！妳在幹什麼？我不是跟你說這是很棒的想法啊，你怎麼會說『不』呢！』經這一提醒，我振作起來去參加定向會議，申請入學。一年半後的今天，我完成碩士學位。」

「對這段故事，我們可以定個什麼標題呢？」諮商師問。

「推動者（motivator），我可以聽到他鼓勵我的聲音。」珍妮佛回應著。

（二）重整成員的對話策略

「其實我的童年並不順遂，父母在我八歲時就離婚，我是家裡的老大，下面有個弟弟和妹妹。本來是和母親住的，但母親有回精神崩潰住院療養，我們便去和父親同住了一年。父親經常不在家都是祖母在照顧我們，我雖然愛她但她實在很嚴格不好相處，所以當母親病癒後想接我們同住，我當然同意，弟妹則說我去哪兒她們就去哪兒。搬離時父親沒有跟我們親吻道別還丟了一句狠話：『在我有生之年不會想再見到你』，之後寫信給他也沒有收到回音，讓我很難過。與母親同住又是另一個夢魘的開始，母親人很好從不會責備我們，但舅舅（母親的弟弟）卻看不過去，說他要擔負起看管我們這幾個孩子的責任。問題是他是一個個性很暴躁的人，生起氣來不僅會打人、罵人，還會摔東西。」珍妮佛跟我分享她的成長環境。很難想像在這樣環境的她，怎麼還能這麼堅強，她的能量從哪裡來的？有什麼樣的人和經驗在她的人生中影響了她呢？

1. 排除舅舅的負向能量

「每次遇到這種情況，我就會擔負起保護者的角色，以柔軟的心和微笑來呵護自己的弟妹和舅舅的小孩，不讓自己和他們受到傷害，也發誓以後決不讓自己的子女遇到一樣的遭遇。所以有子女後我避免與舅舅常有來往，並提醒舅舅：『如果您要與我們有互動就得收斂自己的脾氣。』」

2. 加入「不認輸的固執」心理能量

「這個能量從哪裡來的？」看她常能以柔軟的心和微笑來呵護他人，很難

想像她的成長環境境居然是如此坎坷，諮商師好奇地問她。「我猜是『不認輸的固執』（stubbornness）的個性吧！」珍妮佛回應，並進一步解釋說負起家中的基石與保護者的角色培養出她「不認輸的固執」的個性，「不認輸的固執」是她「生活協會」的重要成員，是她堅強與能量的重要來源。

說到此，珍妮佛補充說她是用這股「不認輸的固執」鼓勵兒子勇敢去實現自己的理想。怎麼說呢？她說兒子因個性較敏感且在乎他人的感受而容易掉淚，孩子的父親把他視為懦弱，知道他立志當軍人時還笑他：「明知會失敗為何還要選擇這條路。」

當兒子完成艱辛的軍事基本訓練她去參加畢業典禮時，看著兒子穿著軍服的英挺模樣，母子相擁喜極而泣，她形容自己見證到「兒子由男孩轉型成男人」的歷史時刻。而兒子那天與她緊緊相擁的溫馨，珍妮佛說：「讓我一輩子都忘不了！」兒子情人節時在臉書上以那天的母子照表達對母親的感謝：「母親我愛你，你是我的第一個情人也是第一個愛人，謝謝您教導我如何對待與尊重女人。」珍妮佛說：「我相信每個父母都希望自己對子女愛的付出受到肯定，兒子在臉書上這樣的表白讓我感到窩心。」說著說著，她突然冒出一句話：「等了這麼久才享受到這樣的肯定，但是現在他卻已走了。」

「這個『不認輸的固執』如何幫助你度過失去兒子的酸楚？」諮商師問。

「『不認輸的固執』讓我沒有因而自憐地躲在悲傷的角落裡，我固執地告訴自己要催促自己朝既定的目標前進，並且固執地持守著這個諾言。幫助我在兒子去世的哀悼期間還能完成學士與碩士學位。我要繼續帶著兒子的關愛與期許走出下一步的旅途。」珍妮佛有自信且有條理地一一道來。

3. 珍惜「上帝的禮物」

「他21歲的生日快到了，我寫一封信要送給他。」珍妮佛從包包拿出一張紙說。「可不可以把它念出來？」諮商師好奇地問著。珍妮佛帶著淚水念出這封信（表6-4）。

表 6-4　珍妮佛寫給兒子的信

21 年前上帝給我一件我人生中最寶貴和最完美的禮物，一個可愛的男寶寶，第一次看到並親吻他的臉頰時我感到無可言喻的幸福和快樂。從他說的第一句話，他走出的第一步，他給每個看到他的人帶來了微笑，看著他每一刻的成長都是一種享受和永遠難忘的記憶。想起那個笑得很開心的小男孩長成一個心中充滿愛的大男孩，雖然人生短暫但卻觸動很多人的心時，我忍不住要掉下淚水。讓你這麼早就離開人世是一件多麼不公平的事，但你的微笑卻永遠刻在每個人的心裡，每個人對你的記憶也會永遠存留。擁有你這個兒子是我人生最大的祝福，這個祝福裡充滿著愛與驕傲。今天在這個特別的日子裡，我帶著傷痛與淚水跟你說我愛你，讓你知道我想念你，兒子，祝你生日快樂！

　　要她為這封信的這段故事取名，她回答：「上帝的禮物。」

　　珍妮佛說當初生了兩個女兒後想要再有一個小孩，先生不同意說她瘋了。她不斷禱告，還經歷了流產，終於懷了孕。懷孕時她就知道是個男孩，先生不信跟她打賭 100 美元。「這是上帝聽了我的禱告送給我的禮物。」

　　「如果上帝告訴你，我可以給你這個禮物但只有 20 年，你會接受嗎？」諮商師好奇地問。

　　「我當然要。擁有他 20 年比從來都沒有擁有更值得。」她邊說邊掉淚又邊笑。

　　諮商師問：「我注意到你掉著淚水，可不可以告訴我這些眼淚正在說些什麼？」

　　「那是悲傷的淚水，我願意付出任何代價去換來更多與他相處的歲月；但也是快樂與驕傲的淚水。」說著說著珍妮佛又哭了。在生活協會裡珍藏著這份「上帝的禮物」讓她倍覺溫暖。

4. 收納「數字的能量」

　　兒子的喪禮以軍禮舉行，看他的棺柩被覆蓋著國旗，珍妮佛深以為傲地說：

「兒子獲得這份榮耀，我對他的驕傲多於悲傷。」喪禮上坐著滿滿的人，有兒子從幼兒園到高中的同學、老師以及軍事訓練的同袍和長官，都懷念他或因受過兒子關愛而不捨地來與他道別，可看出兒子生前人緣有多好。珍妮佛稱這場喪禮是「兒子的人生慶祝會」。諮商師稱讚說：「在20年的人生中你兒子演了一場好戲。」珍妮佛回應說：「他確實是給人留下好印象。」

在喪禮上珍妮佛一一地向來參加者擁抱感謝，見兒子的朋友哭得好悲傷還安慰他們說：「不要傷心，需要時你們知道如何找到我。」其他人見狀很驚訝地對珍妮佛說：「你好堅強喔！在面對失去兒子的傷痛時，你還能安慰與鼓勵兒子的朋友們。」珍妮佛說：「其實是他們給我的擁抱、愛與支持，讓我有能量去愛和擁抱他人。」在重整成員的對話裡，珍妮佛把這些愛兒子的人納入她的心裡，成為她愛人的能量。珍妮佛將此段故事定名為「數字的能量」（strength in numbers），「愛兒子的人數越多，我的能量就越大。這些能量聚集起來成為我的能量」。

5. 聆聽兒子的「回音」

「兒子的離去把我的心也擊碎了，我告訴他人我永遠不會跟原來一樣，即使是努力地完成了學業，參加了畢業典禮，我腦中唯一想的是要跟他在一起。有時候開車時會想說，只要我加速一下，只要我突然來個大轉彎，我就可以去見兒子了，這時會突然想到兒子鼓勵的表情或女兒們和孫女們的臉孔，我才又回神過來。有這種尋死的想法，也嚇到我自己。」珍妮佛突然話鋒一轉，又談到悲傷的事。

「如果兒子知道你有這樣的想法，他會怎麼說？」諮商師探問著。

「他會打我的屁股，告訴我：『媽！我長大了，我會照顧我自己了。』你知道在他死去後的兩個禮拜他真的來到我夢中告訴我了。」珍妮佛說話的聲音上揚，興奮地說。

「真的，是怎麼回事？」這下諮商師更好奇了。

「他出事那天我趕到醫院時，他已往生了。我跟他做告別，他已無法回應。在他喪禮的兩個星期後，我夢見兒子從前門進來並走到我的面前，我很驚訝地抱住他、不斷地告訴他我愛他。然後我抓住他的肩膀問他：『你去了哪裡？每個人都在擔心著你。醫院的人說你死掉了，我們剛剛幫你辦了喪禮，你到底去了哪裡？』他告訴我說：『很抱歉我必須離開一會兒』後便走到牆壁。這時我看到牆壁上出現九個方格的門，他打開其中一個爬了進去。然後回頭露出他燦爛的笑容看著我說：『媽！不要為我擔心！我很安全！我很好，不要為我擔心！』之後門關了起來，這時我聽到像電影配音的關門聲，把我吵醒。醒來後我一直哭但卻感到很安慰。」

「還有在醫院中我還告訴兒子要保護正在懷孕中的姊姊。結果你知道嗎？孫女出生後頭上有個像唇印的粉紅色胎記（strawberry），傳說中那是天使的吻，我相信那是我兒子給他姪女的一個吻。」珍妮佛說著從手機找出照片給諮商師看。

「好貼心的孩子，你要為這段故事取個什麼標題呢？」諮商師問。

「定名為『兒子的回音』吧！我一直祈禱能知道他的近況，他終於給了我回音。」珍妮佛邊說邊掉眼淚。

「你現在留的淚水意味著什麼呢？」諮商師問。

「是釋懷的淚水。在醫院中我告訴他，我愛他、為他感到驕傲，也告訴他不要離媽媽太遠，因為媽媽有時候也會需要他。」她把「兒子的回音」放入生活協會裡，知道兒子在一個安全的地方讓她感到安心。

（三）外化對話策略

「我從小就扮演保護者的角色，也是家中的基石（rock of family），但別人很難想像這顆基石也會有軟弱的時候，就像這個聖誕節面對安靜無聲的家，退色的聖誕節讓我很沮喪。」珍妮佛突然又想起昨天那個掃興的聖誕節。「你怕什麼？」我問她。「怕孤單、怕寂寞。就像憂鬱症的狀況，沒有體力做任何

事。想著『如果人生隨時會結束幹嘛那麼努力？』想著『幹嘛起床讓生活能正常運行，如果人生已經不再正常了？』想著『如果沒有人要回家吃飯，為什麼要煮飯？』『如果再也沒有人需要我了，為什麼要去工作？』這種情況最容易出現在早上，當醒來時突然記起『兒子再也不會回來了』心情就很容易變得很消沉，進入我的黑暗時段（dark time）。」

1. 叫它「醜陋的」

「你可以幫這個黑暗時段取個名字？」「叫它『醜陋的』（the Ugly）！」諮商師才提出邀請，珍妮佛不假思索地就把名字取好了。諮商師問她通常早上幾點起床，她說通常早上五點半會醒來。

諮商師：你早上醒來時「醜陋的」跟你說什麼？

珍妮佛：「醜陋的」說：「就躺在那兒不用起床啊！」「又沒什麼事等著你去做。」「醜陋的」叫我待在床上，什麼事都不用做。

諮商師：那你怎麼回應「醜陋的」？

珍妮佛：我跟「醜陋的」說：「不行！我一定要起床！」然後我跟我自己說：「珍妮佛，你可以做到的，來，我們起來吧！」

諮商師：「醜陋的」是你嗎？或者「醜陋的」是「醜陋的」？

珍妮佛：不！「醜陋的」是我早上的黑暗心情，那不是我。我很努力地不要讓「醜陋的」挾持我。我不等於「醜陋的」，我不要變成「醜陋的」。

諮商師：「醜陋的」要你待在家裡就好，什麼事都不要做；但你要出去做事，是嗎？

珍妮佛：是啊！我跟「醜陋的」說：「你自己回床上去，我要出去了。」

諮商師：當你真的掙脫「醜陋的」走了出去，你覺得怎樣？

珍妮佛：我覺得很有成就感。可以順利走出家門讓我又多賺到了一天。

諮商師：有沒有那種情況是你已經起床，正在洗澡或喝咖啡，「醜陋的」
又跑來找你？

諮商師：有，發生過啊！有時候就是聽了「醜陋的」話就想先偷懶一下，
上班差點要遲到。這時候就靠我的「不認輸的固執」來抵制「醜陋
的」，不讓我被「醜陋的」拖下水。

從上述的對話可看出珍妮佛和「醜陋的」分得很清楚，諮商師便計畫使用
相對影響性的問話追蹤「醜陋的」發生的歷史和對珍妮佛生活的影響狀況。諮
商師在紙上畫了一條線，左端是「醜陋的」，右端是珍妮佛，總長度是指其每
天的生活是 10，從左到右標示 0 到 10，請她想想從兒子去世以來她的生活有多
少分量是被「醜陋的」掌控，有多少分量是由她自己掌控。

2. 與「醜陋的」的拔河賽

「兒子去世之後那幾週——『醜陋的』占 1/10，『珍妮佛』占 9/10。在兒
子去世之後那幾週，我要忙著安排喪禮，以及完成我的大學課程，沒時間給『醜
陋的』，所以『醜陋的』占 1/10，我自己占 9/10。你知道為什麼安排喪禮對我
這麼的重要嗎？兒子在軍人宣誓那天要填寫很多相關表格，填到一半時很慎重
其事地說：『媽，我在表格上填說你是要幫我辦喪禮的人喔！』我一聽很有忌
諱地說：『現在不要談這件事！』兒子說：『不行！一定要談。我把軍人福利
的受益人寫你，人壽險的受益人寫父親，但只有你可以幫我辦喪禮，因為你會
幫我辦得很美、很令人難忘。』這是兒子在去世一年半前的託付，我要好好幫
兒子辦個美麗又難忘的喪禮。完成我的大學課程也是兒子最希望看到，我當然
要全力以赴。所以當然沒有時間給『醜陋的』。很多人都不相信我在喪禮上能
夠如此勇敢地面對兒子的離去」珍妮佛有感而發地說著。

「大學畢業到研究所開學的那三個月——『醜陋的』占 8/10，『珍妮佛』
占 2/10。這是大學畢業到研究所開學的那三個月的期間，我整個鬆懈下來，『醜

陌的』就侵入了占 8/10，我自己只占了 2/10，人生變得很空虛，常胡思亂想。」
珍妮佛邊說邊把手指頭比在諮商師畫的線上 8 的位置。

「就讀研究所的一年半——『醜陋的』占 1/10，『珍妮佛』占 9/10。還好
我聽兒子的話申請了研究所，就讀研究所這一年半以來，我有必須起床的理由
和動力，『醜陋的』縮減到 1/10，我自己占了 9/10，而且我強迫自己晚上晚點
睡，不要因睡不著而讓『醜陋的』趁虛而入。」在我畫的另一條線上，珍妮佛
把手指頭比在 1 的位置。

「聖誕節那天——『醜陋的』占 9/10，『珍妮佛』占 1/10。但聖誕節那天
早上因孩子都不在，不再熱鬧，『醜陋的』就侵入了占 9/10，我自己只占了
1/10。」在諮商師畫的最後一條線上，珍妮佛把手指頭比在 9 的位置。

（四）解構對話策略

「以後聖誕節如果孩子不要回家過，我也不要待在家裡，我無法忍受自己
過聖誕節的寂寞心情。」珍妮佛突然冒出這段話，聽出來她認為「聖誕節當天
若是獨處即是孤單」的心聲。諮商師打算與她進行解構對話，挑戰這個讓她感
到自憐的想法。

諮商師：你好像覺得聖誕節一定要全家在一起才會是快樂的，是嗎？

珍妮佛：是啊！我還記得以前聖誕節拜訪父母和祖父母的情景，總是盼望
　　　　著未來我當了祖母後子女們帶著他們的小孩在聖誕節回家團聚的情景，
　　　　那是我腦中所界定「快樂聖誕」的景象。我的黃金法則是：「聖誕節
　　　　每個人必須都在」。即使全年只有一天可以聚在一起，一定要是聖誕
　　　　節這一天，我們全家人永遠不會在那一天分開。但今年我的夢破碎了，
　　　　「醜陋的」整整占據了 9/10，我自己只有 1/10。

諮商師：什麼時候你訂下這個黃金法則？

珍妮佛：從我很小開始，即使我的父母離異，我的母親仍然不忘給我們快
　　　　樂的聖誕，通常早上是拆禮物，下午兩點後就去拜訪祖父母，並在聖

誕節前或後的星期六一起與父親過聖誕節。與父親居住的那一年，我們也會去拜訪父親的祖父母和我們的祖父母。所以當我有了自己的孩子後，我就訂下了這個黃金法則，聖誕節就是要大家一起過。

諮商師：抱持這樣的信念讓你快樂嗎？

珍妮佛：是的！它帶給我一段很快樂的時光。在我前夫和我有孩子之前，聖誕節我們會去拜訪祖父母和父親、母親的家。有了孩子之後，我們一定會等到全家都在一起時才會布置聖誕樹。當孩子們長大漸漸搬離家之後，我們就相約大家都可以回家的那一天布置聖誕樹，發現感恩節是最恰當的一天。所以吃完感恩大餐後大家就一起布置聖誕樹。然後聖誕夜他們會再回家一起過聖誕夜，隔天早上拆禮物，之後大家可以各自去拜訪朋友。

諮商師：那今年呢？誰布置聖誕樹？

珍妮佛：我兩個女兒和小孫子。他們感恩節回來，吃完感恩餐後我們一起布置聖誕樹。你看我做了一個天使的吊飾品，上面掛有傑佛瑞的照片，我把它掛在聖誕樹上。

諮商師：你好像喜歡聖誕節多於感恩節喔？

珍妮佛：是啊！我喜歡聖誕節的一切。不只是家人聚在一起，還有聖誕燈、聖誕餅乾的香味、聖誕的氣氛等等。

諮商師：持守著你的黃金法則還讓你快樂嗎？

珍妮佛：沒有啊！讓我感到傷心。我知道兒子是永遠回不來了，大女兒搬去紐約，兩個節日都要回來是不太可能，後來我們就說好讓她感恩節回家。只是過去的20年我們都是全家聚在一起的，現在突然沒有了，對我的打擊很大。

諮商師：大家知道你的黃金法則嗎？

珍妮佛：我是今年的聖誕節才深深有這種感覺，所以沒有提早提出預警，但我現在知道了，我就告訴我的大女兒我的心情，她聽了後說：「我

很抱歉，我覺得自己不是個好女兒。」我告訴她：「我跟你說這個不是要讓你感到內疚，我只是讓你知道，以後聖誕節如果你們不在這裡，那麼我也不會在這裡。我知道你有自己的生活，但我希望你能理解我的感受。」我的小女兒聽了後說她和她的家人計畫明年回家過聖誕節。我沒有期待說他們必須一大早就在家，但只要知道他們有準備要回家就可以了。如果我的家沒有歡笑和美味食物的聖誕節，那麼我就會去有歡笑和美味食物的地方。」

諮商師：看來現在你的黃金法則是有點在改變了喔，是嗎？

珍妮佛：是的，一年中一切都可能會有所變化。我的小女兒現在說可以回來，但也許到明年的那個時候，沒有錢或車壞了無法成行。我的大女兒剛剛找到一份新工作，也許有更多的錢或休假時間就可以回家相聚。不過如果他們不能來，我會去找他們。無論如何，不管是用什麼方式我們一定會聚在一起慶祝聖誕。

諮商師：萬一計畫趕不上變化，聖誕節沒有如預期所料，從你分享的故事中，有沒有從中發現屬於你的生命裡含有什麼能量和能力可以不讓「醜陋的」入侵，讓自己有一個屬於自己的快樂聖誕節？以及讓自己掌控的人生的分量擴大，不會讓你將獨處和孤獨畫上等號？

珍妮佛〔想了一想後〕：應該是我的「不認輸的固執」吧！因為它會讓我即使在困難的情況下也能看到光明的一面。知道我的孩子們無論在不在我的身邊都還是那麼愛我，應該可以幫助我克服寂寞感。

這時她拿出照片與諮商師分享。第一張是三個孩子分別在三歲、五歲和六歲時拍的全家福，三個孩子與父親坐前面，珍妮佛站在後面，她形容這份景象是「最完美的時刻」，她說：「這就是我夢想的人生，是我人生最棒的時刻，那個時候的一切都比現在來得單純了許多，我真想用一切代價換取那段美好的時光。」分享了幾張之後，她拿出裝滿兒子照片的紀念盒，「這些照片是我人

生中最美的時刻，不管是在什麼樣的情況，我兒子都可以把它變成最好的時刻。見有人受到傷害他會放下手邊的事去挺力相助；有人哭了他會前去安慰；而遇到快樂的事他又會笑得比別人還開心。但調皮起來又讓你又氣又好笑，他出事那天我正在客廳油漆牆壁，彎下去要倒油漆在杯子裡準備要漆角落時，感覺有人在我身後，轉身一看，見我兒子穿著一身奇怪的打扮要嚇我，嚇得我差點要跌下去，而他卻在那兒哈哈大笑。我還罵他說：『不要鬧了，趕快回房間去整理東西吧！』」聽她愛憐地說每張照片背後的故事，諮商師問她想為這段故事取個什麼名字，她說：「回憶和微笑。」

　　看見紀念盒上有幾排字，珍妮佛遵循諮商師的指示念了出來：「有人來到人世間卻又匆匆離開。但對他的記憶卻永遠存留在我們的心中。（Someone come to life but gone too soon. The memory left in our heart and stays in our heart forever.）」

　　諮商師問珍妮佛說：「念這段話時你在想什麼？」

　　珍妮佛說：「這麼多人愛他，他死得不孤單。我很享受，很高興有這些照片可以回憶；但失去他我的心裡也掉了一大塊肉，我很難過，因這些照片是我僅能擁有的他。」

　　諮商師說：「你剛才說你很難過，因這些照片是你僅有的，但聽你說的故事我覺得你擁有的比這些還多。」

　　珍妮佛笑著點頭說：「是啊！我喜歡跟別人分享他的故事，就是這樣的時刻給了我希望和能量，幫助我能繼續往前行。而且我『不認輸的固執』會讓我定睛在快樂的回憶上。」「你的兒子好幸運有你這樣的母親。」談到這裡時間已近尾聲，諮商師轉了一個口氣問她：「我可以給你出個家庭作業嗎？」

　　「我不是已修完你的課了嗎？怎麼還得寫作業啊？」

　　「如果你兒子問你我們今天談了這麼多，你有什麼感想？你會怎麼回答呢？可不可以寫一封信給兒子報告你的體會？」我好奇地問著。

　　「我不是寫給兒子一封 21 歲的生日的信了嗎？」珍妮佛反問。

「對啊！就像那樣的信但還要包括你對我們今天會談的領悟喔！下星期六見面時要拿過來可以嗎？」諮商師做了個說明，珍妮佛同意試試看。

二、第二次會談

從第一次會談中看出兒子在珍妮佛心中的分量，是她跟上帝要來的禮物。也因此兒子的離去對她的打擊相當大，如果採用傳統的悲傷諮商要她跟兒子說再見，可能會讓她感覺到更多失去的空虛感，甚至感到人生失去了價值。基於此，諮商師在第二次會談時計畫用「再次問安」的策略來取代「說再見」的策略並與寫信策略合併，讓珍妮佛能與兒子透過寫信的對話，與兒子分享她在諮商會談中的體會與意義。

（一）寫信策略

珍妮佛依約來到第二次會談，一見面就從包包裡拿出一封用手寫的筆跡很清秀的信。

「你可以把它讀出來嗎？」諮商師問珍妮佛。

「你又要我掉眼淚嗎？」珍妮佛開玩笑地問著。

諮商師點點頭後鼓勵她：「我知道這不容易，但我相信能念出來會帶給你更多往前走的勇氣與信心。」

珍妮佛做了一個深呼吸後，念出了信（表 6-5）。

珍妮佛擦著眼淚說：「你知道我寫的時候已哭了一次，現在你又讓我哭了一次。」

（二）再次問安策略

諮商師：這封信好甜蜜，你兒子好幸運有你這位母親。其他母親遇到這樣的情況可能會抱怨、責備、憂鬱或不想再談起，但你卻能把它化為正向的能量，讓我體會到母愛的能量。他一定是跟上帝要求要你當他的母親。難怪他要你幫他辦喪禮，他知道你會幫他辦場美妙的喪禮。

表 6-5 珍妮佛寫給兒子的信

親愛的傑佛瑞：

　　哦，我好想念的可愛男孩，上星期六我與駱博士聚在一起，我與她分享了許多你的人生故事，這讓我對你離去的這件事有了一些重要的體會。你知道，當你剛離開時，我其實是很生氣的，因為當你上天堂時，把一大半的我也帶走了。而殘忍的上帝卻沒有留下一丁點的你給我。但在與駱博士的對話中讓我發現，其實在我心裡的你是誰也拿不走的。

　　我瞭解愛是不會隨著死亡而消失的，每一天的每一分鐘我都會永遠不停止的想你或愛你，就好像你在我身邊一樣。我好喜歡與他人分享有關你在這被允許活著的有限人生裡所完成的許多事、觸動過的許多人心的生命故事，我真的覺得很幸運能夠擁有你成為我的兒子。

　　那天邊談著你邊流著淚水時，我清楚知道，我的哀傷無法止住是因為沒有解藥可以治癒我失去你的傷痛。兒子，我會一直哀悼著你、愛著你。我常會忍不住想著如果你活著你會長成什麼樣的人，你會做什麼事，期望著你擁有最美好的人生。人世間這麼多的事情你已經無法繼續去做，但我對你的愛不會停止，失去你的悲傷也不會結束。儘管如此心酸，我卻深深體會到，即使我可以選擇不生下你就不會經歷悲傷，我也不會如此去做。你這 20 年在人世上帶給我如此珍貴的時光，讓我即使要忍受失去你的痛苦直到我嚥下人生的最後一口氣我也願意承受。有你作為我的兒子是我收到的最珍貴的禮物，我永遠不想改變它。

　　親愛的兒子，現在你是我的天使，我依然能感覺到你就在我的身邊。是你激勵著我盡我所能努力成長，好成為一個能夠讓你感到驕傲的人，就像你讓我為你感到驕傲一樣。我希望你記住，當我在最脆弱的時刻，只要能再次感受到你的存在，看到你的笑容，就會給我能量推著我往前踏一步。所以兒子，請不要忘記要持續的關注我。

　　　　　　　　　　　　　　　兒子，我把親吻送上天堂，
　　　　　　　　　　　　　　　全心全意地愛著你直到我們再次見面。
　　　　　　　　　　　　　　　愛你的媽媽

珍妮佛：謝謝！我很訝異當我兒子跟他父親提起喪禮是由我籌辦時，我的
　　　　前夫也同意說：「你母親確實是最好的人選。」喪禮結束時，前夫也
　　　　來跟我說：「你辦得很好！傑佛瑞會為你感到驕傲！」這是雙向的，
　　　　我要謝謝我兒子給我的能量。

諮商師：你兒子聽到你給他寫的信，會怎麼回應呢？

珍妮佛：我想有些部分他會不同意。因為他最不喜歡看到悲傷的景象，所
　　　　以我才沒有躲在角落裡哭泣。他不要人們因他的離去而停止生活的腳
　　　　步。他可能會說：「我現在沒有在那裡，但是你要繼續前行」，他應
　　　　該不希望看到我還持續悲傷著。

諮商師：那他如果聽到你說：「我的哀傷無法止住……失去你的悲傷也不
　　　　會結束」會不會讓他失望呢？

珍妮佛：是的，可能會有些失望，他不喜歡悲傷。若看我悲傷他就會想辦
　　　　法逗我笑。但是他應該會瞭解我有多愛他。我是那種會讓小孩知道我
　　　　有多愛他們的父母，每次要出門時親吻、擁抱，告訴他們：「我愛你」
　　　　是一定要經過的儀式，打電話沒有說「我愛你」是不會掛斷的，他們
　　　　對我也是一樣。所以對我的反應他應該不會感到意外，不過他可能會
　　　　用鼓勵的口氣說：「媽，你可以悲傷，但偶爾為之就好，不要讓悲傷
　　　　的情緒控制了你！」

諮商師：你對兒子表達愛的方式對你兒子人生故事和人格養成上有什麼樣
　　　　的貢獻呢？

珍妮佛：很多認識他的人在喪禮上接觸到我之後，跟我說：「我終於知道
　　　　妳兒子那顆柔軟又愛人的心是從哪裡來的了，原來是遺傳到你。」我
　　　　很高興我有把這個個性傳給他，讓他能把愛散播給他所接觸到的人。

　　諮商師看著珍妮佛信上寫著：「當你剛離開時，我其實是很生氣的，因為
當你上天堂時，把一大半的我也帶走了。而殘忍的上帝卻沒有留下一丁點的你

給我。」確實反應出懷特所說的當失去所愛的人時，會讓人連自我也喪失，甚至感到空虛感和失去了人生價值。很慶幸在經過談話後她有新的體會，就安慰她：「我想你兒子應該很高興聽到你說：『在我心裡的你是誰也拿不走的。』」

珍妮佛：我真的覺得今天的我是被我的孩子塑造出來的，他們幫助我長成這樣的我。雖然過程頗為坎坷，但如果沒有他們我就不會是今天的我。他們是我人生中很重要的部分，雖然並不是每段回憶都是美的，但我不會要去交換任何片段，因為每一段在我的成長發展上都有它特別的目的。

諮商師：我很感謝妳願意與我分享你跟你兒子的故事。

珍妮佛：哪有，那才是我的榮幸。我相信你在工作領域接觸那麼多的人，你一定不乏人選，但你卻這麼關心我，想要聽我的故事。

諮商師：看來是要感謝你兒子對你的激勵喔！他的愛催促你來念研究所，我才會教到你喔！也才有幸聽到你和你兒子的故事喔！

珍妮佛：真的！就像我信裡告訴他的，他是我的天使，是他激勵著我盡我所能努力成長，成為一個能夠讓他感到驕傲的人，但我也要他繼續關注我。

諮商師：聽出你兒子對你的愛是你繼續行走人生路的最好助力。聽你的故事讓我很受激勵，你會如何用這些故事來鼓勵更多的人呢？

珍妮佛：很多人因為知道我失去兒子而會跟我分享，我才知道很多人都經歷過失去親人的痛苦。聽到別人類似的經驗，讓自己覺得並不孤單，讓自己很受鼓舞。我覺得我現在是屬於這個「特殊俱樂部」的一員，我更可以瞭解他人悲慟的心情。這是一個沒有人會想進來的俱樂部，但既然已經進來了就不希望被排除在外。例如有一位太太也失去兒子，我去關心她並跟她分享我的故事，現在我們變成很好的朋友。

諮商師：如果我要你用一個字來形容你，會是什麼字？

珍妮佛：那個字是「媽媽」。從小我就喜歡當媽媽，把我的弟妹當孩子照顧還被我父親責備，說那是大人的責任要我認真當小孩就好。當我結婚的頭三年一直沒受孕真的很有挫折感，正想去領養小孩時很驚喜地發現自己懷孕了，有了自己的孩子我感覺擁有了全世界。

諮商師：那個時候，「珍妮佛」在哪裡？

珍妮佛：退居幕後，全心當母親。當孩子漸大，我開始在社區學院修一門課，但丈夫一方面認為讀書是浪費時間的事，另一方面又擔心我無法全心照顧孩子而阻止。直到五年前先生移情別戀離開了我們，那時小兒子 13 歲，我決定從兩年制的社區學院讀起，為我自己讀書，並讓孩子看到正向面對困難的榜樣。三個孩子都支持我，我們一起讀書一起成長，還比賽誰的成績贏過媽媽，才發現我的「媽媽」角色和自己這個「珍妮佛」可以併行。

諮商師：好高興看到珍妮佛已經出現在自己的人生舞台了，還有哪些角色你已擁有，以及未來還會陸續出現的呢？

珍妮佛：除了最重要的「珍妮佛」自己，我也是「媽媽」、「祖母」、「碩士」，目前我在法院工作，希望能找個教職去教書。儘管我兒子已不在了，我還是他的媽媽，喪禮完我幫他洗了他去世前還沒來得及洗的衣服，他的房間還有很多東西待整理呢！〔她如數家珍地談著。〕

諮商師：哇！好精彩喔！

諮商師：英國文學和小說家赫黎說：「經驗不是發生在你身上的事，而是你對發生在你身上的事情如何面對與反應。」敘事諮商法相信述說故事會讓人看到希望的亮光，從訪談中你有感受到希望感嗎？

珍妮佛：有啊！從訴說故事中我體會到兒子對人生充滿熱情，但卻也不捨他的人生這麼短短的 20 年就沒有了。不捨之餘更會去反思那有機會活下去的人為什麼不好好活呢？怎麼要浪費時間去想消極負面的事呢？感謝兒子的推動，我雖然失去他，卻能化悲傷為力量完成學士與碩士

學位；我從我孫子的臉上看到他的微笑；很多人用他捐贈的器官繼續活了下去；更重要的雖然他的人生不長卻照亮了很多人等等，這些都讓我看到了希望的亮光。謝謝你願意聆聽，就是這樣分享的時刻給了我希望和能量，幫助我能繼續往前行。

「所以我決定要做件讓他更驕傲的事是，就是半年後，我計畫再去修第二個碩士學位，我會繼續往前邁進與成長的。」珍妮佛驕傲地做了這個宣布來回應她對要珍惜人生的領悟。珍妮佛越說越興奮：「這一年會是『改變的一年』（The Year of Change）」。

諮商師探問珍妮佛經歷了敘事諮商的受益程度，她說：「謝謝你在我述說故事時拋出的問題，讓我有機會去澄清與整理自己的心思意念、把點構成了線、架構成面後增加了不少領悟，我終於發現我的兒子比我想像的更像我，兒子成為我的天使，在我心裡給我往前的能量。我願意接受不能改變的不完美人生，『醜陋的』將永遠是我人生的一部分，因為兒子永遠不會再回來，所以我心中因失去愛子所造成的破洞將永遠無法被填補。然而因有『醜陋的』存在，也讓我更珍惜我所擁有的能掌控的自己。這樣的諮商過程對像我這樣痛失所愛的哀傷者是相當有助益的，尤其對在剛失去親人的哀悼者。」

貳、敘事諮商摘要

敘事方法是由懷特和愛普斯頓共同發展出來的，強調每個人都有自己的人生故事，並依循著故事而活。然而人生而具有詮釋的能力，所以故事的消極或積極是被自己詮釋出來的。因為語言具有極大的威力，人們如何表達以及表達時所用的字眼會影響其對世界的感覺和想法，也會影響其心理能量的高低。所以我們訴說什麼人生故事，怎麼說人生故事，是相當重要的。

敘事諮商師扮演的是發掘希望的考古學家角色，用冷靜的參與、好奇的心態，本著「問題是問題，人不是問題」的理念，尊重案主是其人生故事作者的

特權。帶著慧眼，耐心地聆聽案主的故事，在其敘述故事中，以外化對話、解構對話、凸顯獨特結果、重整成員的對話、重新創作的對話、寫信、再次問安等策略，跟著案主共同探索，尋找隱藏在問題之後的潛在能力與價值感，共同寫出新的人生詩篇。

當說者從故事中體會到意義，其說出來的故事就會引人入勝。「透過訴說這些故事不僅會改變講述者，也會讓榮幸聽到這些故事的諮商師有所改變」（Monk, 1997, p. 4）。從與珍妮佛八小時的對話中，確實感受到故事在諮商中的魅力與威力。當喪兒傷痛的故事被賦予了意義，使用對的語言去訴說時，它讓珍妮佛看到了人生的新希望，讓珍妮佛走出人生的新光彩。文末本書作者體會到這句話：「語言的威力無窮，它可以將看似無希望的事件塑造成一個充滿希望的火距」（The power of language is endless, and the event can be shaped into a torch of hope）。以此和大家一起共勉！

第五節。敘事諮商的自我測驗

・你瞭解了嗎？

•••

下面有 15 題選擇題可幫助你測試自己對敘事諮商學派的理解程度。

1. 敘事諮商的創始者是誰？

   a. 薩提爾（Virginia Satir）

   b. 懷特和愛普斯頓（Michael White & David Epston）

   c. 卡巴金（Jon Kabat-Zinn）

   d. 恩瑞特（Robert D. Enright）

2. 敘事諮商法認為不管_____景觀描述得多麼生動和有趣，若缺乏_____景觀的注入，亦即對所發生的故事沒有賦予意義，對案主的幫助就不大。

   a. 意識，行動　　　　　　　　b. 行動，意識

   c. 感覺，行動　　　　　　　　d. 行動，感覺

3. 敘事諮商法強調_____可讓諮商師擺除專家者的姿態，在彼此間能預留一些空間，好對案主所訴說的故事和分享的心聲與想法能有更深切的體會和更多去思考如何從原有的故事中走出來，寫出另一個版本的人生故事。

   a. 好奇心　　　　　　　b. 同理心

   c. 無條件的愛　　　　　d. 耐心

4. _____故事是人們解釋體驗的模板，是在家庭或個人心中最凸出的故事，人們以此故事來界定自己並以此來解釋自己的行為。

   a. 取代性　　　　　　　b. 問題導向

   c. 主導　　　　　　　　d. 以上皆是

5. 敘事諮商師需要具有＿＿＿＿的所有觀察力，堅持、關懷、審慎和精緻，以便能幫案主找到人生的新希望。

    a. 考古學家　　　　　　　　b. 藝術家

    c. 音樂家　　　　　　　　　d. 建築師

6. 愛普斯頓提出「假設語氣」，建議諮商師在幫助案主敘述故事時應使用哪些字眼，好將重點是放在可能性而非固定性的描述。

    a.「可能將」、「也許能夠」

    b.「可能是那個嗎？」或「假如是？」

    c.「將會」

    d. 以上皆是

    e. a 和 b

7. ＿＿＿＿技巧是幫助案主體會到「問題是問題，人本身不是問題」。

    a. 解構對話　　　　　　　　b. 凸顯獨特結果

    c. 外化對話　　　　　　　　d. 重新創作的對話

8. ＿＿＿＿是那些與問題不符合的情節和與問題發生事件相左的情況。

    a. 獨特結果　　　　　　　　b. 主導故事

    c. 啟發意義的問題　　　　　d. 外化對話

9. ＿＿＿＿一面鼓勵案主繼續講述其人生故事，但也一面幫助案主追加一些與其主導故事情節不同步、例外或是被忽視但卻可能非常重要且正向的事件和經歷。

    a. 外化對話　　　　　　　　b. 解構對話

    c. 凸顯獨特結果　　　　　　d. 重新創作的對話

10. _____提供案主一個機會去更新其生活協會的組成會員。

a. 重整成員的對話　　　　　b. 解構對話

c. 凸顯獨特結果　　　　　　d. 重新創作的對話

11. 當敘事諮商師問案主下面類似的問題：「是哪些你認為是『理所當然』的生活方式一直在干擾你的生活？」這位諮商師正在進行_____對話。

a. 解構　　　　　　　　　　b. 重整成員的

c. 外化　　　　　　　　　　d. 重新創作的

12. 什麼樣的敘事諮商策略會有助於追蹤問題的歷史？

a. 解構對話　　　　　　　　b. 凸顯獨特結果

c. 外化對話　　　　　　　　d. 相對影響性的問話

13. 有時，敘事諮商師會邀請外來的成員擔任諮商師與案主之間對話的見證人，這個儀式可以有效地幫助人們再次或重新定義他們的自我認同。這個過程稱為_____。

a. 定義儀式　　　　　　　　b. 解構對話

c. 凸顯獨特結果　　　　　　d. 重新創作的對話

14. 在案例研究中，當案主表示每天早晨是她心情很糟的黑暗時期時，諮商師邀請案主珍妮佛幫她的黑暗時段取個名字。諮商師正在進行敘事諮商的哪項策略？

a. 解構對話　　　　　　　　b. 凸顯獨特結果

c. 外化對話　　　　　　　　d. 相對影響性的問話

15. 在案例研究中，案主每回憶起一段正向故事，諮商師會請案主下個標題。透過思考這些積極性的標題，更可幫助案主對自己消極的人生逐漸有所改觀。諮商師正在進行敘事諮商的哪項策略？

a. 解構對話　　　　　　　　b. 相對影響性的問話

c. 凸顯獨特結果　　　　　　d. 重新創作的對話

·腦筋急轉彎

1. 「問題是問題，人本身不是問題」，是敘事諮商法的格言，你贊同這個理念嗎？請舉例子來說明你的論點。

2. 請找一位同伴，各想出一個正遇到的困擾，使用外化對話技巧為你遇到的困擾取個名字，使用相對影響性的問法追蹤該問題發生的歷史和對你生活的影響狀況。想像我們的生命（life）是一條線，總長度是 10，左端是問題的名字，右端是你自己，從左到右標示 0 到 10，從問題發生以來到現在，你的生活有多少分量是被這個問題掌控，有多少分量是由你自己掌控。

3. 英國文學和小說家赫黎曾經說過：「經驗不是發生在你身上的事，而是你對發生在你身上的事情如何面對與反應。」請找一位同伴，各自分享人生故事，輪流以本章介紹的方法（至少三種），幫助對方改寫其消極的人生故事，找到人生的希望。

4. 請寫一封信給你遇到過的一個問題，告訴它你經歷該問題後對你的意義與從中所獲得的體會與成長。

5. 請站在局外見證人的立場對本章案例珍妮佛的分享給予回應。

照片和圖片來源 *Photo/Figure Credits*

學者照片之 1：By Jill Freedman, CC BY-SA 3.0 <https://creativecommons.org/licenses/by-sa/3.0>, via Wikimedia Commons. 取自 https://commons.wikimedia.org/wiki/File: Michael_White_photo.jpg

學者照片之 2：By David Epston, CC BY-SA 4.0 <https://creativecommons.org/licenses/by-sa/4.0>, via Wikimedia Commons. 取自 https://commons.wikimedia.org/wiki/File: David_Epston.jpg

參考書目 *References*

Drewery, W., & Winslade, J. (1997). The theoretical story of narrative therapy. In G. Monk, J. Winslade, K. Crocket, & D. Epston (Eds.), *Narrative therapy in practice: The archaeology of hope* (pp. 32-52). San Francisco, CA: Jossey-Bass Publishers.

David Epston (n.d.). Retrieved from https://en.wikipedia.org/wiki/David_Epston

Epston, D. (1994). Extending the conversation. *Family Therapy Networker, 18*(6), 31-37, 62-63.

Freedman, J., & Combs, G. (1996). *Narrative therapy: The social construction of preferred realities.* New York: W. W. Norton & Company.

Freeman, J., Epston, D., & Lobovits, D. (1997). *Playful approaches to serious problems: Narrative therapy with children and their families.* New York: W. W. Norton & Company.

Gallant, P. (2008). Michael White: In memoriam: Therapist, teacher, innovator. *Journal of Marital and Family Therapy, 34*(4), 427-428. Retrieved from http://search.proquest.com/docview/220978897?accountid=1229

Hedtke, L. (2014). Creating stories of hope: A narrative approach to illness, death and grief. *Australian and New Zealand Journal of Family Therapy, 35*, 4-19.

McGoldrick, M., & Hines, P. M. (2007). Hope: The far side of despair. In C. Flaska., I. McCarthy, & J. Sheehan (Eds.), *Hope and despair in narrative and family therapy: Adversity, forgiveness and reconciliation* (pp. 51-62). New York: Routledge.

McKenzie, W., & Monk, G. (1997). Learning and teaching narrative ideas. In G. Monk, J. Winslade, K. Crocket, & D. Epston (Eds.), *Narrative therapy in practice: The archaeology of hope* (pp. 82-120). San Francisco, CA: Jossey-Bass Publishers.

Michael White (n.d.) Retrieved from https://en.wikipedia.org/wiki/Michael_White_(psychotherapist

Michael White (1948-2008). Retrieved from https://www.goodtherapy.org/famous-psychologists/michael-white.html

Monk, G. (1997). How narrative therapy works. In G. Monk, J. Winslade, K. Crocket, & D. Epston (Eds.), *Narrative therapy in practice: The archaeology of hope* (pp. 3-31). San Francisco, CA: Jossey-Bass Publishers.

Morgan, A. (2000). *What is narrative therapy? An easy-to-read introduction.* Adelaide, South Australia: Dulwich Centre Publications.

Myerhoff, B. (1982). Life history among the elderly: Performance, visibility, and remembering. In J. Ruby (Ed.), *A crack in the mirror: Reflexive perspective in anthropology* (pp. 99-117). Philadelphia: University of Pennsylvania Press.

Parker, L. (1995). *Deconstructing psychopathology.* Thousand Oaks, CA: Sage.

Pearce, J. (2008, April 28). Michael White, 59, dies; used stories as therapy. *The New York Times*. Retrieved from http://www.nytimes.com/2008/04/28/us/28white.html

White, M. (1988, Spring). Saying hullo again: The incorporation of the lost relationship in the resolution of grief. *Dulwich Center Newsletter*, 7-11.

White, M. (1991). Deconstruction and therapy. *Dulwich Centre Newsletter*, *3*, 21-40.

White, M. (1995). *Re-authoring lives: Interviews & essays.* Adelaide, South Australia: Dulwich Centre Publications.

White, M. (2007). *Maps of narrative practice.* New York: N. W. Norton & Company.

White, M., & Epston, D. (1990). *Narrative means to therapeutic ends.* New York: N. W. Norton & Company.

「你瞭解了嗎？」試題解答 *Answer Key*

題號	1.	2.	3.	4.	5.	6.	7.	8.	9.	10.	11.	12.	13.	14.	15.
解答	b	b	a	c	a	e	c	a	d	a	a	d	a	c	d

4

從後現代諮商的觀點著手：以對話為主軸

聽過「人要改變，語言要先改變」這個說法嗎？而帶動語言改變的最佳管道就是「對話」。本篇以米勒和羅林克以及古里希和安德森的觀點，介紹兩個強調對話的後現代諮商學派。

米勒和羅林克相信透過適度引導、合作和目標取向的對話，可引發出人們想改變的動機。古里希和安德森確信透過對話可談出新的可能性。

第七章

◆

米勒和羅林克的動機性晤談
諮商學派

Miller's and Rollnick's Motivational Interviewing

創始者
威廉・米勒
William R. Miller（1947 出生）（左）
史蒂芬・羅林克
Stephen Rollnick（1952 出生）（右）

——— 本章要義 ———
矛盾揪心時不要慌，它正是你改變與成長的契機。

> 每個諮商學者都有其人生故事，這是米勒和羅林克的故事……

第一節。米勒和羅林克的人生故事

米勒出生於 1947 年 6 月 27 日賓州（Pennsylvania）阿巴拉契亞山區（Appalachia）的一個煤礦小鎮。雖出身貧窮，但他對成長的點滴充滿感恩：「我那時對家鄉以外的地方一點概念都沒有。我對人生所發生的點滴充滿驚喜，像在難以置信的浪潮上衝浪，好精彩的一段旅程。」（"A Conversation," 2018, p. 10）。唯一的遺憾是 13 歲那年，8 歲的妹妹弗朗西斯（Frances）死於糖尿病併發症，對他打擊很大。

壹、在暫時落腳地的威斯康辛碰到人生中的重要人物

大學就讀賓州威廉斯波特的萊康明學院（Lycoming College in Williamsport）主修心理學。原先是打算大學畢業後進神學院，但大四那年突然感覺童年時代的信仰不再適用，而決定申請心理研究所。申請奧勒岡大學（University of Oregon），未獲錄取。1969 年來到威斯康辛大學麥迪遜校區（University of Wisconsin-Madison）讀研究所。未久，被抽中得去服役。那時正值越南戰爭期間，他提出「基於良心拒服兵役」（a conscientious objector）的申請，所以該服役的時間就改在麥迪遜的門多塔州立醫院（Mendota State Hospital in Madison）擔任精神科助理兩年。有機會跟隨羅吉斯（Carl Rogers）（見照片 7-1）學習，影響了他的諮商理念。另一個收穫是認識凱西（Kathy），後來成為他的妻子，也從凱西那裡又找回原來的信仰。

米勒在麥迪遜的門多塔州立醫院有機會跟隨當時正任教於威斯康辛大學的羅吉斯學習如何在助人工作上兼顧心理與精神領域（"A Conversation," 2018）。

⬆照片 7-1　影響米勒的學者之一：個人中心學派創始人羅吉斯。

　　1971 年準備復學，卻被通知他的指導教授赫瑟靈頓（Mavis Hetherington）帶著一半的臨床教授離開，所以不收新的研究生，獎學金也不確定會有。他便決定再去申請奧勒岡大學，順利地被錄取。事後回憶時他仍掩不住喜悅地說：「很高興有機會到西部開始新的人生，在奧勒岡州當研究生的那段日子令人難忘」（"A Conversation," 2018, p. 2）。

貳、暑假的實習竟開啟他的生涯路

　　1973 年的暑假要實習，他和凱西很想回威斯康辛過夏天，便選擇到米爾瓦基的伍德退伍軍人醫院（Wood Veterans Administration hospital in Milwaukee）實習。報到時實習主任哈特（Jim Hart）說：「既然只來一個暑假，就選一項會讓你開心又有趣的單位去實習吧！」（"A Conversation," 2018, p. 2）。治療酒癮單位（alcoholism unit）的負責人霍爾（Bob Hall）問他：「對酗酒問題有瞭解

嗎？」他回說：「一點都不清楚。」霍爾建議：「酗酒是臨床中第二個最常見的症狀，身為一位諮商心理師，必須要瞭解這個領域，來學習一些東西吧！」（"A Conversation," 2018, p. 2）。米勒聽從了建議，選擇了它。霍爾可能沒想到自己這麼一句話影響米勒做的選擇，竟成了他人生志業的開端。

寫論文時決定繼續鑽研酗酒的主題，找利希滕斯坦（Ed Lichtenstein）當指導教授。畢業後在加州帕洛阿爾托（Palo Alto）的退伍軍人管理局醫院（Veterans Administration Hospital）實習，和穆尼茲（Ricardo Muñoz）共同撰寫《如何控制飲酒》（*How to Control Your Drinking*）的自助手冊。

1976 年取得博士學位，到新墨西哥大學（University of New Mexico in Albuquerque）任教直到 2006 年退休。他說：「我愛新墨西哥州；這是一個很棒的工作場所」（"A Conversation," 2018, p. 5）。

因曾與羅吉斯共事過，且在奧勒岡大學受到很好的個人中心學派的訓練，便以這學派所教導的同理心的傾聽來幫助酗酒者。因愛聽故事，從這些酗酒的故事中學到了很多東西。當他看到文獻上將酗酒者說成是騙子時，很不解地說：「和我說話的人好像不是這樣子，這樣說他們似乎不對」（"A Conversation," 2018, p. 11）。被問到：「很多人不喜歡與喝酒的人打交道，說他們撒謊、不會改變，到底是什麼因素吸引你進入這個領域？」米勒自嘲地說：「我讀的醫學雜誌又沒有提到這些。我懵懂地進入這個領域，可說是『受惠於無知吧！』」（"A Conversation," 2018, p. 5）。

參、第一次學術休假意外長出的「動機性晤談」理論

第一次學術休假期間和凱西去挪威（Norway）的伯根大學（University of Bergen）和卑爾根（Bergen）酗酒醫院（alcoholism hospital）的耶勒斯塔德診所（Hjellestad Clinic）當訪問學者。有次他被邀請在酒精濫用和成癮的認知行為治療講座上示範。席間參與者不斷提問，為了回應這些問題，他把一些常使用的策略寫出來，取名為「動機性晤談」，並把它寄給馬拉特（Alan Marlatt）和

羅林克成長於南非的開普敦（Cape town, South Africa），1978 年於蘇格蘭的斯特拉思克萊德大學（University of Strathclyde in Glasgow）完成碩士。1983 年他在英國第十六大城，英聯邦聯合王國威爾斯（Wales）首府卡迪夫（Cardiff）完成心理臨床的訓練，並在當地的國立健康服務中心（National Health Service）擔任臨床心理師。他早期在醫院的戒毒中心接受護理訓練的經驗讓他對幫助他人改變困難的行為深感興趣，於 1993 年撰寫博士論文時便找米勒指導，將動機晤談應用在對飲酒過量者的治療。與米勒協力發展動機性晤談，幫助案主增進行為改變的動機（"Stephen Rollnick," n.d.）。

🎧照片 7-2　史蒂芬・羅林克

霍奇森（Ray Hodgson）等幾個同事，希望聽聽他們的回饋。誰知霍奇森一看到如獲至寶地說要發表在其所編輯的期刊中。米勒心虛地說除了頁碼外，他完全沒有任何科學數據可以支持這個論點。但霍奇森堅持說：「這是一個重要的貢獻，我真的很想把它發表出來」（"A Conversation," 2018, p. 13）。受到這樣的鼓勵，米勒認真地把它整理出來，就這樣，米勒的「動機性晤談」於 1983 年出現在學術刊物上。

肆、第二次學術休假巧遇了理論發展的好夥伴

第二次學術休假，他在澳洲雪梨新南威利斯大學（University of New South Walse in Sydney, Australia）當訪問學者，在一個偶然的機會遇見擔任動機晤談講師的羅林克（Stephen Rollnick）。羅林克一聽到米勒的名字便很興奮地說：「米勒，你就是那個在 1983 年發表動機性晤談的人。你知道你的動機性晤談已

雖然米勒主要的研究興趣是在改變心理學（psychology of change），但研究方向含括戒癮治療、自我調節、靈性和心理學、改變動機和牧會心理學。米勒共出版了 400 篇實徵性的研究和 50 本書。其中《動機性晤談》（*Motivational Interviewing*）和《控制你的飲酒》（*Controlling Your Drinking*）是其代表作。至今得過很多獎項：如國際耶利內克紀念獎（International Jellinek Memorial Award）美國心理學會頒發的生涯成就獎（Career Achievement Awards）、羅伯特·伍德·強森基金會（Robert Wood Johnson Foundation）頒給他藥物治療獎（Innovators in Combating Substance Abuse Award）以及其他的多項獎項。科學資訊機構（The Institute for Scientific Information）將他列為全世界最常被引用的研究者之一（"William R. Miller," n.d.）。

⬆照片 7-3　威廉·米勒

成為英國成癮治療的首選，英國各地都要我去教導動機性晤談，我已應接不暇。其實我都不確定我教得對不對，你需要再多寫一些相關的訊息。」米勒很驚訝有人真的讀過那篇動機性晤談的文章，且已經把它應用在實務上了，「當時美國對此幾乎沒什麼興趣，怎麼會想到它竟在英國起飛了」（"A Conversation," 2018, p. 20）。

　　1991 年，羅林克加入米勒的發展團隊中，兩人將動機性晤談的過程發展出詳細與具體的架構並一起撰寫《動機性晤談：幫助人們改變》（*Motivational Interviewing*：*Helping People Change*）。

伍、方便使用的理論竟是改變的利器

當被問到他是如何推展動機性晤談，讓它變成學術期刊熱門的研究主題。米勒回答說一來可能是因很多實務工作者希望透過動機性晤談去增加其案主的改變動機。二來是因為動機性晤談可以很有彈性地與其他諮商學派合併使用，是隨時隨地都可以使用的工具。

動機性晤談沒有要改變你對生活的全部看法，但奇妙的是它卻會改變你的行為。米勒開玩笑地說：「我在教導這個理論之前可能得先知會參與者，讓他們知道學了它是會改變你的」（"A Conversation," 2018, p. 20）。

▍ 從米勒和羅林克的人生故事到他們的理論……

第二節。動機性晤談諮商的理論

當你猶豫不決並充滿矛盾時，你已經離改變又靠近一步了。

If you are ambivalent, you're one step closer to changing.

（Miller & Rollnick, 2013, p. 6）

美國哲學家梭羅（Henry David Thoreau）有句名言說：「事情本身不會變，是我們改變了」（引自 Miller & Rollnick, 2013, p. 3）。動機性晤談（Motivational Interviewing, MI）就是基於這樣的理念並綜合個人中心學派和社會心理學

的論點發展出來的一個助人改變的理論。原是針對戒癮（Smedslund et al., 2011），後來證實對改善健康相關的行為也很有效（Emmons & Rollnick, 2001）。

壹、改變是怎麼一回事？

一、改變是一個過程

改變並非一蹴可幾，尤其是要改變一個已經養成的習慣（Selig, 2010）。根據改變的模式（transtheoretical model of the change），在這過程的初始稱為毫不動心階段（precontemplation），此時人們不覺得自己有需要做任何改變，當然就沒有改變的動機。當人們開始靜極思變時，此時稱為沉思階段（contemplation）。漸漸當人們不再只是想著而是開始在詢問和蒐集資料時，就進入了改變的準備階段（preparation）。待時機成熟，進入付諸行動階段（action），改變就開始了（McConnaughy, DiClemente, Prochaska, & Velicer, 1989）。

二、語言上的矛盾是改變的關鍵

人要改變，語言要先改變，而造成語言改變的關鍵則是對原先信念的矛盾感（ambivalence）。當你聽到一個成癮者對其成癮一事有矛盾的說詞，就可猜測此人已經開始想改變了。矛盾說詞越多，想戒斷的動力也就越強了（Lipkus & Noonan, 2017; Sarpavaara, 2017）。

這種矛盾感通常會出現在從毫不動心進入沉思的階段，可細分為四種情況，一是雙趨矛盾（approach-approach ambivalence），例如抽菸者知道戒菸是好的，但又放不下抽菸的舒暢感；二是雙避矛盾（avoidance-avoidance ambivalence），例如聽說抽菸會致癌想戒掉，但又擔心無法對抗難耐的菸癮；三是趨避矛盾（approach-avoidance ambivalence），例如想抽菸又怕得癌；四是雙重趨避矛盾（double approach-avoidance ambivalence），例如抽菸怕得癌症，不抽菸又會全身不自在。

雖然矛盾的現象看似痛苦，但動機性晤談卻認為那是件好事。「當你猶豫不決並充滿矛盾時，你已經離改變又靠近一步了」（Miller & Rollnick, 2013, p. 6）。

三、從語言去聽出改變的線索

當聽到一位抽菸者說：「我真的應該不要再抽菸了。」這種透露出有改變意願的訊息，稱為想改變的語言（changing talk）。反之，若聽到有人說：「我想我是改不了了，抽菸已成了我生活的一部分。」此話語明顯是在為不改變找藉口，與自己想留在原地不動的心態做爭論，則稱為是不想改變的語言（sustain talk）。

諮商師要仔細從案主的言談中聽出其想改變的線索。當想改變和不想改變的語言同時存在時，表示他們已從毫不動心進入沉思階段了。例如想減重的人可能會說：「我真的很想減重，擁有苗條的身材」（想改變的語言）；「美食那麼多不吃多可惜啊！減肥的事下次再說吧！」（不想改變的語言）。當想改變的語言越多，離改變的目標就越近了。

貳、改變歷程中語言的轉換：攀越動機性晤談的爬坡道

米勒和羅林克（Miller & Rollnick, 2013）將從想改變的語言開始到全盤轉變的心路歷程，稱為動機性晤談的爬坡道（the MI Hill）（如圖 7-1 所示）。從

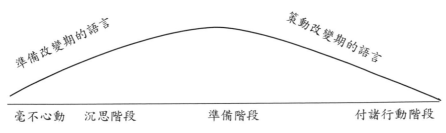

圖 7-1　動機晤談的爬坡道

（Miller & Rollnick, 2013, p. 164）

沉思到進入準備階段是像爬坡一樣較艱辛，所說的話稱為是準備改變期的語言（Preparatory Change Talk）；進入準備改變到付諸行動的階段，像下坡一樣較為輕鬆，但還是不能掉以輕心，此時期所說的話，稱為策動改變期的語言（Mobilizing Change Talk）。

一、準備改變期的語言──DARN

準備改變期的語言可以區分為期待（Desire）、能力（Ability）、緣由（Reasons），以及需求（Need），合稱為DARN。這裡用一個想出門找工作卻又不敢的家庭主婦為例來加以解釋。

有天這位家庭主婦說：「我想要有份工作！」諸如這種「想要」、「希望」、「渴望」等的話語，顯示這位家庭主婦已開始期望（D）並想要擁有工作的心願了。過些日後，這位家庭主婦說：「我想我應該有能力可以找到工作吧！」並常用到「能夠」、「希望能夠」、「應該可以」等類的話語，表示已開始對自己找工作這件事的能力（A）有了些信心。當問她：「為什麼想找工作呢？」她回應說「有了工作我就可以有些錢可以自主，不用老是跟先生伸手要錢還要看他的臉色。」這類的話語包括「應該就會有」、「也許就會」等，顯示這位家庭主婦知道自己想要有工作的緣由（R）可以增進改變的動力。當家庭主婦說：「我真的必須要找份工作、學會獨立。」這類的話語包括「必須」、「需要」等帶著急迫感的需求（N）語言，會促進想改變的動機或是行動力。

當話語中富含DARN，顯示其想改變的期待增加、較相信自己有能力去做、想改變的理由和需要也持續增加時，就表示案主正在往上坡的路上前進，這過程很費力，可能速度會慢些，不斷地給予肯定與鼓勵是相當重要的。

二、策動改變期的語言──CAT

當案主來到了改變的山頂後，下一步就是要下山崗，進入準備改變與付諸行動的過程。這時候案主所用的語言包含承諾（Commitment）、行動（Activation）、跨出下一步（Taking steps），將每個字的第一個字母合起來成為 CAT。在此再用前例加以解釋。

　　當這位家庭主婦對諮商師說：「我承諾在下次見你之前就去找可以申請工作的地方。」這類的話語包括「答應」、「承諾」、「保證」等。顯示對要去找工作這件事的承諾（C）和相當強的行動力。下次再見面時，家庭主婦說：「我已經準備好要去填工作申請表了。」這類的話語包括「我將要」、「我已準備好要」等，表示她已經要開始行動（A）了。最後，當家庭主婦說：「我已經拿到工作申請表了」或「我已經開始在填寫工作申請表了」，表示她已經跨出下一步（T），付諸行動朝向改變的目標邁進了。

　　案主的 DARN 和 CAT 等想改變的語言越多，越可預測案主正向的改變效果；反之則不然（Amrhein, Miller, Yahne, Palmer, & Fulcher, 2003; Campbell, Adamson, & Carter, 2010; Walker, Stephens, Rowland, & Roffman, 2011）。可見案主在言談中其語言表達內容在改變上的重要性。

第三節。動機性晤談諮商的策略

你有你所需要的，讓我們一起來找到它。

You have what you need, and together we will find it.

（Miller & Rollnick, 2013, p. 21）

壹、諮商目標

一、強化其改變的動力

動機性晤談植基於羅吉斯個人中心的哲學觀，但其諮商過程中並不像該學派那般強調非指導和非結構的做法，而是在聽出案主的語言中出現矛盾感時給予適度的引導，強化其改變的動力（Corey, 2013）。

二、鼓勵案主為自己做決定

動機性晤談改變的最終決定權是在案主自己的手中。為達到此目標，諮商師應在態度上保持客觀與中立性的平衡力（equipoise），即是「有意識地、刻意地不用自己的專業技巧來影響案主決定想改變的方向」（Miller & Rollnick, 2013, p. 233），以免剝奪了他們做決定的能力。當然案主難免會有在面對多樣選擇中舉足無措，諮商師還是可以適時幫助案主探討與瞭解每種選擇的利弊得失，然後鼓勵案主做最後的決定。

貳、諮商師的角色與功能

動機性晤談承襲很多個人中心學派的理念，包括四個要素：夥伴關係（partnership）、接納（acceptance）、憐憫與慈悲（compassion）和喚出（evocation），而這四個元素的交會處就是動機性晤談精神（MI spirit）所在（如圖7-2）。根據此概念，諮商師扮演夥伴、接受者、憐憫者和喚出者的角色與發揮功能（Miller & Rollnick, 2013）：

一、夥伴

想像兩人坐在沙發上，一方翻閱著照片分享自己人生的故事，一方「透過對方的眼睛去看對方的世界，不加入自己的看法，真正地去瞭解眼前的這個人」（Miller & Rollnick, 2013, p. 16）。這就是動機性晤談所稱的夥伴關係。在諮商

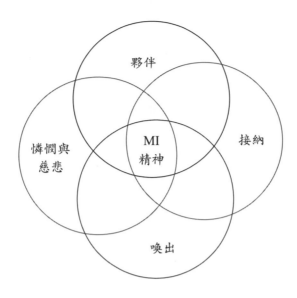

圖 7-2　動機性晤談精神
（Miller & Rollnick, 2013, p. 22）

關係中，諮商師不是扮演專家的角色來強迫案主改變，而是以夥伴積極正向的關係，去聽案主的故事，參與案主的改變，並真誠地去體會自己當場的感受。缺少了這部分的敏感度，諮商師就等於只看到一半的世界。切記，案主是其人生的專家，唯有當案主——這位自己人生的主人——願意點頭，改變才有發生的可能。

二、接納者

　　接納對方並非就表示贊同對方，而是以夥伴的態度去尊重對方身為人的價值、誠心地去接納其狀況以及所擁有的一切（圖 7-3）。

　　如圖 7-3 所示，接納對方的第一要件就是要能接納對方擁有絕對的價值感（absolute worth），即是尊重對方身為人的價值與權利，幫助對方發展自己的潛能，達成自我實現。接納的第二要件是要能表達出正確的同理心（accurate empathy），即是以主動與熱衷的態度，站在對方的立場「好像」你也親臨其境

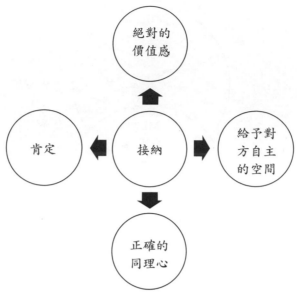

圖 7-3 接納的四個要件

（參考 Miller & Rollnick, 2013, p. 17）

般去認識對方的世界及該事件對其的意義，但又不失去「好像」的本質。接納的第三個要件是要給予對方自主的空間（autonomy support），即是尊重他們擁有不被剝奪的權利，以及自我導向的能力。接納的第四個要件是肯定（affirmation），即是要能看到與認可對方的能力與努力。

三、憐憫者

諮商師要切記，在諮商時在意的不是自己而是對方。憐憫者的功能是抱持憐憫與慈悲的心，以對方的需要與福祉視為第一優先、最重要的考量。

四、喚出者

動機性晤談相信每個人是有智慧，也擁有可以幫助自己改變的資源，諮商師的工作就是與他們一起喚起願意改變的動機，然後以自己的意願和能力來改變自己的人生。當案主處於是否要改變的矛盾狀態時，可能是一方面明白自己

為何要改變；另一方面又擔心自己沒有改變的能力。諮商師的任務是提醒想改變者「你有你所需要的，讓我們一起來找到它」（Miller & Rollnick, 2013, p. 21），拉他們一把，幫助他們去喚起與增強那些原已存在其心底的改變動機。

參、諮商策略與過程

動機性晤談就是視案主為專家，助其把矛盾的阻力化為改變的動力，透過對話中語言的改變而促進行為的改變。其諮商過程可分為四個階段，分別為參與（engaging）、聚焦（focusing）、喚起（evoking）和計畫（planning）。在整個過程的設計就是要幫助案主在被諮商師接納與憐憫關懷的安全氣氛中，探索個人需要改變的理由與增強其願意改變的動機（Miller & Rollnick, 2013）（見圖 7-4）。

圖 7-4　動機性晤談的諮商過程

（Miller & Rollnick, 2013, p. 26）

一、參與階段

諮商的成敗關係建立的良莠深具影響性。參與階段主要的任務是在與案主建立互信互任與相互尊重的專業關係、達到諮商目標的共識，並透過合作與協商而達到這些目標。而其中，案主的參與（engage）是關係建立的啟始。是參與階段的關鍵。

晤談諮商顧名思義就是要談話，諮商師有彈性的運用 OARS 來與案主進行對談有助於談話效果的提升。OARS 指的是以開放式的問法來提問（asking open question, O）、加以認可與肯定（affirming, A）、採用反映式的傾聽（reflective listening, R），最後進行摘要（summarizing, S）（Miller & Rollnick, 2013）。

（一）以開放式的問法來提問（O）

晤談諮商強調要以開放式的問法來提問，其重點並不擺在資料的蒐集，而是要讓案主有機會來反映與闡釋其想法。談話的內容可包括：探問案主對諮商的期望與目標，例如：「你今天來約談的主因是什麼？」「你希望能從諮商中得到什麼？」另外，因動機性晤談相信每個人都有想改變的動機，特別是當對自己的價值取向有所領悟時，就能掌握出自己人生的動力。因此諮商師也可以用：「你人生中最重要的目標是什麼？」「你想處理的這個問題是在你人生的重要順序表中的哪個位置？」「這個問題對你行為舉止的影響是什麼？如果這時候做改變對你的人生會有何重要的影響？」等問題，來瞭解案主的價值觀與什麼是案主人生裡的重要選項。針對諮商氣氛的積極正向程度方面，諮商師可以探問案主：「你覺得這裡的氣氛友善嗎？」「你感覺來這裡有受到歡迎與得到尊重嗎？」以瞭解案主感到受歡迎的程度。

針對案主的期待方面，諮商師可以探問：「你覺得目前的狀況會把你帶到什麼樣的光景？」「你期待來這裡會得到什麼樣的幫助？」「你此刻經驗到的與你的期待符合嗎？」「你對你五年後的人生有什麼樣的期待？」討論中不要忘了提供案主一些訊息，讓他們知道對這個諮商會談可以有什麼樣的期望。最後，針對希望感方面，諮商師可以探問：「你覺得你目前的狀況可以引導你達到你期望達到的目標嗎？」然後說明透過諮商可以提供的協助，以及幫助別人成功改變的例子。

不過要謹記開放性的問題是邀請案主針對某個特定方向的對談，問太多可能會限制其對該主題的探索；反之，若能多針對其表達的話語予以反映，則會

更有助於探索。

（二）加以認可與肯定（A）

　　動機性晤談相信幫助案主改變的不是諮商師，而是案主自己的能力和努力。所以諮商師的重要任務是尊敬和肯定案主的價值、成長與改變的能力，並給予支持和鼓勵。不過給予肯定時避免使用如「我為你感到驕傲」這類以「我」為出發點的句子，因為這像是在抬舉諮商師自己而非案主；反之，改用「你」的語句針對他們進步的情況加以鼓勵，如：「你很認真地把這個作業完成，這樣做真的很棒。」

（三）採用反映式的傾聽（R）

　　印度哲學家克里希那穆提（Jiddu Krishnamurti）說過一句話：「當你完全專注地傾聽某個人時，你聽到的就不僅是文字，也會聽到其想表達的，不是部分，而是全部的感覺」（引自 Miller & Rollnick, 2013, p. 48）。諮商師要善於傾聽，透過傾聽可以聽到對方的矛盾，可以幫助對方繼續去探索讓其不自在的主題。好的傾聽者著重文字也要傾聽超乎文字的非語言訊息。

1. 非語言的傾聽

　　非語言的傾聽（nonverbal listening）主要是與說話者保持眼神接觸，透過眼神的專注以及表現出和對方的情緒如出一轍的面部表情，對方就可感覺到你正在傾聽並瞭解他們所傳達的意念。

2. 反映性的傾聽

　　反映性的傾聽（reflective listening）緣自個人中心學派，是動機性晤談中相當重要的技巧。所謂反映性的傾聽是將你對對方所表達意念的瞭解情況，以猜測性的口氣說出來與對方確認，看所理解的是否正確。透過反映性的陳述可以讓對方聽到他們自己所表達出來的想法和感覺。進行反映性傾聽時會因複雜度、深淺度、長度和方向上有如以下的區別：

(1)複雜度方面：反映性的傾聽可以是很簡單的反映（simple reflection），也可以是複雜的反映（complex reflection）。

  a. 簡單的反映：重述對方表達的內容，例如：

    案主說：「我今天感到憂鬱。」

    諮商師反映說：「你今天感到憂鬱。」

  b. 複雜的反映：將對方所說的加上某些意義和重點，並猜測案主下一步可能要表達的意思。例如：

    案主說：「我今天感到憂鬱。」

    諮商師反映說：

    「你看起來不太有精神。」

    「我猜我們上次見面後你可能發生了什麼事。」

    「你這幾個星期看起來精神好像都不太好。」

    這種複雜的反映通常可以帶出更深入的對話。

(2)深淺度方面：有些情緒性的文字密集性高（high-intensity term），有些密集性低（low-intensity term）。以生氣為例，若用憤怒（outraged）、狂怒（furious）兩字來形容就是屬於高密集性文字，若用惱人的（annoyed）、不愉快（unhappy）兩字來形容就是屬於低密集性的文字。若反映時所使用的情緒文字超過（overshooting）當事人實際的情緒，對方較會否定原先所說的話，而說其實沒有那個意思。反之，在反映上採用低於（undershooting）當事人實際的情緒，對方較願意繼續探索與談論下去。

(3)長度與方向方面：一般原則是給予的反映不要比你所要反映的句子還長。反映之後請當事人給予回饋。至於反映的方向並無限制，只要能去抓住其矛盾之處，從對方的眼睛去看對方的世界，就是對的方向。

  反映最常出現在開放性的問題之後。諮商師在此參與階段進行反映的主要目的是在澄清其對案主表達話語的瞭解，並將此體會告知案主。

（四）摘要（S）

摘要是把與對方談話的內容加以整理後，反映回去給對方。透過摘要可以讓案主知道你很認真地聽、很尊重也很瞭解他們所傳達的訊息。這在參與階段相當重要。透過摘要可讓案主從中聽到自己的聲音，若發現諮商師有漏聽之處，或誤解之處，案主可以趁機加以補充或繼續探索。視其所使用的時機，摘要可展現的功能分別為整合性的摘要（collecting summary）、聯結性的摘要（linking summary）和銜接性的摘要（transitional summary）三項。

1. 整合性的摘要

在每一個會談結束前，應將當次的會談內容加以整合做個摘要。也可在探討一個主題後，將案主的答案蒐集後做出摘要。例如問案主：「希望自己五年後的人生是什麼樣子？」當案主列出幾個未來的目標後諮商師將其摘要，並佐以「還有其他的嗎？」讓案主繼續探索。可以將摘要和肯定加以結合，鼓勵案主列出自己擁有哪些可以幫助自己改變的長處和潛能。

2. 聯結性的摘要

聯結性的摘要可用來將對方目前提到的和過去曾討論過的內容加以聯結。例如：「我可以體會你很想戒酒卻力不從心的無奈。我記得你先前也跟我提過戒菸遇到的掙扎。」

3. 銜接性的摘要

當需要從一個主題轉到另一個主題的轉接處時，可以用摘要來做銜接，先針對原先的討論加以摘要整理，然後進到另一個主題。不過在做之前最好是先宣布一下即將做摘要之事，例如：「針對這方面你做了很多分享，現在讓我們來摘要一下……。」

在參與的階段中如果案主尋求資訊或建議，諮商師要從案主的角度去瞭解他們真正的需要，且徵得同意後才提供。例如案主想要去健身房運動，想請你

推薦有哪一家比較好，諮商師可回應說：「針對這方面，如果你同意的話，我可以提供幾個網址讓你查查看。」最後的決定權是在案主的手中。

二、聚焦階段

在諮商過程中，案主、場景和諮商師是三個可能的焦點，而其中案主所帶來的問題常會是諮商過程專注的焦點所在，如案主提到想減重、想戒菸、要戒藥癮或酒癮等。聚焦的重點也可能來自機構本身的服務方向，比如戒酒中心提供的協助就是要幫助求助者戒酒的。另一個聚焦的資源則是來自諮商師，如果案主進到諮商室裡面卻沒有一個特定要改變的目標，在此情況下諮商師就得幫助案主探討想改變的方向，並提升想改變的動機與意願。所以「動機性晤談將聚焦的階段定義為是一個持續在尋找和保持方向的過程」（Miller & Rollnick, 2013, p. 94）。

（一）聚焦的方式

幫助案主聚焦的方式通常是指導（directing）、跟隨（following）和引導（guiding）。指導是諮商師帶領案主按某個方向前進；跟隨則是跟著案主的意願來幫助案主，這很能增進案主的參與感，本身就是一個治療的過程。引導是介於指導與跟隨之間，是諮商師和案主兩人共同合作尋找目標。動機性晤談認為這三者是位居於同一線上，是一個可以彈性變動的過程。諮商師可以帶領案主從中間的引導著手，在依需要而向左移動做一些指導或向右移動跟隨案主瞭解其意願與需要（Miller & Rollnick, 2013）。

（二）尋找人生的基準點

案主聚焦的清晰度會因人而異，通常可歸納為下面三種狀況：

1. 當案主很清楚知道要改變的方向時

這樣的案主不用花太多時間在聚焦這個階段。不過最好還是再確認清楚，並問案主還有哪些方向需要討論的。如果案主看起來已就緒，就可以直接跳到

喚起與計畫的階段。

2. 當案主有很多的選擇，需要做決定時

遇到案主有很多的選擇，需要做決定時，可以使用議程地圖（agenda mapping）的方法，就像是與案主看著一張人生地圖，看著想去的地方。問案主想改變的方向是什麼？其中哪一項是最需要緊急處理的？改變哪一項可以有助於其他項目的改變等問題。這樣的做法可以快速幫助案主集中聚焦，減少困惑與徬徨的時間。

3. 當案主沒有清楚的聚焦，需要很多的探索時

美國總統羅斯福（Franklin Delano Roosevelt）曾說過：「我們總是抱持著一個希望與信念，相信在地平線之上有一個更好的人生與世界」（引自 Miller & Rollnick, 2013, p. 102）。所以當遇到第二或第三種狀況時，諮商師的任務就是要與案主一起尋找其人生的基準點（horizon）。諮商師在這時候所持的態度很重要，要能夠忍受不確定性、不要操之過急，專心傾聽案主的聲音，以期能幫助他們找到前進的方向與動力。在這階段最主要的是讓案主提供每個拼圖的細片，然後由諮商師和案主一起努力把拼圖拼出來。

三、喚起階段──準備改變

喚起階段旨在幫助案主透過下面幾項策略聽到自己改變與不改變的爭論中，喚起其改變的動機（Miller & Rollnick, 2013）。

（一）使用喚起性的問話

1. 使用 DARN 來喚出改變性的語言

(1)D──探問案主想改變的期待，例如：「你對目前的情況有什麼不滿意的？你期望事情有什麼樣的改變？」

(2)A──鼓勵案主去探索他們對自己可以付諸行動的能力，例如：「你想你可以改變的能力有多少？你認為可改變的可能性有多高？」

(3)R──讓案主提出他們為何想要改變的緣由，例如：「為什麼你覺得你需要做這些改變？」

(4)N──請案主提出想改變的急迫感與需求，例如：「你認為需要做什麼樣的改變？」「你希望看到什麼樣的改變？」

2. 使用重要性的量尺

諮商師可使用重要性的量尺（importance ruler）（如表 7-1），去喚起案主說出想改變的話語和想改變的理由。

表 7-1　重要性的量尺

> 「以 0 到 10 的量尺來測量，你想改變的這件事的重要性有多強？0 是表示一點都不重要；10 則是表示非常的重要。」
>
> 當案主給了一個數字（例如：「5」後），諮商師可以回問：「為什麼是 5，而不是 0？」（這數字可以是任何一個比案主所提出的更低的數字。）

（參考 Miller & Rollnick, 2013, p. 174）

3. 極端化的問法

極端化的問法（querying extremes）可用來增進案主改變的動機，例如請他們把目前擔心的問題做最壞的打算。例如：「如果你一直不戒菸的話，長期下來情況會怎樣？」或是轉一個方向問他們：「如果做了改變，結果會是如何？」

4. 看目前的改變對未來的影響

鼓勵案主去看看目前的改變對未來的影響，例如：「如果你現在就開始減少酒量，你希望以後跟現在會有什麼不同？」

5. 探討案主個人的目標和價值觀

鼓勵案主探討他們個人的目標和價值觀（exploring goals and values）與目前的行為相符合的情形，若發現互有牴觸時，較會引發出他們想改變的動機。

（二）如何對案主想改變的語言加以反應

當案主不想改變的語言逐漸漸少，想改變的語言逐漸增加時，諮商師應掌握時機適切對案主想改變的語言加以反應。

1. O——開放性的問題

當案主表達出想改變的語言時，可以用開放性的語氣多問一些問題，對案主表達出好奇與興趣，目的是要引導案主說出更多想改變的語言。

2. A——給予認可與肯定

對案主想要改變的想法給予認可與肯定，即使只是簡短的正向回饋也會讓案主感覺受到認可與肯定。

3. R——反映式的傾聽

透過反映性的傾聽也是鼓勵案主說出更多改變性話語的方法。前面介紹過簡單的反映或複雜的反映方式，兩者皆適用於此處。

4. S——摘要

將案主所說的想改變的話加以摘要整理後說給案主聽，讓案主可以因聽到自己說的話而增加想改變的信念。

（三）當案主說出不想改變的語言時應如何反應

當然在改變的過程中，難免會困難重重。案主可能會因而有逃避改變的企圖：「我想我的問題也沒那麼嚴重。」這時要如何處理呢？

1. 三種反映的方法

(1)直接反映（straight reflection）：可以用簡單或複雜的反映方式直接對案主所說的不想改變的語言加以反映，去喚出其想改變的語言。例如：

案主：我不覺得抽菸是我真正的問題。

諮商師：你的抽菸到現在為止是還沒有明顯地影響你健康的狀況。

案主：是這樣沒錯。不過有一兩次我覺得跑起步比以前喘，也許我該留意一下。

(2)放大的反映（amplified refection）：放大的反映就是把案主說的不想改變的話大聲地說出來。例如：

案主：我學校成績都維持在中等，我覺得沒什麼不好。

諮商師：你學校的成績看來是沒有可以改善的空間。

案主：是沒有很好啦！但我可以接受。

諮商師：聽來是說，你學校的成績完全無法比現在更好。

案主：我是可以接受，但這樣的成績可能無法讓我進到理想的大學。

(3)雙向反映（double-sided reflection）：一面讓案主知道你聽到他們說的話，再與其先前所講過的想改變的話語做比較，問其兩者間有什麼不同。例如：

案主：我真的不想早起去上課，我的床真的很舒服。

諮商師：可以聽出你的床很舒服讓你不想起床去上課，但我記得你先前說過很想不再翹課，做個不缺課的好學生。這兩者有什麼不同呢？

2. 反映的策略

(1)強調獨立自主性（autonomy）：提醒案主每個人都可以自行選擇，讓自己有改變的機會。例如：

諮商師反映說：

「這是你人生的路，你有絕對的自主權。」

「你可以決定要不要給自己的人生另一個機會。」

(2)重新定義（reframing）：幫助案主用另一個角度去重述他們剛才所說過的話。例如：

案主：我認識的同學都跟我一樣會翹課。

諮商師：你是想「輸人不輸陣嗎？」〔台語發音〕

(3)同意案主說的話但會稍加修飾（agreeing with a twist）：同意案主說的話但不刻意強調任何重點。例如：

案主：我很難想像不吃甜食的我，大家都知道我就是愛吃甜食啊！

諮商師：不吃甜食就不像你喔！不管怎樣就是得維持愛吃甜食的形象。

(4)尋找改變的契機（running head start）：如果聽到案主表達的全是不想改變的話語，那就從案主提到改變帶來的缺點中去幫助他們找出改變會帶來的優點。例如：

案主：我真的不想去上課，但沒去上課就看不到同學。

諮商師：那去上課的好處就是可以見到同學囉！

案主：是這樣沒錯。

諮商師：那我們要不要來討論如何做改變？

(5)並肩齊步（coming alongside）：如果案主都沒有說出想改變的語言，那就先跟他們並肩齊步談不想改變的話，甚至可以誇大些，有時候可能會因此喚出想改變的話語。例如：

案主：抽菸也沒什麼不好，不是那麼多人都在抽嗎？

諮商師〔大聲的說〕：這樣喔！抽菸沒什麼不好，那麼多人都在抽啊！

案主：其實也不是那麼好啦！

（四）如何激發案主對達到改變目標的希望與自信

在幫助案主改變的過程中引發出他們的希望感是相當重要的。因為那會對案主較相信自己的改變是可能的。若能再進一步激發出案主的自信心那就更好，下面介紹八種策略可用來幫助案主，不僅相信自己有機會改變，並且相信他們自己是有能力改變的（Miller & Rollnick, 2013）。

1. 自信心的對話

「希望感不是被安裝進去，而是被召喚出來的」（Miller & Rollnick, 2013, p. 215）。諮商師的工作是透過自信心的對話（confidence talk），來召喚出案主對改變的自信。具體來說，自信心的對話可歸納為下列四點：

(1)以開放性的問話方式來提問。例如：「你第一步想要從哪裡開始著手？」

(2)肯定案主的特長和能力。例如：「這樣聽起來你對做改變已經有了完整的規劃喔！這樣做對執行改變的計畫是相當有幫助的喔！」

(3)對有自信心的陳述句給予回饋和增強。例如：「你在講計畫方案時條條有理，我聽出你的自信，加油喔！」

(4)將案主想要改變的正向理由加以摘要，然後仔細傾聽其回話中帶有能力與自信的語句，例如「也許可以」、「可以」、「能夠」、「有可

能」，以及其想改變的想法與做法。也可以再進一步地提出一些挑戰，讓案主思考可能的解決辦法。例如：

「假如遇到⋯⋯的狀況，你會如何處置？」

「假如遇到⋯⋯的問題，你會如何反應？」

「關於⋯⋯，你認為結果會是如何？」

2. 自信心的量尺

當案主提出其想法與做法時，諮商師可以用表 7-2 的自信心的量尺（confidence ruler）來回應。

表 7-2　自信心的量尺

> 「以 0 到 10 的量尺來測量，如果你已決定要去改變，你對自己可以做得到的自信心有多強？0 是表示一點都沒自信；10 則是表示非常有自信。」
>
> 當案主給了一個數字（例如：「5」後），諮商師可以回問：「為什麼是 5，而不是 0？」（這數字可以是任何一個比案主所提出的更低的數字。）
>
> 諮商師也可以回問：「要如何做可以讓你的自信心提高為 7？」（這數字可以是任何一個比案主所提出的更高的數字。）
>
> 諮商師可以進一步去探問：「我要如何做可以幫你的自信心提高為 7？」（這數字可以是任何一個比案主所提出的更高的數字。）如此的問法可以激發出案主對自己能付諸行動做出改變的自信心。

（參考 Miller & Rollnick, 2013, p. 217）

3. 提供資訊與指導

如果案主請求諮商師提供一些建議與指導，諮商師可以斟酌地說：「既然你提出了請求，我剛好有查到相關的一些資料，如果你有興趣的話，我可以拿給你參考看看。」

4. 辨認與肯定案主的能力

增加案主改變的自信心，就是幫助他們從自己身上找出有助其改變的特長與能力。並以開放性的問題和反映性的傾聽來針對這些發掘出來的資源做進一步的探索。

5. 回顧過去成功的經驗

幫助案主回顧與探索過去在做改變時的成功經驗，也是增進其自信心的重要管道。

6. 腦力激盪法

在尋求問題的解決時，諮商師可以適時提出一些意見，但切記要以案主的想法為主，幫助他們激發出所有可能的解決方案，並寫下來會有助於思考。

7. 重新架構

有時候案主在企圖改變的過程中，可能會因屢次經驗失敗而感到沮喪，這時候若鼓勵他們重新架構（reframing），換個角度重新看待事物，把阻力看成助力，會有助於增進其改變的能量。例如：有一位案主決定以做筆記的方法來改善其學習的方法，希望成績能進步，但一段時間下來後感覺效果仍不如預期的理想。

案主：我上課很努力做筆記，但考試雖有進步一點點，成績還是不理想。

諮商師：你說你的成績有進步一點點，那是很棒的。這是不是表示你對老師所教的東西已經有多些瞭解了？

案主：是啊！我覺得做筆記讓我上課能專心一點，我確實對老師上課的內容多瞭解了許多。

諮商師：那很不錯啊！你不覺得這也是一種進步嗎？

案主：是啊！如果從這個角度來看，我真的是有在進步喔！

8. 假設性的思考

當人們感到在現實生活中受到太多綑綁時，可以嘗試跳離現實到假想的空間去漫遊一番，做些假設性的思考（hypothetical thinking），也許可幫助案主激發出一些創意性的想法。例如請案主寫一封「從未來寄來的信」，信中鼓勵案主想像自己已經改變成自己想要的模樣，並描述那景象的美好模樣。請未來的自己謝謝現在的自己所做的努力，而得以在未來達到期望的目標。這樣的一封信可以讓案主在回到現實生活中，更可體會到要如何努力去達到希望擁有的未來。有時候也可以和案主調換位子，讓案主扮演督導的角色，來建議要如何幫助像他這樣的一個案主。當角色調換回來後就可以嘗試用案主剛剛建議的方法來幫助他們。透過這樣的角色交換中，可能可以激發出案主看到自己有智慧的一面，對自己在改變的路上遇到的瓶頸有所體會，而願意堅持努力去克服以達到改變的目標。

四、計畫階段——通往改變的橋樑

計畫階段包含對改變的承諾，並針對改變的目標發展出下面幾個特定的步驟，來幫助案主走上改變之路。

（一）準備好的徵兆

諮商師可留意看案主是否出現已經準備好要改變的徵兆。第一個要留意的是聽案主談話的內容是否常提起他們對改變的期望、能力、理由和需要，而且不想改變的語言逐漸變少。如果是如此，其改變的機會就增加了。承諾改變的語言可分為高強度與低強度，諮商師應注意到兩者的區別（見表 7-3）。

第二個要留意的是案主是否顯得比較不矛盾，而且開始有些構想。當案主不再感到矛盾時會顯得特別靜默，像是心理已準備好要開始新的任務。然後案主會開始去思考改變後會變得怎樣，可能的未來，但是講的話語中夾雜著正向的或負向的話語。正向的話語如：「如果我不抽菸那我會存不少錢喔！」負向的話語如：「如果我不抽菸的話就交不到朋友，那怎麼辦？」

表 7-3　高強度與低強度的承諾例句

高強度的承諾 （很容易辨識）	低強度的承諾 （不太容易辨識所以要仔細傾聽）
「我準備要去做了！」 「是的，我願意去嘗試！」 「我保證！我要開始去做了！」 「不管要付出多少代價，我都會去做的。」	「我應該會去做！」 「我會想想看！」 「我可能做得到！」 「希望會是如此！」 「我猜我可以試試看！」

（Miller & Rollnick, 2013, pp. 260-261）

第三個要留意的是案主是否開始提出跟改變有關的問題。例如案主可能會問：「哪裡有戒癮中心？」「別人都是怎麼戒菸的呢？」當這些問題開始出現時，就表示改變的機率增加了。留意看案主是否已朝改變的方向採取了一些行動，比如說：「我昨天查到了戒癮中心的網址喔！」也許只是一小步也值得慶祝，不要忘了要好好給予鼓勵與讚美。

（二）測試水溫

當你覺察到案主好像已經準備好要談改變的計畫時，可以直接跟案主確認：「你想我們是否應該來好好想一下要如何達到你的目標？」「你是否願意開始討論要如何達到你的目標？」或者可用下面三個方法來測試水溫，探探案主是否準備好了。

1. 重述要點

重述要點（recapitulation）就是將案主在先前的諮商過程中所說過的、想改變的話整理摘要起來，用他們的話重述給他們聽。重述重點後可以探問：「這是你在會談中提到想改變的話，如果你想開始付諸行動，你會怎麼做？」

2. 探問改變過程的進度

如圖 7-1 所示，語言改變的歷程就像在攀越山坡一樣，諮商進到這個階段就是準備要到下坡了，這時諮商師可以從 DARN 四個向度（期待、能力、緣由和需求），來關心他們此刻的心情。

(1)期待類的問題如：「你想你會怎麼做？」「改變後你的世界會變成怎麼一回事？」「你期望何時達到改變的目標？」「現在的進程有符合你原先的期望嗎？如果沒有，你會怎麼去處理改變過程中的阻礙？」

(2)能力類的問題如：「有了這樣的進展，你對自己達到目標的能力是否更有信心了？」「在這改變的過程中哪些能力的貢獻最大？」「為了讓改變的進程更加順利，有哪些能力還需要加強的？」

(3)緣由類的問題如：「是什麼理由讓你願意繼續努力做這樣的改變？」

(4)需求類的問題如：「如果要達到你預期的目標，你在生活上需要做哪方面的調整？」切記此時間的問題應採開放性而非閉鎖性的；且應是試探性而非承諾性的。

3. 適度的停頓

改變的過程切勿操之過急，適度的停頓可以讓案主有機會去反芻所聽、所想以及自己所說過想改變的話，而較能架構出較有建設性的回應，這也是為什麼動機性晤談把這樣的沉默形容為是「為孕育而停頓」（pregnant pause）（Miller & Rollnick, 2013, p. 266）。進行動機性晤談時諮商師要耐得住性子，即使知道可使用的時間是有限的，也要能沉穩地去面對案主停頓的時刻。特別是當諮商師向案主重述重點以及問了些關鍵性問題後，更需要給案主一些沉默的時間去做整理與思考。

（三）訂定改變的計畫

在案主訂定改變的計畫時，諮商師不是只在旁觀看，而是要能主動參與（engagement）。用你專家的觀點幫助案主發展出一個可行的改變計畫。做計

畫時要留意案主話語中表達出準備改變期的 DARN 語言，以及策動改變期的 CAT 語言。例如：一個計畫要開始每天運動以改善身體的健康的案主說：

「我希望養成每天運動半小時的習慣。」〔期待（D）〕

「我每天可以抽出半小時來運動。」〔能力（A）〕

「為了身體的健康我一定要運動。」〔緣由（R）〕

「我需要有健康的身體才有體力，所以必須養成每天運動的習慣。」〔需要（N）〕

「我承諾要每天運動半小時。」〔承諾（C）〕

「我已經準備好了。」〔行動（A）〕

「我已經買了布鞋也辦了健身房的會員證，也開始每天半小時的運動計畫了。」〔跨出下一步（T）〕

這些話語越多，其改變的動力就越強。但做計畫時要留意案主準備好的程度，而在協助上有不同的因應策略。

1. 對已有很清楚的改變計畫者

針對這樣的案例，諮商師可透過下面四個步驟幫其做最後畫龍點睛的任務，包括：

(1)步驟一：將計畫做出摘要，清楚表列這份計畫行進的方向。

(2)步驟二：引導案主表達出策動改變的語言。（見表 7-4）。

(3)步驟三：檢查計畫書可能有的瑕疵。諮商師可以幫忙看看計畫中有些什麼可能的瑕疵，若有發現可請案主做必要的調整。

(4)步驟四：讓計畫更具體化。儘管計畫已經很清楚了，但若能更具體化會有助於更具體地偵測出計畫進行的狀況。可鼓勵案主以 0 表示目前的現狀，然後用數字範圍-3 到 +3 來評量案主往目標進展的狀況。例如以前面決定要執行每天運動 30 分鐘的案主為例。他目前是每星期運動一天，這時現狀是 0 分，如果每星期運動二到三天則+1；每星期運動四到五天

表 7-4　可用來引導策動改變的語言例句

目的	例子
喚起行動力的問話	「你準備好了嗎？」「你願意嘗試一下嗎？」
取得承諾的問話	「你要去做嗎？」「那是你打算做的嗎？」
讓計畫更具體化	「你要讀什麼書？」「你是如何準備的？」
把日期設定出來	「你何時可以做？」「你想你什麼時候會開始做？」
問其準備狀況	「第一步會是什麼？」「你會帶什麼去？」

（Miller & Rollnick, 2013, pp. 272-273）

則+2；每星期運動六到七天則+3。反之，如果一星期都沒運動就-1；連續兩星期都沒運動就-2；連續三星期都沒運動就-3。

2　對改變的目標訂出好幾個清楚的計畫

對這樣的案例，諮商師可用下面的五個步驟幫助案主找出優先順序，並設定出具體目標，以增加其實現的可能性。

(1)步驟一：澄清目標。幫助案主瞭解他們真正想要達到的目標是什麼，然後思考哪一個計畫可以帶領他們達到該目標。

(2)步驟二：按照這些計畫的可執行性列出優先順序。

(3)步驟三：讓案主按其主觀直覺去做選擇。請案主就步驟二所列出的優先順序看哪一個計畫對他們自己較有吸引力。並提醒案主不管做哪個決定，都把它當作是個好的選擇。

(4)步驟四：確定要執行的計畫。當特定的計畫已勝出，諮商師和案主都清楚明白這份計畫行進的方向後，諮商師將計畫做個摘要並引導案主表達出策動改變的語言。

(5)步驟五：檢查所選擇的計畫書可能有的瑕疵。

諮商師問案主：「如果你選擇用這個計畫去進行改變，可能會遇到什麼樣

的阻礙？」並鼓勵案主去思考如何去克服那些阻礙而能達到改變的目標。

3. 從零開始設定計畫

如果案主對於如何達到改變的目標都還沒有任何計畫，就得從頭做計畫。這計畫是由諮商師和案主合作完成的，其遵循的六個步驟如下：

(1)步驟一：確定目標。幫助案主從想要改變的項目去思考和探討他們想要改變的目標。

(2)步驟二：列出可能的選擇、步驟和計畫。諮商師和案主一起集思廣義針對案主想要改變的目標列出可能的選擇，再根據每一個選擇列出可能的步驟並做出計畫。

(3)步驟三：讓案主按其主觀直覺去做選擇。請案主按其直覺選出一個想先試著去執行的計畫。

(4)步驟四：確定要執行的計畫。當案主已決定要從哪個計畫開始執行，諮商師和案主一起商討這份計畫行進的方向。

(5)步驟五：諮商師將計畫做個摘要，並引導案主表達出策動改變的語言。

(6)步驟六：一起檢查選擇的計畫書，如有瑕疵請案主省思可以克服障礙的步驟。

（四）喚起意圖並強化承諾

喚起意圖指的是願意對改變計畫許下「是」的承諾。當然承諾可能只是表達出促動性的語言或光說不練的語言上，而非行動上的承諾。之前表 7-3 整理出高強度與低強度的承諾例句，並提到不管高或低的承諾，都是值得注意的。但是當要開始執行改變計畫，案主在表明促動性語言時，承諾的強弱卻是會影響計畫執行力的重要關鍵。表 7-5 將不同承諾強度的例子再做一次整理，並標明不同承諾強度的例子所帶出的不同涵義。

表 7-5　不同承諾強度的例子及其功用

種類	促動性的語言	火侯還不夠的承諾	具有承諾的語言
功用	雖然沒有真實的承諾，但是表明願意開放接受新經驗和準備要改變的徵兆。	這些承諾有將「做」（do）字加在考量中，但這些承諾還未到百分百的承諾，不過已經是值得關注了。	雖然這些話本身也有不同等級的強度，但都是表明「是的！我會去做」的意思。
例子	「我很願意（準備好）要……」 「我會考慮那件事……」 「我也許……」 「我可能將……」	「我很願意（準備好）要去做……」 「我會考慮去做那件事！」 「我也許會去做……」 「我可能將去做……」	「我打算要去做」（稍弱） 「我將要」（較確定） 「我保證」、「我一定會」（非常強的承諾）

（參考 Miller & Rollnick, 2013, pp. 285-286）

（五）付諸實行的企圖心和展現承諾

付諸實行的企圖心包括已有具體行動的計畫，且有打算要將此計畫放入生活中去執行。在改變的行動上這兩個要素都很重要。

展現承諾並非要聽到案主說出承諾的話，才能展現出現動機性晤談的有效性，其實只要案主感覺已經準備好、願意並能夠改變，承諾就發生了。不管案主朝向改變的路上在語言和行動上所承諾的等級是高是低，諮商師都要給予尊重與接納。

從動機性晤談的角度，當案主已有了改變的計畫並承諾願意付諸行動，晤談就可以結案了；但對案主來說，這樣的決定其實只是改變的開始。在改變的過程中給予一致性的支持是相當重要的，尤其當案主故態復萌時，幫助他們不要脫離計畫的常軌是相當重要的。當然越早發現他們已在偏離常軌，越早矯治回到原先計畫的軌道中，效果就會更好。

第四節・動機性晤談諮商的案例分析與摘要

壹、案例分析──十年都戒不掉的菸癮

麥同學，28 歲，是從沙烏地阿拉伯來的國際學生，念大四。他 18 歲開始抽菸，每天抽 20 根菸，已抽了 10 年的菸。他並沒有其他藥物或酒精依賴的問題。

他說在 18 歲時因看堂兄抽菸覺得好酷，就要了一根來抽，從此就沒停過。剛開始抽菸時感覺很舒服、很放鬆，也覺得抽了菸後更有精神。每天早上一起床就先抽菸，然後整天中一得空就抽菸，越抽越多，後來幾乎每天都抽一整包──20 根菸。如果抽菸時被母親撞見，母親就會很生氣地指責他。因很愛母親不忍讓她難過，所以盡量不在母親面前抽，但並沒有想要戒菸。他一直很喜歡踢足球，但 20 歲時開始覺得自己踢球時會喘不過氣，沒辦法跑得跟先前一樣快，他警覺到抽菸已影響到他的健康，且也開始出現氣喘的現象。從那時候開始每年過年他就立志要戒菸，但都戒不掉。到美國念書後呼吸到自由的空氣，母親管不到、菸的價格也比在沙烏地阿拉伯便宜，且學校的功課壓力也大，所以更菸不離手，但其實一直很想戒菸，心裡相當矛盾，所以才想到尋求諮商師的協助，看能不能幫他處理 10 年都戒不掉的菸癮。看到諮商師，他說：「現在我每天都想戒菸。」

根據麥同學的陳述可看出他對戒菸一事充滿了矛盾，卡在變與不變的、戒與不戒的十字路口。他很想改變戒掉菸癮，但又很想抽菸。在動機性晤談中提到矛盾是改變過程中很正常的現象，諮商師向麥同學說：「恭喜你！當你有這

種變與不變的矛盾感時，就表示你往戒菸的目標又靠近一步了。」聽到諮商師如此說，麥同學困惑地望著諮商師深感不解。經諮商師將晤談性動機的理論稍加說明後，麥同學恍然大悟地說：「我看到希望了。」

諮商師於是以動機性晤談的方法來幫助麥同學進行戒菸諮商，整個過程可分兩個階段。

一、準備改變期的語言──期待、能力、緣由和需求（DARN）

在這階段諮商師先與麥同學設計每天戒菸目標表，經過討論後，以他目前的抽菸量為基準來設定目標表（如表 7-6）。

表 7-6　麥同學設計的每天戒菸目標表

分數	-3	-2	-1	0	+1	+2	+3	+4
抽菸量	25 以上	24-23	22-21	20	19-15	14-10	9-5	4 以下

設定後諮商師以期待的問題提問：

諮商師：你下次來見我時你想改變到什麼目標？

麥同學：我將目標訂在 19-15 這一欄上。

諮商師：從 0% 到 100%，你希望自己能達到目標的動機有多強？

麥同學：我有 100%的動機。

諮商師：你有 100%的動機，為什麼不是 80%的動機呢？

麥同學：因為我有氣喘！我一定得戒菸。

聽到此，諮商師開始提問能力方面的問題：

諮商師：從 0% 到 100%，你覺得自己達到目標的能力有多強？自信心有多高？

麥同學：只有 20% 的能力；也只有 20% 的自信可以達到。

諮商師：有人認為自己只有 10% 的能力或自信心可以達到目標，而你還有20%，不錯喔！這 20% 的能力或自信心是哪裡來的？

麥同學：因為我先前戒過菸，曾經有減過幾支菸的經驗。

「為什麼你需要戒菸呢？」當諮商師探問他需要戒菸的理由，麥同學毫不猶豫地說出幾個理由，包括想讓母親為他感到驕傲、能夠再有體力踢足球、能不再有氣喘。最後還害羞地說，如果身上沒有菸味，女孩子應該會比較喜歡。看他這麼清楚瞭解為何想戒菸的理由，諮商師問他需要如何做才能達到減到19-15 這一欄的目標，麥同學想了一想，猶豫了一下然後說：「我想減少抽菸的量，我猜我需要做的是，當我每天抽到第 19 根菸後，我可能會把第 20 根菸丟掉！」

雖然可聽出麥同學很有心想戒菸，但在此準備改變階段所出現的語言，都是像「我猜」、「我需要」、「我可能」等，在改變上是屬於低承諾的語言，並沒有保證一定會發生。

兩個星期後，麥同學再次來見諮商師。會談一開始他馬上迫不及待地報告說：「我達到了，我減到只抽 19 根菸的承諾。」這個成果真讓人驚喜，諮商師回應說：「好棒！恭喜喔！你怎麼辦到的？」「如同我承諾的，我就把第 20 根菸丟掉啊！」

此成功的經驗增進了麥同學戒菸能力的信心，他說下次的目標是減到 18 根菸，對自己能達到此目標的自信心增加為 40%。問他需要如何做才能達到減到18 根菸的目標，麥同學的回應比上次肯定了許多。「當我每天抽到第 18 根菸後，我可能會把第 19 和 20 根菸丟掉！」「我已經準備好了！」「我已經成功地丟掉第 20 根菸，我要嘗試連同第 19 根菸也丟掉。」

麥同學的改變語言已經從低承諾轉為高承諾，顯示諮商的階段已從改變的準備期進入改變的策動期。

二、策動改變期的語言——承諾、行動、跨出下一步（CAT）

第三次麥同學來見諮商師是一個月後。這期間是麥同學大學生涯的最後一次期末考，照麥同學以前壓力越大菸抽得越多的紀錄，這段時間要戒菸並不容易。出乎意料之外的，這次見面麥同學對在戒菸一事上所用的語言顯示已朝向對付諸行動的承諾。

麥同學一見面馬上報告：「我現在已經減到每天只抽 10 根菸了！」這個進步實在是太驚人了，我興奮地問他怎麼做到的。他說：「室友不准我在室內抽菸，我懶得走到外面去抽。心想既然已經想戒菸了，懶得走就順勢不抽直到我受不了。現在我一天只抽半包，留一半給隔天。減菸又省錢，一舉兩得喔！」

諮商師在開始時已徵得他的同意要將他戒菸的故事寫在書裡，便藉此次晤談問他，在這改變歷程上，他想要達到的最終目標是什麼？「你希望我在書裡如何描述你最後戒菸的結果？」他不假思索地說：「麥同學已完全戒菸了！」

看他說得如此斬釘截鐵，諮商師探問他：「已經準備好要全力以赴了嗎？」這是麥同學的答覆：「10 年來我好像被菸癮緊緊束縛住，抽菸有罪惡感但不抽又有失落感。對我抽菸一事周遭的人有兩種極端反應，一種是『來啊！好朋友！一起來抽吧！』一種是『抽菸不好，請戒菸！』但沒有人曾坐下來和我好好談抽菸這件事。謝謝你願意聽我分享抽菸的故事，也引發我戒菸的動機。過兩個月我修完暑假最後兩門課我就要畢業回沙烏地阿拉伯了，我保證我會努力繼續戒菸的行動，減掉抽菸的量，要讓母親見到一個全新的我。我有百分之百的自信去完成它。我完全準備好了！」

從麥同學第三次的會談中，可聽出他很願意戒菸並計畫達到「完全不抽」的促動性語言，也已邁出下一步從抽 19 根減到只抽 10 根的努力，最後又很有自信地許下了「已完全準備好」要做最後衝刺的承諾。

臨走前諮商師鼓勵他：「所有的戒菸行動都是你自己做到的，我很幸運有機會當你的加油隊員並見證你的改變。」

貳、動機性晤談諮商摘要

動機性晤談理論由米勒始創，於 1983 年出現在學術刊物上。羅林克隨後加入其發展的行列，兩人於 1991 年出版第一本專書。動機性晤談理論相信矛盾是改變的起始。並以爬坡道的比喻來形容人在改變時語言轉換的歷程。從沉思到進入準備階段就像爬坡一樣艱辛，稱為準備改變期的語言，使用的語言是 DARN，即是期待類（Desire）、能力類（Ability）、緣由類（Reasons）和需求類（Need）。當案主準備好來到了改變的山頂後，下一步就是要下山崗，進入準備改變與付諸行動的階段，所用的語言中則是 CAT，包含承諾（Commitment）、行動（Activation）、跨出下一步（Taking steps）。

晤談的過程可區分為參與、聚焦、喚起和計畫四個階段，每個階段在幫助人的改變上都有其特定的策略，但進行的過程並非一成不變，諮商師也應隨時配合需要適當地調整其使用的策略。特別當計畫的進行並不順遂時，諮商師可以問自己：「下一步呢？」「再來呢？」來做必要的調整以幫助案主回到正軌上。

透過幫助麥同學的過程，深深體會到動機性晤談創始者的至理名言：「案主的所有的變化都是他們自己改變的，諮商師幸運地有機會扮演催化的角色並見證其自我改變的過程」（Miller & Rollnick, 2013, p. 296）。

第五節・動機性晤談諮商的自我測驗

・你瞭解了嗎？

下面有 15 題選擇題可幫助你測試自己對動機性晤談的諮商學派理解程度。

1. 動機性晤談諮商的創始者是誰？

   a. 米勒和羅林克（William R. Miller & Stephen Rollnick）

   b. 懷特和愛普斯頓（Michael White & David Epston）

   c. 安德森（Harlene Anderson）

   d. 海利（Jay Haley）

2. 動機性晤談諮商主要目的是幫助案主：

   a. 發展出自己內在的潛能

   b. 增進行為改變的內在動機的走向

   c. 長成功能完全的人

   d. 達到自我實現

3. 動機性晤談諮商承襲個人中心學派的理念，所以在諮商的過程中，諮商師是採用非指導性的諮商型態。

   a. 是　　　　　　　　　　b. 否

4. 動機性晤談諮商學派相信影響人們行為改變的關鍵何在？

   a. 語言　　　　　　　　　b. 情緒

   c. 行為　　　　　　　　　d. 想法

5. 根據改變過程理論，改變並非一蹴可幾，當人們有點動心開始想改變時，此人通常是處在哪個轉換過程？

a. 從毫不動心階段至沉思階段

b. 從沉思階段至準備階段

c. 從準備階段至付諸行動階段

d. 付諸行動階段之後

6. 動機性晤談相信矛盾其實是件好事，當案主對改變充滿矛盾時，表示此人離改變又靠近一步了。

a. 是　　　　　　　　　　b. 否

7. 動機性晤談提出在準備改變期，案主的話語中會包括四類，下面的哪一項不屬於這階段的語言？

a. 期待　　　　　　　　　b. 能力

c. 承諾　　　　　　　　　d. 緣由

8. 動機性晤談提出在策動改變期，案主的話語中會包括三類，下面的哪一項不屬於這階段的語言？

a. 需求　　　　　　　　　b. 承諾

c. 行動　　　　　　　　　d. 跨出下一步

9. 動機性晤談的精神（MI spirit）承襲很多個人中心學派的理念，包括四個要素，下面哪一項不屬於其中一項？

a. 夥伴關係　　　　　　　b. 接納

c. 憐憫與慈悲　　　　　　d. 一致性

10. 動機性晤談的諮商過程可分為四個階段，分別為參與、聚焦、喚起和計畫。進行的過程一定要按部就班一成不變。

a. 是　　　　　　　　　　b. 否

11. 當諮商師致力於透過互動來認識案主以期能和案主建立有效的專業關係，這是屬於哪個諮商過程的任務？

a. 參與 　　　　　　　　b. 聚焦

c. 喚起 　　　　　　　　d. 計畫

12. 當諮商師致力於幫助案主由聽到自己在改變與不改變的爭論時，以喚起其改變的動機，這是屬於哪個諮商過程的任務？

a. 參與 　　　　　　　　b. 聚焦

c. 喚起 　　　　　　　　d. 計畫

13. 摘要是把與對方談話的內容加以整理後，反映回去給對方。透過摘要可以讓案主知道你很認真地聽、很尊重也很瞭解他們所傳達的訊息。當諮商師對案主說：「你很想戒酒，卻力不從心的無奈我完全可以體會。你先前也曾跟我提過你戒菸遇到的掙扎。」他使用的是哪種摘要？

a. 整合性的摘要 　　　　b. 聯結性摘要

c. 銜接性的摘要 　　　　d. 雙向反映

14. 在改變的過程中，案主難免會因困難重重而不再想嘗試改變。當案主說：「我想我抽菸的問題也沒那麼嚴重。」諮商師反映著：「我聽到你說的話，但你先前不是說過你有氣喘的毛病，抽菸會讓你氣喘得更厲害嗎？」請問這位諮商師正在做哪一類的反映？

a. 直接反映 　　　　　　b. 放大的反映

c. 雙向反映 　　　　　　d. 摘要性的反映

15. 當在改變過程中因為障礙的出現而減弱了對改變的承諾，諮商師應幫助案主澄清「原來所訂的改變目標是為誰而設定的？是否還適用於此時？」此時諮商師正在執行什麼樣的任務？

a. 重新做計畫 　　　　　b. 重新聚焦

c. 重新喚起 　　　　　　d. 重新參與

・腦筋急轉彎

∙∙∙

1. 動機性晤談相信矛盾（ambivalence）其實是件好事，當案主對改變充滿矛盾時，表示此人離改變又靠近一步了。你贊同這個理念嗎？請舉例來說明你的論點。

2. 動機性晤談相信「希望感不是被安裝進去，而是被召喚出來的。」請舉個實際案例，並用本章介紹的方法（至少三種），提出你會如何來幫助你的案主增進其達成改變的希望感和自信心。

3. 動機性晤談介紹自信心量尺，亦即當案主提出其想法與做法時，諮商師說：「以 0 到 10 的量尺來測量，如果你已決定要去改變，你對自己可以做得到的自信心有多強？0 是表示一點都沒自信；10 則表示非常有自信。」當案主給了一個數字（例如：「5」後），諮商師可以回問：「為什麼是 5，而不是 0？」（這數字可以是任何一個比案主所提出的更低的數字。）諮商師也可以回問：「要如何做可以讓你的自信心提高為 7？」（這數字可以是任何一個比案主所提出的更高的數字。）

   諮商師可以進一步去探問：「我要如何做可以幫你把自信心提高為 7？」（這數字可以是任何一個比案主所提出的更高的數字。）請找一位同伴，各想出一個想改變的目標，一人先當諮商師，另一人當案主，按上述的指令做練習。練習完後再交換角色，請討論此法對想改變目標自信心的增進效果如何？（也可以將此練習中的「自信心」改成「動機」或「重要性」，看效果是如何？

4. 如果你是案例分析中的麥同學，這樣的處理方式你滿意嗎？有哪些技巧可以再加進來以幫助麥同學更能獲致成功的戒癮目標？

照片和圖片來源 *Photo/Figure Credits*

學者照片、照片 7-2 至 7-3：Provided with permission by William R. Miller

照片 7-1：Provided with permission by Will Stillwell, Director of Carl Rogers memorial Library

參考書目 *References*

A Conversation with William R. Miller. (2018). Retrieved from https://williamrmiller.net/wp-content/uploads/2018/06/AddictionInterview.pdf

Amrhein, P. C., Miller, W. R., Yahne, C. E., Palmer, M., & Fulcher, L. (2003). Client commitment language during motivational interviewing predicts drug use outcomes. *Journal of Consulting and Clinical Psychology*, *71*, 862-878.

Campbell, S. D., Adamson, S. J., & Carter, J. D. (2010). Client language during motivational enhancement therapy and alcohol use outcome. *Behavioural and Cognitive Psychotherapy*, *38*, 399-415.

Corey, G. (2013). Person-Center Therapy. In G. Corey (Ed.), *Theory and practice of counseling and psychotherapy* (9th ed. pp. 163-195). Belmont, CA: Brooks/Cole, Cengage Learning.

Emmons, K. M., & Rollnick, S. (2001). Motivational interviewing in health care settings: Opportunities and limitations. *American Journal of Preventive Medicine*, *20*(1), 68-74. Retrieved from http://dx.doi.org/10.1016/S0749-3797(00)00254-3

Lipkus, L. M., & Noonan, D. (2017). Association between felt ambivalence and the desireto quit waterpipe use among college students. *Journal of Health Psychology*, *22*(14), 1780-1788.

McConnaughy, E. A., DiClemente, C. C., Prochaska, J. O., & Velicer, W. F. (1989). Stages of change in psychotherapy: A follow-up report. *Psychotherapy*, *26*, 494-503.

Miller, W. R. (1983). Motivational interviewing with problem drinkers. *Behavioral Psychotherapy*, *11*, 147-172.

Miller, W. R., & Rollnick, S. (2013). *Motivational interviewing: Helping people change* (3rd ed.). New York: The Guilford Press.

Sarpavaara, H. (2017). The causes of change and no-change in substance users' talk during motivational interviewing in the probation service in Finland. *International Journal of Offender Therapy and Comparative Criminology*, *61*(4), 430-444.

Selig, M. (2010). *Changepower!: 37 secrets to habit change success*. New York: Taylor & Francis Group, LLC.

Smedslund, G., Berg, R. C., Hammerstrøm, K. T., Steiro, A., Leiknes, K. A., Dahl, H. M., & Karlsen, K. (2011). *Motivational interviewing for substance abuse*. Cochrane Database of Systematic Reviews, 5. Retrieved from http://dx.doi.org/10.1002/14651858. CD008063.pub2.

Stephen Rollnick (n. d.). Retrieved from https://en.wikipedia.org/wiki/Stephen_Rollnizk.

Walker, D., Stephens, R., Rowland, J., & Roffman, R. (2011). The influence of client behavior during motivational interviewing on marijuana treatment outcome. *Addictive Behaviors*, *36*, 669-673.

William R. Miller (n. d.). Retrieved from https://www.guilford.com/author/William-R-Miller.

「你瞭解了嗎？」試題解答 *Answer Key*

題號	1.	2.	3.	4.	5.	6.	7.	8.	9.	10.	11.	12.	13.	14.	15.
解答	a	b	b	a	a	a	c	a	d	b	a	c	b	c	c

第八章

古里希和安德森的
合作取向諮商學派
Goolishian's and Anderson's Collaborative Therapy

創始者
哈羅德・古里希
Harold Goolishian（1924-1991）（右）
賀琳・安德森
Harlene Anderson（1942 年出生）（左）

———— 本章要義 ————
建設性的對話，可以讓人找到往前行的希望。

▌每個諮商學者都有其人生故事，這是古里希和安德森的故事……

第一節。古里希和安德森的人生故事

1970 年古里希和安德森相識於德州大學醫學中心加爾維斯頓分院（University of Texas Medical Branch in Galveston, UTMB）。共同發展出「合作取向的語言系統」（collaborative language systems），簡稱為「合作取向的諮商」（collaborative therapy）（H. Anderson & Gehart, 2007, p. xix）。下面將介紹他們的人生故事和合作取向諮商發展的起源和心路歷程。

壹、古里希的人生故事

古里希是美國心理學家，1924 年 5 月 9 日出生於麻省的洛厄爾（Lowell, Massachusetts），是休斯頓大學臨床心理學門（University of Houston Clinical Psychology program）的首批博士畢業生之一。1951 年加入德大醫學中心精神科。擔任 APA 認可的臨床心理學實習督導、教授和心理部門的主任直到 1981 年（H. Anderson & McDaniel, 1992）。

一、創設多重影響療法，被譽為家族療法的前戰部隊

古里希在助人理論的發展上求新求變，被譽為是「家族療法的前戰部隊」（H. Anderson & McDaniel, 1992, p. 448）。在 1950 年代，古里希與同事為從德大醫學中心精神科出院的青少年家庭創設了多重影響療法，進行家庭處遇以遏制這些青少年出院後的再犯率，是美國聯邦政府資助的家族心理治療最早的項目之一。這種打破了傳統的治療方式，並鼓勵家庭成員一起參與，可說是當代家族諮商的先驅（H. Anderson & McDaniel, 1992），也被漢心理健康基金會

（Hong Foundation for Mental Health）的薩瑟蘭（Robert Sutherland）讚譽為「新鮮而充滿希望（fresh and hopeful）的治療方式」（H. Anderson & Gehart, 2007, p. xix）。這個創舉反映出古里希對職業生涯的執著，「他喜歡針對外人看來最『困難』和『頑強』的家庭，幫助其一步步地改變與成長」（McDaniel, 1992a, p. 99）。

除此之外，在 1950 年代和 1960 年代期間，他付出很多心力在推動德州專業執照的發展。1962 至 1963 年擔任德州心理學考試委員會主席，1965 至 1966 年擔任德州心理學會主席。在同一時期，他也積極參與社區心理健康運動以及精神病和弱智患者的去機構化（deinstitutionalization）治療方法的推動（H. Anderson & McDaniel, 1992）。

到 1970 年代，古里希對海利（Jay Haley）推出的策略家族諮商（strategic family therapy）（詳見本書第三章）相當感興趣，且成為一名策略諮商師。他與心理研究機構（Mental Research Institute, MRI）的韋克蘭（John Weakland）等人經常有聯絡，但沒有完全地信服在策略諮商的理念中，自稱：「對該理論充滿熱情，但卻從沒嫁給它」（McDaniel, 1992a, p. 99），因為打從心底他一直努力在尋求一個可以對人類行為做出更好解釋與更容易理解的新理論。

二、與安德森的職涯交會，開始發展合作取向諮商

1981 年，古里希從醫學院退休，與安德森、戴爾和普里安（George Pulliam）一起創立了加爾維斯頓家族機構，現改名為休斯頓加爾維斯頓機構，是一家享譽國際的家族療法培訓中心（McDaniel, 1992a）。隨著機構的發展，古里希與安德森共同發展的「合作取向的語言系統」受到矚目（H. Anderson & McDaniel, 1992, p. 449）。

在整個職業生涯中，古里希對語言的概念情有獨鍾。主張「人與人之間很多問題是存在語言裡面，既然如此，諮商就是用對話來讓問題消失的過程，也就是說，透過共同創建故事可為案主打開新的可能性」（McDaniel, 1992a, p. 100）。

三、頭銜和榮譽等同於他在心理治療的努力與付出

　　古里希擔任過休斯頓加爾維斯頓機構名譽所長；德州休斯頓大學健康科學中心（University of Texas Health Science center, Houston）精神病學與行為科學系兼職教授（Department of Psychiatry and Behavioral Sciences）；諾瓦大學（Nova University）客座教授；萊克大學聖母學院（Our Lady of the Lake University）特聘教授；以及聯合學院（Union Institute）的核心教員；是臨床心理學（Clinical Psychology）12、13、29、37 和 43 部門的委員，暨臨床心理學的聯絡人。他曾是美國心理學會（American Psychological Association）、美國婚姻和家族治療協會（American Association for Marriage and Family Therapy, AAMFT）、美國團體心理治療協會（American Group Psychotherapy Association）、美國矯正精神病學協會（American Orthopsychiatric Association）以及人格評估協會（Society for Personality Assessment）的會員。古里希著有許多著作，也在《家族心理學雜誌》（*Journal of Family Psychology*）等八種期刊擔任編輯委員。榮獲的獎項包括 1989 年的「年度家族心理學家」（Family Psychologist of the Year）、美國家族治療協會對 1986 年家庭治療的傑出開創性貢獻（the American Family Therapy Association's outstanding pioneering Contributions to Family Therapy in 1986）和美國婚姻和家族療法協會對家族治療的傑出專業貢獻獎（Family Therapy's Distinguished Professional Contribution to Family Therapy Award）（H. Anderson & McDaniel, 1992, p. 449）。

　　除了創新的臨床理論和實務外，他也熱愛教學。其教學足跡踏遍世界各地。很多學生對古里希的教學天賦都印象深刻，薩瑟蘭（Robert Sutherland）在《家族多重影響理論》（*Multiple Impact Theory with Families*）的序言中就如此讚譽古里希的教學天分：「他擅長培訓新的治療方法，讓受訓者很自在輕鬆地就參與進來」（引自 H. Anderson & McDaniel, 1992, p. 449）。許多家族心理學家以

及其他心理健康專業人士都認為古里希對他們的職涯發展和助人理念有重大的影響（H. Anderson & McDaniel, 1992）。

四、英才早逝，恩澤永存

1991 年 11 月 10 日，在美國婚姻和家族治療協會（AAMFT）授予「家族治療的傑出專業貢獻獎」的一個星期後，這位為全世界家族治療開發很多可能性的學者卻在睡眠中因心臟病突發死於德州加爾維斯頓的家中。古里希是一位受人尊敬且有天賦的臨床醫生、一位鼓舞人心的老師，並且是一位出色的講故事的人。67 歲離世，家族療法失去了一位偉大的老師、思想家，和領導者，讓人感到痛失英才的婉惜。

誠如古里希的女兒黛布拉（Debra）在美國婚姻和家族諮商協會（AAMFT）頒獎典禮上代其父親領獎時所表示的，這獎項並不僅僅是屬於他父親古里希一人的，那應是她的父親和所有團隊應該一起分享的榮耀時刻。古里希的一生、他的諮商方法、他的教導和他的著作觸動了許多家庭和家族諮商師，他的思想和精神將透過許多認識和愛他的人得以延續（McDaniel, 1992a, 1992b）。古里希去世時正值家族療法和家族心理學成為專業主流的一部分，「古里希以學者、臨床醫生和老師的身分做出了他的貢獻，所留下來的遺愛，讓我們思考接下來我們可以為自己、案主和後進學子們做的是什麼」（H. Anderson & McDaniel, 1992, p. 450）。

貳、安德森的成長故事

安德森是美國心理學家，1942 年 12 月 1 日出生於德州的休斯頓（Houston, Texas），是第四代的德州人。她從德州休斯頓大學（University of Houston, Texas）獲得學士和碩士學位。並獲得位於俄亥俄州辛辛那提市（Cincinnati, Ohio）的聯合學院和大學（Union Institute and University）的心理學博士學位。

一、從小就好奇且被教導「不必跟著別人有樣學樣」

安德森是家中兩個女兒的老大。父親的家人來自瑞典，母親的家人來自德國。父親擁有自己的企業，母親在旁輔佐，父母的教導培養出她大方、慷慨、心思很縝密的個性，像父親一樣，她常會注意和關心到一些小事情。但也發現自己對「不知道」（not knowing）的事會比較好奇，較能注意到一些細微的微妙之處（Duvall, Carleton, & Tremblay, 2016a）。抱持「不知道」的心態可避免先入為主地將他人分類，而能真誠地從談話中認識其本人，這是她理論中很重要的一個論點。

話說自從 1950 年代，心理研究機構就開始擺脫用病理學的觀點來看待心理困擾的個體，安德森也跟進。她說自己所以能夠接受這種心理諮商的新觀念，應該是深受父母教導她：「不用跟別人一樣。不必一定要做別人在做的事情」（Duvall et al., 2016a, p. 66），以及父母對人的尊重給她的潛移默化的影響結果（Duvall et al., 2016a）。安德森回憶說她記得以前家裡有一個管家，父母把她當家人一樣看待，例如母親會去接她、帶她回家時會讓她坐前座。父母對管家的態度讓安德森學會要尊重不同的人，尤其要尊重不那麼幸運的人（Duvall et al., 2016a）。

二、從起步的小職位學到全方位的助人專業

1964 年安德森從德州休斯頓大學獲得心理學的學士學位，投入「與貧窮奮戰」（War on Poverty）這個機構，本以為透過此計畫可以幫不幸的孩子脫離貧窮，但看那些孩子常常變好了卻很快又變壞，很多人就將問題歸咎於青少年和父母。安德森對這種解釋感到不自在，但是又沒有其他方法來理解問題，因而引發了她想尋找一個適合自己理念的理論的念頭。

在休斯頓大學拿到心理學碩士學位後，安德森服務於德州東南部的第一社區心理健康中心（the First Community Mental Health Center in southeast Texas）擔任輪值治療師，每一兩個星期，就得要換到不同的部門。有時在日間醫院住

○照片 8-1　德州大學醫學中心加爾維斯頓分院（UTMB）（1890 Ashbel Smith Building on the campus of the University of Texas Medical Branch on Galveston Island, Texas, USA）

院部工作，其他時候她要做家訪、以角色扮演和心理劇幫助病人、做娛樂治療、陪病人打籃球和編織籃子。

　　這兩份起步的工作雖然職位很小，但讓她有機會學習到全方位的助人專業（H. Anderson, 1990; Duvall, Carleton, & Tremblay, 2016b, p. 63）。

三、新工作遇貴人

　　1970 年 6 月她開始到德大醫學中心的小兒科任職，工作中她聽聞醫院裡有提供家族療法的培訓課，是由該醫院精神科心理組的主任古里希負責教學，便報名參加，這是她和古里希認識的起始。在之前安德森對家族療法是相當陌生的，她在學校所接受的心理學訓練是專注在心理測驗與診斷，從來就不知道有家族療法的存在。

　　在第一次培訓課結束時，講師古里希宣布，如果要繼續接受培訓必須參與病人家屬的探訪。感謝小兒科督導願意跟她一起參加培訓班，並安排病人家屬讓她探訪，她才得以參加訓練。更令她興奮的是古里希居然要親自當她家族諮商訓練的督導。猶記之前她和朋友曾向古里希的單位申請工作，都沒有得到回音；而現在他居然願意當她的督導，真是不可思議。對這個幸運的際遇，安德森套用古里希說的一句話來詮釋：「幸運就是一個未期待的事出現在你面前而你注意到了」（Duvall et al., 2016b, p. 64）。

四、全力投入的動力是來自「愛管閒事」

參加訓練不久古里希邀請她一起當協同諮商師，為能加快自己學習的腳步，只要一有空安德森就溜到圖書館去閱讀家族治療的書籍。之後，他們的合作範圍越來越廣，包括一起辦工作坊、一起寫作，甚至一起創立機構。安德森說：「我就是愛管閒事。」（註：安德森告訴本書作者她從小的綽號就叫 Nosy Rosy，就是對誰在做什麼，誰在說什麼都感到好奇。）「我很想知道家族療法的事情是怎麼回事，我必須去找出答案。我知道古里希能提供很多東西」（Duvall et al., 2016b, p. 66），所以古里希邀請她做什麼她都說好。那時候安德森根本不知道自己人生中很重要又有意義的旅程正在展開（Duvall et al., 2016b, p. 66）。

五、團隊想成立機構，安德森被公認是「全心投入的最佳人選」

安德森剛從小兒科轉到精神科時，因為主管非常支持，讓屬於其下的家族治療團隊可以自由發展自己的理念。後來部門的主任退休，新來的主任專注於研究飛行員的心理狀況，雖對於家族療法一無所知，但對於醫療行業的等級制度卻很有主見，一般常見的排序是精神科、心理治療、社會工作，但新主任把心理治療排在社會工作之後，而家族治療根本不在排列上。遇到這樣的主管，讓家族治療團隊的成員有志難伸，許多理念都無法推展（Duvall et al., 2016b）。

有天晚上，團隊的人坐在古里希家的餐桌上聊天，突然有人提出：「我們不妨來開個研討會，看看是否有人會來」（Duvall et al., 2016b, p. 67）。當時，旗艦酒店（Flagship Hotel）是許多人來到該島的目的地〔加爾維斯頓（Galveston）是德州沿海的礁石島〕。這個想法得到了共鳴，經過努力籌備，他們在酒店舉行為期一天的會議，簡直不敢相信約有 100 人來參加。

從研討會賺到了一點錢，便起意也許可以在醫院之外建立一個機構，讓家族治療團隊有個地方可做點他們想做的事，這是成立機構的想法之始。找到空間也有資金可以用和醫學院一樣的額度付給兩位博士後研究員。但原團隊有四

個團隊成員都因各種原因無法離開德大醫學中心，想想只有安德森是最沒有負擔，可以全心投入的最佳人選，安德森沒多想就同意了。人員和收入都有了著落，便於 1977 年開始籌備，1978 年出版了一篇關於該機構成立的文章，名為〈加爾維斯頓家族機構：歷史觀點〉（The Galveston Family Institute: A Historical Perspective）加爾維斯頓家族機構正式營運，後改名為休斯頓加爾維斯頓機構（Duvall et al., 2016b）。

六、聽到「去」就想跟去的安德森說：「這就是對不確定感的信任」

其實安德森那時候可以選擇留在醫學中心的穩定職位，但卻放棄而決定出來探索鮮為人知的家族療法的道路。是什麼原因呢？安德森說這可能跟她的個性有關，她母親曾開玩笑地說：「你的名字裡應該有個『去』（Go）字。因為只要你聽到『去』時，你都想跟著去。即使你不知道要去哪裡或要做什麼，但你就是想去」（Duvall et al., 2016b, p. 69）。安德森說母親很瞭解她個性中這冒險的一面。她很少為金錢操心，總是相信如果你去做你喜歡的事而且又可以做好的話，錢就會跟著來。對她來說，錢不是最重要的。而這就是對「不確定感的信任」（It is trusting the uncertainty）（Duvall et al., 2016b, p. 69），這也成了合作取向諮商的重要論點之一。

當然她更要感恩的是在這個冒險興奮的旅程中，古里希選擇相信她，挑選她來擔當重任。安德森說：「也許〔古里希〕知道我一旦下定決心後會長期投入、會分擔工作並富有創造力。這些都是他真正需要的東西。」「我想他注意到也認為我有潛能與創意的思考」（Duvall et al., 2016b, p. 68）。對於古里希的信任並願意放手讓她去發揮，安德森相當感激。還有心理研究機構的韋克蘭對她影響也很大（Duvall et al., 2016b）。

往後安德森在生涯發展上，一直本著聽到「去」就想跟去的「對不確定感的信任」，創立了幾家研究心理學和治療領域的機構。首先是前面提到的休斯頓加爾維斯頓機構，她本人已在董事會任職超過了 41 年之久。目前該機構創建

了國際合作取向實務證書（International Certificate in Collaborative Practices, ICCP）計畫，在全球各地提供訓練課程，教導從事心理治療、組織發展、教育和研究等領域的從業者如何擴展他們在合作與對話的知識和能力。安德森本人已到臺灣多次，親身提供教學與訓練（https://hgicounseling.org/international-certificate-in-collaborative-practices/）。

此外，安德森於 1993 年參與道斯學院（The Taos Institute）的創立，在董事會擔任要職超過 26 年之久，目前擔任其博士課程的顧問。2002 年，安德森創建並成為「與國際成功接軌」（Access Success International）的校長，她一直擔任該職位長達 17 年。安德森是德州醫學助理和發展部以及家族企業機構（Texas Medical Assistant and Development and the Family Business Institute）的董事會委員。

安德森的職業生涯中因其對理論發展，以及創新實踐和培訓的貢獻而得獎無數，包括：1997 年德州婚姻與家族治療協會終身成就獎（Texas Association for Marriage and Family Therapy award for Lifetime Achievement），2000 年美國婚姻和家族療法協會對婚姻與家族療法的傑出貢獻獎（Award for Outstanding Contributions to Marriage and Family Therapy），2008 年美國家族治療學會頒發的家族治療理論和實踐的傑出貢獻獎（American Academy of Family Therapy Award for Distinguished Contribution to Family Therapy Theory and Practice）（"Harlene Anderson," n.d.）。

參、合作取向諮商發展的起源

安德森於 1970 年加入古里希這個小組學習家族療法時，跟著團隊以多重影響療法的論點為基礎，努力吸收新知。不只是參加訓練或參觀機構，也會邀請他們感興趣的學者到機構來分享並與團隊成員對話。每次學到新點子，觸角就往外伸出了一步，但也都不忘回去省思這些論點與實務之間的關聯性。

一、對「語言」奧秘的初體驗

在學習的過程中，最先吸引這個團隊，也影響他們極大的論點是加州帕洛阿爾托（Palo Alto, California）心理研究機構的傑克遜和貝特森所提出的語言在諮商應用上的論點。這個概念刺激團隊開始嘗試去學習和使用案主的語言，這個嘗試得到了意想不到的效果，讓團隊對語言可產生的其他功能更加好奇。（Malinen, 2004）。

二、挪威之行發現「對話」的威力

其理論發展上的重大轉折點是在被邀請到挪威參加湯姆・安德森在蘇萊特（Suletea）阿提克（Artic）的克里克廚房（Creek Kitchen）舉行的研討會，古里希和安德森分享臨床工作和研究的心得，另外研討會上還安排他們和一位案主對談。

研討會的其他學者分享的是扶手椅心理學家（armchair psychologists）的論點，強調診斷而非深入地瞭解案主，因此他們把與古里希和安德森對談的案主形容為「製造無聊的機器」（boredom making machine），很難想像他們怎麼能和那個無聊的女人聊天。但古里希和安德森卻認為那是他們有史以來對談過最有趣、最吸引人的案主之一。

那時候古里希和安德森正對社會建構主義感興趣，也剛寫了〈人類系統如同語言系統〉（Human Systems as Linguistic Systems）一文。輪到他們分享時，因剛有過與案主對談的經驗，他們發現原先所持建構主義理論（constructivism theory）不再適合來說明其論點了。安德森說：「那真是一次戲劇性的蛻變經歷。我們把原只是寫在文章裡有關語言系統的概念和在那個特定的會議上所領受的一些想法，真正地融為一體。因此，這是鞏固我們理論方向的主要轉折點」（Malinen, 2004, p. 2）。

三、擴大理論的定位，不再侷限於「家庭」和「家族諮商」的方向

　　隨著合作取向諮商的逐漸發展，安德森和她的團隊開始發現把合作取向諮商定位在「家庭」和「家族諮商」的侷限性，因而決定把服務的著眼點擴大至確定問題（problem-determined）、組織問題（problem-organizing）和語言系統方面的思考（H. Anderson, 1990, p. 197）。

▎從古里希和安德森的人生故事到他們的理論……

第二節。合作取向諮商的理論

表達很重要，當人們在描述自己時，很容易就會成為自己口中所說出的自己。

The expression are also formative;

we become those we become when we express ourselves as we do it.

（T. Andersen, 2007, p. 89）

　　由古里希和安德森一起發展出來的合作取向諮商，主張「諮商是一種對談的藝術。強調的重點不是在人，而是在如何找到與人『在當下』對談的方法」（H. Anderson & Gehart, 2007, p. xix）。回想與古里希認識的過往，安德森感恩地說：「我當時不知道自己有多幸運。我踏入了家族療法的先驅之一：多重影響療法的領域。我不知道我捕捉到的這股散布熱情的家族治療會如此影響到我的未來」（H. Anderson, 2007a, p. 21）。因此要介紹合作取向的諮商理論就得從

多重影響療法去溯源，有助於瞭解其理論的精髓。

壹、多重影響療法

　　深知到州立醫院看診的患者，很多是其他地方看診無效或付不起治療費用而被轉診過來的，為了能提供較有效的診斷和治療，古里希於 1950 年提出短期、以家庭為中心的多重影響療法，來幫助患有嚴重精神病的青少年能回歸正常的生活。本著「如果將家庭本身視為治療夥伴，他們就會願意付出更多的精力來完成任務」（H. Anderson, 2007a, p. 23）的理念，來幫助面臨危機的家庭，透過自我復健（self-rehabilitating）的過程，協助家庭成員獲得成長。此療法對合作諮商理念發展的影響可歸納為兩點：

　　第一點是它強調每個人都是專家並具有潛能。多重影響療法團隊強調人類的創造力和潛力是無限的，要尊重和理解不一樣的聲音和觀點，而不是摒棄或評判它。所以團隊的人員走出諮商室或單面鏡的後面與受助家庭成員一起探究、瞭解彼此的觀點，幫助家庭發現和善用其內在潛力。

　　第二點是它強調語言溝通和建立關係的重要性。多重影響療法團隊邀請家庭和社區成員用自己的習慣用語來概述他們對眼前危機的看法，團隊成員要確實瞭解每個成員的觀點，並邀請患者參加總結會議。會議中由一名諮商師先總結團隊從家庭成員和患者身上所學到的知識，而另一名諮商師透過反思來對該總結加以回應，並鼓勵家庭成員提出必要的糾正。在這過程中，團隊成員以身示範健康溝通的模式，尤其是如何在不失尊重的情況下表達不一樣的意見。

貳、語言在溝通與諮商中的功用

　　追隨心理研究機構推出善用語言在諮商中的理念，安德森與古里希的團隊致力於探討語言系統（linguistic system），推論出「諮商就是一種語言交流」的概念（H. Anderson, 2007a, p. 30），界定「合作取向的方法是運用語言的特性，讓人們透過合作性的對話談出新的可能性」（H. Anderson, 1997, p. 2）。

其基本假設之一是強調「語言和知識具有關聯性和生成性」（H. Anderson, 2012c, p. 62）。即是認為人們是透過語言去理解生活中發生的事件和經歷，並將自己與他人的關係做了詮釋和定位。其基本假設之二是如同維特根斯坦（Ludwig Wittgenstein）所建議的：「關係和對話是緊密相連的。人與人透過對話而發展出較熟絡的關係，也因關係變得熟絡而能有更多的對話」（引自 H. Anderson, 2012c, p. 63）。既然如此，要瞭解合作取向的諮商就得對語言的特性和對話的功能有所瞭解（T. Andersen, 2007; Goolishian & H. Anderson, 2002; Hoffman, 2007）。

一、語言的特性

「文字本身只是個符號，唯有當人們將該文字賦予了意義之後，該文字才變成了可以用來溝通的語言」（Goolishian, & H. Anderson, 1987, p. 532）。如同佛洛依德所說過的：「文字是神奇的」（Words are magic）（引自 Malinen, 2004, p. 5），當人們聽到一個字或詞的瞬間，就帶來了很多想法，告訴你這個詞是什麼，或者對方在說什麼或打算做什麼（Malinen, 2004）。語言的特性列舉如下：

（一）語言可用多種形式表達

語言有多種表達方式，人們可以透過說話、寫作、繪畫、跳舞、唱歌、哭泣、大笑、尖叫、擊打等方式，來與他人互動和建立關係。每個方法之間可以互相彌補或取代，若失去一種表達方式的能力（例如說話），可以透過另一種方式來表達（例如繪畫），並從中創造出更多的意義。

（二）語言的意義是從表達中創造出來的

古里希曾經說過：「在我們說出來之前，我們並不清楚知道自己真正的想法是什麼」（引自 T. Andersen, 2007, p. 89）。亦即「要先有表達，涵義才會應運而生」（Goolishian & H. Anderson, 1987, p. 532）。而且某個語言所表達的涵

義通常會跟著人們所在的時空產生變化，沒有一個字在全世界會被詮釋為同樣的意義。所以古里希和安德森將人類的系統喻為是「創造意義的系統」（Goolishian & H. Anderson, 1987, p. 532）。

（三）人們對語言所附加的意義和其經驗有關

「語言是由經驗轉化出來的，同時它也在轉化我們對經驗到的事物的體會」（Goolishian & H. Anderson, 1987, p. 532）。語言不是簡單的代名詞，它是一種多重性（multiplicity）、具有歷史背景和緣由，且是為了理解其現實情況而出現的。「每個語言所表達的涵義（例如，單詞）非常個人化，人們可能會被所聽到某些單詞帶回到過去，重新體驗到以前的經驗」（T. Andersen, 2007, p. 89）。

（四）人們會透過表達定位自己

當一個人說話時，很多時候是在說給自己聽的。談話後的停頓，可能是在思考剛剛自己對自己說的話，這樣的停頓很重要，所以不要去打擾。因為「當人們在描述自己時，很容易就會成為自己口中所說出的自己」（T. Andersen, 2007, p. 89）。所以要仔細傾聽自己說的話，並檢查自己說的話和想表達的意思相符合的程度。

（五）動作是聲音的表露

表達包括內在私密性以及外在社交互動式的，兩者都會伴隨動作。內在對話帶出的動作較小而細微，伴隨外在對話的動作則較大。蘇俄心理學家維高斯基（Lev Vygotsky）說：「我們是我們體內的聲音。我們將內在聲音透過動作顯露出來」（引自 T. Andersen, 2007, p. 90）。

（六）人們所下的意義可能會是造成問題的原因

根據問題確定系統，每個人或每個社會對某個問題都有一個客觀的定義。但因為每個人或社會對所面對的問題所用的語義可能不同，所以在問題的定位

上很難產生共識。問題是如果雙方或群體對某個文字涵義有截然不同的定義，他們可能會很難願意去聽對方的話，甚至會打斷和糾正對方。發生這種情況時，談話通常會中斷，而導致更大的問題（T. Andersen, 2007）。這時候好的溝通就很重要，因為「改變是透過對話或交流中達成的。當領悟到新的意義時改變就發生了。可見改變是發生在語言中，而不是從修正社會結構來的」（Goolishian & H. Anderson, 1987, p. 534）。

　　問題確定系統是暫時的，一旦人們認為原有的問題不再是問題，或者他們曾經關注的問題不再對他們有困擾時，該系統便會解散。從這個意義上講，「改變並不意味著問題獲得了處理或獲致解決，而是問題消失了」（Goolishian, & H. Anderson, 1987, p. 534）。

二、對話的功能與特質

　　早期希臘社會中的dialogue（對話）一字是由「dia」〔「透過」（through）〕和「logos」〔「文字」（word）〕兩個字結合成的，明顯地看出對話意指透過文字的交流（H. Anderson, 2007b）。

（一）對話的功能

1. 對話是促進交流與理解的管道

　　對話也稱為是會話（conversation），是一種社會交流，透過彼此的對話而能對於對談的主題產生了新的了解。而對話的對象不只是他人也可以是自己，透過與自己內在聲音的對話，也有助於對自己正在思索的主題有進一步的理解與體會（H. Anderson, 2007b）。

2. 對話是增長希望感和可能性的催化劑

　　人們在生活中是離不開對話的，不是跟自己就是跟別人對話。透過對話，人們可能對自己的生活經歷和事件有了新看法，因而會去創造並重建自己對生活經驗的意義和理解，好的對話會增強人們的自我能量，自覺到有能力可以採

取必要的行動來解決所關注的問題、抱負、希望、企圖心和行動力由是增加。「對話就是要去幫助人們以『清晰視野』（have a clear view）重新審視自己所處的環境，增進自我的能量，並有勇氣去『移動周遭事物』（move about around things）」（H. Anderson, 1997, pp. xvii-xviii）。

（二）對話的特質

「諮商師的專家角色就是知道如何創造一個對話空間（dialogical space），並催化互動的對話過程」（H. Anderson, 1997, p. xviii）。在這過程中，透過諮商師和案主相互交談可能會激發出許多案主單獨對話時沒有出現的思維。它是雙向來回、縱橫交錯的以及共同創造的歷程（Malinen, 2004）。下面將就對話應具有的四個特質逐一加以探討（H. Anderson, 2007b）：

1. 對話是互動與合作性的活動

對話是互動性的活動。話中參與者「一起做」（doing with），是一種共同思考、檢查、質疑和反思的互動過程。「真正的對話是具有生產性的。亦即，對話藏著轉換的能量」（H. Anderson, 2007b, p. 34）。

2. 對話是一個不確知的過程

「對話在本質上是一個『不知道』（not-knowing）與『不確定感』（uncertainty）的過程」（H. Anderson, 2007b, p. 34）。這種「不知道」與「不確定感」是讓人們全心投入對話的要素。其實即使是原先已經熟悉的人，對話還是一個不確知的過程，它藏著轉變的能量，沒有人能預知故事會如何被說出來，雙方在對話中會激發出什麼樣的思緒或領悟。這也就是對話吸引人的地方。

3. 對話中傾聽、聽聞和表達三元素缺一不可

「對話是傾聽（listening）、聽聞（hearing）和表達（speaking）三元素相互交織的過程，每個元素對彼此都至關重要」（H. Anderson, 2007b, p. 35）。當諮商師沒能傾聽或聽而不聞會讓案主感到痛苦，也是諮商失敗最常見的因素。

表 8-1 是安德森的一個親身經歷。

表 8-1　「聽而不聞」傷人的例子

> 安德森在瑞典遇到這位男性案例，他說自己被診斷為患有偏執型思覺失調症（paranoid schizophrenia）已有五年了，這期間有無數名精神科醫生和心理師會以要「蒐集細節和資料」為由問他問題，他也都不斷重複地回答那些他認為這些專家應該已經知道的故事。但不管講了幾次，他沒有一次感到有人真的「聽聞到」（heard）他說的話或「瞭解」（knew）了他。「我唯一要的就是有人聽到我說的話」，但這個單純的希望似乎變成了奢望。也許這些專家自認已經知道案主的診斷，就不用太認真聽他說話，也不需要對他的故事感興趣。但卻沒有意識到這種不專心的傾聽對案主的傷害力是很大的。如同這位男孩跟安德森說的：「他們沒有一個人『聽到我說的話』或『瞭解我』……說話沒人聽是很『悲哀』和『痛苦』的事」。直到他遇到了安德森和她的諮商團隊，這位案主才感到有人在傾聽也聽到他的故事；即使不一定都理解，但至少他們會真誠地嘗試。

（H. Anderson, 2007b, p. 35）

安德森將傾聽定義為專注（attending）於對方、與對方互動（interacting）並有回應（responding）。聽聞（hearing）是嘗試從對方的角度來瞭解他們說話內容的過程。傾聽和聽聞是一項參與性活動，需要真心好奇的提問，以嘗試理解更多所說的內容，而不是主觀地認為對方說的應該就是什麼內容與信息。需要與對方核對，檢視自己所聽到的與對方希望你聽到的內容是否一致。有效地傾聽、聽聞和表達包括下面幾個要件（H. Anderson, 2007b）：

(1) 態度是尊重與好奇的

傾聽、聽聞和表達時，可通過肢體的動作、語氣、姿勢、手勢、眼神和語言，好奇的和對方進行交流，以表現出對對方的尊重。並真誠地相信自己可以從對方身上學到一些東西。傾聽且以自己聽聞到對方正在談論的內容來回應，可讓對方感受到他們的經歷、話語和感受已被收聽到了。

(2) 目的是想要瞭解對方的

理解是一個永無止境的過程，傾聽、聽聞和表達時可以放慢腳步，慢慢推敲和琢磨。避免出現「早就知道」和「已知道」的心態，因為那會減低自己想跟對方去學習、受到對方的啟發的動力。

(3) 速度從容不迫與順其自然的

傾聽、聽聞和表達時態度應從容不迫，給對方有時間表達出他們想說的話；回應前要先讓自己有時間思考自己想說的內容和方式。善用停頓，讓彼此都有一些思考的空間和時間。傾聽、聽聞和表達是人際互動和過程，而不是在執行某種技術，也不必遵循特定的步驟。若把它當技術來執行時，就會失去自然互動真實的一面。反之，抱持自然互動的心情與對方互動，會讓對方感受到與你的對話是自在的。

(4) 是內外聲音兼顧的

對話包括外在對話（outer dialogue）與內在對話（inner dialogue）。內在對話是內心裡喃喃自語、尚未言傳、還未具體化的思維過程。就像安德森所說，其實「在諮商室裡最重要的對話，是當諮商師在講話時，案主內心裡沉默的內在對話」（H. Anderson, 2007b, p. 39）。因此有時候諮商師可透過問案主：「你願意讓我知道你現在心裡在想什麼嗎？」來邀請其分享內在的對話。而諮商師的內在對話可能會發生在聽案主分享或寫案例紀錄時。安德森建議諮商師應將自己內在對話的想法和疑惑之處記錄下來，在下次會談時提出來與案主討論，免得藏在心裡久了可能會變得偏頗。正如古里希曾經說過的：「直到我說出來，我才知道我的意思」（I never know what I mean until I say it）（H. Anderson, 2007b, p. 39）。透過分享內在對話可以幫助案主和諮商師認識並澄清自己和彼此的想法。

總之，對話是一個連續性的過程。「建設性的對話可以幫助人們從談話中找到了從這裡繼續往前進的方法，或者至少，找到一種可能可以繼續往前進的感覺或希望」（H. Anderson, 2007b, p. 41）。

三、用案主的語言和案主說話

加州心理研究機構鼓勵「諮商師應走出傳統諮商方法，去學習案主的語言以及認識案主的信念、價值觀、所信的真理和世界觀」（H. Anderson & Gehart, 2007, p. 24）。安德森分享說，當他們朝這個方向努力後，整個諮商方法開始發生不可預測的轉變，不僅有如下的收穫，也將理論帶出新的方向（H. Anderson, 1997, 2007a）：

（一）諮商師會真正地沉浸在案主的故事中，並對其產生好奇

用案主的語言去傾聽他們的故事時，「諮商師真正地沉浸在案主的故事中並對其產生了好奇」（H. Anderson, 2007a, p. 25），會開始能體會到案主生活的境遇、從中所傳達出來對人生的承諾與看法，和他們對自己的行為和事物的感覺。而從好奇中引發出來的問題，就不會是根據先前早知道的知識庫裡列出來的那麼死板。也因為如此，與案主的互動會更親切與自然。

（二）諮商師學會尊重家庭系統中每個成員的特定語言

當給家庭的每個成員有機會表達時，不難發現：「家庭沒有共同的語言，而每個成員卻有其獨特的語言」（H. Anderson, 1997, p. 61）。同一家庭成員對同一事件的經歷，以及對彼此的解釋和涵義可能會有相當大的差異。所以諮商師不是在學習家庭語言，而是在學習家庭系統中每個成員的特定語言。因為每個成員有其獨特的語言，例如，每個人都有其對問題及其解決方案的看法，以及對家庭和諮商期望的不同描述。因此，「沒有所謂的『一個』問題，『一個』解決方案，甚至『一個』家庭這回事。我們不再嘗試要家庭達成共識，而是讓家庭呈現其真正的面貌」（H. Anderson, 2007a, p. 25）。

（三）一次專心傾聽一個人，諮商師會聽到不同版本的故事

家族諮商中，諮商師若能給每個人足夠的時間、注意力和尊重時，說故事的人就不用刻意修改故事的版本來符合聽者的胃口，結果反而是會讓原來可能

已經很熟悉的故事有機會出現不同的版本。而且當諮商師一次專心傾聽一個人說話並與之交談時，就會把其他家人帶入情境中專心傾聽，並渴望去聽對方到底會說出什麼內容，而不太會去打斷、糾正或否定對方。用新的版本說出原來感到掙扎的故事，顯示出說故事者對該事件的新體會，也讓聽故事的人看到說故事者新的一面。

（四）諮商師用案主的話能更正確地描繪他們的故事

當諮商師學會案主的日常用語時，在與督導討論或在案例會議上就會用案主的語言而不是用專業的術語或診斷上的名詞，來分享他們的故事。這樣的案例報告較能真切的表達出案主們人性和獨特的一面，也比較生動，好像是在聽案主自己做分享，也能更正確的描繪他們的故事和進展狀況。

（五）諮商師看重案主的知識勝於自己的專業知識

當諮商的重點擺在案主的故事時，諮商師就會給案主較多的機會分享生活狀況，而將自己的專業知識放在其次。會對自己原先的判斷標準持保留的態度，不會一味地認為案主應該怎麼做，哪個故事應該如何講。如果真的要提供建議時也會採低姿態，並容許案主提出質疑和討論。

（六）諮商師和案主的互動從單向轉為雙向

當諮商師不斷學習和逐漸熟悉案主的語言和涵義時，案主就會更加自發地和諮商師互動。並從最初將案主視為是老師，諮商師是學習者的關係，轉移到了共同探討問題和發展可能性的合作夥伴的關係。諮商師和案主的互動從單向轉為雙向過程，在此過程中一起探索、討論和質疑。如何在說故事的過程創造更多的互動，變得比所分享內容的細節更為重要。

（七）諮商師不用刻意加入諮商策略

當諮商師逐漸學習案主的語言和涵義，並以其為主，將諮商師的專業和所有的「應該」放在其次時，就發現在每次諮商時，是不用去預想或設計要如何

進行，而是讓所謂的「策略」自然出現而不是由所謂的專家的諮商師設計出來的。諮商師需要想的是如何讓對話產生新的可能性，並找出新的意義。這樣的過程會更接近案主和受助家人們的狀況和需要，效果也會較佳。

（八）諮商師學會接受不確定感

合作取向的諮商強調諮商師不用擺出專家的姿態，不用預先知道案主的情況。處於這種安德森所稱的「不知道」（not-knowing）的狀態，諮商師對諮商過程會如何進展或自己要說什麼就無法事先預測，當然難免會感到「不確定感」（uncertainty）。然而當諮商師開始學會欣賞和珍視這種不可預測的感覺，可能會感到一種莫名的自由和舒適感。但也就是「這種『不知道』的心態，可以使想像力和創造力得到擴展」（H. Anderson, 2007a, p. 27）。

（九）諮商師的心態變得積極，案主對諮商的參與率也增加了

安德森發現接受合作取向的薰陶後，諮商師的態度都變得很尊重和謙虛，對案主的描述都很積極，讓那些被社會認為是不善良和表現不道德行為的案主，願意並喜歡來接受諮商。更讓他們驚訝的是，那些被強制轉診來的案主第一次會談後還繼續來接受諮商。

（十）觀察團隊從單面鏡後面走了出來

傳統上，家族諮商進行時，觀察團隊會在單面鏡的後面觀察與討論，並透過治療師將這些意見傳達給受助的家庭。當案主想知道團隊為什麼這麼說或那樣說時，安德森就會邀請觀察團隊進入諮商室回答案主的疑問。當有專家陸續來觀察他們的工作，問到案主對接受合作取向諮商方法有何看法時，在案主的允許下，安德森會邀請這些「訪問諮商師」進入諮商室和案主對談。也因這樣的「公開」（going public）的舉動無形中消除了觀察團隊、諮商室內的諮商師和案主之間的界限，更增加諮商過程的開放感和團結感。

參、合作取向諮商哲學立場

安德森以「哲學立場」（philosophical stance）一詞來定位合作取向諮商的理念，而不稱其為「理論」（Holmes, 1994; Shotter, 1993）。理論意味著是一種解釋性地圖（an explanatory map），可告知、預測、具有標準化程序和結構化步驟，且會將案主分類（H. Anderson, 2012b）。安德森的合作取向諮商想傳達的是：「一種對存在現狀的觀察和體驗的方式」（Holmes, 1994, p. 156）。

安德森將諮商當作人類藝術（human arts），是「參與他人〔交流〕的藝術」（H. Anderson, 2012a, p. 136）。諮商師「應被定位為是一位創意藝術家」（H. Anderson, 2012a, p. 136），其哲學立場包括下面九個向度：

一、諮商師和案主是一種「同在」互動和對話的關係

人與人的互動有兩種思維：「關於性的思維」（aboutness thinking）和對話（dialogicality）與同在思維（witness-thinking）的互動方式。關於性的思維，是單向、視他人為被動的接受者的互動方式；對話與同在思維的互動方式，則是鼓勵兩人用心靈、語言、身體表情、行為進行反映性的互動（reflective interaction）與交流（H. Anderson, 2007a）。合作取向諮商鼓勵案主和諮商師之間以同在的關係進行對話，其特點如下：

1. 對話兩人的思想和聲音是互相交流的

不像一般心理諮商中只賦予諮商師「專家」話語權，同在的互動在乎交流中彼此所傳達出的訊息，鼓勵內在與外在的聲音自然地表達與流露（Hoffman, 2007）。

2. 互動的兩人是會彼此觸動的

「同在溝通的兩人是相互影響的。他們觸動對方，也被對方觸動」（H. Anderson, 2007c, p. 45）。湯姆・安德森就形容：「當你被對方的話『感動』

時，兩人的距離就拉近了」（引自 H. Anderson, 2007c, p. 45）。

3. 諮商師在「回應」而非「指導」案主

　　諮商師對案主的態度是「回應」（response）而非「指導」（guiding）（Shotter, 1993）。諮商師透過姿勢、態度和語氣來回應案主，讓案主知道他們是特殊與重要且獨特的人。他們講的話是得到認可、讚賞，是會被聽到的。是一種共同思考，互相交談的互動（H. Anderson, 2012a）。

二、諮商師和案主都是專家

　　合作取向諮商強調的「每個人都是他們自己人生中的英雄」（H. Anderson, 2007a, p. 28），是其人生的專家，也是諮商師的老師。諮商師以尊重和認真的態度來看待案主的言語、理念信仰和故事，並以適合案主的方式自然地與他們交談，「相信案主最瞭解自己，並會在他們認為最適當的時間和方法，分享對他們而言最重要的故事內容」（H. Anderson, 2007c, p. 46）。

　　將案主視為是其人生的專家並不是要否定諮商師的專業知識。只是諮商師的專業知識不是用來指導案主應該用什麼新的角度來看待他們的生活；而是用來創造一個對話空間，知道如何與也是專家的案主對話，將兩邊的專業知識結合在一起。在對話中改變自然就發生了（H. Anderson, 2012a; Holmes, 1994）。

三、諮商師和案主是相互詢問與集思廣益的關係

　　諮商師邀請案主一起以相互詢問與集思廣益的關係（mutual inquiry）來探討目前遇到的問題。諮商師以學習者的態度進入關係，從案主的角度學習和理解案主的人生經歷以及從中體會到的意義。安德森用「故事球」（story ball）做比喻，形容這過程像是當案主將故事球遞給諮商師時並沒有把手放掉，諮商師輕輕地將手放在故事球上面，而不是把球接收過來。兩人一起捧著球，諮商師邊聽案主分享故事，也邊透過回應與好奇的提問來理解案主的故事（H. Anderson, 2007c）。

四、諮商師對案主的認識是從零開始，從「不知道」起步

　　合作取向諮商覺察到諮商師自認「已知道〔外來的知識〕是抹滅參與對話的動力主要來源」（H. Anderson, 2012a, p. 138）。若諮商師對即將會談的案主持有「早知道是怎麼回事」的心態，在會談時對案主的好奇心和想認識案主的動力就會消減，並缺乏動力去瞭解案主真實的全貌。也因此安德森由衷地提醒：「要全面瞭解一個人和其生活環境的獨特性，就必須先將心態歸到零點。只有從那個人的身上才能真正認識那個人」（H. Anderson, 2007c, p. 49）。

　　採「不知道」的姿態並不意味著諮商師真的一無所知，或不可以去採用他們所知道的知識，例如理論知識、臨床經驗或生活經驗。重點是在於其使用這些知識的意圖、方式、態度、語氣以及時間點。諮商師引入自己的知識僅僅是要參與對話，如果該知識不適用於案主，再好的知識都不要提出來（H. Anderson, 2012a）。有興趣聽聽發展「不知道」這個概念是如何發展出來的故事嗎？請看表 8-2。

表 8-2　有關「不知道」的故事

安德森說：「在發展『不知道』這個論點時很多人持反對意見，說它太有挑釁的意味。但我們堅持不放棄，因為諮商實務和教學經驗中，我們發現當諮商師真正感興趣並傾聽案主的聲音，聽故事時會以關注的觀點去提出問題和回饋。做案例分析時，若同事質疑說：『你們這麼想，你們的案主真的也這麼想嗎？』我們常會回答說：『不知道。』並建議說他們應該問的人是案主，而不是我們。正是出於這些經驗，我們發展出這個『不知道』的概念。是的，每個諮商師都具有相當多專業經驗和知識，但不要忽略案主是其人生的專家，所以應讓案主有參與的機會。身為諮商師的專家角色不是去想什麼樣的故事可能更好，而是要創造一個空間，並邀請對方加入對談性的對話合作關係中。」

（參考 Malinen, 2004, p. 3）

「不知道」到底意味著什麼呢？請見以下分曉（H. Anderson, 2007c, 2012a; Malinen, 2004）。

（一）「不知道」意味著諮商師願意學習的心態

沒有一個人可以完全理解或認識另一個人，除非對方願意分享。抱持「不知道」的心態顯示諮商師想要更多地去學習與瞭解的謙虛態度，也顯示諮商師願意讓他們的知識（包括專業和個人價值觀以及看法）被忽視、質疑和改變」（H. Anderson, 2007c, p. 49），更意味著他們也願意跟案主一樣受到改變。

（二）「不知道」意味著諮商師不是指導者而是同步成長者

諮商師若提供任何資料或資訊，都是為了提供思維的養分以能促進對話，是參與對話的一種方式，而不是要出於權威或用來提供指導的。不過，安德森提醒諮商師千萬不要因為抱持「不知道」而不敢去分享知識或想法。其實只要諮商師有與案主同步的意願，提供知識時採用的口氣是建議或暫定的，引入知識的時機、方式和語調是適切與自然流暢，這樣的分享就是有建設性的。

五、公開

只要是人都會有想法，諮商師也是一樣。有時候在諮商過程中，難免會因案主的談話而在腦海裡浮現出自己的想法或領悟，若卡在心裡難免會影響到諮商師的專注力。「合作取向諮商鼓勵諮商師應以開放和真誠的態度將他們內在的想法公開化，安德森稱其為公開」（H. Anderson, 2012a, p. 138）。安德森分享說：「我選擇使用『公開』（public）而不是『透明』（transparent），因為我不認為人們可以看透彼此，而是只能看到對方選擇公開顯示的東西」（H. Anderson, 1997, p. 103）。有興趣知道「公開」這個名詞怎麼來的嗎？請看表8-3。

表 8-3　有關「公開」的故事

安德森分享說剛想到這個概念時，一時找不到適當的名詞來稱呼它，直到有次從美國要飛往挪威的飛機上，在長途飛行的尾聲才想假寐一下，突然聽到飛行員傳來的廣播：「哦！你看看外面！太陽公開露臉了！」（Oh you must outside! The sun is public!）跟著指示看著太陽，安德森心裡回應著：「多麼美麗！太陽向我們展示了自己！」（How beautiful! The sun is showing itself to us!）便決定用「公開」一詞來為心裡那個懸而未決的概念命名，意表其「願意承諾不再隱藏私人的想法或心裡的質疑，而是公開出來讓它明朗化。」

（H. Anderson, 2012c, p. 68）

合作取向諮商所指的公開並不是傳統上所說自我披露（self-disclosure）。而是指諮商師分享在對談時腦海裡閃過的內在對話。公開表達內心想法的益處可歸類如下（H. Anderson, 1997, 2007c, 2012a; Goolishian & H. Anderson, 2002）：

（一）表示對案主的尊重，並讓案主有機會回應諮商師的內心想法

安德森常聽到案主說他們想知道諮商師對他們的想法是什麼，很想知道諮商師所問的問題背後是什麼想法。「案主會覺得那些私人對話是跟他們有關的，但他們卻未能參與其中」（H. Anderson, 2012a, p. 139）。所以安德森在會談結束時，常會用的結語是：「我問了你很多問題，我想知道你是否有任何問題想問我？」（H. Anderson, 1997, p. 104）。如此做表示對案主的尊重，也可以讓案主有機會提問並聽到諮商師分享其內在的聲音。

（二）可防範其內心的語言變成獨白

沒有表達出來的內在對話很容易就會變成獨白（monologic）。「所謂獨白就是同一思想在腦筋裡不斷盤旋反覆播放」（H. Anderson, 2007c, p. 51），因為未與外在交流獲得回饋而未能有新的領悟，變得封閉，因而影響到對話的進展。反之，公開內心的想法因能與外在交流可以獲得回饋而有新的領悟，有助於對

談的流暢性，然而因會談的時間有限，安德森並不建議必須在會談上講出所有的內在對話。重要的是視哪些內在對話若不即時講出來會導致獨白的風險，若有者就將其公開出來，可以立即獲得回饋與澄清免得卡在心上變成心結。

六、案主和諮商師共同互相轉化

在案主和諮商師「同在」的對話過程中，雙方互相影響，同樣有機會受到改變，諮商師像案主一樣有機會被塑造、重塑和轉化（H. Anderson, 2012a），與架構出新的彼此。這種轉型與成長是持續的，每次的對話都會成為未來對話的跳板，而且不會回到未對話之前的原點。安德森對「轉化」這個字情有獨鍾，她說：「我喜歡使用『轉化』（transforming）這個字眼，轉化可以讓我想像事物是不斷在移動，持續在改變成另一種狀況」（H. Anderson, 2012c, p. 69）。

七、信任不確定感

合作取向諮商進行對話時充滿了不確定感，其不確定感可歸納是來自下面幾個緣由（H. Anderson, 1997, 2007c, 2012a, 2012b; Malinen, 2004）：

（一）來自沒有結構化的架構可遵循

在進行對話時沒有事先確定的問題、策略或結構性的指示，到底要如何展開、討論的內容、討論的方式以及討論的進度都沒有確定，也就無法確定案主和諮商師的去向，以及他們將如何到達那裡的路徑。

（二）來自對話的自然性

對話未有技術手冊或結構化步驟過程，亦未有預先形成的問題或其他此類策略的指導，諮商師和案主所進行的對話形式是自然的流露，是互相往來的，每個人的回應會影響另一個人的下個回應，情況會怎樣誰也無法預知。

（三）來自對路徑和目的地的無法預測性

當諮商師和案主的談話變得更自然和自發時，他們對話的目的地以及到達

目的地的方式就有更多的不確定性。而且雙方共同創造出來的東西一定是和一個人獨自完成的更不一樣。雖然案主來諮商之前可能會有一些預設的想法，以及對諮商師將如何做有些期望。但在合作取向諮商的過程中，這些可能都會改變，因此，其路徑和目的地是無法預測並且不確定的。

（四）來自每位諮商師不同的風格

合作取向諮商允許諮商師依自己的人格特質和生活經驗，以自己的方式將這種治療哲學，按案主的需要和狀況轉化為具有個人風格的獨特的諮商關係。所以每一次的對話都會屬於該諮商師、該案主和該情況所特有的。當諮商師所說的話、所做的動作和思維是以瞬間為準，所帶來的不確定感也難免令人不安，因為在現代社會（尤其是西方世界），大家已習慣於像食譜一樣的確定性。不過正因為如此，每次的諮商對話都是獨一無二的唯一。

總之，合作取向諮商師是案主的對話夥伴、將案主當專家、參與相互的腦力激盪，此時「信任不確定感，即是願意冒險和承受不可預見的變化」是很重要的（H. Anderson, 2007c, p. 52）。一位來自尼加拉瓜的年輕精神科醫生分享說：「開始時很不能接受這種不確定感的概念，但是有一天當我頓悟到，處於不確定是『我不必知道答案，不必問最好的問題，不必是專家醫生』時，這種不確定感的觀點容許我可以放鬆、更加自然和自發地與案主在一起」（Malinen, 2004, p. 3）。

八、不將案主需要協助的議題定位為「問題」

安德森不將案主需要協助的議題定位為是「問題」（problems），相信用「困境」（dilemma）或「生活狀況」（life situation）來定位會比較好些。因為「問題」這個詞常視為是功能障礙或不足，是需要被處理或解決的。安德森也很少用「解決」這個詞，與其說問題是被解決掉的，不如說是「被溶解掉」（dissolve）。安德森不主張將案主按類型、種類或程度去分類，因為案主所帶來的議題也是我們每個人在日常生活中都可能遇到的。每位案主遇到的掙扎和

困境都是一組獨特的事件或經驗，每個陷入困境的人都有自己關於困境的故事，以及有關的情節。這些細節只有從與案主的對話中才能獲得瞭解（H. Anderson, 1997, 2007c）。

每種情況都是獨特的，每個人的此刻都和過去不同，因此安德森說：「我們每次遇到的人都是陌生人。也因如此，每個平凡都也變得不平凡」（H. Anderson, 2007c, p. 54）。

九、以日常對話般的形式進行諮商

合作取向的諮商，是以日常對話般的形式進行諮商，這並不意味著合作取向諮商是無目地的閒聊，而是根據當時特定的情境和特定的議程來進行的」（H. Anderson, 2007c, p. 53）。每個對話都具有真實、自然、自發和持續的獨特歷程。合作取向諮商把重點放在案主和諮商師的互動，諮商師把對案主的理解看得比如何應用自己的專業知識更為重要，對人的重視優先於技術和規則，從強調諮商師的角色與功能轉為重視與人的關係（H. Anderson, 1997, 2007c）。

第三節 ・ 合作取向諮商的策略

改變並不意味著問題獲得了處理或獲致解決，而是問題消失了。

Change in this sense does not mean problem resolution or problem solving,

but rather problem dissipation.

（Goolishian & H. Anderson, 1987, p. 534）

壹、諮商目標

一、諮商師的意圖是建立對話機會

合作取向諮商師的目標之一是建立對話機會，用案主的語言與之對話，透過對話跟案主學習，提供機會增進案主的自我能量。隨著對話的進行，諮商師和案主將發現許多沒有預期的變化居然發生了（H. Anderson, 1997）。

二、與案主一起從對話中找到新的意義、創造新的歷史

合作取向諮商師與案主針對其人生故事或感到困擾的事進行對話，其目的不是在發現知識或信息，而是要從共同對話中找出新的意義與理解。當能透過共同探索和講述故事來創造新的，並將尚未講述的故事具體說了出來時，這樣的諮商就算成功了（H. Anderson, 1997）。

貳、諮商師的角色和功能

一、諮商師的角色

（一）諮商師是對話的夥伴邀請者

在合作取向諮商的關係系統中，諮商師邀請案主成為一起對談、腦力激盪、解釋和形塑故事的夥伴。「尊重案主是其人生的專家，從分享故事中去找到自己的聲音、主權和能量」（H. Anderson, 1997, p. 95）。諮商師的專業是知道如何與案主進行對話，要邀請案主成為對話的夥伴，需要「以尊重的方式表示歡迎、表明你有興趣認識與瞭解他們、以學習者的身分進入這種關係、嘗試從案主的角度和語言去認識與瞭解案主，並讓案主的故事成為舞台的焦點」（H. Anderson, 2007c, p. 45）。

（二）諮商師是對話空間的創造者

對話中，諮商師的角色不是在糾正扭曲的世界觀、家庭問題的可能原因、非理性行為或成員之間互動的狀況，而是在創造一個對話空間和環境，讓自我與自我之間（內在對話）以及自我與他人之間（外在對話）的交流機會得以發揮最大的效果。

（三）諮商師是對話過程的催化者

在合作取向諮商的過程中，諮商師是這篇尚待說出口的故事（yet-to-be-told）的作者之一。「諮商師所扮演的催化角色，是要鼓勵在場的人在對話過程中有機會表達聲音並做出貢獻。要能勝任這樣的角色，諮商師應以真誠的態度去接受、邀請、尊重、傾聽與參與案主訴說故事的歷程」（H. Anderson, 1997, p. 95）。諮商師希望參與對話中的每個人都覺得自己的版本和其他版本一樣重要。每個故事都會有多個不同的立場，諮商師要能同時兼顧所有人的立場（H. Anderson, 1997）。

（四）諮商師是讓對話能持續的哲學家

合作取向諮商師是一個能讓對話持續的哲學家。對話交流並非是靜態的，羅斯法爾（Rossfar）建議在這過程中很重要的是「嘗試去獲知案主的哲學觀點和世界觀」（引自 Goolishian & H. Anderson, 1987, p. 535），讓雙方透過不斷地交流中對交談的主題孕育出新的涵義，並讓問題自然消失掉（H. Anderson, 1997）。

（五）諮商師是熱情好客的主人和客人

安德森用「主人－客人的比喻」來形容諮商師的角色。對話中，諮商師既是案主生活中的臨時主人，又是其客人。身為主人的諮商師要透過姿勢、態度、動作、反應和語氣，讓案主感到被認可和讚賞，其故事是值得講述和聆聽的。諮商師可以把案主看作是來拜訪異國的外國人，因會有很多的不適應，主人要能體貼到客人的不安，所以要小心照顧並和他們建立夥伴的關係。除了是主人外，諮商師是案主的客人，是短暫拜訪案主的臨時客人，與他們一起參與人生中的一小部分，在對話中交會（H. Anderson, 2012b）。

精神科醫生蘇·倩斯（Sue Chance）於 1987 年所寫的一首詩〈再見〉（表 8-4）形容她與患者的關係好像是晚餐的客人一樣，道盡了諮商者身為客人的心境。

表 8-4　精神科醫生蘇·倩斯於 1987 年所寫的〈再見〉

我的到來並不意味著我將成為患者生活的核心。我是晚餐的客人，我之所以在這裡是因為我受到了邀請……也許我教給他們一些禮儀、也許我分享一些食譜、也許我帶了他們從未嘗過的菜。但是，我不住在他們的家裡，那是他們的家。……當我說再見時……我希望他們知道我有多麼感謝接受這樣的邀請，我有多享受與他們相處的時光。我希望我有留下一些的自己給他們，因為我也把一些的他們放在我心裡。

（引自 H. Anderson, 1997, p. 99）

（六）諮商師是學習者

合作取向的諮商師不是在用社會顯微鏡，去觀察和診斷鏡頭下的人。相反地，諮商師視案主為專家，相信他們對自己感到不適的狀況最為瞭解，諮商師的角色是學習者，抱著討教的心態告訴案主：「我是來這裡向你學習，來瞭解你的」（H. Anderson, 1997, p. 95）。

（七）諮商師是願意被改變者

在相互對話的過程中，改變自然就發生了。諮商師，如同案主一樣，將受到這種改變的影響。諮商師是願意被改變者，就像安德森的學生說過的一句話：「如果我無法改變對某事的想法，我怎麼能期望我的案主做改變」（H. Anderson, 1997, p. 100）。

二、諮商師的功能

要達到有效對話的諮商效果，合作取向諮商師所要發揮以下的三項功能（H. Anderson, 1997, 2012a, 2012b; T. Anderson, 2007; Shotter, 1993）。

（一）諮商師用回應來參與對話而不是引導對話

無論是提問、點頭還是沉默，諮商師的回答都是從對話中引發的靈感，並且與案主談話的內容有關。諮商師不斷從故事的片段中認識案主，且隨時檢查自己是否理解到案主希望獲得理解的內容，並透過來回相互對話，激發案主開始對自己熟悉的事物產生好奇心，並能去探索那些事物所可能蘊含的新涵義。

在多個成員交談中，每個成員都有自己的故事球，可能擁有不同、甚至衝突或競爭的故事版本。這些分歧可帶來許多可能性，所以不用尋求共識。無論人數多少，該過程都可以是互相關聯的，漸漸地，成員會開始自然地交談（talk naturally with each other），而不是忙著要告知對方（talk to each other）。

（二）與案主對話要聽聞、表達、傾聽三者並重

　　誠如蘇俄哲學家巴赫金（Mikhail Bakhtin）於 1981 年所言：「儘管每個人講的話、使用的語言可能會有所不同，但內容定有其意圖和意義」（引自 H. Anderson, 2012b, p. 14）。諮商師傾聽的過程不僅要以自己聽聞到對方正在談論的內容來回應，還應以學習者的立場，透過好奇的提問來更多地瞭解案主所說的話，以期能整理出案主故事的梗概；而不是先入為主地認為案主該說些什麼話或是透過這個過程來蒐集細節和資料。有時候認真地聆聽並不能保證一定會聽到（理解）對方真正的聲音，所以聽到後要表達出來，好讓對方知道你已收到訊息了。並以此來檢查聽到的內容是否是案主希望諮商師聽到的內容。因此要理解對方就必須要聽聞、表達和傾聽三者並重，且缺一不可。

（三）與案主建立合作性的關係

　　安德森引用學者Saint George 及 Wulff的觀點指出：「合作關係的奧妙是沒有預設的角色，互動者可以靈活地在領導與追隨的角色互換中自由來回」（引自 H. Anderson, 2012b, p. 14）。在合作關係中，參與者因感受到自己的貢獻是得到讚賞與重視而有歸屬感，而願意與對方共同承擔和共享責任感。所以諮商過程中對話的內容、過程和結果是由參與者相互決定，並在彼此交互作用時展現出來。它們不是預先決定的，是在合作中自然產生的（H. Anderson, 2012b）。

參、諮商策略

　　安德森在世界各地教學旅行中與案主交談的經驗，發現很多案主對僵化的諮商治療失去了信心，「他們希望有更靈活與更尊重人性的諮商系統和服務的管道」（H. Anderson, 2012a, p. 131）。這也是促動她努力發展合作取向諮商的原因。

一、合作取向諮商是個對話交流的過程

安德森將合作取向諮商的過程稱為對話的交流（dialogical conversation）。參與者透過和彼此（engage "with" each other）外在有聲的對話以及與自己（"with" themselves）內在無聲的對話，藉助文字、符號、手勢等不同形式的互動中去尋求理解和尋找意義（H. Anderson, 2012a）。

（一）改變是透過對話交流中達成的

合作取向諮商相信「改變是透過對話交流中達成的，當領悟到新的意義時改變就發生了」（Goolishian & H. Anderson, 1987, p. 534）。所以合作取向諮商的特徵是案主和諮商師之間（有聲）和案主內部（無聲）的對話。以期能透過對話中談出新的可能性來引發自我能量，讓問題得以化解（dissolution）（H. Anderson, 1997）。

（二）在交談中你看到對方那一刻真實的全貌

每個人的人生是在問問題、回答問題與別人互動的過程中度過的，所以「人生基本上就是一個對話過程」（H. Anderson, 1997, p. 111）。也因此英國哲學家哈雷（Rom Harré）下了一個註解說：「人們在交談對話中彼此感受的就是當時最真實的此刻」（引自 H. Anderson, 1997, p. 111）。真正的交談具有的特徵如表 8-5 所示。

表 8-5　真正的交談特徵

1. 參與者帶著生活中遇到的一些議題進到對談裡。
2. 每個對談是發生在某個特定的情境裡。
3. 沒有一個對談是單一的事件，它是受到過去的影響並會影響到未來的對話。
4. 每一個對話是由所有的參與者一起投注，是有目的與期待的。
5. 每一個對談含括著參與者外在與內在的聲音。

（H. Anderson, 1997, p. 111）

二、合作諮商的對話交流是個共享的過程

諮商師和案主以夥伴關係，透過共享或相互詢問（shared inquiry）進行對話。這是一個「在一起」（in there together）、「一起」（doing with）針對某個議題齊心協力思考的過程。諮商師沒有所謂的「真相」要告知案主，不會刻意去告訴他們應該談論或應該做的事情，而是透過參與和回應與對方產生心靈的聯繫並從中學習彼此。試圖從對方的立場而不是自己的角度去理解對方和互動連接，透過這些對話，激發出新的見解和可能性（H. Anderson, 2012a）。

對話要能持續，互相的回應是很重要的。不管是透過聲音、手勢或沉默，雙方都會努力依對方傳來的訊息適時地加以解釋和回應。而彼此之間的反應方式（包括態度、方式、時機和語氣）也會影響互動的品質。雙人從互相對話中激勵出的知識和新穎度會比他們單獨思考出來的想法更富創新與豐富性（H. Anderson, 2012b）。

歸納起來共享談話具有以下五個特徵（H. Anderson, 1997, 2012a）：

（一）是一個具有包容性的對話空間

諮商師很重要的責任是去營造出一個彼此尊重、能夠傾聽和自由表達的建設性的對話空間，它不是「向對方說話」（talking to each other），而是「與對方談話」（talking with each other）的對話空間（dialogical space）。是一個可以容納多種想法、信念和觀點的空間。這樣的空間或對話環境可以激發出流暢與多變化的想法。例如在家族諮商中可以讓一位家庭成員先說故事，其他人聽，然後再請其他人分享故事或補充。當案主有建設性的對話空間表達自己的想法且沒有被打斷時，其他人就會有興趣聆聽，然後他們就會從每個人的身上體會到不同的經歷。當諮商師有機會充分聆聽時，就有機會理解到很多事物。

（二）是一個相互探索和發展的過程

諮商師不控制對話或講故事的方向，而是參與其中。在這個探索和創造的

過程中，案主和諮商師一起合作，以對話夥伴（conversational partnership）的關係一起互動、交換意見和觀察、討論想法、分享記憶和情緒中去形塑故事。透過這樣的聯合互動，其協同探索的關係是在每個瞬間與瞬間（the moment-to-moment）的對話間逐步展開，而不是經由外部或超前部署的。在重新講述（re-telling）的同時，很多新穎的細節（a new-telling）、可能性和以前無法想像的未來多一一呈現出來。

（三）從對話中彼此進行理解

在對話中，參與者沒有預設立場的透過對話認真地學習和瞭解對方所要傳達的意思。只有參與其中的人知其冷暖，觀察者是無法感受到其個中滋味的。而且對話中的每個人都以獨特的視角和經驗參與其中；其體會可能與其他參與者大不相同，其結果是無法預測的。

合作取向諮商認為最好的獲知方式是抱持「不知道」的心態來面對案主，儘管諮商師可能事先獲知一些案主相關的資訊，但只有真正與對方有對話互動時才有機會真正瞭解對方的全貌。但儘管如此，諮商師不用假裝不知道或保留任何所知的知識。傳達時可以用「這是一種可能性」的口氣，且介紹時必須與當前的對話是一致的。透過共享的交流能對原來的議題有深度的理解並產生新的涵義。

（四）將未說出的話譜成一篇篇說出來的故事

哲學家里普斯（Hans Lipps）認為，任何語言學都包含「未表達者的圈子」（circle of the unexpressed），「未說（unsaid）與尚待說出（yet-to-be said）的話」（引自 H. Anderson, 1997, p. 118）。德國哲學家伽達默爾（Hans-Georg Gadamer）稱其為「未說的無限」（infinity of the unsaid），指出「沒有一個溝通——沒有單詞、沒有短語、沒有句子——是完整，清晰和明確的」（引自 H. Anderson, 1997, p. 118）。在諮商中，未說與尚待說出的話，指的是案主內部私人想法和對話。如同俄國心理學家維高斯基解釋說：「思想與文字的關係是一

個連續的過程。從思想到文字，從文字到思想來回移動……，思想和文字之間的聯繫既沒有固定也沒能持久」（H. Anderson, 1997, p. 117），所有的交流行為都是下一個新的表達和新的涵義的催生者。諮商師與案主透過對話交流中激發新想法，就把案主內心裡那些未說與尚待說出的話逐漸形成話語和主題，變成一篇篇說出來的故事。

（五）對話的環境與歸屬感的重要性

巴赫金指出：「每次對話的發生，都會有隱含在場的第三者（那就是背景），其影響是在所有參與者之上」（引自 H. Anderson, 1997, p. 119），所以諮商師對此不可不慎。這裡的第三者指的是案主之外的所有人和環境。所以諮商師如何營造環境和給予的回應會影響案主的歸屬感。如同肖特所說：「對於一個成員來說，只有當周圍的人準備回應他的所作所為，並認真地聽他說話時，他才能感受到身為人的『真實感』」（引自 H. Anderson, 1997, p. 120）。

三、諮商對話的結構

（一）對話的結構是自發的

諮商對話的結構是自發的，由在互動交流瞬間所決定。它不遵循預定的腳本，沒有結構化的問題準則或順序操作。諮商師無法提前知道自己要提問的問題；也無法選擇要用什麼樣的單詞或短語來產生特定的結果。諮商師不會去操控對談的內容，也不會負起改變方向的責任（H. Anderson, 1997）。

（二）諮商師一次與一個人談

在會談中不管有多少位參與者，諮商師仍應一次與一個人交談，其他人則可在旁傾聽。如此做諮商師可以與每個故事密切互動，並透過言語和行動讓每位參與者都相信他們自己故事版本的重要性。諮商師根據每人所說的而不是自己認為他們應該說的來回應，並清楚瞭解每個故事的內容。必要時諮商師可以適時停下來，問其他成員聽故事時的內在感受，並鼓勵他們說出來。將他們無

聲的內心思想表達出來，為創造另一篇「尚未說出」的故事做了起頭（H. Anderson, 2012b）。

　　諮商師一次與一個人交談，並不意味著當有人想講話時不能講。這只是鼓勵諮商師可以全神貫注地聽每個人的故事，儘管也要注意諮商室還有其他人在場。安德森分享當他們交談時，在場的其他人都處於一種反思性的傾聽位置，在此位置，內部對話成為可能。也由於這些內在的聲音參與其中，所以即使每個人都一樣在傾聽諮商師與訴說者的對話，所聽到的故事版本也許就會不同。當然聆聽者相信自己想要說的話是很重要的，會希望自己的聲音被聽到。所以在傾聽中他們會想要去補充和擴展故事，而不是糾正或打斷故事。經常有人聽後會說：「哦，我不知道。」或「我以前從未聽過你這麼說。」這些人表露的通常不是透露秘密或看不見的細節，內容也不是新的，只是故事內容排列方式有所不同。這些都是他們仔細傾聽產生的效果。就像湯姆‧安德森曾說他的諮商目標之一是：「『我要和對方做一個他們從來沒有和自己或和彼此做過的對談』。要做到不一樣的對談就是要仔細傾聽」（引自 H. Anderson, 1997, p. 127）。

四、針對所進行的對話過程進行評估

　　諮商師和案主在彼此合作時會就進行的狀況共同評估。查看他們從過程中學到、欣賞和建立的東西，並加以篩選。這是保證此方法的效果可以持續的重要步驟（H. Anderson, 2007c）。

> ▌從理論到實務，請聽她的故事……

第四節。合作取向諮商的案例分析與摘要

壹、合作取向諮商案例分析

米蜜與母親的心結

米蜜 17 歲，原與母親關係很好，上高中後卻感覺母親越來越嘮叨，回家好痛苦。放學後會跑到同學家去做功課到很晚才回家，以減少和母親相處的時間，結果母親更不放心。下面是諮商師與米蜜的對話：

一、滿腹的抱怨

米蜜：我真不知道我媽是怎麼搞的，每天都嘮嘮叨叨的。早上要出門嫌我
　　　衣服亂穿；晚上見我嫌我回家太晚。

諮商師：這樣喔？

米蜜：是啊！以前媽媽都不會這樣，還常常說我很可愛。以前我都乖乖地
　　　穿媽媽幫我買的衣服，當然她說我可愛，因為我穿的都是她為我選的
　　　衣服啊！

諮商師：你還穿那些衣服嗎？

米蜜：我跟家人出去時會穿。但若跟同學出去，剛上高中時還穿，但每次
　　　穿出去同學都笑我說穿得好像小孩子，我本來還跟同學鬥嘴說她們沒
　　　眼光，結果被笑得更厲害。我就偷偷看同學都穿些什麼，偷偷跑去買，
　　　買了還不敢讓媽媽看到。

諮商師：買了不敢讓媽媽看到。

米蜜：是啊！我怕媽媽會不喜歡我買的樣式，會罵我。所以每次要出門若是沒穿媽媽買的衣服，就很心虛，常趁媽媽沒注意就跑出去，媽媽見我出門偷偷摸摸的以為我是要出去做壞事，就很擔心，其實我也沒怎樣，只是穿的不是媽媽買的衣服。但有一次還是被媽媽看到了，她叫住我說：「等一下！你穿了誰的衣服？怎麼邋裡邋遢的！」我就騙她說是同學借我穿的。她要我趕快還給同學，別那樣穿，不好看。我說了聲好，趕快跑出去。

諮商師：這樣喔！

米蜜：除了衣服外，上了高中以後我開始想訓練自己的思考能力，所以當媽媽跟我講話時，我比較不會像以前當乖乖牌只回應說：「好啊！」而是說：「也許吧！」或是說：「我的另一個想法是……」但媽媽對我這樣的反應很不習慣，說我沒像以前那麼乖了。以前我一直以為媽媽是一個思想很開放的人，現在才發現她比我想像的還保守。想跟她做點意見交流都碰壁了。

諮商師：想跟媽媽做點意見交流都碰壁了。

米蜜：對啊！漸漸長大後發現很多事情，像政治上或人際關係的議題，都可以有不同層面的觀點。我就很希望能有機會聽聽他人的意見。但我沒有兄弟姊妹，父親又經常不在家，通常只有我和媽媽兩人。但只要一提出這樣的問題，媽媽就說：「小孩子有耳無嘴，專心用功讀書就好，想那麼多有的沒有的幹什麼？」真是無趣。

諮商師：不曉得媽媽顧慮的是什麼？〔這時諮商師心裡想著「不曉得米蜜的母親是在顧慮什麼？」基於合作取向諮商鼓勵諮商師要將其內在的對話持開放態度，便隨口將它問了出來。〕

米蜜：我猜媽媽可能怕把我給教錯了吧！

諮商師：媽媽怕把你教錯？

米蜜：是啊！媽媽很奉公守法，做事也是一板一眼的。她覺得每件事情只會有一個答案，是不需要討論的。所以我在高中以前都不知道什麼叫做逆向思考。但其實我現在也還不太會，所以就很喜歡跟人家聊一些周圍發生的事，可以聽聽別人在想什麼。但媽媽的顧忌讓我不敢隨便找話題跟她聊。不像以前我們還可以開心地一起吃飯，媽媽說什麼我都會附和。現在兩人一起吃飯簡直安靜地可怕。

諮商師：你沒有找話題，媽媽也沒有主動找話題跟你聊？

米蜜：還是有啦！偶爾會問一下什麼時候要考試？或考試考得如何等等，這種有答案的問題我不覺得叫做交流。你懂得我的意思嗎？〔諮商師點點頭。〕

米蜜：媽媽有不准我們邊吃飯邊看電視，為免得情境更為尷尬，所以我寧願放學回家就到同學家去做功課，同學的媽媽會問我要不要在她家吃飯，我當然說好，一方面是在那裡做功課可以互相討論，還可以無拘無束地聊天。但是那種快樂的感覺一回到家，看到在門口等我的媽媽就消失了。更悲哀的是看著眼前的媽媽，我突然感到有一股說不出的陌生感。

二、從抱怨轉為開始想去認識母親

諮商師：對媽媽感到陌生？

米蜜：真的耶！也許我上高中以後忙著要尋找自我的認同，要改變自己。跟媽媽又很少講話，真的是變成陌生人了。

諮商師：你想讓媽媽繼續當你的陌生人嗎？〔持續瞭解她們母女之間的心結以及她對母女關係發展的方向。希望透過提問來繼續與米蜜對話。〕

米蜜：當然不想囉！她是我最親的人。最親的人變成陌生人那我就真的沒

親人了。

諮商師：所以呢？

米蜜：我想重新認識她。以前認識的她是我童年時期的媽媽，現在我要去認識這位當我青少年的媽媽。同樣地，以前她認識的是童年的我，我希望她認識青少年的我。

諮商師：要怎麼重新認識媽媽呢？

米蜜：我要把小時候聽她講話的能力找回來。其實我在成長，媽媽也在成長，她一定有很多新的故事想說給我聽。從諮商開始你一直在聽我講話、跟我對話，我有好多沒有跟別人講的話都說了出來。我覺得這個方法很好，我也要學習跟媽媽對話。

諮商師：你剛剛不是說她每天都嘮嘮叨叨的嗎？〔諮商師套用案主的話來與她對話。〕

米蜜：她的嘮嘮叨叨也許顯示出她不知道如何當我這個青少年的媽媽的焦慮。就像我的逃避是因為我不知道怎麼當她青少年的女兒一樣。我想聽聽她嘮嘮叨叨背後的心情。

諮商師：那你怎麼讓媽媽重新認識你？

米蜜：希望當我學會聽她說故事並和她對話時，她也會願意聽聽我的青少年的故事。

諮商師：那穿著呢？ 你不是說「每次穿出去同學都笑我說穿得好像小孩子」嗎？〔諮商師套用案主的話來與她對話。〕

米蜜：那我就在跟媽媽出門時盡量去穿她幫我買的衣服，再慢慢跟她介紹我自己買的衣服，以及我選擇那些衣服的理由，還有為什麼要穿那樣的衣服和同學出門的原因。也許這可以幫助她知道如何當青少年的媽媽。

諮商師：聽起來好像你原來介意的事情消失了。

米蜜：謝謝你和我的這段聊天，讓我從另一個角度看到自己與媽媽的關係，
原來以為那個心結是一個死結，現在發現「解鈴還須繫鈴人」，我就
是那個人。

對談之後，米蜜以新的態度與母親互動，三個月後，米蜜回報諮商師說她
與母親的關係已有大幅度的改善，米蜜放學後除非真的有需要才會去同學家，
否則都會回家吃飯。晚餐成為母女最好的聊天與分享成長心得的好時光。兩人
在相約去逛街買衣服時，還會將看到的衣服分類成「同學愛看的」與「媽媽愛
看的」，但最後買的是「米蜜所愛的」。母親也會聽取米蜜的建議為自己買些
較富有年輕朝氣的衣服。母親感謝諮商師和米蜜的那段對話，讓她們母女的關
係有大幅度的改善。現在她終於認識了青少年的米蜜，也學會如何當青少年的
母親。米蜜也感恩的說，現在她終於認識了有青少年女兒的母親，也學會如何
當母親的青少年女兒。

貳、合作取向諮商理論摘要

安德森和古里希發展的合作取向諮商，是延續多重影響療法中所強調每個
人都是專家以及語言溝通對建立關係的重要性而來的。後又受到心理研究機構
所強調善用語言在諮商中重要性的影響，開始將人類系統概念化為語言系統，
界定合作取向諮商強調的重點不是在人，是一種語言系統，相信案主和諮商師
可透過合作性的對話中談出新的可能性。

合作取向諮商將諮商師定位為是一位創意藝術家，諮商則是與他人交流的
藝術。在對話交流的過程中，諮商師和案主是對話的夥伴，諮商師抱持「不知
道」和「接受不確定感」的心態用案主的語言與之對話，不將問題歸類為問題，
而是每個人都可能面對的日常普通情況。在合作取向諮商中的對話不是要發現
知識或信息，而是要從共同對話中創造新的意義與理解。諮商師的角色是邀請

案主參與共同探究和相互對話，並從對話中獲得轉變。這種關係蘊含著互相真誠的信任、開放和給予對方適切的回應。在對話中最重要的不是對話的任何部分或有多少的對話，而是在對話中整體的參與感覺。讓互動的雙方從互動中互相轉化，談出新的可能性和迸出新的火花。

　　在案例分析中，諮商師抱持合作取向諮商的哲學立場與米蜜的對話，對話中米蜜從原先滿腹的抱怨到轉而想要認識母親。「『表達』很重要，當人們在描述自己時，很容易就會成為自己口中所說出的自己」（T. Andersen, 2007, p. 89），對談之後，米蜜開始以想認識母親的心態去和母親互動，讓母女關係獲得了改善。

第五節・合作取向諮商的自我測驗

・你瞭解了嗎？

下面有 15 題選擇題可幫助你測試自己對合作取向諮商理論的理解程度。

1. 合作取向諮商的創始者是誰？

   a. 米努欽（Salvador Minuchin）

   b. 古里希和安德森（Harold Goolishian & Harlene Anderson）

   c. 史奈德（Charles Richard Snyder）

   d. 鮑恩（Murray Bowen）

2. 下面哪項多重影響療法的特徵對合作取向諮商的理念發展有很大的影響？

   a. 強調每個人都是專家並具有潛能

   b. 強調語言溝通和建立關係的重要性

   c. 兩者都是

   d. 以上皆非

3. 下面哪個陳述句裡表達出合作取向諮商理論認為語言和意義的真正涵義？

   a. 人們通常是瞭解了意義之後才將語言表達出來

   b. 改變是由社會結構的改變造成的

   c. 人們說話時基本上是要說給別人聽的

   d. 語言的涵義非常的個人化

4. 下面哪個陳述句正確地說明合作取向諮商對「改變」的論點？

   a. 改變是跟著領悟到新的意義時而發生了

   b. 改變從修正社會結構來的

   c. 改變是問題獲得了處理或獲致解決了

   d. 改變是問題獲致解決了

5. 早期希臘社會中的「對話」（dialogue）是由哪兩個字結合成的？

   a. 「dia」和「logos」　　　　b. 「透過」和「文字」

   c. 「through」和「word」　　d. 以上皆是

6. 安德森發現諮商失敗最常見的因素是下面哪一項？

   a. 諮商師對案主說的話沒能傾聽或聽而不聞

   b. 諮商師缺乏諮商的技巧

   c. 諮商師對案主缺乏同理心

   d. 諮商師沒能和案主建立有效的專業關係

7. 安德森分享說當他們刻意從學習案主的日常語言著手，慢慢地整個諮商方法開始發生不可預測的轉變，並將理論帶出新的改變方向。下面哪一項在其改變之列？

   a. 諮商師用案主的話能更正確的描繪他們的故事

   b. 諮商師不用刻意加入諮商策略

   c. 諮商師學會接受不確定感

   d. 以上皆是

8. 合作取向諮商認為諮商師對案主的認識從什麼狀態開始，會是最有動機去與他們互動？

   a. 對案主的資訊先充分地瞭解

   b. 把自己的專業知識好好地再複習一次

   c. 不用太緊張，案主是怎麼回事你早就知道了

   d. 從「不知道」起步

9. 在合作取向諮商中的諮商師和案主誰是專家？

　　a. 案主是專家

　　b. 諮商師是專家

　　c. 兩人互相學習沒有人是專家

　　d. 兩個都是專家，只是精熟的領域各有不同

10. 在合作取向諮商中所提出的「不知道」到底意味著什麼？以下哪一項不符合該理念？

　　a. 意味著諮商師願意學習的心態

　　b. 意味著諮商師願意對專業知識採取懷疑和嘗試的態度

　　c. 意味著諮商師是要來提供指導的

　　d. 意味著諮商師願意與案主同步

11. 合作取向諮商鼓勵諮商師要將其內在與案主有關的想法與案主分享，安德森稱其為：

　　a. 自我揭露　　　　　　　　b. 分享

　　c. 公開　　　　　　　　　　d. 透明

12. 合作取向諮商鼓勵諮商師接受自己「不必知道答案，不必問最好的問題，不必是專家」的這個概念，是屬於哪個哲學立場？

　　a. 信任不確定感

　　b. 諮商師和案主都是專家

　　c. 案主和諮商師共同面臨轉化

　　d. 以日常對話般的形式進行諮商

13. 合作取向諮商師的角色有許多，下面哪一項不包括於其中？

　　a. 是對話的夥伴邀請者

　　b. 對話空間的創造者

　　c. 是熱情好客的主人和客人

　　d. 是對話過程的指導者

14. 安德森相信，「_____能夠營造歸屬感和聯繫感，這對於對話至關重要。」

a. 回應　　　　　　　　　b. 凝聚力

c. 同理心　　　　　　　　d. 傾聽

15. 在合作取向諮商會談中不管有多少個參與者，諮商師仍應一次與幾個交談？

a. 整個家庭一起談

b. 可以團體諮商的方式進行

c. 一個人

d. 人數不限

・腦筋急轉彎

1. 安德森認為應該將諮商視為是與他人交流的藝術，諮商師應被視為是一位創意藝術家而不是治療師。你認為抱持此論點的看法如何？此論點對助人的成效是有怎樣的加分（或減分）的效果？請舉例說明之。

2. 合作取向諮商鼓勵諮商師對案主的認識是從零開始，從「不知道」起步。你對此哲學立場的看法如何？請舉例說明諮商師以「不知道」的心態與案主互動的優點或可能有的限制是如何？

3. 合作取向諮商師是案主的對話夥伴、將案主當專家、參與相互的腦力激盪，並且放棄提供已知知識保障安全性，從而引起不確定性。身為助人專業者，你是否有足夠的勇氣信任這種不確定性？請舉例說明你的論點。

4. 合作取向諮商相信改變是透過對話或交流進行的，所以其主要的諮商策略就是對話。而且認為每次的對話都會是獨特與唯一的。請找一位志願者進行對話練習，並分享你親身的經驗。

5. 合作取向諮商所提的哲學立場，哪一項讓你印象最深刻？請舉例說明你喜歡該論點的緣由。

照片和圖片來源 *Photo/Figure Credits*

學者照片：Provided with permission by Harlene Anderson

照片 8-1：By Nsaum75, CC BY-SA 3.0 <https://creativecommons.org/licenses/by-sa/3.0>, via Wikimedia Commons. 取自 https://commons.wikimedia.org/wiki/File:Ashbel_Smith_Building_UTMB_Galveston.jpg

參考書目 *References*

Anderson, H. (1990). Then and now: A journey from "knowing: to "not knowing". *Contemporary Family Therapy*, *12*(3), 193-197.

Anderson, H. (1997). *Conversation, language, and possibilities: A postmodern approach to therapy*. New York: BasicBooks.

Anderson, H. (2007a). Historical influences. In H. Anderson & D. Gehart (Eds.), *Collaborative therapy: Relationships and conversations that make a difference* (pp. 21-31). New York: Routledge.

Anderson, H. (2007b). Dialogue: People creating meaning with each other and finding ways to go on. In H. Anderson & D. Gehart (Eds.), *Collaborative therapy: Relationships and conversations that make a difference* (pp. 33-42). New York: Routledge.

Anderson, H. (2007c). The heart and spirit of collaborative therapy: The philosophical stance-"A way of being" in relationship and conversation. In H. Anderson & D. Gehart (Eds.), *Collaborative therapy: Relationships and conversations that make a difference* (pp. 43-62). New York: Routledge.

Anderson, H. (2012a). Collaborative practice: A way of being "with." *Psychotherapy and Politics International*, *10*(2), 130-145.

Anderson, H. (2012b). Collaborative relationships and dialogic conversations: Ideas for a relationally responsive practice. *Family Process*, *51*(1), 8-24.

Anderson, H. (2012c). Possibilities of the collaborative approach. In T. Malinen, S. J. Cooper, & F. N. Thomas (Eds.), *Master of narrative and collaborative therapies: The voice of Anderson, Anderson, and White* (pp. 61-120). New York: Routledge.

Anderson, H., & Gehart, D. (Eds.) (2007). *Collaborative therapy: Relationships and conversations that make a difference*. New York: Routledge.

Anderson, H., & McDaniel, S. (1992). In memoriam: Harold A. Goolishian 1924-1991. *Journal of Family Psychology*, *5*(3&4), 448-450.

Anderson, T. (2007). Human participating: Human "being" is the step for human "becoming" in the next step. In H. Anderson & D. Gehart (Eds.), *Collaborative therapy: Relationships and conversations that make a difference* (pp. 81-94). New York: Routledge.

Duvall, J., Carleton, D., & Tremblay, C. (2016a). Reengaging history with Harlene Anderson: Nosey Rosie Goes! (Part 1). *Journal of Systemic Therapies*, *34*(4), 61-79.

Duvall, J., Carleton, D., & Tremblay, C. (2016b). Reengaging history with Harlene Anderson: Nosey Rosie Goes! (Part 1I). *Journal of Systemic Therapies*, *35*(1), 61-77.

Goolishian, H. A., & Anderson, H. (1987). Language system and therapy: Evolving idea. *Psychotherapy*, *24*(3S), 529-538.

Goolishian, H. A., & Anderson, H. (2002). Narrative and self: Some postmodern dilemmas of psychotherapy. In D. S. Fried Schnitman & J. Schnitman (Eds.), *New paradigms, culture and subjectivities* (pp. 217-228). New York, Hampton Press.

Harlene Anderson (n.d.). Retrieved from https://en.wikipedia.org/wiki/Harlene_Anderson.

Hoffman, L. (2007). The art of "withness": A new bright edge. In H. Anderson & D. Gehart (Eds.), *Collaborative therapy: Relationships and conversations that make a difference* (pp. 63-79). New York: Routledge.

Holmes, S. (1994). A philosophic stance, ethics and therapy: An interview with Harlene Anderson. *The Australian and New Zealand Journal of Family Therapy*, *15*(3), 155-161.

Malinen, T. (2004). The wisdom of notknowing—A conversation with Harlene Anderson. *Journal of Systemic Therapies*, *23*(2), 1-9.

McDaniel, S. (1992a). Harold A. Goolishian, Ph.D. (1924-1991) in memoriam. *Family Process*, *30*, 99-100.

McDaniel, S. (1992b). Harold A. Goolishian: 1924-1991. *Family System Medician*, *10*(1), 2-3.

Rossfar, V. (1986). *Wittgenstein and therapy.* Lecture given at the Galveston Family Institute, Houston, Texas.

Shotter, J. (1993). *Conversational realities: Constructing life through language.* London: Sage.

「你瞭解了嗎？」試題解答 *Answer Key*

題號	1.	2.	3.	4.	5.	6.	7.	8.	9.	10.	11.	12.	13.	14.	15.
解答	b	c	d	a	d	a	d	d	d	c	c	a	d	a	c

5

從後現代諮商的觀點著手：
以正念為主軸

「當下的豐富就是人生豐富的寫照」，而正念就是幫助人們體會當前的豐富性的良方。本篇以卡巴金和海斯的觀點介紹兩個強調正念的後現代諮商學派。

卡巴金教導如何透過正念能不予以批判地接受當下的現狀。海斯則提醒你我以接受與承諾的態度去面對自己所處的狀況，以有助於心理靈活度的增進。

第九章

◆

卡巴金的正念諮商學派
Kabat-Zinn's Mindfulness in Counseling Practice

創始者
喬·卡巴金
Jon Kabat-Zinn（1944 出生）

—— 本章要義 ——
人生的美好，
是在一呼一吸的此刻間交織而成的。

▎每個諮商學者都有其人生故事，這是卡巴金的故事……

第一節。卡巴金的人生故事

卡巴金於 1944 年 6 月 5 日出生在紐約市，原名喬・卡巴（Jon Kabat），是九個孩子中的老么。1964 年畢業於哈弗福德學院（Haverford College），1971年從麻省理工學院（Massachusetts Institute of Technology, MIT）獲得分子生物學博士學位，卡巴金是美國醫學名譽教授，也是正念諮商學派的創始人（"Jon Kabat-Zinn," n.d.）。

壹、與正念結緣

就讀於麻省理工學院時，卡巴金聽到禪宗傳教士卡普洛（Philip Kapleau）的演講，第一次接觸到冥想（meditation）。之後他又繼續鑽研，在體驗冥想學會（Insight Meditation Society）學習並教學，也是美國波士頓劍橋禪中心（Cambridge Zen Center）的創始成員。1979 年，他走出了佛教正念教義的框架，以科學研究作為依據，結合了冥想和哈達瑜伽（Hatha yoga）的正念瑜伽（Mindful Yoga）技術，在麻省大學醫學院成立了壓力減輕診所（Stress Reduction Clinic），設計了八週的「正念減壓」課程（Mindfulness-Based Stress Reduction, MBSR），來幫助患者透過「瞬間到瞬間的覺察」（moment-to-moment awareness），應對壓力、痛苦和疾病。隨後，他也在麻省大學醫學院成立了醫學、保健和社會正念研究中心（Center for Mindfulness in Medicine, Health Care, and Society）。

貳、將正念變為志業

　　卡巴金的第一本書《完全的災難生活：利用身體和頭腦來面對壓力、痛苦和疾病》（*Full Catastrophe Living: Using the Wisdom of Your Body and Mind to Face Stress, Pain, and Illness*）於 1991 年出版，他的正念減壓課程越來越受到關注。1993 年，經由莫耶斯（Bill Moyers）的公共電視台（Public Broadcasting System, PBS）製作的「治療和心靈療法」（*Healing and the Mind*）特別報導後，卡巴金享譽全國，也激起了人們對正念減壓的廣泛興趣，許多正念減壓診所紛紛開設，有些是獨立中心，有些是醫院整體醫學計畫的一部分。1994 年，第二本書名為《你去了哪裡，你就在那裡》（*Wherever You Go, There You Are*），成為全國暢銷書。卡巴金也致力於正念減壓對牛皮癬、疼痛、焦慮、腦功能和免疫功能的影響之研究（"Jon Kabat-Zinn," n.d.）。

參、正念的第一堂課是這樣開始的

　　1979 年 9 月下旬，他和 15 名患者躺在麻省大學醫學中心會議室的地板上，這是減壓課程第一期的第一堂課。卡巴金正在引導病患進行身體掃描時，房門突然打開，一大群身穿白袍的人進來。領頭的醫師問卡巴金：「這是怎麼一回事？」卡巴金回答：「這是醫院裡剛開始推展的壓力減輕課程。」聽後這位醫師回應說：「嗯，但是我們已預留了這個會議室要召開會議。」這時，卡巴金站起來對著這位白袍上繡著外科主任布朗內爾・惠勒（H. Brownell Wheeler）的醫師說：「我不知道怎麼會出現場地衝突的情形，我在找場地時已經向調度辦公室仔細確認，以確保這個場地在往後十週裡每週三下午四點到六點是預留給我們這個課程用的。」聽卡巴金如此說，惠勒醫師看了一遍四周地板上躺著的人，問了一句：「這些都是我們的病人嗎？」「是的，他們是。」卡巴金回答。「好吧！那我們去找其他地方開會。」說著惠勒醫師轉身將整個團隊帶出了房間。

卡巴金感恩地說：「惠勒醫師那天向患者顯現的尊重與做出的反應正是我們這個課程所要教導的：不批判地接受（non-judging acceptance）。『當人們能深入與不批判地接受自己，改變和治癒的可能性就自然增加了』」（Kabat-Zinn, 2005a, p. 32; 2018, p. 15）。

肆、學習正念，人人有份

在他推展正念的生涯中，卡巴金訓練過法官、首席執行官和商業領袖、律師、神職人員和奧林匹克運動員。從 1992 年至 2000 年他帶領麻省大學正念中心〔the Center for Mindfulness (CFM) at MUass〕用西班牙語和英語教導校園附近社區的居民正念減壓，也向麻省矯治機構的囚犯和工作人員教導正念。2000年至 2015 年期間，卡巴金與桑托雷利（Saki Santorelli）共同領導了許多正念培訓課程。如今，美國和許多國家共計有 720 多家醫療中心和診所都在使用正念減壓課程（"Guided mindfulness meditation practice with Jon Kabat-Zinn," n.d.）。

伍、獲獎無數，努力終獲肯定

1994 年，卡巴金獲得了介面基金會（Interface Foundation）職業成就獎、紐約開放中心在醫學和健康領域的十週年成就獎（New York Open Center's Tenth Year Anniversary Achievement in Medicine and Health Award）。1998 年，獲得舊金山的加州太平洋醫療中心的健康與康復機構（Institute for Health and Healing）頒發的藝術，科學和療癒精神獎（Art, Science, and Soul of Healing Award），並於2001 年獲得加州拉霍亞的斯克里普斯中西醫結合中心（the Scripps Center for Integrative Medicine in La Jolla, California）頒發的第二屆年度整合醫學的開拓者獎（pioneering work in the field of integrative medicine）。2007 年，獲得勇敢而出色的中西醫結合慈善基金會（Bravewell Philanthropic Collaborative for Integrative Medicine）的中西醫結合首創獎（Inaugural Pioneer in Integrative Medicine Award）；2008 年，獲得了義大利都靈大學認知科學中心（the Center for Cog-

◯照片 9-1　致力於正念發展的卡巴金說：「正念終於來到美國了！」

對於正念在美國有如此的發展，卡巴金表示：「美國已開始意識到專注在當下可以帶給我們更大的清晰度和洞察力，可讓情緒更穩定和智慧更增長。總之，冥想已不再是外來的和異國的文化。它不再是陌生人，跟美國其他外來的文化一樣，它已經到了，它將對我們的生活產生相當大的助力，也幫助我們體會到冥想力量對人的影響」（Kabat-Zinn, 2005a, p. 37）。

ntive Science, University of Turin, Italy）頒發的 2008 年思維與大腦獎（Mind and Brain Prize）。他是費策機構（Fetzer Institute）的創始院士和行為醫學學會（Society of Behavioral Medicine）的院士與中西醫結合醫學學術中心聯盟（Consortium of Academic Health Centers for Integrative Medicine）的創始召集人，直到 2015 年，他一直擔任精神與生命研究所（Mind and Life Institute）的董事會成員，負責組織達賴喇嘛與西方科學家和學者之間的對話。也擔任華盛頓舉行的 2005 年心靈與生活對話十三：冥想的科學與臨床應用（Mind and Life Dialogue XIII: The Science and Clinical Applications of Meditation）的共同節目主持人（"Guided mindfulness meditation practice with Jon Kabat-Zinn," n.d.）。

第二節 · 正念諮商的理論

每個當下都是一個新的開始，都是一個可以開始、交接、重新連結的機會。

We see each moment as a new beginning,

a new opportunity to start over, to turn in, to reconnect.

（Kabat-Zinn, 2013, p. 5）

壹、正念的定義

Mindfulness 翻譯成中文叫做「正念」。「念」是由「今」和「心」兩個字組成的，「今」代表此刻和現在，「心」代表理念和想法。美國最早的內觀老師之一戈德斯坦（Joseph Goldstein）描述「正念是不以主觀去判斷且不受干擾地專注於當下。就像一面鏡子，誠實與清楚地反映出眼前的事物」（引自 Kabat-Zinn, 2005a, p. 109）。卡巴金（Kabat-Zinn, 2003）將正念定義為「刻意地喚醒覺察並專注於當下，以不論斷的態度去經驗每一個時刻」（p. 145）。以下將定義裡每個關鍵字逐一加以說明（Kabat-Zinn, 2005b; Sears et al., 2011）。

一、喚醒覺察

「想像」就像是一副夢想的眼鏡般，戴上它時，會讓你看到夢想的世界和未來。儘管它可能會實現，但在此刻它並不存在。正念是要你拿下夢想眼鏡，「喚醒覺察」（the awareness that emerges），練習去覺察自己對當下的體驗，

精準地看到實際的狀況。卡巴金建議我們：「隨時問自己：『我現在是醒著嗎？』」（Kabat-Zinn, 2005b, p. 27）。

二、專注

要達到正念必須要「專注」（through paying attention）。專注是練習正念的基石，是針對一個特定對象堅定關注的能力。它是透過專注於一件事來培養的，例如將精力集中在體驗吸氣與呼氣的過程。透過不斷地練習，專注會越來越好，若覺察到干擾到自己專注的拉力時，會迅速地把自己拉回原點。

三、刻意地

人們常不經意地就會被拉回到過去。正念是透過刻意和有意識（on purpose）的培養，而不再任意的被拉回過去，或受到潛意識的不良行為模式影響。

四、當下

「你真正在活的只有此刻」（You have only moments to live）「除了當下沒有其他時刻是存在的，沒有其他時刻會比此刻更豐富」（Kabat-Zinn, 2007, p. 35）。卡巴金鼓勵人們要經常保持正念：因為「輕忽一瞬間就等於少活一瞬間。且當輕忽此一瞬間就很可能會忽略了下一瞬間」（Kabat-Zinn, 2005a, p. 73）。未能充分參與每一時刻，不僅可能錯過生命中最有價值的東西，理解不到自己生命的豐富，更可能未能發現自己發展和轉型的可能性。

不信你可以試試看，「若能真切的活在每個當下，不管是什麼事，你都會發現每一個瞬間都是獨特而新穎的，都是相當可貴的，都是你所擁有的那一刻」（Kabat-Zinn, 2005a, p. 163）。當能完全掌握每一刻的真相、學習它，才會有足夠的能量繼續走向人生的下一步。

不管你喜不喜歡，不管是否依照原先的計畫在運行，這是我們此刻的人生。「惟有當我們以清醒的心來面對時，我們的人生才是真實的」（Kabat-Zinn, 2005a, p. 2），才有機會去理解與體會自己的人生。

五、不予以論斷

「正念與接受有異曲同工之效，因為惟有完全接受當下的現狀，才能完全地活在此刻」（Sears et al., 2011, p. 7），這個過程最重要的元素是不論斷。論斷和評估是大腦本來就在做的事，要它停工不去想是很難的。那要怎麼做呢？若有論斷的想法出現，不用試圖阻止或忽略它，而是客觀地去觀察與瞭解。與隨之而來的感覺、聲音、衝動、思想、感知或論斷做直接的接觸。

不予以論斷並非要你不在乎社會的準則，或者容許任何人都可任意地做任何事。「這只是意味著我們在生活中可以透過客觀的態度，更加清晰明瞭自己的一言一行，並能更有效和更富有道德感地做個裡外合一的人」（Kabat-Zinn, 2005b, p. 57）。

貳、正念與冥想──帶領你真正的經驗此刻

正念練習可以幫助人們去學習善用當下的時光。當然在每個當下，每個人都免不了會有感覺和想法，但請記住：「你有想法，但你不是你的想法；你有感覺，但你不是你的感覺」（Sears et al., 2011, p. 6），去觀察那些想法和感覺，但卻不必陷入其中。卡巴金（Kabat-Zinn, 2005a）說他最喜歡每天睜著眼睛去冒險，以新鮮的眼光去展開新的一天，即使遇到困難，仍要勇敢面對，卡巴金建議：「常常問自己此刻什麼是最重要的，然後仔細傾聽來自心底的反應」（Kabat-Zinn, 2005a, p. 74），如此做對覺察力的增加是相當有幫助的。

冥想是練習正念的一個方法，「冥想並不是只坐在那兒，而是停在當下，去觀看此刻」（Kabat-Zinn, 2005b, p. 11）。觀察此刻正在發生什麼事？你感覺到什麼？你看到了什麼？你聽到了什麼？暫停片刻有助於我們從另一個觀點來看待自己所擔心或感到不足的事情，可為我們提供新的指引，會讓下一刻更生動、更豐富、更具有條理。建議你每天花一些時間停下來，覺察自己的呼吸，充分接受當下的時刻，順其自然地呼吸並學習放下。其實善用此刻就是為下一

步奠基，因為「我們自己和社會的未來是取決於我們在此刻如何善用自己的能力，如何面對與處理自己的人生」（Kabat-Zinn, 2005a, p. 1）。

卡巴金（Kabat-Zinn, 2013）分享說他所設計的正念減壓課程，不是在教導人們「為此刻而活」（to live for the moment），而是鼓勵人們「活在當下」（to live in the moment），因為「每個當下都是一個新的開始，都是一個可以開始、呈交、重新連結的機會」（Kabat-Zinn, 2013, p. 5）。

參、呼吸的神奇力量

卡巴金所教導的正念與冥想，最重要的主角是呼吸。其實人的呼吸是相當神奇的（the power of breathing），想想人們如何透過呼吸延續生命，世代傳承。每次呼吸，人們將體內的二氧化碳與周圍空氣中的氧氣交換。透過每個呼吸，人們把體內的廢物排除掉，再次更新自己。如果此過程中斷超過幾分鐘，大腦就會缺氧，造成不可逆轉的傷害。一旦沒有了呼吸，生命也就跟著結束。心臟是呼吸工作的重要夥伴，與呼吸一樣，心跳是基本的生命節奏。心臟透過動脈及其毛細管從肺中抽出富含氧氣的血液，從而為身體的所有細胞提供所需的氧氣。當紅血球釋放氧氣時，它們會將所有活組織的主要廢物（二氧化碳）吸收過來。這些二氧化碳透過靜脈被輸送回心臟，並從那裡傳送到肺部，然後透過呼氣從肺部排放到大氣中。接下來是另一次吸氣，再次得到氧氣，隨著心臟的下一次收縮，將其送到全身。這就是我們的生命脈搏，從出生到死亡，我們在每個呼吸中逐漸長大與邁向成熟。

只要我們活著，呼吸就是存在的。所以呼吸是最容易且是方便於人們覺察到自己的管道。在冥想中呼吸是讓我們能體會當下最可靠的錨點，「無論我們在做什麼、感覺或經歷過什麼，無論我們身在何處，呼吸都隨時跟著我們。所以任何時刻只要進到呼吸裡，跟著呼吸的節奏，就可以真真實實地經驗到此時此刻的當下」（Kabat-Zinn, 2013, p. 41）。當你感到迷惘而不知所措時，就回到呼吸裡。因為「當你的心不被煩躁所困擾，回到平穩與冷靜時，就可以把事物

看得很清楚」（Kabat-Zinn, 2013, p. 46）。所以我們常說的「跟著感覺走」，似乎改成「跟著呼吸走」會更到位些。

第三節。正念諮商的策略

當我們終於能完全放下時，根本不用尋找，答案自然就會等在那裡了。

When we are finally and fully surrendered on all components,

the answer will be there waiting for us

（Hawkins, 2012, p. 227）

壹、諮商目標

一、教導案主不下論斷

所謂不下論斷是指在體驗每個當下時，不加諸好惡的評斷，而是用實際的角度去看待事物。亦即當意識到自己有哪些不由自主的論斷和反應出現時，即退出局外做個旁觀者，免得讓這些論斷得逞而去支配思想，打擾到內心的平安，而無法對內在或外在實際上正在發生的事情做出任何辨別。這並不表示要要試圖去制止，只要靜心與客觀地去觀察所發生的狀況，然後讓自己跟著呼吸再次進入冥想的正念之中繼續練習（Kabat-Zinn, 2013）。

二、幫助案主學會忍耐

忍耐是智慧的表徵，它表明我們理解並接受每個事物都有其出現的最適當時機。「為什麼要匆匆忙忙走到其他『更好』的時刻？每個時刻就是你當下的

人生」（Kabat-Zinn, 2013, p. 23）。練習有「耐心」是提醒我們，不必為了讓自己的人生充實而排滿行程或不斷地做思考。「耐心是完全開放與接受每一刻，就像蝴蝶破繭而出是自然的現象，牠自己可以決定何時要破繭展翅而飛的時間，提早讓牠破繭對其是無益的。每個事物也會在它們自己認為是對的時刻裡展現出來」（Kabat-Zinn, 2013, p. 24）。

耐心地等待屬於自己的時刻，切記每件事都有其特定的時令，就像四季的變換是讓人急不得的。春天一到草自然就會變綠，有時操之過急，就像揠苗助長般的反效果，反而會讓自己或四周的人受苦（Kabat-Zinn, 2005b, p. 48）。人們在練習正念時對自己的身體和心理也應有同樣的耐心。

三、鼓勵案主保有赤子之心

「當下的豐富就是人生豐富的寫照」（Kabat-Zinn, 2013, p. 24）。我們傾向於將平凡視為理所當然，卻沒有意會到這樣的平凡的非凡性。「要瞭解當前的豐富性，我們需要抱持赤子之心，把每件事都當作是第一次看到一樣的好奇」（Kabat-Zinn, 2009, p. 24）。「赤子之心」使我們能夠接受新的可能性，不受限於專業訓練的偏狹思考中。「任何時刻都不會與其他時刻相同。每個時刻都是獨特的，且擁有其獨特的可能性。秉持著赤子之心你就會體會到這個簡單的大道理」（Kabat-Zinn, 2013, p. 24）。

四、提醒案主信任的重要性

建立對自己感受的信任，學會傾聽和負責任地當自己，是冥想練習中不可或缺的一部分，這在練習瑜伽中也是相當重要的。若在做某個動作，身體告訴你該停止或放慢時，你必須尊重自己的感覺。如果不聽，可能會傷害自己。「沒有人能變成別人的樣式，唯一的希望是讓自己長成一個更加充實的自己」（Kabat-Zinn, 2013, p. 24）。「對自己的信任越多，對他人的信任就越多，同時也越能看到他人善良的一面」（Kabat-Zinn, 2009, p. 29; 2013, p. 26）。

五、帶領案主專注此刻而非追求目標的達成

一般來說，人們所做的每件事幾乎都是為了達到目的或有所成就。但是在正念練習中，這種態度可能會變成是一大阻礙。儘管正念和冥想練習中需要付出很多的努力和精力，但除了是要讓自己成為自己之外，並不刻意去追求某個目標的達成。正念鼓勵的是去注意和經歷目前正在發生的任何事情。「達成目標的最好方法是不定睛於追求結果，而是專注地去觀察且接受每時每刻發生的現狀」（Kabat-Zinn, 2013, p. 27）。

六、引導案主學習接受

「接受意味著看到事物在此刻出現的真實狀態」（Kabat-Zinn, 2013, p. 27）。人們經常浪費大量精力否認已經存在的事實，試圖要迫使局勢成為自己希望的樣子。如此做很容易加劇緊張的局勢，而阻擾正向改變的發生。且由於忙於否認、強迫和掙扎很容易讓我們沒有足夠的精力來恢復和成長，即使僅剩的一點點精力，也可能會因未覺察到而消失不見（Kabat-Zinn, 2013, pp. 27-28）。

卡巴金把痊癒（healing）定義為「回到事物的現狀」（Kabat-Zinn, 2013, p. 27）。「請記住，唯有在當下才能真正掌握你所擁有的。在能夠真正改變之前，你必須要先能接受真正的自己」（Kabat-Zinn, 2013, p. 28）。

在冥想練習中，我們學習接受每一個來到時刻的現狀並充分地去體驗它，而不要強加任何「應該會有」（should）的期望。提醒自己以開放的心態去面對與接受自己的感覺、思想或見解，並接受此刻存在的它。將注意力集中在當前，也接受一個事實是，「此刻所關注的一切在下一秒都會發生變化。具有接受的肚量就是一種智慧」（Kabat-Zinn, 2013, p. 29）。

七、培養案主放手的態度

卡巴金（Kabat-Zinn, 2013）說在印度的獵人捕捉猴子方式是在椰子上切一個大小足以讓手伸進去的洞，並在另一端鑽兩個較小的孔後，將椰子固定到樹

的底部並將香蕉從孔內滑入椰子中並藏在下面。猴子下來後，把手伸進去，握住香蕉。這種孔的設計很巧妙，因為張開的手可以伸進去，但當手伸進去握住香蕉後就拔不出來了。想要把手拔出來唯一要做的一件事情是放開香蕉，學習放手，但這又是最難做的一件事。猴子是如此，人何嘗不是如此呢？

　　儘管人們擁有相當高的才智，但很多時候卻又會固著在某個思想模式不願放手。

　　「放手是讓事物以原樣出現，並接受該事物的原樣」（Kabat-Zinn, 2013, p. 30）。放手包括若意識到有某些感覺自心底出現，讓它順其自然地前進，而不要去做判斷，也不要企圖要去進行任何修改。當你不再企圖要做任何改變時，注意力就會轉移到下一種感覺，壓力會減輕一些，漸漸想改變或想抵抗的感覺也逐漸就消失了（Hawkins, 2012）。

　　放手就是不要去理會想法，因為他是無止境的。放手也意指著對所發生的事件不要聯結太強烈的情感，當心靈不再受到任何情感的枷鎖時，人們可以自在地享受所發生的事物，但也明瞭該事情的發生與否並不是幸福的必要條件。「感覺來了也會去，最終你會瞭解你是你，你並不等於你的感覺，真正的你會見證這個事實」（Hawkins, 2012, p. 21）。

　　其實消極信念全都是積累消極情緒，諸如恐懼、憤怒和不認輸的驕傲的結果。若能放手，釋放負向情緒，思維模式會從「我不能」變為「我能」，曾經笨拙或未表達出來的東西瞬間活躍起來，就能恢復了情緒和心理上的成長，增強解決問題的能力，我們就能勇往直前，生活開始發生變化（Hawkins, 2012）。

　　總之，「放手就是如同其字面上的意思，無論它是什麼，需要放手時就放手吧！」（Kabat-Zinn, 2005b, p. 53）。放手機制在解決問題中的有效性是非常神奇的，且是最快速簡便的方法：「不要尋找答案，放開牽絆著這問題的情緒那一面。當我們終於能完全放下時，根本不用尋找，答案自然就會等在那裡了」（Hawkins, 2012, p. 227）。

　　其實放手並不是新的經歷，每天晚上關燈進入睡眠狀態就是一種放手的練

習。如果放不下，就無法入睡。因此，如果你可以入睡，那麼你已經是「放手」的專家。想看自己是否真能放手嗎？試試看關掉手機一段時間（也許五到十分鐘或直到你看完這一章）。透過放手，你可以讓自己在這段時間裡擁有自己，享受屬於自己的平靜或專心看書的樂趣。練習放手時請如此告訴自己：「沒有任何事或想法是我會抓住不放的。」（Kabat-Zinn, 2013, p. 53）。

貳、諮商師的角色和功能

一、諮商師是教導者也是實踐者

正念諮商師是教導者也是實踐者，因為他們不僅應幫助案主瞭解正念與冥想練習需要特殊的能量與動機，需要靠很強的自制力（self-discipline）去學習，對自己也需要有同樣的要求。在卡巴金的正念減壓課上，他要求每個工作人員，都得同意要跟病人遵循一樣的練習規定。當諮商師願意承諾以實踐者的精神去練習正念，才能瞭解與同理案主所經歷的心路歷程（Kabat-Zinn, 2005a, 2013）。

二、諮商師是一個能愛自己也能愛人的人

卡巴金認為正念的經驗就像是談戀愛一樣，去享受與珍惜此刻自己所擁有的真實（truth），珍愛所有嵌入此刻的事物——因為它已經在這裡，是此刻你擁有的全部。一個能愛自己也愛人的諮商師，會有助於案主學會愛自己與珍惜自己（Kabat-Zinn, 2005a, 2013）。

三、諮商師是一個懂得善用感官的人

卡巴金以「善用你的感官！」來喚醒人們去正視事物的實際狀況。對於視而不見的人，卡巴金會說「那個人已離開了感官」，表示那人已遠離了現實狀況（Kabat-Zinn, 2005a, p. 42）。「要能善用感官，需要先發展並學會相信自己的內在能力，以便能看到外表之下真正真實的向度」（Kabat-Zinn, 2005a, p. 50）。一個懂得善用感官的諮商師，才能看到案主的潛能，幫助案主發展出真

實的自己。卡比爾（Kabir Das）是一位 15 世紀的印度神秘詩人和聖人，寫的一首詩就道出這樣的意境（表 9-1）。

表 9-1　卡比爾描述善用感官的詩

我的內心，傾聽我，最偉大的精神導師已鄰近了，醒來，醒來！

快跑來到他的腳前

他已站在你的頭前。

你已經沉睡好幾百萬年了，

何不讓自己在今天早上醒來？

——卡比爾

（引自 Kabat-Zinn, 2005a, p. 50）

參、諮商策略

在正念諮商中很重要的練習是冥想。冥想強調的是「無為而治」（non-doing），「不是要試著去哪裡或做什麼，而是專注地去體會自己所在的此刻」（Kabat-Zinn, 2013, p. 55）。「透過靜止讓思緒回到自我裡面，透過滋養此刻的存在感來帶領自己走向改變」（Kabat-Zinn, 2013, p. 56）。

對於冥想的姿態，卡巴金形容說：「這是一個非常勇敢的姿態：靜下來坐一會兒，不加裝飾地坐在當下」（Kabat-Zinn, 2005a, pp. 69-70）。即使在不完美的狀況也能靜下來面對自己、接受自己的所有缺點和傷口。在任何時刻，當我們願意靜止下來，全心全意地投入觀察、聆聽和接受自己的感官傳達出的訊息，那就是生活中最寶貝的時刻。卡巴金發展四種冥想練習如下（Kabat-Zinn, 2005a, 2013）：

一、身體掃描冥想

「身體掃描冥想」（The Body-Scan Meditation）的練習，就是要提供人們有機會與自己的身體相處。具體步驟詳見表 9-2 的說明。

身體掃描是卡巴金的正念減壓課程病人第一個正式參與的正念練習，在剛開始的頭兩個星期病人須每次做 45 分鐘，每個星期做六天。不過卡巴金也提醒說願意躺下去做比做多少時間來得更重要。

二、靜坐冥想：培養存在感

「靜坐冥想」（Sitting Mediation）或簡稱為「坐著」（sitting）的練習，是在滋養練習者對存在此時此刻的敏覺。我們通常是坐在椅子或地板上練習靜坐冥想。如果選擇坐在椅子上（如照片 9-2 所示），如果可能的話，請將腰桿挺直，若真的需要靠在椅背上當然也是可以。如果你選擇坐在地板上，請用較厚實的墊子（或將枕頭折疊一次或兩次）墊著，如此做可以使臀部從地板上抬高三到六英寸，坐起來較舒服些，兩腳交叉，雙手輕鬆地放在兩邊的膝蓋上（如照片 9-3 所示）。

（一）靜坐冥想的基本指導語

此指導語主要是帶領靜坐者去觀察自己的呼吸循環。若發現自己注意力轉移時，注意到就好，不要自責，然後溫柔地將自己帶回專注到呼吸的過程。請看重每個時刻，「你抓住每個到來的時刻，不將每一個時刻看得比另一個時刻重要」（Kabat-Zinn, 2013, p. 61）。不斷地重複做練習，注意力就更能深入和集中，就像透過舉重訓練肌肉的力量一樣，你會變得更有耐心且較少批判自己（Kabat-Zinn, 2013）。

（二）靜坐冥想的練習

靜坐冥想的練習不是只有單一的方法，下面介紹四種方式供讀者做參考（Kabat-Zinn, 2013）。

表 9-2　身體掃描冥想的指導語

1. 找一個舒適的地方（可以在床上或是有墊子墊著的地板上）仰臥躺著，切記這個練習你要保持清醒而不要讓自己睡著。要保持溫暖，所以必要時你可以蓋個棉被或躺在睡袋裡。

2. 將眼睛輕輕合上。但是，如果你發現自己開始有了睡意，請睜開眼睛，繼續練習。

3. 將你的注意力集中在腹部上，在每一次吸氣和每一次呼氣中去感覺腹部的起伏；完整地體會吸氣時的整個時段和每次呼氣時的整個時段，像體會浪潮的漲與退般地去體會呼吸的吸和呼的過程。

4. 花幾分鐘的時間去體會你的全身，從頭到腳的皮膚與床或地板接觸的感覺。

5. 現在將注意力轉移到左腳的腳趾上，也將你的呼吸轉移到左腳的腳趾上，感覺你的呼吸是從自己的腳趾頭吸進去後再從腳趾頭呼出來。你可能需要花一些時間才能掌握這些技巧，可以想像你的呼吸從鼻子到肺部，然後一直穿過軀幹，然後一直沿著左腳一直延伸到腳趾，然後再回到鼻子呼出來。實際上，呼吸確實會透過血液流經人體的這條路徑和其他所有路徑。

6. 體會自己腳趾的任何感覺，區分它們和其他區域的感覺之不同。如果你沒有任何感覺那也沒關係，允許你自己去體會沒有感覺的感覺。

7. 當你準備好要離開腳趾頭時，刻意再做一次更深的吸氣與呼氣。花一些時間體會你的呼吸，然後依次將注意力移至腳跟、腳掌和腳踝等身體的各個部位，隨著你吸氣與呼氣觀察你所經歷到的感覺。

註：同樣的過程可以運用到身體其他部位的練習。

（參考 Kabat-Zinn, 2013, pp. 95-96）

1. 專注於呼吸的靜坐冥想

專注於呼吸的靜坐冥想是靜坐冥想的練習之一，其指導語如表 9-3 所示。

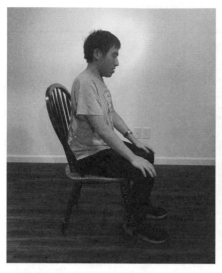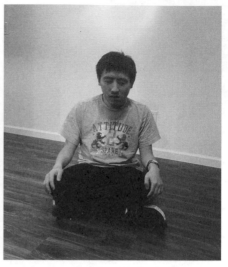

⚫照片 9-2 和 9-3　靜坐冥想（參考 Kabat-Zinn, 2013, p. 59）

表 9-3　專注於呼吸的靜坐冥想指導語

> 　　每天至少一次，至少持續十分鐘，以舒適而有尊嚴的坐姿練習覺察呼吸。
> 1. 每次當你發現自己已不再注意到呼吸時，覺察一下你自己在想什麼，但不用去阻擾。待進入下一個呼吸循環時再把注意力放在肚臍上，注意到自己的呼吸。
> 2. 漸漸地把自己靜坐冥想的時間加長。但記住其實「當下」是沒能用時間去劃界的，所以以鐘錶測量的時間還不如用你願意待在此刻的意願來得重要。
> 3. 如果你已經能夠專注在呼吸上，可以開始把注意力放在肚臍及身體的其他區域。

（參考 Kabat-Zinn, 2013, p. 71）

2. 聽音靜坐冥想

　　聽音靜坐冥想（sitting with sound）是靜坐冥想的練習之二，其指導語如表 9-4 所示。

表 9-4　聽音靜坐冥想指導語

---

1. 如果您願意，可以嘗試將聽覺融入靜坐冥想的過程。這並不意味著要聽聲音，而只是簡單地隨時聽著聽到的聲音，而無需判斷或思考你正在聽的聲音，只是安靜地聽聲音。將心靈想像成「聲鏡」（sounds mirror），單單去覺察自己聽到的一切，你也可以嘗試聆聽聲音和聲音之間的沉默時刻。

2. 你也可以用音樂來做這種練習，聽每個音符，並盡可能地聽出音符與音符之間的空擋。嘗試在呼吸時將聲音呼吸到你的體內，然後讓它們在呼吸時再次流出。想像一下，你的身體對聲音是透明的，聲音可以透過皮膚的毛孔進出你的身體。想像一下，聲音可以被你的骨頭「聽到」並感受到。那是一個什麼樣的感覺？

（參考 Kabat-Zinn, 2013, p. 72）

3. 靜坐冥想去體會想法和感覺

　　靜坐冥想去體會想法和感覺（sitting with thoughts and feelings）是靜坐冥想的練習之三，其指導語如表 9-5 所示。

4. 無慾地靜坐冥想

　　無慾地靜坐冥想是靜坐冥想（sitting with choiceless awareness）的練習之四，其指導語如表 9-6 所示。

三、哈達瑜珈

　　哈達瑜伽是卡巴金在正念減壓課程中，發展的第三個幫助人們冥想的練習。練習哈達瑜珈時包括緩慢進行的柔和伸展和平衡練習。並透過將身體擺放於各種「姿勢」（postures）時，去體會每一個時刻的呼吸和感覺。除此之外，也練習一般瑜伽中常做的放鬆、增強肌肉骨骼的力量和靈活度的動作。卡巴金在介紹瑜伽冥想時常用的字眼是「培養力量、平衡和柔韌性」（cultivating strength, balance, and flexibility），很真切地描述出瑜伽冥想的功效。

表 9-5　靜坐冥想去體會想法和感覺指導語

1. 當你已能專注在呼吸上時，可嘗試去注意到思考的過程。觀察腦海中這些浮出的想法，就像看著飄過天空中的雲彩一樣。將心靈想像成「思想的鏡子」（thoughts mirror），毫不刻意地去覺察什麼想法浮現，又消逝在腦際。

2. 盡你所能，注意自己想法和情緒的改變，但不要去推敲或預測下一個想法會是什麼。只要以客觀的態度去觀察就好。

3. 請注意，每個想法常是一閃而過，不會持續很久。注意到這些稍縱即逝的想法並將其注入意識中會是很有幫助的。

4. 留意有哪些想法是不斷出現的。

5. 特別注意到有哪些想法是以自我為出發點的？當你以非論斷的方式客觀地去觀察它們時，你的感受有什麼改變嗎？

6. 注意有哪些想法是被歸咎為讓自己的日子變好或變差的想法。

7. 注意有哪些有關過去或未來的想法。

8. 注意有哪些想法是關於想要或希望什麼東西出現的念頭。

9. 注意有哪些想法是會讓你感到憤怒、厭惡、討厭或想拒絕的事。

10. 注意有哪些感覺和情緒是來了又去的。

11. 注意有哪些不同的想法影響你不同的感覺和情緒。

12. 如果腦海中空白了，就重新將注意力放回到呼吸上面，直到注意力穩定時，然後，如果你願意，請重新以思維作為聚焦的中心。請記住，這不是邀請你去引發思維，只是邀請你去覺察思維來與去的過程。

註：要做此練習的話，靜坐者的注意力需已達到相當程度的穩定性才可。最好是在冥想靜坐的開始時做短暫的練習，即使只是短短的兩三分鐘也是很有價值的。

（參考 Kabat-Zinn, 2013, pp. 73-74）

表 9-6　無慾地靜坐冥想指導語

　　就靜靜坐著，不要堅持或刻意要尋找任何東西。完全開放並接受進入意識領域中的任何事物，讓一切都來去自如，看著、見證著、靜靜地參與。自在地處在毫無概念的無慾狀態中。

練習瑜珈時，「學習接受我們所覺察到的身體在此刻到下一刻所發生的狀況」（Kabat-Zinn, 2013, p. 101）。在伸展、抬起或保持平衡時，人們學會與自己的極限一起努力，並清楚覺察自己每個時刻的感受。人們要學習對自己有耐心，例如，當向上伸展至極限時，要學習接受自己的極限，再慢慢學習去克服。

練瑜珈是很棒的運動方式，理由之一是它很溫和，經常做的話對各種身體狀況的改善應該很有幫助。而且瑜珈是在任何地方（在床上、椅子上、輪椅上）都可以做，或躺或臥或坐都可以做。任何姿勢都可以作為練習瑜珈的起頭，只要你有在呼吸，願意做些動作，就可以做瑜珈了。理由之二是瑜珈是全身性的運動，可以增強力量、促進平衡和變得更加有彈性。最重要的是不管你有多累，只要你做了瑜珈，你的精神就會充沛起來（Kabat-Zinn, 2013）。瑜伽冥想指導語如表 9-7 所示。

四、步行冥想

在日常生活中練習正念的最簡單方法是步行，稱為「步行冥想」（walking meditation）。你可能會猜做此練習就得專注地步行，其實不用，是要在步行中覺察到自己正在步行即可。

經常我們在走路時，腦筋裡常會想著的是自己要去哪兒以及到達目的地後即將要做的事。透過「步行冥想」（表 9-8），就是要我們「專心地覺察走路的經驗，包括聚焦於走路時腳或腿的感覺或身體移動的感覺。並注意到走路時身體呼吸的狀況」（Kabat-Zinn, 2013, p. 124）。

在正念減壓班，卡巴金會鼓勵病人慢慢地走，好好地去體會踏出每個步伐的動作與感覺。當我們對走路稍加注意時，就開始能感念會走路是一個多偉大的奇蹟，想想看在嬰兒時期要花近一年的時間透過肢體慢慢地成熟後才漸漸地學會走路，最後才達到學會平衡，走路不會跌跤的里程碑。所以走路時不妨慢下來體會自己走路的能力與過程。「在練習步行冥想時可提醒自己沒有要走去哪裡，我們只是邀請自己在踏出的每一步時，去體會我們當時所擁有的時空。

表 9-7　瑜伽冥想指導語

1. 仰臥躺在地板的墊子上。如果因某些限制你無法仰臥，也可以採用其他可穩定自己的姿勢來做。

2. 仔細去感受你吸氣與呼氣時腹部的上下起伏。

3. 花一些時間去體會一下身體整體的感覺，以及皮膚與地板或墊子接觸的感覺。請盡你所能地專注在當下，如果注意力轉移了，去覺察一下是什麼帶走了你的注意力，然後再把焦距轉回當下。

4. 請根據圖 9-1 到圖 9-8 的動作去練習，在做每個姿勢時停留片刻專注在你腹部呼吸時的起伏。當在做每個動作時請覺察你身體每個部分的感覺，如果你願意的話，在做每個動作或是伸展時做一個深深的呼吸。

5. 如果你覺得某些動作可能會讓你受傷，請把它跳過。（假如你有背痛或頸部的問題，很重要的是與你的家庭醫生、物理治療師或瑜珈老師請益。請用你自己的智慧來做判斷，記住你是你自己身體的重要負責人。）

6. 不要與自己競爭，不要勉強去做自己還不能勝任的動作。

7. 做瑜珈時有兩個一般的原則應確記：當你做任何收縮腹部和身體前部的動作時請吐氣（如圖 9-3，第 14 個動作）。在進行任何伸展身體前部和收縮背部的動作時，請吸氣（如圖 9-4，第 19 個動作）。

8. 切記，如同身體掃描的練習一樣，做多久都沒關係，最重要的是要去練習，最好每天都做。

（參考 Kabat-Zinn, 2013, pp. 110-114）

表 9-8　步行冥想

　　做步行冥想前先站直身體，好好地去體會自己身體站直與呼吸的感覺。如此站著直到你想跨出一步的衝動，當你要踏出第一步時仔細體會你如何穩住一腳並抬起另一腳的動作，以及當你一腳踏到地上另一腳抬起來的這些動作的轉換。沒有特定要遵守的速度，可快可慢，也可以按照平常的速度，就憑著你走路時的心情而定。

（Kabat-Zinn, 2013, p. 124）

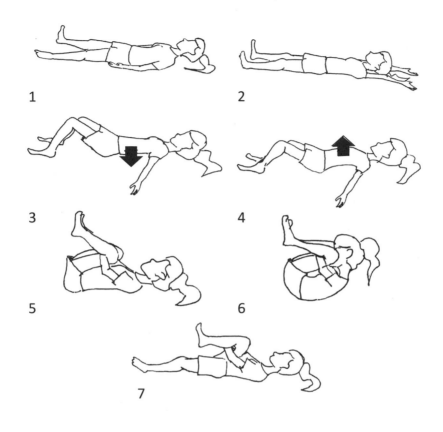

圖 9-1　瑜珈動作系列 1-1

（參考 Kabat-Zinn, 2013, p. 115；郭主悅繪製©2021）

動作說明：

動作 1 至 2：放鬆平躺後兩手往後平舉

動作 3：仰躺著用手和腳將身體撐起來，往下的箭頭表示腹部往下沉

動作 4：仰躺著用手和腳將身體撐起來，往上的箭頭表示腹部往上提

動作 5 至 6：雙手抱住雙腳，將雙腳與抬起的頭靠攏

動作 7：雙手抱住單腳，兩隻腳要輪流做

圖 9-2　瑜珈動作系列 1-2

（參考 Kabat-Zinn, 2013, p. 116；郭主悦繪製©2021）

動作說明：

動作 8：雙手抱住單腳，與抬起的頭靠攏，雙腳要輪流做

動作 9：雙腳跪著兩手托地，往上的箭頭表示背部往上弓起

動作 10：雙腳跪著兩手托地，頭抬起，往下的箭頭表示腹部往下沉

動作 11：平舉的箭頭表示左右兩腳輪流抬起和兩手要輪流舉起平伸。抬左腳時舉右手，抬右腳時舉左手

動作 12：仰躺著兩手平伸，屁股抬起來

動作 13：兩腳合併膝蓋曲起來，兩手扶著頭，轉到左邊後再轉到右邊

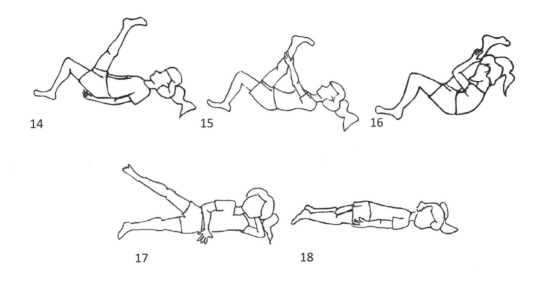

圖 9-3　瑜珈動作系列 1-3

（參考 Kabat-Zinn, 2013, p. 117；郭主悅繪製©2021）

動作說明：

動作 14：躺臥著一腳屈膝踩穩地板另一腳抬起，每隻腳輪流抬起

動作 15：繼續前個動作，雙手握住抬起的腳，雙腳輪流做

動作 16：繼續前個動作，雙手握住抬起的腳與抬起的頭靠攏，雙腳輪流做

動作 17：身體側躺手撐著頭，一腳抬起。兩邊輪流做

動作 18：身體俯臥準備下個動作

19

20

21

22

圖 9-4 瑜珈動作系列 1-4

（參考 Kabat-Zinn, 2013, p. 118；郭主悅繪製©2021）

動作說明：

動作 19：身體俯臥雙腳輪流抬起

動作 20：身體俯臥，往上的箭頭表示頭和背部往上提

動作 21：身體仰躺，兩手抱著曲起的膝蓋往頭靠（這動作可跳過）

動作 22：放鬆平躺，緩慢呼吸

圖 9-5　瑜珈動作系列 2-1

（參考 Kabat-Zinn, 2013, p. 119；郭主悦繪製©2021）

動作說明：

動作 1 至 2：站直後兩手向上舉，往上提

動作 3：兩手平舉往外伸

動作 4：箭頭表示左手和右手輪流往上提

動作 5：箭頭表示兩手左右擺然後順著擺動的方向往前伸

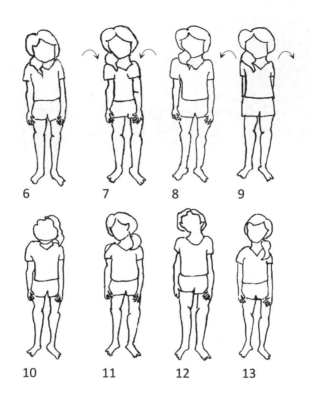

圖 9-6　瑜珈動作系列 2-2

（參考 Kabat-Zinn, 2013, p. 120；郭主悅繪製©2021）

動作說明：

動作 6 至 9：將雙肩提起往前轉，然後再往後轉

動作 10 至 13：將脖子從左到右轉一圈，再由右到左反方向轉一圈

圖 9-7　瑜珈動作系列 2-3

（參考 Kabat-Zinn, 2013, p. 121；郭主悅繪製©2021）

動作說明：

動作 14：雙手平舉左右腳輪流抬起

動作 15：兩手叉腰，頭緩慢往左右擺（約 90 度）

動作 16：兩手叉腰，頭緩慢往左右擺（超過 90 度）

動作 17：向前彎腰將兩隻手去觸摸腳趾頭

動作 18：向前彎腰將每隻手輪流去觸摸腳趾頭

動作 19：屈膝雙手平舉

圖 9-8　瑜珈動作系列 2-4

（參考 Kabat-Zinn, 2013, p. 122；郭主悅繪製©2021）

動作說明：

動作 20：手握住一腳彎起單腳站著並雙手交叉，雙腳輪流做此動作

動作 21：坐著雙腳腳底相靠，雙手握住放在腳前

動作 22：坐著雙手往上舉，一腳伸直一腳彎曲。兩腳輪流做此動作

動作 23 和 24：沿續動作 22 坐直將兩手握住伸直的那隻腳，身體彎曲雙手順勢往前
　　　　　　　滑到腳裸。身體打直後換另一腳伸直重複上述動作。

動作 25：放鬆平躺，緩慢呼吸

不用急著超越自己，一步一步充分地享受我所擁有的此刻」（Kabat-Zinn, 2013, p. 125）。任何時間當你發現自己正在走路時，就可趁機練習步行冥想。但有時候也可以找個地方正式地練習。放慢腳步，往前往後，一步一步，一個時刻接一個時刻，紮紮實實地經驗你所在的此刻，屬於你的走路人生。

不過從事正念諮商的實務者也強調，正念的練習並不一定只有侷限在身體掃描、冥想和瑜珈、步行等項目。任何練習只要是符合正念的理念並能幫助人們專注於呼吸與當下，都可以是進行正念諮商的好素材。所以在下面的案例分析中，所用的練習就不侷限在前面介紹過的方法。

▌ 從理論到實務，請聽她的故事……

第四節。正念諮商的案例分析與摘要

壹、案例分析

我原諒他了！──一位受到創傷的個案

雪拉，35 歲，大學主修犯罪防治，幾年前在監獄工作遭獄中的囚犯襲擊。努力調養了幾年，回到了學校進修刑事心理學（forensic psychology）研究所，卻在跟教授去參觀監獄中發現自己仍有事後創傷的症狀。不願意看到自己因一次的創傷經驗而無法在此領域工作，是她尋求諮商的主因。根據學者建議，基於創傷所造成的症狀，用正念諮商來協助這類案主應該是相當適當的（Goodman & Calderon, 2012）。

一、第一次的訪談

（一）案主道出創傷史

　　第一次的訪談，雪拉就娓娓道出她的創傷史：2013 年 11 月 22 日當時正在多利多矯治機構（Toledo Correctional Institution）工作的她，突然被打了一拳，之後發生了什麼事她完全沒有印象。四個半小時後她醒過來發現自己躺在醫院裡。她不知道到底發生了什麼事，不知道為什麼陪伴在旁的親人一直在哭，更不知道為什麼她的同事也在場。她很想上廁所，但全身痛得動彈不得，臉部很痛。她很想看看自己的臉到底怎麼了，但病房裡找不到一面鏡子，父親用手機幫她照了照片，看到照片中的自己她嚇了一跳，整個臉腫得一團糟，頸部套著 C 型脊椎頸。急問到底是怎麼回事，陪伴的人告知她遭到一位服刑犯人的襲擊，被用拳頭打傷。這時，突然又感到尿急，告知護士後，護士先請在場的人離開房間，然後告訴她由於需等待檢查結果，確定脊椎沒有受傷才能允許她起來走動，所以此時她只能用便盆小解，她感到很為難。未料幾分鐘後，她完全忘記了剛剛發生的一切，又開始問起剛恢復知覺時所問的相同問題。在場的人不解地說：「你剛不是才問過嗎？」才知道自己除了臉部受傷外，記憶力也嚴重受損。

　　出院後有好幾年，對於身邊發生的事，聽過甚至是自己說過的話，她幾乎是一下子就忘光了。失去了記憶力讓她也失去了安全感，又加上臉上滿是瘀傷和腫脹，很害怕別人會向她指指點點或盯著她看，那一陣子她都躲在家裡不敢出門。雖然最終鼓起勇氣出門去看醫生，但想回去她原先最喜歡去的教堂卻又阻力重重。為什麼呢？因為她教堂的聚會方式是有大聲的音響和閃亮的燈光，這種原先她喜歡的聚會方式，卻因她的腦部受傷，無法應付嘈雜的音樂或閃光燈，會引起偏頭痛，而無法去聚會。從此她經常要帶著太陽眼鏡及耳塞，要處在安靜和黯淡燈光的環境才會感覺舒服一些。抱著痛她度過那年的感恩節、聖誕節和新年。除了下巴和偏頭痛還需要專科醫師的診治外，她身體從表面上看

來已逐漸康復，便於事發的六個月後如期舉辦婚禮。婚後的日子幸好有先生的體貼，到處貼紙條提醒她事情，生活一切也算安穩。

誰知到了 2014 年 9 月勞動節，她的偏頭痛惡化竟導致她身體左側完全麻痺，讓她自己也被嚇到了。於是緊急送醫，隔日進行腦波檢查（EEG）時，竟然癲癇發作。後來的兩年中她又發作了三次，而因為癲癇發作，她的駕駛執照被撤銷六個月，有一年半的時間她無法開車。醫生努力地尋找藥物，希望能治療她的偏頭痛，還好最終找到了良方。此外，她還必須從頭學習如何使用身體的左側，因無法開車，治療師便到家中進行治療。隨後，她做了兩次頜骨手術，但由於頜骨問題再次出現，最終將不得不徹底更換顳顎關節（TMJ）。

經過幾年的調養，她本來以為受創的心靈已獲得復原，便申請上研究所。有次所修的一門課的教授安排要帶學生去參觀監獄，她很興奮地跟著去，沒想到當進到監獄聽到關鐵門的聲音，又看到受刑人時，她心跳開始加速，呼吸變得急促起來，告知教授狀況後她躲回車子上去，心情久久無法回復，這時才發現自己心裡的創傷還未痊癒。而且也發現自己只要到人多的地方或看到黑人（因為突襲她的受刑犯是黑人），她也會有同樣的不舒服反應。

因為犯罪防治是她所愛的專業，擁有犯罪防治的學士學位又即將拿到這個領域的碩士學位，她希望能早日走出創傷回到犯罪防治的領域工作，這是她尋求諮商的主因。

（二）諮商師介紹正念諮商的理念

諮商師介紹正念諮商的理念，並解釋說正念理論對經歷過壓力和創傷的人有幫助後，雪拉表示願意接受正念諮商，希望能改善自己的狀況。鑑於雪拉在言談中一直提起受創後自己的身體大不如前，諮商師便決定從身體掃描練習開始，期望能讓雪拉透過與自己受創後的身體有真正接觸的機會，而能提高其關注當下和接受此刻的自己的能力。

（三）進行身體掃描冥想練習

諮商師請雪拉選個舒適的姿勢坐好，雙腿和手臂不用交叉（此練習也可以躺下進行，但因場地不方便躺下，所以只採用坐姿）。然後，諮商師根據表9-2的指導語請雪拉密切注意自己的呼吸，從中體會腹部隨著吸氣與呼氣時起伏的感覺。之後，請她將注意力放在空氣進出鼻孔的感覺。接下來，諮商師告知雪拉，身體掃描將會從頭到腳移動（註：此練習也可以從腳到頭）。要求雪拉慢慢地、循序漸進、有目的和有系統地將她的意識帶到身體每個部位，並觀察任何舒適或不舒服的感覺或缺乏感覺，以及與觀察區域相關的任何情緒、思想或出現的圖像。然後，要求她在該區域呼吸幾次，再把注意力轉移到臉部，從下巴開始，移動到嘴、牙齒、舌頭，然後移動到頰骨、眼睛和額頭。然後，諮商師要求她將注意力轉移到脖子、肩膀、肩骨、右臂和左臂。諮商師繼續引導其意識緩慢地向下移動到腳趾。在每一區域停留時諮商師都要求雪拉吸氣和吐氣。

接著，諮商師請雪拉回憶在進行的過程中是否有任何讓她感到不適或引起她注意的感覺，若有的話請她將意識帶回那個地方，但不去論斷該感覺是好還是壞。一旦雪拉選定了專注的區域，請她再次做呼吸，並在吐氣時將緊張感釋放出去。在整個身體掃描的過程中，諮商師都會提醒雪拉，當發現自己的注意力轉移時，就把注意力帶回轉移之前正在專注的身體部位，再從那個部位開始進行身體掃描練習。重要的是，諮商師在整個過程中清楚向雪拉說明，這是她的經歷，無論是好是壞，這是屬於她在那一刻的經驗。結束後交給雪拉表9-2的身體掃描冥想指導語和相關影片的網址，鼓勵她每天都能至少練習一次，下次來分享其體會。

二、第二次的訪談

（一）介紹正念冥想的概念

第二次訪談雪拉準時來到，諮商由身體掃描開始，提醒雪拉在做身體掃描

時不要以論斷的觀點去觀察在每一刻裡進入意識裡的東西。做完此練習後，雪拉分享在創傷後她很怕跟自己的身體接觸，特別是覺察臉部，因為擔心會觸景傷情。身體掃描的練習給她機會與此刻的自己相處，本來她是有點抗拒的，而且進行時難免會陷入過去創傷的恐懼，但透過每次身體掃描的練習，她漸漸學會去體會到此刻自己是真真實實存在的，學會感恩身體的每個部位，這種擁有自己的紮實感讓恐懼逐漸消失。

（二）解釋放手的概念，練習「肯定的自我防衛（抵抗）」

下一個練習是放手。進行前諮商師向雪拉提到正念理論中有個概念叫放手，放手指的是當腦海裡的想法和外在的事物以其原樣出現，能完全地去接受它而不加以任何的論斷或註解。隨後告訴雪拉將用「肯定的自我防衛（抵抗）」〔affirming my defense (resistance)〕（Fiala, 2019）來讓她做練習。

1. 定位身體緊張或抗拒的部位

要做此練習時，諮商師要雪拉想一個她正在處理的問題，並注意在處理該問題時自己身體是否有哪個部位會有不舒適感，那可能是身體正在產生抗力。雪拉回應說她常感覺到自己的背部和肩膀很緊張，像是要扛起全世界般的沉重。諮商師便請她閉上眼睛，將焦點放在背部和肩膀上感受到緊張和有壓力的地方，告訴她這項練習可幫助她釋放體內的阻力並緩解體內的緊張、壓力或疼痛。

2. 隨諮商師陳述與身體緊繃的部位對話

諮商師請雪拉隨著諮商師逐句地重述表 9-9 的聲明：

練習之後，諮商師問雪拉對此練習有什麼樣的感受？緊張感減輕了嗎？這樣練習讓你更緊繃嗎？讓你更能自己接受自己的緊繃狀況嗎？等幾個問題。雪拉回應說這個練習讓她體會到：「要勇敢當自己。」「要勇敢接受自己感受到的感覺，只有你自己知道自己的感覺是什麼樣的感覺。」她說當她失去控制時，心裡的牆就會築起來。那牆讓她覺得受到保護，但也同時把她孤立起來，遠離

表 9-9　肯定的自我防衛（抵抗）練習——與身體緊繃的部位對話

---

1. 我可以承受這種緊繃的壓力。

2. 沒關係，我可以承擔這一切。

3. 我可以接受自己緊繃的狀況。

4. 我還可以承受這種緊繃的狀況（抵抗）。

5. 我的肩膀就是這樣緊繃，我沒有做錯什麼。

6. 緊繃的肩膀讓我感到有安全感。

7. 緊繃的肩膀讓我感覺受到保護的安全感。

8. 當感覺無法掌握環境時，緊繃的肩膀讓我有了安全感。

9. 當感覺無法掌握環境時，緊繃的肩膀讓我感覺受到保護的安全感。

10. 當然，這樣的緊繃我可以接受，因為它讓我感到安全、受到保護，以及具有掌控性。

11. 肩膀這樣緊繃著其實還滿好玩的。

12. 我享受肩膀上這樣的緊繃感。

13. 我肩膀上有這樣的緊繃狀況真的還可以。

14. 我肩膀上有這樣的緊繃狀況真的真的是還可以。

15. 其實我對肩膀老是這樣的緊繃著感到很累。

16. 其實我對肩膀老是這樣的緊繃真的感到很累。

17. 肩膀老是緊繃著也沒什麼關係。（講三次）

18. 肩膀老是緊繃著也沒什麼關係，但是當我準備好時，真的是當我準備好時，我是可以放手，肩頭不用再緊繃著。（講三次）

19. 肩膀老是緊繃著也沒什麼關係，但是當我準備好時，我是可以放手，肩頭不用再緊繃著。

（Fiala, 2019, p. 9）

他人的協助。做了這樣的練習她感覺自己築起的那道牆有慢慢放下來，並體會到：「當自己不覺得可勝任時，要學會允許他人進來幫助自己。」

（三）練習行走冥想

　　諮商師問她在受傷後是否害怕與人接近，怕再次受到傷害，她回答說：「真的是這樣！那陣子我都躲在家裡，先生每次下班回家就問我今天有沒有出去走走、跟人接觸一下，我說有啊！我有從窗戶看到外面走來走去的人啊！先生看我老是躲在家裡也不是辦法，乾脆幫我買一條狗。有了狗就沒辦法躲了，狗要大小便都得出去，就這樣在狗的幫助下，我慢慢走入了人群。」

　　「這最好了，反正你要遛狗，那就順便做行走冥想的練習喔！」諮商師建議。

　　「這是好主意喔！」雪拉同意。諮商師便要雪拉站起身來帶領她做行走冥想的練習。首先請雪拉身體站直，好好地體會自己身體站直與呼吸的感覺。當有感覺想踏出第一步時就讓腳自然出去，並請仔細體會自己是如何穩住一腳並抬起另一腳的動作，以及當她一腳踏到地上另一腳抬起來的這些動作的轉換。並提醒她如果在遛狗，可以仔細去體會拉著牽繩的手被拉的感覺，並注意到走路時身體呼吸的狀況。遛狗時不管是走在自家附近或公園裡，覺察周圍的事物與經過的人但不賦予任何評價，好好享受你擁有每一個此刻的美好。練習完後訪談結束，諮商師鼓勵雪拉每天早上按照 YouTube 上身體掃描冥想的指導做練習；遛狗時做行走冥想的練習。

三、第三次會談

（一）分享作業

　　第三次訪談雪拉準時來到，先做身體掃描後，諮商師邀請雪拉分享她練習的經驗，她興奮地報告這兩星期以來每天早上都有做身體掃描冥想練習，讓她體會曾受到創傷的自己此刻是真真實實存在的，學會感恩身體的每個部位，尤其是曾受傷的部位逐漸恢復，這種擁有自己的紮實感會讓恐懼逐漸消失，漸能打起精神來面對每天新的人生。

問到行走冥想，雪拉更是迫不及待地說：「當我練習行走冥想時，有時會有長得較壯碩的人經過或突然聽到大的聲響，讓我震驚了一下，肩膀不由自主地又緊繃起來，這時我就把注意力回到呼吸上，告訴自己我要把對周遭的環境放下，也就是以完全的心態去接受它，因為我無法去控制外在環境應長成什麼樣子或誰可以出現在我的周遭，我需要學習去區分什麼是我可以掌控，什麼是我不能掌控，並學習如何去掌控自己對遇到所不能掌控事物時的反應。」

　　諮商師感謝雪拉的努力與分享，鼓勵她繼續每天做這兩個練習。

（二）練習簡單的眼球運動

　　諮商師邀請雪拉一起做「簡單的眼球運動－兩支鉛筆的運動」（Simple Eye Exercise-Two pencils game）（Fiala, 2019）（見照片 9-4 和 9-5）。這個運動的目的是要幫助雪拉心情放鬆、專注於當下。

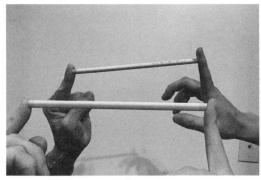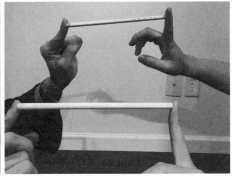

👆照片 9-4 和 9-5　簡單的眼球運動—兩支鉛筆的運動。

1. 請雪拉伸出兩手的食指放在和眼睛同一個水平的位置，諮商師和她一起用食指的指尖按住鉛筆的頭和尾（註：做此練習也可以用尺或筆或小棍子等）。

2. 兩隻食指指尖按住鉛筆，在兩人的視線範圍內將兩支鉛筆平行上下與左右移動，甚至可以轉圈。在頭不動的情況下眼球跟著鉛筆移動，持續大

約 10 或 15 秒。準備停止時，諮商師預先告訴雪拉，並在和視線平行的正前方停止。

3. 完成眼球運動後，諮商師和雪拉一起閉上眼睛，放鬆手臂，然後透過鼻子深吸一口氣再從嘴巴吐氣，重複做三或四次。

4. 諮商師與雪拉重複步驟 2，但這次改為左右移動，持續大約 10 或 15 秒後停止，進行步驟 3。

5. 因雪拉還想再練習一次，諮商師與雪拉重複步驟 2，但這次改為兩隻食指指尖按住鉛筆轉圈，持續大約 10 或 15 秒後停止，進行步驟 3。

6. 這過程中諮商師提醒雪拉注意在身體、心理或感覺上是否發生了任何變化。是否感到放鬆些、較為鎮定些？一切情況是跟原先一樣或是變得更糟？

    註：做此練習可依需要重複練習。並根據案主從此活動的反應去加長或縮短其眼球運動的長度。每練習一小段就檢查一下反應的狀況（Fiala, 2019, pp. 22-23）。

雪拉說這樣的練習為了不讓鉛筆掉下去必須要很專注，這幫助她能夠專注在此時此刻。而且做了這些練習後，緊張的狀況感到放鬆了很多。

（三）進行肯定的自我防衛（抵抗）的練習

問她肩膀緊繃的情形有獲得改善嗎？她說好一點，但希望諮商師可以再帶她做一次「肯定的自我防衛（抵抗）練習」（表 9-9）。這次她覺得更能體會到這個練習所帶出的效果。並說：「當我學會信任自己，並能和她人建立信任關係後，我就不用靠緊繃肩膀來獲得安全感，我就不用再築牆了，處在無辜的狀態是沒關係的。」

「在做正念和冥想的練習中，你可以很容易讓自己集中在此時此刻嗎？當先前創傷的記憶回來干擾你時，你如何把自己拉回到此刻？」諮商師問。

「遇到那種狀況時我就告訴自己：『不要怕，沒事！傷害你的那個人關在

監獄裡，會被關很久很久。你是沒事的。』並把自己拉回到注意身體的呼吸，我的身體就會慢慢冷靜下來，呼吸也慢慢變得平穩回到正常的心跳。」雪拉也分享說更重要的是她學習接受自己，接受因創傷後記憶力不如從前，把自己當作一本「透明的書」（an open book），有任何想法或遇到什麼事就講出來讓他人知道，下次她自己忘記了，別人可以提醒她。而且她也發現當她越願意說出來，她就越能瞭解自己也較不會忘記事情。

看到雪拉能有這樣的體會，諮商師很感安慰。提醒雪拉回家繼續做正念與冥想的練習。

四、第四次會談

（一）練習無慾地靜坐

第四次訪談雪拉準時來到，開始時諮商師帶領她進行「無慾地靜坐」，請她靜靜坐著，不要刻意思考或尋找任何東西。以開放的心態接受任何進入意識領域中的事物，自在地處在無慾的狀態中（詳見表 9-6）。

（二）練習五根指頭的平安

幾分鐘以後，請她繼續坐著，諮商師引導她進行「五根指頭的平安」（Five-Fingered Peace）（如表 9-10）。

進行後請雪拉分享其感受。她說這個練習讓她體會到自己曾經擁有過去的以及未來的夢想，體會到自己是如何富有，而把內在的自己強化了出來，能有信心面對此刻的當下。

（三）練習放下

說著雪拉突然說起復原的過程其實滿辛苦的，心裡面難免有怨氣和害怕。因為事發當天的狀況她完全不記得所以覺得很困惑，但另一方面她又覺得其實不記得是一種福氣。談到此時諮商師問她：「這過程中你有責備或抱怨過嗎？」

「家人都說我是家中最堅強的，所以在他們面前我都表現得很堅強，但夜

表 9-10　五根指頭的平安的練習

1. 請伸出右手，首先請她用大拇指觸碰食指，將思緒帶回到剛忙完或運動完後身體勞累與疲憊的時光，仔細地體會當時候的感覺。
2. 再來請用大拇指觸碰中指，將思緒帶到你與生命中特別的人的愛心交流中，例如與對方第一次見面的情景、對方所做的一件讓你感動的事，或對方送給你一個特別的禮物。
3. 用大拇指觸碰無名指，回味曾經收到最貼心的手勢或肢體動作。
4. 用大拇指觸摸小拇指，回到曾經見過或夢想過的地方。

（參考 Brantley & Millstine, 2005, pp. 32-33）

深人靜時我常會驚醒，問自己：『我怎麼會這樣？』『怎麼會發生這樣的事？』我是氣監獄系統沒做好保護員工的措施，我氣督導當時沒及時通知我的家人（註：督導通知用的號碼是雪拉的手機號碼，後來是雪拉送去醫院後一位護理師看到她的名字，認出是自己朋友的女兒，才通知到雪拉的家人），但我並沒有生氣傷害我的那個囚犯，那是我選擇的工作環境，只是感到很挫折。」

諮商師：你願意放下嗎？所謂放下是指對所發生的事件不要聯結太強烈的情感。

雪拉：我願意！因為這件事搞得我被診斷出有憂鬱症、焦慮症和有事後創傷。我有次甚至憂鬱得想要自殺。

諮商師：是怎麼回事？

雪拉：有天醒來不知怎麼了就是怎麼樣都爬不起來，好像被一隻大象壓得讓我無法動彈。那時候我先生去上班不在家，我痛苦地一直哭。其實我一直都放一把刀在枕頭下，痛苦中就伸手去枕頭下要拿刀，結果是摸到聖經。我信手打開是約伯記（註：約伯記寫一個好人遭遇種種大災難，喪失所有兒女和財產，身上又患病。但在苦難中卻一直抓住上

帝的應許）。讀著讀著，我哭了。因為約伯受的苦比我還大，他都沒有放棄生命，我為什麼要放棄呢？

「我要放下這件事對我的綑綁。我要原諒那個打傷我的人。」雪拉很確定地說著。

諮商師於是拿出一張紙請她寫著那人的名字。她提起筆深吸了一口氣，一個字一個字慢慢地寫了下來。

「當你準備好時請寫下『我原諒你』四個字。」諮商師告知。

諮商師沒有催她，因為知道這是一個相當難的舉動。她邊寫邊掉淚，寫寫又停停。這四個字她寫了很久，約花了 20 分鐘的時間。寫下最後一筆時她開始嚎啕大哭。諮商師遞給她紙巾讓她好好地哭，並請她跟著諮商師說：「我原諒你。」連續講三次後，她的哭聲漸漸平息，嘴角露出笑意。

「有感覺像卸下肩膀上那顆巨大的石頭嗎？」諮商師問。

「是啊！整個肩頭的重壓突然鬆掉了！」雪拉好興奮地說著。

這時諮商師向雪拉解釋：「其實消極信念是因為累積過多消極情感所導致的結果。所以若能夠放開消極的情緒，思維模式就會從『我不能』變為『我能』，甚至為『我很高興做到』，如此的信念可以讓生活領域隨之開展，較能自在地表達出以前未能表達的感受。讓我們來將你的情況套入這個思維模式，從『我不能』變為『我能』，甚至為『我很高興做到』看看？」

「好啊！我試試看！以前我會說：『我不能原諒他。』現在我可說：『我能原諒他』，甚至可以說：『我很高興做到這樣的胸襟』。」講完後雪拉含著眼淚帶著微笑說：「是啊！你看我以前在家人面前都壓抑著心中的擔憂與驚恐，現在我選擇原諒了他，放下心中的芥蒂，我就可以勇敢哭出來。謝謝你！哭一哭後感覺心情輕鬆多了。」

「不用謝謝我！要謝謝你自己願意放下。」諮商師回應。

貳、正念諮商理論與諮商策略摘要

正念諮商是由卡巴金所創設，強調人們真正活著的只有此刻，沒有其他時刻會比此刻更豐富。因為每個當下都是一個新的開始，都是一個新的機會。練習正念學習專注於此刻的覺察時，是鼓勵人們去珍愛所有嵌入此刻的事物。要達到最好的效果是在練習時要持有不下論斷、耐心、赤子之心、信任、不刻意設定目標、接受和放手的態度，動機和理念要正確且要願意承諾去做，並善用你的感官去覺知。

在正念與冥想的練習中，呼吸是讓人們能真切地體會到當下最可靠的錨點，無論在何時或何地，只要進到呼吸裡，經驗呼吸的節奏，就可以真真實實地經驗到此時此刻的當下。在正念減壓課程裡，卡巴金用四種冥想的練習包括身體掃描冥想、靜坐冥想、專注的哈達瑜珈和行走冥想來幫助他的參與者。而放手的練習更是幫助人們學習尊重原貌。

本章案例雪拉經過四次會談，雪拉分享說：「我最喜歡正念諮商所教導的用呼吸抓住此刻。創傷後我常會有無由的心慌，總是想著『萬一怎樣會怎樣』，學了正念諮商以後我就知道遇到這種狀況時就讓自己回到呼吸就好，在吸氣與呼氣中抓住現在與體會真真實實的自己。原先創傷後我一直認為自己像個破損過的器皿，不再完美而不敢正視自己的身體，尤其是臉部。但現在透過每天早上做的身體掃描，讓我有機會和身體的每個部位充分接觸，透過呼吸把氣息傳送給身體的每個部位，做完後我感覺全身充滿活力。在練習行走冥想中，我專注在所踏出的每一個步伐，學會『觀看』而非『論斷』周遭的人事物，這樣的心態讓我能在走路中自在地享受每一個時刻的美好。而學會放手原諒了傷害我的人，讓我能夠重新愛人。我相信透過這樣一步一腳印踏實地走，我會越來越健康。我要抓住現在，邁向未來。」

第五節 · 正念諮商的自我測驗

· 你瞭解了嗎？

....

下面有15題選擇題可幫助你測試自己對正念諮商學派的理解程度。

1. 正念諮商理論的創始者是誰？

　　a. 海斯（Steven Hayes）

　　b. 卡巴金（Jon Kabat-Zinn）

　　c. 懷特（Michael White）

　　d. 愛普斯頓（David Epston）

2. 下列何者是正念練習的基石？

　　a. 思考　　　　　　　　b. 情感

　　c. 專注　　　　　　　　d. 判斷

3. 正念諮商是要幫助案主活在哪個時態中？

　　a. 過去　　　　　　　　b. 現在

　　c. 未來　　　　　　　　d. 三者都重要

4. 是或非：冥想練習強調對腦海中出現或想像可能發生的事情，要給予評價和論斷。

　　a. 是　　　　　　　　　b. 非

5. 正念諮商相信要真真實實地經驗到此時此刻的當下，只要進到_____裡就可以經驗到了。

　　a. 呼吸　　　　　　　　b. 內心

　　c. 情感　　　　　　　　d. 意識

6. 在正念理論所使用的「練習」（practice）一詞，代表的是什麼？

a. 排練或讓某些技巧更臻於成熟

b. 角色扮演

c. 完成家庭作業

d. 刻意存在於當下

7. _____提供了一個簡單具強而有力的途徑，讓我們擺脫困頓，
重新與自己的智慧和活力保持聯繫。

a. 此時此刻　　　　　　　b. 正念

c. 覺察力　　　　　　　　d. 放鬆

8. _____是讓事物以原樣出現，並接受該事物的原樣。

a. 尊重　　　　　　　　　b. 同理心

c. 放手　　　　　　　　　d. 無條件接納

9. 從正念諮商的觀點，我們每天晚上睡覺的這個舉動就是在做什麼
樣的練習？

a. 休息　　　　　　　　　b. 放手

c. 放鬆　　　　　　　　　d. 放空

10. 冥想強調的是：

a. 無為而治　　　　　　　b. 盡力而為

c. 一分耕耘一分收穫　　　d. 盡人事聽天命

11. 正念諮商中哪一項練習，目的就是要提供人們有機會與自己的身
體相處？

a. 靜坐冥想

b. 專注的哈達瑜珈

c. 身體掃描

d. 步行冥想

12. 正念諮商的學者用下面哪種說法來形容冥想？

 a. 是一種愛的舉動

 b. 是對自己和他人的仁慈體貼的一種舉止

 c. 是一個勇者的姿勢

 d. 以上皆是

13. 靜坐冥想的基本指導語非常簡單，主要是帶領靜坐者去觀察自己的哪一個方面的運作？

 a. 呼吸循環　　　　　　　　b. 思考

 c. 情緒　　　　　　　　　　d. 心跳

14. 下面哪一個選項是正念諮商裡對痊癒的定義？

 a. 成為一個嶄新的個體

 b. 回到事物的現狀

 c. 轉型成功

 d. 改頭換面

15. 正念諮商認為達成目標的最好方法是＿＿＿＿＿追求結果，並專注地去觀察且接受每時每刻發生的現狀。

 a. 不定睛於　　　　　　　　b. 努力

 c. 全力　　　　　　　　　　d. 聚焦於

・腦筋急轉彎

1. 正念諮商強調「我們認為每個當下都是一個新的開始。都是一個可以開始、交接、重新連結的機會」。你同意或不同意此說法？請舉一個例子來支持你的觀點。

2. 正念諮商強調「耐心是對每一刻都完全開放，完全接受它，就像蝴蝶一樣，有牠自己決定何時要破繭展翅而飛的時間，而每個事物也會在它們自己認為是對的時間裡展現出來」。你有這樣的體會嗎？請舉一個例子來分享你的經驗。

3. 正念諮商鼓勵我們：「要瞭解當前的豐富性，我們需要抱持赤子之心，把每件事都當作是第一次看到一樣好奇。」你有這樣的體會嗎？請舉一個例子來分享你的經驗。

4. 正念諮商提到：「對自己的信任越多，對他人的信任就越多，同時也越能看到他人善良的一面。」你有這樣的體會嗎？請舉一個例子來分享你的經驗。

5. 正念諮商說在解決問題中最快速簡便的方法是放手，「不要尋找答案，放開牽絆著這問題的情緒那一面」。當我們終於能完全放下時，根本不用尋找，答案自然就會等在那裡了。你有這樣的體會嗎？請舉一個例子來分享你的經驗。

6. 如果你是案例分析中的雪拉，這樣的處理方式你滿意嗎？有哪些技巧可以再加入來幫助雪拉，對她克服創傷上會更有幫助？

照片和圖片來源 *Photo/Figure Credits*

學者照片：By Experience Life Magazine, CC BY 3.0 <https://creativecommons.org/licenses/by/3.0>, via Wikimedia Commons. 取自 https://commons.wikimedia.org/wiki/File:Jon_Kabat-Zinn_(2018).png

照片 9-1：By Smith, CC BY 2.0 <https://creativecommons.org/licenses/by/2.0>, via Wikimedia Commons. 取自 https://commons.wikimedia.org/wiki/File:Jon_Kabat-Zinn.jpg

照片 9-2 至 9-5：Provided with permission by Andrew Guo

圖片 9-1 至 9-8：Illustrated with permission by Dr. Chu-Yuen Joanne Guo

參考書目 *References*

Brantley, J., & Millstine, W. (2005). *Five good minutes: 100 morning practices to help you stay calm & focused all day long.* Oakland, CA: New Harbinger Publications.

Chodron, P. (2001). *The places that scare you: A guide to fearlessness in difficult times.* Boston, MA: Shambhala.

Fiala, D. (2019). *Mindfulness and art of letting go.* Presented by Samrudhi, Inc. Retrieved from www.mindyourego.com.

Follette, V., Palm, K. M., & Pearson, A. N. (2006). Mindfulness and trauma: Implications for treatment. *Journal of Rational-Emotive & Cognitive-Behavior Therapy, 24,* 45-61.

Goodman, R. D., & Calderon, A. M. (2012). The use of mindfulness in trauma counseling. *Journal of Mental Health Counseling, 34*(3), 254-258.

Guided mindfulness meditation practice with Jon Kabat-Zinn (n.d.). Retrieved from https://www.mindfulnesscds.com/pages/about-the-author

Hawkins, D. R. (2012). *Letting go: The pathway of surrender.* New York: Hay Hous.

Jon Kabat-Zinn, J. (n.d.). Retrieved from https://en.wikipedia.org/wiki/Jon_Kabat-Zinn.

Kabat-Zinn, J. (2003). Mindfulness-based interventions in context: Past, present, and future. *Clinical Psychology: Science and Practice, 10*(2), 144-156.

Kabat-Zinn, J. (2005a). *Coming to our senses: Healing ourselves and the world through mindfulness.* New York: Hachette Book Group.

Kabat-Zinn, J. (2005b). *Wherever you go there you are: Mindfulness meditation in everyday life.* New York: Hachette Book Group.

Kabat-Zinn, J. (2007). *Arriving at your own door: 108 lessons in mindfulness.* New York: Hachette Book Group.

Kabat-Zinn, J. (2009). *Letting everything become your teacher: 100 lessons in mindfulness.* New York: A Division of Random House.

Kabat-Zinn, J. (2013). *Full catastrophe living: Using the wisdom of your body and mind to face stress, pain, and illness.* New York: Bantam Books Trade Paperbacks.

Kabat-Zinn, J. (2018). *Meditation is not what you think: Mindfulness and why it is so important.* FL: Professional Resource Press.

Sears, R. W., Tirch, D. D., & Denton, R. B. (2011). *Mindfulness in clinical practice.* Sarasota, FL: Professional Resource Press.

「你瞭解了嗎？」試題解答 *Answer Key*

題號	1.	2.	3.	4.	5.	6.	7.	8.	9.	10.	11.	12.	13.	14.	15.
解答	b	c	b	b	a	d	b	c	b	a	c	d	a	b	a

第十章

◆

海斯的接受與承諾諮商學派

Hayes's Acceptance and Commitment Therapy
（*ACT*）

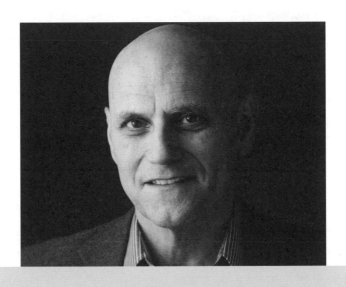

創始者
史蒂芬・海斯
（Steven C. Hayes）（1948 出生）

———— 本章要義 ————

化逃避為接受，心靈得自由，生活得力量。

> █ 每個諮商學者都有其人生故事，這是海斯的故事……

第一節。海斯的人生故事

壹、多才多藝的他相信心理學可助其擴展領域

海斯出生於 1948 年，成長於美國加州南部，他多才多藝，大學選擇心理系當主修，是「因心理學是一門結合科學和人文的領域」（Hayes, 2008, para. 1），以及嚮往心理學家馬斯洛（Abraham Maslow）所說的：「心理學可以改變我們對人類應該如何生活的看法」的威力（Hayes, 2008, para. 1）。

1966 年進入洛杉磯的羅耀拉瑪麗蒙特大學（Loyola Marymount University, LMU），對心理學相關的學習樂此不疲，特別喜歡行為學派中史金納（B. F. Skinner）的操作制約理論，尤其是對史金納所寫的《桃源二村》（*Walden Two*）愛不釋手，促使他去找更多史金納的相關著作來讀，其中一本是《科學與人類行為》（*Science and Human Behavior*），閱讀中發現史金納的論點很適合他的理念，在學習上就越來越偏重在行為的領域。還自設了一個老鼠實驗室，觀察並蒐集老鼠的逃避以及行為塑造等資料，撰寫研究報告，並決定要去念行為心理學的研究所（Hayes, 2008）。

貳、反傳統的嬉皮打扮阻礙了進修之路

大學時，海斯走反文化（counter culture）路線，嚮往烏托邦（utopian）的世界和精神層面的探索。對東方思想所揭示語言的矛盾現象（the paradox of language）的概念感到相當好奇。雖然外表的打扮像是一個瘋狂的嬉皮，自認行為上頗為檢點，沒有酗酒或荒廢學業等不良行為，但在教授的眼裡可能並不一定

做如此想。1970 年大學畢業，申請研究所時出乎意料地困難，後來才發現是因為一位教授在幫他寫推薦信時對他的嬉皮打扮頗有微詞，且認定他是吸毒者，因而阻擋了他繼續進修的機會，之後的兩年他又連續被 40 個研究所拒絕。這段被學校拒於門外的日子，海斯稱之為其人生的飄零期（wondering）。

參、博士學習路上深受史金納的影響

1972 年終於獲得西維吉尼亞大學（West Virginia University, WVU）的臨床心理學博士班錄取，於 1976 年拿到學位。該大學的臨床心理學系是行為分析的據點之一，教授都是行為分析師或認知行為治療師，鼓舞了他發表了許多針對人類和動物的研究。這期間他讀到了史金納於 1945 年在《心理學公報》（*Psychological Bulletin*）發表的〈操作分析的心理學名詞〉（Operational analysis of psychological terms）一文並將之視為至寶。另外，內華達大學（University of Nevada）心理學家威拉德・戴（Willard Day），將史金納與存在主義、人文主

史金納是行為治療的「第一波」代表人物。海斯認為史金納的論點既具有反傳統性、創新性，也具有實用性和技術性，很適合他的理念。也因受史金納理念的影響而走上行為分析和認知行為諮商的路。在發展接受與承諾諮商時海斯根據史金納的激進行為主義（radical behaviorism），著重在觀察行為時應注意其想法和感覺的論點（Kohlenberg, Hayes, & Tsai, 1993）。

🎧照片 10-1　影響海斯的學者之一：史金納。

義、詮釋學和哲學家維特根斯坦（Wittgenstein）之語言邏輯思考的理念做了連結。並發表「理解人類語言實際上的功能」（understand human language as it actually functions），讓海斯對行為分析有另一層次的理解。

課餘時，他很享受和朋友一起在各種酒吧演奏，他演奏班卓琴（banjo），瓦登（Tom Wadden）是貝斯（bass），布朗內爾（Kelly Brownell）則是彈吉他（Hayes, 2008）。

肆、學術路起步焦慮症卻來敲門

1977 年至 1986 年海斯被聘為北卡羅來納大學格林斯博羅校區（University of North Carolina at Greensboro）的教授，在這段期間，他專注於認知方法和改變過程的研究，並探索接受（acceptance）、擴散（diffusion）和正念（mindfulness）的概念（這些方法日後成為他接受和承諾諮商理論的要素），他們發現這些方法對解除焦慮、抑鬱和體重管理問題上很有助益，但卻也在這時發現自己患上了焦慮症（anxiety disorder），相當痛苦（Hayes, 2008）。那時他 29 歲（約是 1977 年）時擔任助理教授，有天在系務會議上，突然心跳加速、說不出話來，往後兩年出現的機率越來越頻繁，且一到密閉的空間就會感到無名的恐慌，不僅影響其生活作息，也常因病情發作而無法教學，他一度感覺自己的人生和生涯發展大概沒什麼指望了。

伍、化阻力為助力，化焦慮的病痛為 ACT 理論

還好他沒放棄，抱著與其對抗不如接受的態度去面對問題。一面接受各種心理和藥物治療，一面把這樣的經歷和自己心理學專業的訓練整合後，發展成接受與承諾理論（Acceptance and Commitment Therapy, ACT）。他相信「他的恐慌焦慮是因為他無法接受他自己的症狀」（Nolen-Hoeksema, 2014, p. 24），因而在其理論中極強調：諮商師在處理心理困擾的案主時，除了鼓勵案主接受

治療外，更重要的是要接受他們自己的症狀和關愛自己的身體（Nolen-Hoeksema, 2014）。

1986 年，他接受了位於內華達州雷諾市（Reno, Nevada）的內華達大學心理系臨床培訓主任的職位（Director of Clinical Training at the University of Nevada），任教至今，這期間擔任過 17 年的系主任，並致力於創建、改進和撰寫接受與承諾的精神病理學和諮商模式。他的 ACT 是根據關聯架構理論（Relational Frame Theory, RFT）中對人類語言和認知的行為分析發展出來的。他在情境和行為科學協會（Association for Contextual and Behavior Science）發表 ACT 理論，獲得相當大的認可。

陸、ACT 榮膺行為諮商理論的第三波中的重要學派

從患病到如今好幾十年過去，海斯不僅沒有被焦慮症打倒，而且順利升為教授，更是心理學界著名的學者，他將自己的痛苦轉化為研究的重心，「他的職業生涯專注於分析人類語言和認知的本質，以及將其應用於理解和減輕人類痛苦」（"Steven C. Hayes, Ph. D.," n.d. para. 1）。他的接受與承諾理論是行為諮商理論的第三波中很重要的一個學派，且高居於行為治療的「第三波」領導者的地位〔註：第一波是史金納（B. F. Skinner）、第二波是貝克（Aaron Beck）和艾里斯（Albert Ellis）的認知行為療法〕。

他出版了 36 本書和 500 多篇研究論文，倡導 ACT 在幫助減輕憂鬱、焦慮、體重控制等心理症狀的效用。其中一本《走出苦難，擁抱人生》（*Get Out of Your Mind and Into Your Life*）曾登上美國暢銷書的排行榜，銷售率甚至高於《哈利波特》，2011 年他的著作被美國心理學會臨床心理學領域列入為重要書籍。其著作被翻譯成超過八種外國語言，並被應用到憂鬱、壓力、精神病的治療、焦慮、吸菸、成癮、偏見、慢性疼痛、慢性病、人格障礙、強迫症和相關疾病、預防心理健康問題、體重和運動等各種領域（Hayes & Lillis, 2012）。

海斯曾擔任美國心理學會第 25 區（行為分析），美國應用與預防心理學協會（American Association of Applied and Preventive Psychology）以及行為與認知治療協會（Behavioral and Cognitive Therapy）主席。他幫助建立了心理科學協會（Association for Psychological Science），並在國家衛生研究院的國家藥物濫用諮詢委員會（National Advisory Council for Drug Abuse in the National Institutes of Health）任職五年。1992 年，他被科學資訊機構（Institute for Scientific Information）列為世界第 30 位「最具影響力」（highest impact）的心理學家，2007年從 2,000 個候選人中被評為美國第九位最具生產力的臨床教授（most productive clinical faculty）。他的研究得到了眾多肯定，獎項包括美國心理學會第 25區對基礎行為研究及其應用的示範性貢獻（the Exemplary Contributions to Basic Behavioral Research）、科學對行為分析促進協會應用獎項（the Impact of Science on Application award from the Society for the Advancement of Behavior Analysis）、行為與認知治療協會的終身成就獎（Lifetime Achievement Award from the Association for Behavioral and Cognitive Therapy）（"Steven C. Hayes, Ph. D.," n.d.）。

第二節。接受與承諾諮商的理論

遇到痛苦時「應在意的不是如何去除它；而是如何去面對它並繼續往前發展。」

It is not the matter of getting rid of. It is more a matter of how we deal with it and move

forward.

（Hayes & Smith, 2005, p. 7）

　　接受與承諾諮商理論是於 1980 年後期由海斯發展出來的。此理論將其名稱的每個英文字的第一個字母（A、C 和 T）合起來，簡稱為 ACT。「ACT 要念成一個字，不是念出每個字母，而是像 E-C-T 的發音〔國際音標發音為〔ækt〕〕」（Hayes, Strosahl, & Wilson, 2012, p. 10）。此理論雖承襲傳統的行為與認知學派的原理原則，但在發展上又有其獨特之處。不同於第一波（first wave）的行為諮商學派只強調行為的修正與改變並不在乎認知在改變上扮演的角色，亦不同於第二波（second wave）的認知行為治療只著重在認知對功能失調行為（dysfunctional behavior）的影響方面（Orengo-Aguayo, 2016）。ACT 是屬於行為諮商學派發展上的第三波（third wave），認為逃避（avoidance）是心理疾病持續惡化的原因之一，惟有「以接受與正念的態度去敏感自己所處狀況的過程，才會有助於增進心理的靈活度（psychological flexibility）」（Zarling & Berta, 2017, p. 89）。「心理的靈活度是指有能力去思考、感覺、覺察和記憶所接觸到的環境，並根據自己的價值觀在行為上做必要的改變」（Hayes & Lillis, 2012, p. 6）。

壹、人生本「痛」

一、有痛苦是正常的

　　海斯的 ACT 的理論強調「心理有痛苦是正常與重要的，每個人都很難能避免」（Hayes & Smith, 2005, p. 2）；「雖然你可以採取步驟避免讓它擴大，但你不可能刻意地去除心理痛苦」（Hayes & Smith, 2005, p. 2）。人若越想去解決自己所遇到的痛苦就越會落入苦難的陷阱，越去處理似乎就變得越難處理。海斯解釋說這是大腦的運作方式使然。大腦一向是用合乎邏輯的方式來解決困擾，苦難是其必然的結果之一。

二、人應為生活而「活」不必為生活而「戰」

　　海斯提醒我們「為生活而戰不同於為生活而活」（Fighting for your life is not the same as living your life）（Hayes & Smith, 2005, p. 3），這是什麼意思呢？人生難免會有心理困擾或病痛的時候，人們常會以士兵打仗的心態去面對，以為除非打退和除掉這些症狀和問題，否則就無法過有意義的人生，結果越打越痛苦。ACT 挑戰「必須贏得戰爭才能過有意義的生活」的邏輯觀，提醒這些正在跟心理疾病和問題奮戰的士兵們：「事實上，任何時刻你們都可以離開戰場，開始活在當下過著自己想過的生活」（Hayes & Smith, 2005, p. 3）。而且當離開戰場開始真正過日子時，戰爭的結果是如何也就無所謂了。海斯用這個比喻來解釋「戰場」就像是人們看到的問題表面（appearance），不管你是參與打仗或旁觀者，戰事看起來是一樣的；但它所帶來的影響也就是問題的真正本質（actual substance）卻是不一樣的。ACT 在乎的是問題的本質而非問題的表面，相信當人們從本質的角度來面對問題時，即使問題的表面看起來仍是一樣的，卻可以改變該問題對自己的影響。人要為生活而活不必為生活而戰，這並不是否定人有解決問題的能力。事實上，「人生裡大概 99.9% 有形的外在痛苦是可以有效地獲得解決」（Hayes & Smith, 2005, p. 7），可惜的是，很多內在心理

或精神的痛苦卻無法如此簡單的處理掉。ACT的論點是鼓勵人們不要因那0.1%無法抹去的痛苦，而放棄活出99.9%有意義的人生機會。

三、接受自己的痛苦是邁向擺脫苦難的第一步

人雖難免有苦難，但海斯主張「你不必去認同你的苦難」（Hayes & Smith, 2005, p. 2）。「接受自己的痛苦是邁向擺脫苦難的第一步」（Hayes & Smith, 2005, p. 2）。你同意這個理念嗎？請看海斯所舉的這個陷入流沙的例子。一般人陷入流沙時最常用的逃脫方法是先抬起一隻腳跨向前去，再抬起另一隻腳往前移動。問題是當你抬起一隻腳時，下沉的壓力加倍，會讓人更快速陷入流沙裡。最好的辦法是不要再掙扎而試著躺平，把手腳伸展開來，讓自己和流沙表面的接觸面積變得最大。如此做可能較不會沉下去，而且可能較有機會滾動自己的身體到安全的地方。很多時候人們所擔憂的事可能都潛伏在心底很久，也許試過一些方法，但可能是因所用的方法不當，反而成為身陷流沙的推手。ACT鼓勵人們接受所遇到的問題，「掙扎著想脫離流沙的人可能永遠不會意識到，最明智和安全的行動居然是與流沙共處」（Hayes & Smith, 2005, p. 4）。把痛苦當作是人生的盟友，透過它可以讓人更明瞭人生道路應該怎麼走比較好。

四、人的視野決定了其感受苦難的程度

當人們遇到痛苦或苦難時，就會想辦法要解決它，但有些痛苦並無法簡單地處理掉。因為人類是活在歷史裡，時間的流向是單向的。每個心理的痛楚都有其歷史的背景，既然無法改變歷史，所以遇到痛苦時「在乎的不是如何去除它，而是如何去面對它並繼續往前發展」（Hayes & Smith, 2005, p. 7）。

人們是透過思維的鏡片去看世界，若用心理痛苦的眼鏡，就會看到讓自己憂鬱的事物，而感到憂鬱。ACT鼓勵人們面對事情時應持正念（mindfulness）的態度。所謂正念就是用開放的心胸和整體性的觀點去看待周遭的事物，不要強行加入語文的註解，且不從痛苦的角度去看世界。如此做時就會發現自己的人生除了處理心理的問題外，在此刻還有很多事情是可以做的（Hayes & Smith,

2005）。

因為越想去除它，就會把痛苦越加放大而影響到日常生活的運作，所以ACT強調與其跟心理的痛苦搏鬥，較健康的做法是去接受它。這裡的接受不是自我打擊，也不是忍耐或跟痛苦妥協；相反地，ACT的「接受」強調的是「主動與積極擁抱當下」（Hayes & Smith, 2005, p. 7）。鼓勵案主開放地面對不愉快的感受，並學會不對它們反應過度，也不要刻意想迴避它，結果反而越能深入理解真相（Shpancer, 2010）。

貳、接受與承諾理論創設的根基

在發展ACT理論之前，海斯先提出關聯框架理論（RFT）。再以此論點為根基，並結合美國的心理學之父威廉‧詹姆斯（William James）所提出的功能情境主義（functional contextualism）的哲學觀，發展出接受與承諾理論。因此在這裡將針對這兩個創設 ACT 的根基，分別加以闡釋（Hayes, Strosahl et al., 2012）。

一、ACT 的認知背景觀：關聯框架理論

人類的語言能力雖可以幫助人們做計畫、規劃未來和比較結果，但也可能讓人陷入痛苦中。所以海斯發展ACT時是以探討人類語言和認知的關聯框架理論為發展的根基（Hayes & Smith, 2005; Hayes, Strosahl et al., 2012）。

（一）關聯框架是學到的行為

「語言和高層次的認知是學習和應用『關聯框架』的能力」（Hayes, Strosahl et al., 2012, p. 44）。關聯框架是透過相互蘊涵（mutual entailment）、組合蘊涵（combinatorial entailment）和轉換刺激的功能（transformation of the stimulus function）學到的（Hayes, Strosahl et al., 2012）。

1. 相互蘊涵

相互蘊涵指的是人們學到事物之間不是只有單向的關聯，也會和其他的事物間有反向的關聯性。例如你學到「河流」是比「小溪」來得大；那麼你同時也就學到了「小溪」是比「河流」來得小。

2. 組合蘊涵

組合蘊涵是指人們學到很多關聯性之間是可以互相結合的。例如當你學到甲同學長得比乙同學高，丙同學又比甲同學長得高，你就知道丙同學勢必比乙同學長得還要高。

3. 轉換刺激的功能

轉換刺激的功能指的是與某事件的關聯性可以轉換到別的事件。而從每個事件的上下文與來龍去脈可看出該事件如何與何時與其他事件產生關聯；以及哪些功能的關聯之間可以互相轉換。例如，若已經知道在甲乙丙三位同學中丙同學是長得最高的，如果想請一位同學幫忙從一個很高的書櫃中拿一本書，但是又找不到椅子或梯子可以幫忙的情況下，第一個想到的人選當然一定是丙同學啊！

（二）關聯框架的自我延續性

在兒童早期，人們語言的關聯框架幾乎完全是從社會化的過程中習得的，並反映出當代的文化、社會規則、習俗和信仰。當學會了語言，就不可能完全回歸非語言世界，一旦這關聯性架構起來了，就很難讓語言和認知的發展減速。且其速度之快之廣，就很難去規範了，這種現象稱為關聯框架的自我延續性（the self-perpetuating nature of relational framing）（Hayes, Strosahl et al., 2012, pp. 51-52）。

（三）影響行為的語言規則

「語言刺激可以透過精心設計的語言規則結合而影響行為，這些被規則掌

管的行為會根據口頭表述及其之間的關係去表現」（Hayes, Strosahl et al., p. 53）。此規則可區分為三種：遵循（pliance）、追踪（tracking）和擴充（augmenting）（Hayes, Strosahl et al., 2012）。

1. 遵循

「遵循〔取自遵從（compliance）一詞〕是遵循先前行為和社會規範所訂下的口頭規則」（Hayes, Strosahl et al., 2012, p. 53）。例如人們為了取悅他人，可能會採用遵循的語言規則，而表現出某些和自己意願不符合的行為，且不敢隨著需要而有所變換。這種語言規則會是導致人的行為不夠靈活的主因。

2. 追踪

「追踪是指會去考量先前的語言規則與環境的互動所帶出來的結果」（Hayes, Strosahl et al., 2012, p. 54）。例如媽媽說冷了要穿外套，孩子跟著做後真的比較不冷，這結果讓孩子願意繼續遵循該語言規則，並學會若不冷就不用穿。這種語言規則帶出的行為方式會顯得靈活許多，社會環境的適應力也會較良好。

3. 擴充

「擴充是將某些事件改變成具有增強作用的結果來使用」（Hayes, Strosahl et al., 2012, p. 54）。有下面兩種型態：
- (1) 形成性的擴充：「語言可透過形成性的擴充（formative augments）去建立新的結果」（Hayes, Strosahl et al., 2012, p. 54）。例如聽到「好」這個字感受到增強，以後學到意思是好的其他字眼，像是「讚」也會感受到被增強。
- (2) 動機性的擴充：「語言可透過動機性的擴充（motivative augmentals）去改變原已連結好的後果的強度」（Hayes, Strosahl et al., 2012, p. 54）。例如向已喜歡吃披薩的人推銷某家新披薩店的披薩。

摘要來說，在遇到問題時不能想靠逃避或遺忘來處理，而是以接受的態度

來彌補或糾正自己語言和認知的關聯框架，並學習善用語言的正向能量，去增長行為掌控和處理問題的能力。

二、ACT 理論創設的哲學觀：功能情境主義

ACT 創設的哲學觀是功能情境主義，「認為心理事件是每個個體的歷史與成長背景和情境的相互作用的結果」（Hayes, Strosahl et al., 2012, p. 32）。下面將從重視整個事件的整體性和行動的來龍去脈（the whole event: act-in-Context）、務實性與可行性（pragmatic truth: ractical workability），分別加以介紹（Hayes, Strosahl et al., 2012）。

（一）重視整個事件的整體性和行動的來龍去脈

1. 事件的整體性和來龍去脈

ACT 強調要透過整個事件和行動的來龍去脈（context）才能瞭解其整體性，若光從單獨的元素去推敲，則很難看清全貌（Hayes, Pistorello, & Levin, 2012）。每個因素或事件都有其相關的歷史事件或環境，只要對行為會有影響的都是值得關注的。在幫助案主瞭解其行動所造成的結果時，諮商師會努力去瞭解案主人生的目的，以及其對案主內在世界（world between their ears）與外在世界的影響，凸顯出其整體性。

既然功能情境主義是強調整體性，所以諮商時不要馬上專注在案主的想法、觀點或所說的話，而是尊重其整體性，從其成長的環境背景去瞭解其人、其想法或觀點的來龍去脈，並將其轉為具體的諮商目標。

2. 行動

ACT 強調每個行動都與其歷史和目的有關，如果該行動獲致成功，它可能會在類似情況下再次發生，但所謂的「成功」，可能會因行動目的不同而有不同的定義（Hayes & Lillis, 2012）。

這裡指的行動（act）是包括思想、感覺、感官或記憶等心理活動。ACT 強調的是行動想達到的結果，而不是如何達到的方式。例如，你想從臺中去臺北，可以搭高鐵、臺鐵、開車或坐國光號。不管你用什麼方式，你都一樣可到臺北。當你到達臺北時，你知道自己計畫到臺北的行動已達成了。

（二）務實性與可行性

ACT 強調所謂的真實是透過可行性的概念來衡量，只有可行的才算是真實，唯有符合你的價值觀和人生觀的方法才具有意義。所以每個人會因目標的不同而對所謂的真實有不同的解讀和定義。

在諮商中，ACT諮商師專注在評量想法的過程，和案主一起偵測每個想法在某個情境的可用性。幫助案主有彈性地運用他們自己的想法來思考，而不用硬要得到外在世界或他人的認同。「不用去爭論誰是誰非，而能定睛在與案主討論如何做才是可行的」（Hayes, Strosahl et al., 2012, p. 36）。

總之，ACT主要是強調看待每件事時都要顧及其來龍去脈、為自己的認知行動（cognitive actions）負責任，並擴大行動的靈活性，所以在做選擇時，就可以從考量這個行動可能帶來的結果，去找出可行之道。

參、靈活或不靈活的心理狀態

接受與承諾理論強調靈活的心理狀態能幫助人們有效地適應改變和面對人生的挑戰。「認知的靈活性（cognitive flexibility）是強調不要只依循社會的要求，可行性會比什麼是真實的答案更為重要」（Hayes, Strosahl et al., 2012, p. 33）。但很多時候人們卻被病態與不靈活的心理狀態卡住。ACT所指認知不靈活的心理狀態（psychological inflexibility）是說心理被六種較侷限的行為反應所約束住，包括逃避經驗（experiential avoidance）、認知融合（cognitive fusion）、注意力侷限於過去和未來（conceptualized past and feared future）、固守於概念化的自我（attachment to a conceptualized self）、價值觀困惑（disruption

of values）、反應不當（inaction, impulsivity, avoidant persistence）（如圖 10-1）。
而具有靈活度的心理（psychological flexibility）是透過六個核心過程來刺激與
成長的，分別是接受經驗（acceptance）、認知不融合（cognitive defusion）、
注意到的我（noticing me）、聚焦於此刻（flexible attention to the present mo-
ment）、清楚選擇的價值觀（values）和承諾的行動（committed action）。這每
個向度對人們能如何有效的適應改變和面對人生的挑戰上都扮演著相當重要的
角色（Hayes, Strosahl et al., 2012; Orengo-Aguayo, 2016）（見圖 10-2）。下面就
從正念和接受的過程以及承諾和行為改變的過程來瞭解不靈活與靈活的心理狀
態是怎麼一回事。

一、正念和接受的過程

在 ACT 的行為改變模式中，「接受經驗」、「認知不融合」和「注意到的
我」被歸為是正念與接受的過程，下面就從這三個向度與其各自所對應的不靈
活的心理狀態的向度加以說明。

（一）從逃避經驗到接受經驗

遇到困難時很多人會選擇逃避，「企圖減低不想要的經驗出現的次數，包
括記憶、情緒和身體的感官，即使如此做對個人是會有所傷害的」（Hayes, Pis-
torello et al., 2012, p. 981）。為了避免因回憶而產生的痛苦，人們會壓抑、刻意
去麻木或迴避，侷限自己的生活圈過更狹隘的生活，期望能就此不會再去感受、
思考或憶起不愉快的事物。無奈的是，逃避痛苦的情況並無法減少痛苦，反而
很容易帶來憂鬱、焦慮和不良的心理社會功能（Hayes, Luoma, Bond, Masuda, &
Lillis, 2006），甚至可能越壓抑越會憶起那些試圖擺脫的事件（Hayes & Lillis,
2012）。逃避經驗是衍生出病態心理的重要原因，例如一位案主提到因害怕經
過上次車禍的地方，所以常繞道而行；但每次只要看到車就會想起那件事而心
驚膽跳，只好藉酒澆愁，但卻發現愁更愁。另外，經常採取逃避經驗的策略很
容易影響其因應技巧的有效性，而引導出焦慮、憂鬱和社會心理功能的失調

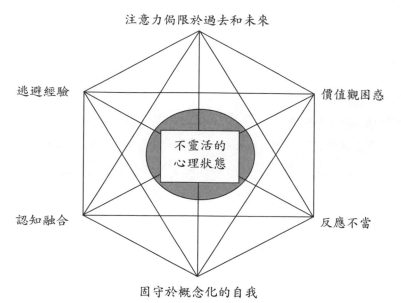

圖 10-1　不靈活的心理狀態的病態模式

（Hayes, Strosahl et al., 2012, p. 62）

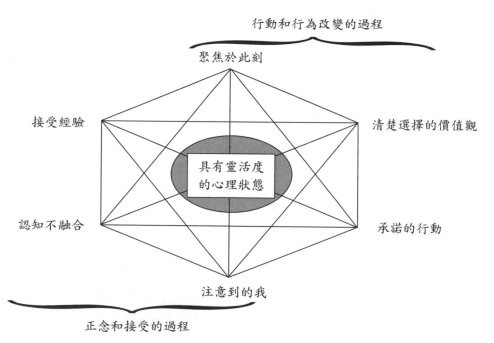

圖 10-2　ACT 的行為改變模式——具有靈活度的心理狀態

（Hayes, Strosahl et al., 2012, p. 63; Hayes, Pistorello et al., 2012, p. 981）

（Hayes, Pistorello et al., 2012）。

與逃避相反的是「接受，是主動去經驗所面臨的經驗而不必刻意去改變它出現的頻率與形式」（Hayes, Pistorello et al., 2012, p. 982）。其實接受並不是被動、忍耐或退卻，而是「一種積極的好奇心，以有興趣和刻意的態度去探索感受和思索」（Hayes, Pistorello et al., 2012, p. 982）。其目標不是要壓抑或減低對過去經驗的回憶，乃是要增加對這些往昔記憶反應的靈活度。所以諮商的目標是要幫助案主瞭解，不管過去遇到什麼樣的景況，若能夠化逃避為接受，其心靈就會是自由的，就可以有能量與活力將符合其生命價值的理想化為行動。

（二）從認知融合到認知不融合

認知融合指的是人們的「行為完全受制於語言的支配而忽略其他可參考的資源」（Hayes, Levin, Plumb-Vilardaga, Villatte, & Pistorello, 2013, p. 183; Hayes & Lillis, 2012, p. 44）。雖然聽命於語言的指揮未必會有傷害，例如，過馬路時提醒自己：「小心過馬路！」這是合情合理的。但如果過度受到語言的支配而疏忽了臨場的行為線索，就可能會讓表現的行為與實際狀況不符合而出問題，例如一個人如果老想著：「大家都在等著看我出糗」而不敢出門或跟人家談話，就可能會導致社交恐懼症。常會念著：「活著很沒意義」的人，就很容易有憂慮症。再者，有人在乎文字和想法表面的意思，而未注意到其思考的過程。例如人們過度依賴自己為生活所定下的準則，而未注意到其他可行的方式。比如有午休習慣的人，認為沒有午休下午就會做不了事，沒有注意到其實有些國家的人不午休，照樣也可以過日子（Hayes et al., 2013）。

上述這些想法，認知諮商學派稱其為自動想法（automatic thought），並認為那是問題的來源；ACT換個觀點去看，不認為是想法本身造成問題，而是對該想法過度融合所造成的問題，特別是若過度忙於對所遇到的事物加以預測、判斷與解釋，就很難全心投入地直接與所面臨的環境有心靈的接觸與體會（Hayes & Lillis, 2012），更甚者會因而抗拒和逃避原來想做的事。例如學生邊寫報

告時腦子裡邊想著：「這樣寫不曉得對不對？」或「這樣寫會不會被老師扣分？」等聲音，因害怕出錯而很難專心投入去享受寫作和學習的樂趣，甚至覺得寫報告是件痛苦的事。如果說：「人生最大的敵人就是自己」，那這個敵人就是這些腦子裡控訴與批判自己的聲音。其實若經常在「思考中融入這種自我批判性的想法不僅相當痛苦，更糟的是那會導致無效的行動」（Hayes & Lillis, 2012, p. 46）。

很多時候人們常是活在想法多於活在當下。既然想法本身不是導致問題的原因，而是非志願性地被灌輸了一些認知概念而導致人們想去逃避它。所以ACT主張要幫助案主保持一顆較靈活的心態就是要教導他們認知不融合，亦即當遇到讓自己不愉快的經驗和事件時要能夠自在地放下，不持任何先入為主的主觀價值判斷來看待自己。對閃自腦際的想法接受與否，自己是有掌控權的（Hayes, Strosahl et al., 2012）。對所收到的訊息是可以「已讀不回」的。

（三）從固守於概念化的自我到注意到的我

「有能力去聚焦於當下並能從整體環境來看現狀，是維持心理健康和具有靈活性的重要資源」（Hayes, Strosahl et al., 2012, p. 220），當思維的調節功能過度擴展，開始受到消極的自我評價以及強迫自己盲目地遵循他人的規則糾纏時，不要忘了提醒自己：「我們自己就是那個同時正在經驗也正在觀察經驗的人」（Hayes, Strosahl et al., 2012, p. 220），我們可以用「聚焦於當下並能從整體環境來看現狀的能力」來保護自己。可見擁有一個健康與彈性的「我」是何等寶貴。

海斯說：「人生本痛」，但也說：「沒有人可以用遍體麟傷的自己去面對痛苦」（Hayes, Strosahl et al., 2012, p. 221）。如果人生像在開車，碰到下雨或風雪時整個車窗完全是模糊看不見時，若要能看清前路就是要打開擋風玻璃的雨刷。海斯形容一個試圖逃避痛苦或認知融合者就像一個被凍著無法動彈的雨刷，沒辦法幫助駕駛者去除面臨的障礙好看清前方。而接受與認知不融合者就

像是功能良好的雨刷，願意在此時此刻積極參與去消除擋風玻璃上的大雨或大雪，雖然辛苦，但卻可以幫助駕駛者看清前方，繼續向前。有開車經驗的人都知道，遇到這樣狀況時你最大的支撐力來自你自己，你需要的是一個能專注此刻、能觀察路況、不批判與責備和知所應變的自己，來陪伴自己度過難關。想想在那種情況下若是不斷碎碎念責備自己：「早知道天氣會這麼不好就不要出門」、「今天怎麼這麼倒楣」等，不僅無補於事更容易亂了陣腳。

ACT 相信這種能有彈性地觀察和覺察自我和自我的意識（consciousness）是天生就有的，海斯說：「意識是人們用來觀察內心的爭戰但又不會涉入戰爭的地方」（Hayes, Strosahl et al., 2012, p. 222），只是當人們逐漸受到語言和思維的支配時，這種意識力也卻逐漸喪失了。下面就來探討人們對自我的定位是如何受到語言和思維的影響，以及不同的自我定位如何影響人們心理的靈活度。

人的自我定位過程包括以內容為主的概念化的自我（conceptualized self）、以過程為主的自我覺察〔ongoing self-awareness（self-as-process）〕以及以語境為主的換位思考〔perspective taking（self-as-context）〕，其中以語境為主的換位思考又可按其發展層次分為「指示關係框架」的換位思考和「注意到的我」的換位思考。以下將其改變的過程分為固守於概念化的自我、自我覺察的萌芽、指示關係框架的換位思考（deictic relational framing）與注意到的我的換位思考，分別加以說明（Hayes, Strosahl et al., 2012）：

1. 固守於概念化的自我

每個人概念化的自我（conceptualized self）是從其孩童從學習語言起就開始被塑造。例如被區分為「你是男生還是女生？」常被問：「你是姊姊還是妹妹？」「你今天乖或是不乖？」「得到這個禮物你高興不高興？」等，因常被要求要將自己或自己的反應加以分類、標示名稱及給予評價，所以自然地對自己的概念也會變成如此。例如假設你問一個人「你是誰？」他通常會以其人生的角色、歷史和特質來定位自己，而這套說法就變成是此人以內容為主（self-as-content）的自我概念（Hayes & Lillis, 2012）。

　　海斯發現很多人來接受諮商的理由是因為他們原先的自我概念受到了挑戰與威脅，希望透過諮商能捍衛而保有原先的自我概念。根據 ACT 的觀點，急於固守於概念化的自我是造成心理缺乏彈性的主要因素，因為這種人一旦看到與自己的概念不一致的新事物，就會去曲解或對發生的事件重新解釋以符合自己原有的自我概念。例如有人一味地相信自己是對的，就很難去處理自己可能犯的錯誤或負向的行為。反之，若有人一直覺得自己是無能力的，就較沒動機去學新的東西。所以過度專注在固守於概念化的自我者，較會抗拒改變，因為如果改變，就等於去揭穿原先對自己的欺騙，然而過度依賴概念化的我就很容易忽略掉其實自己還有很多層面是可以探掘和發揮。面對這樣的狀況，諮商師可以鼓勵案主去將此刻的自己和原先已有的某個自我概念區分出來（Hayes, Strosahl et al., 2012）。例如當諮商師看到一個侃侃而談但卻一直說自己是害羞的案主，可以問該案主：「可不可以請這個健談的你來介紹一下那個害羞的你，並說說你對這兩個不同的你有什麼不同的感受？」

2. 自我覺察的萌芽

　　概念化的自我是將自我的觀察和評價加以整合後所描述出的自我故事；而以過程為主的自我覺察是單純地描述自己目前的狀況，不加認知的判斷或自我防衛的用語。要幫助案主跳離原先固守的概念化的自我，諮商師可以鼓勵案主：「不做評價或企圖合理化，以他們看到的樣子去看該人、事、物」（Hayes, Strosahl et al., 2012, p. 223）。諮商師也可以鼓勵案主去描述內心的狀態而不加入任何評語。當案主開始能夠進入到以過程為主的自我覺察，ACT諮商師就可以帶領案主進入下一個以語境為主的換位思考來為自我定位（Hayes, Strosahl et al., 2012）。

3. 指示關係框架的換位思考

　　從孩童起，人們就常被問起自己與別人的區分，過去、現在與未來的不同，

以及這裡、那裡與到處發生的事。持續這樣的問法就促使人們學會區分「你、我」、「現在、過去」和「這裡、那裡」，這種對自己的認識稱為指示關係框架（Hayes, Pistorello et al., 2012）（見圖10-3）。這是人們學習以語境為主的換位思考的起步，開始知道如何跳離現在的狀況從他人或其他的角度來看自己。但以指示關係框架來看自己可能的缺點是：也許會因顧及社會的需求而貶低自己，或因回憶過去光榮的歷史而對自己目前的景況更不滿。例如：「我不像你那麼樂觀。我比較靦腆。」「我過去成績很好、現在是像人家說的『小時了了，大未必佳』。」「我一直住在這裡，你那邊我還不太熟悉。」

4. 注意到的我的換位思考

要幫助案主能健康並有彈性地從語境為主的換位思考看待自己，可以鼓勵他們學習用「我的陳述句」（I-statement）並以對情境敏感的心態來表達自己。提醒案主其實很多時候這些事件會重疊，當我們在話語中提到「我」的同時，

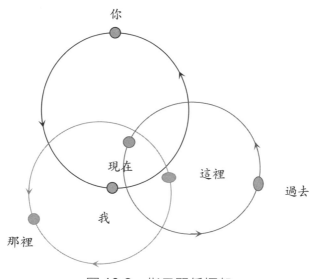

圖 10-3　指示關係框架

（參考 Hayes, Strosahl et al., 2012, p. 88）

一定有一個「你」存在的，我們在講「現在」時，那個時光線上兩邊就是「過去」和「未來」。但我們唯一能注意與覺察到的就是這個存在於此刻與現在的我。所以健康與彈性的換位思考是發展出一個不用管時間、地點和人，整合成具有「我／這裡／現在」品質，以「我」為出發點的「注意到的我」（Hayes, Pistorello et al., 2012）（如圖 10-4 所示）。因為這個「注意到的我」是你此刻可以掌握與覺察到的，你可以帶著「注意到的我」去關心他人、回憶過去、計畫將來，學習從不同的觀點去看自己，但都不會失去了自己（Hayes, Strosahl et al., 2012）。ACT 相信透過「注意到的我」，人們會發現瞭解和關心自己與瞭解和關心別人的過程是一樣的（McHugh, Barnes-Holmes, & Barnes-Holmes, 2004），因而能發揮社會性的功能（Brune, 2005）；另外，透過「注意到的我」提供一個安全的空間讓人可以去面對痛苦的情緒和想法（Hayes, 1984）。當人們能流暢地覺察自己的感覺，可以從概念化的自我（如我不乖），到能加入自己想法的觀察（我想我並不乖），漸漸他們會注意到別人就像他們自己一樣，也有其想法和感覺（Orengo-Aguayo, 2016）。發展「注意到的我」是一個

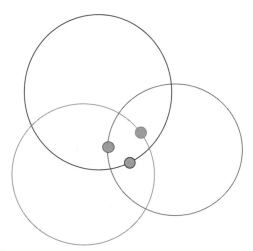

圖 10-4　「我／這裡／現在」的注意到的我

（參考 Hayes, Strosahl et al., 2012, p. 88）

很重要的技巧，擁有此技巧可以增進人們對他人的同理心，較能站在他人的觀點來看事情，也較能瞭解他人對事情的感受（Orengo-Aguayo, 2016）。

二、承諾和行為改變的過程

在ACT的行為改變模式中，聚焦於此刻、清楚選擇的價值觀和承諾的行動被歸為是承諾和行為改變的過程，下面就從這三個向度與其各自所對應的不靈活的心理狀態的向度加以說明。

（一）從注意力侷限過去和未來到聚焦於此刻

生命的氣息是發生在此時此刻的，但如果將注意力放在沉思於過去的創傷或痛苦，或者是專注於未來而非現在，會讓遇到的問題更加惡化（Schutze, Rees, Preece, & Schutze, 2010）。再者，人們如果花太多時間解決問題，就會減少與此時此刻接觸的時間，深受過去的影響，對未來感到害怕，失去與此刻彈性接觸的能力，也就較難視環境的需要去改變自己的行為（Hayes, Strosahl et al., 2012）。

針對此類的案主，ACT會幫助他們用正念來學習刻意並有彈性地與此時此刻接觸。「跟著呼吸走就對了……，它提供你很多機會可以專注在現在，而且在你徬徨之後可以讓你的注意力轉回」（Hayes, Pistorello et al., 2012, p. 983）。

（二）從價值觀困惑到清楚選擇的價值觀

ACT將價值觀定義為「用語言表達出對其人生整體性的期望和選擇的生活方向」（Luoma, Hayes, & Walser, 2007, p. 131）。人們若有清楚的價值觀，則其所持的價值觀會提供其人生的走向，透過設定具體的小目標讓其能一步步往前邁向；相反地，若對所遵循的價值觀非常模糊，行為改變的動機是基於罪惡感、抱怨或逃避，較無法達到所訂的目標（Hayes, Pistorello et al., 2012），而且當人們價值觀的建立不是植基於自己的選擇，而是在完全忽視實際的狀況只聽命於社會的要求，以避免受到指責或批判下所設定的，這樣的價值觀就很難發揮出

指引人生方向的功能。若只是硬把他人的價值觀加在自己的身上，不瞭解該價值觀的來龍去脈，在遵循上就很難配合實際狀況做有彈性的調整。

　　針對此類的案主，ACT 的諮商師會鼓勵他們從寫日記中去選擇自己人生導向，去體會若遵循自己的價值觀所付出的行動和一味仿照他人的價值觀所走出來的路，會有什麼不同的結果（Hayes et al., 2013）。

（三）從反應不當到承諾的行動

　　過度受到語言的支配，逃避與周邊實際的經驗接觸或不探究自己的價值觀，就很難能對所發生的事物做出有效的回應，而有固著性行為（behavioral rigidity）的反應。固著性行為的特質是會逃避，例如不動、被動或退縮；或是會有過度反應，例如表現出衝動的行為或過度使用藥物或酗酒等來麻醉自己（Hayes, Strosahl et al., 2012）。針對此類案主，ACT 鼓勵他們可透過修正行為的方向，去發展出更多符合其價值觀且是有效的行動（Hayes, Pistorello et al., 2012）。

第三節。接受與承諾諮商的策略

痛苦是人生的一部分，不用把它摒除掉。

Pain is taken to be part of life, not a foreign entity to be gotten rid of.

（Hayes, Pistorello et al., 2012, p. 985）

壹、諮商目標

一、透過解釋和預測幫助案主瞭解應如何改善

案主來見諮商師時所帶來的問題常是：「為什麼我會像這個樣子？我能做些什麼來改善我的狀況？」對案主的疑惑，ACT 的諮商師應為其解釋（explain）為什麼人類會受苦，然後透過預測（predict），與他們討論當人們有某種心理疾病時會出現什麼樣的反應。最後是著重在影響（influence），幫助他們瞭解要如何改變某些情形，好讓其心理問題可獲得改善而有較好的結果（Hayes, Strosahl et al., 2012）。

二、幫助案主增進其心理的靈活度並創造出有價值的人生

ACT的諮商師應幫助案主增進其心理的靈活度，亦即能掌握此刻，表現出與自己的價值觀和人生目標一致的行為。此外，應提醒案主，諮商師不是要幫案主消除苦難，而是鼓勵案主帶著人生所給予他們的任何挑戰，去創造出有價值的人生。

三、幫助案主健康地活

ACT 的諮商師強調的是幫助人們健康地活，而不太去計較於是否感覺良好。心理健康者會有快樂的想法也會有不愉快的想法，如此的靈活性可以讓人們更放開心胸地去接觸與回顧自己過去的人生事件與生活史。

貳、諮商師的角色與功能

一、諮商師的角色

（一）諮商師不是診斷者而是鼓勵者

ACT（Hayes, Pistorello et al., 2012）相信「痛苦是人生的一部分，不用把它

摒除掉」（p. 985），所以諮商師「不強調案主的症狀，不將案主視為是無望、破碎或受損的人；而是鼓勵案主相信每個人都有機會擁有建設性、富有意義和有價值的人生」（p. 985）。

（二）諮商師是與案主的互動者而非問題解決者

傳統的諮商理念，常會將諮商師定位為是幫助案主解決問題的人。但ACT相信「人與人的關係沒有所謂的主動或被動，而是互動的」（Hayes, Pistorello et al., 2012, p. 986）。要瞭解他人就得顧及其整體性，除非你瞭解其所處的環境和相互間的關係，否則你就無法真正的認識對方（Hayes, Strosahl et al., 2012）。

二、諮商師的功能

（一）鼓勵案主勇敢往前邁進就是進步

ACT認為所謂「進步並無一定的標準，當案主能夠選擇去掌握現在並往前邁向一個有價值和有意義的人生，那就是一種進步」（Hayes, Pistorello et al., 2012, p. 985）。

（二）提醒案主心理健康是以成長的過程來定義

心理健康是以成長的過程來定義，例如對一個會有人際恐慌的人，能夠克服困難走到店裡去買東西，他的成長幅度可能是比一個本來就很勇敢的人去參加一個國際比賽進步得更多。而健康的人生不是只指處在順境感覺良好中，其實同時擁有順境和逆境，同時有快樂或不快樂的感覺，才是心理健康的人，這才會讓你對生活更有豐富的體會（Hayes, Strosahl et al., 2012）。

參、諮商策略

我們常聽到這樣的抱怨：「為什麼做人這麼難？」海斯的回應是：「做人的困難並不是來自外面，它是由內而發的」（Hayes & Lillis, 2012, p. 4）。海斯在其所提出的活化靈活度的心理模式的核心過程和介入策略中指出，具有靈

活度的心理狀態是透過圖 10-2 所示的六個向度來開發與成長，海斯按其功能分為三組來描述其互動的過程。一是開放的型態（open）：「接受經驗－認知不融合」，二是專注的型態（centered）：「聚焦於此刻－注意到的我」，三是致力的型態（engaged）：「清楚選擇的價值觀－承諾的行動」（見圖 10-5）。下面將根據組別介紹如何透過諮商策略來幫助人們有效地適應改變和面對人生的挑戰。切記，這個改變的過程著重的是正向心理技巧的增進，而不是症狀的減輕（Hayes, Strosahl et al., 2012; Orengo-Aguayo, 2016）。

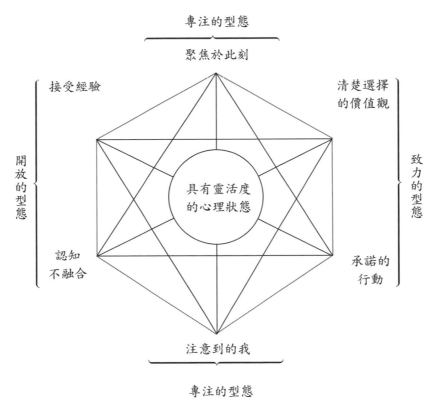

圖 10-5　活化靈活度的心理模式的三種反應型態

（參考 Hayes, Strosahl et al., 2012, p. 67）

一、開放的型態：接受經驗和認知不融合策略

開放式的反應型態（open response style）是要幫助案主能以開放的態度去直接與經驗接觸。接受經驗的策略是鼓勵案主抱持著好奇的心態去與所處的環境互動與對話，完全投入去經驗。認知不融合的策略就是幫助案主能夠自在地放下讓自己不愉快的經驗和事件，不持任何先入為主的主觀價值判斷來看待自己（Hayes, Strosahl et al., 2012）。

（一）接受經驗策略

「接受經驗策略是在沒有防衛的心態下，充分去體會真實的現狀」（Hayes, 1994, p. 30）。接受不是被動地將痛苦之事革除，而是在意識清楚的狀態，決定要在不改變任何形式或內容的情況下去接納那些不想要的感覺和想法。為達到此目標，ACT 的諮商師會引導案主以開放而不下論斷的方式去觀察想法和感覺，並去做一些與其想法和感覺無關的行動（Hayes, Strosahl et al., 2012）。

接受經驗策略包括有行為上的意願（behavioral willingness）和心理上的接受（psychological acceptance）。行為上的意願是願意去接觸某個特定的經驗或事件。心理上的接受是願意以開放的、接受的、靈活的、非判斷性與尊重的態度，去體驗當下的經驗。意願和接受兩者都相當重要且是相輔相成的，沒有行為上的意願，心理上的接受就不可能發生。海斯強調說：「行為上的意願就像懷孕一樣是全有或全無的，你不能懷孕一半，所以也不能只有一半的意願」（Hayes, Strosahl et al., 2012, pp. 280-281）。因此 ACT 的諮商師要提醒案主行為意願在心理接受上的重要性。

諮商師可用兩個按鈕的練習（two-knob exercise）來幫助案主願意更開放地去體會新的經驗。請案主去想像兩個按鈕，一個按鈕是可以選取你目前心理困擾情緒的量，一個按鈕是選取你願意有這些困擾情緒的程度。問題是當困擾情緒的量越多，願意擁有那些情緒的意願自然會低，這種自我放大（self-amplifies）的現象就造成另一層的苦惱。這個活動的目的是要讓案主放下心裡的防衛，

專心地去體會其情緒。例如當案主說他很焦慮時，就請他想一個令其焦慮的情境，讓他想得越仔細越好，並注意到身體在焦慮情況下心裡七上八下的反應。此活動並非要幫助案主減少焦慮反應，而是讓他更有靈活的能力來面對情緒困擾（Hayes, Strosahl, & Wilson, 1999）。很多研究證實越能接受負向經驗的人，心理越健康、生活品質越會提高（Hayes, Pistorello et al., 2012）。

（二）認知不融合策略

ACT 的主要目的就是要幫助案主掌控其吸收想法與否的自主權（Hayes, Strosahl et al., 2012）。為達此目標就要採用認知不融合的策略，鼓勵案主以抽離的觀點從不同角度看自己，去與自己的想法互動，轉變自己不要的想法和情緒，消除掉那些對自己沒有助益的想法（Hayes et al., 2006）。諮商師可用下面幾個練習來幫助案主達到這個目標：

1. 去除意義化

此方法是當案主說出一個負向想法的句子時，鼓勵他們不斷重複地說出該句子，直到該句子只剩下聲音未帶任何意義為止（Hayes, Wilson, Gifford, Follette, & Strosahl., 1996; Orengo-Aguayo, 2016）。

2. 背道而馳法

這個方法是鼓勵案主將其負向想法寫在一張紙上，然後用客觀的角度去看待。或把想法說出來後以相反的方向把它演出來（Hayes et al., 1996; Orengo-Aguayo, 2016）。也可以教導案主將想法標示出來，然後去表現和想法完全不一樣的行動。例如我現在正在想著說：「我永遠不會成功」，然後故意用耀武揚威的姿態說：「我贏了」。或正想著說：「我走不動了」，然後就刻意地站起來繞房間一圈。這樣做不是要案主馬上去改變，而是讓他們透過練習進而增加行動上的彈性與靈活性（Hayes et al., 2013）。

3. 容許讓負向想法當跟班

當案主有負向的想法，例如說著：「沒有人喜歡我！」你可以要他們把這個想法寫下來放在包包裡，然後告訴自己：「我容許讓這個害怕跟著我，但是我有自主權選擇我要去哪裡」（Hayes, Strosahl et al., 2012）。

4. 改變語言

透過語言的改變來增加案主與其身邊所發生事件的距離，例如盡可能讓他們用「和」、「並且」、「而且」（and）來取代「但是」（but），例如當案主說：「我好累，『但』我得去上班。」如果讓他們改說成：「我好累，『而且』我得去上班。」可減少說話者覺得自己有哪裡不對的感覺。雖然說人們只要有一口氣在就會有想法和感覺等心理活動，但人們有能力去選擇要去注意哪一個心理活動的產品，「如果少了這項能力，我們就是廢人了」（Hayes, Strosahl et al., 2012, p. 252）。

5. 學會區分三種層次的想法

想法可分為三個層次，有個想法（having a thought）、抓住那個想法（holding a thought）和購置那個想法（buying a thought）。有個想法指的是「覺察到有個意念出現，那是個簡單的心理事件」；抓住那個想法是「會給予一些判斷和評價，但並沒有企圖要將它變成語言」。購置那個想法是指「認同這個想法並將它融入成為自己思想的一部分」（Hayes, Strosahl et al, 2012, p. 252）。ACT的重要任務是要訓練案主有個想法和抓住那個想法，但不要購置那個想法。因為一旦購置了那個想法就會因認同那個想法而被洗腦，使得思想及行為失去了靈活性（Hayes, Strosahl et al., 2012）。

二、專注的型態：聚焦於此刻和注意到的我策略

聚焦於此刻和注意到的我策略被歸為是專注式的反應型態（centered response style），因為要能開放地面對人生，就必須要能專注地聚焦於當下，有

意識地對此時此刻的社會、心理和生理環境有敏感的覺察。下面將針對這兩方面的策略分別加以介紹（Hayes, Pistorello et al., 2012; Hayes, Strosahl et al., 2012）。

（一）聚焦於此刻策略

人們的經驗雖包括過去的記憶和未來的計畫，但只有現在才是真實存在的。聚焦於此刻的策略指的是「靈活地生活在此時此刻的過程」（Hayes, Strosahl et al., 2012, p. 201）。

ACT用正念幫助案主與此刻接觸，即是刻意將注意力放在此刻的想法、感覺、感官及任何的外在刺激（Baer, 2003）。每次的會談可以用正念練習開始，教導案主注意他們的呼吸，或詳細記錄他們從開始到結束時身體所覺察到的狀況。在專注於具有挑戰性的事件之前，如果案主的行為變得僵硬，諮商師要鼓勵案主回到正念方法以更靈活的注意力接觸當前時刻，並讓案主注意他們現在的感受（更詳細的正念技巧的使用可參考本書第九章）。

（二）注意到的我策略

1. 棋盤比喻

看過圍棋的人都知道，它有黑子與白子，圍棋比賽就是黑白棋子的對抗賽。諮商師可以請案主想像自己腦海裡面常出現的不同想法就像是黑白兩隊的棋子一樣，經常在對抗，比如你的某種想法是一個「覺得自己很有潛力」的白棋，可能就相對的有一個控訴的棋子想著「你期中考都考不好，哪有什麼潛力」的黑棋。兩種想法爭得你輸或我贏，白棋想贏以找回自信，黑棋想贏好打擊你的自信。想想如果你是棋子的話，一天到晚過著這種戰爭的日子你不覺得很痛苦嗎？但因為兩隊都是你的一部分，不管哪一隊贏，總有一部分的你是輸的，所以心情永遠不好。

再者，「如果在圍棋的比喻中你不是圍棋上的棋子，而是棋盤，那會有什麼不同的經驗呢？」想想：棋子一定要有棋盤才玩得起來，但不管黑白棋誰輸

誰贏對棋盤本身是毫無損傷的。所以身為棋盤的你可以注意到自己腦袋裡的這些棋子有不同的想法出現，互相之間有不同的戰事爆發著，但有時白棋贏有時黑棋贏，你只要觀察這些戰事在發生但不必參與或下任何論斷。接著讓案主以棋子和棋盤不同的角色來看待讓其困擾的事情，並分享其當棋子與當棋盤之不同想法和感覺（Hayes et al., 1999）。

2. 站在別人的立場

ACT的諮商師可以用站在別人的立場等方法來幫助案主與自己接觸（Hayes, Pistorello et al., 2012）。例如，問案主：「如果你是你父親，你會如何對你自己說話？你可以站在你父親的立場來想這件事情嗎？」如此做可以幫助案主用彈性的想法去整合「我／這裡／現在」，而不受限於時空的影響。例如請案主用未來的自己寫給現在的自己一封信，或鼓勵案主用另一個人的眼光來看待案主自己目前所處的世界。如此做可以增加案主思考上的靈活度，幫助他看待事情更具客觀性（Hayes, Strosahl et al., 2012）。

三、致力的型態：清楚選擇的價值觀和承諾行動的策略

前面所介紹的四項元素，主要目的是要幫助案主清楚找出與自己的價值觀一致的路徑。接著介紹致力性的反應型態（engaged response style）的兩個策略：清楚選擇的價值觀策略是要增強這些和其他過程，讓它們變得更有意義（Hayes et al., 2013）。透過承諾的行動策略，可以幫助案主改變而做出與其價值觀一致的行動（Fletcher & Hayes, 2005）。

（一）清楚選擇的價值觀策略

ACT相信人們所選擇的價值觀會影響其人生導向的決定，因此諮商師應幫助案主在眾多解決問題的策略中，找出較適當的方法，幫助他們設定出通往更有意義的人生路徑，激勵他們不斷地往所設定的具體目標邁進。雖然沒有人能夠找到完美無缺的價值理念，但可以從每個此刻的一點一滴的體會為基礎，去

逐步架構起來。

　　ACT的諮商師可以幫助案主透過各種練習去找出其人生中真正的價值取向（例如：重視家庭關係或者重視身體健康呢？）所選擇的價值觀可以幫助案主架構出較有生產性與意義性的人生，並在行為上從「我必須要這樣做」進到「我要這樣做」（Fletcher & Hayes, 2005）， 可以讓案主去想想其人生中什麼對自己是重要的。

　　ACT 有一個有名的練習是問案主：「你希望你的人生讓人家記得的是什麼？」目的是請案主去想像其希望的人生會是如何，希望別人如何記得他們（Hayes, Strosahl et al., 2012）。請案主列出自己在意的價值觀是 ACT 常用的方法。又如請案主寫下他們關心的一些議題，以及這些議題如何影響他們的生活。也可以請案主寫一封來自更加明智的未來信件，告訴他們如何在現在去關注他們所在乎的事情。

　　不要告訴案主須重視什麼而是讓他們去選擇他們自己的價值觀。當案主能將其價值觀和承諾加以連結，且表達出來時，就會增加其對自己行為改變上的掌控性。

（二）承諾的行動策略

　　在ACT中，所謂承諾的行動指的是「根據自己的價值觀所創造出來的行為模式」（Hayes, Strosahl et al., 2012, p. 95）。承諾的行動並非永恆不變或完美無缺的。透過有承諾的行動，人們會不斷地導正其每時每刻的行為，並負責任地將其行為修正得更靈活，並更符合自己的價值觀。

　　人們一般會認為行為只有好與壞的差異，但ACT強調要選擇與自己的價值觀最接近的行動。 選擇和承諾就像下棋一樣，你所下的每一步棋都會決定整個布局走向，當你思考要下哪一步棋是受到價值觀的影響，而依照布局走向所下的棋就是承諾的行動（Hayes, Strosahl et al., 2012）。為幫助案主達到此目標，ACT的諮商師可與案主討論哪個目標可帶其接近其價值觀，引導他們做出與其

價值觀相稱的承諾，並幫助他們發展出可完成這些承諾的技巧（Hayes, Strosahl et al., 2012; Orengo-Aguayo, 2016）。承諾的行動策略目的是在幫助案主能更開放地覺察到自己的價值觀。承諾的行動第一步可能很小，但重要的是要保持開放、敏銳的覺察力並與自己的價值觀相聯結。

海斯提醒：「接納與承諾是一個過程而不是技術」（Hayes, Strosahl et al., 2012, p. 274），諮商師在諮商過程切勿只是為了應用策略而去使用策略，應本著案主的需要依循ACT的理念去發展與應用。所以在下面的案例分析中，所用的策略不侷限在前面所介紹過的方法。

▌從理論到實務，請聽他的故事……

第四節。接受與承諾諮商的案例分析與摘要

壹、案例分析

止不住的憤怒

35歲的全銘，大專畢業，有家暴的前科。過去生氣時，即使太太並沒有犯任何錯，他經常會把太太打得鼻青眼腫。太太終於受不了而離開他，兩人從此未再有聯絡。全銘一直都不覺得自己有什麼錯，推說如果太太沒有先惹他生氣，他也不會動手打人。不過他也承認這易怒的脾氣需要改進，於是同意接受ACT的諮商治療。

一、第一階段：專注在價值觀的澄清──從大處著眼

　　諮商師先設計五週的「專注在價值觀的澄清──從大處著眼」。諮商師以：「你人生中最重要的是什麼？」等類的問題來幫助全銘澄清自己的價值觀，引導他去思索其人生的意義在哪裡。全銘說生意對他很重要，因那是他辛苦經營出來的，是家裡生計的來源。他和太太結婚十年育有一子，太太高職畢業，嫁給他後兩人在創業上胼手胝足才有今日的成績。太太把兒子教得很好，在學校成績也很不錯，並說其實他很重視太太和兒子。

　　從他分享中可聽出他表現的行為與所持的價值觀並不相符。雖然與諮商師的言談間充滿對太太和兒子的疼惜、關愛和讚賞，但在家裡他對他們常常怒目相視。經常出現的狀況是當太太對生意的經營方式有不同的意見時，他會覺得自己男性的自尊受到挑戰，明知道太太的建議其實滿有道理，還是要故意反對找理由出氣。如果太太要做解釋，他就說她強辯，然後就會越說越氣地對著太太一個巴掌打下去。對兒子也是一樣，雖然多數時候他的考試成績不錯，但只要稍有疏忽沒拿到滿分，就會以「不打不成器」予以責罰。

　　仔細探查，全銘說因自幼就常受父親責打，也常看到父親會打母親，所以不知道如何經營夫妻和親子關係。與太太在談戀愛時會學電影的羅曼蒂克情節對當時是女朋友的太太表達愛意，但並沒有學到結婚後要如何和太太相處，不知不覺就變成當年父親凶暴的模樣。但他很自豪自己在經營生意上以誠實與誠懇，建立出品牌。

　　之後幾次見面時，諮商師幫助全銘去探索他所表現的行為符合其價值觀的程度。在討論中全銘發現他最大的問題是不會處理負向情緒，當事情不合他意時，他會感到不舒服，想著「我不應該受到如此對待」，並覺得對自己的人生失去掌控權。為了逃避這種失控的感覺，他不自覺地就會用語言和行為出現反擊，「誰叫他們要惹我生氣」。諮商師要其思考其攻擊性的語言和粗暴的動作，對夫妻與親子關係的維繫是否有幫助，他坦承沒有。「我太太和孩子視我為凶

神惡煞，怕死我了，還跟警察局申請保護令。我現在連要見他們的面都受到限制。」瞭解到此狀況，諮商師教導全銘學習如何敏覺自己的情緒狀態，以及對情緒產生的行為反應。鼓勵他學習在做反應前，先思索什麼反應是與自己的價值觀相配，是有助於夫妻與親子關係後，才加以反應。

　　教導全銘區別出何種行為有助於或不利於健康關係的建立是相當重要的。諮商師教導全銘如何用支持、信任和尊敬的行為和太太與兒子的互動，才能營造出健康的人際互動；也讓他理解暴力、控制與操弄對人際互動上的傷害。

　　在教導中，全銘發現他父親教導他性別角色的部分觀念深深影響到他與太太的互動。例如記得父親常說：「女性對男性要百分之百服從。」如此根深蒂固的觀念在他的心中，所以他很難忍受太太的不贊同。當太太在教養兒子或公司的經營上和他持有不同意見時，他就會很受不了。對兒子也是一樣，因從小就被灌輸：「小孩子有耳無口。」所以當兒子考試沒考好，全銘要說教時，如果兒子企圖想陳明原因，結果就會換來更多的皮肉之痛。其實歸根到底是全銘在逃避自己感到不勝任的感覺，且因不知如何調理自己的情緒，於是「將不好意思轉為生氣」而引發出來的攻擊性行為。因此諮商師建議下一個階段是提供全銘情緒調節的訓練。

二、第二階段：學習接受──情緒調節技巧

　　諮商師設計四次「學習接受──情緒調節技巧」的諮商會談，幫助全銘專注在以當下、開放和不做評斷的態度再學習觀察與經驗自己的情緒。幫助全銘瞭解情緒可以提供他重要的資訊，但不要被情緒控制了行動，諮商師邀請他玩「尋找不舒服先生」的練習。在這練習中，諮商師告訴全銘：「我們要來找不舒服先生。當不舒服先生出現時，我們要與他商討你和他的關係。假如他出現而你不想留在那裡看發生了什麼事情，那也沒關係。」透過這個練習，全銘學到如何將生氣和不舒服的感覺和行為區分開來。當生氣或不舒服的感覺來襲時，諮商師請全銘具體描述當時的經驗，「描述當時真正的情況，而不是預測此感

覺所可能帶來的威脅感。」

在這階段中，諮商師帶領全銘做了很多類似的練習，全銘漸漸能接受自己的情緒，並理解到人都會有脾氣，感到生氣或不舒服並不表示自己是個弱者或是個不好的人，而自己要如何抒發這種生氣或不愉快的情緒是可以有選擇的。

三、第三階段：練習不融合──認知技巧訓練

教導不融合策略的主要用意是要幫助案主能夠自在地放下讓自己不愉快的經驗和事件，不持任何先入為主的主觀價值判斷來看待自己。為此諮商師設計了四次「練習不融合──認知技巧訓練」，要來教導全銘瞭解情緒是如何受到想法的影響，如何辨認出問題性的想法，並學習如何區別不同的想法。諮商師邀請全銘做一個「在遊行隊伍中的士兵」（soldiers in the parade）的練習，幫助他區分「有個想法」、「抓住那個想法」與「購置那個想法」之不同，以便於瞭解「認知融合」和「認知不融合」的不同。諮商師要全銘想像有一群遊行隊伍從他的眼前經過，遊行隊伍中的每個士兵手上都拿著一個牌子，上面寫著全銘目前正有的想法（「有個想法」）。諮商師鼓勵全銘只以觀看遊行隊伍的心情去看待每個牌子上面所寫的想法，如果他被某個想法卡住了，那個遊行隊伍就暫停下來，這時請他寫下那個卡住他的想法（「抓住那個想法」）。練習到一半時全銘睜開眼睛想說些什麼，諮商師請他把那個想法寫下來後，讓遊行的隊伍繼續過去。等活動結束時請全銘念出他所寫下來的想法，例如：全銘寫出「因家暴被抓讓我感覺很羞恥」、「我連一個家都顧不住，真是一個徹底的失敗者」，如果全銘因為這些想法而感到沮喪，則表示他有「購置這些想法」的跡象。諮商師可向全銘解釋這樣的想法是以社會的觀點來看待的結果，會讓他感受到像是受到責備的。其實是自己在責備自己。

接下來諮商師以「帶著你的想法去走路」（take your mind for a walk）這個活動來幫助全銘瞭解我們的腦袋瓜是多麼忙著評斷是非。其做法是讓全銘扮演他自己，諮商師就扮演全銘的想法。全銘可在諮商室自由走動，諮商師則陸陸

續續說出全銘一直以來的一些想法（如「因家暴被抓讓我感覺很羞恥」、「我連一個家都顧不住，真是一個徹底的失敗者」等）。儘管這些負向的想法不斷在耳邊響起，全銘都不應該加以理會。如果他停下來要跟這些想法爭辯，表示全銘正想與他的想法融合，諮商師就跟他說：「不要管你的想法！」

另一個練習就是叫全銘鎖定某個負向的想法不斷重複說，例如說著：「我是一個失敗者」（I am a failure），直到該想法因重複多次只變成一個可笑的無意義的聲音。

經過這些練習後，全銘發現他的想法不再那麼強烈地干擾到他，當想法來時他可以轉變為正向想法，或以做別的事情來與負向想法保持距離。全銘提到他不太會表達對他人的關心，所以下個階段諮商師計畫要教導全銘如何表達關愛的行為。

四、第四階段：專注在賦予承諾的行動──行為技巧訓練

透過賦予承諾，人們會不斷地導正其每時每刻的行為，並負責任地將其行為修正得更靈活並更符合自己的價值觀，因此「專注在賦予承諾的行動──行為技巧訓練」階段，著重在人際關係技巧的訓練。多年來全銘因為不知道如何溝通與表達對他人的關心，經常都是讓他的生氣和傷心的情緒不斷累積直到爆發出來，也因此很難有效地表達心中的關愛。為此諮商師設計五次行為訓練課程幫助他練習溝通技巧。課程包括學習如何主動傾聽太太和兒子說話而不會動怒、練習衝突解決技巧直到問題皆已獲得解決為止。並學習如何尊重家裡每個人有自己的空間，享受自己的時間。例如全銘原先抱持的信念是太太和小孩是他的，不管他去哪裡他們必須跟著他。經過諮商訓練後，他開始理解到太太和小孩有他們自己的行程和計畫，必須要得到尊重。更重要的，全銘能區分出肯定（assertive）反應與攻擊性（aggressive）反應的不同，並練習用肯定與尊重的方式來做反應，經過五次會談練習後，全銘表示他現在能比較自在地將心中的關愛用適當的溝通技巧表達出來。

五、第五階段：專注在當下及掌握自我——克服改變的障礙

　　從一開始諮商師就跟全銘說，要從諮商中獲得成長與改變，他不僅人在心也要在，因為只有在此時此刻直接經驗到的學習才是有效的，所以整個諮商的重點也是擺在教導全銘如何專注在當下。從ACT的觀點，「在諮商中不僅談問題，更重要的是談期望」（Hayes, Strosahl et al., 2012, p. 224）。諮商師請全銘想像在多年後再回想起此刻所經驗到的害怕、希望和期待，並想像在未來這一切已獲得改善的自己，要摒除成見，不要去評論自己且善待自己才是明智的做法。其中一個練習是問未來的全銘看有沒有話要告訴過去的全銘，對話如下：

　　未來的全銘：你應該為我感到驕傲。

　　過去的全銘：怎麼說呢？

　　未來的全銘：你常常動不動生氣，太太和孩子看到你就想躲。現在他們要
　　　　　　　　去哪裡都會問我要不要一起去。

　　過去的全銘：真的嗎？怎麼會差那麼多？

　　未來的全銘：你沒有學會怎麼表達，總是「出口成髒」；我學會如何表達，
　　　　　　　　可以「出口成章」。

　　過去的全銘：我承認自己真的很不會講話，其實我自己講的話我自己都不
　　　　　　　　愛聽，但就是控制不了情緒。

　　未來的全銘：記得要認真參加接受與承諾的訓練，就會變成我這個樣子喔！

　　過去的全銘：好！我會好好加油的。

　　全銘反映說這樣的練習幫助他能將眼光望向未來，他想像他自己擁有一個快樂與關係融洽的家。要幫助全銘能達到如此的夢想，諮商師設計幾次的會談來幫助全銘找出與其價值觀相符的行為以及影響其改變的障礙物。討論中全銘發現他的障礙是不知道要如何當個稱職的父親。從小被教導「小孩子有耳無口」

阻礙了他能夠敞開心胸傾聽兒子表達自己需要的心聲。針對此，諮商師提供其父母效能的教育，全銘表示這樣的課程真的幫助他不僅能與兒子維持健康的界限，且知道如何向兒子表達出自己的關心。全銘也很感謝諮商師提供情緒調節技巧的課程，那幫助他能有效地即時紓壓，不至於壓抑到最後導致一發不可收拾的現象。

貳、接受與承諾諮商摘要

　　接受與承諾理論（ACT）是由海斯所創。如果你問：「為什麼做人這麼難？」海斯的答案是：「做人的困難並不是來自外面，它是由內而發的。」與焦慮症共處的經驗明顯地反映在他的理論中，他提出「心理痛苦很正常、很重要，而且人人會有」。所以「不用摒除它」，最有效的處理之道就是接受。ACT的目標是幫助案主增進其心理的靈活度，亦即能掌握此刻，表現出與自己的價值觀和人生目標一致的行為。將人生所給予我們的任何挑戰轉成有價值的行為，創造出有價值的人生。

　　ACT是以關聯框架理論和功能情境主義為根基創設出來，強調靈活的心理能幫助人們有效地適應改變和面對人生的挑戰，本章案例中的全銘因情緒易怒而有暴力的傾向，透過接受與承諾的諮商輔導後，全銘的心理運作變得較為靈活和有彈性，透過價值觀的澄清，學會如何將攻擊性的衝動轉為正向，並符合其價值觀的行為。透過學習接受自己的情緒和學習情緒調整的技巧，瞭解到要如何來抒發情緒是可以有選擇的。透過練習不融合策略的認知技巧，學會客觀去觀察和記錄出現在腦中的想法。透過專注在賦予承諾的行動，全銘較有勇氣以所學的賦予承諾的行動和家人互動，以所學溝通技巧表達對家人的關心。最後，透過專注在現在與自我掌控，增強他願意克服障礙努力去改變的動機。

第五節。接受與承諾諮商的自我測驗

・你瞭解了嗎？

下面有 15 題選擇題可幫助你測試自己對接受與承諾的諮商學派理解程度。

1. 接受與承諾諮商的創始者是誰？

    a. 羅林克（Steven Rollnick）

    b. 卡巴金（Jon Kabat-Zinn）

    c. 海斯（Steven C. Hayes）

    d. 沙澤（Steve de Shazer）

2. 接受與承諾諮商的創始者會走上行為分析和認知行為諮商的路，是受哪個學者理念的影響？

    a. 史金納（B. F. Skinner）

    b. 貝克（Aaron Beck）

    c. 艾里斯（Albert Ellis）

    d. 布朗斯坦（Aaron Brownstein）

3. 接受與承諾理論是行為諮商理論的第幾波？

    a. 第一波　　　　　　　　b. 第二波

    c. 第三波　　　　　　　　d. 第四波

4. 接受與承諾諮商的創始者在 29 歲時犯了哪一種心理疾病？

    a. 焦慮症　　　　　　　　b. 憂慮症

    c. 飲食失調症　　　　　　d. 精神官能症

5. 接受與承諾諮商理論對「痛苦」的定位為何？

　　a. 心理痛苦很正常，而且人人會有

　　b. 你不可能刻意地去除心理痛苦

　　c. 接受自己的痛苦是邁向擺脫苦難的第一步

　　d. 以上皆是

6. ACT 對「接受」的定義是：

　　a. 是虛無主義的自我打擊　　　　b. 忍耐

　　c. 跟痛苦妥協　　　　　　　　　d. 主動與積極地擁抱當下

7. 什麼理論是相信要探討人的心理不能光從單獨的因素去分析，更應強調每個因素的背景和環境的關聯性去看出整體的意義？

　　a. 關聯框架理論　　　　　　　　b. 功能情境主義

　　c. 活化靈活度的心理模式　　　　d. 不靈活的心理模式

8. 什麼理論是強調心理事件是每個個體的歷史與成長背景和情境的相互作用的結果？

　　a. 關聯框架理論　　　　　　　　b. 功能情境主義

　　c. 靈活度的心理模式　　　　　　d. 不靈活度的心理模式

9. 下面哪一個元素是屬於具有靈活度的心理狀態？

　　a. 逃避經驗　　　　　　　　　　b. 認知融合

　　c. 固守於概念化的自我　　　　　d. 認知不融合

10. 下面哪一個元素是屬於不靈活的心理狀態？

　　a. 注意到的我　　　　　　　　　b. 認知不融合

　　c. 認知融合　　　　　　　　　　d. 清楚選擇的價值觀

11. 下面哪一個是 ACT 的諮商師應扮演的角色與功能？

　　a. 是來教導案主的

　　b. 是來幫助案主解決問題的

　　c. 將案主的問題做症狀的分類

　　d. 帶案主邁向一個有價值和有意義的人生

12. 哪種策略鼓勵案主以抽離的觀點從不同角度看自己，轉變自己不要的想法和情緒，也就是去與自己的想法互動，消除掉那些對自己沒有助益的想法？

a. 認知不融合　　　　　　b. 注意到的我

c. 清楚選擇的價值觀　　　d. 認知融合

13. ACT 認為想法可分為三個層次，哪一種層次的想法是「會給予一些判斷和評價，但並沒有企圖要將它變成語言」？

a. 有個想法　　　　　　　b. 抓住那個想法

c. 購置那個想法　　　　　d. 改變那個想法

14. 哪兩種策略是屬於致力性的反應型態？

a. 清楚選擇價值觀和承諾的行動策略

b. 聚焦於此刻和注意到的我策略

c. 接受經驗和認知不融合策略

d. 清楚選擇價值觀和注意到的我策略

15. ACT 相信透過＿＿＿＿＿＿，人們會發現關心自己與關心別人的過程是一樣的，因而能使個人發揮社會性的功能，而且，透過它可以提供一個安全的空間讓人們可以去面對痛苦的情緒和想法。

a. 概念化的我　　　　　　b. 注意到的我

c. 區分下的我　　　　　　d. 統整性的我

・腦筋急轉彎

1. 「你不可能刻意地去除心理痛苦，雖然你可以採取步驟避免讓它擴大，但這些痛苦是不可能消除掉的」，是接受與承諾諮商的理念之一，你贊同這個理念嗎？請舉個你親身經驗過的例子來說明你贊同或不贊同此理念的緣由。

2. ACT 的目標不是要消除痛苦的感覺，而是帶著人生所給予我們的任何挑戰一起「走向有價值的行為」，創造出有價值的人生。站在諮商師的立場，這樣的諮商目標對幫助案主有益嗎？請舉個你親身經驗過的例子來說明你贊同或不贊同此目標的緣由。

3. 請說明「認知融合」和「認知不融合」的區別，想像一群士兵舉著牌子從你身邊過去，先練習「認知融合」，再練習「認知不融合」，採用這兩種不同策略結果有什麼不一樣？

4. 兩人組成一組，輪流扮演諮商師和案主練習「帶著你的想法去走路」活動，並分享心得感想。

5. 請未來的你寫一封信給過去的你，並體會你從寫這封信體會到的心得。

6. 如果你是案例分析中的全銘，這樣的處理方式你滿意嗎？有哪些技巧可以再加進來幫助全銘成功改變自己？

照片和圖片來源 *Photo/Figure Credits*

學者的照片：取自 https://stevenchayes.com/wp-content/uploads/2012/08/Small-head-shot-semi-serious-2016.png （獲允使用）

照片 10-1：By Silly rabbit, CC BY 3.0 <https://creativecommons.org/licenses/by/3.0>, via Wikimedia Commons. 取自 https://commons.wikimedia.org/wiki/File:B.F._Skinner_at_Harvard_circa_1950.jpg

圖 10-1 至 10-2 和圖 10-5: By Queeste, CC BY-SA 3.0 <https://creativecommons.org/licenses/by-sa/3.0>, via Wikimedia Commons. 取自 https://commons.wikimedia.org/wiki/File:ACT_hexaflex.jpg（本三個圖是根據此圖加以修改。）

參考書目 *References*

Baer, R. A. (2003). Mindfulness training as a clinical intervention: A conceptual and empirical review. *Clinical Psychology: Science and Practice, 10*(2), 125-143.

Brune, M. (2005). Emotion recognition, "theory of mind," and social behavior in schizophrenia. *Psychiatry Research, 133*, 135-147.

Fletcher, L., & Hayes, S. C. (2005). Relational frame theory, acceptance and commitment therapy, and a functional analytic definition of mindfulness. *Journal of Rational-Emotive & Cognitive-Behavior Therapy, 23*, 315-336.

Hayes, S. C. (1984). Making sense of spirituality. *Behaviorism, 12*, 99-110.

Hayes, S. C. (1994). Content, context, and the types of psychological acceptance. In S. C. Hayes, N. S. Jacobson, V. M. Follette, & M. J. Dougher (Eds.), *Acceptance and change: Content and context in psychotherapy* (pp. 13-32). Reno, NV: Context Press.

Hayes, S. C. (2004). Acceptance and commitment therapy and the new behavior therapies: Mindfulness, acceptance, and relationship. In S. C. Hayes, V. M. Follette, & M. M. Linehan (Eds.), *Mindfulness and acceptance: Expanding the cognitive-behavioral tradition* (pp. 1-29). New York: Guilford Press.

Hayes, S. C. (2008). Career influences and a brief intellectual autobiography. Retrieved from https://stevenchayes.com/about/career-influences-and-a-brief-intellectual-autobiography/

Hayes, S. C., Levin, M. E., Plumb-Vilardaga, J., Villatte, J. L., & Pistorello, J. (2013). Acceptance and commitment therapy and contextual behavioral science: Examining the progress of a distinctive model of behavioral and cognitive therapy. *Behavior Therapy*, *44*, 180-198.

Hayes, S. C., & Lillis, J. (2012). *Acceptance and commitment therapy*. Washington DC: American Psychological Association.

Hayes, S. C., Luoma, J. B., Bond, F. W., Masuda, A., & Lillis, J. (2006). Acceptance and commitment therapy: Model, processes, and outcomes. *Behavior Research and Therapy*, *44*, 1-25.

Hayes, S. C., Pistorello, J., & Levin, M. E. (2012). Acceptance and commitment therapy as a unified model of behavior change. *The Counseling Psychologist*, *40*(7), 976-1002.

Hayes, S. C., & Smith, S. (2005). *Get out of your mind and into your life: The new acceptance and commitment therapy.* Oakland, CA: New Harbinger Publications.

Hayes, S. C., Strosahl, K. D., & Wilson, K. G. (1999). *Acceptance and commitment therapy: An experiential approach to behavior change.* New York: Guilford Press.

Hayes, S. C., Strosahl, K. D., & Wilson, K. G. (2012). *Acceptance and commitment therapy: The process and practice of mindful change* (2nd ed.). New York: Guilford Press.

Hayes, S. C., Wilson, K. G., Gifford, E. V., Follette, V. M., & Strosahl, K. D. (1996). Experiential avoidance and behavioral disorders: A functional dimensional approach to diagnosis and treatment. *Journal of Consulting and Clinical Psychology*, *64*, 1152-1168.

Kohlenberg, R., Hayes, S., & Tsai, M. (1993). Radical behavioral psychotherapy: Two contemporary examples. *Clinical Psychology Review*, *13*(6), 579-592.

Luoma, J. B., Hayes, S. C., & Walser, R. (2007). *Learning ACT: An acceptance & commitment therapy skills-training manual for therapists.* Oakland, CA: New Harbinger Publications.

McHugh, L., Barnes-Holmes, Y., & Barnes-Holmes, D. (2004). Perspective-takingas relational responding: A developmental profile. *The Psychological Record*, *54*, 115-144.

Nolen-Hoeksema, S. (2014). *(Ab)normal psychology* (6th ed.). New York: McGraw-Hill Education.

Orengo-Aguayo, R. E. (2016). *Implementation of an acceptance and commitment therapy skills group with incarcerated domestic violence offenders: A feasibility pilot study.* The dissertation of University of Iowa, Iowa Research Online.

Schutze, R., Rees, C., Preece, M., & Schutze, M. (2010). Low mindfulness predicts pain catastrophizing in a fear-avoidance model of chronic pain. *Pain, 148*, 120-127.

Shpancer, N. (2010, September 8). *Emotional acceptance: Why feeling bad is good.* Retrieved from https://www.psychologytoday.com/us/blog/insight-therapy/201009/emotional-acceptance-why-feeling-bad-is-good

Skinner, B. F. (1974). *About behaviorism.* New York: Vintage Books.

Steven C. Hayes. Ph. D. (n.d.). Retrieved from https://www.mentorcoach.com/positive-psychology-coaching/interviews/interview-steven-c-hayes-phd/

Zarling, A., & Berta, M. (2017). An acceptance and commitment therapy approach for partner aggression. *Partner Abuse, 8*(1), 89-109.

「你瞭解了嗎？」試題解答 *Answer Key*

題號	1.	2.	3.	4.	5.	6.	7.	8.	9.	10.	11.	12.	13.	14.	15.
解答	c	a	c	a	d	d	a	b	d	c	d	a	b	a	b

6

從後現代諮商的觀點著手：以正向心理學為主軸

每個人都期望能有個充滿希望的人生，你知道在哪裡可以找到希望嗎？此篇從恩瑞特和史奈德的觀點，介紹兩個強調正向心理學的後現代諮商學派。

恩瑞特提醒：「當你走在寬恕之路時，因擁有自由的心靈，希望就屬於你。」史奈德如此說：「希望＝能量（意志力）＋路徑（行動力）。」且確信：「人生旅程可以有很多的通路，實現目標的道路上也常存有障礙。但不管如何你都是有希望的，每一趟旅程都是希望之旅。」

第十一章

◆

恩瑞特的寬恕諮商學派
Enright's Forgiveness Therapy

創始者
羅伯特・恩瑞特
Robert D. Enright

—— 本章要義 ——
寬恕是治療心靈傷口的特效藥。

第一節。恩瑞特的人生故事

壹、專業發展與貢獻

　　恩瑞特是以科學研究寬恕的先驅。他被《時代雜誌》（*Time*）稱為「寬恕開拓者」（the forgiveness trailblazer），並因其多年致力於寬恕的研究和實務的學術貢獻，被譽為「寬恕研究之父」（the father of forgiveness research）。

　　因恩瑞特不願揭露其生辰，故不知其年齡幾許。他於 1973 年畢業於美國麻省（Massachusetts）的韋斯特菲爾德州立大學（Westfield State University）的心理系。1976 年獲得美國明尼蘇達大學（University of Minnesota）的博士學位，專攻教育心理學（Educational Psychology）。在母校擔任一年的研究員（1976-1977）後，到美國路易斯安那州的紐奧良大學（University of New Orleans, Louisiana）擔任一年的心理學客座教授（Visiting Assistant Professor of Psychology）。1978 年受聘到威斯康辛大學麥迪遜分校（University of Wisconsin-Madison）擔任教職直到如今。

　　自 1985 年以來，恩瑞特在威斯康辛大學麥迪遜分校帶領團隊以科學的方法研究寬恕，發現寬恕在助人的領域至關重要，對於情緒的康復是很有效的。為了能推廣寬恕，恩瑞特和同好們一起成立國際寬恕協會（International Forgiveness Institute），致力於傳播有關寬恕和如何透過寬恕進行社區更新的知識，也著有七本書和以社會發展和寬恕心理學為中心的 100 多種出版物，是第一個進行關於人際寬恕的跨文化研究的人。在醫學應用方面，恩瑞特獲得約翰鄧普頓基金會（John Templeton Foundation）的資助，致力對寬恕的醫學應用進行研

究，並到世界各地推廣寬恕教育。

因在和平運動中的貢獻，恩瑞特被國際扶輪社（Rotary International）任命為 2006 年保羅・哈里斯研究員（Paul Harris Fellow）。在威斯康辛大學，恩瑞特也是一位教學卓著，極受學生歡迎的教授。2007 年他以「卓越的教學、研究和服務」（excellence in teaching, research, and service）獲得威斯康辛大學麥迪遜分校最高獎——希爾代爾獎（UW-Madison's highest award—the Hilldale Award）。他還獲得了威斯康辛州和平與衝突研究所（Wisconsin Institute for Peace and Conflict Studies）頒發的 2008 至 2009 年迪克・林格勒傑出和平教育家獎（2008-2009 Dick Ringler Distinguished Peace Educator Award）（https://internationalforgiveness.com/team.htm）。

貳、走在寬恕研究的心路歷程

到底什麼緣由讓恩瑞特走上研究「寬恕」的主題呢？為了瞭解這背後的原因，本書作者特地向恩瑞特博士問個究竟，這是他的回覆：

「1989 年，我是第一位以科學方法研究寬恕心理學並將結果發表於期刊的人。決定對寬恕進行研究，是因為我曾在明尼蘇達大學接受過道德發展方面的培訓。1970 年代，道德發展的領域集中在探討正義（justice），探討青少年和成人如何思考道德困境的問題，以及人們如何看待社區中商品和服務的公平分配性。因為研究這樣的主題是學術思想的主流，幫助我獲得了終身教職，每年也都能夠申請到研究獎助。但是有天我醒來，問自己：『我做的研究是要幫助誰？』答案是：『幫助我的一些研究同行更能理解分配正義。每年都可在研討會上碰面，為彼此的成就互相打氣，但其實對社會上的貢獻並不大。』

1985 年初，我決定『將所有研究成果都扔到懸崖下』（throw all of my research over a cliff）。然後問自己：『在道德發展領域，什麼會對成年人、兒童、家庭和社區的生活產生重大影響？這時『寬恕』這個字眼和想法不斷湧現，我開始思考寬恕是否可能成為人們擺脫怨恨和仇恨以恢復其心理健康的一種方

式？」就在同一年我開始在威斯康辛大學麥迪遜分校舉行『星期五寬恕研討會』（Friday Forgiveness Seminar），到如今這個研討會仍繼續在進行。第一次的星期五寬恕研討會是由來自多國文化的學生和教師組成，例如巴西、韓國、臺灣和美國。我們聚在一起，試圖找出三個問題的答案：什麼是寬恕？人們如何去寬恕？寬恕的心理後果是什麼？這三個問題構成了我們研究的基礎。『當我開始將寬恕納入可能的研究主題時，學術界引起軒然大波，我的研究獎助沒了。學者們開始嚴厲批評我，甚至警告我的學生，不要再跟我一起做研究，因為我的研究主題已經毀了我的職業生涯，如果他們繼續跟著我，恐怕他們的學術生涯也會被毀掉』。還好，許多學生勇敢地留下來，當我們開始發表以科學證據為基礎，關於寬恕心理學的期刊文章時，得到許多思想開明的學者的讚譽，來自世界各地的其他研究人員也開始思考有關寬恕的議題。現在有上千的學者投入有關寬恕的心理學研究，無數的心理專業人員使用寬恕諮商來幫助案主克服不公正對待的心理影響。

　　『我有很多機會可以放棄對寬恕知識的尋求，但慶幸地是我沒有被那些批評的聲音所打倒，並有勇氣以造福於人民為主旨，繼續為探索寬恕而努力』」（Personal conversation with Dr. Enright, 1/9/2021）。

▌從恩瑞特的人生故事到他的理論……

第二節。寬恕諮商的理論

寬恕對方可以重建我們愛自己和他人的能力。

Our forgiving them can restore our love for ourselves and for others

in general as well.

（Enright, 2012, p. 13）

受到欺負的人最常有的反應就是氣憤，並且認為氣憤是對欺負自己的人最好的處罰。以為只要自己不斷生氣並感到痛苦，就等於是把那人監禁在情緒的牢房中。恩瑞特提醒：「仇恨是將我們，而非對方，關在情緒的監獄裡。氣憤對自己的衝擊遠大於對傷害我們的人造成的影響」（Enright, 2001, p. 18）。寬恕是打開心靈自由之門的一把金鑰匙，想獲得自由，你必須勇敢轉動寬恕的金鑰匙去打開牢房的大門，走向等在外頭那充滿自由的未來。正如南非宗教領袖戴斯蒙‧屠圖（Bishop Desmond Tutu）主教所說：「沒有寬恕，就沒有未來」（Without forgiveness there is no future）（Enright, 2001, p. 19）。

壹、寬恕的定義

恩瑞特選用英國的哲學家喬安娜‧諾斯（Joanna North）的定義作為他發展寬恕理念的重要指南。諾斯將寬恕定義為：「當遭受不公正的傷害時，我們用寬恕來克服對於對方所做的行為的不滿，這並不是表示我們否定了生氣的權利，

而是出於對犯錯者的同情、仁慈和愛心。雖然清楚意識到犯錯者沒有理由獲得這份禮物，但我們仍然願意給予」（Enright, 2001, p. 25）。以下將這個定義區分成「寬恕不是⋯⋯」與「寬恕是⋯⋯」兩部分，來說明寬恕的本質（Enright, 2001, 2012, 2015; North, 1998; Tutu, 1998）。

一、寬恕不是⋯⋯

（一）寬恕不是要人們忘記或否認自己受到的傷害

寬恕不是忘記或否認自己受到的傷害，不是為傷害自己的人的行為找藉口。寬恕並不是要我們默默忍受虐待、說服自己說這是應得的虐待、假裝自己並沒有受傷，或者說犯錯者並不是故意傷害我們。

（二）寬恕不是假裝事情沒有發生，也不是失憶

「寬恕不是假裝事情沒有發生」（Tutu, 1998, p. xiii）。相反地，寬恕是站在事實裡，清楚知道所發生的事情是不公平的，並且永遠都是不公平的。寬恕並不意味著失憶或健忘，我們必須原諒，但不用忘記發生過的暴行，免得重蹈覆轍。

（三）寬恕不是去否定曾發生的錯誤行為

唯有認清錯誤的行為，才有可能啟動寬恕的過程。在寬恕犯錯者時，實際上是在告訴對方說：「你對我做的錯事使我痛苦，但我不再允許它傷害我。這是過去發生的一件事情，我原諒你」（North, 1998, p. 19）。

（四）寬恕不是表示認可對方所做的事情

當你寬恕時，並不表示你認可對方所做的事情，而是說你不會因為對方對你所做的事情而完全否定對方。柯爾曼（Coleman, 1998）形容：「寬恕如同是季節的變化。它使你可以放開所有難以承受的一切，然後重新開始。當你寬恕對方時，你雖不會忘記那段涼澈心扉的往事，但也不會在寒冷的記憶中發抖」（p. 79）。

二、寬恕是……

（一）寬恕是願意承認自己受到了傷害

若寬恕的過程感到痛苦，那是正常的反應，寬恕始於承認自己是有權受到尊重，也有權去為受到的不公感到生氣或怨恨。事實上，不願承認自己受到傷害是無法寬恕的主要障礙之一。

（二）寬恕是願意提供機會讓犯錯者的人生可以重新開始

寬恕不是試圖抹去錯誤行為存在的事實；而是願意提供機會讓傷害自己的人因得到了諒解，其人生可以重新開始。誠如南非宗教領袖戴斯蒙・屠圖主教所說：「沒有寬恕，就沒有未來。寬恕是表示你正在認真的審視你所受過的不公平待遇」（Tutu, 1998, p. xiii）。若沒有寬恕，怨恨就會在心中累積起來變成敵對和憤怒，蠶食幸福。

（三）寬恕是要由服務的愛出發

「亞里斯多德（Aristotle）將愛分為四種：一是自然的愛（希臘語為 sorge），是存在於母親和孩子之間的愛；二是在朋友之間的愛（希臘語為 philia）；三是浪漫伴侶之間的愛（希臘語為 eros）；四為服務他人的愛（希臘語為 agape）。服務他人的愛是前三種愛的根基」（引自 Enright, 2012, p. 9）。寬恕是由服務的愛出發，是愛的最高形式，具有內在的善良，是理性和自由意志所缺乏的。當碰到相當棘手而無法用前面三種愛去愛對方時，服務的愛能讓一個人即使在受到傷害時仍有能力去愛人。這種愛既來自自由意志，也來自善意和堅強的意志（Enright, 2012）。

（四）寬恕是願意放下自己怨恨去憐憫犯錯者

當受到傷害時，人們會感到怨恨，但卻願意給予憐憫，將犯錯者視為人類的一分子，尊重他們身為人的價值感。憐憫是把對方沒有給你的東西奉獻給他們，這是一種特殊的愛。「當我們將這種憐憫的愛特別延伸到對我們不公平的

人，這就是寬恕」（Enright, 2015, pp. 19-20）。

唯有「寬恕對方可以重建我們愛自己和他人的能力」（Enright, 2012, p. 13）。記住「愛像是個活泉般源源不斷地注入新的活水。用愛來寬恕人的心也是一樣，它是像活泉一樣，是湧流不斷的」（Enright, 2012, p. 13）。將它注入心底後，人們就可以恢復愛的能力，和對方產生有意義的聯結。寬恕不是只在口頭上說：「我原諒你！」而是心裡真正的感受。真誠的寬恕，是來自心理的良善，即使是沒說出來的也是寬恕。更重要的是，「寬恕不是只為了自己，也是為了人類的福祉」（Enright, 2015, pp. 17-18）。

（五）寬恕包括認知、情感或精神三層面

寬恕的過程可以從認知、情感和精神三方面著手。認知層面的寬恕是一個人在分析自己痛苦的根源之後，決定放下憤怒或報復的慾望。通常是認為這樣做是件好事，但並未能對犯錯者存有同情或愛。當受害者在認知層面的寬恕待一段時間，對犯錯者的軟弱和生活上的掙扎漸有瞭解，對其產生一些同理心，開始有一些寬容的心，才有可能會引導他們進入情感層面的寬恕。當某人遭受嚴重痛苦以至於無法放下對犯錯者的怨恨時，可使用精神層面去面對。

總之，「寬恕是一種意志的改變，是透過積極努力以善良來取代不良思想，以同情和關懷取代痛苦和憤怒的結果。寬恕是去克服負面與消極的情緒並將其替換為正面情緒」（North, 1998, p. 20），並希望能治癒心靈的傷痛並彌補受害者與犯錯者之間關係的損害。

貳、為什麼要寬恕

一、透過寬恕有助於情緒創傷的康復

受到不公平的待遇所造成的情緒創傷，容易讓人變得消極與憤世嫉俗。但透過寬恕可以讓受創者的思維、感覺和行動變得較有條理。學會將破壞性的想法轉變為健康性的想法後，較能正向的看待自己，並有能量朝有意義的人生目

標前進。誠如恩瑞特所強調的：「寬恕很重要，你將因此受益」（Enright, 2015, p. 3）。

二、透過寬恕可以減輕憤怒、改善彼此的關係

遇到不公義時，若過度的憤怒會損害自己的性情。但「寬恕可以幫助你抵禦嚴重的不公，而不會被打敗」（Enright, 2015, p. 15）。不僅如此，「愛讓我們超越此時此刻所經歷的一切，能更寬容的面對這個世界上的塵埃和污垢，甚至體會到其中的意義」（Enright, 2012, p. 18）。要改善與傷害者的關係，以寬恕的愛與之互動就是改善之道。

三、透過寬恕可以增強愛的力量

「愛是身為人的主要核心。當人們能真誠和積極地以愛互動時，就會體驗到幸福感」（Enright, 2012, p. 17）。寬恕之美在於即使遇上充滿悲傷和痛苦的遭遇，雖然寬恕不能逆轉所發生的事，但卻可以逆轉人們對已發生的事情的反應。如同恩瑞特所言：「儘管寬恕不是你遭遇的不公義和失去愛的神奇解毒劑，但你應該知道，寬恕足夠強大，可以幫助你彌補過去的創傷」（Enright, 2012, p. 15）。即使無法真正有機會去愛那個人，但只要心存寬恕和愛就如同是把愛給了對方一樣。「寬恕賦予人有能量去愛那些對你不義的人」（Enright, 2012, p. 15）。身為自己人生的作者，你可以自己決定要放入多少的愛和寬恕，好讓自己的故事變得更香甜，擁有更多的愛在其中。

第三節 • 寬恕諮商的策略

> 寬恕不是技巧，它是內心善意的態度和道德美善的展現。
>
> Forgiveness is more than a skill-it is an attitude of goodwill and a moral
>
> virtue that develops.
>
> （Enright, 2001, p. 74）

壹、諮商目標

一、解決因不公正的傷害而引起的情感痛苦

寬恕諮商可以使人恢復生命的生機。人們無須成為過去的囚徒，寬恕是消滅憤怒的利器，可以使人們重獲自由（Enright & Fitzgibbons, 2015）。

二、學習能不再以道德的觀點去看待犯錯者的人生

寬恕諮商是在幫助案主不再以評斷的眼光去看待犯錯者的人生，若能做到如此，顯示此人已經邁向痊癒的旅程了（Enright & Fitzgibbons, 2015）。

貳、諮商師的角色與功能

一、合作夥伴

諮商師以合作夥伴的角色和案主共同檢查其所受到的不公平待遇，並幫助案主去瞭解犯錯者，學習放下對這個人的憤怒與做出善良的回應（Enright & Fitzgibbons, 2015）。

二、提供者

諮商師以提供者的角色提供新穎實用的方法，幫助案主學會解決自己的憤怒而又不傷害他人或自己。不似精神衛生領域依靠表達憤怒或藥物來應對這種強烈的情緒；寬恕諮商則是提供以寬恕為出發點的心理諮商方法，來幫助受創者誠實面對自己的憤怒，並以健康有效的方式消除憤怒（Enright & Fitzgibbons, 2015）。

三、關懷者

諮商師以關懷者的角色關懷案主，很多案主也許需要一段時間才能做出寬恕的決定。鼓勵案主不能操之過急，並瞭解即使必須承受一段時間的痛苦，也是寬恕諮商的一部分（Enright & Fitzgibbons, 2015）。

四、引導者

諮商師以引導者的角色，帶領案主探掘自己積壓在心中多年的憤怒、確切地瞭解什麼是寬恕、以新的觀點來看待犯錯者，並從對他們產生同情心後去決定是否願意選擇寬恕。引導案主去體會所承受的痛苦帶來的涵義，並將寬恕納入其人生的選項中（Enright & Fitzgibbons, 2015）。

參、諮商的過程和策略

「如果選擇要療癒創傷，練習寬恕會是有效的祕方」（Enright, 2015, p. 59），以下就是寬恕旅程的十扇門。請牢記要去寬恕曾傷害自己的人並非易事，在寬恕的過程，請抱持耐心並善待自己（Enright, 2001, 2015; Enright & Fitzgibbons, 2015）。也提醒一下，寬恕雖是一種可以透過學習而獲得的技巧，但「真正的寬恕是超越技巧，是內心善意的態度和道德美善的展現」（Enright, 2001, p. 74）。

一、寬恕諮商的第一扇門：揭露受創的痛苦

願意打開寬恕諮商的第一扇門，是表明你相信「每個人都有權利從創傷中獲得痊癒」（Enright, 2015, p. 63）。不過要處理這樣的心理痛楚是一個艱難的過程，需要以勇於承擔創傷的勇氣和承諾去面對（Coleman, 1998; Enright, 2015; Enright & Fitzgibbons, 2015）。

（一）表明自己受到的傷害

有時候受傷者為了息事寧人會將大事化小或否認自己所受到的傷害。然而若對創傷抱持隱忍的態度是無法啟動寬恕歷程的。表 11-1 的練習提供案主機會去表明自己受了委屈和受到傷害的程度。需要的話，可用表 11-2 去評量內心世界蒙受了什麼損失。

（二）面對受到傷害帶來的痛苦

當承認自己受到傷害後，很多情緒會呼之欲出，下一步是要學習勇敢的去表達與面對（Enright, 2001; Enright & Fitzgibbons, 2015）。

1. 憤怒

憤怒的情緒是來自受害者自覺受到不公義的對待，懷著這樣的憤怒是件很痛苦的事，若不處理會損及生活和身心理的健康。可用表 11-3 來瞭解生氣的程度和其影響性。

2. 尷尬和羞恥

當說出了心中的氣憤和所受的傷害後，有人可能會感到尷尬或羞恥，擔心別人對自己遭遇事情的評價。若是如此，可用表 11-4 的提示將內心的尷尬羞恥感說出來。

表 11-1　我受傷害了

請針對你的實際狀況選答下面的問題：				
1. 那個人是否傷害了我？（是　否）				
2. 如果是，其不公義的程度有多嚴重？				
輕度	有點嚴重	嚴重	很嚴重	極度嚴重
3. 該傷害導致你內在心理痛苦的程度是如何？				
極微	小程度	中等程度	高程度	相當高的程度

（參考 Enright, 2015, p. 71）

表 11-2　評量你的內心世界

請以 1 到 5 的等級回應下面的問題： 1 ＝沒有，2 ＝一點點，3 ＝中等程度，4 ＝高程度，5 ＝相當高的程度					
題目	答案				
1. 我感到焦慮。	1	2	3	4	5
2. 我感到憂鬱。	1	2	3	4	5
3. 我心裡充滿不健康的憤怒。	1	2	3	4	5
4. 我對他人不信任。	1	2	3	4	5
5. 我不喜歡自己。	1	2	3	4	5
6. 我的世界觀是消極的。	1	2	3	4	5
7. 我不覺得我能夠克服內在的創傷。	1	2	3	4	5
總分					

註：在每一題上，你所選擇的答案項即是你在該題上的得分。分數越高，表示內
　　心受的傷越重。整份量表的總分範圍是 7 分（最低分）到 35 分（滿分）。在
　　此表格的題項上，如果你有任何一題得 4 分，則你可能需要練習寬恕。若得 5
　　分，表示你應該考慮尋求專業的幫助。

（參考 Enright, 2015, pp. 84-85, 212-214）

表 11-3　瞭解自己生氣的程度和對自己的影響

　　想一個目前或以前發生令你生氣的事件和該事件相關特定的人。

1. 請用 1 到 10 的等級去評量你當場對該事件或人憤怒的程度，其中 1 表示「一點都不生氣」，而 10 表示「我非常生氣」。
2. 現在回想到該事件還感到憤怒嗎？請用 1 到 10 的等級去評量當你想到該事件或人時憤怒的程度，其中 1 表示「一點都不生氣」，而 10 表示「我非常生氣」。
3. 這樣的憤怒讓你感到疲憊嗎？
4. 這個傷害事件是否讓你的生活品質變壞？
5. 這種憤怒讓你感到焦慮或恐懼嗎？在什麼狀況下你會有這種感覺？

（參考 Enright, 2001, pp. 102-105, 122-123）

表 11-4　你感到羞恥嗎？

　　當你說出了心中的氣憤和所受的傷害，你會感到尷尬或羞恥嗎？請以 1 到 10 的等級評量其程度。1 代表「一點都不」，10 代表「極度感到尷尬或羞恥」。

1. 到底是什麼原因讓你感到如此的尷尬或羞恥？他人真的給你這麼差的評價，還是你自己猜測的？描述一下你認為別人對你的想法是什麼？
2. 你的尷尬或羞恥感是自尊心在作祟？還是你真的正確知道這是別人對你的看法？
3. 對這種尷尬或羞恥感你會採用何種回應方式？

（參考 Enright, 2001, pp. 109-111）

3. 罪惡感

　　當說出別人對自己的不好，可能會因看到自己在指責對方時不良善的一面而萌生罪惡感。這時可用表 11-5 來幫助案主透過省思「對傷害我的人我有不當的反應嗎？」來客觀瞭解自己罪惡感的情形。

4. 感到疲憊與心神不寧

　　很多人在受到傷害後經常會心神不寧而無法理智思考，甚至會做惡夢或被

表 11-5　對傷害我的人我有不當的反應嗎？

1. 將一張紙分成三個欄位，在中間的欄位寫下「我是否對傷害我的人有不當的反應？」在左邊的欄位寫下你可能有行為不當的實例。在右邊欄位對應左邊所寫的每個行為，為自己所做的是不公正的說法提出合理的辯護。
2. 請仔細檢查你無法為自己的行為辯護的情況，這可能是會讓你感到罪惡感的地方。以 1 到 10 的等級評量你的反應適當與否的程度，其中 1 表示「些微的不適當」，10 表示「非常不適當」。你標示的數字高低與你感到罪惡感的程度有關嗎？

（參考 Enright, 2001, p. 113）

這個人占據了整個思緒，諮商師稱此為「沉迷於犯錯者的現象」（obsessional thinking or preoccupation with the offender）（Enright & Fitzgibbons, 2015, p. 65）。若有此情況，可用表 11-6 來鼓勵案主記錄浮現於腦中的影像與影響其能量消耗的情形。

表 11-6　記錄浮現於腦中的影像

1. 在一週裡隨時想到傷害自己的人時就記錄下來。寫下時間、正在做的事以及想法，即使是作夢中夢到的也要記下來。
   (1) 計算筆記上記了幾次？與思考其他事物的頻率相比，思考這件事或人的比率偏高或偏低？
2. 能量耗竭的覺察：
   (1) 假設你一天中要消耗 10 分能量，你平均每天在傷害你的人和事件上花費多少能量？請在你認為最具代表的數字上畫圈。
   1　2　3　4　5　6　7　8　9　10
   (2) 那麼你每天還剩下多少能量來面對其他的人或事？
   (3) 想到這人的次數多寡有影響你的精神狀況嗎？
   (4) 寬恕的態度是否有助於平靜你的思緒，幫助你恢復精神？

（參考 Enright, 2001, p. 117; Enright & Fitzgibbons, 2015, pp. 65, 68）

5. 誇大對方從自己創傷中獲益的程度

當受害者說：「傷害了我對方就得逞了，讓我很不甘心！」表示受害者認為傷害自己的人在這場事件中是贏家，自己是輸家，這種不甘心會讓人不願意寬恕對方。但若發現犯錯者的境況並不如自己想像的那樣好，可能可以激發出同情心。遇有這種狀況，可用表 11-7 來評估雙方在受創事件的得失情形。

表 11-7　計算創傷帶來的損與益

1. 你的創傷有帶來損失嗎？若有： 　(1)請列出你最大一項損失，說明其對你的影響並表達情緒感受。 　(2)請列出另一項損失，說明其對你的影響並表達情緒感受。 2. 你的創傷有帶來益處嗎？若有： 　(1)請列出一項你覺得是最大的收穫，說明其對你的影響並表達情緒感受。 　(2)請列出另一項收穫，說明其對你的影響並表達情緒感受。 3. 檢查一下自己與傷害自己的人從受創事件的得與失 　(1)想想傷害你的人從你的受創中得到了什麼？你從受創中失去了什麼？ 　(2)想想傷害你的人從你的受創中失去了什麼？你從受創中得到了什麼？

（參考 Enright, 2001, p. 119; Enright & Fitzgibbons, 2015, pp. 68-69）

二、寬恕諮商的第二扇門：認識寬恕的本質

「寬恕是打開心靈自由之門的金鑰匙」（Enright, 2001, p. 19）。然而有些人可能會因對寬恕有所誤解而不願意去做，因此認識寬恕的本質是進入寬恕旅程的重要前提（Coleman, 1998; Enright, 2001, 2015; Tutu, 1998）。進入第二扇門之始，可以先用「寬恕對你來說重要嗎？」為起頭，澄清其尋求寬恕諮商的真正原因，然後用表 11-8 和 11-9 來介紹寬恕的定義和功效。

表 11-8　什麼是寬恕？

請在下面每個問題後方的「是」或「否」上圈出你的答案。

1. 寬恕是要你假裝事情都沒有發生。（是　否）

2. 一旦寬恕了就能消除錯誤行為的事實或事件。（是　否）

3. 寬恕是要人們忘記或否認自己受到的傷害。（是　否）

4. 當你寬恕時，表示你認可了對方對你所做的事情。（是　否）

5. 寬恕的目標就是讓自己不要再生氣。（是　否）

答案：

1. 否。寬恕並不是假裝事情沒有發生，試圖抹去錯誤行為存在的事實；而是願意提供機會讓曾傷害自己的人因得到了我的諒解，其人生可以重新開始。

2. 否。寬恕並不能消除錯誤行為的事實或事件，唯有認清錯誤的行為，才有可能啟動寬恕的過程。

3. 否。寬恕始於承認自己有權受到尊重，也有權去為所受到的不義對待感到生氣或怨恨。

4. 否。寬恕並不表示你對於對方所做的事情表示認可，而是說你不會因為對方對你做的事情而完全否定對方。

5. 否。寬恕不只是不再生氣，它只是寬恕過程的副產品。寬恕的最終目標是使寬恕者能以人性的角度去對犯錯者有積極的感受和想法。

（參考 Coleman, 1998, p. 79; Enright, 2001, pp. 24, 27; Tutu, 1998, p. xiii）

三、寬恕諮商的第三扇門：找回愛和憐憫的能量

　　愛和憐憫是寬恕之心的根本。但很多人在受到傷害後，會把心門關上，對人失去了信心，也失去了愛的能力。因此第三扇門裡是寬恕之旅的健身房，受傷者可以在這裡鍛鍊愛和憐憫之心，打造寬恕的能量。

　　練習之一是學習看他人的優點和做個有愛的人。可從其周邊找出一個平常甚少注意到的人，以全新的眼光仔細觀察，找出兩項此人所具有的特殊、獨特和不可取代的一面。看看做完此練習後，對那傷害自己的人的印象是否有改變。

表 11-9　瞭解寬恕的功效

1. 閱讀下面有關寬恕的功效：

　(1)功效 1：寬恕可幫助你從所遇到不公平處境的創傷中獲得康復。

　(2)功效 2：寬恕可以保護你不被不公正待遇打敗，得以感受到幸福感以及自己
　　　的價值感。

　(3)功效 3：寬恕威力無窮可以幫助你在思維、感覺和行為上更有條理。

　(4)功效 4：寬恕可以讓你勇敢面對不公正的待遇而不被打倒。

2. 你認為哪項功效是不可能或是無法實現的？

3. 瞭解寬恕的功效後，你認為寬恕對你來說重要嗎？與你先前對寬恕的看法有不
　同嗎？有改變嗎？改變了什麼？

（參考 Enright, 2015, pp. 15-16）

在學習做個有愛的人方面，可選擇做一項服務的愛。如要進門時幫他人開個門，對服務你的人報以微笑並說聲謝謝，或向一個慈善機構捐款等。分享這樣的練習後對自己愛的能力的增加是否有助益。

　　練習之二是學習憐憫與定睛於人世間良善的一面。可從報紙、電視新聞、網路或周遭發生的事物裡，找到憐憫的故事，分享這個故事帶給你的啟示。

　　練習之三是去給一個原先自己並不是很喜歡的人付出服務的愛。例如：給這個人一個微笑或一個關心的問候等，做完後分享其體會。

四、寬恕諮商的第四扇門：認識傷害自己的人

　　恩瑞特提醒：「不能寬恕、痛苦、怨恨和憤怒就像牢房的四堵牆。寬恕是打開大門並讓你走出那個牢房的鑰匙」（Enright, 2001, pp. 79-80）。若想拿到這把寬恕的金鑰匙，其要件之一是「願意將犯錯者視為人類社區的一員，尊重他們身為人的價值」（Enright, 2001, pp. 25-26）。寬恕諮商的第四道門就是要透過學習對傷害自己的人生出同情和同理心，來培養寬恕的心（Enright, 2001, 2015; Enright & Fitzgibbons, 2015; Yandell, 1998）。

（一）重新認識傷害自己的人

恩瑞特提醒：「那傷害你的人比他施加在你身上的傷口更重要」（Enright, 2015, p. 109）。要寬恕對方就得先學習去理解對方，要做到此，恩瑞特建議可以鼓勵受傷者以尊重人的角度去寫傷害者的人生故事（如表 11-10）。寫故事時應以「重新架構（reframing）的眼光，將其視為實際的人，而不是邪惡化身的人」（Enright & Fitzgibbons, 2015, p. 72）。

表 11-10　為傷害自己的人寫或說故事

請嘗試依照下面五個方向，根據實際或想像去詳細地描述傷害你的人的過去、現在以及將來可能成為的人。

1. 方向一：描述此人是成長於什麼樣的環境？可能是脆弱的人，而不是個超人。
2. 方向二：描述此人在傷害你時是處在一個什麼樣的環境？當此人傷害你時，其心理也許早已傷痕累累。從你的觀察，你認為此人的創傷有多嚴重？此人的心理是什麼時候開始受創的？是否因傷口很深，大到導致這人來傷害你？在其童年、青春期或成人以後受到的傷害，如何影響到這個人的自我認同？如果不曾受到這些傷口，這人會是一個什麼樣的人？
3. 方向三：如果不談這個人對你的傷害，你和這人的關係是怎樣？請著重在關係而不是罪行本身。
4. 方向四：從人性觀點來看這人是怎樣的一個人？你能否認為他（她）也是人類社區的一員嗎？儘管發生了所有的事情，即使讓你感到失望、憤怒和不滿，甚至是其窮凶惡極之表現，但也無法泯滅此人具有為人知之價值與尊嚴。
5. 方向五：從宇宙觀的角度切入，從屬靈和宗教的觀點來看這人是怎樣的一個人？

（參考 Enright, 2001, pp. 140-154; Enright, 2015, p. 109）

（二）學習對傷害自己的人抱持同情心和同理心

透過寫或說故事去對犯錯者的人生和行為有所瞭解之後，受傷者可能會開

始產生某種程度的同情心或同理心。這並不表示就否定或忘記對方所做的事，而是從人性的觀點去認識對方，並且不去否定對方身為人的價值與尊嚴（可用表 11-11 來檢視）。

表 11-11　同情心和同理心的程度檢查表

1. 在為傷害自己的人寫故事後，你對該人有產生些同情心或同理心嗎？
   (1)請以 1 到 10 的等級來評估對傷害自己的人的同情程度，其中 1 代表「絕對沒有同情心」，10 代表「非常富有同情心」。
   (2)請以 1 到 10 的等級來評估對傷害自己的人的同理程度，其中 1 代表「絕對沒有同理心」，10 代表「非常富有同理心」。
2. 觀察自己往後一個星期情緒的變化，逐日標出同情心和同理心的程度。一週統計下來同情心和同理心的程度有何改變。

（Enright, 2001, pp. 159-161）

　　恩瑞特強調：「在寬恕的路上，同理心可喚出包容與支持的心」（Enright & Fitzgibbons, 2015, p. 75），「同情心是人們擺脫仇恨的開始，隨著歲月的流逝，仇恨會慢慢消失」（Enright & Fitzgibbons, 2015, p. 76），可見同情心和同理心可以有助於寬恕的意願與心理健康的增進。同情和同理心有時候需要一些時間才能發展出來，所以若在表 11-11 所標出的同情心和同理心的程度沒有預期的高，不要著急。允許寬恕的過程自然展開，以開放的心胸去迎接隨時可能萌芽的積極種子來到。也可以經常回過頭去修改其人生故事直到自己感到能寬恕為止。

五、寬恕諮商的第五扇門：決定是否要嘗試寬恕

　　第五扇門要做兩個層次的決定，先是決定是否要嘗試給傷害自己的人一個重新開始的機會，然後再決定要做什麼嘗試來寬恕傷害自己的人。

　　如果相信傷害者和自己一樣都是值得尊重的個體，是否願意給對方一個重

新開始的機會？如果答案是肯定的，那麼請受傷者練習說出：「對方是一個受傷的人，我對他（她）的寬恕將是他（她）改變的開始」（可以每天對自己說三遍）。要把這句陳述句成為想法的一部分是需要一些時間的，需要內心的溫柔和毅力。不要放棄練習，直到可以將寬恕概念內化成自己人生哲學的一部分為止。並請針對表 11-12 所列的項目，圈選願意嘗試寬恕傷害自己的人的承諾。

表 11-12　表達願意嘗試寬恕的意願

1. 請以圈選「是」或「否」回答下面幾個問題：
(1)是　否　我願意嘗試不對那曾傷害我的人做任何報復。
(2)是　否　我願意嘗試不向與此事無關的外人告那曾傷害我的人的狀。
(3)是　否　我願意嘗試不去譴責那曾傷害我的人。
(4)是　否　我願意嘗試不在他人面前抱怨那曾傷害我的人。
(5)是　否　我願意嘗試不用冷落的方式去對待那曾傷害我的人。
(6)是　否　我願意嘗試不用任何侮辱的方式去對待那曾傷害我的人。
2. 上述六個陳述句，哪些承諾最難圈選「是」的答案？圈選了那個「是」後，你有什麼樣的感受？

（參考 Enright, 2001, pp. 135-136）

　　這裡所指的寬恕只需要嘗試去做到表 11-12 所圈選的項目即可。不過不要誤以為承諾願意嘗試寬恕就表示寬恕工作已完成，這僅僅是開始而已。切記康復需要時間，如同不能指望扭斷的腿能立即痊癒，情緒傷害的治癒也是需要時間的。也請記住寬恕是一種選擇，進行過程中若覺得太痛苦，可以先停止，等準備好後再繼續進行（Enright, 2001, 2015; Enright & Fitzgibbons, 2015）。

六、寬恕諮商的第六扇門：寬恕的起步

　　真正的寬恕不光是理性的意願，更應該是發自內心的。在寬恕諮商的第六扇門，要透過對傷害者犯錯後景況的同情心和同理心，以及給傷害者一個禮物

兩項功課作為著手進行寬恕的起步（Enright, 2001; Enright & Fitzgibbons, 2015）。

（一）能夠表達出對傷害者犯錯後景況的同情心和同理心

同情心和同理心是寬恕旅程的重要元素，「同情心是一種道德情感，因為它著重在人的良善。有同情心是表明願意與另一個人並肩一起受苦」，「同理心可喚出包容與支持的心」（Enright & Fitzgibbons, 2015, p. 75）。可用表 11-13 來學習關心傷害自己的人犯錯後的生活的關心，以及表達對這人的同情心與同理心。

表 11-13　表達對傷害者的同情心與和同理心

1. 就你所知（或想像），傷害你的人犯錯後的生活是處於怎樣的景況？平靜？快樂？憤怒？沮喪？
2. 請說出下面的陳述句各三次：
(1)「（姓名）受到了情感上的傷害，我也受到了情感上的傷害。（名字）失去了愛。我很同情（名字）。」
(2)「（姓名）受到了情感上的傷害，我也受到了情感上的傷害。（名字）失去了愛。我對（名字）有同理心。」
(3)「我不能容忍（名字）所做的事。但我尊重他（她）身為人的價值與尊嚴。」
3. 說出這些陳述句後，你對該人的看法和感受有何變化？
4. 與其犯錯的行為相比，此人身為人的價值為何？

（參考 Enright & Fitzgibbons, 2015, p. 78）

（二）願意贈送給犯錯者「寬恕」這份禮物

當受創傷者願意將「寬恕當作禮物靜靜留在那些傷害自己的人的家門口。即使對方可能沒有打開門去拿取，但是對於那些願意打開門接受它的人，這份寬恕的禮物將提供給他（她）再過一次美好生活的機會。更重要的是，當受創者願意寬恕的時候，不管對方的反應如何，受創者已給自己一個過美好生活的

絕好機會」（Enright, 2015, p. 1）。

　　受創者可能會抱怨：「是犯錯者欠我，又不是我欠他（她）。為什麼在寬恕過程中我要送他（她）禮物呢？」其實「透過送給傷害自己的人一份禮物，可以打破那個人對自己的控制力〔註：獲得自己心靈的自由〕」（Enright, 2001, p. 166）。當受創者願意以贈送禮物的心情與傷害自己的人有善意的互動時，不僅讓受創者感受到自己的勇氣和信心的增加，也可能軟化犯錯者的心，能夠改變其傷害行為。當已準備好要送禮物時，可以用表 11-14 來列出計畫以有助於目標的達成。

表 11-14　送禮物計畫

| 1. 請寫下你送禮的計畫，明確地列出可能對該人有益的禮物。例如給予微笑？給個擁抱？準備晚餐？傳個問候簡訊或便條？幫助做家務？和別人談談這個人的善良之處嗎？ |
| 2. 寫好後根據你對這些禮物的感受來評估每個想法。這個過程應該反覆進行好幾次，直到你認為自己找到了適合該人的禮物，並且覺得可以自在地送給對方為止。日後若想到更有創造力或更好的主意時，可以再回來補充。 |

（參考 Enright, 2001, pp. 169-170; Enright & Fitzgibbons, 2015, p. 79）

七、寬恕諮商的第七扇門：體會痛苦的意義

　　受到傷害帶來痛苦，這是必然的。「若決定要寬恕，就必須學會處理自己的痛苦」（Enright, 2001, p. 162）。誠如恩瑞特（Enright, 2001）的勉勵：「接受痛苦是踏向寬恕的關鍵性一步。儘管有痛苦，它還是給了繼續前進的力量，也能讓人的世界觀變得更積極，更能關心別人」，「若願意接受與承認自己受到傷害的痛苦，坦然地去悲傷和哀悼時，其心靈就獲得了自由，也開啟了康復之路」（p. 165）。更重要的是，「能夠忍受痛苦，讓你變得更加強壯」（Enright, 2015, p. 190）。接受痛苦的管道是體會遭受痛苦帶來的意義，這是第七扇

門的主要功課（Enright, 2001, 2015; Enright & Fitzgibbons, 2015）。

　　如何從受苦中找到意義呢？意義諮商創始者法蘭克（Frankl）的人生故事就是一個實例。1942年身為猶太人的法蘭克和家人被關進希特勒的集中營三年，雙親和太太在集中營裡相繼離世，他嘗盡身為囚犯之苦但未被打倒，提出：「絕望（despair）等於是受苦（suffering）減去意義（meaning），亦即當長期處在苦難裡若找不到人生意義就會產生絕望感」（駱芳美、郭國禎，2018，頁396）。如果人生有意義，那麼受苦一定也有意義。當一個人願意接受命運所加諸的痛苦，就有機會去體會更深一層的人生意義，而「變得勇敢、有尊嚴且不自私」（Frankl, 2006, p. 63; 引自駱芳美、郭國禎，2018，頁401）。

　　寬恕諮商也提出：「從所經歷的痛苦中找到意義可為其人生添加希望，為生活帶出喜樂」（Enright, 2015, p. 119），並建議可從下面五個不同的面向去思考如何從受苦找到意義（Enright, 2015）。

（一）從設定目標和珍惜工作中去找到人生的新亮光

　　恩瑞特指出：「若能因著所受的苦難而有動力制定新目標時，就會為生活增添新的意義」（Enright, 2015, p. 127）。可思考受傷後有何短期目標可以讓其恢復生活的能量？有何長期目標可支持其繼續前行？

（二）從堅持真理中更能珍惜良善的可貴

　　恩瑞特（Enright, 2015）以「當你關心與善待他人的心靈時，自己的心靈就會開始恢復健康」（p. 132）提醒人們即使心靈受創也可以去善待他人，那不僅可以讓自己看到自己良善的一面，也可以活化自己的心靈。當有機會將憐憫之手伸向另一個受傷的人時，可透過向對方微笑、拍拍對方的膀臂為其加油打氣，或講幾句鼓勵之詞。其實即使很小的手勢也可以是很有助力的。

（三）從犧牲中發現到自己堅強的一面

　　如同我們常說的這句「吃得苦中苦，方為人上人」，恩瑞特（Enright, 2015）也相信：「苦難可以使你更堅強」（p. 129）。恩瑞特（Enright, 2015）

建議可以想一個如果沒有你的寬恕，可能永遠不會學會生活的人，並想想為了那個人的成長你犧牲了什麼？你的犧牲對那人最大的幫助是什麼？你怎麼從犧牲中讓他們有機會看到真正的愛？你自己從犧牲中獲得什麼樣的成長？經過這樣的練習，你可能會發現「犧牲並不會讓你傷害到自己。相反地，為他人犧牲會有助於你情緒上的康復」（Enright, 2015, p. 162）。

（四）從美中去找到能量

「美，是具有療癒力的」（Enright, 2015, p. 130）。真正的美麗可以提升精神，超越生活中所經歷的所有黑暗與不公平。法蘭克提到儘管在集中營的苦悶生活，但當看日出與日落的美景時，囚友們的臉上露出難得一見的神采。所以「不要光看自己的苦楚，用健康的眼睛去看外面的美，可體會到人生的意義」（駱芳美、郭國禎，2018，頁405）。當面對苦痛時，人們往往只聚焦於痛苦，而未關注到世界的美麗。「如果你選擇改變注意的焦點，你的心境就會改變。請記著：你和傷害你的人兩者都具有為人的價值與尊嚴，而兩者的價值都超乎你所受的苦、傷痕和不完美。儘管經歷了所有的苦難，你的美麗依舊」（Enright, 2015, p. 131）。

如同恩瑞特的提醒：「受苦會激發出你內在的良善」（Enright, 2015, p. 131）。鼓勵案主花一些時間在日常生活裡的人事物當中尋找美麗的實例。思考「寬恕本身就是一種美」的哲理（Enright, 2015, p. 132），並問自己：「遭受了深重的痛苦後，有讓我更學會欣賞美嗎？」

（五）從信仰和寬恕去領受苦難帶出的能量

如果案主有宗教信仰，可以請他們分享其信仰如何詮釋苦難，以及這樣的信念給他們什麼樣的教導等，去瞭解其信仰對其面對與克服苦難會有什麼樣的幫助。

八、寬恕諮商的第八扇門：克服寬恕的瓶頸

當從苦難的意義後，可能還會面臨寬恕的瓶頸，所以在寬恕諮商的第八扇門裡就是要透過學習維護情緒健康的方法，以及建立正確的寬恕心態兩項功課來克服寬恕的難關（Enright, 2015）。

（一）學習保護自己情緒的健康

寬恕別人不是要委曲自己，要有健康的心靈才會有寬恕人的能量。下面是保護自己情緒與心靈健康的三個方法（Enright, 2001, 2015; Enright & Fitzgibbons, 2015）：

1. 學習改變對自己的觀點，善待並勇敢當自己

當產生衝突時，傷害者常會用藐視的語言來貶低受害者，讓受害者因聽信了這些話而認為自己一文不值，感到自卑。諮商師可建議案主大聲地告訴自己：「我是一個特殊、獨特且無人能取代的人。」如果發現內心裡的自己正在鞭打自己，請告訴自己說：「我受傷了。我不需要另一個傷口。該是對自己溫柔、善待自己的時候了。」想出自己的二到三個特點。大聲地說出自己的每個特點後，以「我是一個獨特、無可取代與值得尊重的人」作為結語。

上述的練習，旨在提醒「儘管受到他人的傷害，你都要繼續相信自己是一個非常有價值的人，誰也不能從你身上奪走你身為人的價值」（Enright, 2015, p. 146）。保護自己要從改變對自己的看法著手，試著像對待深愛的人一樣對待自己，學會善待和接納自己，寬容自己是個受傷的人，好好的疼惜自己。接受自己是不完美的，不要再譴責自己。

2. 學習把眼光放遠

若受傷者老是將眼光佇留在被傷害的那一刻的情緒記憶，要寬恕是很難的。想一下每個人小時候是否多少會與朋友之間有爭吵過？那些事情後來解決了嗎？花了多長時間解決？嘗試把當前人際間的衝突，在一個月、六個月或兩年後再

回過頭來看，該衝突的強度是不是沒有像原先那麼強烈？你是否會發現時間可以改變人際間的關係？你認為時間的魔力在哪裡？

這樣的練習是提醒我們：「當你能以長遠的眼光來看待自己所遇到的不公義時，你會發現一年之後的你將處在人生的不同階段，你對事情的看法將會有所改變」（Enright, 2015, p. 147）。

3. 寬恕之旅找伴同行

寬恕的旅程上找個支持的夥伴，可以互相鼓勵。但切記不要找會傷害自己的人來當寬恕夥伴。

（二）建立正確的心態

有時候在寬恕過程中遇到的關卡是因為對寬恕抱持不正確的心態，下面就要來探討如何透過謙虛、勇氣、耐心、決心、意志力和愛心來提高寬恕的能力（Enright, 2001, 2015）。

1. 謙虛和勇氣

在寬恕的心態上，需要謙虛與勇氣並存。謙虛的心是因體會到人非聖賢孰能無過，所以常提醒自己：「那個傷害我的人和我有著共同的人性。如果我們有機會互動的話，我不會以任何方式顯示自己比他（她）優越」。

但光有謙卑很容易使受創者變得自卑，所以在寬恕的過程中，應將謙卑與勇氣兩項美德加在一起才能確保平衡。一方面會謙卑地將傷害者視為與自己平等的人來對待，另一方面也會很有勇氣地面對傷害者。

要增進勇氣的方法，可以回想在其人生中曾有過必須鼓起勇氣才能完成的一件事。花一些時間將該圖像深入腦海裡，並告訴自己：「過去我表現出了勇氣。現在和將來也要使用這份勇氣來寬恕傷害我的人。」並願意開始做出寬恕的承諾。誠如恩瑞特所言：「謙卑與勇氣的結合可幫助你避免過度地自我批評，以及對他人的過度批判」（Enright, 2015, p. 153）。謙卑加上勇氣可以幫助寬恕

者以更少的恐懼和更多的信心打開和走過寬恕之門。

2. 耐心與決心

寬恕過程中不僅要對他人有耐心，也要對自己有耐心。恩瑞特（Enright,
2015）建議受傷者要提醒自己：「我會對自己有耐心而不苛求，苛求只會加重
我的傷口」（p. 154），尤其當發現自己開始失去耐心時，應提醒自己：「我已
經有很多內傷。我會忍耐，以免傷到自己」（p. 155）。只要不讓寬恕的心願從
思想和行為中消逝，寬恕就指日可待了。

除此之外，在寬恕的過程中，決心與意志力是很重要的。誠如恩瑞特（En-
right, 2015）的提醒：「堅強的意志可以幫助你即使再累，也仍能去寬恕」（p.
157）。若感到相當痛苦想要放棄的時刻，告訴自己：「我的內在決心比我能意
識到的要強大得多。我要給自己堅強的意志一個閃耀的機會」（pp. 156-157）。
若案主的決心和意志力仍感薄弱，可用表 11-15 鍛鍊自己的堅強意志。

表 11-15　鍛鍊自己的堅強意志

1. 列出想要完成的三項任務，找個適當的時間，一件一件地去完成。 　(1)完成第一件任務時你覺得怎樣？意志力是否稍微堅強些？ 　(2)完成第二件任務時你覺得怎樣？意志力是否堅強些？ 　(3)完成第三件任務時你覺得怎樣？你的意志力是否變得更加堅強？ 2. 現在將這種堅強的意志運用到寬恕任務上。 　(1)針對你計畫要寬恕的事上，你願意說：「我知道，在這個寬恕過程中我可能 　　會有很想要放棄的時刻。但我願意憑著堅強的意志繼續前進。」

（參考 Enright, 2015, p. 157）

3. 檢驗寬恕是出自於掌控力還是出自於愛

寬恕的動機若出自於掌控力（power），則表示內心仍感到怨恨不平，寬恕
只是為了要討回公道，這樣的寬恕是無法達到效果的；反之，出於愛（love）

的寬恕是發自內心對人的尊重。可用表 11-16 來檢驗寬恕是出自於掌控力還是出自於愛。若寬恕是來自掌控力，可學習調整為以愛為出發點的寬恕。

表 11-16　尋找寬恕力量的源頭

寬恕力量可能出於「掌控力」或是「愛」。請在每一行選一項較符合你的答案。	
出自於掌控力	出自於愛
我必須為實現寬恕這一個目標而努力。	我並不完美，即使要花時間，我也必須尊重寬恕過程循序漸進。
我經常感到怨恨。	雖有怨恨，但我仍然願意努力執行寬恕。
當我不再怨恨對方時，我希望寬恕的過程也不再受到恨意或不安的干擾。	我知道憤怒感是會回來的，但寬恕的過程並不會因此而受到動搖。
沒有完成寬恕過程讓我感到自卑。	寬恕的行動是需要時間來醞釀和隨著內心成長來逐步漸進的。
我不認為「寬恕對方」是必要的。	我認為「寬恕對方」是值得的。
應該去向對方討回公道。	對方和我一樣都有人性的一面。
檢查你所選的項目，你是透過掌控力還是愛的角度來看待寬恕？	

（參考 Enright, 2015, p. 161）

九、寬恕諮商的第九扇門：學習自我寬恕

在學習寬恕中難免會因警覺到自己也曾犯過的錯而產生自責，所以在第九扇門裡要學習自我寬恕以及尋求自己所傷害的人的寬恕。對很多人來說寬恕自己比寬恕他人更難，所以應抱持寬恕人的態度來寬恕自己。下面是四個學習自我寬恕的方法（Enright, 2015）：

（一）相信自己是有價值的並發現更多的自己

想一個曾做過讓自己感到失望的事件，以表 11-17 學習自我寬恕並發現自己的價值。

表 11-17　學習自我寬恕

> 回想一個你曾做過違反自己的標準並且對自己感到失望的事件，回答下面的問題：
>
> 1. 此事件是何時發生？你做了什麼打破自己是非標準的事？以 1 到 10 的等級來評量其嚴重性？如果得分是 5 或更高，則表明該事件是需要自我寬恕的。
>
> 2. 你多常會去想這件事？
>
> 3. 針對這個事件你有多生氣？請使用 1 到 10 的等級評量你對自己生氣的程度。
>
> 4. 你覺得累嗎？你覺得這樣的生氣是不是很傷體力？有沒有什麼行為是你可以改變的，好讓自己不再那麼疲累？
>
> 5. 你願意寬恕自己嗎？如果你願意的話，請寫下一句自我寬恕的陳述句。隨著自我寬恕的進行，你有覺得自己看事情的觀點稍有改變嗎？
>
> 6. 如果要你寫一個關於自己的故事，你會寫些什麼？自我寬恕可以說是一個發現之旅。在這個旅途上你發現了什麼？
>
>   (1)發現自己的什麼特點？改變了什麼？
>
>   (2)發現自己擁有一顆怎麼樣的心？能發展出更多愛自己的能力嗎？
>
>   (3)更歡迎自己嗎？更能忍受自己了嗎？
>
>   (4)更能愛人嗎？更能夠把這個更新的能量來善待他人，把這個愛擴展到別人的身上嗎？
>
>   (5)相信自己是個有價值的人嗎？

（參考 Enright, 2015, pp. 183-185, 191）

（二）學習善待與憐憫自己

提醒自己是一個受難的人，該是善待、憐憫並重新認識自己的時候了。寬

恕自己是同情與憐憫自己，更重要的是愛自己。「相信你不是那些傷害你的人所說的你」（Enright, 2015, p. 211）。愛自己就是給自己一個最好的禮物，想送給自己什麼禮物呢？

（三）強化自己的思維

處在受傷的狀況下，很容易陷入對自己的錯誤觀念。表 11-18 的右欄是對自己和傷害自己的人的肯定。練習在每次思考到左欄時就將該思緒轉為右欄的陳述句。

表 11-18　強化自己思維的方法

每天抵抗下面幾個大謊言：		每天提醒自己：
別人對我不好，代表我就是一文不值。	➡	我擁有身為人的價值，這是不用靠外力去贏取的。
用權力或暴力去對抗傷害我的人，就可以表現出我的厲害。	➡	傷害我的人，儘管是做了不當的事，仍是擁有身為人的價值，這是不用靠外力去贏取的。
身心的傷痕讓我失去了愛的能力。	➡	我是一個有愛的人，我愛的能力永遠不會被奪走。

（參考 Enright, 2015, pp. 113-114）

（四）尋求他人的寬恕

除了練習自我寬恕外，也應該問：「有誰是因我的作為而受到了傷害？」恩瑞特提醒：「尋求他人的寬恕需要謙卑和耐心，容許對方按自己的速度去執行其寬恕的過程」（Enright, 2015, p. 194）。表 11-19 有尋求他人寬恕時的一些注意事項可供參考。

表 11-19　尋求他人寬恕的注意事項

1. 應計畫以何種方式尋求寬恕：每個人習慣使用的通訊方式不一，可能是電子信、親筆信、電話或當面談話。請以對方最常用的通訊方式為主要的考量。
2. 想清楚要怎麼說：想好要怎麼說，也為可能遇到的拒絕做好準備。設想如果遭到拒絕該怎麼辦，你會如何回應。
3. 要願意承受等待的痛苦：你雖已向對方表達歉意，而對方不一定準備好要接受，所以你要有耐心。當你願意承受等待並能忍受不確定性的痛苦時，也表示你已做好接受對方任何的寬恕反應的準備。
4. 準備迎接對方進入寬恕的過程：在許多情況下，道歉可能可以軟化生氣的人的心。所以在寬恕過程的開始就表示誠摯的道歉，可能會讓寬恕的進行更快、更順暢。因調整情緒是需要時間的，你的耐心會讓寬恕的過程進展得順利些。

（Enright, 2015, pp. 191-194）

十、寬恕諮商的第十扇門：激發富有希望感、愛和人生目標的寬恕之心

寬恕不僅是思想的調整，更需要發自內心，愛與希望是幫助人們寬恕的重要資源。這是第十扇門的著重點（Enright, 2001, 2015; Enright & Fitzgibbons, 2015）。

（一）透過寬恕去激發希望感和重現愛的能力

在這個世界上每個人都需要愛。愛是超越形體與有限的生命、愛是永恆存在的。愛將人與人聯繫起來，激發人們彼此關心、深入瞭解，且願意為彼此服務。誠如恩瑞特所說：「寬恕是擊敗卑鄙和殘酷，推翻權勢的合氣道……也因此讓愛的成長變為可能」（Enright, 2015, p. 214），寬恕和愛的威力無窮。下面將介紹五項如何透過寬恕來幫助自己重現愛的能力的方法（Enright, 2001, 2015; Enright & Fitzgibbons, 2015）。

1. 激發內心的希望感

「當你走在寬恕之路時，希望就屬於你」（Enright, 2015, p. 203）。鼓勵案主每天練習告訴自己：「從現在開始，我不要生活在不斷困擾的內心世界中，也不會生活在充滿消極思想和情緒的內心世界裡。我要將內心世界留下充分的空間，讓愛、憐憫、寬恕和歡樂來充滿。」

2. 用宣告愛的誓言喚起愛的能力

數算自己曾享受過無條件的愛，不是因為自己做了什麼，只是因為他人尊重我身為人的價值，所以請勇敢地說出這個愛的誓言：「我可以愛，我是愛的橋樑，我有能力並決心提供愛給這個世界。」

3. 用愛去幫助傷害自己的人療傷並體會到幸福感

傷害你的人也許內心充滿了傷口，因沒有得到過愛而不懂什麼是幸福。因為你瞭解幸福，你有能力給這個人帶來一點幸福。愛是最好的療傷劑，你的愛可讓對方體會到什麼是快樂與幸福，可以幫助減輕這個人從童年以來就一直承受的傷口，即使該傷口是在深層的內心中，愛都能觸及。想想可以如何做讓傷害自己的人體會到幸福感？這一刻的幸福會對傷害你的人的心靈產生什麼影響？這種愛的舉動對傷害你的人的心靈產生什麼樣的影響？

4. 向傷害者示範愛的榜樣與歡樂的來源

透過愛去寬恕傷害自己的人是在傳遞這樣的訊息：「讓我們不要再打傷害彼此的心的戰爭，我關心我們彼此的心，我要我們都能擁有一顆健康的心」（Enright, 2015, p. 209）。愛是幫助人們能面對威脅與痛苦的重要能量，也是幫助傷害自己的人變得更好的橋樑。想想你要如何成為傷害你的人的榜樣，以便對方能看到你愛的行動，從而有助於更好地去理解愛？

5. 帶著謙虛和勇氣在愛中前進

「謙虛可幫助你透過更清晰的視野看到所有人的平等；勇氣可以幫助你在一個不瞭解愛的世界中，仍能因擁有愛而繼續前行」（Enright, 2015, p. 215）。所以在愛裡需要保有謙卑與勇氣兩種美德。雖然謙卑與勇氣似乎是兩股不相容的特質，但不用擔心，如同恩瑞特（Enright, 2015）所言，透過「苦難可以讓你對什麼是謙卑、勇敢和愛能有更真切的理解」（p. 215）。「當你愛得更多時，你就能精熟地將謙卑與勇氣兩種道德品質加以結合」（p. 215）。

（二）檢查心理健康狀況和心理寬容度的進展

透過寬恕可恢復信任和別人建立關係的能力，當人們能夠寬恕，以憐憫和愛來面對傷害自己的人時，其焦慮感或憂鬱甚至生氣感都可能會減輕、可重拾對人的信任，並讓人恢復生命的活力（Enright, 2015）。表 11-2 可再次用來評量案主心理狀況的情形。此外，當寬恕者能夠勇敢面對自己的憤怒、清楚說出自己受到傷害的行為和所受的痛苦、找到受苦的意義、瞭解對方曾經受傷的一面與成長故事、尊重對方身為人的價值、將寬恕當禮物送給傷害者、將寬恕設定為人生的目的時，就會感受到自己的心靈更自由，更成熟。表 11-20 可用來評量案主在寬恕過程中進展的情形。

（三）設定人生寬恕的新目標

當人們在苦難與寬恕過程中找到意義、對過去發生的事情有了新的認識，且已學到了一些寶貴的經驗，其人生目標可能會慢慢發展出來。尋找人生意義與人生目的不同，尋找人生意義是一種思維練習，是試圖找出受創的痛苦及其後果對自己的重要性與自己從中學到的功課。培養人生寬恕目標是行動導向，比如當一個人學會寬恕時，會希望將自己學到的東西貢獻給他人。恩瑞特從其研究中整理出九個寬恕的人生目標（表 11-21），可供參考。

表 11-20　寬恕旅程上的進展評量表

請回顧一下你在寬恕方面的進展情形，請以 1 到 10 的等級閱讀以下問題，並分別寫出諮商前和諮商後各自的分數。		
題目	諮商前	諮商後
1. 你對那個傷害你的人有多生氣？ 1 表示「一點也不生氣」，10 表示「非常生氣」。		
2. 你對自己發生的事情感到的羞恥感受有多強？ 1 表示「一點都不羞恥」，10 表示「非常羞恥」。		
3. 每天在思考這個人並處理你所發生的事情時會消耗多少能量？ 1 表示「消耗很少能量」，10 表示「消耗很大能量」。		
4. 相對於你過去嘗試過的其他解決方案，寬恕對你多有效？ 1 表示「一點都沒有效」，10 表示「非常有效」。		
5. 你對這個人有多少同情心？ 1 表示「沒有同情心」，10 表示「非常有同情心」。		
6. 你對這個人有多少同理心？ 1 表示「沒有同理心」，10 表示「非常有同理心」。		
7. 你承受痛苦的難易程度如何？ 1 表示「非常難接受痛苦」，10 表示「非常容易接受痛苦」。		
8. 你寬恕這個人的程度如何？ 1 表示「完全不寬恕」，10 表示「徹底地寬恕他」。		
審視你對每個問題諮商前和諮商後的評分。問自己哪裡改善了？哪裡保持不變？哪裡似乎已經退步了？對於問題 1、2 和 3，如果你現在的分數比原先低，表示你正在進步。對於問題 4、5、6 和 7，如果現在的分數比原先高，那麼你也在進步。總體而言，你是變得更寬容、保持原樣還是變得不那麼寬容？		

（參考 Enright, 2001, pp. 183-184）

表 11-21　發展你的人生目標

1. 請閱讀下面的幾個人生目標：

　　目標 1：要以愛的方式實踐寬恕

　　目標 2：保護親人免受你情感創傷的影響

　　目標 3：幫助不公義的人看到他自己的錯誤

　　目標 4：幫助傷害自己的人成長

　　目標 5：與傷害自己的人和解

　　目標 6：追求自己的成長

　　目標 7：在家庭中營造寬恕的氛圍

　　目標 8：在工作場所或其他社區中創造寬恕的氣氛

　　目標 9：保護後代免受不健康的憤怒的波及

2. 哪一個目標與你有共鳴？請分享你可以實現目標的具體方法。

3. 還有其他沒有列在這裡的人生目標是什麼？列出來並分享你實現目標的方法。

（參考 Enright, 2001, p. 179; Enright, 2015, pp. 219-224）

（四）檢視世界觀與人性觀的轉變狀況

　　恩瑞特提醒我們：「當你看到傷害你的人是一個受傷的人時，你會變得更堅強，因為你發現有人比你更需要去癒合那些傷口」（Enright, 2015, p. 110）。可用表 11-22 去比較在受到創傷前後，以及在學習以寬恕之心去看待對方後，自己的世界觀和人性觀以及對自己的看法有什麼樣的改變。

表 11-22　我的世界觀與人性觀

請就傷害性事件發生前後，和你在學習以寬恕之心去看待對方後的三個不同時期，回答以下的問題：

1. 事件發生前：

　　(1)我對人的整體看法如何？人的本質是好的嗎？

　　(2)我是誰？我是一個能被愛也能愛人的人嗎？

　　(3)為什麼我在這裡？我的人生目的是什麼？

　　(4)為什麼世界上有苦難？如何減輕痛苦？

　　(5)我對世界如何運作以及我在世界中的位置有何看法？

　　(6)我死後該去哪裡？

2. 事件發生後：

　　(1)我對人的整體看法如何？人的本質是好的嗎？

　　(2)我是誰？我是一個能被愛也能愛人的人嗎？

　　(3)為什麼我在這裡？我的人生目的是什麼？

　　(4)為什麼世界上有苦難？如何減輕痛苦？

　　(5)我對世界如何運作以及我在世界中的位置有何看法？

　　(6)我死後該去哪裡？

3. 學習以寬恕之心去看待對方後：

　　(1)我對人的整體看法如何？人的本質是好的嗎？

　　(2)我是誰？我是一個能被愛也能愛人的人嗎？

　　(3)為什麼我在這裡？我的人生目的是什麼？

　　(4)為什麼世界上有苦難？如何減輕痛苦？

　　(5)我對世界如何運作以及我在世界中的位置有何看法？

　　(6)我死後該去哪裡？

　　嘗試辨別三個不同狀況下的自己，你的世界觀、人性觀和對自己的看法改變了嗎？當你學習以寬恕之心去看待對方後，你發現自己的世界觀、人性觀和對自己的看法有再次發生變化嗎？

（參考 Enright, 2001, p. 122; 2015, p.110; Enright & Fitzgibbons, 2015, p. 69）

第四節。寬恕諮商的案例分析與摘要

壹、案例分析——吃苦如吃補的人生

　　愛麗是位中年婦女，育有三位子女。在婚姻生活上經常受到丈夫世欽語言和情緒暴力的虐待，但為了給孩子們一個完整的家，她一直抱著吃苦如吃補的人生哲學忍耐著。也因她很少講，外人其實看不出她遇到這樣的問題。最近她接受了信仰，每次上教堂聽到牧師提到「寬恕」，她就很掙扎，雖然世欽已因癌症過世了，但他帶給她的傷害太大了，讓她覺得寬恕好難，才決定來接受寬恕諮商。諮商師向愛麗解釋寬恕諮商的過程可比喻為十扇門，每一扇門有不同的功課來預備、培養和發展寬恕的心，她可以決定要不要或何時要進入每一扇門去學習，目標是幫助她從練習中走出陰霾，找到生命的亮光。

一、寬恕諮商的第一扇門：揭露受創的痛苦

（一）「你受到傷害了嗎？受到什麼樣的傷害？」

　　愛麗的話題從新婚之夜開始，她說那夜世欽給鬧洞房的人灌醉了，她卸妝後洗好換洗衣服，卻找不到晾晒的地方，人生地不熟的。看著醉倒的世欽，感受不到找到終身伴侶的安全感，不禁悲從中來，撥了電話跟母親訴苦，母親回應說：「傻女孩！嫁雞隨雞，嫁狗隨狗，婚禮被灌醉是常有的事，你要學習忍耐哦！」從此以後她就很少與外人，甚至是向家人訴苦。諮商師表明瞭解她的心情，但也提醒愛麗願意承認自己受到傷害和說出所受的痛楚是走向寬恕之旅的開始。所以請她按實際狀況填答表 11-1 和表 11-2。表 11-1 的答案是：「那

人傷害了我，其不公義的程度是嚴重的，導致的心理傷害也是相當高的程度。」表 11-2 的答案是：「焦慮和憂慮兩題各 4 分（表示是高程度），不信任和不喜歡自己兩題項各 3 分（表示中程度），憤怒、我的世界觀是消極的以及我不覺得我能夠克服內在的創傷三道題各 5 分（表示相當高的程度）。」計分後諮商師告知愛麗：「滿分 35 分中你得 29 分顯示內心受傷的程度高，根據這量表，如果你有任何一題回答 4 或 5，就需要練習寬恕，你有五道題達到這個標準，確實是需要寬恕諮商了。不過不用擔心，雖是學習寬恕他人但受惠的人會是自己，會讓你長出自信，並逆轉消極的世界觀。」聽了之後，愛麗憂愁的臉露出了一些笑容，顯示對諮商多了些希望感。

（二）剖析愛麗的情緒狀況

「在『我心裡充滿不健康的憤怒』這道題你答了 5 分，看起來你是相當生氣的。有什麼相關事件可以分享嗎？」（表 11-3）。諮商師的問話勾起了愛麗的一段往事：「有一次一位朋友到家裡來拜訪，看桌上有幾封信件問了一句那是什麼，我順口回了一句：『那是一些還沒繳的稅單。』沒想到這句話惹毛了世欽，送走了朋友後，他就一巴掌打過來大聲地說：『你怎麼會在別人面前撒謊，說我養不起你們母子。』這時正在房間讀書的老大聽到了，跑了出來捶了爸爸一下說：『你怎麼可以打我媽媽？』世欽惱羞成怒地說：『為什麼不可以？』結果父子就打了起來。我在旁邊不停勸說，兩人才住手。」

「事件發生的當時我真的很生氣，程度應該是 10，氣他不講道理還隨便打人。因為類似的事件經常發生，所以現在回想起來，還是很氣，程度還是 10。而且除了氣他，我還氣我自己當初做了錯誤的選擇，嫁錯人了。」

諮商師問她憤怒帶來的影響，愛麗委屈地訴說：「每生氣一次，就要好一陣子才能恢復平靜。」

「當你說出了心中的氣憤和所受的傷害，你會感到羞恥或尷尬嗎？」（表 11-4）「其實當初家人知道世欽會抽菸、喝酒和嚼檳榔的不良嗜好，都反對我

嫁給他，我卻不顧家人反對，認為我可以用愛來改變他，所以結婚後遇到這樣的狀況我都不敢說出去，感覺很羞恥，擔心會被看笑話。人家說家醜不可以外揚，我是鼓起勇氣才來找你諮商，分享時我真的感到很羞恥」。

「我不否認大部分是自尊心在作祟，不過我猜別人多少也會這麼想吧？對這種羞恥感我會採用何種回應方式，當然還是去責怪我丈夫囉！我把我的人生交給他，他卻如此不珍惜。當然，婚姻生活中我的反應也不全然是對的，現在想想，我也有些罪惡感。」

順著愛麗的話，諮商師進入表 11-5 的練習，請愛麗將紙分成三個欄位，在中間的欄位寫下「我是否對傷害我的人有不當的反應？」這幾個字，然後在左欄寫下她認為可能有行為不當的實例。對此愛麗寫下：「我趁某天世欽上工時，在世欽的姊姊和姊夫的幫忙下，幫我們母子女搬回娘家的城市，開始新的生活。」然後諮商師要她想想針對左欄所寫的行為，有沒有可以為自己做出合理辯護的理由？如果有，就寫在右欄對應的位置上。愛麗想了想後在右欄寫著：「那時候先生收入入不敷出，卻又不准我出去工作。加上他酒癮不斷，情緒難以掌控，不僅我自己受罪，無辜的孩子也被連累了。先生的姊姊與姊夫知道世欽的習性，也知道愛麗一直在受委曲，知道也許離家會是比較好的對策，便同意全力幫忙。」

此時，諮商師要她檢查有沒有哪些反應是無法找到辯護的理由，若有，用 1 到 10 標示她罪惡感的程度。愛麗檢查後說應是用 1 表示「些微的不適當，因為不告而別的搬家，世欽有一年半的時間找不到我們。」然後在右欄上寫著：「這是那時候為了全家能活下去想出的唯一對策，我只覺得是『些微的不適當』，所以也只有些微的罪惡感。不過他畢竟是孩子們的父親，對這點我願意向他道歉。」

「我本來以為我和世欽的恩怨可以隨著他的離世而獲得解脫，但是我還是常感覺到他在吼我而感到心神不寧」愛麗無奈地說。諮商師交給愛麗表 11-6 當家庭作業，請她在下週無論何時當想到世欽在吼或罵她時就記錄下來。寫下發

生的時間，正在做的事以及想到時的想法，即使是夢到的也要記下來。再次回到諮商室時，愛麗報告說她總共記了 21 次，都是當她在廚房做菜的時候，可能因為以前世欽常在廚房喝酒，且因喝酒就會罵人所致。

諮商師要愛麗推算一下假設她一天中要消耗 10 分能量，平均每天花在想世欽欺負她的這件事上消耗多少能量？愛麗認為最具代表的數字是「7」，因為常感覺到他在吼她，讓她煮起飯也是心神不寧，感覺好累。她希望真能如諮商師所言透過寬恕來幫助她平靜思緒與恢復精神，可以只回想到好的而不是猙獰的一面。

「世欽在世時經常每天罵你和欺負你，你覺得他的日子有比你好過嗎？」（表 11-7），愛麗從沒有想過這個問題，所以愣了一下才說：「他每罵一次，孩子們就離他更遠，而我和孩子們卻靠得更緊。因為世欽每次領到錢就跑去喝酒，一喝了酒他回到家就大小聲，到處找碴。所以只要一聽到爸爸的卡車聲傳來，大家就躲在房間不敢出來，免得動輒得咎。而當世欽開卡車上工去了，我和小孩就心情輕鬆，常趁機一起出去吃雞排，一路談天說笑。而世欽經年累月被酒癮困住心靈失去自由，又享受不到親情的快樂，所以肯定不會比我快樂。想想還真可憐。」

二、寬恕諮商的第二扇門：認識寬恕的本質

愛麗說想到自己和世欽的感情生活，除了婚前談戀愛有體會到一點愛，進入婚姻後世欽不准她去做自己擅長的美容業，想在家當保姆貼補家用世欽又覺得孩子太吵，穿個裙子被世欽罵說是在招蜂引蝶，更慘的是世欽因愛喝酒而無法保住工作，然後動不動就罵人甚至打人。常年受到這樣的折磨，心中總是充滿痛苦、怨恨和憤怒，但為了三個子女她不斷提醒自己要忍耐，便將自己關在情緒苦毒的牢房裡走不出去。幾年前世欽因癌症去世，以為苦海已過，但卻發現找不到走出牢房的鑰匙。

對於諮商師的提醒：「寬恕就是走出心靈自由的鑰匙」，愛麗如此回應：

「我聽過『寬恕』但卻做不下去，世欽傷我那麼深，我怎麼能夠說忘就忘，一下子就盡棄前嫌呢？」諮商師提醒愛麗寬恕諮商的第二扇門就是要幫她認識寬恕的本質。

「寬恕對你來說重要嗎？」聽諮商師如此問，愛麗絲回應說：「你不是說寬恕是走出心靈自由的鑰匙嗎？我在情緒苦毒的牢房待太久了，為了能更愛我的子女和我周邊的人，我需要出去呼吸自由的空氣，我需要鑰匙。所以寬恕對我來說太重要了。」

「愛麗，我們來猜猜表 11-8 的五個題目哪一個正確地描述了什麼是寬恕，好嗎？」拿到題目愛麗好奇地閱讀每一道題（註：只提供問題部分）後說：「我猜答案應該都是『是』吧？」知道很多人對寬恕都有如此的誤解，諮商師對愛麗所給的答案並不驚訝，但也謹慎地更正愛麗的答案（表 11-8 的答案），之後諮商師用表 11-9 介紹寬恕的功效並與案主愛麗一起思考寬恕對自己的重要性，回答愛麗所提問的任何問題。

三、寬恕諮商的第三扇門：找回愛和憐憫的能量

（一）「人間還有愛嗎？」

「世欽對我的態度影響了我對人的信任，即使已經過世了，我還是沒找回愛的能量和憐憫人的心。」聽她如此說，諮商師解釋說那是很正常的現象，第三扇門就像是寬恕之旅的健身房，要讓受傷者可以在這裡鍛鍊愛和憐憫之心，打造寬恕的能量。愛麗謝謝諮商師懂她的心。

為了讓愛麗學習看他人的優點和做個有愛的人，諮商師問：「愛麗，請你從周邊找出一個你平常不太去注意的人，寫出兩項此人所具有的獨特的一面。愛麗興奮地回說：「我想到我家附近一家超級市場的一位員工，我每次找不到要買的東西時只要問他，他都可以馬上告訴我在哪一區可以找到。如果問到他不熟悉的項目，他會放下手邊正在忙的事帶我去找。我覺得他是獨一無二，沒有人可以取代的，因為有時候那人不在我只能求助於他人，卻發現其他員工的

服務態度都沒有那麼好。謝謝你讓我做這個練習，我現在發現只要注意一下，每個人都有特殊的一面。」

接下來諮商師要愛麗選擇在日常生活中做一件服務性的愛。愛麗決定每次買東西時都要對收銀員或其他服務她的人微笑並說聲謝謝。練習後她很興奮地分享說：「我每次這樣做時都會得到很溫暖的回應，讓我感覺這個社會充滿溫暖。以後我會繼續這樣做。」

（二）「我還有憐憫之心嗎？」

「你剛提到『感覺我還是沒有找回憐憫人的心』，可否想一個有關憐憫的故事？」諮商師好奇的問。

愛麗回憶說：「世欽以開卡車為業，通常開卡車的人喜歡在半夜出發，因為柏油路不燙，不容易爆胎；且也較有充足的時間能如期到達目的地去交貨，但愛喝酒的世欽這點常常就做不到。休假日常酒不離口，等到該起來開車時就醒不來。為此我常因整夜不停地叫他而無法入睡，連在坐月子最需要睡眠的時候也不能例外。問題是經常都叫不醒，還可能因吵他睡覺而被罵，我都覺得好委屈。更無奈的是世欽經常等到天亮才要開車，天氣太熱造成輪胎會爆，或未能即時交貨而被罰錢等事屢見不鮮。開卡車的收入要拿來補輪胎、付靠行費加上被扣的費用等，經常就入不敷出。而出了這些問題時世欽不敢出面去處理，孩子太小又不好放他們在家，我常就得帶著三個孩子，又拖又抱地去幫丈夫跟老闆求情或還債。他對我那麼不好，我還如此幫他，這算不算是一種憐憫的愛呢？」

「確實是！後來怎樣了？」諮商師問。愛麗回說：「雖然那件事情結果並不圓滿，老闆當時看到我們一家大小嗷嗷待哺，歉意地說：『我知道你們需要生活費，但我公司仍需經營下去。你先生因欠債太多只好沒收你們的車來抵押了。』卡車被貨運行拿去抵押還清所欠的債務，沒有了卡車丈夫也就沒有了工作。但儘管如此，我咬緊牙根告訴自己會把家好好撐著，為了家我願意為他做

出一切。」

「雖然你前面說『失去了憐憫人之心』，但這段故事顯示其實你有，而且還是表達在對世欽的憐憫耶！」諮商師抓住機會讓愛麗知道其是具有憐憫的能力。

四、寬恕諮商的第四扇門：認識傷害自己的人

（一）說出你認識的世欽

「你和世欽從朋友介紹後開始交往和結婚這麼多年，應該對他有相當的認識吧！給了愛麗根據表 11-10 的指示。愛麗開始說出世欽的故事：「朋友要介紹我們認識時有提到說世欽的父親是開打鐵行，母親長年生病，在他 17 歲時母親即去世。可能長年缺乏母愛，沒受到好的管教，世欽從小就不愛讀書常在街上遊蕩。還好後來找到開卡車的工作，才開始穩定下來。」他每次口出惡言時幾乎都是喝酒後，我想從小在街上遊蕩的日子應該會常被欺負而烙下傷口，只好用酒精來麻醉自己。否則我相信他應該會是個好人。」交往時，世欽很有誠意，知道我不喜歡他喝酒，每次約會時都滴酒不沾。認識不到一年因兩人的感情有不錯的進展，就有了結婚的打算。只是不知為什麼，婚後柴米油鹽醬醋茶一來，這些美景就一一消聲匿跡了。從人性觀點來看，我相信他具有身為人的價值。從宇宙觀的角度切入，我相信他跟我一樣都是上帝的寶貝。」

說到此時，愛麗臉上出現訝異的表情：「天啊！我沒想到自己會說出這樣的話。不過，我真的相信他跟我一樣都是上帝的寶貝。」諮商師感謝愛麗的回答並補充說：「做這個練習不是為了要為對方脫罪；而是鼓勵你去理解犯錯者是誰，也許對方是一個脆弱、害怕或困惑的人，但其具有身為人的內在價值是不可被抹滅的。」

（二）「你能同情與同理他嗎？」

這時諮商師用表 11-11 要愛麗把她在說出世欽的故事後，對世欽的同情或

同理程度標出來，用 1 代表「絕對沒有」，10 代表「非常強」。愛麗思索了一下便說：「我同情他小時候的境遇，給他 6 分；我可以同理一些他心裡面的鬱悶以及被酒癮纏身的無助，所以我給他 6 分。」諮商師並鼓勵愛麗往後一個星期情緒的變化，逐日標出並觀察自己同情心和同理心改變的情形。愛麗的觀察紀錄顯示一週中兩個數字在 5 和 6 上下來回跳動。顯示此時愛麗對世欽有中等程度的同情心和同理心。

五、寬恕諮商的第五扇門：決定是否要嘗試寬恕

（一）願意給他機會嗎？

「前面你在訴說世欽的故事時提到他和你一樣都是值得尊重的個體，那你是否願意給他一個重新開始的機會呢？如果願意，就請你把他的名字套進這句話：『（名字）是一個受傷的人，我對他的寬恕將是他改變的開始』。」愛麗點點頭表示願意並說出：「世欽是一個受傷的人，我對世欽的寬恕將是他改變的開始。」諮商師鼓勵愛麗重複幾次直到她的心裡真有此感覺。她重複了十次，然後說有感受到內心裡愛的能量在增加。

（二）願意嘗試去許下承諾嗎？

「愛麗，你願意嘗試許下寬恕的承諾嗎？請思考幾分鐘再告訴我。」愛麗低著頭思考了幾分鐘後，以很肯定的口氣說出：「我願意！」「麻煩請你寫下對寬恕的定義，我要確定你對寬恕的瞭解是正確的。」諮商師說著交給愛麗一張紙讓她寫。愛麗花了幾分鐘的時間寫下：「寬恕是雖不忘記對方曾做過的錯事，但仍能以尊重的態度對待對方。寬恕是勇敢說出對方曾帶給自己心裡的傷痛，但願意給予對方重新開始的機會。寬恕是走出因創傷所帶來的憤怒與憂傷等負向情緒的牢房，享受心靈自由的鑰匙。寬恕是願意以人的角度去認識曾傷害自己的人，認識其人而非其行為，抱持同理與同情的心來對待對方。」

「你將寬恕定義得很好，現在請你列出你寬恕的計畫，並預想這些方法是

否會帶來平安、快樂和感到心靈的自由。」愛麗低著頭寫著:「我計畫在每次想到世欽的消極面就把它轉成積極面,我相信這個方法是會帶來平安、快樂和感到心靈的自由。」

接著愛麗在表 11-12 圈選她願意嘗試寬恕的意願,並說:「要下這樣的承諾並不容易,但我願意努力。做了這些承諾後,我感受到一些心靈的自由。」諮商師提醒她只需要承諾去做到表 11-12 所列的項目即可。不要忘了康復需要時間,若覺得太痛苦,可以先停止,等準備好後再繼續進行。

六、寬恕諮商的第六扇門:寬恕的起步

(一)「他犯錯後的景況好嗎?」

諮商師對愛麗願意許下寬恕的承諾表示佩服,並請她根據表 11-13 回想世欽犯錯後的景況。愛麗回答:「每次世欽罵人後,酒越喝越多,脾氣越來越差,經年累月這樣身體開始出現了毛病。從血糖過低的症狀開始,隔了幾年又發現得了口腔癌,後又有輕微中風的現象出現。接二連三的出狀況,我都要忙著送他上醫院接受治療;孩子們雖然怕爸爸,但也都會聽話幫忙照顧。無奈的是,不管大家對世欽怎麼好,他都不曾說出一個『道謝』的字眼,且常回以負向消極的反應,孩子們都相當受不了,總會偷偷向我抱怨。我覺得他被他小時候的創傷整得好慘喔!」

聽到這樣的報告,諮商師問:「你同情他嗎?你能同理他的感受嗎?」看愛麗點頭,諮商師繼續問著:「那你願意將世欽的名字套在表 11-13 的三個陳述句各說三次,好嗎?」愛麗小聲地說:「我試試看,『世欽受到了情感上的傷害,我也受到了情感上的傷害。世欽失去了愛。我很同情世欽。』『世欽受到了情感上的傷害,我也受到了情感上的傷害。世欽失去了愛。我對世欽有同理心。』『我不能容忍世欽所做的事。但我尊重他世欽身為人的價值。』」

愛麗的聲音很小,有著不確定感,所以諮商師鼓勵她用大一點的聲音再說一次。她有點猶豫但做到了。「你還好嗎?你相信自己所說的話嗎?」諮商師

問。「我開始有點相信。」愛麗回答。「你願意用承諾的口氣大聲地再說一次嗎?」諮商師探問。愛麗點點頭,大聲地一句一句地說,淚水也跟著湧了出來。「說出這些陳述句後,你對世欽的看法和感受有何變化?與其犯錯的行為相比,世欽身為人的價值為何?」「我真的同理到他心裡的苦,我真的很同情他。兩人在婚姻裡,我苦他一定也苦。我相信他的人應該是比他的行為更好的。」愛麗邊擦淚水邊說著。

(二)願意送他禮物嗎?

「愛麗,你想送給世欽這份『寬恕』的禮物嗎?」諮商師探問。「我幫他生了小孩,為他忍氣吞聲,還照顧他,我可沒有欠他呢!」「你幫她做很多事是沒錯,但心情是苦的。若你願意以贈送禮物的心情與傷害自己的人有善意的互動時,其實受益的是你,你會感受到自己的勇氣和信心的增加,你的心情會較平靜,較不會再常回想起被他傷害的記憶。最重要的是你的心靈會是自由的。」諮商師補充解釋。「那我就試試看吧!要怎麼做呢?」愛麗問。諮商師跟著用表 11-14 請愛麗寫下送禮的計畫,明確地列出可能對世欽有益的禮物。愛麗正想不出來要怎麼做,剛好看到表上有個例子是「和別人談談這個人的善良之處」還滿適用,便告訴諮商師,她決定用這個當作送給世欽的寬恕禮物。

七、寬恕諮商的第七扇門: 體會遭受痛苦的意義

「愛麗,在你婚姻生活中遇到這麼多的痛苦,你對這些痛苦接受的程度是如何呢?請用 1 表示『非常不能接受』,10 表示『非常能接受』。」聽到諮商師關心地問,愛麗口氣帶有歉意地表示:「我真的很不好意思,雖然口口聲聲說要寬恕,還是很難完全接受為什麼要受到這麼多痛苦,所以我接受的程度還是很低,大概只有 3。」「不用道歉,在寬恕的定義中本來就提到寬恕並不表示會忘記所受的痛苦,所以你這時候會有這樣的感受是正常的,但若你能體會到經歷的痛苦帶給你的意義是什麼,會有助於提高你的接受程度。記得,接受不是同意,只是表示你接受它發生過的事實。這也是這扇門的重點喔!你準備

好了沒？」聽到諮商師的解釋愛麗表示感激，並說自己已準備好要學習第七扇門的功課。

（一）「什麼力量支持你往前走？」

「愛麗，在遭受這麼多的痛苦，即使你在身體上仍保持堅強，內心的痛苦是可以想見的。有沒有什麼可以使你的心復燃的短期目標？」對諮商師所提的這個問題，愛麗想想後回應說：「自從世欽過世後，我就盡量避免去碰他的東西，因為那會讓我想起他對我傷害的痛，也因為如此所以家裡顯得很亂。現在我想試試看定個短期目標，就是用寬恕的心去整理他的東西，也可以順便把家裡的環境弄得整齊一點，我相信對我心情的改善會有幫助。」

「有什麼長期目標是支持你往前走的力量？苦難如何改變了你對工作和工作場所的看法？」諮商師再問。「結婚前我是學美髮的，因世欽不喜歡我出去工作只好放棄了。現在沒有人可以再禁止我了，我想也許我可以重拾對美髮的興趣。遇到這樣的苦難讓我更珍惜現在的自由，可以好好充實與發揮自己的能力，用美髮來幫人們美化他們的人生。謝謝你的提問刺激我去想到人生的新方向。」說著說著，愛麗的臉上露出充滿希望的微笑。

（二）苦難激發你的良善和堅強嗎？

「我記得你說過因母親所教導嫁雞隨雞的道理，所以你都不敢告訴人家受到先生欺負的事。你是直到什麼時候才敢告訴人家你生活遭遇到的情況呢？說出來後有被嘲笑嗎？」諮商師問。「是到我的孩子們上小學，世欽收入入不敷出，卻又不准我出去工作。加上他酒癮不斷，情緒難以掌控，我自己受罪，無辜的孩子也被連累了。才鼓起勇氣私下找先生的姊姊與姊夫商量離家的可能性。其實世欽的姊姊很知道她弟弟的習性，也知道我一直在受委曲，對我的分享一點也不驚訝，知道也許離家會是比較好的對策，便同意只要我決定好，他們會全力幫忙。那次的經驗讓我體會到說實話是好的，尤其遇到這種受虐的狀況，要學會勇敢說出來並尋求協助。」愛麗有感而發地說出這段往事和由衷的體會。

「你有沒有發現自己受苦的體會，激發出你內心的良善，讓你想對別人更好。」諮商師問。「有啊！我發現我更珍惜愛的可貴。為了不讓孩子們受到父親不良的影響，我總是提醒他們爸爸的行徑是受到酒精因素的影響，勸他們不要碰酒，孩子們也乖乖聽話。若知道孩子們的同學有困難，雖然我能力有限，但我也會想辦法去表達關心，例如多煎個蛋或多放一塊肉在孩子的便當裡，讓他們帶去學校分享給需要的同學。若看到大人喝酒，我也會忍不住勸他們酒不僅傷身更傷人。現在我加入了教會，更有機會去幫助別人。世欽小時候缺乏被愛而無法愛人，所以我希望多把愛散播出去，讓愛去生出更多愛的力量。」愛麗帶著笑說出了她愛的哲學。

　　「你相信『苦難可以使你更堅強』這個說法嗎？」對諮商師拋出的這個問題，愛麗很快地接招：「當然相信啊！我不就是一個活生生的例子。」「你覺得這樣的犧牲值得嗎？」「雖然婚姻生活很苦，但卻沒有削減我身為母親的能量。因我的犧牲和寬恕而成就的人就是我的孩子。為了讓孩子們有個健康的成長環境，我從不把痛苦寫在臉上，想辦法掙錢養家，也把他們的父親沒辦法給他們的愛從我身上加倍付出，他們能健康成長是我最大的安慰。人家說：『為母則強』，我完全同意。」愛麗很有信心地給了答案。「我相信下面這兩句話就是在說你：『我將堅持相信那些施加於我是不公正的，但面對那些不公正讓我的內在能量更為強大。』『我將努力保持內心的平靜，堅定不讓卑鄙和殘酷摧毀我。』你同意嗎？」諮商師邊念愛麗邊點頭。諮商師念完後，愛麗加一句：「完全同意！」

（三）「你的信仰裡如何詮釋苦難？」

　　「愛麗，在你基督教的信仰裡是怎麼詮釋苦難的，你可以分享一下嗎？」諮商師問。愛麗搜尋了一下腦筋的記憶庫回應說：「我記得是：『患難中也是歡歡喜喜的。因為知道患難生忍耐，忍耐生老練，老練生盼望』。」諮商師好奇地問：「這樣的信念給妳什麼樣的教導？」「是說遇到苦難不用擔心，因為

有苦難我們可以學會忍耐，能忍耐就能學會堅持，因為繼續堅持的努力和不放棄，最有意義的結果就會出現，所以就會有盼望。」愛麗耐心地加以說明。「這樣聽起來苦難是會產生能量的，你相信嗎？」諮商師探問。「我相信！」愛麗肯定地回答。

八、寬恕諮商的第八扇門：克服寬恕的瓶頸

「要去憐憫和寬恕對自己傷害極深的人是相當難的，不過寬恕別人不是要委曲求全，要有健康的心靈才會有寬恕人的能量和確立正確的態度，這是我們在第八扇門要學的功課。準備好要上路了嗎？」愛麗感恩諮商師的理解，回應說：「好喔！」看出愛麗因長期處在家庭暴力中，對自己缺乏自信，而在寬恕過程中又有幾次會提到「太難了，想放棄」。這會是她在寬恕之旅的瓶頸。因此在這扇門時，以兩個狀況為專注的焦點。

（一）「我是一個特殊、獨特且無人能取代的人！」

「愛麗，我相信你腦中可能記憶了不少當世欽不愉快時所說的貶低你的消極語言。而這些話可能就是讓你一直陷於無法寬恕的原因。現在我要你在想起這些話時就大聲地回應說：『我受傷了。我不需要另一個傷口，尤其是從內部造成的傷口。該是對自己溫柔、善待自己的時候了。』」

聽完這個建議，愛麗忍不住要開始練習，請諮商師說出世欽會說的消極的話讓她練習反擊，連續練習好幾次，諮商師鼓勵愛麗在家裡要常練習，會很有幫助。並請愛麗想出自己的二到三個特點。大聲說出自己的每個特點後，以「我是一個獨特、無可取代與值得尊重的人」作為結語。愛麗想一想後做了以下的陳述：「我是堅強的母親，我是一個獨特、無可取代與值得尊重的人。我是會關心別人的人，我是一個獨特、無可取代與值得尊重的人。我是一個很有毅力與獨特、無可取代與值得尊重的人。」

九、寬恕諮商的第九扇門：學習自我寬恕

（一）「你願意寬恕自己嗎？你有價值嗎？」

「愛麗，請你回想一個你曾做過違反自己的標準並且對自己感到失望的事件。請以 1 到 10 的等級來評量其嚴重性？」愛麗想一想突有所悟地說：「沒有阻止他喝酒是我最懊惱的事，此事嚴重違反我的標準，分數是 10。」諮商師接著根據表 11-17 詳問一些相關細節。思考片刻後愛麗無奈地說：「我經常會去想，尤其是喝酒讓他的脾氣越來越壞，身體也越來越壞，我常氣自己為什麼不去阻止他喝酒，生氣程度是 10。經常這樣氣自己讓我身心都很累。」聽到此諮商師關心地問：「有沒有什麼行為是你可以改變的，好讓自己不再那麼疲累？請寫下一些要如何改變導致疲勞行為的想法。」愛麗思考後做了這樣的回應：「他在我認識他前就已經喝酒了，結婚前他答應我要戒酒，我才嫁給他的，結婚後我說過他也藏過他的酒，我盡力了，但我只能說我輸給了酒癮。這樣想會讓我感覺輕鬆了一些。」

「愛麗，你願意寬恕自己嗎？如果你願意的話，請寫下一句自我寬恕的陳述句。聽到諮商師這樣問，愛麗很訝異：「我有權利寬恕自己嗎？」諮商師解釋說：「當然！要抱持寬恕他人的態度來寬恕自己，要對自己有憐憫的心，以公平的態度善待自己。」聽後愛麗試著說：「我願意寬恕我自己，我會告訴自己說：『愛麗！即使你沒能停止他的酒癮，你真的盡力了，你不需要為世欽喝酒的行為感到自責，你應該得到寬恕。』我肯定自己的價值！不管發生什麼事，我都是有價值的人。」

「如果要你寫一個關於自己的故事，你會寫些什麼？自我寬恕可以說是一個發現之旅。在這個旅途上你發現了什麼？」諮商師探問。愛麗有感而發地說：「學習自我寬恕讓我學會放下，不要因我自己無法負的責任而怪罪自己，也因而能有較自由的心來愛自己。更重要的是我學到，不管發生什麼事，我都是個有價值的人。」

（二）「你善待與憐憫自己嗎？」

「愛麗，寬恕自己就是同情與憐憫自己，更重要的是愛自己。愛自己就是給自己的一個最好的禮物，你想送給自己什麼樣的禮物？」「以對待朋友的方式來對待自己，是我對自己的期許與最好的禮物。」愛麗微笑地回應諮商師的問話。

「處在受傷的狀況下，很容易把對方所說的傷害自己的話當真，表 11-18 列出了一些例子。我來念左邊的謊言，你用右邊每天提醒的話來反擊，好嗎？」諮商師提出一個有趣的練習方案。兩人一搭一唱地練習，愛麗覺得這樣的練習很有幫助。

（三）「媽，請原諒我！」

「你的人生中有曾辜負過的人，希望得到對方的寬恕嗎？」愛麗不假思索地就回應說：「有！我的母親！當初母親聽說我交往的對象會喝酒和賭博就相當反對。但又不好說出該理由怕被說是在人身攻擊，便找個理由說是男方還沒有自己的房子，較無法給家庭安定感。那時我不解母親的擔憂，辯解著：『那租房子的人就都不能結婚嗎？』看我那麼堅持，母親雖擔憂但仍尊重我的選擇，體諒世欽經濟上的拮据，婚禮的花費我的母親也是傾囊相助。雖然後來世欽婉拒了丈母娘的好意，自己向親戚借了兩萬元來當婚禮的費用，但母親疼我的心已是表露無遺。你看，母親這麼疼我，替我擔心，但當時我真的完全沒有體會到她的愛還跟她回嘴，真是不孝，我希望母親能寬恕我。」

聽了愛麗道出母親的愛、自己的歉意，諮商師以表 11-19 問愛麗：「那麼你計畫以何種方式尋求寬恕？你會怎麼說呢？」愛麗回答：「過幾天我要去探望母親，我想當面對她說。我可能會說：『媽！當年我要嫁給世欽時您反對，現在我可以體會到其實您是為我好才會那樣做。但當時我沒有領情還跟您回嘴，為此我要跟您說聲對不起。』」「聽到這話你母親可能會怎麼回應？會接受你的道歉而寬恕你嗎？」諮商師問。愛麗笑著回應：「我母親很疼我，她應該會

說：『傻女孩！事情都過那麼久，還提它幹嘛！我當然會原諒你囉！』雖然我知道媽媽不會介意，但能夠將心中的歉意說出口，心裡舒暢多了。謝謝你的鼓勵。」

十、寬恕諮商的第十扇門：激發富有希望感、愛和人生目標的寬恕之心

（一）當你走在寬恕之路時，希望就屬於你！

「愛麗，從寬恕的第一扇門走到現在，你體會到什麼？」愛麗回應：「我感覺像在清掃心靈的空間。一直以來我自認是歹命的受傷無辜者，世欽在世時就忍耐，他過世後更想說過去就算了，但其實那些消極思想和情緒都囤積在心裡讓我快樂不起來。但透過這個寬恕諮商，你容許我有機會去分享故事和整理情緒，尤其是當我學習把世欽的行為和人分開去看待，不把他看作是魔鬼的化身，而是用同情和同理去看待他受傷的心靈時，我開始能用愛、憐憫和寬恕的心去整理他的東西和我的思緒，我逐漸看到了人生的希望。」聽愛麗娓娓道來，諮商師回問：「那你一定會同意恩瑞特所說的這句話：『當你走在寬恕之路時，希望就屬於你』吧！？」愛麗很有同感地頻頻點頭。

（二）愛的誓言能喚起愛的能力和傳遞幸福感

「愛麗，你愛世欽嗎？」對諮商師開門見山地用「愛」這個字來問她與世欽的關係，她一下子不知如何回應，因為自己心裡對此也有很多問號。稍微整理一下思緒後她才說出：「我想剛跟他交往的時候，我是愛他的，才會不顧母親反對就毅然嫁給他。但婚後他的酗酒、工作態度與惡言惡語讓我愛不下去。不過像我先前說過的，當我瞭解他是因幼時未能得到愛的受傷者，當我願意學習寬恕他時，雖然他人已不在人間，但我發現當我想到他時，心裡開始能感受到一絲絲的愛意。」「哇！你的體會見證了恩瑞特所強調寬恕的威力的說法：「寬恕是擊敗卑鄙和殘酷和推翻權勢的合氣道……也因此讓愛的成長變為可能。」諮商師像挖到寶一樣興奮地說著。

「恩瑞特說：『你可以愛……甚至去愛那些不愛你的人』，你認為自己做得到嗎？」諮商師向愛麗探問。對此，愛麗回答：「我正在學，這也是我去教會的原因，教會裡常會有出去探訪的活動，我都會盡量參加，可以從中學習如何去關心人和愛人。」這時諮商師告訴愛麗：「想想你母親對你的愛和你對世欽的寬恕，可不可以用那種體會念出這裡的兩句愛的誓言。」愛麗按著指示大聲念出：「我是曾經愛過也被愛過的人，我是一個可愛，也能夠給別人愛的人。我相信透過寬恕可以幫助我重現愛的能力。」「我可以愛，我是愛的橋樑，我有能力並決心提供愛給這個世界。」諮商師告訴愛麗：「你可以多念幾次直到你體會到這樣的宣告讓你感受到愛的能力的增長。」

「你知道愛能傳達幸福感。雖然世欽已離世，你會想做什麼事讓他體會到幸福感？」愛麗靜下來想了幾分鐘終於有了答案：「今年的聖誕節我會用世欽的名義送禮物給三個孩子。他自己從沒有得過聖誕禮物所以不知道如何送孩子聖誕禮物，他若看到孩子們收到禮物的喜悅，一定會感到很幸福的。」

（三）心理開了，人生的新展望就出現了

此時諮商師用表 11-2 和表 11-20 再次評量愛麗的心理健康狀況。將當前的得分與先前的分數做比較，其結果如表 11-23 和 11-24 所示。

看到經過寬恕諮商後，自己的心理健康狀況和心理寬容度有大幅度的改善，愛麗面露喜悅地說：「在第一扇門諮商師對我所說的：『寬恕他人其實受惠的是自己，是會讓你長出自信的途徑，並逆轉消極的世界觀。』很高興我真的得到這樣的結果，我的負向情緒減少，心也寬容了許多。」

「愛麗，很高興看到你心理上有這麼大的轉變，我很好奇你對以後人生的目標上是否有些想法。請你看一下表 11-21，有哪一個目標與你產生共鳴，請分享你實現目標的具體方法。」愛麗想一想後分享說：「我選『在家庭中營造寬恕的氛圍』為主要的目標。我的孩子在成長過程中受到世欽的壞脾氣和酒癮所導致的創傷不比我少，所以在家庭中營造寬恕的氛圍對他們心理健康的恢復與

表 11-23　愛麗評量內心世界的前後比較

1 ＝沒有，2 ＝一點點，3 ＝中程度，4 ＝高程度，5 ＝相當高的程度		
題目	第一扇門的反應	第十扇門的反應
1. 我感到焦慮。	4	2
2. 我感到憂鬱。	4	2
3. 我心裡充滿不健康的憤怒。	5	1
4. 我對他人不信任。	3	1
5. 我不喜歡自己。	3	1
6. 我的世界觀是消極的。	5	1
7. 我不覺得我能夠克服內在的創傷。	5	1
總分	29	9

表 11-24　愛麗在寬恕旅程上的進展狀況

	題目	諮商前	諮商後
1.	你對那個傷害你的人有多生氣？	10 非常生氣	1 一點也不生氣
2.	你對自己發生的事情感到的羞恥感受有多強？	10 非常羞恥	1 一點都不羞恥
3.	每天在思考這個人並處理你所發生的事情時會消耗多少能量？	10 消耗很大能量	5 消耗中等能量
4.	相對於你過去嘗試過的其他解決方案，寬恕對你多有效？	5 覺得中等有效	10 非常有效
5.	你對這個人有多少同情心？	1 沒有同情心	9 很有同情心
6.	你對這個人有多少同理心？	1 沒有同理心	9 很有同理心
7.	你承受經歷痛苦的難易程度如何？	1 非常難接受痛苦	8 較容易接受痛苦
8.	你寬恕這個人的程度如何？	1 完全不寬恕	9 很能夠寬恕

維持是相當重要的。我可以用從寬恕諮商所學的內容來幫助他們，必要時會帶他們接受寬恕諮商。盼望我們成為一個心靈自由、有愛且能愛人的家庭。」

（四）愛麗的世界與人性觀的轉變三部曲

「愛麗，可不可以請你根據表 11-22 所列的要點分享你的改變。」諮商師問。

以下是愛麗的分享：「四歲時父親為了救人而捨命，母親被安排改嫁叔叔，但叔叔愛賭博，媽媽常因要跟叔叔勸說不要再賭而生爭執。每次聽到吵架的聲音，我就趕快把刀子都藏起來。當時媽媽為了增加收入便開店，夏天賣粉圓，冬天賣紅豆湯圓，甚至去踩三輪車。深知母親的辛苦，我考上初中，念了一學期後便休學當母親的助手，幫忙照顧弟妹，有時媽媽好晚還沒有回家，我就帶弟妹們去尋母；而當母親與叔叔吵架離家出走時，雖然我自己也很害怕，但卻會極盡所能地扮演大家長的角色，讓弟妹們有安全感。這種找不到母親的辛酸，讓小小年紀的我告訴自己：『長大以後若自己有小孩，不管遇到什麼環境，一定不會棄孩子而不顧。』且為了日後有更穩定的職業選擇，我北上去學做美髮。

因為這樣的經驗，我對人的整體看法是世界上有像我父親和母親這樣的好人，但也有像我叔叔一樣比較不好的人。雖然小小年紀，但我會在大人吵架時去藏剪刀免得他們拿去當凶器，也自許要好好當母親的好幫手，可見我應該是個能愛人的人。我記得父親過世前很疼我，母親也常誇讚我很乖，所以我是一個能被愛的人。可能是身為長女的使命感，那時候我的人生目的就是要幫助母親一起撐起我們的家。至於為什麼世界上有苦難呢？我的答案就是『命苦』。『犧牲』是減輕痛苦的方法，所以初中休學，希望能幫母親賺錢養家。那時候我覺得世界其實不是很公平的，因為有人生活那麼困苦，但有人卻很幸福，雖然如此，我相信只要努力就會出頭天。對於死後會去哪裡我沒想那麼多。

說事件發生後，其實也滿哀怨的。好不容易學會了美髮有一技之長了，誰知道嫁了個丈夫卻讓我的人生又掉入另一個苦難裡。我對人的整體看法跟以前

一樣，有幫助我的好人，但也有像我丈夫一樣比較不好的人。那時候我的人生目的就是要照顧好我的孩子，把他們一個個拉拔長大。至於為什麼世界上有苦難呢？我還是覺得是『命苦』。『忍耐』和『咬緊牙根』是減輕痛苦的方法。我覺得世界其實是公平的，婚姻對象是我自己選擇的，是我選錯了我認命，我相信憑著母愛，我可以帶著孩子走過艱辛。對於死後會去哪裡，因為孩子還小，我不敢去想這個主題。

　　學習以寬恕之心去看待世欽後，我開始相信人性是本善的，那些有不良行為的人都是因心理上受到創傷而外顯出來的。當我學習從世欽的人生故事去看待他時，我開始發現真正的愛應該是無條件的，既然有上帝的愛，帶著寬恕之心，我就相信我是一個被愛也能愛人的人。至於為什麼世界上有苦難呢？我把它當作一個上帝要我學的功課。減輕痛苦的方法，就是從中體驗到人生的意義，把苦難當作是磨練堅強的利器。我覺得世界其實是公平的，每個人都是帶著任務來到這個世界，我的任務應該就是要來學習寬恕的吧！至於死後會去哪裡，我現在有答案了，死後就是要去快樂的天堂。」

　　「聽了三個不同狀況下的你，我覺得你的世界觀、人性觀和對自己的看法都有不少的改變了。你覺得呢？」諮商師有感而發地問。「看到我自己的改變我也很感恩，謝謝你帶我走這一趟寬恕之旅，雖然發生過的苦難不能改寫，但寬恕的心讓我從中看到新的光芒。」

貳、寬恕諮商理論摘要

　　恩瑞特是以科學研究寬恕的先驅。他堅持相信透過寬恕有助於情緒創傷的康復、打破與扭轉對自己的成見、減輕憤怒的程度、改善受害者與傷害者的關係，以及增強愛的力量。諮商師的目標是在幫助受創者解決因不公正的傷害而引起的情感痛苦以恢復生命的生機、處理因受到不公平的對待所帶來的傷痛和怨恨，以及學習能不再以道德的觀點去看待犯錯者的人生。諮商過程中，諮商師扮演合作夥伴、提供者、關懷者和引導者的角色，主要的功能是和案主共同

檢查其所受到的不公平待遇，並引導案主去瞭解犯錯者，學習慢慢放下對這個人的憤怒與做出善良的回應。由於有時寬恕進展緩慢，案主也許會迫不及待，所以諮商師應關懷並鼓勵案主不能操之過急，並瞭解即使必須承受一段時間的痛苦也是寬恕諮商的一部分。

寬恕是一個過程，愛麗帶著傷痛與哀怨來見諮商師，經過十扇門的寬恕諮商，她體驗到痛苦帶給她的人生意義，她瞭解傷害她的丈夫受創的一面，以及身為人的價值。雖然發生過的苦難不能改寫，創傷不會或忘，她選擇拿著「寬恕」這把金鑰匙，打開那被痛苦、怨恨、憤怒和不能寬恕的四道牆築起的情緒牢房，走向愛的新人生，用寬恕贏得自由的心靈。

第五節。寬恕諮商的自我測驗

・你瞭解了嗎？

下面有 15 題選擇題可幫助你測試自己對寬恕諮商學派的理解程度。

1. 寬恕諮商的創始者是誰？

   a. 海斯（Steven Hayes）

   b. 史奈德（Charles Richard Snyder）

   c. 恩瑞特（Robert D. Enright）

   d. 鮑恩（Murray Bowen）

2. 寬恕諮商相信什麼是打開心靈自由之門的金鑰匙？

   a. 找到生命的意義　　　　　b. 寬恕

   c. 選擇　　　　　　　　　　d. 忘記

3. 下面哪一項陳述正確地描述寬恕的定義？

   a. 寬恕是假裝事情沒有發生

   b. 寬恕是消除錯誤行為的事實

   c. 寬恕是願意承認自己受到了傷害

   d. 寬恕是認可對方所做的事情

4. 下面哪一項陳述沒有正確地描述寬恕的定義？

   a. 寬恕者要放下自己的憤怒或怨恨

   b. 相信自己有憤怒的道德權利

   c. 願意給傷害自己的人因得到我的諒解，而讓其人生有一個重新
      開始的機會

   d. 假裝事情沒有發生

5. 寬恕是屬於下面哪一種愛？

a. 自然的愛（希臘語為 sorge）

b. 朋友之間的愛（希臘語為 philia）

c. 浪漫伴侶之間的愛（希臘語為 eros）

d. 服務他人的愛（希臘語為 agape）

6. 在寬恕過程中，服務性的愛更具體地說就是_____。

a. 憐憫　　　　　　　　b. 仁慈

c. 關愛　　　　　　　　d. 無私

7. 憐憫是一種特殊的愛，若能將這種憐憫的愛特別延伸到對我們不公平的人，這就是_____。

a. 仁慈　　　　　　　　b. 寬恕

c. 良善　　　　　　　　d. 美德

8. 當創傷者對犯錯者的軟弱和生活上的掙扎漸有瞭解後決定寬恕，這是屬於哪一個層次的寬恕？

a. 認知　　　　　　　　b. 情感

c. 精神　　　　　　　　d. 以上皆是

9. 下面哪一項是陳述正確地道出為何需要寬恕的理由。

a. 寬恕有助於情緒創傷的康復

b. 寬恕可打破與扭轉對自己的成見

c. 寬恕可改善受害者與傷害者的關係

d. 以上皆是

10. 當諮商師在鼓勵案主不能操之過急，並瞭解即使必須承受一段時間的痛苦也是寬恕諮商的一部分時，其扮演的角色是屬於下列的哪一種？

a. 合作夥伴　　　　　　b. 提供者

c. 關懷者　　　　　　　d. 引導者

11. 當諮商師和案主共同檢查其所受到的不公平待遇,並幫助案主去瞭解犯錯者,學習慢慢地放下對這個人的憤怒與做出善良的回應時,其扮演的角色是屬於下列哪一種?

a. 合作夥伴　　　　　　　b. 提供者

c. 關懷者　　　　　　　　d. 引導者

12. 恩瑞特建議下面哪項心態可以幫助寬恕者以更少的恐懼和更多的信心打開和走過寬恕之門?

a. 謙卑　　　　　　　　　b. 勇氣

c. 以上皆是　　　　　　　d. 以上皆非

13. 下面哪項寬恕的動機是出於愛?

a. 我必須為實現寬恕這一個目標而努力

b. 我知道憤怒感是會回來的,但寬恕的過程並不會因此而受到動搖

c. 沒有完成寬恕過程讓我感到自卑

d. 我不認為「寬恕對方」是必要的

14. 恩瑞特相信「在寬恕的路上,_____可喚出包容與支持的心」,「_____是擺脫仇恨的開始。」

a. 同理心;同情心　　　　b. 同情心;同理心

c. 憐憫心;愛心　　　　　d. 信任;仁慈

15. 恩瑞特形容「_____是擊敗卑鄙和殘酷,用愛推翻權勢的合氣道。」

a. 憐憫　　　　　　　　　b. 寬恕

c. 關心　　　　　　　　　d. 溫柔

· 腦筋急轉彎

1. 請寫下在學寬恕諮商之前你對「寬恕」的定義。比較該定義與恩瑞特對「寬恕」的定義並指出相同與不同之處。如果你要修改原先的定義，你會如何修改？

2. 請列出恩瑞特所提出的幾個「寬恕不是……」的項目。你認為幫助受創者瞭解這些概念對其寬恕動力是有加分或減分的效果？請舉例說明你的論點。

3. 南非宗教領袖戴斯蒙·屠圖主教說：「沒有寬恕，就沒有未來。當你受到不公平的對待時，寬恕的心會讓你認真對待發生的一切。」你同意這個論點嗎？請舉例說明你的想法。

4. 寬恕諮商堅信「寬恕是打開心靈自由之門的金鑰匙。」當受傷者因不能寬恕、痛苦、怨恨和憤怒的四堵牆關在情緒的牢房裡，恩瑞特相信寬恕這把金鑰匙可以幫受傷者打開牢門走出那牢房。你同意這個論點嗎？請舉例說明你的想法。

5. 寬恕諮商主張接受痛苦是踏向寬恕的關鍵性一步。儘管有痛苦，它還是給了繼續前進的力量，也能讓人的世界觀變得更積極，更能關心別人。你同意這個論點嗎？請舉例說明你的想法。

6. 寬恕諮商相信，送給傷害你的人寬恕的禮物可提供給他（她）再過一次美好生活的機會。更重要的是，當你寬恕的時候，不管對方的反應是如何，你已給自己一個過美好生活的絕好機會。你同意這個論點嗎？請舉例說明你的想法。

照片和圖片來源 *Photo/Figure Credits*

學者照片：Grant permission to use by Robert Enright Photo credit the University of Wisconsin-Madison

參考書目 *References*

駱芳美、郭國禎（2018）。法蘭克的意義諮商學派。載於駱芳美、郭國禎，**諮商理論與實務：從諮商學者的人生看他們的理論**（頁 381-431）。臺北：心理。

Coleman, P. W. (1998). The process of forgiveness in marriage and the family. In R. D. Enright & J. North (Eds.), *Exploring forgiveness* (pp. 75-94). Madison, WI: The University of Wisconsin Press.

Enright, R. D. (2001). *Forgiveness is a choice: A step-by-step process for resolving anger and restoring hope*. Washington, DC: American Psychological Association.

Enright, R. D. (2012). *The forgiving life: A pathway to overcoming resentment and creating a legacy of love*. Washington, DC: American Psychological Association.

Enright, R. D. (2015). *8 keys to forgiveness*. New York: W. W. Norton & Company.

Enright, R. D., & Fitzgibbons, R. P. (2000). *Helping clients forgive: An empirical guide for resolving anger and restoring hope*. Washington, DC: American Psychological Association.

Enright, R. D., & Fitzgibbons, R. P. (2015). *Forgiveness therapy: An empirical guide for resolving anger and restoring hope*. Washington, DC: American Psychological Association.

Enright, R. D., & North, J. (1998) Introducing forgiveness. In R. D. Enright & J. North (Eds.), *Exploring forgiveness* (pp. 3-8). Madison, WI: The University of Wisconsin Press.

Fitzgibbons, R. (1998). Anger and the healing power of forgiveness: A psychiatric view. In R. D. Enright & J. North (Eds.), *Exploring forgiveness* (pp. 63-74). Madison, WI: The University of Wisconsin Press.

North, J. (1998). The "ideal" of forgiveness: A philosopher's exploration. In R. D. Enright

& J. North (Eds.), *Exploring forgiveness* (pp. 15-34). Madison, WI: The University of Wisconsin Press.

Tutu, A. D. (1998). Without forgiveness there is no future. In R. D. Enright & J. North (Eds.), *Exploring forgiveness* (pp. xiii-xiv). Madison, WI: The University of Wisconsin Press.

Yandell, K. E. (1998). The metaphysics and morality of forgiveness. In R. D. Enright & J. North (Eds.), *Exploring forgiveness* (pp. 35-62). Madison, WI: The University of Wisconsin Press.

「你瞭解了嗎？」試題解答 *Answer Key*

題號	1.	2.	3.	4.	5.	6.	7.	8.	9.	10.	11.	12.	13.	14.	15.
解答	c	b	c	d	d	a	b	b	d	c	a	c	b	a	b

第十二章

◆

史奈德的希望理論諮商學派
Snyder's Hope Theory

創始者
查爾斯·理查德·史奈德
Charles Richard "Rick" Snyder（1944-2006）

—— 本章要義 ——
人生的每一天都是希望之旅。

> 每個諮商學者都有其人生故事，這是史奈德的故事……

第一節 ◦ 史奈德的人生故事

　　1944 年 12 月 26 日史奈德出生。父親是推銷員，母親是小學老師。從小到大每年搬一次家，住過許多氣候和環境都很不同的州。這種冒險的童年使他能夠與任何人輕鬆交談。同事們讚賞他與人情感聯繫的天賦，說他很容易親近，在關係互動中，是「施比受更有福」的奉行者。

　　青年時期，史奈德是金手套業餘拳擊手（Golden Gloves amateur boxer）。從美國南方衛理公會大學（Southern Methodist University），獲得學士學位，並從范德比爾特大學（Vanderbilt University）獲得心理學碩士、博士和博士後研究，主修臨床心理學和輔修研究法。1972 年獲聘為堪薩斯大學（University of Kansas）心理系教授，於 1974 到 2001 年期間，擔任臨床心理系的主任。

　　史奈德原是研究「藉口」（excuse），從研究中發現，人們很容易用藉口把責任推卸給他人，以便能維護自我的形象。然而「藉口」雖可以讓人暫時逃避不期待的目標；但相對地，希望卻能鼓舞人去追求所期待的目標。因著這樣的體會，史奈德開始轉向探索人們的希望感，並逐步發展出希望理論（駱芳美、郭國禎，2011；Lopez, Harvey, & Maddux, 2006; Maines, 2006; Snyder, 2000; Snyder & Higgins, 1988b）。其間他也研究寬恕，探討「如何透過寬恕讓未來變成無限可能」，但他更喜歡探究「如何透過希望讓人們和未來積極與正向的機會相聯結」（Lopez et al., 2006, para. 7）。更用他的人生教導人們如何愛人與被愛、如何自我解嘲、如何熱愛工作、如何克服困難，以及如何成為一個更好的人（Lopez et al., 2006）。

壹、「希望」研究的起始點──找不到「希望」的圖書館之旅

提到研究「希望」的起源，史奈德分享這樣一個故事。他說那是在 1987 年，申請到教授休假，但平常忙慣的他，突然有一大把的時間在自己手上，感到有點驚恐，就想趕快找個研究主題讓自己在休假期間有事可忙。那時他剛過 42 歲的生日，對人生的方向有些迷茫，便想起「希望」這個主題。但要如何開始呢？「當然應該是從書堆裡去找靈感吧！」（Snyder, 1994, p. ix），便去了圖書館。因這主題太新不知要從哪裡開始找資料，他就去問櫃台的人：「請問我在哪裡可以找得到希望？」（Where can I found something on hope?）他天真地期待著一些神奇的指引：「也許她知道我不知道的東西？」孰料圖書館員聽了後笑了笑，回問他：「請問你在尋找什麼樣的希望？」（What kind of hope are you looking for?）不想顯得太笨他退後一步，輕聲地說：「沒關係，我自己去找！」「對不起，您在說什麼？」圖書館員如此回應。「沒事，謝謝！」不想繼續尷尬下去，史奈德趕快識趣地離開。無奈遍尋圖書館都找不到相關的資料，感覺像在做困獸之鬥，便決定離開。

誰知道要穿過出口的通關口時，突然警鈴大響，引來眾人的眼光，大家好奇地要看偷書賊是誰？這時被卡在出口處的史奈德被叫到櫃台前，由一位 19 歲的圖書館員負責審訊。她表情嚴肅地說：「先生，我能看一下你的公事包嗎？」他聽命地打開，圖書館員見公事包裡只放有紙、筆和領帶，赦他無罪，圍觀的人沒戲可看就悻悻地離去。史奈德開玩笑地說：「我發展希望理論的起步雖不像印第安納・瓊斯（Indiana Jones）的電影情節那般地神勇，但這股挫折感促使我到圖書館之外去尋找希望」（Snyder, 1994, p. x）。從到處從訪問和觀察人際互動的過程中他蒐集到許多關於希望的故事與素材，開始架構希望理論的概念（Snyder, 1994）。

貳、在國家網絡電視台上展現「希望」的實驗

2000 年，史奈德與其他幾位正向心理學者一起參加了在國家網路電視台《早安美國》（Good Morning America）專集，分享關於社會科學對美好生活的貢獻。為了證明如何將希望理論付諸行動，史奈德當場進行實驗。史奈德邀請三位參與者（主持人、醫學家和氣象家）參加冷壓任務，請他們將右手浸在冷凍水箱的底部看能忍耐多久。片刻之後，氣象家移開了手。主持人與醫學家則繼續奮戰，直到節目要進廣告，醫學家也受不了了。主持人雖然感到痛苦，但發誓在廣告期間仍堅持會將手放在冰凍的水中。廣告結束後，主持人完成任務問史奈德，冷壓任務與希望有什麼關係。史奈德平靜地為聽眾詳細介紹了希望理論的基礎，以及希望與忍耐之間的聯繫。最後他透露，三位參與者在演出前就填了希望量表，結果顯示他們在量表上的得分準確地預測了每個人能夠忍受冰凍冷水的長度。這個結果讓觀眾相當驚奇。

羅佩茲等學者（Lopez et al., 2006）讚譽說：「抱持希望就是史奈德的人生態度，他熱情地在希望實驗室（hope lab）進行研究，探討希望對人們日常生活中的助益。因對希望信念的相信，史奈德勇敢地向成千上萬的觀眾展示希望，讓大家見識希望的神奇之處」（para. 5）。

參、用「希望」面對「痛」的快樂天使

史奈德本身就是一個快樂的天使，不喜歡太拘謹的生活態度，最喜歡說的話是：「如果你不會嘲笑自己，你就失去了最好笑的笑話了。」他經常嘲笑自己做的事情，也不忌諱說：「我不知道」和「我搞砸了」。他常會逗周邊的人發笑，就是希望別人不要以太嚴肅的態度看待自己。

看到這裡，你可能會想史奈德一定是個健康的人，才能如此快樂又生龍活虎的。其實史奈德在其人生的最後 15 年中一直有慢性的胸部和腹部疼痛的困

擾。疼痛的根源從未確定，危險的手術和積極的治療措施並沒有減輕他的疼痛（Lopez et al., 2006），但他卻很少把「痛」掛在嘴裡。史奈德指導的博士候選人肖雷（Hal Shorey）說：「你可能一年才會聽到他提一次痛；反過來，他把疼痛轉化為研究的動力」（Maines, 2006, para. 8），「他可以同時兼顧許多很難處理的事情，但卻能讓每件事情都有不錯的進展」（Maines, 2006, para. 11）。史奈德總共出版了 23 本書和發表了數百篇文章，並獲得了 31 項研究獎和 27 項教學獎。

他不僅透過學術研究去探討「希望」，也在每天的生活中用自己去見證希望與痛苦承受能力之間的關係。即使在 2005 年 12 月下旬被診斷出患有移行細胞癌（這似乎與他的慢性病無關），他也坦然面對（Lopez et al., 2006）。史奈德的兒子扎卡里（Zachary）說父親會勉勵他：「人生旅程可以有很多的通路，實現目標的道路上也常存有障礙。但不管如何你都是有希望的，每一趟旅程都是希望之旅」（Maines, 2006, para. 27-28）。

肆、史奈德的叮嚀──請在自己的小角落灌注「希望」

史奈德到醫院去探望甫初生的小孫女時，體會到不管送什麼禮物總會有用完的時候，唯有「希望」這項禮物才能讓她一輩子受用不盡（駱芳美、郭國禎，2011，頁 3；Snyder, 1994）。同樣地，「史奈德的人生目標是要把希望傳播給世界」（Maines, 2006, para. 1）。他想留給世人一個「永垂不朽的禮物」（the lasting gift），就是「希望」。雖然 2006 年 1 月 17 日，62 歲的史奈德因癌症去世，讓很多愛他與被他愛的人萬般不捨。但誠如 2004 年，他在《世界》（World）雜誌所提的：「我的目標是讓人們能過著富有希望的生活。即使人數可能不多，但我相信只要每個人都願意在自己的小角落灌輸『希望』，『希望』就會像漣漪般擴散開來，就可以帶出很大的改變」（Maines, 2006, para. 2）。

第二節。希望諮商的理論

希望就是你為追求目標時所持有的精神意志力和行動能力的總和。

Hope is the sum of the mental willpower and waypower

that you have for your goal.

（Snyder, 1994, p. 5）

壹、到底什麼是希望呢？

一、希望的神話故事──潘朵拉的嫁妝盒

在希臘神話中，有個泰坦神族的神明普羅米修斯（Prometheus），此名字有「先見之明」（forethought）之意。他與智慧女神雅典娜（Athena）共同創造人類，普羅米修斯負責用泥土雕塑出人的形狀，雅典娜則為泥人灌注靈魂，與教導人類知識。當時奧林匹亞眾神之王（king of the Olympian gods）宙斯（Zeus）禁止人類用火，普羅米修斯看到人類生活困苦，便從阿波羅那裡偷取了火，好讓人類能過著較為文明的生活。這事觸犯了宙斯，為了報仇，眾神創造了潘朵拉（Pandora），將她送到人間來勾引普羅米修斯的兄弟。她帶著嫁妝盒（照片 12-1），但眾神警告她不可以打開。潘朵拉無法抵擋好奇心的誘惑打開了蓋子，只見一大堆瘟疫噴湧而出。絞痛、痛風和風濕病等疾病進入了身體（body），苛薄、不友善、嫉妒和報仇等消極負向情緒進入了心理層面

（mind）。潘朵拉急忙將蓋子蓋回去，發現裡面唯一剩下的就是「希望」
（hope）。她真的及時把蓋子蓋上保留希望嗎？史奈德說應該沒有。如果希望
沒有跑出來，為什麼人們對希望總是給予如此巨大的關注呢？

　　這個故事到底要傳給我們什麼訊息呢？希望帶給世界的到底是禍？還是福
呢？

二、辨別真或假的希望

　　有人將希望視為詛咒，認為它是完全沒有現實基礎的一種幻想。例如 17 世
紀的英國哲學家培根（Francis Bacon）就形容說：「希望是好吃的早餐，但卻
是難吃的晚餐」（Snyder, 1994, p. 3）。史奈德強調：「缺乏現實基礎的希望就
等於是絕望。希望與實際必須是繫在一起的」（Snyder, 1994, p. 3）。提里奇
（Tillich）也提醒我們：「抱持著希望對愚者來說是簡單的，但對智者來說卻是
一件不容易的事。人們都很容易迷失在虛假的期望中，能夠擁有一個真實的希
望是很難得卻也是最可貴的」（駱芳美、郭國禎，2011，頁 4-5）。

　　史奈德將真實的希望界定是具有目標導向（goal-directed），並能規劃出要
如何從自己目前所處的所在地走到想要達到的目的地的方法。簡單來說希望理

論是幫助「你能夠從這裡走到那裡」（You can get there form here）的理論模式（Snyder, 1994, p. 5）。

貳、希望的定義

想像你想去一趟旅行，旅行的目的會是要去什麼地方、看什麼人或要做什麼事。這趟旅行能否成行，除了看目標是否具體外，還有兩個要件，一個是規劃路徑（path）的行動力思維（waypower thinking），一個是帶出能量（agency）的意志力思維（willpower thinking）。所謂行動力思維是指：「個人是否相信自己有能力為所希望達到的目標，規劃出實際可行的方法」（駱芳美、郭國禎，2011，頁 8）。意志力思維指的是：「人們覺知到自己可以達到目標的能力」（駱芳美、郭國禎，2011，頁 9）。所以「希望的旅程需有想實現的目標，與實現該目標的路徑的行動力思維以及催促自己往前行的能量的意志力思維」（Snyder, McDermott et al., 1997, pp. 2-3）。

具體來說，「希望就是你為追求目標時所持有的精神意志力和行動能力的總和」（Snyder, 1994, p. 5）。構成希望三個基本的心理要素分別為：目標（goals）、路徑（行動力思維）〔pathway（waypower）〕和能量（意志力思維）〔agency（willpower）〕，以下將分別加以解釋（Snyder, 1994, 2000; Snyder, McDermott et al., 1997; Snyder, Rand, King, Feldman, & Woodward, 2002）。

一、旅程的終點：目標

希望理論第一個要素是目標。發展此概念的靈感來自英國詩人科爾里奇（Samuel Coleridge）所提的：「沒有目標的希望是枉然的」（Snyder, 1994, p. 3; 2000, p. 9）。

（一）目標在希望中的意義

人生旅程若能找到可以聚焦的目標時就會讓人有希望感。目標可以是人、地、事或物；可以是無形或是有形的；可以是短期或長期的。人們會用「我要

……」（I want...）來表達自己想要追尋的目標。每個人尋找目標時所花的時間與方法也許不同，例如有人可能會去詢問專家，有人會去看書或搜尋網路，有人可能是安靜地思索等因人而異（如圖 12-1 的人有三個想追尋的目標）。

　　當找到一個清楚的目標後，它就成為人們在那個時間點人生的聚焦（如圖 12-2 的人決定了目標二是自己的聚焦點）。「目標取向」（goal-oriented）是人與生俱來的本質，就像心理學家阿德勒（Alfred Adler）說過的一句話：「沒有目標我們就無法思考、感覺、定下志願或採取行動」（Adler, 1964, p. 68）。想想我們每天的生活，從早上醒來到睡覺為止，甚至可能在夢裡，不都是一直在

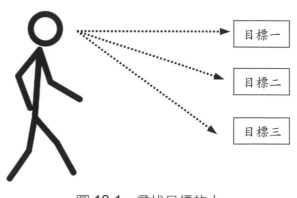

圖 12-1　尋找目標的人

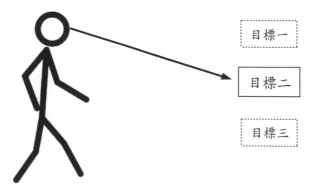

圖 12-2　聚焦於設定的尋找目標

往某個目標前進嗎？即使目標物可能有變，只要是引導你去前行或去執行某些事情的，都可稱為是一個目標。即使不去訂目標也是一個目標。

（二）設定適當目標的要件

真正的希望是建立在現實的基礎上，「虛假的希望感則是脫離現實的幻想」（Snyder et al., 2002, p. 1005），「虛假的希望是來自於所設立的目標不適當」（Snyder, Rand, King, Feldman, & Woodward, 2002, p. 1007），所以設定目標時不可不慎。下面將探討什麼樣的目標是不適當及其改正之道（Snyder et al., 2002）：

1. 所設定的目標應符合個人和社會價值觀以及自我概念

在設定目標時要考量的是該目標是否符合設定目標者的價值觀和自我概念，若是符合的話，不僅會增進追求者努力的動力，對增進心理健康和希望感的提升會是相當有幫助的。此外要提醒的是，希望感講求的目標是須符合價值觀的。

2. 所設定的目標應符合個人的能力

所設定的目標應符合目標追求者的能力，追求配合自己能力的目標，較容易讓目標追求者因對自己的表現感到滿意而增進其希望感。目標過於崇高超過自己當時的能力所及，則是屬於虛假的希望感。萬一達不到，可能會影響到心理的健康或增加不適應的狀況。

3. 所設定的目標應是具有可實現性

設定目標時很重要的是要衡量目標的可實現性。若目標是具體可行而非抽象的，其實現性就會增加。若目標訂得太廣，可設出子目標以增加其可達成性。清楚的目標有助於目標追求者瞭解自己進步與目標達成的狀況。另外也可以把目標分為可達成目標（attainment goal），還是可再次達成的目標（reattainment goal）。換句話說，若曾經達到過這一目標（或與之相似的目標），那麼可達到的程度通常會更高。

4. 目標的數量勿超過自己所能負荷的

對於高希望感的人設定多一點的目標是好的，因為這樣可以讓其目標多樣化，若一個目標未達到或受到阻礙，可以去追求另外一個目標。但是當一個人訂了太多的目標卻未能完成任何一個目標，這是虛假希望感的一個警訊。所以人們設定目標的數量必須是在自己能夠達到最有效效果的前提之下來決定。

5. 若設定多個目標，則要列出明確的優先順序

設定多個目標時應考量彼此間是否有衝突性。例如想要修很多課拿好成績，但又要打很多工賺很多錢；甚至有些打工的時間和上課的時間都相衝突了，這時就得清楚每個目標重要性的優先順序，才知道如何取捨。因為衝突的目標會影響身體的健康並造成心理的問題。

二、設定路徑：行動力思維

（一）路徑在希望中的意義

希望理論第二個要素是路徑，設定路徑需要的是行動力思維。有了明確的目標，若缺乏實現目標的路徑，目標的實現就會受到阻礙；反之，若能針對該目標進行的計畫越多，就越有可能找到實現目標的主要途徑。所謂計畫當然就是尋找如何達到目標的方法。如果順利的話，就如同圖 12-3 一樣，人們可按照所計畫的路徑達到目標。

行動力是一種心理能力，可以幫忙找到一種或多種有效路徑來實現自己的目標。這種相信自己有能力做出路徑計畫的思維對行動力的提高至關重要。通常，目標越明確地界定，越容易有效地進行計畫。越重要的目標不僅可以喚起精神意志力，也越能激發行動力的靈感而能計畫出更多的路徑。而先前選用路徑的成功經驗也有助於激發行動力在路徑思考時的靈活度。大腦會將那些經驗記憶起來，並負責組織和計畫來設計路徑（Snyder, 1994）。（註：在本章，「路徑」主要是用來指具體的計畫，「行動力」或「行動力思維」主要用來指

圖 12-3　有了目標後就需要設定路徑

（參考 Snyder, McDermott et al., 1997, p. 5）

計畫路徑的思維，但有些地方因不好區分，則會以路徑的行動力表明。這幾個詞基本上是可以互換使用的。）

（二）設定適當路徑的要件

選擇不當的路徑來追求目標的達成，是虛假的希望感的警訊。古語說：「差之毫釐，失之千里」，所以設定路徑時不要失之大意。下面將探討適當路徑的要件（Snyder et al., 2002）。

1. 路徑應與價值觀相配合

所設的路徑與目標追求者的價值體系應一致。若兩者相似，使用起來更有效。若不一致，即使達到目標也不太會讓目標追求者感到滿意，甚至可能會產生空虛感。

2. 路徑應以不影響生活品質為原則

要確定所設定的路徑是否有益的方法是檢查案主生活品質的保持。可以問：「所設定的路徑對你的生活品質有什麼影響（例如，身體健康、人際關係的質量等）？」例如，如果案主的目標是參加大學摔角隊，就得符合體重的標準，而案主可能選擇了不健康的途徑來實現這一目標。請注意，在這種情況下，目

標本身並沒有什麼不健康的地方（例如，參加摔角隊）；是追求目標的策略或途徑有問題。

3. 路徑應與案主的能力相配合

路徑設立很重要的是應配合案主的能力。除非提供機會讓案主學習新技能，否則若是所使用的路徑是案主所不具備的技能，將使他們感到沮喪，所以用熟悉的技能當路徑是較為明智之舉 。

4. 該路徑所需時間的長短要配合自己的狀況

追求目標所需要的時間長度也是考量所選路徑質量的另一個要點。如果案主要花費比預期更長的時間來實現目標，那麼就需要對所選策略進行一些審查。

5. 鼓勵對過程的享受

其實達成目標的過程本身就是目標、就是一種學習，所以要鼓勵對追求目標的過程的享受非受苦。例如有些人可能並不急於實現自己的最終目標，因為他們從目標的追求中獲得了很多滿足感。

6. 設定路徑要有彈性，遇到阻礙的時候能有達到目標的替代性路徑

萬一原來所設定的路徑遭到阻擾了呢？這時行動力的思維就要根據先前的成功經驗去設定出可行的替代路徑，幫助人們達到原來所設定的目標（如圖 12-4 所示）。不管這替代路線是在遇到阻礙之前或之後設定，行動力思維的本質就是強調在規劃路徑時具有彈性是相當重要的。

三、能量：意志力思維

（一）能量在希望中的意義

希望理論第三個要素是能量，它是一股精神能量，是對於目標達成的決心和承諾的意志力，對人們朝著目標的邁進是一股很重要的推力（見圖 12-5）。當人在說「我可以」（I can）、「我將試試看」（I'll try）、「我準備要去做

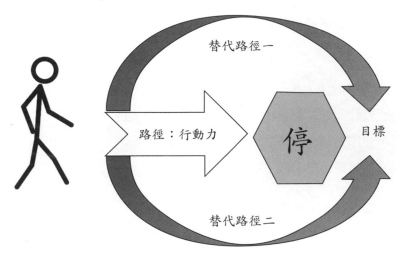

圖 12-4　透過替代的路徑達到目標

（參考 Snyder, McDermott et al., 1997, p. 5）

圖 12-5　意志力能量推動行動力路徑去達到目標

了」（I'm ready to do this）時就顯示他們願意盡其所能來達到目標的能量。當目標很具體、所設定的路徑也有完善的規劃時，就會是一個人能量最強大、達成目標最具承諾的時刻（Snyder, McDermott et al., 1997）。

　　人們產生能量的意志力有一部分是來自過去追求目標時身心的經驗；但是要提醒的是，這種意志力不是透過追求簡單、沒有任何障礙的輕鬆目標而獲得

的。相反地，它是根據人們克服壓力與阻力的情境所獲得的經驗與知識，以及從精神奮鬥中所產生的能源。事實上，「最有意志力與能量的人是從先前的艱苦中走出來的人」（Snyder, 1994, p. 7）。（註：本章會以「能量」表明承諾與追求目標的整體精力，以「意志力」或「意志力的思維」表達一種決心的思維，有時候很難區分，就會以意志力的能量來表達。這幾個詞基本是可以互換使用的。）

（二）增進能量的要件

能量是推動人們往目標前進的重要推力。到底有哪些狀況可以增進能量呢？下面將逐一加以探討（Snyder, 1994; Snyder et al., 2002）。

1. 對目標與路徑要有清楚的認識

正向的能量是來自於清楚所追求的目標和所用的方法是什麼；相反地，若目標和路徑是他人設定的，而目標追求者也搞不清楚狀況，其能量就很難能提升到所需要的程度。若目標和路徑必須是他人設定的（例如必修課），則應幫助目標追求者瞭解其與自己想追求的大目標的相關（如解釋該門課對其主修的助益），如此追求該目標的能量會有所增長。

2. 所設定的目標和路徑與自己的興趣和價值觀相符合

能量是催促人們按所設定的路徑，去追求所設定的目標的意志力，如果目標與路徑與目標追求者的興趣和價值觀相配合，對能量的提高有促進的作用。

3. 瞭解自己的潛能將如何被使用且要多運動

若瞭解自己的潛能與所追求的目標追求是相配合的，以及清楚在什麼狀況下會應用到哪些能力，這樣會讓目標追求者有較高的能量來往前衝。特別若將目標專注在開發個人潛能裡的強項，而不是將重點放在補強弱點，則會有助於能量的提升。在過程中若允許案主可以去探索自己所能和已經發展的潛力，也會有助於希望感的提高。透過運動，不僅可以激發積極性的情緒，也可以與外

在環境互動，這對於能量的增強也是很有助益的。

參、高希望感與高行動力的特質

一、高希望感 vs.低希望感

　　高希望感（high-hope）的人有勇氣去追求自己的目標，較少自我懷疑。面對追求目標的道路時，他們清楚知道未來可能會遇到困難，但因對目標的渴望以及相信自己解決問題的能力，他們不會感到焦慮或想要找藉口去逃避，反而將其視為是一段令人興奮和鼓舞，且是充滿新鮮和有趣的追求夢想之旅。

　　低希望感（low-hope）的人常會逃避追求自己的目標，他們的疑慮和不相信自己是可以克服困難的念頭往往就成了自己往前走的障礙。看著通往實現目標的道路時，他們看到或想像那道路上到處都是坑窪並充滿曲折和轉彎，這使他們迴避了旅程，他們常會告訴自己：「我不認為我能承擔全部責任」、「即使我不太開心，也最好還是待在原來的位置安全些」（McDermott & Snyder, 1999）。

二、高行動力 vs. 低行動力

　　高行動力（high-waypower）的人不僅著眼於更大的目標，還知道如何將目標分解為小部分的方法。因能將目標分成細小的部分，就較容易起步。而且高行動力的人在必要時會尋求他人的幫助，會向已完成目標的人討教什麼是完成目標最有用的方式。除了請教資訊外，也可以請求他人的協助。當缺乏實現目標的必要技能時，高行動力的人會意識到，並準備學習它們。必要時會採「以退為進」的策略，知曉先往後退一步，有助於繼續前進衝力的增加。「改變目標不表示是失敗。即使決定暫停追求某個目標，仍會從該過程中學到寶貴的經驗」（McDermott & Snyder, 1999, p. 106）。不同於高行動力者通常有能力覺知到許多方法可達到目標；低行動力者只能覺知到少許可達到目標的方法，也不太懂得要如何將目標分解為小部分的方法，一看到目標過於雄偉，就望之卻步，

也不敢向人討教。也因此經常在計畫還沒開始時就先放棄了（McDermott & Snyder, 1999）。

肆、希望的整體概念

希望理論是強調人類動機的認知模式，相信每個人都有能力去架構富有希望感的思維。「希望是人類福祉的核心」（Snyder, McDermott et al., 1997, p. xi），不論遇到何種情境，只要人們願意用希望的角度去觀看，專注於所遇到情況的積極正向的一面，都可以將劣勢的失意感轉換成有優勢的希望感（Lopez, Floyd, Ulven, & Snyder, 2000）。

「希望＝能量（意志力）＋路徑（行動力）」，「在追求目標的過程中，人們的能量（意志力思維）與路徑（行動力思維）兩者缺一不可，且是相加的關係，只有不斷透過兩者相輔相成，個體才能繼續往目標邁進（駱芳美、郭國禎，2011，頁9）。

希望理論的整體架構如圖 12-6 所示。最左邊這一欄可看出，個體目標導向的思考是從其過去學得的經驗所塑造的路徑（行動力思維）與能量（意志力思維）開始的。第二欄是情緒欄，會受到過去追求目標經驗的影響。過去正向的經驗會培養出對目標追求有高希望感；反之，就會對目標追求缺乏希望感。第三個欄位是對結果的評價，若是正向的，追求該目標的意願就會較強而進入第四個欄位的路徑與能量；否則就會打消追求該目標的念頭。第四個欄位下面出現一個意外事件，難免會對追求目標的情緒造成影響。第五個欄位是顯示在追求目標的過程中難免會遇到壓力的情況而引出不同的情緒反應，而影響個體的路徑與能量，與希望感的高低。最後一個欄位是結果，如果追求目標的結果是成功的，積極的情緒會回流到前面的步驟，而增強下次面對新目標的希望感；反之，希望感就會減弱（駱芳美、郭國禎，2011; Snyder, 2002）。

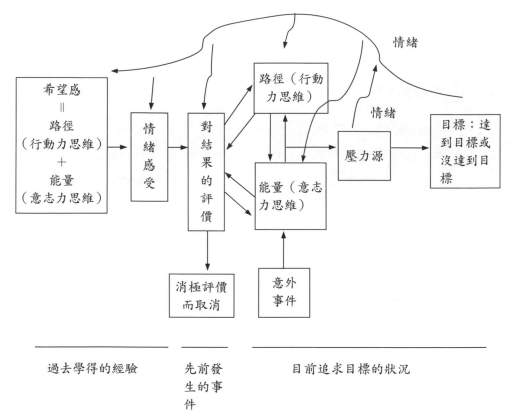

圖 12-6　路徑（行動力思維）、能量（意志力思維）與目標追求間的關係流程
（參考駱芳美、郭國禎，2011，頁 12；Snyder, 2002, p. 254）

第三節。希望諮商的策略

要找到希望，你必須要先踏上旅途。

而充滿希望的思維也會幫助你在人生道路上取得更大的成功。

To be hopeful, you must embark on a journey. In turn, hopeful thinking helps you travel the road of life with more success.

（McDermott & Snyder, 1999, p. 6）

壹、諮商目標

一、建立富有希望感的關係

若要幫助案主增加其希望感，諮商師應以同理心、信任與瞭解的態度來對待案主，用積極性的語言和態度與案主互動，幫助案主探掘希望的曙光。不僅如此，諮商師也鼓勵案主在生活中與他人建立富有希望感的關係，即是多與會給予支持與鼓勵的人互動，以有助於增加希望感及追求目標的動力（駱芳美、郭國禎，2011；Lopez et al., 2000; Snyder, Cheavens, & Symptoms, 1997）。

二、增強希望感

在諮商過程中，諮商師應專注於探討所遇到情況積極正向的一面，以幫助案主增強對目標達成的希望感。當此希望感提高時，案主對處理其他問題的希望程度也會相對提高（Lopez et al., 2000）。

貳、諮商師的角色與功能

一、諮商師的角色

（一）灌輸希望的教育家和示範希望榜樣的人

　　諮商師是負責灌輸希望的教育家。在諮商過程中將希望植入案主的認知理念中，相信自己有能力處理所面臨的困難。人們無法給別人自身沒有的東西，沒有希望感的諮商師無法灌輸希望給案主。諮商師的要務是要讓案主從其語言和行為上看到希望的榜樣（Lopez et al., 2000; Snyder, McDermott et al., 1997）。

（二）探掘希望的偵探家

　　希望理論諮商師要以偵探家的敏銳度，去幫助案主探掘其希望感及其路徑和能量的來源與程度（Lopez et al., 2000）。

二、諮商師的功能

（一）灌輸希望感是每個人都可以擁有和學得的

　　有人可能會誤以為：「希望感只提供給樂觀的人」。其實不是，希望感是給每個願意追求與學習的人，不管多大的年紀，都可以學得有希望的想法。即使樂觀的人若沒有學習如何做審慎的計畫，那種希望感是空洞的（駱芳美、郭國禎，2011；McDermott & Snyder, 1999; Snyder, 1994）。

（二）澄清真實的希望是目標導向而非隨意而行的

　　諮商師應提醒案主真實的希望，是透過思考與設定目標，去計畫如何從目前的所在地走到想要達到的目的地的方法（駱芳美、郭國禎，2011；Snyder, 1994）。

（三）鼓勵案主從身體力行中去探掘希望

希望諮商的過程並非紙上談兵，案主必須要付諸行動，才能探掘到希望。「要找到希望，你必須要先踏上旅途。而充滿希望的思維也會幫助你在人生道路上取得更大的成功」（McDermott & Snyder, 1999, p. 6）。

參、諮商策略與過程

要幫助案主建立希望，可從探掘希望（hope finding）、架構希望（hope building）和希望的提醒（hope reminding）三個階段著手，下面將介紹每個階段可以用到的諮商策略（駱芳美、郭國禎，2011；Lopez et al., 2000）。

一、探掘希望

（一）評量希望策略

1. 填寫希望量表

「希望」不是一個模糊的概念，透過史奈德的「希望量表」（Hope Scale）（表 12-1）就可以測量出希望感的等級（Snyder et al., 1991）。

2. 計算分數的方法和所代表的意思

希望總分的計算，是將每題所填答的數字相加。計算能量（意志力）的得分是把奇數題的分數加總；計算路徑（行動力）的得分，則是把偶數題的分數加總。得分的解釋如表 12-2 所示。

要提醒的是這些分數雖是代表自己生活中的能量（意志力）和路徑（行動力），但希望感是可以透過學習而獲得的。除了用希望量表測量外，可以透過寫自己的故事，進一步瞭解自己的希望感、能量（意志力）和路徑（行動力）的高低。

表 12-1　希望量表

指導語：請依你的情況在每個題目前面的空格上寫出最適合你的數字。 1 ＝完全不符合，2 ＝大部分不符合，3 ＝大部分符合，4 ＝完全符合

_____1. 我盡全力追求自己的目標。

_____2. 我可以想到許多擺脫困境的方法。

_____3. 過去的經驗為我的未來做好了充分的準備。

_____4. 任何的問題都有很多解決的方法。

_____5. 我的人生到目前為止都很成功。

_____6. 我可以想到許多方法來獲得生活中最重要的東西。

_____7. 我實現了自己所設定的目標。

_____8. 即使別人都很沮喪了，我知道我可以找到解決問題的方法。

希望總分	能量（意志力） （奇數題總分）	路徑（行動力） （偶數題總分）

（McDermott & Snyder, 1999, p. 18）

表 12-2　希望程度的得分的解釋

項目	分數	意義
希望總分 （8-32 分）	高於 24 分	經常抱持著希望感
	24 分	具有平均值的希望感，希望程度算高
	低於 24 分	不一定都會抱持著希望感
能量（意志力） 路徑（行動力）	12 分或以上 低於 9 分	可能難以針對目標採取行動
能量（意志力） 路徑（行動力）	低於 9 分 12 分或以上	缺乏執行計畫的能量

（參考 McDermott Snyder, 1999, pp. 18-19）

（二）書寫故事策略

史奈德相信「講述自己的故事是瞭解自己人生希望的方式」（McDermott & Snyder, 1999, p. 26）。書寫故事策略的目的就是要幫助案主從屬於自己的人生故事中找到希望。

有人可能會好奇為什麼這裡強調的是「寫」故事，而不是「說」故事，或用「想」故事呢？用寫的好處是可以回頭再去回味與反思，而且在寫的過程中可以去探索自己的希望感。常寫日記的人常說那是他們成長和維持生活平衡的重要資源，寫故事的用意也是如此。「書寫故事的策略可以包括：人生中發生的某一個特定事件的故事、人生的故事和家族的希望故事」（McDermott & Snyder, 1999, p. 26）。

1. 故事一：書寫人生中發生的某一個特定事件的故事

在開始之前可以先請案主深呼吸一下或做些放鬆技巧，以增進其思考的流暢性。

(1) 書寫故事

請依照表 12-3 的步驟針對其人生中發生的某一件事給予詳細的描述。

表 12-3　書寫自己故事的步驟

第一步：介紹自己 　　想像你是在跟一個陌生人介紹自己，你會怎麼說？任何你認為可以代表自己的資訊都可以擺在裡面。特別是對自己的希望感有影響的因素，更應該放進去。 **第二步：確定目標──從小目標做起步** 　　想一個目前生活中想要做的事給予仔細描述，比如想要做這件事已有多久了，之前是否有嘗試要去付諸行動。如果達到這個目標後對自己的生活會有什麼樣的改變，或會帶給自己的人生什麼樣的意義。 **第三步：描述路徑** 　　在描述路徑前請寫下在思考如何達到目標的路徑時，心中的想法和感覺。覺

表 12-3　寫自己故事的步驟（續）

得有自信可以想出達到目標的路徑嗎？腦海裡已有想法了嗎？想到要規劃這個路徑會感到無力、焦慮或緊張嗎？覺察和接受這些感覺是很重要的，不要逃避它，勇敢地寫下它，要視其為成長的一部分。寫下上述的感覺與想法後，請寫下所有可能的路徑。有一個主要的嗎？還是有好幾個路徑？這些路徑中有沒有哪個是自己最想試的？有沒有哪個是相當困難，根本不可能會成功的？寫下這些想法，因為瞭解自己的行動力是增進希望感很重要的部分。

第四步：思維和感受──給自己的訊息

寫到這裡時你已經定了目標和路徑，你感到積極興奮？消極緊張？還是憂喜參半？是否可以想像自己跟隨著路徑往目標前進？還是還在猶豫不決中？請花一些時間把它寫下來。

第五步：寫下遇到的障礙

這是非常重要的一步，請寫下在追求目標時可能會遇到的困難。描述當遇到困難時你可能會做的反應，逃之夭夭？還是嘗試另一種方法？還是改變了目標？如果都沒有遇到困難，有什麼樣的感受？寫這部分的故事是要探討自己在執行計畫、追求目標的過程中，對所遇到的挫折的反應。

第六步：努力的結果或預期努力的結果

如果這件事是已完成的，請描寫努力的結果（如果還沒有完成的，請描寫預期的結果）。達到（或若達到）目標的感覺如何？這樣的努力值得嗎？這個成功的經驗對下次追求新目標的影響是什麼？如果沒有達到目標，有嘗試轉換到另一個目標嗎？如果有，是影響到什麼方向的改變？對這個轉換目標的感覺是如何？請把所有的想法和感覺都寫下來。

（參考 McDermott & Snyder, 1999, pp. 26-28）

(2) 標記希望：從故事中找尋希望

寫完故事後，鼓勵案主從故事中找出希望的標記（markers of hope），記錄在表 12-4。

表 12-4　希望的標記單

低希望感標記	中希望感標記	高希望感標記

（McDermott & Snyder, 1999, p. 39）

　　可以描述自己的方法很多，所選用來描述自己的字眼就是代表自己希望感的水準。透過標記可用來識別自己在故事中是用什麼樣的詞語來描述自己的想法和感受，是持積極或消極的眼光看待自己？識別這些希望感的標記很重要，因為自己是傳達訊息也是接收訊息的人。每次以正面或負面的方式形容自己時，就會影響自己希望感的增強或減損。

　　但要提醒的是，這裡沒有所謂正確或錯誤的答案，對寫故事的人來說，每個描述都是獨一無二的，而且由於它們是來自個人自己的想法和感受，批評它們是沒有意義的。誠實記載自己的心情和想法對於自我成長會是很有助益的。

(3) 從該故事中找到希望感和希望標記對目前狀況的應用性

　　問案主在該故事中他們所定的目標與現在所定的目標是否一樣？先前採行的策略是否仍適用於目前的情況？如果可以，他們計畫要如何執行？如果不可以，計畫要如何修改？哪些希望的標記可以用來鼓勵自己追求目標的達成？透過這樣做可以幫助案主能從過去的經驗中，學習要如何面對與處理目前的問題（駱芳美、郭國禎，2011）。

2. 故事二：書寫人生故事

(1) 書寫故事

　　書寫人生故事的用意是「可以透過童年時代重要人物所樹立的榜樣看到希望」（McDermott & Snyder, 1999, p. 42）。這個人生故事可以從最早記憶開始，然後在每個人生階段中選擇一個對自己最重要的事件寫下來。

(2) 標記希望

　　寫完後使用表 12-4 希望的標記單，來識別過去的經驗中對自己希望感的影響。若因諮商的時間有限，只能寫到人生歷史的初稿，可以鼓勵案主用它作為起點，每天找時間添加所回憶起的內容或細節。其實當每個人願意去回味早年生活的經驗時，就會找到更多可用來瞭解自己長大後的人生線索，對自己人生的意義更有領悟（McDermott & Snyder, 1999）。

(3) 用歷史故事預測目前遇到的情況和未來可能會有的發展

　　每個人都是撰寫自己人生故事的作者，所以從分享人生故事中，諮商師可以適時鼓勵案主從過去經驗的學習中，預測自己目前遇到的事件在未來可能會有的結果。在進行預測的過程中，專注在設定自己期望達成的目標、思考達成該目標的可能性、可行的路徑，以及達到目標的能量。透過此增進面對目前困境的動力（駱芳美、郭國禎，2011）。

3. 故事三：書寫家族的希望故事

　　史奈德相信「家族故事可傳遞希望的信息」（McDermott & Snyder, 1999, p. 47）。例如，父母可能會以「記得我小時候……」的方式告訴孩子他們成長過程中的經歷，並從中將家庭的價值觀以說故事的方式傳達給下一代。從長輩成長的經驗可能會透露出含有勇氣和決心的重要信息，以及所抱持的希望程度對其成長的影響。也因此諮商師鼓勵案主將記得的一些家庭故事寫下來，書寫後對其進行回顧，從家族史中去發現希望的痕跡，以瞭解它們所蘊含的信息（McDermott & Snyder, 1999）。

二、架構希望

（一）設定目標的策略

　　人的價值觀、態度和行為可以歸為九個生活領域（life domains）。有學業、家庭、休閒、個人成長和發展、健康與健身、親密關係、社交關係、精神和工

作（McDermott & Snyder, 1999）。但在設定目標時應該從哪個生活領域著手呢？可以用表 12-5 讓案主去比較他們在九個生活領域的重要性與滿意度；之後再用特定領域的希望量表去評量案主在某個特定領域的希望感程度；最後再從中找出想聚焦的生活領域，並根據該領域設定出具體的目標。

1. 比較九個生活領域的重要性與滿意度

讓案主以表 12-5「生活領域問卷」（Life-Domain Questionnaire）來評量自己認為這九個生活領域對自己的重要性與滿意度的程度。

表 12-5　生活領域問卷

請用 0、50、100 三個數字評量你對這九個生活領域的重要性與滿意度如何。
重要性的評量：0 ＝完全不重要，50 ＝中等重要，100 ＝相當重要
滿意度的評量：0 ＝完全不滿意，50 ＝中等滿意，100 ＝相當滿意

領域	重要性的評量（請圈選）			滿意度的評量（請圈選）		
學業領域	100	50	0	100	50	0
家庭領域	100	50	0	100	50	0
休閒領域	100	50	0	100	50	0
個人成長和發展領域	100	50	0	100	50	0
健康與健身領域	100	50	0	100	50	0
親密關係領域	100	50	0	100	50	0
社交關係領域	100	50	0	100	50	0
精神領域	100	50	0	100	50	0
工作領域	100	50	0	100	50	0
缺乏平衡的生活領域是：						
對所缺乏平衡的生活領域的想法和感覺是：						

（參考駱芳美、郭國禎，2011，頁 41；McDermott & Snyder, 1999, p. 65）

如果重要性與滿意度兩邊所得的分數一樣，表示在該生活領域平衡得很好；如果分數一高一低，表示在該生活領域缺乏平衡。做了比較後可以請案主寫下對於缺乏平衡的生活領域想法和感覺，以便能釐清自己想要有的改變與想改變的方向。

2. 評量在每個特定領域的希望程度

　　要選擇目標時，除了瞭解案主對九個生活領域的滿意度與重要性外，很重要的是要清楚其對不同生活領域的希望感如何。特別是對於重要性與滿意度評估上有所差異的，可能要留意一下。因此史奈德針對上述的九個領域各自發展了一份生活領域特定希望量表（Domain-Specific Life-Hope Scale），來評量人們對每個特定領域的希望感程度（表 12-6 至表 12-14）。每一個量表均包含意志力和行動力的題目，可以加總得出自己在該領域的希望分數（McDermott & Snyder, 1999）與所代表的意義（表 12-15）。如果案主在某個生活領域的重要性和滿意度是相同的分數，表示該領域達到平衡，而該領域也不是他們需要再努力的重心，則可以考慮不必讓他們做該領域的希望量表，除非案主有興趣想要做。

3. 選擇要設定目標的領域

　　將表 12-5 評量每個領域的重要性和滿意度的數字再圈選到表 12-16 上，也可以允許案主做必要的修改，並鼓勵其分享想修改的原因。然後把表 12-6 到表 12-14 所得的希望程度圈選在表 12-16 上。根據這些資料選擇要設定目標的領域，並填寫後面的三列。

表 12-6 　學業領域的希望量表

| 請按自己的情況選出最適合的答案。1 ＝完全不符合，2 ＝大部分不符合，3 ＝有些不符合，4 ＝些微不符合，5 ＝些微符合，6 ＝有些符合，7 ＝大部分符合，8 ＝完全符合 |

_____1. 我知道如何在學校得到好成績（行動力）。
_____2. 我在功課上全力以赴（意志力）。
_____3. 我知道如何面對課程上的挑戰（行動力）。
_____4. 即使遇到學業上的困難，我也總能找到獲得成功的方法（行動力）。
_____5. 到目前為止我的學業表現都很不錯（意志力）。
_____6. 我知道如何在課業上有好的表現，這對我來說是最重要的（行動力）。
_____7. 我過去的學術（業）經驗為我將來的成功做好了準備（意志力）。
_____8. 我得到我想要得的成績（意志力）。

行動力	意志力	希望（行動力＋意志力）

（參考 McDermott & Snyder, 1999, p. 70）

表 12-7 　家庭領域的希望量表

| 請按自己的情況選出最適合的答案。1 ＝完全不符合，2 ＝大部分不符合，3 ＝有些不符合，4 ＝些微不符合，5 ＝些微符合，6 ＝有些符合，7 ＝大部分符合，8 ＝完全符合 |

_____1. 我知道如何與家人快樂地相處（行動力）。
_____2. 我全力維護家庭關係（意志力）。
_____3. 對我重要的事情上我知道如何讓家人一起參與（行動力）。
_____4. 我的家庭生活還滿好的（意志力）。
_____5. 即使意見上有分歧，我們家人最終都可以找到解決的方法（行動力）。
_____6. 我與家人的關係是我所期望的模式（意志力）。
_____7. 有許多方法可以與家人分享我的感覺（行動力）。
_____8. 與家人相處的經驗為我自己成立的家庭做好了準備（意志力）。

行動力	意志力	希望（行動力＋意志力）

（參考 McDermott & Snyder, 1999, pp. 71-72）

表 12-8　休閒領域的希望量表

請按自己的情況選出最適合的答案。1 ＝完全不符合，2 ＝大部分不符合，3 ＝有些不符合，4 ＝些微不符合，5 ＝些微符合，6 ＝有些符合，7 ＝大部分符合，8 ＝完全符合

_____1. 我可以想到許多在空閒時可以做的喜歡的事（行動力）。

_____2. 我積極參與休閒活動（意志力）。

_____3. 如果原先計畫的休閒活動行不通，我可以找到其他喜歡的事情去做（行動力）。

_____4. 我知道如何抽出時間去參與我認為很重要的活動（行動力）。

_____5. 即使其他人認為我的活動不重要，我仍然會很享受它（意志力）。

_____6. 我的業餘愛好或其他休閒活動的經歷對我的未來很重要（行動力）。

_____7. 我對我在閒暇時所做的活動感到滿意（意志力）。

_____8. 我在休閒活動的表現上還滿成功的（意志力）。

行動力	意志力	希望（行動力＋意志力）

（參考 McDermott & Snyder, 1999, p. 77）

表 12-9　個人成長與發展領域的希望量表

請按自己的情況選出最適合的答案。1 ＝完全不符合，2 ＝大部分不符合，3 ＝有些不符合，4 ＝些微不符合，5 ＝些微符合，6 ＝有些符合，7 ＝大部分符合，8 ＝完全符合

_____1. 我知道如何幫助自己成長（行動力）。

_____2. 我致力於追求個人的成長（意志力）。

_____3. 我過去所追求的個人成長將有助於我個人未來的成長（行動力）。

_____4. 在個人成長方面，我學到了很多東西，並且也非常成功（意志力）。

_____5. 即使對自己的某些地方不滿意，仍會繼續朝那個方向追求成長（意志力）。

_____6. 當一種幫助人成長的方法行不通時，我還可以嘗試其他方法（行動力）。

行動力	意志力	希望（行動力＋意志力）

（參考 McDermott & Snyder, 1999, p. 79）

表 12-10　健康與健身領域的希望量表

請按自己的情況選出最適合的答案。1＝完全不符合，2＝大部分不符合，3＝有些不符合，4＝些微不符合，5＝些微符合，6＝有些符合，7＝大部分符合，8＝完全符合

_____1. 我知道如何保持身體健康（行動力）。
_____2. 我積極健身以保持健康（意志力）。
_____3. 即使很疲憊了我還是能夠持續去運動（意志力）。
_____4. 在不同的情境下（如旅行），我能找到健身運動的方法（行動力）。
_____5. 我相信隨著年紀的增長，我能夠持續保持我的健康與體格（意志力）。
_____6. 過去養成的健康與健身的習慣對我的將來有助益（行動力）。

行動力	意志力	希望（行動力＋意志力）

（參考 McDermott & Snyder, 1999, pp. 74-75）

表 12-11　親密關係領域的希望量表

請按自己的情況選出最適合的答案。1＝完全不符合，2＝大部分不符合，3＝有些不符合，4＝些微不符合，5＝些微符合，6＝有些符合，7＝大部分符合，8＝完全符合

_____1. 我知道如何去認識我喜歡的人（行動力）。
_____2. 當我喜歡某人時，我會主動去追求那人（意志力）。
_____3. 我還滿會和他人建立親密關係的（意志力）。
_____4. 我有很多方法可以說服別人和我一起出去（行動力）。
_____5. 我知道如何讓對我重要的人保持對我的興趣（行動力）。
_____6. 我過去的戀愛經驗已為我未來的尋伴之旅做好了準備（行動力）。
_____7. 即使我對某些人並不感興趣，我也能吸引他們的注意力（意志力）。
_____8. 當我下定決心時，我通常可以找到約會的對象（意志力）。

行動力	意志力	希望（行動力＋意志力）

（參考 McDermott & Snyder, 1999, p. 82）

表 12-12　社交關係領域的希望量表

請按自己的情況選出最適合的答案。1 ＝完全不符合，2 ＝大部分不符合，3 ＝有些不符合，4 ＝些微不符合，5 ＝些微符合，6 ＝有些符合，7 ＝大部分符合，8 ＝完全符合

_____1. 我知道如何去結交朋友（行動力）。

_____2. 我會主動去交朋友（意志力）。

_____3. 我有很多方法可以認識新朋友（行動力）。

_____4. 我知道如何加入對我重要的團體（行動力）。

_____5. 在交朋友這一方面，我還滿成功的（意志力）。

_____6. 即使有人似乎很難接近，我知道我可以找到打破僵局的方法（行動力）。

_____7. 我過去人際關係的經驗已為我未來尋友之路做好了準備（行動力）。

_____8. 當我遇到想交的朋友，通常都可以順利地和對方變成了朋友（意志力）。

行動力	意志力	希望（行動力＋意志力）

（參考 McDermott & Snyder, 1999, p. 84）

表 12-13　精神領域的希望量表

請按自己的情況選出最適合的答案。1 ＝完全不符合，2 ＝大部分不符合，3 ＝有些不符合，4 ＝些微不符合，5 ＝些微符合，6 ＝有些符合，7 ＝大部分符合，8 ＝完全符合

_____1. 我知道如何表達自己的精神信念（行動力）。

_____2. 我致力於追求精神層面的成長（意志力）。

_____3. 我過去在精神層面的追求將對我未來在這領域的成長有所幫助（行動力）。

_____4. 即使我質疑自己的精神信念，也可以運用自己的信念來克服（意志力）。

_____5. 我期望從精神層面中獲得安慰和滿足（意志力）。

_____6. 有很多管道可以讓我的精神層面獲得成長（行動力）。

行動力	意志力	希望（行動力＋意志力）

（參考 McDermott & Snyder, 1999, p. 85-86）

表 12-14　工作領域的希望量表

請按自己的情況選出最適合的答案。1 ＝完全不符合，2 ＝大部分不符合，3 ＝有些不符合，4 ＝些微不符合，5 ＝些微符合，6 ＝有些符合，7 ＝大部分符合，8 ＝完全符合

_____1. 我知道如何找工作（行動力）。
_____2. 我專心投入工作（意志力）。
_____3. 有很多方法可以使我在職場上獲得成功（行動力）。
_____4. 即使是個無聊的工作，我也可以從中找到它優勢的一面（意志力）。
_____5. 我有好的工作紀錄（意志力）。
_____6. 我過去的工作經驗已為我未來職涯上的成功做好了準備（行動力）。
_____7. 我總是能夠找到我期望的工作（意志力）。
_____8. 如果這份工作對我很重要，我知道如何讓老闆對我有好印象（行動力）。

行動力	意志力	希望（行動力＋意志力）

（參考 McDermott & Snyder, 1999, p. 88）

表 12-15　各個特定領域希望程度得分代表的意義

領域	希望程度（按總分計算）
學業	高希望（≧ 48 分），中等希望（47-25 分），低希望（≦ 24 分）
家庭	高希望（≧ 48 分），中等希望（47-25 分），低希望（≦ 24 分）
休閒	高希望（≧ 48 分），中等希望（47-25 分），低希望（≦ 24 分）
個人成長和發展	高希望（≧ 36 分），中等希望（35-19 分），低希望（≦ 18 分）
健康與健身	高希望（≧ 36 分），中等希望（35-19 分），低希望（≦ 18 分）
親密關係	高希望（≧ 48 分），中等希望（47-25 分），低希望（≦ 24 分）
社交關係	高希望（≧ 48 分），中等希望（47-25 分），低希望（≦ 24 分）
精神	高希望（≧ 36 分），中等希望（35-19 分），低希望（≦ 18 分）
工作	高希望（≧ 48 分），中等希望（47-25 分），低希望（≦ 24 分）

（參考 McDermott & Snyder, 1999, pp. 70-88）

表 12-16　目標設定探索表（之一）

領域	重要性評量 （請圈選）			滿意度評量 （請圈選）			希望程度 （請圈選）		
學業	100	50	0	100	50	0	高	中	低
家庭	100	50	0	100	50	0	高	中	低
休閒	100	50	0	100	50	0	高	中	低
個人成長和發展	100	50	0	100	50	0	高	中	低
健康與健身	100	50	0	100	50	0	高	中	低
親密關係	100	50	0	100	50	0	高	中	低
社交關係	100	50	0	100	50	0	高	中	低
精神	100	50	0	100	50	0	高	中	低
工作	100	50	0	100	50	0	高	中	低
選擇設定目標的領域									
這個領域的行動力、意志力和希望的分數									
我應該如何做，以增加這個領域的滿意度									

註：如果案主在某個生活領域的重要性和滿意度已達平衡，且不是他們想處理的
　　方向，則可以先不必填該領域的希望量表，除非案主有興趣想要做。如果未
　　做的話，該領域的希望程度就不必填寫。

（參考駱芳美、郭國禎，2011，頁 41；Lopez et al., 2000; McDermott & Snyder, 1999, pp. 100-101）

4. 提出明確可行的目標

確定了領域後，就制定明確可行的目標。並用表 12-17 檢查其可行性。鼓勵案主提出問題來質疑目標的可行性，然後試著去回答自己提出的問題。例如一個過了中年但卻想回去上大學的人可能質問自己：「學校會不會嫌我年紀太大？」當案主覺得可以說服自己後，則逐項列出完成目標所需的步驟，並將步驟按序排列出來。

表 12-17　目標設定探索表（之二）

我的目標是：
提出問題來問自己該目標的可行性：
我給自己的答案：
要達到此目標我需要採行的步驟是：
請將上述的步驟按序排出來：

（參考駱芳美、郭國禎，2011，頁 42；Lopez et al., 2000; McDermott & Snyder, 1999, pp. 100-101）

（二）建構路徑（行動力）的策略

當決定了目標後若看不到可行的路徑，很可能就會喪志，可見設定路徑的動作是設定目標後刻不容緩的。麥克德莫特和史奈德（McDermott & Snyder, 1999）建議按照表 12-18 左邊「要」的原則去做，就可增強行動力。除此之外，他們也提出下面幾個針對建構路徑和行動思維的重要概念和策略供讀者參考。

表 12-18　增進路徑（行動力）的策略──「要」與「不要」

要（Do）	不要（Don't）
把長期目標化為小步驟。每個大目標都是從專注於第一個小目標開始。	認為可以一次就完成一個大目標。急於選擇最簡單或第一個想到的路徑。
在腦海裡設想實現目標所需要做的事情。	急於設定規劃達到目標的路徑而未有詳盡的規劃。
在腦海裡設想當遇到阻礙時要如何處理。	不去設想遇到阻礙時可用的替代策略。
意識到沒有達到目標是因為沒有採取可行的策略，所以不要嚴厲責備自己。	第一個路徑失敗時，就責備自己「不行」或缺乏能力。
如果需要新技能來實現目標就去學。	一個路徑無效就嚇到了。
培養可以互相給予回饋的友誼。	遇到會鼓勵不用去解決問題的朋友。
當不知道如何達到期望的目標時，願意尋求幫助。	認為尋求幫助是弱者的表現。

（參考 McDermott & Snyder, 1999, p. 116）

1. 尋找實現目標的路徑，應切記幾個重要的概念

(1) 大目標應分成子目標後排序

　　要有效地設計路徑，就是將大目標劃分為較小的可管理的子目標，並將它們排序。目標的順序安排很重要，再將每個子目標詳細列出他們需要採取的步驟。即使目標是涉及去完成以前的事情，也應按順序安排這些步驟。如此做你會發現自己更能掌握住重點──每次返回任務時，都會知道自己在哪裡以及必須做什麼。

(2) 必要時尋求協助且願意退一步學習新技能

　　高行動力的人有很明顯的特徵就是不避諱去尋求幫助。當遇到極為渴望達

成的目標，卻缺乏追求該目標所需的基本技能時，要願意暫時停下腳步去學習所需要的技能。

(3) 勇敢接受失敗，從錯誤中學習

每個人都會犯錯，但是，高行動力的人會從他人眼中認為是失敗的經歷中學習。高行動力的人相信各種經驗，無論是成功或失敗，都有值得學習的地方。

2. 拓展和強化路徑思想

要找到正確的路徑以達到所設定的目標時難免會遇到困難。其克服的方法是將路徑分解為一系列小步驟。如果這些順序的步驟很明確且能預設出替代的路徑，這對於目標達成的成效上是至關重要的。可用表 12-19 來架構目標達成的路徑圖。

3. 排練

一旦確定了實現目標的路徑，就可以透過排練或在腦海裡預演的方式，去識別出遇到的障礙並測試這些路徑的可行性（Lopez et al., 2000; McDermott & Snyder, 1999）。

（三）增強能量（意志力）的策略

若案主提出了可行的目標和路徑，但目標仍未能實現，通常是缺少推動按著路徑往目標前進的能量和意志力。能量（意志力）是人們為實現目標而奮鬥的決心和推動人們由路徑走到目標的背後動力，是由「我能做到」、「我會盡力而為」、「我會試試看」之類的想法組成。意志力強的人知道，他們可以利用自己的心理能量，為實現自己的目標而全力以赴（McDermott & Snyder, 1999）。因為自己身體的每個部分都可以為提高能量做出貢獻，因此，若想提高意志力的能量，就要全方位地愛惜自己。學者們（Lopez et al., 2000）建議按照表 12-20 左邊「要」的原則去做，就可增強付諸行動達到目標的能量。除此之外，學者們也建議案主的自我對話（self-talk）、和如何面對追求目標時的攔

表 12-19　目標達成的路徑圖

我的最終目標是：
要達到最終目標的子目標是（請排序）：
選出一個子目標（第一個或是最重要的）：
達到此子目標的路徑：
相信自己可以達成的程度：□極弱　　□中等　　□極強
相信自己具備可以達成該目標的能量：□極弱　　□中等　　□極強
我認為自己可達到該目標的理由是：
什麼情況會減緩我進行的速度？
如果我持續跟著設定的路徑走結果會怎樣？
如果我改變所設定的路徑結果會怎樣？
我的備案是什麼？
在此時我相信自己可完成此目標的程度是多少？□極弱　　□中等　　□極強

（參考駱芳美、郭國禎，2011，頁 43；Lopez et al., 2000）

阻和尋找希望的故事，是三個可用來增強意志力能量的重要策略。下面將分別加以介紹（Lopez et al., 2000; McDermott & Snyder, 1999）。

1. 自我對話

多數人都有自言自語、自我對話的經驗，這種思維過程（即，自我交談的

表 12-20　增進意志力能量的策略——「要」與「不要」

要（Do）	不要（Don't）
預期可能會遇到的障礙，並將出現的問題視為激勵性的挑戰。	因沒有預期可能會遇到的障礙，每出現一次就困擾一次。遇到障礙時會感到恐慌並相當自憐。
在遇到阻擾時嘲笑自己也無妨。學習用積極正向的聲音與自己對話。（例如：我可以這樣做！）	總是很嚴肅地對待自己。沮喪的時候常告訴自己事情永遠不會改變。
當原目標被擋住時，尋找替代的目標。	即使目標受到阻擋仍堅持要完成它，不作其他選擇。
告訴自己，目標已選定好了，再來就是努力去追求目標的完成。享受追求目標的過程，而非僅關注結果。	不斷問自己要如何評估自己實現目標的進度。
回顧以前成功達到目標的歷程，尤其是打破困境的經驗。	當發現意志力沒增加時，就失去耐心。
注意身體健康，包括飲食、睡眠、身體的鍛鍊和避免有害物質，例如：含咖啡因的產品、香菸、酒精）。 仔細觀察發生在周遭的大小事。	遏制任何內部壓抑的想法，這只會使該想法更強烈。

（參考 Lopez et al., 2000, pp. 141-142）

類型）對自己的感覺和做事的方式有很大的影響。若經常對自己說負面的話，例如稱自己愚蠢，很容易讓自己在遇到事情時畏縮不前。反之，若常用正向積極的態度與自己對話，較會讓自己感到更有能力並且願意嘗試新事物。所以增強自我能量的方法是要能識別自己的信息，並學習用積極的語氣去傳達。識別這些無論是大聲說出還是默默思考的話語，是邁向改變的重要一步。不過因為

這些話很多時候是不經意間說出的自動反應，所以必須觀察記錄下來，否則是會稍縱即逝的。

(1) 記下自己所說的話

鼓勵案主準備一本可隨時攜帶的小筆記本，若發覺自我語言中有影響到自己意志力的能量，就將其發生的情況與自己所說的話記下來。

(2) 瞭解自我對話對意志力的能量程度的影響

將所蒐集的個人信息的內容填寫到表 12-21 的記錄中，第一欄是寫下該情境是為了達到什麼目標，以及自我對話時的情境是如何，第二欄則寫下該自我對話，第三欄則自評此自我對話對自己意志力的能量是有提升或下降的影響。提升者請在第四欄寫下鼓勵自己的話；下降者則寫下積極性的陳述。

表 12-21　自我對話記錄

目標／情境	自我對話	意志力提升或下降	提升者請寫下鼓勵自己的話；下降者則寫下積極性的陳述

（參考 McDermott & Snyder, 1999, p. 146）

(3) 記錄自我對話應注意的事項

a. 要多練習。「練習雖不一定能臻至完美，但至少可以使它變得容易些」（McDermott, & Snyder 1999, p. 143）。

b. 對自己遇到的困難和阻礙的反應要誠實記錄，其所獲得的功效會比自欺欺人的信息更有用。

c. 學習獎勵自己是相當重要的，積極的自我交談會增加意志力。在一天結束時，查看自我對話紀錄，查看負面消息的頻率降低的狀況，並鼓勵自己繼續加油。

2. 面對追求目標時的攔阻

(1) 區別「事實就是這樣」與負向思考的不同

「事實就是這樣」的思考（fact-of-life thoughts），是對個人生活狀況的真實思考。這些思想沒有正面或負面的涵義，它們只是存在。這種面對現實的思維不會讓案主有想放棄目標的想法，而是讓案主有機會重新考慮選擇其他途徑或更改目標的可能性（Lopez et al., 2000）。例如在王同學的統計課，老師發下了期中考的考卷，他看了期中考的成績對自己說：「我統計期中考成績是 78分。」這是一個「事實就是這樣」的想法。但他如果想著：「我真的很笨呢！同學一定會笑我！」因為這沒有事實的根據，它就是一種負向的思考（ill-formed negative thinking）。考試沒考好就是笨嗎？就會被同學笑嗎？這樣的消極的自我指責想法不是以事實為根據，只會造成自卑，不會幫助他改變。人們要有能力去區別自己的想法是來自「事實就是這樣」的思考，或是來自內在的負向思維。如果罪魁禍首是負面思維，則需要有技巧地來對抗它。

(2) 使用 ABC 模式

希望理論鼓勵諮商師在必要時可以與其他諮商理論結合，這裡可以採用艾里斯理性情緒行為治療（Ellis's Rational Emotive Behavior Therapy）的 ABC 模式，讓案主寫下發生的事件（activating events, A）、對該事件的想法（beliefs, B），然後與案主討論對事件的想法所帶出來的結果（consequences, C）。最後再挑戰其負向的想法，幫助他們將這些負向想法改為正向想法（表 12-22）。（熟悉此技巧可以讓案主回過頭去看自己在表 12-21 第四欄的填答做必要的修改，並分享改變自我對話對希望感的影響。）

表 12-22　找出 A-B-C

這個練習是要幫助你區分出事件（A）、信念（B）與結果（C）。寫出一個消極的陳述句在左手邊，並根據該陳述句，分出事件（A）、信念（B）與結果（C）寫在右邊。這並無所謂的正確答案，你只要盡量試試看就好！	
	A. ＿＿＿＿＿＿＿＿＿＿＿＿＿ B. ＿＿＿＿＿＿＿＿＿＿＿＿＿ C. ＿＿＿＿＿＿＿＿＿＿＿＿＿ 新的信念：＿＿＿＿＿＿＿＿＿

（參考駱芳美、郭國禎，2018，頁 237）

3. 尋找希望的故事

　　諮商師可以再次使用說故事的技巧，來幫助案主找到意志力的能量。下面就介紹尋找富有希望感的故事時可用的積極可視化（positive visualization）和尋找一線希望（finding the silver lining）的兩個策略（Lopez et al., 2000）。

(1) 積極可視化

　　積極可視化是將敘事故事用在諮商中的一個技巧，可用來幫助案主增進其意志力的能量。在進行積極可視化時，要求案主講述一個過去發生過的較為積極樂觀的故事，當時是如何設定目標、如何朝著目標努力，以及如何克服障礙達到目標的過程。使用這種技術時，要注意兩個環節：首先要注意其講述故事的語氣、感知的掌控性以及其障礙是如何克服的。從中發掘到案主是如何開啟並繼續朝著完成目標邁進的狀況。其次，是探索從這個故事中找到的積極與正向能量。

(2) 尋找一線希望

　　若進行積極可視化時，案主沮喪地說：「沒有什麼積極的事情發生。」這時可以用尋找一線希望的技巧，鼓勵案主著重在讓自己感動的任何小事，而不

是絢麗的大事蹟。提醒案主多加練習就較會去敏覺到生活周遭的積極感。

三、希望的提醒

　　諮商師應以希望的提醒者角色，鼓勵案主從回想過去有過的成功經驗來增進其希望感。也鼓勵案主透過學習，成為能夠幫助自己提高希望的「諮商師」（駱芳美、郭國禎，2011；Lopez et al., 2000）。

（一）幫助案主找出自己較困難突破的點

　　在希望提醒階段是很重要的任務是，幫助案主找出自己比較困難突破的點（rough spots），例如有些人在改善人際關係上感到無力、有人對自我的成長抱持悲觀的態度。針對此，可幫助案主從圖 12-6 的流程圖去找出問題的根源，然後從其問題處進行處理。

（二）學習區分出目標取向想法與阻礙性的想法之不同

　　幫助案主使用自我監控技術（self-monitoring techniques），從談話中偵測到對所想達到目標的思考〔稱為目標取向想法（goal thoughts）〕，以及在對談中提出的可能障礙〔稱為阻礙性的想法（barrier thoughts）〕，並能區分出兩種思維的不同，這也是希望提醒過程的關鍵要素。並鼓勵案主當阻礙性的想法出現時，可以透過回想過去成功的經驗來提醒自己。

（三）幫助案主發展出自我干預策略

　　鼓勵案主根據諮商以來的經驗選擇一些策略用來幫自己增加希望感。例如：(1)回顧對自己有助益的希望故事；(2)記錄自我對話，將消極的負向想法改為積極想法，以替代路徑去應對追求目標中遇到的阻礙；(3)審查自己對「希望」的定義，看目標、路徑和能量三者是否兼備與適切；(4)在困境中尋找出一線希望，感恩每一個積極正向的點滴；(5)與富有希望的人討論當前的目標和障礙，以吸取其正向的能量（Lopez et al., 2000）等方法皆可參考使用。

第四節。希望理論諮商的案例分析與摘要

壹、案例分析──繳不出的一篇報告

奧斯汀是我（駱芳美）的學生，修我的研究法課時因研究報告沒完成而得到「I」的成績，I 代表 Incomplete（未完成），學校容許他有一整個暑假再加上半個學期的時間可以完成，但他一拖再拖，一直無法完成。經得他的同意，我計畫用希望理論來助他一臂之力。

一、探掘希望

（一）填寫希望量表

為了瞭解他的希望程度，我請他填寫「希望量表」（表 12-1），結果其能量（意志力）是 9 分，路徑（行動力）是 7 分，希望總分是 16 分。

我將表 12-2 希望程度的得分解釋給他看。16 分表示他不一定都會抱持希望感；能量（意志力）分數是 9 分，表示他可能難以對目標採取行動；路徑（行動力）則是 7 分，顯示他缺乏實施計畫的心理能量。且因為他這兩項分數都低，顯示其希望感的程度較低。他說會得到這樣低的分數他並不意外，這段日子他感到很無助，雖然完成研究報告的目標很明顯，但卻感到這目標離他好遠。我告訴他希望感是可以透過學習而提高的，請他不要放棄。並請他下一次來時帶一本筆記本，因為他需要書寫故事，透過故事可瞭解其希望感、能量（意志力）和路徑（行動力）低的可能緣由。

（二）書寫故事策略

1. 故事一：書寫人生中發生的某一個特定事件的故事

　　奧斯丁依約前來，我向他提起「講述自己的故事是瞭解自己人生希望的方式」，並邀請他針對人生中發生的某一件事用表 12-3 的步驟寫下他的故事（如表 12-23 所示）。

表 12-23　奧斯丁所寫的自己故事

第一步：介紹自己 　　我叫奧斯丁，男性，24 歲，本來兩年前就應該大學畢業，但因有一門課沒修完所以沒能畢業。目前在一家商店工作，本來只是打工，半年前老闆看我工作很勤快，升我當經理，並提供商店樓上的一間房間讓我住，努力受到了肯定，讓我感到很欣慰，我真的很感恩有地方可住，因為之前我有一段時間因付不起房租都睡在車上。
第二步：確定目標——從小目標做起步 　　其實我高中時英文成績和寫作的能力是不錯的，還修了可以抵掉大學學分的進階英文課，拿了不錯的成績，感到很驕傲。但是不曉得為什麼，對研究法這一篇 20 頁的研究報告卻感到力不從心。其實我有很好的主題，想探討「競選廣告如何影響大學生投票的意願」，但在落實上卻出問題。這是我第二次修這門課，第一次是因研究計畫遲交而被當掉。第二次修課是問卷蒐集好了，但報告卻來不及寫完，感謝教授沒當掉我，給我「I」（未完成）的成績，讓我有機會補救。
第三步：描述路徑 　　若要完成研究報告，我第一件要做的事是先把時間空出來，再找個好場地可以寫報告。我工作的商店離大學的圖書館不遠，且圖書館開放時間滿長的。第一個方案是我可以在每天商店關門後，不要先回房間，因為我通常一回房間看到床就倒頭就睡，我可以先到圖書館待一到兩個小時的時間寫研究報告。並跟教授約好，每個星期把進度寄給她，讓她看到我進展的狀況。第二個方案是請一個星期的休假一口氣把它寫完。但現在店裡很忙，一下子要休假一個星期可能有困難，

表 12-23　奧斯丁所寫的自己故事（續）

我想從明天開始就採用第一個方案。先把蒐集的問卷資料輸到SPSS統計軟體；其次是進行資料分析；再來是開始撰寫文獻探討與研究過程；最後是撰寫研究結果與討論。我會每星期跟教授報告進度。

第四步：思維和感受──給自己的訊息

　　寫下了路徑我感覺好像一個大石頭掉下來的輕鬆感，今天回去後我就要把所蒐集的問卷和文獻都找出來。以前想到這件事感到壓力很大，感到心很慌。但現在當我願意真正面對它了，感覺離目標的達成多了希望感。

第五步：寫下遇到的障礙

　　我預測可能會遇到的困難是，不知道要如何分析資料，這是讓我感到最困難做到的，如果真能完成，就會感到輕鬆了些。

第六步：預期努力的結果

　　從寫這篇故事所訂下的目標中，我感到希望感已經萌芽了。若真的能達到目標我應該會大大的鬆一口氣，這個努力是值得的，因為讓我學習成為一個有始有終的人，以後再遇到類似的情況才會相信自己是可以完成事情的人。

2. 標記希望：從故事中找尋希望

　　奧斯丁寫完故事後，根據表 12-4 從故事中找出希望的標記，結果如表 12-24 所示。

　　我要奧斯丁審視一下他是用什麼樣的詞語來描述自己的想法和感受，以及所用字眼顯示其希望高低的程度。他發現自己所列的字眼屬於高希望與低希望的次數差不多，不過看來是當講到過去的事情，如在高中英文課的表現時用的語句希望程度較高，但提到目前狀況時所用的語句希望程度較低。講到此時，奧斯丁笑著說：「高中時真的還滿有自信的，覺得前途充滿了光明。誰知道現在這麼落魄！」我趁機問他：「當你在說自己『有自信……充滿光明』和『落魄』時希望感有什麼不同的變化？」他很快反映：「講到『自信』、『充滿光明』的字眼時前途充滿希望；講到『落魄』時，整個希望感都滑落下去了。」

表 12-24　奧斯丁的希望標記單

低希望感標記	中希望感標記	高希望感標記
1. 我很難過	1. 讓我有點不舒服	1. 我感到很欣慰
2. 感到力不從心	2. 不夠完美	2. 我真的很感恩
3. 就放棄	3. 可能有困難	3. 我寫作的能力是不錯的
4. 我很沮喪		4. 感到很驕傲
5. 我就很焦慮		5. 我必須要想辦法盡快完成它
6. 很擔心		6. 我願意真正面對它
7. 增加了更多的罪惡感		7. 我會先把上課所寫的筆記拿出來看
8. 感到很挫折		8. 必要的時候我會去當面請教老師
9. 感到心很慌		

這時我提醒奧斯丁當我們在傳達訊息的同時該訊息也傳達給了自己，並問他：「有哪些希望的標記可以用來鼓勵你追求目標的達成？」奧斯丁回答：「應該是『我寫作的能力是不錯的』、『我願意真正面對它』和『我必須要想辦法盡快完成它』。其實高中修進階的英文課時也很辛苦，因為那等於是要在高中讀大學的英文，但因為我很想征服它證明我的實力，也很努力，就成功了。我應該把那個精神再拿回來。」

3. 故事二：書寫人生故事

　　「既然你提起高中時代的故事，可不可以請你寫個你『人生的故事』。這個人生故事可以從所記得的最早記憶開始，然後在每個人生階段中選擇一個對自己最重要的事件寫下來。」奧斯丁同意寫下他的故事（如表 12-25）。

表 12-25　奧斯丁的人生故事

　　我是家中的老大，下面有兩個弟弟。四歲左右的夏天，爸爸帶我去公園玩，一到公園時，看到公園旁邊的圖書館正是夏令讀書活動的首日，聽說可透過讀書累積點數換禮物。因為自小得禮物的機會不多，聽說看書能得到禮物我好興奮，要求爸爸帶我去報名，並借了一大堆書回家看。

　　那時候所認識的字還不多，但很想知道書上在寫些什麼，便一直抓著爸媽，要他們教我認字。會讀第一頁後就好奇地翻到第二頁，發現有些剛認得的字又出現了好興奮，每讀完一本，爸媽就鼓勵我讀故事給弟弟們聽。看他們聽得津津有味，父母也為我拍掌鼓勵，我感到很驕傲。整個暑假看了很多書也換到了好多獎品，那是我第一次感受到學習的樂趣。

　　上學後，英文課一直是我的強項，我很喜歡讀也愛寫。還想像哪天可以當作家。升高三要選課時，老師建議我修進階英文課，並告訴我如果修過要再考一個檢測，若拿到 4 分以上，就可以抵大學學分，那對我的誘因又更強。該門課的作業是規定要撰寫不同類型的文章，但其中一篇是要寫些論述性的文章，我不知從何下手。眼見繳交的時間快到了，我腦中卻仍一片空白，只好跟老師求救。老師可能看我其他的作業都表現得很好，就特別通融多給我一個禮拜的時間完成，還同意在放學後指導我如何寫論述文。我記得每天跟老師討論完後，回家就照老師說的方法去寫，寫了又改，改了又寫，終於如期把它完成。那是我寫作上第一次遇到最大的障礙，很高興我順利地克服，體會到「成功是屬於肯努力的人」，但也發現知道如何達到目標的方法相當重要，謝謝那位老師不斷給我正確的引導。學期結束參加檢測考試，得了 5 分，記得拿到成績通知時，我興奮的心情真是難以言喻。

　　進大學後，課業上的表現都很不錯，連不喜歡的數學和統計課也沒難倒我。不曉得為什麼上研究法卻踢到鐵板。看來是上天要再測試我克服障礙的能力，是吧？！

　　寫完故事後，再次請他根據表 12-4 從故事中找出希望的標記，他列出六個高希望標記：「多麼令人興奮」、「感到很驕傲」、「感受到學習的樂趣」、

「很喜歡」、「很高興我順利地克服」和「興奮的心情真是難以言喻」。只有下面兩個低希望標記：「腦筋卻仍一片空白」和「踢到鐵板」。看到列出的字，他興奮地說：「這篇故事中的我所用的詞彙較積極，感覺希望程度較高。」我要他觀察自己跟著低希望標記「腦筋卻仍一片空白」這句話後面跟著什麼動作，他回頭去看文章，說出：「只好跟老師求救。」「後來的結果怎樣？」我問。「我就如期寫完報告了。」奧斯丁興奮地回應。「有困難尋求協助是提高希望感很重要的策略，很高興你知道如何運用資源。」我鼓勵奧斯丁。「還有你在故事中所體會到『成功是屬於肯努力的人』，但也發現『知道如何達到目標的方法』相當重要，根據希望理論的術語，前者是幫助意志力提高的能量，後者是有增進行動力的路徑。從你的故事已顯示出你在高中時對達到目標的方法已有很大的領悟。是否可以把這個領悟應用到你目前寫研究報告狀況？」奧斯丁頓有所悟，並謝謝我對他的提醒。

4. 故事三：書寫家族的希望故事

「你的人生故事有提到小時候父母是教你認字發音的啟蒙老師，在這段過程中，他們有沒有跟你說過他們的成長故事是你印象深刻的？你可以寫下來嗎？」我問奧斯丁。他想了一想，寫下這個故事（如表 12-26）。

表 12-26　奧斯丁的家族希望故事

> 　　爸爸在教我認字時都會鼓勵我說：「書像是一個很大的倉庫，裡面有豐富的寶貝。爸爸因家境不好只能念到高中，讀的書不夠多。希望你長大後念到我看不懂的書，換你回過頭來教我喔！」從爸爸的話中我聽出他對我的期待，他幫我的讀書生涯起個頭，幫我設立了一個目標，然後在我讀書生涯中一直當啦啦隊，給我鼓勵。
>
> 　　媽媽在教我讀書與認字時，常會要我把書中主角的名字或是當書中提到「你」或「我」時換成是我的名字，而且要我自己念出來。因為這樣，讓我從很小就覺得自己是很勇敢、善良與積極向上的人。因為所讀的故事很多樣，感到自己好像懂了不少東西，這對我自信心的增加很有助益。

「從寫這故事中你體會到什麼？」我問奧斯丁。「我覺得他們一直給我希望感。謝謝你鼓勵我去回想，有機會把這些能量找回來。」奧斯丁很喜悅地說著。我謝謝他分享很多故事，跟他約下次見面的時間。

二、架構希望

（一）設定目標的策略

1. 比較九個生活領域的重要性與滿意度

奧斯丁依約來到，我跟他解釋人的價值觀、態度和行為可以歸為九個生活領域，並請他填寫表 12-5。他的答案顯示缺乏平衡的生活領域是學業、個人成長和發展、健康與健身以及精神四方面，重要性的評量他全圈選「100」，但滿意度的評量他全圈選「50」；其他的項目兩邊的評分一樣，如家庭（50, 50）、休閒（50, 50）、親密關係（50, 50）、社交關係（50, 50）、工作（100, 100）。對「所缺乏平衡的生活領域的想法和感覺」這題，他的答案是：「在學業、個人成長和發展、健康與健身和精神四方面都很重要，但卻都不滿意。我真的希望這四方面能獲得改善。」

2. 評量在每個特定領域的希望程度並選擇要設定的目標領域

再次跟奧斯丁確定他想要聚焦的四個領域，從討論中他結論說其實這四個領域是相輔相成，一方面的成長會有助於另一個領域的成長。所以我就請他填寫學業、個人成長和發展、健康與健身和精神四方面的特定領域的希望量表（表12-6、12-9、12-10、12-13）。填後自己計分，結果如表 12-27 所示。並將所得資料填入表 12-16，答案如表 12-28 所示。

3. 提出明確可行的目標

看他目標這麼明確，我拿出目標設定探索表（之二）（表 12-17），讓他把故事裡面寫的目標與路徑具體化（結果如表 12-29 所示）。

表 12-27　奧斯丁學業、個人成長和發展、健康與健身、精神領域的得分

學業領域得分 路徑行動力：18；能量意志力：18	希望（路徑行動力＋能量意志力）＝ 36 希望程度：中等
個人成長和發展領域得分 路徑行動力：14；能量意志力：15	希望（路徑行動力＋能量意志力）＝ 29 希望程度：中等
健康與健身領域得分 路徑行動力：14；能量意志力：12	希望（路徑行動力＋能量意志力）＝ 26 希望程度：中等
精神領域得分 路徑行動力：17；能量意志力：16	希望（路徑行動力＋能量意志力）＝ 33 希望程度：中等

表 12-28　奧斯丁目標設定探索表（之一）的答案

領域	重要性評量	滿意度評量	希望程度
學業	100	50	中
個人成長和發展	100	50	中
健康與健身	100	50	中
精神	100	50	中
選擇設定目標的領域	學業方面		
這個領域的行動力、意志力和希望的分數	行動力：18，意志力：18，希望：36		
我應該如何做，以增加我對這個領域的滿意度	當我努力把報告寫完交出去，拿到大學文憑，對學業方面的滿意度就會增加了。		

（二）建構路徑（行動力）策略

當奧斯丁的目標設定探索表（之二）（表 12-29）表完成後，我特別獎勵他能將達到目標的步驟按序排出來，他興奮地說：「有此清單不僅可以幫助我瞭解目標追求進展的情況，而且每次完成一個任務將它劃掉時，就是一個很強的增強作用。」我誇獎他把學習統計軟體操作和資料分析擺到步驟中，也有計畫必要時會尋求教授的協助。並提醒他不要認為尋求協助是丟臉的事。事實上，尋求幫助是高行動力者的顯著特徵之一。聽到我這樣說，奧斯丁鬆了一口氣：「很高興聽您如此說，學習如何用統計軟體與要使用哪種統計技巧來跑資料是

表 12-29　奧斯丁的目標設定探索表（之二）

我的目標是：	我要在兩個月內寫完研究報告。
提出問題來問自己該目標的可行性：	我是否能堅持每天晚上去圖書館一到兩個小時？ 我是否知道如何將資料用統計軟體分析出來？
我給自己的答案：	一定要堅持，辛苦一個月若能完成報告，就能拿到大學文憑。 不會的話我有老師可以問。
要達到此目標我需要採行的步驟是：	需要把蒐集的問卷資料輸到 SPSS 統計軟體。 需要進行資料分析。 需要撰寫文獻探討與研究過程。 需要撰寫研究結果與討論。
請將上述的步驟按序排出來：	第一步：要把蒐集的問卷資料輸到 SPSS 統計軟體。 第二步：進行資料分析。 第三步：撰寫文獻探討。 第四步：撰寫研究方法。 第五步：撰寫研究結果。 第六步：撰寫研究討論。 第七步：完稿繳交。

我最需要學的。我以為這樣講您會說我上課時沒認真學。」我鼓勵他：「勇敢接受與承認失敗或不完美是很重要的，各種經驗無論成敗，都有值得學習的地方。」然後我用表 12-18 鼓勵他照「要」的原則去做，以增強行動力。

1. 拓展和強化路徑思想

提醒奧斯丁確定可行的目標後很重要的是要找到正確的路徑，請奧斯丁先找出一個子目標，並用表 12-19 來架構其目標達成的路徑圖。其完成如表 12-30。

2. 排練

完成了第一個子目標路徑和取代路徑的設定，奧斯丁說很高興能想到替代方案，這對他完成進度的信心增加不少。這時我鼓勵奧斯丁在腦海裡預演一次，瞭解這些路徑適合自己的程度，若需要可再做必要的修改。

（三）增強能量（意志力）的策略

奧斯丁提出了可能可行的目標和途徑，下一步最重要的是往路徑前進的意志力。除了提醒他務必要注意飲食的均衡營養和身體的健康，保持身心健康外，並帶領他學習自我對話策略和如何面對追求目標時的攔阻。

1. 自我對話

看到表 12-30 那麼詳盡的計畫，奧斯丁說恨不得要馬上開始了。我請他準備一本小筆記本，在計畫進行中若發現在自言自語中有影響到自己意志力能量的話，就將其發生的情況與自己所說的話記在筆記本上。

再次回來見面時，奧斯丁報告說他花了兩個星期的時間完成了資料分析，可看出他喜悅的神情。更好奇他在這個過程中，自我對話是如何影響他的希望感。我拿出自我對話記錄表格（表 12-21），請他將寫在筆記本上所蒐集的個人信息填寫到這個表格上（他的答案如表 12-31 所示）。填完第四欄時我提醒待會兒會再回到這個部分。

表 12-30　奧斯丁目標達成的路徑圖之一

我的最終目標是：	完成研究報告。
要達到最終目標的子目標是：	完成資料輸入與分析。 完成研究報告的撰寫。
選出一個子目標：	完成資料輸入與分析。
達到此子目標的路徑：	第一步：發送電子郵件與老師約定見面的時間。 第二步：與老師見面學習統計軟體 SPSS 軟體操作與請教統計分析的問題。 第三步：進行資料輸入，繳交資料檔。 第四步：完成資料分析，繳交資料分析擋。
相信自己可以達成的程度：	極弱　　　　(中等)　　　　極強
相信自己具備可以達成該目標的能量：	極弱　　　　中等　　　　(極強)
我認為自己可達到該目標的理由是：	我有很清楚的進行路徑和極強的完成動機，但就怕會遇到攔阻。
什麼情況會減緩我進行的速度？	因為白天工作太忙，撥不出時間與老師見面學習統計軟體。
如果我持續跟著設定的路徑走結果會怎樣？	如果沒時間與老師碰面，而我還是堅持原先的路徑，可能時間上又會被拖慢了。
如果我改變所設定的路徑結果會怎樣？	如果能稍微改變路徑，在完成目標的時間點會順利一點。
我的備案是什麼？	我的研究法老師說她有錄製如何使用 SPSS 軟體的影片，我可以重複觀看較易明瞭，真的不懂的話再請教老師。如此做的話，學習時間較有彈性。
在此時我相信自己可完成此目標的程度是多少？	極弱　　　　中等　　　　(極強)

表 12-31 奧斯丁的自我對話記錄之一

目標／情境	自我對話	意志力提升或下降	提升者請寫下鼓勵自己的話；下降者則寫下積極性的陳述
要瞭解統計軟體怎麼使用／正在觀看老師的 SPSS 錄影帶	好像還好，不會太難	提升	加油！你可以學會的。
	糟糕！剛才老師說了什麼我怎麼沒聽懂。	下降	沒關係再回去重聽一次，你一定會懂的。
要輸入資料／正在輸入資料	問卷這麼多份怎麼輸得完？	下降	沒關係一份一份做，多輸入一份資料，就往目標向前多邁一步。
	好棒！已經完成一半了。	提升	好棒！加油！
分析資料／正在分析資料，資料跑出來時	糟糕！慘了，我看不懂 SPSS 跑出來的結果是什麼。這下畢不了業了。	下降	不要急！課本有詳細的解說，我來查查看，說不定就看懂了。
	分析結果出來了，太棒了！	提升	我學會了！太厲害了。

2. 使用 ABC 模式

在表 12-31 自我對話記錄前三欄的整理中，可看出他確實看出自我對話對希望程度的影響。我順勢拿出 ABC 模式表（見表 12-22），請他從自我對話記

錄上找出一個負向的描述句寫上去，他找出「糟糕！慘了，我看不懂 SPSS 跑出來的結果是什麼。這下畢不了業了。」後，告訴他 A 是所發生的事件、B 是他對該事件的想法、C 是帶出來的結果。他想了想在 A 寫下「SPSS 跑出來分析的結果。」在 B 寫下「我看不懂 SPSS 跑出來的結果是什麼。這下畢不了業了。」寫 C 時奧斯丁本來要寫「這下畢不了業了。」我提醒他 C 是寫想法帶出來的結果，想明白後他寫道「糟糕！慘了，」最後我要奧斯丁挑戰自己負向的想法，將他改為正向想法，先問他遇到那情況時他是怎麼處理的，他說就拿書出來查，對照著電腦結果看，後來就懂了。我說很好，就用這個方向來鼓勵自己。「是啊！怎麼沒想到。」然後就寫下「不要急！課本有詳細的解說，我來查查看，說不一定就看懂了。」寫完後我問他，是否有感覺積極正向一點，他回應說：「差好多喔！」弄懂了以後，我請奧斯丁回頭去看原先在自我對話記錄（表 12-31）寫的是否需要修改，他回應說：「現在我真的看到消極語言的殺傷力了。」

3. 回頭去為第二個子目標進行計畫

之後，奧斯丁針對第二個子目標進行計畫，結果如表 12-32。然後，要他在進行第二個子目標過程中記錄自我對話，誠實記下完成目標所遇到的困難和阻礙，但不要讓障礙嚇到自己。對於負面的自我對話，就用 ABC 的轉換規則，把它轉換過來。在他離開前，我以表 12-20 鼓勵他按照「要」的原則去做，就可增強付諸行動達到目標的能量。

三、希望的提醒

最後一次到來時，他很興奮地說報告已經寫好了，等跟我談完之後，他再檢查一次就可以交了。我恭喜他並好奇地想看他這段過程的自我對話是怎麼一回事。他很興奮地給我看他的自我對話記錄（如表 12-33）。

請奧斯丁分享在這個過程中學到什麼？他說：「感謝您不僅幫我完成研究報告，還學會如何從人生中找到希望。我好像又看到高中時那個自信的自己。」

表 12-32　奧斯丁目標達成的路徑圖之二

我的最終目標是：	完成研究報告。
要達到最終目標的子目標是：	完成資料輸入與分析。 完成研究報告的撰寫。
選出一個子目標：	完成研究報告的撰寫。
達到此子目標的路徑：	第一步：蒐集文獻與進行文獻探討的撰寫。 第二步：進行研究假設與研究方法的撰寫。 第三步：進行研究結果的撰寫。 第四步：進行研究討論與結論的撰寫。
相信自己可以達成的程度：	極弱　　　　(中等)　　　　極強
相信自己具備可以達成該目標的能量：	極弱　　　　中等　　　　(極強)
我認為自己可達到該目標的理由是：	進行路徑很清楚和完成動機極強。
什麼情況會減緩我進行的速度？	不知道如何將統計分析的結果寫成文字上的報告。
如果我持續跟著設定的路徑走結果會怎樣？	如果不知如何寫結果分析而我還是堅持原先的路徑，可能時間上又會被拖慢了。
如果我改變所設定的路徑結果會怎樣？	如果我願意稍微改一下路徑，進展的狀況會順利一點。
我的備案是什麼？	我會在第二步和第三步之間加上閱讀 SPSS 的參考書，瞭解撰寫研究結果的方法。
在此時我相信自己可完成此目標的程度是多少？	極弱　　　　中等　　　　(極強)

表 12-33　奧斯丁的自我談話記錄之二

目標／情境	自我對話	意志力提升或下降	提升者請寫下鼓勵自己的話；下降者則寫下積極性的陳述
蒐集文獻／用網路系統查資料	找到十篇研究要用的文獻了。	提升	太好了！有了資料要寫文獻探討就不會太難了。
撰寫文獻探討／在圖書館讀研究報告	這兩篇研究發現的結果正好相反，怎麼辦？萬一寫錯就慘了！	下降	沒關係！這正好可以讓我用來討論兩邊不同立場的題材。教授應該會喜歡這樣的論述方式。
撰寫研究結果／正在寫研究結果	還好上次做統計時有搞懂如何看結果分析。	提升	很棒！繼續加油！
撰寫研究討論／正在寫研究討論	好棒！這是研究報告的最後一部分，快寫完了！	提升	好棒！加油！

我提醒奧斯丁：「很高興你學會找到希望，其實希望到處都有，有一個技巧叫做『尋找一線希望』，是鼓勵人們對任何積極情況的發生心存感恩，即使只是一件小事。每天可花一些時間來檢視進展的情形，會有助於希望感的提高。我們在這幾次諮商過程中所應用的一些活動，例如：從過去人生故事中找希望、把消極的阻礙性的想法變成積極的目標取向想法、學習以彈性的方式面對障礙，或與有希望的人談話等等，都可以幫你找到希望，你可以學習當自己希望的提醒者。祝福你有個越來越有希望的人生。」

貳、希望理論摘要

希望理論是由史奈德所創造出來的，目標是讓人們能過著較有希望的生活。

史奈德指出構成希望三個基本的心理要素分別為：目標、路徑（行動力思維）和能量（意志力思維），以及希望＝能量＋路徑。

　　希望感是可以學得的，而且希望感也是每個人都可以擁有的，所以諮商師可透過灌輸希望感、示範希望的榜樣，以及探掘希望偵探家的角色來增強案主的希望感，並與案主建立一個富有希望感的關係。在希望理論諮商的過程中，諮商師可透過「希望量表」和寫故事策略來幫助案主找到希望，並從建構路徑（行動力）策略和增強能量（意志力）策略來架構希望。最後，諮商師可透過幫助案主設立治療結束後的目標、找出自己較困難突破的點、學習區分出目標取向想法與阻礙性的想法，和發展出自我干預策略來成為自己希望的提醒者。

　　如史奈德所說：沒有目標的希望是枉然的，奧斯丁的一篇研究報告拖了近兩個學期一直無法完成。在諮商師透過希望理論的帶領下，他從絕望中慢慢長出希望的苗，終於完成報告也有能量走向未來的希望之旅。

第五節。希望理論諮商的自我測驗

・你瞭解了嗎？

下面有 15 題選擇題可幫助你測試自己對希望理論諮商學派的理解程度。

1. 希望理論諮商的創始者是誰？

    a. 恩瑞特（Robert D. Enright）

    b. 米努欽（Salvador Minuchin）

    c. 史奈德（Charles Richard Snyder）

    d. 海利（Jay Douglas Haley）

2. 下面哪一個主題是史奈德有興趣研究的主題？

    a. 藉口　　　　　　　　　b. 寬恕

    c. 希望　　　　　　　　　d. 以上皆是

3. 史奈德到醫院探望甫初生的小孫女時，體會到送什麼禮物可以讓她一輩子受用不盡？

    a. 藉口　　　　　　　　　b. 寬恕

    c. 希望　　　　　　　　　d. 以上皆是

4. 以下哪一項不是構成希望三個基本的心理要素？

    a. 藉口

    b. 目標

    c. 路徑（行動力思維）

    d. 能量（意志力思維）

5. 人們會用 _____來表達自己的想要追尋的目標。

　　a.「我可以」（I can）

　　b.「我將試試看」（I'll try）

　　c.「我準備要去做了」（I'm ready to do this）

　　d.「我要⋯⋯」（I want...）

6. 下面哪一個元素是顯示對於目標達成的決心和承諾？

　　a. 目標　　　　　　　　　b. 路徑

　　c. 能量　　　　　　　　　d. 寬恕

7. 史奈德把相信自己有能力做出路徑的計畫的思維稱為是

　　_____。

　　a. 意志力　　　　　　　　b. 行動力

　　c. 目標　　　　　　　　　d. 能量

8. 史奈德相信什麼是人類福祉的核心？

　　a. 希望　　　　　　　　　b. 藉口

　　c. 寬恕　　　　　　　　　d. 愛

9. 在希望理論中，史奈德認為可以用什麼技巧幫助人們瞭解自己人

　　生希望的方式？

　　a. 發展解決問題的架構　　b. 書寫自己人生的故事

　　c. 架構認知圖　　　　　　d. 空椅技巧

10. 哪一種角色是希望諮商師所扮演的？

　　a. 是灌輸希望的教育家

　　b. 示範希望榜樣的人

　　c. 主動和案主積極合作者

　　d. 以上皆是

11. 下面哪一個對希望感的陳述是正確的？

　　a. 高希望感是可以透過學習而得到的

　　b. 希望感只提供給樂觀的人

　　c. 希望感的高低是有年齡限制的

　　d. 希望感與目標無關

12. 希望理論諮商師要案主做筆記，記下自己所說的話。這是什麼技巧？

　　a. 寫希望量表　　　　　　b. 講述自己的故事

　　c. 自我對談　　　　　　　d. 標記希望

13. 希望理論諮商師要案主識別自己在故事中是用什麼樣的詞語來描述自己的想法和感受，這是什麼技巧？

　　a. 寫希望量表　　　　　　b. 講述自己的故事

　　c. 自我對談　　　　　　　d. 標記希望

14. 史奈德認為人的價值觀、態度和行為可以歸為幾個生活領域？

　　a. 七　　　　　　　　　　b. 八

　　c. 九　　　　　　　　　　d. 十

15. 透過諮商師和案主的合作，幫助案主使用自我監控技術從談話中偵測哪兩種思考？

　　a. 目標取向想法和阻礙性的想法

　　b. 行動力思維和意志力思維

　　c. 目標取向想法和意志力思維

　　d. 行動力思維和阻礙性的想法

・腦筋急轉彎

1. 史奈德畢生的努力是要把「希望」傳給世人，你有收到嗎？請寫一封信給史奈德告訴你人生故事中的希望感。

2. 「虛假的希望感是脫離現實的幻想」，請舉一個你對人生的期望，並診斷此希望是虛假還是真實的。如果是虛假的，你要如何把它變為真實？

3. 社會上流行這麼一句話：「只要我想要，有什麼不可以？」請從希望理論的觀點來說明你對這句話的觀點。

4. 選一件你正要完成的事，記錄你在進行該件事時的自我語言，填寫表 12-21 後觀察你的自我對話對完成這件事時希望程度的影響。

5. 請填答「希望量表」並計算得分，並用所得的三項分數來說明你的希望程度如何？

照片和圖片來源 *Photo/Figure Credits*

學者照片：Permission by Department of Psychology at the University of Kansas, Lawrence

照片 12-1：By Lawrence Alma-Tadema / Public domain. 取自 https://commons.wikimedia.org/wiki/File:Lawrence_Alma-Tadema_10.jpeg

參考書目 *References*

駱芳美、郭國禎（2011）。**從希望著手：希望理論在諮商上的應用**。臺北：心理。

駱芳美、郭國禎（2018）。艾里斯的理性情緒行為諮商學派。載於駱芳美、郭國禎，**諮商理論與實務：從諮商學者的人生看他們的理論**（頁223-259）。臺北：心理。

Adler, A. (1964). Individual psychology, its assumptions and its results. In H. M. Ruitenbeek (Ed.), *Varieties of personality theory* (pp. 65-79). New York: Dutton & Co.

Lopez, S. J., Floyd, R. K., Ulven, J. C., & Snyder, C. R. (2000). Hope therapy: Helping clients build a house of hope. In C. R. Snyder (Ed.), *Handbook of hope: Theory, measures, and application* (pp. 123-150). San Diego, CA: Academic Press.

Lopez, S. J., Harvey, J. H., & Maddux, J. E. (2006). Remembering C. R. Snyder a humble legacy of hope. *Journal of Social and Clinical Psychology*, *25*(5), i-vii. doi: 10.1521/jscp.2006.25.5.i

Maines, S. (2006, January 19). Professor leaves legacy of hope. *Lawrence Journal-World*. Retrieved from http://www2.ljworld.com/news/2006/jan/19/professor_leaves_legacy_hope/

McDermott, D., & Snyder, C. R. (1999). *Making hope happen: A workbook for turning possibilities into reality*. Oakland, CA: New Harbinger Publications, Inc.

Snyder, C. R. (1994). *The psychology of hope: You can get there from here*. New York: The Free Press.

Snyder, C. R. (2000). Hypothesis: There is hope. In C. R. Snyder (Ed.), *Handbook of hope: Theory, measures, and application* (pp. 3-21). New York: Academic Press.

Snyder, C. R. (2002). Hope theory: Rainbows in the mind. *Psychological Inquiry, 13*(4), 294-275.

Snyder, C. R., Cheavens, J., & Symptoms, S. (1997). Hope: An individual motive for social commerce. *Group, Dynamics: Theory, Research, and Practice, 1*, 1-12.

Snyder, C. R., Harris, C., Anderson, J. R., Holleran, S. A., Irving, L. M., Sigmon, S. T., Yoshinobu, L., Langelle, C., & Harney, P. (1991). The willand the ways: Development and validation of an individual-differences measure of hope. *Journal of Personality and Social Psychology, 60*, 570-585.

Snyder, C. R., & Higgins, R. L. (1988a). Excuses: Their effective role in the negotiation of reality. *Psychological Bulletin, 104*, 23-35.

Snyder, C. R., & Higgins, R. L. (1988b). From making to being the excuse: An analysis of deception and verbal/nonverbal issues. *Journal of Nonverbal Behavior, 12*, 237-252.

Snyder, C. R., McDermott, D., Cook, W., & Rapoff, M. A. (1997). *Hope for the journey: Helping children through good times and bad.* Boulder, Colorado: Westview Press, A Division of HarperCollins Publishers.

Snyder, C. R., Rand, K. L., King, E. A., Feldman, D. B., & Woodward, J. T. (2002). "False" hope. *Journal of Clinical Psychology, 58*(9), 1003-1022.

「你瞭解了嗎？」試題解答 *Answer Key*

題號	1.	2.	3.	4.	5.	6.	7.	8.	9.	10.	11.	12.	13.	14.	15.
解答	c	d	c	a	d	c	b	a	b	d	a	c	d	c	a

後記 *Epilogue*

　　走筆至此，這部《諮商理論與實務：從後現代與家族系統的觀點著手》的「電影」即將殺青。想像如果這些創始學者聚在後台，一起閒聊，應該是相談甚歡的，因為他們的論點有很多的相似點，更充滿了正能量。所以本書的結尾，讓我們將他們的論點做個合體，做為本書的結語與大家共勉！

🔊 供給本書養分的專書

　　我們相信「問題是問題，人是人。人本身不是問題，應對的方式才是問題的所在」（薩提爾、焦點解決、敘事、接受與承諾、合作取向），「表達和內外一致性的溝通很重要，因為當人們在描述自己的故事時，很容易就會成為自己口中所說出的自己。人若想改變，語言要先改變。既然如此，諮商就是透過適度引導、對話和故事敘述，去引發出人們想改變的動機」（薩提爾、焦點解決、敘事、動機性晤談、合作取向）。

　　我們深信「人們是其人生的專家，擁有解決問題所需的一切」（焦點解決、敘事、動機性晤談、合作取向），「以病理學去下標籤和診斷不能助人，與求助者一起面對與處理現狀才是助人最好的上策」（鮑恩、策略、結構、焦點解決、敘事、合作取向、接受與承諾）。因此諮商師應以「開放的心胸和整體性的觀點去看待周遭的事物，不要強行加入語文的註解」（接受與承諾、敘事、焦點解決、正念、合作取向）。

　　「既然人不能改變過去，那就應該聚焦在現在和未來，在架構解決方案時，可以先將眼光望向想達到的未來，就可以知道目前的重心該擺在哪裡」（薩提爾、策略、焦點解決、敘事、動機性晤談、合作取向、接受與承諾、希望、寬恕）。遇到痛苦時應「以接受的態度去面對、聚焦於因應技巧而非問題解決，在乎的不是如

何去除它，而是應鎖定在往前行的目標和希望，才有助於改變的發生。而付諸行動更是發生改變的要件」（薩提爾、鮑恩、策略、結構、焦點解決、動機性晤談、合作取向、接受與承諾、敘事、正念、希望、寬恕）。

「有時候問題是來自人們無法去接受和面對追求目標的攔阻，當能接受它、寬恕它、覺知到自己擁有實現目標的可行路徑和意志能量的思維，這就是希望。抱持希望感是讓改變發生的重要元素」（薩提爾、策略、接受與承諾、希望、寬恕），「擁有適度的自我，愛他人不要忘了愛自己，出現心理症狀的機會就會越少。不要因生氣而把自己監禁在情緒的牢房裡，寬恕對方可以重建我們愛自己和他人的能力」（薩提爾、鮑恩、正念、接受與承諾、敘事、合作取向、寬恕）。「人們的經驗隨著彼此相對位置的改變而改變，改變自己的同時也改變了對方。同樣的，聽到對方講述改變的故事時，也會讓聽到這些故事的自己獲得了改變」（鮑恩、結構、動機性晤談、敘事、接受與承諾）。

「愛和寬恕是打開心靈自由之門的金鑰匙，當你走在寬恕之路時，希望就屬於你。」（薩提爾、寬恕）。「主動與積極的擁抱此刻，當下的豐富就是人生豐富的寫照。惟有當我們以清醒的心來面對時，我們的人生才是真實的」（薩提爾、鮑恩、策略、結構、焦點解決、動機性晤談、合作取向、接受與承諾、敘事、正念、希望、寬恕）。

〔註：用引號括起來的每句話是結合幾個學者的論點，並在每句話後面的括號內註明提出該論點（或相關論點）的創始人或學派的名稱〕。

人生是個改變的過程，你想改變嗎？
請看本書封底這十二派學者提供給你的解套之道。

國家圖書館出版品預行編目（CIP）資料

諮商理論與實務：從後現代與家族系統的觀點著手 ＝
Counseling theory and practice: focus on postmodern and
family approaches／駱芳美, 郭國禎作. -- 初版. --
新北市：心理出版社股份有限公司, 2023.04
　　面；　公分. --（輔導諮商系列；21136）
　　ISBN 978-626-7178-46-1（平裝）

1.CST：諮商　　2.CST：諮商技巧

178.4　　　　　　　　　　　　　　　112002007

輔導諮商系列 21136

諮商理論與實務
從後現代與家族系統的觀點著手

作　　者：駱芳美、郭國禎
執行編輯：高碧嶸
總 編 輯：林敬堯
發 行 人：洪有義
出 版 者：心理出版社股份有限公司
地　　址：231026 新北市新店區光明街 288 號 7 樓
電　　話：(02) 29150566
傳　　真：(02) 29152928
郵撥帳號：19293172　心理出版社股份有限公司
網　　址：https://www.psy.com.tw
電子信箱：psychoco@ms15.hinet.net
排 版 者：辰皓國際出版製作有限公司
印 刷 者：辰皓國際出版製作有限公司
初版一刷：2023 年 4 月
I S B N：978-626-7178-46-1
定　　價：新台幣 850 元